中国中西部地区开发年鉴

CHINA CENTRAL WESTERN AREA DEVELOPMENT YEARBOOK

（2002）

主编　刘　江

中国财政经济出版社

图书在版编目（CIP）数据

中国中西部地区开发年鉴/刘江主编．—北京：中国财政经济出版社，2002.11
ISBN 7－5005－5335－8

Ⅰ．中…　Ⅱ．刘…　Ⅲ．地区开发－中国－年鉴　Ⅳ．F127－54

中国版本图书馆 CIP 数据核字（2002）第 080671 号

责任编辑　安建军　武志庆

中国财政经济出版社出版

URL：http：//www.cfeph.com.cn

E－mail：cfeph @ drc.gov.cn

社址：北京海淀区阜成路甲 28 号　邮政编码：100036

发行处电话：88190406　财经书店电话：64033436

北京财经印刷厂印刷　各地新华书店经销

787×1092 毫米　16 开　30.75 印张　745 千字

2002 年 11 月第 1 版　2002 年 11 月北京第 1 次印刷

印数：1—5 000　定价：180 元

ISBN 7－5005－5335－8/F·4734

广告经营许可证：京海工商广临字 2002028 号

（图书出现印装问题，本社负责调换）

《中国中西部地区开发年鉴》编委会

特约编辑

（按姓氏笔划排序）

马小民	王志兵	王明春	王善秀	韦坚祥	付野秋
权永生	孙　鸣	孙志文	杜政清	来　欣	李日成
李英范	李雪岩	陈永乐	陈奉斌	张治松	章新平
曹宗杰	常正国	郭　军			

编写人员

（按姓氏笔划排序）

于　坤	于洪斌	马　明	马　军	马小民	马克莉
马启兰	马学恕	马素英	马春雷	马康毓	仇旭辉
扎喜旺登	王　荣	王　莹	王　涛	王　静	王兴德
王志兵	王志耕	王明春	王其堂	王胜德	王统新
王玲玲	王政明	王秋霞	王善秀	王敏正	王傲兰
王尊江	牛根颖	牛连俊	牛树华	方广文	方长能
方纯如	方曙光	毛仲虎	韦坚祥	韦明国	文素琴
邓建新	宁吉喆	田友农	田知星	叶红专	叶柏青
付野秋	布尼周	石正谋	石芝萍	刘　贞	刘　源
刘三来	刘少军	刘永兴	刘兆麟	刘治平	刘志勇
刘红军	刘晏良	刘谦祥	乔魁智	米玛平措	毕彦斌
牟卫东	吉仁太	任宗高	朱爱群	伊力夏提	权永生
那顺孟和	安　虎	孙　鸣	孙世义	孙兴社	孙志文
孙书游	何国林	何炳胜	来　欣	更　桑	吴自强
吴宪德	吴焕军	邵克文	余　兰	余和平	余建中
苏　敏	邱　翎	易鹏飞	陆　醒	李　江	李　红
李　晶	李　博	李卫红	李日成	李开新	李英范
李雪岩	李国勇	李发存	李成义	李明凤	李枝荣
李学升	李晓东	李培育	陈　炜	陈永乐	陈友新
陈世宁	陈吉才	陈芳秀	陈奉斌	陈绍充	陈树山
陈晓萍	陈献政	肖　峰	肖金成	杜政清	扬　勇
苓　靖	杨　罗	杨　辉	杨世林	杨艳荣	杨寿成

编辑小组

编 辑 说 明

一、《中国中西部地区开发年鉴》创刊于1992年，宗旨是全面、系统、准确地反映我国中西部地区经济和社会发展的历史进程，为西部大开发和地区经济协调发展服务。

二、本年鉴刊载的资料、数据已经有关单位审核。个别数据如有误差，请以国家统计局正式公布的为准。全国性数据未包括台湾省、香港特别行政区和澳门特别行政区。

三、年鉴综合篇为编辑部约请有关单位和专家撰写，文中观点仅供读者在工作中参考。

四、本年鉴在编辑、出版、发行过程中得到了有关部门和有关省区市的支持和帮助，谨表谢忱。希望广大读者对本年鉴提出宝贵的意见和建议，以改进我们的工作。

《中国中西部地区开发年鉴》编辑小组

2002年10月

序　言

2001年是新世纪的元年，又是我国实施“十五”计划的第一年，中西部地区各族人民，在中央的领导下，按照“三个代表”的要求，奋发有为，与时俱进，开拓创新，积极推进改革开放和社会主义现代化建设事业，国民经济和社会发展取得了新的重大成就。一是经济增长速度明显加快。中西部地区的不少省区市国内生产总值与上年相比，增长速度已经超过东部地区的发展速度。二是固定资产投资有较大幅度的增长。全年用于中西部地区的财政性建设资金超过上年，高于东部地区。三是重大基础设施工程建设全面展开，十大工程建设进展顺利。四是生态环境建设成效显著，特别是退耕还林、天然林资源保护、重点防护林体系建设和治理水土流失、重点城市和重点区域水污染防治工程建设都取得了重大进展。五是科技教育和各项社会事业取得新进展，为经济的进一步发展打下了良好的基础。

2001年，中西部各省区市，在深化改革、扩大开放方面迈出了新的步伐。在这里，我想特别指出的是，中西部各级政府面对新世纪、新形势、新任务，以改革精神拓展了决策视野，以创新理念丰富了决策思维，从而加快了经济、社会、环境的全面发展。

2001年，中西部地区在跨省区域经济、跨国区域合作和边境贸易，以及扶贫开发、经济协作、建设区域市场等方面都取得了很大成绩。这些都表明，中西部地区新世纪开局良好，也表明中西部地区发展势头强劲，前景十分广阔。中西部地区的发展是与中央的支持和帮助分不开的，也是与东部沿海发达地区的帮助和协作分不开的。同时，中西部地区的发展和建设扩大了全国市场的需求规模、增强了全国经济的发展后劲，也为全国经济的发展作出了贡献。这一切，充分说明中央关于“实施西部大开发战略，加快中西部地区发展，合理调整地区布局，促进地区经济协调发展”的战略部署是正确的，取得了明显的成效。当然，我国地区经济协调发展的任务还十分艰巨，需要通过全国各地区长期的、共同的努力才能逐步实现。我们要在以江泽民同志为核心的党中央领导下，高举邓小平理论伟大旗帜，按照“三个代表”要求，与时俱进，扎实工作,进一步改善中西部地区的投资环境和人居环境,推进中西部地区全面建设小康社会和社会主义现代化进程,为建设有中国特色社会主义中西部和促进全国地区经济协调发展而作出新的贡献。

刘江

二〇〇二年九月八日

目　　录

文献法规篇

综　合　篇

西部地区篇

中部地区篇

省会城市篇

民族自治州篇

重点市县篇

专题研究篇

统计资料篇

文献法规篇

在中央扶贫开发工作会议上的讲话

江 泽 民

（二〇〇一年五月二十五日）

这次会议，是党中央、国务院在新世纪初召开的重要会议。会议总结了20多年来我国开展扶贫开发的经验，研究和部署了今后10年的扶贫开发工作。希望大家按照中央的要求，扎扎实实地工作，努力完成好党和国家在新世纪的扶贫开发任务。

为了取得“八七”扶贫攻坚决战阶段的胜利，1999年6月，党中央、国务院曾专门召开会议，我在那次会上讲了扶贫开发工作的重要意义和基本要求。今天，我想就做好今后的扶贫开发工作讲几点意见。

新中国成立以来，为改变旧中国一穷二白的面貌，为使全国各族人民的生活不断好起来，我们党团结和带领广大人民群众进行了不懈的努力。特别是改革开放以来，我们广泛动员社会力量，投入巨额资金，开展了有计划、有组织和大规模的扶贫开发，为解决农村贫困地区的问题进行了艰苦的工作，取得了举世瞩目的成就。在20多年里，全国农村2.2亿贫困人口解决了温饱问题，贫困人口占农村总人口的比重从1978年的30.7%降为2000年的3%左右。国家“八七”扶贫攻坚计划已基本完成，党中央、国务院确定的在上个世纪末基本解决农村贫困人口温饱问题的战略目标已基本实现。

在这样短的时间内，这么多的贫困人口解决了温饱问题，这是世界历史上前所未有的，是一个了不起的成就。这充分说明，只要我们坚持解放思想、实事求是的思想路线，坚持贯彻党的基本路线和方针政策，坚持全心全意为人民服务的宗旨，坚持发挥社会主义制度的优越性，紧紧依靠全国各族人民的共同努力，就能够不断地创造出新的人间奇迹。

我国扶贫开发取得的巨大成就，具有重大的经济意义和政治意义。第一，我们党和国家开展扶贫开发，努力解决贫困人口的生产和生活问题，是我国社会主义制度优越性的一个重要体现，极大地坚定了全国各族人民建设有中国特色社会主义的信心。第二，组织扶贫开发，解决几亿人的温饱问题，说明我们党和国家高度重视推进中国人民的人权事业，为保障人民的生存权和发展权这一最基本最重要的人权，进行了锲而不舍的努力。扶贫开发取得的成就，不仅是对世界人权事业的重要贡献，也为我们开展国际人权斗争、反对西方反华势力干涉我国内政创造了有利条件。第三，扶贫开发取得的成就，为保持国民经济的协调发展，促进民族团结、保持边疆安定和社会稳定作出了贡献。第四，扶贫开发取得的伟大成就和积累的宝贵经验，以及广大干部群众表现出来的自力更生、艰苦奋斗的精神，为我们进行爱国主义、集体主义、社会主义教育和基本国情教育增添了丰富生动的教材，应充分运用它来激励全国各族人民继续为推进改革和建设而不懈奋斗。这四条，是我们认识扶贫开发重大意义的基本方面。全党和全国上下要进一步加深认识，增强做好扶贫开发工作的自觉性和坚定性。

通过扶贫开发，我们积累了使贫困地区群众摆脱贫困、走向富裕的重要经验。主要是：政府主导、社会动员，立足发展、坚持开发，因地制宜、综合治理，自强不息、艰苦创业。在今后的扶贫开发工作中，要坚持运用好这些重要经验，并在实践中继续发展丰富。

进入新世纪,我国扶贫开发事业进入了一个新阶段。实现国家“八七”扶贫攻坚计划确定的目标,只是一个阶段性的胜利。下一个阶段的扶贫开发,要向更高水平迈进。

今后10年我国扶贫开发的奋斗目标是:尽快解决少数贫困人口的温饱问题,进一步改善贫困地区的基本生产生活条件,巩固温饱成果,提高贫困人口的生活质量和综合素质,加强贫困乡村的基础设施建设,逐步改变贫困地区社会、经济、文化的落后状态,为达到小康水平创造条件。这个目标是实事求是的,经过努力可以实现。全党和全国上下要齐心协力,确保这个目标如期实现。

必须看到,实现这个目标,任务是相当艰巨的。我国人口多,底子薄,经济文化发展很不平衡。这个基本国情将长期存在。我国没有解决温饱问题的农村贫困人口还有3000万,相对全国12亿多人口来讲,比例不算高,但是绝对量不小,相当于一个中等国家的人口。这些贫困人口主要分布在自然条件相当恶劣、交通极为不便的偏远地区,解决温饱问题的难度很大。已经解决温饱问题的群众中,一部分生产和生活条件仍相当差,巩固扶贫成果、防止返贫的任务仍很繁重。目前我们解决温饱问题的标准还比较低,进一步增加贫困地区群众的收入,提高他们的生活质量,逐步向小康迈进,难度会更大。至于要根本改变贫困地区的面貌,更是一个长期而艰巨的任务。帮助贫困地区发展经济文化,帮助贫困地区群众与全国人民一起逐步走上共同富裕的道路,是贯穿社会主义初级阶段全过程的历史任务,全党和全国上下必须锲而不舍地长期奋斗。

但是也应看到,实现这个目标,有利条件比过去多了。我国的综合国力已显著增强,可以投入更多的力量促进贫困地区开发建设。贫困地区的生产和生活条件也已有了很大改善,为加快扶贫开发步伐奠定了基础。特别是各级党委和政府高度重视,社会各界大力支持,贫困地区广大干部群众团结奋斗,这是搞好下一阶段扶贫开发最重要的条件。大家都应树立必胜的信心,精神振奋地投入工作。

帮助贫困地区群众脱贫致富,是实现各地区协调发展,全国建设小康社会,进而实现第三步战略目标的必然要求,是逐步实现各族人民共同富裕的重大战略措施,也是维护国家改革、发展、稳定大局的需要。我们党是以全心全意为人民服务为宗旨的,我们的政府是人民的政府,帮助贫困地区群众脱贫致富,是党和政府义不容辞的责任。我们正在向现代化建设的第三步战略目标迈进,前10年一定要开好头、打好基础。加快贫困地区的发展,全面实现“十五”计划和2010年的发展目标才有可靠保证。

做好下一阶段的扶贫开发工作,关键仍然是抓好组织落实,脚踏实地地埋头苦干,切实解决实际问题。

第一,要继续坚持通过改革推进发展的路子。扶贫开发工作取得的成就,是我们坚持贯彻邓小平理论,不断深化改革的结果。没有党在农村实行改革开放的新政策,没有农村经济体制、经营方式、科技兴农等方面的变革,没有广大农民积极性、主动性和创造性的充分发挥,要在短短20多年的时间内使两亿多农民摆脱贫困,走上致富奔小康的道路,是不可能的。搞好扶贫开发,必须充分相信和依靠群众,必须坚持群策群力。扶贫方案的制定、项目的选择、措施的落实,都要动员群众积极参与,充分听取群众意见。同时,要通过文化补习、科技培训、政策法制宣传等多种形式,加强对群众的教育,帮助群众学习和掌握文化知识、科学技术,增强他们脱贫致富的创造力。

第二,要继续发扬艰苦奋斗的创业精神。自力更生、艰苦奋斗,是我们党的优良传统和政治本色,也是我们克服困难、开创事业的重要法宝。完成新阶段扶贫开发的任务,必须继续坚持贯彻这一方针。贫困地区的干部群众有没有改天换地、战胜贫穷的艰苦奋斗的雄心壮志,有没有不等不靠、积极进取的自力更生的顽强意志,决定着脱贫致富的进程和成效。外部的支持帮助只有与内部的艰苦努力结合起来,才能真正发挥作用。在国家的扶持和社会各界的帮助下,只要贫困地区的各级党组织和干部群众同心协力,开动脑筋,实干苦干,脱贫的办法就会越想越多,致富的路子就会越走越宽。

第三,要继续贯彻发展是硬道理的重要思想。解决中国的所有问题,最根本的要靠发展。解决贫困地区的问题,最根本的也要靠发展。坚持开发式扶贫的方针,就贯彻了邓小平同志关于发展是硬道理的重要思想,目的是为了解放和发展生产力。要努力改善贫困地区的生产条件、生活条件和生态条件,提高群众的科技文化素质,充分利用当地自然资源和劳动力资源,发挥比较优势,促进生产的发展,促进群众生活的改善,并逐步增强自我积累和自我发展的能力。我们借鉴国外的发展经验,不仅要看国外发展成功的经验,也要看国外发展不成功的教训。坚持贯彻发展是硬道理的思想,最重要的就是要不断增强贫困地区自我发展的能力。这是开发式扶贫的真谛所在。

第四,要继续积极探索加快发展的有效途径。坚持从实际出发,勇于探索,扬长避短,找到能够发挥当地优势的有效途径和办法,以利把优势和潜力迅速地转化为经济效益,这是这些年来我们在扶贫开发实践中取得的一条重要经验。要特别注意研究市场的变化,根据市场需求,探索扶贫开发的新思路。要积极调整农业和农村经济结构,发展农业产业化经营,促进农业劳动力向二三产业转移。采取综合措施,把扶贫工作与精神文明建设、科教发展、基层组织建设、计划生育工作等紧密结合起来,促进贫困地区经济社会协调发展。通过有效形式把市场信息、适用技术和管理经验有机组合起来,以提高贫困地区经济的整体素质和效益。通过营造良好的社会环境,吸引更多的资金、技术和人才到贫困地区去。坚持实事求是地确定自己的发展途径和办法,不能盲目照搬别的地方的做法。符合当地实际的正确发展途径一经确定,就要扭住不放,坚持抓下去,不断抓出成效来。

第五,要继续动员全社会为扶贫开发共同努力。发挥社会主义制度集中力量办大事的政治优势,把全社会各方面的力量组织起来,形成强大的合力,帮助贫困地区加快发展,这也是这些年来我们在扶贫开发实践中坚持贯彻的一条重要经验。中央财政和地方财政都要调整财政支出结构,增加扶贫投入。要进一步制定有关政策,吸引更多的社会资金参与扶贫。实施西部大开发战略,特别是安排一些重大建设项目,要注意与扶贫开发有机结合起来,优先向贫困地区安排基础设施项目和资源开发项目,并优先使用农民工和当地的原材料,尽可能使贫困人口直接受益。在防范和化解金融风险的同时,继续安排和增加扶贫信贷资金,以满足贫困地区对金融服务的需求。要坚持弘扬中华民族扶贫济困的优良传统,充分发挥民主党派、社会团体、科研单位、大专院校、人民解放军和武警部队等全社会力量在扶贫开发中的重要作用。中央和国家机关、大型企业单位要继续开展定点扶贫。进一步在全社会形成"人人为贫困地区献爱心、送温暖"的舆论氛围。各行各业都应做到有力出力、有智出智,通过各种形式支持贫困地区的开发建设。

第六,要继续搞好东西部地区的扶贫协作。东部 13 个省、市对口帮助西部 10 个省、区的扶贫协作工作,是贯彻邓小平同志"两个大局"思想,促进区域经济协调发展,缩小东西部差距的重要措施。这项工作已经取得了很大成绩,要进一步扩大规模,提高水平。东西协作双方都要认真总结经验,制定新的工作目标和协作规划。西部大开发,不仅为西部地区带来了加快发展的机遇,也为东部地区提供了投资机遇。要按照优势互补、互惠互利、长期合作、共同发展的原则,继续开展多层次、多渠道、多形式的经济技术合作。西部地区不仅拥有丰富的自然资源和人力资源,还有巨大的潜在市场。只要形成一个良好的合作机制,到中西部投资不仅可以取得良好的社会效益,也能够取得良好的经济效益。帮扶双方的政府要积极倡导并创造必要的条件,鼓励和支持东部的企业到西部去投资,推进东部和西部企业之间的合作,支持企业上一些有市场、有效益的资源深加工和农产品加工项目,以促进当地的资源开发和农民增产增收。

第七,要继续加强扶贫开发的组织落实工作。扶贫开发的方针有了,规划有了,资金有了,关键要抓好组织落实。如果组织落实工作跟不上,就难以取得好的效果。扶贫开发是一项系统工程。政府如何推动,社会力量如何动员,贫困地区的工作如何开展,各项措施如何落实,都要一一研究,逐项组织落实。要加强对扶贫资金的管理,努力提高使用效益。必须把扶贫资金落实到贫困村、贫困户,减少一切可能消耗扶贫资金的中间环节。这个问题,要引起大家的高度重视。现在,许多城市居民的生活用品经常要更新。更换下来的不少生活用品,对贫困地区的群众还是可以有用的。要想办法把这些东西送到贫困地区去。这些年来,我们也搞了一些这样的活动,但是没有形成一套经常性的机制,大多是临时性地搞一下,效果和作用有限。希望有关部门好好研究一下,尽快建立一套把城市中更换下来的生活用品和其他物品转送到贫困地区的畅通渠道,年复一年地坚持下去。这是扶贫开发中一项很重要的组织工作。其他各项组织工作,也都要抓紧抓好。

第八,要继续加强对扶贫开发的领导。扶贫开发是党中央、国务院作出的一项重大战略部署,是全党和全国的共同任务。中西部地区各级党委和政府要高度重视,加强领导。东部地区的各级党委和政府也要高度重视,切实把这项工作摆在重要位置。要坚持实行扶贫工作责任制,党政一把手负总责,一级抓一级,层层抓落实。各地党政一把手,特别是贫困问题较突出地区的党政主要负责同志,要根据新阶段扶贫开发工作的要求,认真履行领导职责,经常深入贫困乡村进行调查研究,制定切实可行的规划,并亲自部署,亲自协调,亲自检查,确保各项政策落到实处。贫困地区各级党委和政府制定工作目标、任务和措施,都要围绕帮助群众脱贫致富来进行。各级干部都要为推进扶贫开发尽职尽责。

多年来,贫困地区的广大干部,不畏艰苦,扎实工作,任劳任怨,为贫困地区的改革、发展、稳定作出了重大贡献。新的形势和任务,对扶贫开发提出了更高的要求。贫困地区的广大干部要继续团结和带领群众艰苦创业,不断增强带领群众脱贫致富的本领,不辜负党的重托和群众的期盼。贫困地区各级领导班子必须团结坚强,要特别能够打硬仗、打苦仗。尤其要注意把那些对群众感情深、事业心强、不怕艰苦、乐于奉献的干部选进领导班子,尤其要把县委书记、县长和乡镇党委书记、乡镇长选配好。村是组织扶贫开发最基本的工作单位。村党支部要成为扶贫开发的坚强战斗堡垒,广大党员要成为扶贫开发的先锋模范。一些贫困村组织涣散、党员队伍后继乏人的状况,要尽快加以改变。要结合正在开展的“三个代表”学习教育活动,努力推动贫困地区的干部队伍建设和基层组织建设上一个新台阶。各级党组织要切实关心贫困地区的干部特别是基层干部,帮助他们解决工作中遇到的实际困难。对那些长期在贫困地区工作、实绩突出的干部,要给予表彰,并注意提拔使用。

新阶段扶贫开发的主要力量,应放在西部地区,放在少数民族地区、革命老区、边疆地区和特别贫困的地区。切实帮助这些地区发展起来,对于实现西部大开发的战略目标,对于加强民族团结、巩固边疆,对于保持国家的长治久安,都是至关重要的。尤其要帮助仍然处在贫困状态的革命老区尽快发展起来。革命老区在战争年代为党和人民的事业作出了巨大贡献,付出了巨大牺牲。我们有责任帮助老区群众尽快脱贫致富,否则我们就难以向烈士交代,向人民交代,向历史交代。应该集中一些财力、物力和人力,尽快解决好这些地区的问题。

中央提出,面对国际国内的新形势,面对我们肩负的现代化建设的繁重任务,我们必须按照“三个代表”的要求全面加强党的建设。加强和改进党的作风建设，是党的整个建设的一个十分重要的方面。党的思想作风、工作作风、领导作风、学风和干部生活作风的建设，都要全面加强和改进，以适应形势和任务发展的要求。加强和改进党的建设，必须与推进改革开放和现代化建设结合起来，必须与不断改善人民生活结合起来，必须与解决群众遇到的实际困难结合起来，这样才能取得实效。组织党政机关定点扶贫，对促进机关干部了解国情、了解基层、了解群众，对提高他们解决实际问题的能力，对密切党与人民群众的联系，对改进机关的工作作风，都具有重要的意义。这要作为一项制度坚持下去。

最后，希望大家继续艰苦奋斗，开拓进取，坚决完成下一阶段扶贫开发的历史任务！

在中央扶贫开发工作会议上的讲话

朱　镕　基

(二〇〇一年五月二十五日)

刚才,江泽民同志作了重要讲话,全面总结了20多年来我国扶贫开发工作的成就和经验,对新世纪初扶贫开发工作的指导思想、主要任务和必须把握好的重要问题,作了全面精辟的阐述。会议开始时,温家宝同志作了工作报告。在会议上,大家还学习讨论了《中国农村扶贫开发纲要(2001—2010年)》。这次会议开得很好。下面,我补充几点意见。

第一,统一思想,提高认识,坚持把扶贫开发工作放在重要位置

这次中央扶贫开发工作会议,是进入新世纪后中央召开的一次重要会议,既充分肯定了我国扶贫开发工作取得的重大成就,又对新时期扶贫开发工作作出了全面部署。各地区、各部门一定要认真学习和深刻领会江泽民同志讲话精神,从政治和战略的高度,充分认识进一步做好扶贫开发工作的重大意义,把它作为实现"十五"计划、全面建设小康社会的重要而紧迫的任务。

第二,狠抓落实,注重实效,努力做好新形势下的农村扶贫工作

今后一个时期扶贫开发工作的大政方针和主要任务已经明确,关键在于抓好落实。在新的历史条件下,由于情况变化了,必须转变思想观念,转变扶贫方式,转变工作作风。我国商品短缺状况基本结束,目前绝大部分商品供过于求,必须坚持从实际出发,以市场为导向,积极调整产业结构,因地制宜地发展。我要提醒,在贫困地区上工业项目一定要十分慎重,避免重复建设、浪费资金和破坏资源。要认真实施可持续发展战略。扶贫开发绝不能以牺牲环境为代价,要把生态保护和建设放在突出位置。高度重视科技、教育在脱贫致富中的重要作用,努力提高贫困人口素质。

从中央到地方都要逐步增加扶贫投入,并改进资金使用办法,提高使用效果。要切实加强对扶贫资金使用的检查、监督和审计。贪污以及挤占、挪用扶贫资金都是严重的犯罪行为,必须严厉查处,并坚决追究有关领导者的责任。

要教育县、乡干部,了解群众实际困难,办事不要主观决策、强迫命令。

第三,密切配合,加强协作,共同为贫困地区脱贫致富作出努力

扶贫开发是全党、全社会的事业。各部门、各方面必须加强协调,共同努力。中央各部门、地方各级党委和政府在考虑问题、出台政策、制定规划、安排资金时,都要注意有利于推进扶贫开发工作,为贫困地区脱贫致富多作贡献。开展定点扶贫是我国扶贫工作的创举,取得了很大成绩,要认真总结经验,把这项工作做得更好。中央各部门要发挥定点扶贫的带头作用。继续动员社会各方面力量支持贫困地区脱贫致富,特别是经济较发达地区要继续通过多种形式帮助贫困地区发展经济。

同志们,做好新世纪的扶贫开发工作,需要克服很多困难,但也有许多有利条件。让我们紧密团结在以江泽民同志为核心的党中央周围,高举邓小平理论伟大旗帜,按照"三个代表"的要求,齐心协力,扎实工作,为全面完成农村扶贫开发的各项任务而努力奋斗。

中共中央 国务院
关于做好 2001 年农业和农村工作的意见

（二〇〇一年一月十一日）

党的十五届五中全会通过的《中共中央关于制定国民经济和社会发展第十个五年计划的建议》，对我国新世纪初的发展作出了重大部署。继续发挥农业对国民经济和社会发展的支撑作用，是顺利实施“十五”计划的重要保证。必须坚定不移地加强农业的基础地位，切实解决农村面临的突出问题，确保农业发展、农民增收和农村稳定。

根据我国农业综合生产能力提高、农产品供求关系变化的实际情况，党中央及时作出了农业和农村经济发展进入新阶段的重要判断，提出了对农业和农村经济结构实行战略性调整的重大决策，统一了干部群众的思想，明确了继续前进的方向。近两年，各地积极研究新阶段农业和农村经济的运行规律，面向市场调整结构，取得了初步成效，并在实践中积累了一些有益的经验。农业基础设施建设、生态环境建设、农村社会发展和稳定工作也有新的进展。农村形势总的是好的。当前突出的问题是农民增收困难。农产品销售不畅、价格低落、乡镇企业效益下降的情况没有根本改变，农民收入增长缓慢，中西部地区特别是粮食主产区甚至出现负增长，城乡居民收入差距进一步拉大。农民收入问题不仅关系农村的改革、发展和稳定，而且关系国民经济和社会发展的全局。农产品供给能力的提高如果不能给农民带来实惠，来之不易的供求平衡局面就会发生逆转；农民购买力不提高，扩大内需的方针就达不到预期的效果；农民生活不改善，影响农村社会稳定的因素就会增加；农民的投入和积累能力不强，我国农业就难以适应日趋激烈的国际市场竞争；农业和农村经济不能稳定发展，国民经济的好形势就难以保持。必须高度重视农民收入问题，把千方百计增加农民收入作为做好新阶段农业和农村工作、推进农业和农村经济结构调整的基本目标，并放在整个经济工作的突出位置。

新阶段发展农村经济，增加农民收入，要有新的思路。要大力调整农业结构，向农业的深度和广度进军，全面提高农业的素质和效益，这是增加农民收入的主要途径。坚持深化农村改革，落实农村政策，把农民积极性切实地保护好、调动好、发挥好，这是增加农民收入的动力源泉。坚持实施科教兴农战略，加快农业科技创新步伐，把农业和农村经济的发展真正转到主要依靠科技进步和提高农民素质的轨道上来，这是增加农民收入的重要支撑。发展农村二、三产业，推进农村城镇化，逐步转移农业富余劳动力，这是增加农民收入的根本出路。加强农村基础设施建设，改善农业生产条件，加大对农业的支持和保护力度，这是增加农民收入的有力保障。

一、继续推进农业结构的战略性调整，全面提高农业的素质和效益

当前我国农业结构不合理，主要表现在农产品质量不高，不能适应市场需求的变化；农业区域结构雷同，影响各地比较优势的发挥；农产品加工程度低，制约增值效益的提高和消费需求的扩大。推进农业结构的战略性调整，必须牢牢把握住提高质量和效益这个中心环节，面向市场，依靠科技，在优化品种、优化品质、优化布局和提高加工转化水平上下功夫。只有这样，才能使我国农业在新的台阶上继续保持旺盛的发展活力，促进农民收入的持续增长。

农业产业化经营，是在坚持家庭承包经营

基础上推进规模经营和农业现代化的有效途径,也是加快农业结构战略性调整的重要带动力量。各级政府和有关部门要认真总结经验,加强对农业产业化经营的扶持和引导。要重点扶持有条件的龙头企业建设农产品生产、加工、出口基地,引进、开发和推广新品种、新技术,增强市场竞争力和对农民的带动力。对农产品加工企业、批发市场、合作组织等各种类型、各种所有制的农业产业化经营龙头企业,只要有市场、有效益,能够增加农民收入,都要一视同仁,给予扶持。要引导龙头企业与农户在农业产业化经营的分工协作中互利互惠,共同发展。有关部门要抓紧制定农业产业化发展规划,根据市场需求推进产业化,避免重复建设和盲目发展。

农业结构调整要依据市场规律,尊重农民意愿,维护农户生产经营自主权。要坚持土地承包30年不变的政策,不能以任何借口侵害农民的土地承包权。生产什么,如何生产,只能由农民根据市场变化自主决策。各级政府和有关部门要加强市场信息服务、技术服务和销售服务,绝不能搞行政命令、瞎指挥。

二、坚持抓好粮食生产,提高粮食生产效益

粮食是农业和农村经济结构调整的基础,也是当前农民特别是主产区农民收入的重要来源。粮食的稳定,对整个国民经济健康发展和社会稳定具有十分重要的意义。在推进农业结构调整中,一定要重视保护粮食生产能力,特别是保护好基本农田,不能随意把耕地转为非农用地。这是关系国家粮食安全的大事,切不可大意。

粮食生产要优化品质、搞好转化、提高效益。各地应从当地实际出发,因地制宜地调整种植业结构。沿海经济发达地区和大中城市郊区,要在保护好基本农田的前提下,继续调整种植业结构,大力发展高效农业和创汇农业。粮食主产区在全国粮食生产中举足轻重,要充分发挥粮食生产优势,在稳定粮食生产的基础上,加快优质品种的引进、繁育和推广,大力发展粮食的加工转化,提高粮食生产效益。国家要调整商品粮基地建设的内容和布局,在农业基础设施建设、粮食收购储存、发展粮食加工等方面,加大对粮食主产区的支持力度。

按保护价敞开收购农民余粮,是稳定粮食市场、增加农民收入、保护粮食生产能力的重大举措,要统一思想,认真落实。国有粮食购销企业要增强全局意识和政策观念,认真执行国家的粮食购销政策,坚决纠正一些地方限收拒收、压级压价收购等损害农民利益的错误做法。地方财政要积极筹措资金,确保粮食风险基金及时、足额到位。要切实贯彻优质优价原则,引导农民调整种植结构。有关部门要做好技术、信息和市场服务工作,着力解决良种供应、质量标准、检测手段、收储设施、产销衔接等问题,使优质优价政策真正落到实处。各级党委、政府要定期组织对粮食购销政策执行情况的检查,发现问题,及时纠正。

三、逐步转移农业富余劳动力,多渠道增加农民收入

促进农业富余劳动力逐步从种植业向多种经营、乡镇企业和小城镇转移,是提高农业劳动生产率的必由之路,也是使农村丰富的劳动力资源得到充分利用、多渠道增加农民收入的客观需要。不改变九亿农民搞饭吃的局面,农民就富裕不起来,农村现代化就难以实现。这是一个伴随经济发展逐步推进的过程,需要经过长期的努力才能实现。当前,要利用农产品供给充足的有利条件,适当加快农业富余劳动力转移的步伐。

转移农业富余劳动力,首先要向农业的深度和广度进军。合理利用荒山、荒坡、荒滩、荒水和草地等各种农业资源,采取承包、租赁、拍卖等不同形式,大力发展多种经营;进一步加强畜禽良种繁育体系、疫病防治体系和饲料安全体系建设,把畜牧水产业发展成为大产业;积极发展农产品加工业,延长农业产业链,创造更多的就业需求和增收门路。

发展乡镇企业是转移农业富余劳动力的重要途径。要引导乡镇企业继续推进两个根本性转变,加快结构调整、技术进步和体制创新,实现新的发展。乡镇企业要立足当地资源优势,重点发展农副产品加工、储藏、保鲜、运销等行业,加快改造传统工业,积极发展商业、运输、饮食服务、旅游等劳动密集型产业。加大科技投入,搞好技术改造。放手让群众从实际出发,探索和选择企业的经营方式和组织形式。

发展小城镇既要积极又要稳妥。要科学规划,合理布局,明确发展重点,防止一哄而起。现阶段主要发展县城和少数有基础、有潜力的建制镇,充分发挥这些中心城镇的作用。

发展小城镇关键是发展经济,要以产业发展为依托,在加工、贸易和旅游等方面形成有特色的主导产业,特别要与农业产业化、乡镇企业、专业市场和社会化服务体系建设结合起来,逐步形成产业发展、人口聚集、市场扩大的良性循环,增强小城镇吸纳农村人口、带动农村发展的能力。各地要抓紧制定促进小城镇发展的投资政策、土地政策和户籍改革实施办法。对农民跨地区就业和进入城市务工,要切实加强引导和管理,使之有序进行。

四、加快农村税费改革,从根本上减轻农民负担

在当前农民增收困难的情况下,切实减轻农民负担,让农民休养生息,对于促进农业和农村经济发展,保持农村社会稳定,具有特殊重要的意义。要坚决贯彻执行中央关于减轻农民负担的各项政策措施。农村税费改革是减轻农民负担的治本之策,各地要按照国务院的统一部署,积极推进这项工作。

农村税费改革涉及农村各方面利益关系,政策性强。各级党委和政府一定要充分认识这项改革的艰巨性和复杂性,切实加强领导,党政主要负责同志要亲自抓,负起全面责任。要统筹规划,精心组织,认真测算,制定好方案。在实施过程中,要严格按政策办事,做好深入细致的工作,尤其是在农业税应税面积、常年产量、计税价格等指标的计算上要实事求是,不得弄虚作假,不能简单化。要认真研究解决改革过程中出现的新情况、新问题,及时化解矛盾,完善有关配套政策,确保改革顺利进行。

要以农村税费改革为契机,积极稳妥地推进乡镇机构改革。乡镇政府要转变职能,下决心精简机构,裁减人员,减少村组补贴干部人数,优化农村教师队伍。有条件的地方,可以在不影响社会稳定的前提下适当撤并乡(镇),以利于精简机构和人员,减轻农民负担。为保证基层组织的正常运转,税费改革后形成的乡、村正常收支缺口,中央和省级财政通过转移支付给予适当补助。

继续做好农民负担的监督管理工作。针对农村中小学乱收费、报刊征订中乱摊派、电网改造中搭车收费和乱收电费等问题,开展专项治理,对清理出来的问题要坚决纠正。规范各种行政事业性收费和服务性收费,纠正没有法律依据、不按规定程序和标准的收费。对于那些不顾中央三令五申加重农民负担的地方和部门,要坚决查处,并追究领导责任。

五、加大投入力度,加强农业和农村基础设施建设

近几年水旱灾害对农业造成巨大损失,说明我国农业抗灾能力还不强。必须多渠道增加投入,长期进行农业和农村基础设施建设。

水利建设要坚持“兴利除害结合、开源节流并重、防洪抗旱并举”的方针,继续搞好大江大河大湖治理,抓紧病险水库除险加固,加快重大水资源控制性工程建设。根据我国水资源紧缺的实际,要把节水放在突出位置,着力抓好水资源优化配置和节水工作,努力提高用水效率。大型灌区是我国粮食的主要生产基地,节水潜力很大,要加快节水改造和配套建设,强化渠道防渗和管理输水措施,尽量减少输水损失。改革水费和灌区管理体制,促进灌区节水。干旱地区要发动群众,因地制宜开展小型、微型水利工程和雨水集蓄工程建设,同时要加强规划管理。大力推广节水灌溉技术和旱作农业技术,提高水的利用率。目前农村有些地方人畜饮水困难,要切实加大这方面投入,尽快予以解决。

按照《全国生态环境建设规则》的要求,继续实施重点地区天然林资源保护工程、防护林体系建设工程和长江、黄河上中游地区生态建设综合治理工程。坚持开展以小流域为单元的水土保持综合治理。有计划、分步骤地实施退耕还林还草,加快京津风沙源区综合治理,恢复和建设天然草场,保护湿地。加强林木良种和草籽基地建设。

坚持实施农业综合开发,继续改造中低产田,加强商品粮和优质农产品基地建设。加大种子工程、畜禽水产良种、动植物保护体系的建设力度。农产品批发市场体系、农业市场信息体系、农产品质量标准和检测体系建设,要按照确定的规划,落实资金,加快进度。

农业和农村基础设施建设,当前要着力加强乡村道路、供水供电和小城镇基础设施建设,这既能大量使用农村富余劳动力和当地建筑材料,增加农民收入,又能为农村经济的长远发展打下基础。适应农村税费改革的新情况,各级财政要按照公共财政原则,逐步增加对县以下农村公共设施建设的投入,采用财政补贴、财政贴息等多种方式,支持农村社会发展。农业和农村基础设施建设具有小型、分散等特点,要特别注意加强资金管理,防止截留、挪用,切实管好用好。

六、深化农业科技和教育体制改革,大力推进农业科技进步

实现农业增效、农民增收,必须加快农业科技进步。要适应新阶段农业和农村经济发展的要求,调整农业科研与开发的方向,重点加强优质新品种选育、节水技术、农产品精深加工和贮运技术、生态环境治理、防沙治沙技术等方面的技术攻关和成果推广。尽早颁布并实施《农业科技发展纲要》,推进新的农业科技革命。

按照有利于科技与农业的有效结合,有利于农业科技创新,有利于农业科技产业化的原则,积极推进农业科技体制改革。合理配置国家农业科研机构和高等农业院校的研究力量,充分利用现有基础,建设一批国家级重点实验室、重点研究中心和农业工程中心,集中力量从事重大农业基础研究和应用研究;有条件的农业科研机构要逐步转变为科技型企业或企业集团的技术开发机构;一部分科研机构转变为农业科技和信息中介咨询机构。改革和完善农业技术推广体系,加快先进适用技术的推广和应用。鼓励、支持企业和民办农业科技组织参与农业科研和技术推广。

积极发展农村中小学教育和成人教育,提高农村人口的科技文化素质。继续推进农村教育综合改革,实行基础教育、成人教育、职业教育"三教"统筹,促进农科教结合。农村中小学要合理调整布局,提高教学质量。采取切实措施,保证正常的教育经费,同时下大力气整顿乱收费现象,保证适龄儿童正常入学,解决一些地方存在的学生辍学问题。加强农民职业教育,建立多渠道、多层次、多形式的农民技术教育培训体系,组织农民学习先进实用技术,提高农民的知识水平、专业技能和安全生产知识,做好农村科普工作。

增加农业科技投入。重点支持农业科技示范场、示范园区和农业领域国家重点实验室的建设,支持新品种、新技术的引进、研发和推广。支持信息技术、生物技术等高新技术在农业领域的应用。

七、改革农村信用合作社,改善农村金融服务

要积极探索适应农村经济发展要求的农村金融体系、经营机制、管理体制和服务方式。当前首先要搞好农村信用社管理体制改革试点,完善方案,逐步推开。

农村信用社必须坚持为农业、农村、农民服务的方向,努力增加信贷资金,改进贷款方式,提高服务水平,充分发挥农村金融主力军和联系农民的金融纽带作用。要深化改革,明确产权关系,完善法人治理结构,落实风险责任。要转变经营作风,深入乡村,主动上门,帮助农户选好项目,搞好经营,用好贷款,增加收入。要强化内部管理,建立内控机制,健全岗位责任制，调动职工积极性，努力提高信贷质量，逐步扭亏增盈。要加强对农村信用社的金融监管，防范金融风险，同时帮助信用社解决实际困难，增强为农服务的能力。

农业银行在农业和农村经济发展中发挥着重要作用，要坚持和发扬支农传统，加强对农村的金融服务。当前，要重点支持农业产业化经营、有效益有潜力的乡镇企业发展和小城镇建设。适当增加中长期农业贷款的比重，支持农村水利、电力等基础设施建设。努力拓宽农业利用外资渠道和投融资领域。

八、坚持开发式扶贫，改善贫困地区的生产生活条件

经过艰苦努力，我国农村贫困人口的温饱问题已基本解决，《国家八七扶贫攻坚计划》确定的战略目标已基本实现。以此为标志，我国的扶贫开发进入了一个新的阶段。

扶贫开发是一项长期而艰巨的任务。各地区、各有关部门要根据贫困地区的实际情况，在调查摸底的基础上，制定今后五到十年的扶贫规划。重点做好中西部的少数民族地区、革命老区、边疆地区和特困地区的扶贫工作。继续坚持开发式扶贫方针，支持贫困地区的基础设施建设，改善生产生活条件，增强自我积累、自我发展的能力。重视开展科技教育扶贫，提高贫困人口的科技文化素质，从根本上增强他们的脱贫致富能力。多方面增加扶贫投入，扩大以工代赈规模。继续开展对口帮扶和定点扶贫工作。

目前农村一些受灾地区的农民群众生产和生活不同程度地存在困难，各级党委、政府务必给予高度关注。要组织干部深入灾区，调查研究，掌握情况，采取切实措施，把群众的生产生活安排好。要落实好受灾地区的税费减免政策，及时发放救灾资金和物资。继续动员社会力量支援灾区，开展群众性的互助互济和生产自救活动。

九、扩大农业对外开放，积极参与国际竞争

充分发挥我国农业的比较优势，重点扶持和扩大畜禽、水产品、水果、蔬菜、花卉及其加工品等劳动密集型产品、特色产品和有机食品的出口。坚持以质取胜战略，努力提高出口产品质量，培育名牌产品。加快新产品开发，优化出口结构，提高产品加工水平和附加值。选择有基础、有潜力的地区和企业，进行集中扶持，建设高标准、高起点的农产品出口基地。抓紧建立无公害农产品安全生产体系，尽快落实无规定疫病畜产品出口保护区的建设工作。出口企业要加强行业自律，规范出口秩序。

要积极实施“走出去”战略。鼓励和引导国内有条件的企业到境外投资办厂，发展农产品加工贸易，合作开发土地、林业以及渔业等资源。有计划地组织劳务输出，参与国外农业开发、水利工程承包等。有关部门要为农业企业“走出去”提供信息和法律咨询服务，简化手续，搞好协调，加强管理。

各地区和有关部门要组织力量，研究制定农业对外开放战略，分品种、分行业、分地区深入研究加入世界贸易组织的影响，抓紧制定切实可行的应对措施。

十、深入开展“三个代表”重要思想的学习教育，促进农村社会全面进步

农村正在进行的“三个代表”重要思想学习教育活动，是事关农村工作全局的大事，各地务必按照中央的部署，抓好落实。要按照“三个代表”的要求，全面加强党的农村基层组织、精神文明和民主法制建设，促进两个文明协调发展，确保农村社会稳定。

要努力开创农村基层组织建设新局面。适应新时期农村的发展变化，改革基层干部选拔任用制度，加强乡村领导班子和干部队伍建设；探索基层组织的设置和活动方式，扩大党的工作的影响力；加强对农村党员的教育和管理，发挥党员的先锋模范作用。要切实加强农村社会主义精神文明建设，推动文化、科技、卫生“三下乡”，丰富农村的文化生活。提倡科学，反对迷信。继续抓好计划生育工作，实行优生优育，稳定低生育水平，提高人口素质。推进农村医疗卫生体制改革，合理配置农村医疗卫生资源,加强农村医疗、疾病控制和预防保健工作。要以坚持依法行政和完善村民自治为重点,加强农村基层民主法制建设。深入开展普法教育,推进农村基层依法治理,提高县乡干部依法行政、村干部和村民代表依法办事能力。按照村民委员会组织法的规定,民主选举村委员,加强村民自治的制度建设,重点完善村务公开、财务公开的监督制度。全面推行乡镇政务公开制度。要加强对农村基层干部的教育和培训,帮助他们提高政策水平,增强法制观念,改进思想和工作作风,进一步密切党群、干群关系。

正确处理人民内部矛盾,是维护新形势下农村社会稳定的关键。要倡导干部用说服教育、示范引导和提供服务的方法处理同农民的关系。尊重农民的土地承包权、生产经营自主权和财产所有权,切实维护农民的合法权益。做好经常性的隐患排查工作,及时发现和化解矛盾,把问题解决在萌芽状态。落实领导责任,一旦发生群体性事件,当地党政主要负责同志要到现场,面对面地做好工作,防止事态扩大和矛盾激化。全面落实农村社会治安综合治理的各项措施,继续深入开展同“法轮功”等邪教组织的斗争,严厉打击各种刑事犯罪和恶势力,扫除黄赌毒等社会丑恶现象。

今年是实施“十五”计划的第一年,各级党委和政府必须高度重视农业、农村和农民工作,把加强农业和增加农民收入摆在国民经济的首位,在以江泽民同志为核心的党中央领导下,振奋精神,扎实工作,勇于创新,努力开拓农业和农村工作的新局面,为顺利实现“十五”计划的各项目标做出贡献。

中华人民共和国国务院令

第 299 号

《长江三峡工程建设移民条例》已经 2001 年 2 月 15 日国务院第 35 次常务会议通过,现予公布,自 2001 年 3 月 1 日起施行。

总　理　朱镕基

二〇〇一年二月二十一日

长江三峡工程建设移民条例

第一章　总　　则

第一条　为了做好三峡工程建设移民工作,维护移民合法权益,保障三峡工程建设,促进三峡库区经济和社会发展,制定本条例。

第二条　三峡工程建设移民,适用本条例。

第三条　三峡工程建设,实行开发性移民方针,统筹使用移民资金,合理开发资源,保护生态环境,妥善安置移民,使移民的生产、生活达到或者超过原有水平,为三峡库区经济和社会发展创造条件。

第四条　三峡工程建设移民工作应当与三峡库区建设、沿江地区对外开放、水土保持和环境保护相结合。

第五条　三峡工程建设移民,实行国家扶持、各方支援与自力更生相结合的原则,采取前期补偿、补助与后期生产扶持相结合的方针,兼顾国家、集体和个人的利益。

三峡工程淹没区、移民安置区所在地的人民政府和群众应当顾全大局，服从国家统筹安排，正确处理移民搬迁和经济发展的关系。

第六条 三峡工程建设移民，实行移民任务和移民资金包干的原则。

第七条 国家对三峡工程建设移民依法给予补偿。具体补偿标准由国务院三峡工程建设委员会移民管理机构会同国务院有关部门组织测算、拟订，报国务院批准后执行。

第八条 三峡工程建设移民工作实行统一领导、分省（直辖市）负责、以县为基础的管理体制。

国务院三峡工程建设委员会是三峡工程建设移民工作的领导决策机构。

国务院三峡工程建设委员会移民管理机构负责三峡工程建设移民工作。

湖北省、重庆市人民政府负责本行政区域内三峡工程建设移民工作，并设立三峡工程建设移民管理机构。

三峡工程淹没区和移民安置区所在地的市、县、区人民政府负责本行政区域内三峡工程建设移民工作，并可以根据需要设立三峡工程建设移民管理机构。

第二章　移民安置

第九条 三峡工程建设移民安置，应当编制移民安置规划。移民安置规划应当与土地利用总体规划相衔接。

水利部长江水利委员会会同湖北省、重庆市人民政府，负责编制《长江三峡工程水库淹没处理及移民安置规划大纲》（以下简称《规划大纲》），报国务院三峡工程建设委员会审批。

湖北省、重庆市人民政府应当按照《规划大纲》，负责组织本行政区域内有关市、县、区人民政府编制并批准有关市、县、区的移民安置规划，并分别汇总编制本省、直辖市的移民安置规划，报国务院三峡工程建设委员会备案。

国务院三峡工程建设委员会移民管理机构应当加强对移民安置规划实施情况的监督。

第十条 经批准的移民安置规划应当严格执行，不得随意调整或者修改；确需调整或者修改的，应当按照原审批程序报批。

第十一条 三峡工程建设用地按照批准的规划，一次审批，分期划拨，并依法办理土地权属变更登记手续。

三峡工程建设移民迁建用地应当严格控制规模，并依据土地利用总体规划和土地利用年度计划，分批次逐级上报省级以上人民政府依法办理农用地转用和土地征用手续。移民迁建用地不得转让，不得用于非移民项目。

第十二条 因三峡工程建设和移民迁建，土地被全部征用并安置在第二产业、第三产业或者自谋职业的农村移民，经本人同意，由有关县、区人民政府批准，可以转为非农业户口。

第十三条 移民安置地的有关地方人民政府应当合理调整土地，鼓励移民在安置地发展优质、高效、高产农业和生态农业；有条件的地方，可以通过发展第二产业、第三产业安置移民。

第十四条 三峡工程建设移民安置实行就地安置与异地安置、集中安置与分散安置、政府安置与移民自找门路安置相结合。移民首先在本县、区安置；本县、区安置不了的，由湖北省、重庆市人民政府在本行政区域内其他市、县、区安置；湖北省、重庆市安置不了的，在其他省、自治区、直辖市安置。

第十五条 农村移民需要安置到本县、区其他农村集体经济组织的，由该农村集体经济组织与县、区人民政府移民管理机构或者负责移民管理工作的部门签订协议，并按照协议安排移民的生产、生活。

第十六条 移民在本县、区安置不了，需要在湖北省、重庆市行政区域内其他市、县、区安置的，由迁出地和安置地的市、县、区人民政府签订协议，办理有关手续。

移民需要在湖北省、重庆市以外的地区安置的，分别由湖北省、重庆市人民政府与安置地的省、自治区、直辖市人民政府签订协议，办理有关手续。

第十七条 三峡工程受益地区和有条件的省、自治区、直辖市及其市、县、区应当接收政府组织外迁和投亲靠友自主外迁的三峡库区农村移民,并及时办理有关手续,统一安排移民的生产、生活。

投亲靠友自主外迁的三峡库区农村移民,应当持有迁出地的县、区人民政府出具的证明。

第十八条 农村居民点迁建应当按照移民安置规划,依法编制新居民点建设规划。编制新居民点建设规划,应当因地制宜,有利生产,方便生活。

新建居民点的道路、供水、供电等基础设施,由乡(镇)、村统一组织施工。

房屋拆迁补偿资金按照农村房屋补偿标准包干到户,由移民用于住房建设。

移民建造住房,可以分户建造,也可以按照自愿原则统一建造。有关地方人民政府以及村民委员会不得强行规定建房标准。

第十九条 城镇迁建,应当按照移民安置规划,依法编制迁建区详细规划,并确定需要迁建的公共建筑和各项基础设施的具体位置。

城镇公共建筑和各项基础设施迁建补偿资金实行包干管理,其数额按照实际淹没损失和适当发展的原则核定。

城镇迁建中单位和居民搬迁的补偿资金实行包干管理,其数额按照实际淹没损失核定。

第二十条 需要迁建的城镇应当提前建设基础设施。

对自筹资金或者使用非移民资金提前搬迁的单位和居民,有关地方人民政府不得减少其应得的移民资金数额。

第二十一条 有关地方人民政府应当根据国家产业政策,结合技术改造,对需要搬迁的工矿企业进行统筹规划和结构调整。产品质量好、有市场的企业,可以通过对口支援,与名优企业合作、合资,把企业的搬迁与企业的重组结合起来;技术落后、浪费资源、产品质量低劣、污染严重的企业,应当依法实行兼并、破产或者关闭。

有关地方人民政府应当妥善安排破产、关闭企业职工和离退休人员的基本生活,做好再就业和社会养老保险工作。

工矿企业搬迁补偿资金实行包干管理,其数额按照实际淹没损失的重置价格核定。

第二十二条 因三峡工程蓄水被淹没的公路、桥梁、港口、码头、水利工程、电力设施、电信线路、广播电视等基础设施和文物古迹需要复建的,应当根据复建规划,按照经济合理的原则,预先在淹没线以上复建。复建补偿资金实行包干管理,其数额按照原规模、原标准或者为恢复原功能所需投资核定。

第二十三条 城镇迁建单位、工矿企业和居民的搬迁以及基础设施的复建,因扩大规模和提高标准超过包干资金的部分,分别由有关地方人民政府、有关单位、居民自行解决。

第二十四条 移民工程建设应当做好项目前期论证工作。城镇、农村居民点、工矿企业、基础设施的选址和迁建,应当做好水文地质、工程地质勘察、地质灾害防治勘查和地质灾害危险性评估。

第二十五条 移民工程建设应当履行基本建设程序,严格执行国务院2000年1月发布的《建设工程质量管理条例》规定的各项制度,确保建设工程质量。

移民工程建设施工,应当保护生态环境,防止植被破坏和水土流失。

第二十六条 安置移民生产,严禁开垦25度以上的坡地;已经开垦的,应当按照规划退耕还林还草。对已经开垦的25度以下的坡地,应当因地制宜,采取“坡改梯”措施,实行山水林田路综合规划治理。

第二十七条 三峡工程淹没区的林木,在淹没前已经达到采伐利用标准的,经依法批准后,林木所有者可以采伐、销售;不能采伐利用的,淹没后按照《规划大纲》的规定给予补偿。

第二十八条 三峡工程建设,应当按照“保护为主、抢救第一”和“重点保护、重点发掘”的原则，做好文物抢救、保护工作。

第三章 淹没区、安置区的管理

第二十九条 有关地方人民政府应当加强对三峡工程淹没区基本建设的管理。任何单位和个人不得在淹没线以下擅自新建、扩建和改建项目。违反《国务院办公厅关于严格控制三峡工程坝区和库区淹没线以下区域人口增长和基本建设的通知》的规定，在1992年4月4日后建设的项目，按照违章建筑处理。

第三十条 三峡库区有关公安机关应当加强对淹没区的户籍管理，严格控制非淹没区人口迁入淹没区。1992年4月4日后，按照《国务院办公厅关于严格控制三峡工程坝区和库区淹没线以下区域人口增长和基本建设的通知》的规定允许迁入的人口，经县级以上人民政府公安机关批准入户的，由国家负责搬迁安置；因其他原因擅自迁入的人口，国家不负责搬迁安置。

三峡库区各级地方人民政府和有关单位应当加强计划生育管理，控制人口增长，保证库区的人口出生率不超过湖北省、重庆市的规定。

本条第一款所称允许迁入的人口，是指因出生、婚嫁、工作调动、军人转业退伍和高等院校、中等专业技术学校毕业分配以及刑满释放等迁入的人口。

第三十一条 按照移民安置规划必须搬迁的单位和移民，不得拒绝搬迁或者拖延搬迁；已经搬迁并得到补偿和安置的，应当及时办理补偿销号手续，并不得返迁或者要求再次补偿。

按照移民安置规划已经搬迁的单位和移民，其搬迁前使用的土地及其附着物由当地县级人民政府依法处理。

第三十二条 三峡水库消落区的土地属于国家所有，由三峡水利枢纽管理单位负责管理，可以通过当地县级人民政府优先安排给当地农村移民使用；但是，不得影响水库安全、防洪、发电和生态环境保护。因蓄水给使用该土地的移民造成损失的，国家不予补偿。

第三十三条 有关地方人民政府应当对三峡工程移民档案加强管理，确保档案完整、准确和安全。

第四章 移民资金使用的管理和监督

第三十四条 移民资金实行静态控制，动态管理。除价格指数变动、国家政策调整和发生不可抗力外，不再增加移民资金。

第三十五条 移民资金年度计划应当纳入国家年度投资计划。

国务院三峡工程建设委员会移民管理机构根据经批准的三峡工程移民安置规划，组织编制移民资金年度计划，报国务院审批。

县级以上地方人民政府移民管理机构或者负责移民管理工作的部门组织编制本行政区域的移民资金年度项目计划，经本级人民政府审核同意后报上一级人民政府移民管理机构审批。

经批准的移民资金年度项目计划，不得擅自调整；确需调整的，应当报原审批机关批准。

第三十六条 移民资金安排应当突出重点，保证移民安置进度与枢纽工程建设进度相适应。

移民资金由有关地方人民政府按照移民安置规划安排使用。

有移民安置任务的省、自治区、直辖市人民政府应当根据国家移民资金投资包干方案，将移民资金拨付到县级人民政府和有关单位，由县级人民政府和有关单位将移民资金具体落实到各类移民投资项目。

第三十七条 移民资金应当在国务院三峡工程建设委员会移民管理机构或者省、自治区、直辖市人民政府移民管理机构指定的银行专户存储、专账核算。国务院或者省、自治区、直辖市人民政府确定的移民资金管理部门应当按照包干方案、移民资金年度项目计划和进度及时拨付移民资金。

第三十八条 移民资金应当用于下列项目:

(一)农村移民安置补偿;

(二)城镇迁建补偿;

(三)工矿企业迁建补偿;

(四)基础设施项目复建;

(五)环境保护;

(六)国务院三峡工程建设委员会移民管理机构规定的与移民有关的其他项目。

任何部门、单位和个人不得挤占、截留和挪用移民资金。

第三十九条 移民资金存储期间的孳息,应当纳入移民资金,不得挪作他用。

第四十条 有关地方人民政府设立的城镇迁建工程建设指挥部(管委会)不是一级财务核算单位,移民项目资金不得经其转拨。

第四十一条 国家对移民资金的管理、拨付和安排使用实行稽察制度,对管理、拨付和安排使用移民资金的有关地方人民政府及其有关部门、机构的负责人实行任期经济责任审计制度。

第四十二条 县级以上人民政府应当加强对下级人民政府及其有关部门管理、拨付和安排使用移民资金情况的监督。

各级人民政府移民管理机构或者负责移民管理工作的部门应当加强内部审计和监察,定期向本级人民政府、上级主管部门报告移民资金年度项目计划执行情况、移民资金拨付和使用情况。

第四十三条 有移民任务的乡(镇)、村应当建立健全财务管理制度,乡(镇)、村移民资金的使用情况应当张榜公布,接受群众监督。

第四十四条 各级审计机关和监察、财政部门应当加强对移民资金管理、拨付和安排使用的审计和监察、监督,依法履行国家有关法律、法规赋予的职责。

审计机关和监察、财政部门进行审计和监察、监督时,有关单位和个人应当予以配合,及时提供有关资料。

第五章 扶持措施

第四十五条 国家从三峡电站的电价收入中提取一定资金设立三峡库区移民后期扶持基金,分配给湖北省、重庆市和接收外迁移民的省、自治区、直辖市人民政府,用于移民的后期扶持。具体办法由财政部会同国务院有关部门制定,报国务院批准后执行。

第四十六条 三峡电站投产后缴纳的税款依法留给地方的部分,分配给湖北省、重庆市人民政府,用于支持三峡库区建设和生态环境保护。具体办法由财政部会同国务院有关部门制定,报国务院批准后执行。

第四十七条 农村移民建房占用耕地,免征耕地占用税。三峡工程坝区和淹没区建设占用耕地,按照应纳税额的40%征收耕地占用税;城镇、企业事业单位搬迁和基础设施复建占用耕地,按照国家有关规定缴纳耕地占用税。缴纳的耕地占用税全部用于三峡库区农村移民安置。

第四十八条 三峡电站投产后,应当优先安排三峡库区用电。

第四十九条 国家将三峡库区有水电资源条件的受淹县、区列为农村水电初级电气化县,予以扶持。

第五十条 国家将三峡库区具备一定条件的受淹县、区优先列入生态农业试点示范县,予以扶持,并优先安排基本农田及水利专项资金,用于移民安置区农田水利建设。

第五十一条 国务院有关部门和湖北省、重庆市人民政府及其有关部门在安排建设项目、分配资金时,对三峡库区有关县、区应当优先照顾。

第五十二条 国务院有关部门和有关省、自治区、直辖市应当按照优势互补、互惠互利、长期合作、共同发展的原则,采取多种形式鼓励名优企业到三峡库区投资建厂,并从教育、文化、科技、人才、管理、信息、资金、物资等方面对口支援三峡库区移民。

第五十三条　国家在三峡库区和三峡工程受益地区安排的建设项目,应当优先吸收符合条件的移民就业。

第五十四条　国家对专门为安置农村移民开发的土地和新办的企业,依法减免农业税、农业特产农业税、企业所得税。

第六章　罚　　则

第五十五条　违反本条例规定,未经批准,擅自调整、修改移民安置规划和移民资金年度项目计划的,由规划、计划的审批机关责令限期改正;逾期不改正的,对直接负责的主管人员和其他直接责任人员,依法给予行政处分。

第五十六条　违反本条例规定,擅自将移民迁建用地的使用权转让或者用于非移民项目的,由县级以上人民政府土地行政主管部门会同同级移民管理机构依据职责,责令限期改正,没收违法所得,并处违法所得1倍以上3倍以下的罚款。没收的违法所得和收缴的罚款,全部纳入移民资金,用于移民迁建。

第五十七条　违反本条例规定,在淹没线以下擅自新建、扩建和改建项目的,由县级以上人民政府移民管理机构依据职责,责令停止违法行为,限期恢复原状,可以处5万元以下的罚款;造成损失的,依法承担赔偿责任。

第五十八条　违反本条例规定,在移民搬迁和安置过程中,有下列行为之一的,由县级以上人民政府移民管理机构会同同级有关部门依据职责,责令限期改正,给予警告;构成违反治安管理行为的,由公安机关依法予以处罚:

(一)拒绝搬迁或者拖延搬迁的;

(二)按照规定标准已获得安置补偿,搬迁后又擅自返迁的;

(三)按照规定标准获得安置补偿后,无理要求再次补偿的。

第五十九条　违反本条例规定,有下列行为之一的,由有关审计机关、财政部门依照审计、财政法律、法规的规定予以处罚;对直接负责的主管人员和其他直接责任人员,依法给予行政处分;构成犯罪的,依法追究刑事责任:

(一)将移民资金用于非移民项目、偿还非移民债务和平衡地方财政预算的;

(二)利用移民资金进行融资、投资和提供担保的;

(三)购买股票、债券和其他有价证券的;

(四)利用其他方式挪用移民资金的。

第六十条　违反本条例规定,在国务院三峡工程建设委员会移民管理机构或者省、自治区、直辖市人民政府移民管理机构指定的银行之外的金融机构存储移民资金的,由县级以上人民政府移民管理机构按照职责分工,责令限期改正,给予警告;对直接负责的主管人员和其他直接责任人员,依法给予行政处分;有违法所得的,没收违法所得,并处违法所得1倍以上3倍以下的罚款。

第六十一条　违反本条例规定,挤占、截留移民资金的,由有关审计机关、财政部门依法予以追缴,可以处挤占、截留移民资金数额1倍以下的罚款;对直接负责的主管人员和其他直接责任人员,依法给予行政处分。

第六十二条　在移民工程建设中,破坏植被和生态环境,造成水土流失的,依照环境保护法和水土保持法的有关规定处罚。

第六十三条　国家机关工作人员在移民工作中玩忽职守、滥用职权、徇私舞弊,构成犯罪的,依法追究刑事责任;尚不构成犯罪的,依法给予行政处分。

第七章　附　　则

第六十四条　本条例自2001年3月1日起施行。1993年8月19日国务院公布施行的《长江三峡工程建设移民条例》同时废止。

国务院关于进一步做好农村税费改革试点工作的通知

国发〔2001〕5号

各省、自治区、直辖市人民政府,国务院各部委、各直属机构:

《中共中央、国务院关于进行农村税费改革试点工作的通知》(中发〔2000〕7号)发布以来,各级党委和政府高度重视,深入实际,调查研究,制定方案,组织试点,为推进农村税费改革做了大量工作。安徽在全省范围进行了改革试点,还有一些省、自治区、直辖市选择了部分县(市)进行试点。总体看,各地的试点工作进展顺利,取得了初步成效。实践证明,中央关于进行农村税费改革的决策是完全正确的,改革措施是符合农村实际的,得到了广大农民群众和基层干部的拥护和支持。按照党的十五届五中全会和中央经济工作会议精神,2001年要在总结安徽等地试点经验的基础上,进一步做好农村税费改革试点工作。总的要求和方针是:加强领导,完善政策;扩大试点,积累经验;配套推进,稳步实施,切实减轻农民负担,确保农村税费改革取得成功。为了积极稳妥地做好试点工作,特作如下通知。

一、切实加强对农村税费改革试点工作的领导

农村税费改革是继实行家庭承包经营之后,党中央、国务院为加强农业基础、保护农民利益、维护农村稳定而推行的又一项重大改革。搞好这项改革,对减轻农民负担,制止农村"三乱"(乱集资、乱收费、乱罚款和各种摊派),增强农业基础地位,促进农村社会稳定和国民经济持续快速健康发展具有深远的意义。各级党委和政府要从全局和战略的高度,充分认识农村税费改革的重要性、艰巨性和复杂性,把做好农村税费改革工作作为农业发展新阶段解决好农业、农村、农民问题的一件大事来抓。考虑到各地情况不同,今年农村税费改革是否在全省(自治区、直辖市)范围内全面推开,由各省(自治区、直辖市)党委、政府结合当地实际情况自主决定,中央不作统一规定。条件具备并决定在全省(自治区、直辖市)范围内全面推开的,其改革方案要报经国务院审批;条件暂不成熟的,要选择若干县(市)扩大试点,积累经验,为下一步全面推开做好必要的准备。

各地在进行农村税费改革试点工作中,党政主要负责同志要亲自抓、负全责,并层层落实领导责任制,明确工作目标和任务。要坚持"减轻、规范、稳定"的原则,扎实地做好各项基础工作,牢牢把握改革的正确方向,周密设计方案,精心组织实施。在改革过程中,要坚持走群众路线,尊重群众和基层的实践,不断丰富和完善改革方案及配套措施。要深入实际,调查研究改革中出现的新情况和新问题,及时协调解决各方面的利益矛盾。要做好干部培训工作,教育基层干部准确领会和掌握中央的政策,严格依法行政,照章办事,主动承担和克服改革中的困难。要采取各种形式向社会特别是广大农民进行宣传,使改革成为广大农民的自觉行动。教育农民依法履行纳税义务,对有意拖欠、拒缴和抗税的,应依法予以追缴;要认真落实各项农业税费减免政策,对确有困难并符合减免条件的农户,给予必要的减免照顾。同时,要注意把握好宣传尺度,准确客观如实地评价减轻农民负担的效果,确保改革的顺利推进。

中央有关部门要讲政治、顾大局,转变工作思路,密切配合,带头执行农村税费改革的各项政策,自觉服从农村税费改革的总体安排，积极支持地方搞好改革试点工作，不要干预地方机构改革、压缩人员、经费安排等具体事务。国务院农村税费改革工作小组要加强调查研究，帮助地方完善改革试点方案，加强对各地改革试点工作的指导，及时总结改革试点中的经验，对改革中的问题及时提出对策建议。

二、进一步完善农村税费改革的有关政策

（一）合理确定农业税计税土地面积、常年产量和计税价格。核定农业税计税土地面积，要按照中发〔2000〕7号文件的规定，坚持以二轮承包土地面积为依据。同时，对新增的耕地或因征占、自然灾害等减少的耕地，可按照实际情况进行个别调整。农业税计税常年产量应坚持以1998年前五年农作物实际平均产量据实核定。经过核定的计税土地面积和常年产量要征求农民意见，得到农民认可，并张榜公布。坚决杜绝为增加税费收入，采取高估常年产量、增加农民负担的错误做法。同时，也要防止采取简单确定减负比例，倒算常年产量和农业税税率等不规范的做法。农业税计税价格要综合考虑粮食保护价和市场价的因素合理确定，并保持相对稳定，具体由省级人民政府统一规定。

（二）采取有效措施均衡农村不同从业人员的税费负担。我国地域辽阔，区域经济发展水平和农村不同从业人员收入差异较大，各地在改革中要从当地实际情况出发，采取有效措施均衡农村不同从业人员负担。一是原由集体经济组织负担的有关税费，改革后原则上继续由集体经济负担，不能将负担转嫁给农民；二是对承包土地达到一定规模的种粮大户，要制定必要的优惠政策，适当减轻税费负担，保护农民的种粮积极性；三是对不承包土地的务工经商农民，是否需要和具体采取什么形式收取一定的资金用于发展村级公益事业，由省级人民政府根据当地实际确定；四是国有农场、林场应纳入农村税费改革范围，按照稳定并适当减轻现有负担水平的原则，合理核定其农业税适用税率和税额，具体由省级人民政府根据本地实际情况确定。

（三）调整完善农业特产税政策，减轻生产环节税收负担。为减轻生产农业特产品农民的税费负担，按照农业特产税税率略高于农业税税率的原则，进一步降低茶叶、水果、原木、原竹等特产品税率。对某些适宜在收购环节征收农业特产税的应税产品，可从生产环节改在收购环节征收，以切实减轻农民负担。

（四）在不增加农民负担的前提下，妥善解决村级三项费用开支。实施农村税费改革后，多数地方的村级三项费用（村干部报酬、村办公经费、五保户供养经费）存在一定开支缺口。解决这个问题，从根本上讲，要靠深化改革、发展经济和节减村级开支。在目前试点过程中，地方可以按照中发〔2000〕7号文件有关农业税及其附加、农业特产税的规定征收，村级三项费用经费缺口由乡镇财政适当补助；也可以按中发〔2000〕7号文件精神在农业税及附加总体负担水平不超过8.4%的前提下，通过适当降低农业税税率，相应提高农业税附加比例的办法，增加村级收入。具体采取哪一种办法，由省级人民政府结合实际情况确定。

（五）妥善解决取消统一规定的"两工"后出现的问题。取消统一规定的劳动积累工和义务工，有利于从根本上杜绝强行以资代劳，减轻农民负担，有利于农村劳动力的合理流动，各地要坚决执行。地方在实施过程中，可以一步到位，也可以分步取消。实行分步取消"两工"的地方，要明确过渡期限，一般不要超过三年。取消"两工"后，各级政府要积极采取措施，妥善解决农田水利等基本建设和维护所需要的资金投入。今后，凡属于沿长江、黄河、松花江、辽河、淮河、洞庭湖、鄱阳湖、太湖等大江大河大湖地区，进行大中型水利基础设施修建和维护，所需资金应在国家和省级基本建设投资计划中予以重点保证；农村小型农田水利建设项目，应从地方基本建设计划中安排资金。坚决取消基本建设投资中要求农民出资出劳进行配套的做法。中央部门和地方各级政府安排的公路建设、农业综合开发、水利设施等基本建设,应按照“谁建设、谁拿钱”和量力而行的原则,不留投资缺口。属于防洪、抢险、抗旱等紧急任务,经县级以上人民政府批准,可以临时动用农村劳动力,但也要明确规定动用期限和数量。村内集体生产公益事业用工,严格实行“一事一议”和上限控制的原则,不得强行以资代劳。除此之外,动用农村劳动力应当实行自愿有偿的原则。

(六)保障农村义务教育经费投入。在农村税费改革过程中,要高度重视农村义务教育的稳定和发展。农村税费改革必须相应改革农村义务教育管理体制,由过去的乡级政府和当地农民集资办学,改为由县级政府举办和管理农村义务教育,教育经费纳入县级财政,并建立和完善农村义务教育经费保障机制,加强县级政府对教师管理和教师工资发放的统筹职能,将农村中小学教师工资的管理上收到县,由县级财政按国家规定的标准及时足额发放。各省级政府要参照改革前农村中小学校的实际公用经费,核定本地区标准和定额,扣除学校适当收取的杂费,其余部分由县级地方财政在预算中予以安排。中央和省级政府要加大对农村义务教育的支持力度,通过转移支付支持贫困县的义务教育,并安排专项资金用于贫困地区农村中小学危房改造和校舍建设,确保农村义务教育的健康发展。

三、认真做好农村税费改革试点的各项配套工作

(一)改革和精减机构、压缩人员、节减开支,转变乡镇政府职能。要按照社会主义市场经济发展要求,科学界定乡镇政府职能和设置机构,切实减少政府的行政审批;要充分发挥村民自治组织的作用,减少政府对经济社会事务的直接干预。精简乡镇机构、压缩财政供养人员、调整支出结构、节减经费开支,是推进农村税费改革,确保改革取得成功最重要的配套措施。这项工作要在各级党委和政府的领导下,有计划、分步骤地进行。要坚决清退编外和临时招聘人员。在此基础上,精简乡镇党政机构和人员编制,进一步压缩乡镇干部和事业单位人员。有条件的地方,可以适当撤并小的乡镇。要压缩村组干部人数,实行交叉任职。改革后,每个行政村按3—5人配备村干部,组干部一般由村干部兼任,减少组干部的补贴人数和补贴标准,压缩村级支出。要进一步优化教育资源配置,合理调整农村中小学校布局。根据实际情况适当撤并规模小的学校和教学点,提高农村学校办学效益。精简和优化中小学教师队伍,坚决辞退代课教师,依法辞退不合格教师,压缩农村中小学校非教学人员,清退临时工勤人员。有关部门要抓紧研究制定科学合理的教职工与学生人数或教职工与班级数比例,并据此核定中小学校编制,进一步规范和加强中小学教职工编制管理。要切实重视人口与计划生育工作,稳定计划生育工作队伍,保证其必要的经费投入。要大力加强和改革完善农业技术推广工作,更好地为农业产业结构调整和发展农村经济服务。

(二)加大中央和省两级财政转移支付力度,为农村税费改革提供必要的财力保证。农村税费改革后,为保障基层政权组织正常运转,对乡镇政府和村级组织出现的收支缺口,要在地方精简机构、削减开支、调整支出结构的基础上,通过中央和省两级财政转移支付的办法给以适当补助,有条件的市(地)一级政府也应安排一定的资金支持这项改革。中央给地方的转移支付资金,按照统一规范、公正合理、公开透明,并适当照顾民族地区的原则,采用规范办法进行分配,不留机动。县、乡两级政府在安排中央和省两级财政转移支付和本级财政支出时,要首先用于发放公务员和教师等事业人员工资,保证农村中小学校正常运转所需的公用经费。要加强中央转移支付资金使用的监督管理,防止截留挪用。对截留挪用转移支付资金,以及继续搞“三乱”加重农民负担的有关责任人员和上级主要负责人,要坚决给予纪律处分,中央财政还将相应扣减该地区下一年度的转移支付资金。

(三)严格规范农业税征收管理,促进农业税收征管的法制化。各地要采取措施防止农业税征收过程中发生随意扩大或减少计税土地面积、人为提高或降低常年产量等不规范行为。要通过法制宣传和政策教育，让农民依法履行纳税义务。各有关部门要针对目前存在的问题，抓紧制订具体措施，对农业税收征管程序、征收方式、强制执行措施、征管执法主体的权利与责任等问题进行明确规范。同时，要加快制定《农业税收征收管理条例》，尽快将农业税收征管纳入规范化、法制化轨道。

（四）建立健全村级“一事一议”的筹资筹劳管理制度。为规范村级“一事一议”筹资筹劳管理，各地要按照农业部《村级范围内筹资筹劳管理暂行规定》，结合实际情况，制定具体的实施办法。一是明确“一事一议”筹资筹劳范围。哪些事可以议，哪些事不能议，要有明确规定。二是制定合理的筹资筹劳上限控制标准。省级人民政府应根据本地区经济发展水平和生产公益事业任务，分类确定村内“一事一议”筹资筹劳的上限控制标准。三是明确议事规程。属于农民筹资筹劳范围的事项，村民委员会应于年初提出具体预算，经村民大会或村民代表大会讨论通过，报乡镇政府批准后执行。切实防止把“一事一议”筹资筹劳变成固定收费项目。四是加强村级财务监督管理。要根据中发〔2000〕7 号文件精神，对农业税附加和农业特产税附加等用于村级开支的集体资金，按村设账，审核预算，审查开支，加强监督管理。要成立由村民代表参加的村民理财小组，实行民主管理、财务公开、村民监督、上级审计。防止村级三项费用被截留、平调和挪用。

（五）切实执行中央减轻农民负担政策，建立有效的农民负担监督管理机制。农村税费改革后，要继续加强对农民负担的监督管理工作。当前，要重点治理面向农村中小学生的乱收费、农村用电乱收费、报刊订阅摊派以及各种要求农民出钱出物的达标升级活动。对其他涉及农民负担的乱收费和搭车收费，都要认真进行清理整顿。要加强农村经营服务性收费管理，为农民提供服务应坚持农民自愿原则，不得强制服务、强行收费。不得将一些已经取消的行政事业性收费转为经营性收费。同时，要防止出现在实施农村税费改革前突击清欠、预收乡统筹费和村提留等加重农民负担的现象。要继续落实好党政领导亲自抓、负总责的工作制度和专项治理的部门责任制，实行农民负担“一票否决”，加大查处力度。抓紧建立健全农民负担监测、信访举报、监督检查、案件查处等各项制度。要修订和制定有关法律法规，为全面推进农村税费改革、减轻农民负担、巩固改革成果提供强有力的法律保障。

（六）认真研究和积极探索有效办法，妥善处理乡村不良债务。乡村债务产生的原因比较复杂，解决起来需要一个过程。这个问题不是农村税费改革中新出现的问题，原则上应与农村税费改革分开处理。要认真清理乡村债务，摸清底数，分清责任，区别情况，分类处理，逐步化解。应剥离的剥离，该清偿的清偿，能核销的核销。当前，要采取切实措施防止发生新的不良债务。各地要结合实际，加强指导，制定乡村债务的具体处理办法，不能简单由政府背起来，更不能摊到群众头上，以免影响农村税费改革的顺利进行。

国务院

二〇〇一年三月二十四日

国务院关于整顿和规范市场经济秩序的决定

国发〔2001〕11 号

各省、自治区、直辖市人民政府，国务院各部委、各直属机构：

建立规范的市场经济秩序,既是保证当前经济正常运行的迫切需要,又是完善社会主义市场经济体制的重要举措。为了进一步深化改革、扩大对外开放,营造国民经济持续快速健康发展的良好环境,根据当前我国市场经济秩序的现状,国务院决定,在全国范围内开展整顿和规范市场经济秩序的工作。

一、充分认识整顿和规范市场经济秩序的重要意义

(一)良好的市场经济秩序,是建立社会主义市场经济体制的客观要求。近年来,全国开展了打击走私、偷税、骗税、骗汇和制售假冒伪劣商品等违法犯罪活动的专项斗争,取得了明显成效,对促进社会主义市场经济的健康发展,发挥了重要作用。

(二)市场经济秩序混乱的问题必须引起高度重视。由于复杂的经济、社会和思想原因,当前一些领域中市场经济秩序仍然相当混乱,主要表现在:假冒伪劣产品充斥市场,偷税、骗税、骗汇和走私活动屡禁不止,商业欺诈、逃废债务现象日益严重,财务失真、违反财经纪律的行为比较普遍,工程建设领域招投标弄虚作假、工程质量低劣的问题相当突出,文化市场混乱问题群众反映强烈,生产经营中的重大特大安全事故时有发生。这些问题触目惊心,不仅严重影响国民经济健康运行,给国家、企业和人民群众利益造成重大损害,而且造成投资环境恶化,社会道德水准下降,败坏国家信誉和改革开放的形象。大力整顿和规范市场经济秩序,已经成为当务之急。

(三)整顿和规范市场经济秩序具有重要意义。今后五年,是我国完善社会主义市场经济体制和扩大对外开放的重要时期。建立良好的市场经济秩序,既是重大的经济问题,也是严肃的政治问题;既是提高国民经济整体素质和竞争力的必然选择,也是进一步扩大对外开放的必要条件;既是巩固我国现代化建设成果的重大举措,也是全面推进社会文明进步的内在要求。各地区、各部门必须从贯彻落实江泽民总书记"三个代表"重要思想的高度,站在国家安危、民族兴衰和现代化事业成败的高度,充分认识整顿和规范市场经济秩序的重要性、紧迫性和艰巨性,坚持不懈地抓好这项工作。

二、整顿和规范市场经济秩序的主要内容和当前工作重点

(四)今后五年的主要任务。整顿和规范市场经济秩序是一项涉及面广、十分复杂的工作。必须坚持深化改革与加强法制并举的指导思想,标本兼治,边整边改,着力治本。针对市场经济秩序方面存在的问题,"十五"时期整顿和规范市场经济秩序的主要内容包括以下几个方面:

1. 打击制售假冒伪劣商品、偷税、骗税、骗汇、走私、制贩假币等违法犯罪活动。继续查处制假售假问题突出的重点商品、重点市场、重点地区和大案要案。打击伪造、倒卖、虚开增值税专用发票进行涉税犯罪活动的专业化作案团伙。取缔非法买卖外汇。严防走私回潮。

2. 整顿建筑市场。查处在工程建设中规避招标和招投标中的弄虚作假,转包、违法分包和无证、越级承包工程,以及违反法定建设程序及不执行强制性技术标准、偷工减料、以次充好等行为。

3. 整顿和规范金融秩序。查处银行、证券、保险机构的违法违规经营活动。取缔非法金融机构和非法变相从事金融业务的活动。打击和制止金融欺诈、操纵证券市场和内幕交易、恶意逃废债务等行为。

4. 严肃财经纪律。加强对财政资金、重大投资项目、重点专项资金、国有金融机构和国有企业资产质量的审计。查处私设"小金库"、账外经营、截留、坐支、挪用国家资金等违反财经法纪行为。打击伪造各种票据、会计凭证、会计账簿和提供虚假财务会计报告等违法行为。

5. 规范中介机构的行为,实行中介机构市场准入制度。整顿经济鉴证服务市场。严肃查处中介机构出具虚假资信证明、虚假评估、虚假鉴证等不法行为，对严重违法违规的中介机构和人员实行禁入制度。

6. 推进文化和旅游市场整顿。开展“扫黄打非”斗争，打击侵权盗版、制贩非法出版物等违法犯罪活动。加强对电子游戏、歌舞娱乐经营场所的监管。查处非法经营的各类“网吧”。整顿文物市场。规范旅游业经营秩序。

7. 打破地区封锁和部门、行业垄断。查处行政机关、事业单位、垄断性行业和公用企业妨碍公平竞争，阻挠外地产品或工程建设类服务进入本地市场的行为，以及其他各种限制企业竞争的做法。

8. 强化安全生产管理和安全监察。抓紧重点行业的安全整顿，加强对事故隐患及危险源的综合治理。对不符合基本安全生产条件或整改无效的企业和经营单位，坚决予以关闭。

（五）当前的工作重点。在全面整顿和规范市场经济秩序的基础上，根据每个时期的不同特点，分别确定各阶段整治的重点。当前，要紧紧抓住直接关系广大群众切身利益、群众反映强烈、社会危害严重的几个突出问题，主要包括：以食品、药品、农资、棉花以及拼装汽车等为重点，打击制售假冒伪劣商品的行为；以查处规避招标、假招标和转包为重点，整顿和规范建筑市场；以查处偷税、骗税、非法减免税为重点，强化税收征管；以查处地区封锁和部门、行业垄断为重点，打击地方保护主义；以清理压缩音像集中经营场所，查处非法经营的“网吧”、“游戏机房”为重点，整顿文化市场。

经过全国范围内的集中整顿和打击，争取用一年左右的时间，使严重破坏市场经济秩序违法犯罪活动蔓延的势头得到明显遏制；后果严重、影响恶劣的大案要案得到揭露和处理；触犯刑律的犯罪分子移送司法机关得到严厉惩处；有关法律、法规得到进一步完善；执法队伍和执法力度得到加强；群众对市场经济秩序的满意程度明显提高，整顿和规范市场经济秩序的工作取得阶段性的成果。

三、加大打击力度，严惩破坏市场经济秩序的违法犯罪活动

（六）加大打击违法犯罪活动的力度。依法严惩破坏市场经济秩序的违法犯罪行为，是整顿和规范市场经济秩序的重要措施。行政主管部门与执法部门要加强协调配合，始终保持严打的高压态势。行政执法部门在查处违法行为中发现的犯罪线索，必须及时通报并依法移送公安部门及其他有关部门，坚决制止一些地方和部门存在的瞒案不报、以罚代管、以罚代刑现象，造成严重后果的要严肃追究责任。依法加大对破坏市场经济秩序行为的处罚力度，让违法犯罪者为其行为付出巨大代价，切实起到震慑作用。

（七）严惩各种违法犯罪分子。集中力量侦破一批涉及面广、数额巨大、影响恶劣、严重破坏市场经济秩序的大案要案，依法严惩一批违法犯罪的首恶分子和惯犯。对国家机关中与犯罪分子相互勾结，包庇、纵容违法犯罪活动的人员，要一查到底，绝不姑息。违纪的必须严肃处理，触犯刑律的必须依法追究刑事责任。

（八）建立健全举报奖励制度。各地区、各部门要建立通畅的渠道，认真受理群众和企业的举报、投诉，制定并完善举报奖励办法，筹措奖励经费，对举报有功人员予以重奖，并采取有效的保护措施。

四、深化改革，转变政府职能

（九）进一步理顺政府部门职能，明确分工。规范市场经济秩序，首先要规范政府行为。各级政府都要与各类生产经营活动和中介机构彻底脱钩，把培育市场体系、监督市场运行、维护公平竞争、调整经济结构、推进营销方式改革、创造良好的经济运行环境，作为自己的重要责任。政府部门之间要明确职责分工，避免因职能交叉造成管理上的重复或疏漏，影响市场经济秩序。

（十）切实减少行政性审批。加快清理政府审批事项，大幅度减少行政性审批，主要发挥市场在资源配置中的基础性作用。对没有法律、法规依据，或可以用市场机制代替的行政审批,坚决予以废止。依法需要保留的行政性审批,要程序公开,手续简便,除法定规费外,一律不准收费。按照审批权力与责任挂钩的原则,建立行政审批责任追究制度。

(十一)打破地方封锁和行业垄断。彻底清理并废除各地区、各部门制定的带有地方封锁和行业垄断内容的规章。禁止任何单位或个人违反法律、行政法规,以任何形式阻挠、干预外地产品或工程建设类等服务进入本地市场,或者对阻挠、干预外地产品或工程建设类等服务进入本地市场的行为纵容、包庇,限制公平竞争。进一步加快垄断行业的改革和重组,推进政企分开,强化竞争机制,推行现代化服务方式,实现规模经营。

五、健全市场法律法规,严格执法

(十二)完善市场法律法规体系。根据整顿和规范市场经济秩序的需要,清理不符合市场经济要求的法律法规,按照立法的法定程序适时提出制定、修订有关法律的建议,制定、修订行政法规。加强现有法律法规的宣传教育,在全社会树立政府部门必须依法行政、企业和公民必须守法经营的观念。

(十三)坚决纠正执法不严、违法不究的现象。依法行政、有法必依、严格执法是政府的重要职责,对扰乱市场经济秩序行为不予制止是政府的失职。加强行政执法与刑事执法的衔接,建立信息共享、沟通便捷、防范有力、查处及时的打击经济犯罪的协作机制,对破坏市场经济秩序构成犯罪行为的,及时移送司法机关处理。

(十四)加强行政执法机构和执法队伍建设。进一步改善执法机构装备,加强执法系统基础设施建设。严格执行行政性收费和罚没收入"收支两条线"的规定,坚决纠正各种形式的收支挂钩现象。同时,要增加财政投入,保证办案经费需要。加强执法队伍建设,努力提高执法人员的业务素质和执法水平,提高工作效率,从严惩治并清除执法队伍中的腐败分子。

六、完善市场监督机制,加大监管力度

(十五)加快建设"金关"、"金税"、"金卡"、"金盾"工程等信息网络监管系统。以信息技术为手段,强化市场监督管理。已经建成的电子监管系统要尽快实现全国联网,并加快相关部门之间的网络互联,实现监管信息交流和共享,充分发挥高新技术在整顿和规范市场经济秩序中的作用。信息网络监管手段建设进展迟缓的部门和单位,可视情节轻重追究主管领导的责任;故意设置障碍严重影响市场监管的,要撤销其领导职务。

(十六)建立健全以行业自律、新闻监督、群众参与为主要内容的社会监督体系。充分发挥商会、行业协会等组织的作用,教育、监督、约束企业自觉遵守法律法规。进一步加强电视、广播、报刊、网络等媒体的舆论监督,加大对大案要案的披露和对查处工作的宣传报道力度,扶正压邪,形成整顿和规范市场经济秩序的浓厚舆论氛围。提高全民质量意识和安全意识,人人自觉抵制假冒伪劣商品,制止违反安全规程的行为,维护自身合法权益。社会中介机构作为维护市场经济秩序的重要力量,要进一步发挥其服务、沟通、公证、监督的功能。

七、加强思想道德教育,建立健全社会信用制度

(十七)把依法治国和以德治国结合起来。在全社会进行诚实守信的思想道德教育,努力建立适应社会主义市场经济发展的思想道德体系,使全体人民自觉遵守市场经济秩序,形成良好的道德风尚,带动和促进社会风气的进一步好转。

(十八)建立健全符合市场经济体制要求的社会信用制度。缺乏信用不仅造成经济关系的扭曲,社会交易成本增加,而且败坏社会风气,已经成为当前影响我国经济健康运行的一个突出问题。因此,要逐步建立企业经济档案制度和个人信用体系,防止商业欺诈、恶意拖欠及逃废债务等不法行为的发生。

八、加强领导,分工负责

(十九)建立"全国统一领导,地方政府负

责，部门指导协调，各方联合行动”的工作格局。

1. 成立全国整顿和规范市场经济秩序领导小组，并设立办公室（设在国家经贸委）。领导小组的主要任务是统一领导全国整顿和规范市场经济秩序的工作，指导、部署和协调各项专项整治行动；定期检查各地区、各部门的工作进展情况，及时向国务院报告整顿和规范市场经济秩序中的重大事项。

2. 实行省长（主席、市长）负责制，由省（区、市）政府组织领导本地区的整顿和规范市场经济秩序工作。各地区也要确定本地的整顿工作重点，进行具体部署并加强监督检查。对整顿工作不力，市场经济秩序混乱而又长期得不到有效治理的地区，要依法、依纪追究当地政府主要负责人和有关负责人的责任，构成犯罪的要依法追究刑事责任。

3. 国务院各部门要按照职责分工，对主管领域市场经济秩序的整顿和规范工作，切实负起责任。对列入全国重点整顿范围的问题，要按照国务院的统一部署，深入开展专项整治；没有列入全国重点整治范围的，也要确定整顿和规范的具体内容，提出标本兼治的措施。各部门要尽快提出同本决定配套的法规和政策，协助搞好对各级政府公务员的培训，并指导地方政府抓好在全国有影响的大案要案的查处工作。要严肃执法，边整边改，转变职能，建章立制，完善法律法规，不断巩固整顿和规范市场经济秩序的成果。

4. 各行政主管部门和执法部门，在整顿和规范市场经济秩序工作中，要相互支持，密切合作，加强协调，形成合力。在查处跨地区的违法活动时，地区、部门之间要联合行动，相互配合。各部门在工作中要从大局出发，力戒政出多门、互相推诿扯皮。

整顿和规范市场经济秩序，是一项时间紧、任务重、涉及面广、政策性强的工作，各地区、各部门要按照国务院的统一部署，结合实际确定工作重点，提出时间和进度要求，严格依法进行整顿，维护企业的正常生产经营活动。在规范中整顿，在整顿中规范，通过整顿和规范使市场经济秩序得到根本好转，为经济和社会发展创造良好环境。

国务院

二〇〇一年四月二十七日

国务院关于加强国有土地资产管理的通知

国发〔2001〕15号

各省、自治区、直辖市人民政府，国务院各部委、各直属机构：

改革开放以来，随着土地使用制度改革的深化，土地资源的资产价值得到体现，逐步适应城市建设、企业改革、经济结构调整的需要。但目前国有土地资产通过市场配置的比例不高，透明度低；划拨土地大量非法入市，隐形交易；随意减免地价，挤占国有土地收益的现象严重，使得大量应由国家取得的土地收益流失到少数单位和个人手中。这不仅严重影响了对土地的保护和合理开发、利用，而且滋生腐败现象。为加强国有土地资产管理，切实防止国有土地资产流失，现就有关问题通知如下：

一、严格控制建设用地供应总量

严格控制土地供应总量是规范土地市场的基本前提。只有在严格控制土地供应总量的前提下，才能有效发挥市场配置土地资源的基础性作用，充分实现土地资产价值，提高土地资源利用效率。各级政府必须严格执行土地利用总体规划、城市规划和土地利用年度计划，严格控制新增建设用地供应总量。要抓住经济结构调整的有利时机，把土地利用引导到对存量建设用地的调整和改造上来,优化土地利用结构。

各地要加大对闲置土地的处置力度,积极稳妥地解决历史遗留问题,最大限度地减少国有资产的损失。对依法应无偿收回的闲置土地,要坚决收回。

坚持土地集中统一管理,确保城市政府对建设用地的集中统一供应。各地不得违反国家有关规定擅自设立工业园、科技园、开发区等各类园、区,经批准设立的市辖区工业园、科技园、开发区等各类园、区的土地必须纳入所在城市用地统一管理、统一供应。对已经列入城市建设用地范围的村镇建设和乡镇企业用地也要按城镇化要求,统一规划、开发。

为增强政府对土地市场的调控能力,有条件的地方政府要对建设用地试行收购储备制度。市、县人民政府可划出部分土地收益用于收购土地,金融机构要依法提供信贷支持。

二、严格实行国有土地有偿使用制度

严格执行《中华人民共和国土地管理法》、《中华人民共和国城市房地产管理法》关于划拨用地范围的规定,任何单位和个人均不得突破。除法律规定可以采用划拨方式提供用地外,其他建设需要使用国有土地的,必须依法实行有偿使用。国土资源部要依据法律规定,抓紧制订具体的划拨用地目录。

土地使用者需要改变原批准的土地用途、容积率等,必须依法报经市、县人民政府批准。对原划拨用地,因发生土地转让、出租或改变用途后不再符合划拨用地范围的,应依法实行出让等有偿使用方式;对出让土地,凡改变土地用途、容积率的,应按规定补交不同用途和容积率的土地差价。

各地要加强对经济适用住房建设用地的管理。经济适用住房建设用地必须符合土地利用总体规划、城市规划和土地利用年度计划,严格控制占用耕地,严禁开发商以开发经济适用住房名义牟取暴利。要对经济适用住房的建设标准和销售对象作出严格规定,具体办法由建设部制定。

要进一步加强国有土地收益的征收和管理,任何单位和个人均不得减免和挤占挪用土地出让金、租金等土地收益。对于低价出让、租赁土地,随意减免地价,挤占挪用土地收益,造成国有土地资产流失的,要依法追究责任。

三、大力推行国有土地使用权招标、拍卖

为体现市场经济原则,确保土地使用权交易的公开、公平和公正,各地要大力推行土地使用权招标、拍卖。

国有建设用地供应,除涉及国家安全和保密要求外,都必须向社会公开。商业性房地产开发用地和其他土地供应计划公布后同一地块有两个以上意向用地者的,都必须由市、县人民政府土地行政主管部门依法以招标、拍卖方式提供,国有土地使用权招标、拍卖必须公开进行。要严格限制协议用地范围。确实不能采用招标、拍卖方式的,方可采用协议方式。采用协议方式供地的,必须做到在地价评估基础上,集体审核确定协议价格,协议结果向社会公开。

四、加强土地使用权转让管理

土地使用权要依法公开交易,不得搞隐形交易。划拨土地使用权未经批准不得自行转让。出让和承租国有土地使用权首次转让,必须符合法律规定和出让、租赁合同约定的条件。土地使用权交易要在有形土地市场公开进行,并依法办理土地登记。土地行政主管部门要加强对出让、租赁合同的管理,受让人和承租方未付清全部出让金、租金的,不得为其发放土地使用证,未达到法律规定和合同约定的投资开发条件的,土地使用权不得转让。

土地使用权抵押应当依法办理抵押登记。设定房地产抵押权的土地使用权是以划拨方式取得的,依法拍卖该房地产后,受让人应当依法与土地所在地的土地行政主管部门签订土地使用权出让合同,从拍卖价款中缴纳土地使用权出让金后,抵押权人方可优先受偿。

以营利为目的,房屋所有人将以划拨方式取得国有土地使用权后所建房屋出租的,应将租金中所含土地收益上缴国家。

国有土地使用权转让，转让双方必须如实申报成交价格。土地行政主管部门要根据基准地价、标定地价对申报价格进行审核和登记。申报土地转让价格比标定地价低20%以上的，市、县人民政府可行使优先购买权。

五、加强地价管理

市、县人民政府要依法定期确定、公布当地的基准地价和标定地价，切实加强地价管理。凡尚未确定基准地价的市、县，要按照法律法规规定和统一的标准，尽快评估确定；已经确定基准地价的市、县，要根据土地市场价格变化情况，及时更新。要根据基准地价和标定地价，制定协议出让最低价标准。基准地价、协议出让土地最低价标准一经确定，必须严格执行并向社会公开。各级人民政府均不得低于协议出让最低价出让土地。要抓紧建立全国地价动态监测信息系统，对全国重要城市地价水平动态变化情况进行监测。

六、规范土地审批的行政行为

各级人民政府和土地行政主管部门掌握着土地审批和资产处置权力，责任重大，必须切实加强制度建设，规范行政行为，从制度上杜绝土地资产流失和腐败行为的发生。

(一)坚持政企分开，政事分开。土地行政主管部门一律不得兴办房地产开发公司等企业。土地估价、土地交易代理等中介服务机构必须与行政机关及其所属事业单位脱钩。

(二)坚持规范管理，政务公开。土地行政主管部门建设用地审批管理、土地资产处置等要严格执行办文制度，所有报件和批文均按规定程序办理。要增强服务意识，将办事制度、标准、程序、期限和责任向社会公开。要抓紧建立建设用地信息发布、地价和土地登记资料可查询制度。

(三)坚持内部会审，集体决策。土地行政主管部门内部要尽快健全各类审批事项的内部会审制度。农用地转用、土地征用、用地审批、土地资产处置、供地价格确定等，一律要经过内部会审，集体决策。

国务院各有关部门和各省、自治区、直辖市人民政府要认真贯彻落实本通知精神，制定具体的实施办法，逐步建立和完善各项土地资产管理制度，加强上级政府对下级政府及土地行政主管部门土地资产管理的监督。地方各级人民政府要组织力量，对行政区域内基准地价和土地资产管理规定执行情况进行检查，重点检查集体决策和结果公开的执行情况，发现问题，要依法及时处理。

国土资源部要会同有关部门负责本通知贯彻执行情况的监督检查和落实工作，重点检查落实各地土地资产管理制度的建立和执行情况，并定期向国务院报告。

国　务　院

二〇〇一年四月三十日

国务院关于基础教育改革与发展的决定

国发〔2001〕21号

各省、自治区、直辖市人民政府，国务院各部委、各直属机构：

改革开放以来，我国基础教育取得了辉煌成就。基本普及九年义务教育和基本扫除青壮年文盲(简称“两基”)的目标初步实现，素质教育全面推进。但我国基础教育总体水平还不高，发展不平衡，一些地方对基础教育重视不够。进入新世纪，基础教育面临着新的挑战，改革与发展的任务仍十分艰巨。

为了切实贯彻《中华人民共和国教育法》、《中华人民共和国义务教育法》、《中华人民共和国教师法》、《中华人民共和国未成年人保护法》等有关法律，实施《中华人民共和国国民经济和社会发展第十个五年计划纲要》，全面贯彻党的教育方针,大力推进基础教育的改革和健康发展,特作如下决定。

一、确立基础教育在社会主义现代化建设中的战略地位,坚持基础教育优先发展

1.高举邓小平理论伟大旗帜,以邓小平同志“教育要面向现代化,面向世界,面向未来”和江泽民同志“三个代表”的重要思想为指导,坚持教育必须为社会主义现代化建设服务,为人民服务,必须与生产劳动和社会实践相结合,培养德智体美等全面发展的社会主义事业建设者和接班人。

基础教育是科教兴国的奠基工程,对提高中华民族素质、培养各级各类人才,促进社会主义现代化建设具有全局性、基础性和先导性作用。保持教育适度超前发展,必须把基础教育摆在优先地位并作为基础设施建设和教育事业发展的重点领域,切实予以保障。

2.“十五”期间,地方各级人民政府要坚持将普及九年义务教育和扫除青壮年文盲作为教育工作的“重中之重”,进一步扩大九年义务教育人口覆盖范围,初中阶段入学率达到90%以上,青壮年非文盲率保持在95%以上;高中阶段入学率达到60%左右,学前教育进一步发展。

按照“积极进取、实事求是、分区规划、分类指导”的原则,不同地区基础教育事业发展的基本任务是:

(1)占全国人口15%左右、未实现“两基”的贫困地区要打好“两基”攻坚战,普及初等义务教育,积极推进九年义务教育和扫除青壮年文盲,适度发展高中阶段教育,积极发展学前一年教育。

(2)占全国人口50%左右、已实现“两基”的农村地区,重点抓好“两基”巩固提高工作,义务教育学校办学条件明显改善,教育质量和办学效益进一步提高,高中阶段教育有较大发展,积极发展学前三年教育。

(3)占全国人口35%左右的大中城市和经济发达地区,高水平、高质量普及九年义务教育,基本满足社会对高中阶段教育和学前三年教育的需求,重视发展儿童早期教育。到2010年,基础教育总体水平接近或达到世界中等发达国家水平。

3.“十五”期间,基础教育改革进一步深化,素质教育取得明显成效。德育工作的针对性、实效性和主动性进一步增强,青少年学生健康成长的社会环境进一步优化。形成适应时代发展要求的新的基础教育课程体系及国家基本要求指导下的教材多样化格局,建立并进一步完善适应素质教育要求的考试评价制度和招生选拔制度,有条件的地方要取得新的突破。全国乡(镇)以上有条件的中小学基本普及信息技术教育。初步形成适应基础教育改革和发展的教师教育体系,中小学人事制度改革取得显著进展,教师队伍的职业道德和业务水平明显提高。农村教育管理体制进一步完善,基础教育尤其是农村义务教育投入和按时足额发放中小学教师工资的保障机制进一步落实,社会力量办学进一步发展和规范。

4.大力发展高中阶段教育,促进高中阶段教育协调发展。有步骤地在大中城市和经济发达地区普及高中阶段教育。挖掘现有学校潜力并鼓励有条件的地区实行完全中学的高、初中分离,扩大高中规模。鼓励社会力量采取多种形式发展高中阶段教育。保持普通高中与中等职业学校的合理比例,促进协调发展。鼓励发展普通教育与职业教育沟通的高级中学。支持已经普及九年义务教育的中西部农村地区发展高中阶段教育。

5.重视和发展学前教育。大力发展以社区为依托,公办与民办相结合的多种形式的学前教育和儿童早期教育服务。加强乡(镇)中心幼儿园建设并发挥其对村办幼儿园(班)的指导作用。

二、完善管理体制,保障经费投入,推进农村义务教育持续健康发展

6.加强农村义务教育是涉及农村经济社会发展全局的一项战略任务。农村义务教育量大面广、基础薄弱、任务重、难度大,是实施义务教育的重点和难点。各级人民政府要牢固树立实施科教兴国战略必须首先落实到义务教育上来的思想；牢固树立解决好我国农业、农村和农民问题，要依靠大力发展农村教育，提高劳动者整体素质的思想，切实重视和加强农村义务教育。

7. 进一步完善农村义务教育管理体制。实行在国务院领导下，由地方政府负责、分级管理、以县为主的体制。国家确定义务教育的教学制度、课程设置、课程标准，审定教科书。中央和省级人民政府要通过转移支付，加大对贫困地区和少数民族地区义务教育的扶持力度。省级和地（市）级人民政府要加强教育统筹规划，搞好组织协调，在安排对下级转移支付资金时要保证农村义务教育发展的需要。县级人民政府对本地农村义务教育负有主要责任，要抓好中小学的规划、布局调整、建设和管理，统一发放教职工工资，负责中小学校长、教师的管理，指导学校教育教学工作。乡（镇）人民政府要承担相应的农村义务教育的办学责任，根据国家规定筹措教育经费，改善办学条件，提高教师待遇。继续发挥村民自治组织在实施义务教育中的作用。乡（镇）、村都有维护学校的治安和安全、动员适龄儿童入学等责任。

8. 确保农村中小学教师工资发放是地方各级人民政府的责任。省级人民政府要统筹制定农村义务教育发展和中小学布局调整的规划，严格实行教师资格制度，逐县核定教师编制和工资总额，对财力不足、发放教师工资确有困难的县，要通过调整财政体制和增加转移支付的办法解决农村中小学教师工资发放问题。县级人民政府要强化对教师工资的管理，从2001年起，将农村中小学教师工资的管理上收到县，为此，原乡（镇）财政收入中用于农村中小学教职工工资发放的部分要相应划拨上交到县级财政，并按规定设立“工资资金专户”。财政安排的教师工资性支出，由财政部门根据核定的编制和中央统一规定的工资项目及标准，通过银行直接拨入教师在银行开设的个人账户中。在此基础上，为支持国家扶贫开发工作重点县等中西部困难地区建立农村中小学教师工资保障机制，中央财政将给予适当补助。

各级人民政府要进一步加强对教师工资经费的监管，实行举报制度，对于不能保证教师工资发放，挪用挤占教师工资资金的地方，一经查实，要停止中央财政的转移支付，扣回转移支付资金，并追究主要领导人的责任。

9. 各地要依据《中华人民共和国教育法》、《中华人民共和国义务教育法》规定，继续做好农村教育费附加征收和管理工作。农村中小学危房改造的教育集资，必须严格按照有关规定执行。提倡农民通过义务劳动支持农村中小学危房改造。

实行农村税费改革试点的地区，要把农村税费改革与促进农村义务教育健康发展结合起来，对因税费改革而减少的教育经费，有关地方人民政府应在改革后的财政预算和上级转移支付资金中优先安排，确保当地农村义务教育投入不低于农村税费改革前的水平。

10. 地方各级人民政府要把农村学校建设列入基础设施建设的统一规划，高度重视农村中小学危房的改造，统筹安排相应的校舍建设资金。乡（镇）、村对新建、扩建校舍所必需的土地，应按有关规定进行划拨。

合理安排农村中小学正常运转所需经费。由省级人民政府根据当地农村中小学实际公用经费支出情况，核定本地区该项经费的标准和定额。除从学校按规定收取的杂费中开支外，其余不足部分由县、乡两级人民政府予以安排。

11. 采取有力措施，坚决刹住一些地方和学校的乱收费，控制学校收费标准，切实减轻学生家长特别是农村学生家长负担。在国家扶贫开发工作重点县等农村贫困地区义务教育阶段，实行由中央有关部门规定杂费、书本费标准的“一费制”收费制度；对其他地区，由省级人民政府按照国家有关规定，结合当地实际，确定本地区杂费、书本费的标准。杂费收入应全部用于补充学校公用经费的不足，不得用于教师工资、津贴、福利、基建等开支。地方各级人民政府和任何单位不得截留、平调和挪用农村中小学收费资金;严禁借收费搞不正之风和腐败行为。

进一步加强监管和检查,完善举报制度,对违反规定乱收费和挪用挤占中小学收费资金的行为,要及时严肃查处。政府有关部门和学校要进一步加强财务管理,努力提高经费使用效益。

12. 针对薄弱环节,采取有力措施,巩固普及九年义务教育成果。地方各级人民政府要把农村初中义务教育作为普及九年义务教育巩固提高的重点,努力满足初中学龄人口高峰期的就学需求,并采取措施切实降低农村初中辍学率。将残疾少年儿童的义务教育作为普及九年义务教育巩固提高工作的重要任务。要重视解决流动人口子女接受义务教育问题,以流入地区政府管理为主,以全日制公办中小学为主,采取多种形式,依法保障流动人口子女接受义务教育的权利。继续抓好农村女童教育。

13. 因地制宜调整农村义务教育学校布局。按照小学就近入学、初中相对集中、优化教育资源配置的原则,合理规划和调整学校布局。农村小学和教学点要在方便学生就近入学的前提下适当合并,在交通不便的地区仍需保留必要的教学点,防止因布局调整造成学生辍学。学校布局调整要与危房改造、规范学制、城镇化发展、移民搬迁等统筹规划。调整后的校舍等资产要保证用于发展教育事业。在有需要又有条件的地方,可举办寄宿制学校。

14. 规范义务教育学制。“十五”期间,国家将整体设置九年义务教育课程。现实行“五三”学制的地区,2005 年基本完成向“六三”学制过渡。有条件的地方,可以实行九年一贯制。

15. 抓住西部大开发有利时机,推动贫困地区和少数民族地区义务教育发展。继续实施第二期“国家贫困地区义务教育工程”,省级人民政府也应制定相关政策,加大对贫困地区和少数民族地区义务教育的投入力度。继续实施“东部地区学校对口支援西部贫困地区学校工程”、“大中城市学校对口支援本地贫困地区学校工程”。采取切实措施,加大对少数民族地区实施义务教育的支持力度,提高适龄儿童入学率。重视加强边境地区义务教育。继续办好内地“西藏班”、“新疆班”。

各级人民政府要完善并落实中小学助学金制度。从 2001 年开始,对贫困地区家庭经济困难的中小学生进行免费提供教科书制度的试点,在农村地区推广使用经济适用型教材。采取减免杂费、书本费、寄宿费等办法减轻家庭经济困难学生的负担。

16. 巩固扩大扫除青壮年文盲成果,大力推进贫困地区、少数民族和妇女扫除青壮年文盲工作。农村学校要积极参与扫除青壮年文盲工作,扫除青壮年文盲教育要与推广实用技术相结合。完善扫除青壮年文盲奖励机制,表彰先进。

三、深化教育教学改革,扎实推进素质教育

17. 实施素质教育,必须全面贯彻党的教育方针,认真落实《中共中央国务院关于深化教育改革全面推进素质教育的决定》(中发〔1999〕9 号),端正教育思想,转变教育观念,面向全体学生,加强学生思想品德教育,重视培养学生的创新精神和实践能力,为学生全面发展和终身发展奠定基础。

实施素质教育,促进学生德智体美等全面发展,应当体现时代要求。要使学生具有爱国主义、集体主义精神,热爱社会主义,继承和发扬中华民族的优秀传统和革命传统;具有社会主义民主法制意识,遵守国家法律和社会公德;逐步形成正确的世界观、人生观和价值观;具有社会责任感,努力为人民服务;具有初步的创新精神、实践能力、科学和人文素养以及环境意识;具有适应终身学习的基础知识、基本技能和方法;具有健壮的体魄和良好的心理素质,养成健康的审美情趣和生活方式,成为

有理想、有道德、有文化、有纪律的一代新人。

18. 切实增强德育工作的针对性、实效性和主动性。加强爱国主义、集体主义和社会主义教育,加强中华民族优良传统、革命传统教育和国防教育,加强思想品质和道德教育并贯穿于教育的全过程。主动适应新形势的要求,针对不同年龄学生的特点,调整和充实德育内容,改进德育工作的方式方法。

小学从行为习惯养成入手,重点进行社会公德教育,进行爱祖国、爱人民、爱劳动、爱科学、爱社会主义教育,联系实际对学生进行热爱家乡、热爱集体以及社会、生活常识教育。初中加强国情教育、法制教育、纪律教育和品格修养。高中阶段注重进行马列主义、毛泽东思想和邓小平理论基本观点教育。对中学生进行正确的世界观、人生观、价值观教育。要对中小学生进行民族团结教育。加强中小学生的心理健康教育。

丰富多彩的教育活动和社会实践活动是中小学德育的重要载体。小学以生动活泼的课内外教育教学活动为主,中学要加强社会实践环节。中小学校要设置多种服务岗位,让更多学生得到实践锻炼的机会。要将青少年校外活动场所建设纳入社区建设规划。各地要多渠道筹集资金,建设一批青少年学生活动场所和社会实践基地。建立健全各级青少年学生校外教育联席会议或相应机构,加强对青少年学生校外教育工作的统筹和协调。大力加强校园文化建设,优化校园育人环境,使中小学成为弘扬正气,团结友爱,生动活泼,秩序井然的精神文明建设基地。

19. 加快构建符合素质教育要求的新的基础教育课程体系。适应社会发展和科技进步,根据不同年龄学生的认知规律,优化课程结构,调整课程门类,更新课程内容,引导学生积极主动学习。小学加强综合课程,初中分科课程与综合课程相结合,高中以分科课程为主。从小学起逐步按地区统一开设外语课,中小学增设信息技术教育课和综合实践活动,中学设置选修课。普通高中要设置技术类课程。中小学都要积极开展科学技术普及活动。加强劳动教育,积极组织中小学生参加力所能及的社会公益劳动,培养学生热爱劳动、热爱劳动人民的情感,掌握一定的劳动技能。

农村中学的课程设置要根据现代农业发展和农村产业结构调整的需要,深化“农科教相结合”和基础教育、职业教育、成人教育的“三教统筹”等项改革,试行“绿色证书”教育并与农业科技推广等结合。

实行国家、地方、学校三级课程管理。国家制定中小学课程发展总体规划,确定国家课程门类和课时,制定国家课程标准,宏观指导中小学课程实施。在保证实施国家课程的基础上,鼓励地方开发适应本地区的地方课程,学校可开发或选用适合本校特点的课程。探索课程持续发展的机制,组织专家、学者和经验丰富的中小学教师参与基础教育课程改革。

20. 贯彻“健康第一”的思想,切实提高学生体质和健康水平。增加体育课时并保证学生每天参加一小时体育活动。开展经常性小型多样的学生体育比赛,培养学生团队精神和顽强意志。加强传染病预防工作和学校饮食卫生管理,防止传染病流行和食物中毒事件发生。制定并实施学生体质健康标准。有条件的地区要推行“学生饮用奶计划”。

21. 中小学要按照国家规定开设艺术课程,提高艺术教育教学质量。充分挖掘社会艺术教育资源,因地制宜地开展经常性的、丰富多彩的校内外艺术活动。各级人民政府和有关部门要重视艺术教育教师队伍建设、场地建设和器材配备工作,保证学校艺术教育的必要条件。

22. 教材编写核准、教材审查实行国务院教育行政部门和省级教育行政部门两级管理,实行国家基本要求指导下的教材多样化。国务院教育行政部门负责核准国家课程的教材编写,审定国家课程的教材及跨省(自治区、直辖市)使用的地方课程的教材;省级教育行政部门负责地方课程教材编写的核准和教材的审定。经国务院教育行政部门授权,省级教育行政部门可审定部分国家课程的教材。

改革中小学教材指定出版的方式和单一渠道发行的体制,试行出版发行公开竞标的办法,做到"课前到书,人手一册"。制定中小学教材版式的国家标准,保证教材质量,降低教材成本和价格。

23. 积极开展教育教学改革和教育科学研究。继续重视基础知识、基本技能的教学并关注情感、态度的培养;充分利用各种课程资源,培养学生收集、处理和利用信息的能力;开展研究性学习,培养学生提出问题、研究问题、解决问题的能力;鼓励合作学习,促进学生之间相互交流、共同发展,促进师生教学相长。各地要建立教育教学改革实验区和实验学校,探索、实验并推广新课程教材和先进的教学方法。各地要建设一批实施素质教育的示范性普通高中。有条件的普通高中可与高等学校合作,探索创新人才培养的途径。

广大教师要积极参加教学实验和教育科研,教研机构要充分发挥教学研究、指导和服务等作用。高等师范院校、教育科研院所要积极参与基础教育课程教材改革和教学实验。注意借鉴国外教学改革的先进经验。奖励并推广基础教育教学改革优秀成果。

24. 继续减轻中小学生过重的课业负担,尊重学生人格,遵循学生身心发展规律,保证中小学生身心健康成长。要加强教学管理,改进教学方法,提高教学质量。要丰富学生课余生活,组织好学生课外活动。

进一步加强对滥发学生用书、学具及其他学生用品的治理。任何部门和单位不得向学校搭售或强迫学校订购教辅材料,中小学校不得组织学生统一购买各种形式的教辅材料。

25. 改革考试评价和招生选拔制度。探索科学的评价办法,发现和发展学生的潜能,帮助学生树立自信心,促进学生积极主动地发展。改革考试内容和方法,小学成绩评定应实行等级制;中学部分学科实行开卷考试,重视实验操作能力考查。学校和教师不得公布学生考试成绩和按考试结果公开排队。推动各地积极改革省级普通高中毕业会考。要按照有助于高等学校选拔人才、有助于中学实施素质教育、有助于扩大高等学校办学自主权的原则,加强对学生能力和素质的考查,改革高等学校招生考试内容,探索多次机会、双向选择、综合评价的考试、选拔方式,推进高等学校招生考试和选拔制度改革。在科学研究、发明创造及其他方面有特殊才能并取得突出成绩的学生,免试进入高等学校学习。

26. 大力普及信息技术教育,以信息化带动教育现代化。各地要科学规划,全面推进,因地制宜,注重实效,以多种方式逐步实施中小学"校校通"工程。努力为学校配备多媒体教学设备、教育软件和接收我国卫星传送的教育节目的设备。有条件地区要统筹规划,实现学校与互联网的连接,开设信息技术课程,推进信息技术在教育教学中的应用。开发、建设共享的中小学教育资源库。加强学校信息网络管理,提供文明健康、积极向上的网络环境。积极支持农村学校开展信息技术教育,国家将重点支持中西部贫困地区开展信息技术教育。支持鼓励企业和社会各界对中小学教育信息化的投入。

各级人民政府和教育行政部门要重视常规实验教学,因地制宜地加强中小学实验室、图书馆(室)及体育、艺术、劳动技术等教育设施的建设,并充分向学生开放,提高教学仪器设备、图书的使用效益。鼓励各地乡(镇)中小学建立中心实验室、图书馆等,辐射周边学校。

27. 要认真贯彻实施《中华人民共和国国家通用语言文字法》,进一步加强中小学推广普通话、用字规范化工作,推广普及国家通用语言文字,把普及普通话、用字规范化纳入教育教学要求,提高学生语言文字应用能力和规范意识。

四、完善教师教育体系,深化人事制度改革,大力加强中小学教师队伍建设

28. 建设一支高素质的教师队伍是扎实推进素质教育的关键。完善以现有师范院校为主体、其他高等学校共同参与、培养培训相衔接的开放的教师教育体系。加强师范院校的学科建设,鼓励综合性大学和其他非师范类高等学校举办教育院系或开设获得教师资格所需课程。支持西部地区师范院校的建设。以有条件的师范大学和综合性大学为依托建设一批开放式教师教育网络学院。推进师范教育结构调整,逐步实现三级师范向二级师范的过渡。有条件的地区要培养具有专科学历的小学教师和本科学历初中教师,逐步提高高中教师的学历,扩大教育硕士的培养规模和招生范围。制订适应中小学实施素质教育需要的师资培养规格与课程计划,探索新的培养模式,加强教学实践环节,增强师范毕业生的教育教学与终身发展能力。

以转变教育观念,提高职业道德和教育教学水平为重点,紧密结合基础教育课程改革,加强中小学教师继续教育工作,健全教师培训制度,加强培训基地建设。加大信息技术、外语、艺术类和综合类课程师资的培训力度,应用优秀的教学软件,开展多媒体辅助教学。加强中青年教师的培训工作。在教师培训中,要充分利用远程教育的方式,就地就近进行,以节省开支。对贫困地区教师应实行免费培训。

29. 加强骨干教师队伍建设。实施"跨世纪园丁工程"等教师培训计划,培养一大批在教育教学工作中起骨干、示范作用的优秀教师和一批教育名师。在教育对口支援工作中,援助地区的学校要为受援地区的学校培养、培训骨干教师。

30. 加强中小学教师编制管理。中央编制部门要会同教育、财政部门制定科学合理的中小学教职工编制标准。省级人民政府要按照国家有关规定和编制标准,根据本地实际情况,制定本地区的实施办法。各地要核定中小学教职工编制,规范学校内设机构和岗位设置,加强编制管理。对违反编制规定擅自增加教职工人数的,要严肃处理。

大力推进中小学人事制度改革。全面实施教师资格制度,严把教师进口关。优先录用师范院校毕业生到义务教育学校任教。高中教师的补充,在录用师范院校毕业生任教的同时,注意吸收具有教师资格的其他高等学校毕业生。推行教师聘任制,建立"能进能出、能上能下"的教师任用新机制。根据中小学教师的职业特点,实现教师职务聘任和岗位聘任的统一。建立激励机制,健全和完善考核制度,辞退不能履行职责的教师。

调整优化教师队伍。实施教师资格准入制度,严格教师资格条件,坚决辞退不具备教师资格的人员,逐步清退代课人员,精简、压缩中小学非教学人员。政府部门和事业单位不得占用或变相占用中小学教职工编制,清理各类"在编不在岗"人员。

31. 依法完善中小学教师和校长的管理体制。落实《中华人民共和国教师法》规定的中小学教师的管理权限。县级以上教育行政部门依法履行中小学教师的资格认定、招聘录用、职务评聘、培养培训和考核等管理职能。

改革中小学校长的选拔任用和管理制度。高级中学和完全中学校长一般由县级以上教育行政部门提名、考察或参与考察,按干部管理权限任用和聘任;其他中小学校长由县级教育行政部门选拔任用并归口管理。推行中小学校长聘任制,明确校长的任职资格,逐步建立校长公开招聘、竞争上岗的机制。实行校长任期制,可以连聘连任。积极推进校长职级制。

五、推进办学体制改革,促进社会力量办学健康发展

32. 基础教育以政府办学为主,积极鼓励社会力量办学。义务教育坚持以政府办学为主,社会力量办学为补充;学前教育以政府办园为骨干,积极鼓励社会力量举办幼儿园;普通高中教育在继续发展公办学校的同时,积极鼓励社会力量办学。

对民办学校在招生、教师职务评聘、教研活动、表彰奖励等方面与公办学校一视同仁。政府要对办学成绩显著者予以表彰奖励。社会力量举办的全日制中小学办学所得合法资金,在留足学校发展资金后,可适当安排经费奖励学校举办者。各级教育行政部门要加强对民办中小学、幼儿园教育教学的指导和监督,要认真审核其办学资格和条件,规范其办学行为,保证其全面贯彻党的教育方针。

33. 积极鼓励企业、社会团体和公民个人对基础教育捐赠,捐赠者享受国家有关优惠政策。对纳税人通过非营利的社会团体和国家机关向农村义务教育的捐赠,在应纳税所得额中全额扣除,具体办法另行制定。国家和地方对捐助基础教育有突出贡献的单位和个人予以表彰。

34. 稳妥地搞好国有企业中小学分离工作。制定政策,多渠道筹措资金,落实分离中小学的办学经费,保障企业所属中小学分离工作顺利实施。企业中小学的分离应尊重企业的意愿。统筹安排好编制内具备教师资格的企业中小学教师。转由地方人民政府管理的企业中小学的校园、校舍、设施、设备等,不得挪用、侵占和截留,确保校产不流失。可通过办学体制改革的试验探索企业中小学分离形式。企业要继续办好未分离的中小学。

35. 加强对公办学校办学体制改革试验的领导和管理。公办学校办学体制改革要有利于改造薄弱学校,满足群众的教育需求,扩大优质教育资源。薄弱学校、国有企业所属中小学和政府新建的学校等,在保证国有资产不流失的前提下,可以进行按民办学校机制运行的改革试验。地方人民政府和教育行政部门要加强领导和管理,确保义务教育的实施和办学体制改革试验工作的健康开展。

六、加强领导,动员全社会关心支持,保障基础教育改革与发展的顺利进行

36. 各级人民政府要努力实践“三个代表”重要思想和实施科教兴国战略,宁可在别的方面忍耐一点,也要保证教育尤其是基础教育优先发展。要将基础教育工作列入议事日程,及时研究新情况、新问题,制订促进基础教育发展的措施,努力增加对基础教育的投入。各级领导同志要经常深入中小学,了解情况,指导工作,帮助学校解决办学中的突出问题。要将基础教育工作的情况作为考核地方各级人民政府领导同志的重要内容。

各级人民政府及有关部门要认真履行各自的职责,切实将基础教育事业的发展纳入国民经济和社会发展计划,切实将基础教育作为基础设施建设和教育事业发展的重点领域,切实保障基础教育改革和发展的经费投入,切实保障中小学教师工资的足额按时发放,切实治理中小学乱收费,切实加强学校安全工作和周边治安环境的治理,切实加强青少年学生活动场所建设,切实加强文化市场的管理,为基础教育事业发展和青少年学生健康成长创造良好的条件和社会环境。

37. 坚持依法治教,完善基础教育法制建设。各级人民政府及有关部门要认真贯彻执行教育的有关法律法规,提高依法治教意识,严格履行法律赋予的职责,完善行政执法监督机制,加大执法监督力度,加强学校管理,依法保障学校、教师和学生的合法权益。

将依法治教与以德治教紧密结合。各级教育行政部门和全体教育工作者,要提高以德治教的自觉性,不断加强职业道德建设,为人师表,教书育人,管理育人,服务育人,环境育人。学校教育要坚持把德育工作摆在素质教育的首要位置,以科学的理论武装人、以正确的舆论引导人、以高尚的精神塑造人、以优秀的作品鼓舞人,把学校建成社会主义精神文明建设的重要阵地。

38. 切实加强学校安全工作。各级人民政府及有关部门和学校要以对人民高度负责的态度,从维护社会稳定的大局出发,牢固树立“安全第一”的意识,建立健全确保师生安全的各项规章制度。严格学校管理,狠抓落实,采取积极的预防措施,重点防范危及师生安全的危房倒塌、食物中毒、交通、溺水等事故。要重视和加强对师生的安全教育,增强安全防范意识和自我保护能力。尽快制定中小学生伤害事故处理的有关法规,建立健全中小学安全工作责任制和事故责任追究制,确保师生人身安全和学校教育教学活动正常进行。切实维护学校及周边治安秩序，加强群防群治，警民合作，严厉打击扰乱学校治安的违法犯罪活动。

39. 加强和完善教育督导制度。坚持督政与督学相结合，继续做好贫困地区“两基”评估验收工作，保证验收质量；对已实现“两基”的地区，建立巩固提高工作的复查和督查制度。积极开展对基础教育热点难点问题的专项督导检查。在推进实施素质教育工作中发挥教育督导工作的保障作用，建立对地区和学校实施素质教育的评价机制。“十五”期间，国家和地方对实施素质教育的先进地区、单位和个人进行表彰。

40. 重视家庭教育。通过家庭访问等多种方式与学生家长建立经常性联系，加强对家庭教育的指导，帮助家长树立正确的教育观念，为子女健康成长营造良好的家庭环境。工会、共青团、妇联等团体要开展丰富多彩的家庭教育活动。

学校要加强和社区的沟通与合作，充分利用社区资源，开展丰富多彩、文明健康的教育活动，营造有利于青少年学生健康成长的社区环境。

基础教育是全社会的共同事业。继续支持开展“希望工程”、“春蕾计划”及城镇居民对农村贫困学生进行“一帮一”等多种形式的助学活动。新闻媒体要进一步加大对实施科教兴国战略，推进基础教育改革与发展的宣传力度。国家机关、企事业单位、社会团体等要发挥各自优势，共同努力，形成全社会关心、支持基础教育的良好社会氛围。

国务院

二〇〇一年五月二十九日

国务院关于印发中国农村扶贫开发纲要（2001—2010年）的通知

国发〔2001〕23号

各省、自治区、直辖市人民政府，国务院各部委、各直属机构：

现将《中国农村扶贫开发纲要（2001—2010年）》印发给你们，请结合本地区、本部门的实际情况，认真贯彻执行。

国务院

二〇〇一年六月十三日

中国农村扶贫开发纲要（2001—2010年）

序　　言

（一）缓解和消除贫困，最终实现全国人民的共同富裕，是社会主义的本质要求，是中国共产党和人民政府义不容辞的历史责任。改革开放以来，特别是实施《国家八七扶贫攻坚计划》以来，我国农村贫困现象明显缓解，贫困人口大幅度减少。到2000年底，除了少数社会保障对象和生活在自然环境恶劣地区的特困人口，以及部分残疾人以外，全国农村贫困人口的温饱问题已经基本解决，《国家八七扶贫攻坚计划》确定的战略目标基本实现。扶贫开发实现了贫困地区广大农民群众千百年来吃饱穿暖的愿望,为促进我国经济的发展、民族的团结、边疆的巩固和社会的稳定发挥了重要作用。在短短20多年时间里,我们解决了2亿多贫困人口的温饱问题,这在中国历史上和世界范围内都是了不起的成就,充分体现了有中国特色社会主义制度的优越性。

(二)扶贫开发是建设有中国特色社会主义伟大事业的一项历史任务,基本解决农村贫困人口的温饱问题只是完成这项历史任务的一个阶段性胜利。我国目前正处于并将长期处于社会主义初级阶段,在较长时期内存在贫困地区、贫困人口和贫困现象是不可避免的。当前尚未解决温饱的贫困人口,虽然数量不多,但是解决的难度很大。初步解决温饱问题的群众,由于生产生活条件尚未得到根本改变,他们的温饱还不稳定,巩固温饱成果的任务仍很艰巨。基本解决温饱的贫困人口,其温饱的标准还很低,在这个基础上实现小康、进而过上比较宽裕的生活,需要一个较长期的奋斗过程。至于从根本上改变贫困地区社会经济的落后状况,缩小地区差距,更是一个长期的历史性任务。要充分认识扶贫开发的长期性、复杂性和艰巨性,继续把扶贫开发放在国民经济和社会发展的重要位置,为贫困地区脱贫致富做出不懈努力。

(三)党中央、国务院决定:从2001年到2010年,集中力量,加快贫困地区脱贫致富的进程,把我国扶贫开发事业推向一个新的阶段。这是贯彻邓小平同志共同富裕伟大构想和江泽民同志"三个代表"重要思想的一项战略决策,是全面建设小康社会、实现社会主义现代化建设第三步战略目标的一项重大举措。

一、奋斗目标

(四)我国2001—2010年扶贫开发总的奋斗目标是:尽快解决少数贫困人口温饱问题,进一步改善贫困地区的基本生产生活条件,巩固温饱成果,提高贫困人口的生活质量和综合素质,加强贫困乡村的基础设施建设,改善生态环境,逐步改变贫困地区经济、社会、文化的落后状况,为达到小康水平创造条件。

二、基本方针

(五)坚持开发式扶贫方针。以经济建设为中心,引导贫困地区群众在国家必要的帮助和扶持下,以市场为导向,调整经济结构,开发当地资源,发展商品生产,改善生产条件,走出一条符合实际的、有自己特色的发展道路。通过发展生产力,提高贫困农户自我积累、自我发展能力。这是贫困地区脱贫致富的根本出路,也是扶贫工作必须长期坚持的基本方针。

(六)坚持综合开发、全面发展。把扶贫开发纳入国民经济和社会发展计划,要加强水利、交通、电力、通讯等基础设施建设,重视科技、教育、卫生、文化事业的发展,改善社区环境,提高生活质量,促进贫困地区经济、社会的协调发展和全面进步。

(七)坚持可持续发展。扶贫开发必须与资源保护、生态建设相结合,与计划生育相结合,控制贫困地区人口的过快增长,实现资源、人口和环境的良性循环,提高贫困地区可持续发展的能力。

(八)坚持自力更生、艰苦奋斗。充分发挥贫困地区广大干部群众的积极性、创造性,自强不息,不等不靠,苦干实干,主要依靠自身的力量改变贫穷落后面貌。

(九)坚持政府主导、全社会共同参与。各级党委和政府要适应发展社会主义市场经济的要求,加强对扶贫开发工作的领导,不断加大工作和投入力度。同时,要发挥社会主义的政治优势,积极动员和组织社会各界,通过多种形式,支持贫困地区的开发建设。

三、对象与重点

(十)扶贫开发的对象。要把贫困地区尚未解决温饱问题的贫困人口作为扶贫开发的首要对象;同时,继续帮助初步解决温饱问题的贫困人口增加收入，进一步改善生产生活条件，巩固扶贫成果。

（十一）扶贫开发的重点。按照集中连片的原则，国家把贫困人口集中的中西部少数民族地区、革命老区、边疆地区和特困地区作为扶贫开发的重点，并在上述四类地区确定扶贫开发工作重点县。东部以及中西部其他地区的贫困乡、村，主要由地方政府负责扶持。要重视做好残疾人扶贫工作，把残疾人扶贫纳入扶持范围，统一组织，同步实施。

（十二）制定规划，落实任务。各有关省、自治区、直辖市要分别制定本地区的扶贫开发规划。规划要以县为基本单元、以贫困乡村为基础，明确奋斗目标、建设内容、实施措施、帮扶单位和资金来源。制定规划要实事求是、综合设计、因地制宜、分类指导，要统一评估，统一论证，一次批准，分年实施，分期投入，分期分批地解决问题。

四、内容和途径

（十三）继续把发展种养业作为扶贫开发的重点。因地制宜发展种养业，是贫困地区增加收入、脱贫致富最有效、最可靠的途径。要集中力量帮助贫困群众发展有特色、有市场的种养业项目。贫困地区发展种养业，要以增加贫困人口的收入为中心，依靠科技进步，着力优化品种、提高质量、增加效益；要以有利于改善生态环境为原则，加强生态环境的保护和建设，实现可持续发展。帮助贫困户发展种养业，一定要按照市场需求，选准产品和项目，搞好信息、技术、销售服务，确保增产增收。要尊重农民的生产经营自主权，注重示范引导，防止强迫命令。

（十四）积极推进农业产业化经营。对具有资源优势和市场需求的农产品生产，要按照产业化发展方向，连片规划建设，形成有特色的区域性主导产业。积极发展“公司加农户”和订单农业。引导和鼓励具有市场开拓能力的大中型农产品加工企业，到贫困地区建立原料生产基地，为贫困农户提供产前、产中、产后系列化服务，形成贸工农一体化、产供销一条龙的产业化经营。加强贫困地区农产品批发市场建设，进一步搞活流通，逐步形成规模化、专业化的生产格局。

（十五）进一步改善贫困地区的基本生产生活条件。以贫困乡、村为单位，加强基本农田、基础设施、环境改造和公共服务设施建设。2010年前，基本解决贫困地区人畜饮水困难，力争做到绝大多数行政村通电、通路、通邮、通电话、通广播电视。做到大多数贫困乡有卫生院、贫困村有卫生室，基本控制贫困地区的主要地方病。确保在贫困地区实现九年义务教育，进一步提高适龄儿童入学率。

（十六）加大科技扶贫力度。在扶贫开发过程中，必须把科学技术的推广和应用作为一项重要内容，不断提高科技扶贫水平。无论是种植业、养殖业、加工业，都必须有先进实用的科学技术作为支持和保证。要充分利用科技资源和科技进步的成果，调动广大科技人员的积极性，鼓励他们到贫困地区创业，加速科技成果转化。要采取更积极的措施鼓励民间科研机构、各类农村合作组织和各类科研组织直接参加项目，在扶贫开发中发挥更重要的作用，并在科学技术推广工作中提高自身的水平，拓展更广阔的发展空间。各有关省、自治区、直辖市政府要安排资金，建立科技扶贫示范基地，注重示范效应，充分发挥科技在扶贫开发中的带动作用。

（十七）努力提高贫困地区群众的科技文化素质。提高群众的综合素质特别是科技文化素质，是增加贫困人口经济收入的重要措施，也是促进贫困地区脱贫致富的根本途径，必须把农民科技文化素质培训作为扶贫开发的重要工作。切实加强基础教育，普遍提高贫困人口受教育的程度。实行农科教结合，普通教育、职业教育、成人教育统筹，有针对性地通过各类职业技术学校和各种不同类型的短期培训，增强农民掌握先进实用技术的能力。反对封建迷信，引导群众自觉移风易俗，革除落后生活习俗,不断发展社会主义精神文明。

(十八)积极稳妥地扩大贫困地区劳务输出。加强贫困地区劳动力的职业技能培训,组织和引导劳动力健康有序流动。沿海发达地区和大中城市要按照同等优先的原则,积极吸纳贫困地区劳动力在本地区就业。贫困地区和发达地区可以就劳务输出结成对子,开展劳务协作。输入地和输出地双方政府都有责任保障输出劳动力的合法权益,关心他们的工作、生活,帮助解决实际困难和问题。

(十九)稳步推进自愿移民搬迁。对目前极少数居住在生存条件恶劣、自然资源贫乏地区的特困人口,要结合退耕还林还草实行搬迁扶贫。要在搞好试点的基础上,制定具体规划,有计划、有组织、分阶段地进行;要坚持自愿原则,充分尊重农民意愿,不搞强迫命令;要因地制宜、量力而行、注重实效,采取多种形式,不搞一刀切;要十分细致地做好搬迁后的各项工作,确保搬得出来、稳得下来、富得起来。经济发达的省市要从全局出发,适当增加吸纳和安置来自贫困地区的迁移人口,并作为对口帮扶的一项重要措施来抓。地方各级政府要制定鼓励移民搬迁的优惠政策,处理好迁入人口和本地人口的关系,尽快提高迁入人口的收入水平和生活质量。县内的移民搬迁由县政府组织,跨县的由省级政府统一组织。要做好迁出地的计划生育和退耕还林还草工作,确保生态环境有明显改善。

(二十)鼓励多种所有制经济组织参与扶贫开发。地方各级政府要创造良好的政策环境和投资条件,吸引多种所有制经济组织参与贫困地区的经济开发。对于适应市场需要,能够提高产业层次、带动千家万户增加收入的农产品加工企业,能够发挥贫困地区资源优势并改善生态环境的资源开发型企业,能够安排贫困地区剩余劳动力就业的劳动密集型企业,能够帮助贫困群众解决买难、卖难问题的市场流通企业,国家给予必要的政策扶持。

五、政策保障

(二十一)进一步增加财政扶贫资金。中央财政和省级财政都必须把扶贫开发投入列入年度财政预算,并逐年有所增加。要进一步扩大以工代赈规模。要针对目前贫困地区财政困难的实际情况,加大财政转移支付的力度。

(二十二)加强财政扶贫资金的管理,努力提高使用效益。中央财政扶贫资金主要用于扶贫开发工作重点县,适当支持其他贫困地区。财政扶贫资金(含以工代赈),实行专户管理。资金分配计划每年下达到有关省、自治区、直辖市,由地方根据扶贫开发规划统筹安排使用。中央和地方各级政府投入的财政扶贫资金,必须按照扶贫开发规划下达,落实到贫困乡、村,重点用于改变基本生产生活条件和基础设施建设。

(二十三)继续安排并增加扶贫贷款。中国农业银行要逐年增加扶贫贷款总量,主要用于重点贫困地区,支持能够带动贫困人口增加收入的种养业、劳动密集型企业、农产品加工企业、市场流通企业以及基础设施建设项目。对各类企业到贫困地区兴办的有助于带动贫困户增加收入的项目,应视项目效益给予积极支持。在保障资金安全的前提下,适当放宽贫困地区扶贫贷款项目的条件,根据产业特点和项目具体情况,适当延长贷款期限。积极稳妥地推广扶贫到户的小额信贷,支持贫困农户发展生产。扶贫贷款执行统一优惠利率。优惠利率与基准利率之间的差额由中央财政据实补贴。

(二十四)密切结合西部大开发,促进贫困地区发展。实施西部大开发要注意与扶贫开发相结合,着力带动贫困地区经济的发展。西部大开发安排的水利、退耕还林、资源开发项目,在同等条件下要优先在贫困地区布局。公路建设项目要适当向贫困地区延伸,把贫困地区的县城与国道、省道干线连接起来。西部基础设施建设项目,要尽量使用贫困地区的劳动力,增加贫困人口的现金收入。

(二十五)继续开展党政机关定点扶贫工作。党政机关定点联系、帮助贫困地区,对支持贫困地区的开发建设,解决我国的贫困问题,以及转变机关作风,提高办事效率,密切党群关系,培养锻炼干部都有重要意义。要把这种做法作为一项制度,长期坚持下去。从中央到地方的各级党政机关及企事业单位,都要继续坚持定点联系、帮助贫困地区或贫困乡村。有条件有能力的,要结合干部的培养和锻炼继续选派干部蹲点扶贫,直接帮扶到乡、到村,努力为贫困地区办好事、办实事。

(二十六)继续做好沿海发达地区对口帮扶西部贫困地区的东西扶贫协作工作。要认真总结经验,根据扶贫开发规划,进一步扩大协作规模,提高工作水平,增强帮扶力度。对口帮扶双方的政府要积极倡导和组织学校结对帮扶工作;鼓励和引导各种层次、不同形式的民间交流与合作。特别是要注意在互利互惠的基础上,推进企业间的相互合作和共同发展。

(二十七)进一步弘扬中华民族扶贫济困的优良传统,动员社会各界帮助贫困地区的开发建设。要充分发挥民主党派和工商联、群众团体、大专院校、科研院所、人民解放军和武警部队等社会各界在扶贫开发中的重要作用。要积极创造条件,引导非政府组织参与和执行政府扶贫开发项目。企业可以通过捐赠资金,与非政府组织合作,共同参与扶贫开发。捐赠资金可以按照国家有关规定在税前列支,计入成本。逐步规范非政府组织开展的扶贫开发活动。欢迎海外、境外的华人、华侨及各种社团组织,通过不同形式,支持贫困地区的开发建设。

(二十八)发展扶贫开发领域的国际交流与合作。继续争取国际组织和发达国家援助性扶贫项目。为保证其顺利执行,国家适当增加配套资金比例,对地方财政确有困难的可以全额配套。要根据贫困地区的特点,采取有针对性的措施,加强对外援项目的管理;努力提高外援贷款项目的经济效益,增强还贷能力。通过多种渠道、不同方式争取国际非政府组织对我国扶贫开发的帮助和支持。加强与国际组织在扶贫开发领域里的交流,借鉴国际社会在扶贫开发方面创造的成功经验和行之有效的方式、方法,进一步提高我国扶贫开发的工作水平和整体效益。

六、组织领导

(二十九)切实落实扶贫工作责任制。坚持省负总责,县抓落实,工作到村,扶贫到户。扶贫开发工作责任在省,关键在县。要继续实行扶贫开发工作责任到省、任务到省、资金到省、权力到省的原则。各有关省、自治区、直辖市的党委和政府都要按照“三个代表”的要求,以高度的责任感和使命感,切实做好扶贫开发工作。扶贫开发工作重点县,必须把扶贫开发作为党委和政府的中心任务,以扶贫开发工作统揽全局,负责把扶贫开发的政策措施真正落实到贫困村、贫困户。要继续实行扶贫工作党政“一把手”负责制,把扶贫开发的效果作为考核这些地方党政主要负责人政绩的重要依据。沿海发达省市的各级党委和政府,也要高度重视扶贫开发工作,积极采取有效措施,帮助当地农村贫困人口增加收入,改善生活。

(三十)加强贫困地区干部队伍建设。要切实搞好干部的教育培训工作,提高贫困地区干部组织领导扶贫开发工作的水平。采取挂职锻炼、干部交流等方式,加强贫困地区的干部队伍建设。贫困地区县级领导干部和县以上扶贫部门干部的培训要纳入各级党政干部培训规划,由组织、扶贫和财政等有关部门共同组织实施。

(三十一)切实加强贫困地区的基层组织建设。要扎实开展农村“三个代表”重要思想的学习教育活动,按照“五个好”的要求,以贫困村为重点,加强以党支部为核心的基层组织建设,充分发挥基层党组织的战斗堡垒作用。

贫困地区的广大基层干部,要坚持党的宗旨,艰苦奋斗,廉洁奉公,改进思想作风和工作作风,不断提高带领群众脱贫致富的能力。加强民主法制建设,加强社会治安综合治理,确保贫困地区社会稳定。

(三十二)加强扶贫资金审计。国家审计部门要定期对扶贫资金进行全面严格的审计,防止和杜绝挤占、挪用、贪污,并形成制度,长期坚持。对审计中发现的问题,必须依法严肃处理。

(三十三)加强扶贫开发统计监测工作。为及时了解和全面掌握扶贫开发的发展动态,发现和研究新问题,统计部门要认真做好有关信息的采集、整理、反馈和发布。要制定科学规范、符合实际的监测方案,采用多种方法,全面、系统、动态地反映贫困人口收入水平和生活质量的变化,以及贫困地区的经济发展和社会进步情况,为科学决策提供必要的依据。

(三十四)稳定和加强扶贫开发工作机构。鉴于扶贫开发的长期性、艰巨性、复杂性以及对外交流的需要,要充实和加强各级扶贫开发的工作机构,稳定人员,改善条件,提高素质,增强扶贫开发的组织领导和协调管理能力。

(三十五)国务院有关部门要根据中央的统一要求,把扶贫开发作为本部门的重要工作,结合各自的职责范围,认真贯彻落实本纲要。各相关省、自治区、直辖市人民政府要根据纲要提出的目标和总体要求,把扶贫开发工作纳入本地区国民经济和社会发展计划,统一部署,统筹安排,把具体措施落实到贫困乡村。

(三十六)本纲要由国家扶贫开发工作机构负责具体组织实施。

国务院办公厅关于2001年农村税费改革试点工作有关问题的通知

国办发〔2001〕28号

各省、自治区、直辖市人民政府,国务院各部委、各直属机构:

推进农村税费改革,是党中央、国务院在农业发展新阶段为加强农业基础、保护农民利益、维护农村稳定而采取的一项重大改革。搞好这项改革,对规范农村税费制度,从根本上治理对农民的各种乱收费,切实减轻农民负担,进一步巩固农村基层政权,促进农村经济健康发展和农村社会长期稳定具有深远意义。农村税费改革是一项十分复杂的工作,必须加强领导,完善政策;先行试点,积累经验;配套推进,稳步实施。按照《中共中央、国务院关于进行农村税费改革试点工作的通知》(中发〔2000〕7号)要求,2000年安徽省全省和其他地区的部分县(市)进行的农村税费改革试点,取得了初步成效。实践证明,党中央、国务院确定的农村税费改革的方向、方针和政策是完全正确的,改革措施是符合农村实际的,得到了广大农民群众和基层干部的拥护和支持。

去年以来,按照中央的要求和部署,各省(自治区、直辖市,以下简称区、市)党委和政府高度重视,主要领导亲自挂帅,深入实际,调查研究,认真测算,拟定方案,有的省选择部分县(市)进行试点,有的进行了广泛深入的宣传和培训工作,为推进农村税费改革做了大量准备工作。这些工作都是十分必要的,应该充分肯定。

农村税费改革试点工作既要积极,又要稳妥。从前一阶段试点的情况看,也反映出一些矛盾和问题,比如如何合理确定农民的计税面积、产量和价格;如何平衡不同从业农民的负担;如何保证农村义务教育和乡、村两级的基本经费需求;如何依法征收农业税和农业特产税;如何发挥村级集体组织的作用;如何防止农民负担反弹等。这些都需要在安徽省全省和其他地区的部分县(市)的试点中进一步探索解决的措施和办法。在上述问题没有研究制定妥善的解决办法以前,不宜全面推开。要充分认识农村税费改革的艰巨性、复杂性和长期性,特别是在当前国际经济形势出现新的复杂情况下,更要妥善处理好改革、发展与稳定的关系,巩固国民经济发展来之不易的成果,维护社会稳定。经国务院讨论决定,现将今年农村税费改革试点工作有关问题通知如下:

一、各地区要严格执行《国务院关于进一步做好农村税费改革试点工作的通知》(国发〔2001〕5号)的规定,凡是要在全省(区、市)范围内全面进行改革试点的地方,其实施方案要报经国务院审批。未经国务院批准,各地区不得启动农村税费改革全面试点。

二、2001年农村税费改革工作的重点仍然是集中力量进一步做好安徽省的试点。安徽省人民政府要继续加强对农村税费改革的领导,组织各级干部深入基层,研究新情况、新问题,完善有关政策措施,探索巩固改革成果的思路和办法,为全国农村税费改革试点工作进一步积累经验。去年已经选择部分县(市)实行改革试点的省(区、市),今年要继续下力量抓紧抓好试点工作,但不再扩大范围。

三、2000年没有进行试点的省(区、市),今年可以选择个别有代表性的县(市)进行试点,但不在全省范围推开。各省(区、市)都要继续加强农村税费改革的调研、测算等基础工作,进一步完善改革试点方案及其配套改革的措施和办法,为今后在全省范围实施改革打下坚实的基础。

四、进行农村税费改革试点的地方,要认真贯彻执行中发〔2000〕7号和国发〔2001〕5号文件规定的各项改革政策,周密制定试点县(市)的实施方案,健全和完善各项配套改革办法,确保试点工作取得成功。

五、为了帮助地方搞好农村税费改革局部试点工作,对试点县(市)因改革而减少的乡镇收入,中央财政将按照规范的转移支付办法,适当给予补助。具体数额由财政部与有关地区研究确定。

六、除安徽省和按上述要求实施农村税费改革的试点县(市)外,其他地区及县(市)要继续执行国家现行有关农村税费政策和中央关于减轻农民负担的各项规定,继续依法征收农业税、农业特产税、屠宰税,继续按政策收取村提留和乡统筹费,同时继续执行农民上缴的提留统筹费不得超过上年人均纯收入的5%,并且不得超过1997年的预算额的规定。农村教育集资要执行《中共中央、国务院关于转发〈国家发展计划委员会关于当前农村经济发展中几个主要问题和对策措施的意见〉的通知》(中发〔2000〕15号)和《国务院办公厅转发教育部等部门关于实施中小学危房改造意见的通知》(国办发〔2001〕13号)的规定,除农村实施九年义务教育中的危房改造可严格按照中央精神和规定程序报批外,继续停止审批其他方面的农村教育集资。

七、目前已经进行农村税费改革全面试点动员、部署、宣传、培训工作的省(区、市),要认真做好基层干部和农民的宣传解释工作。既要讲清坚持农村税费改革、规范农村税费关系、减轻农民负担的重要性和必要性,又要讲清改革的艰巨性、复杂性和长期性,使广大干部、农民认识到搞好试点、总结经验、完善政策、稳步推进对于确保农村税费改革成功的重大意义。不要因为适当调整工作部署而引起不必要的误解,切实维护农村社会稳定。

国务院办公厅

二○○一年四月二十五日

国务院办公厅转发国务院西部开发办关于西部大开发若干政策措施实施意见的通知

国办发〔2001〕73号

各省、自治区、直辖市人民政府,国务院各部委、各直属机构:

国务院西部开发办《关于西部大开发若干政策措施的实施意见》已经国务院同意,现转发给你们,请认真贯彻执行。

国务院办公厅

二〇〇一年九月二十九日

关于西部大开发若干政策措施的实施意见

（国务院西部开发办　二〇〇一年八月二十八日）

实施西部大开发战略,加快中西部地区发展,是党中央高瞻远瞩、总揽全局做出的重大决策。根据《国务院关于实施西部大开发若干政策措施的通知》(国发〔2000〕33号),国务院西部开发办会同有关部门,进一步研究制定了西部大开发若干政策措施的实施意见。

一、政策措施的适用范围

(一)实施西部大开发若干政策措施和本实施意见的适用范围,包括重庆市、四川省、贵州省、云南省、西藏自治区、陕西省、甘肃省、宁夏回族自治区、青海省、新疆维吾尔自治区(新疆生产建设兵团单列)和内蒙古自治区、广西壮族自治区。(上述地区以下统称:西部地区)。其他地区的民族自治州(湖南省湘西土家族苗族自治州、湖北省恩施土家族苗族自治州、吉林省延边朝鲜族自治州),在实际工作中比照有关政策措施予以照顾。

二、加大建设资金投入力度

(二)提高中央财政性建设资金包括中央基本建设投资资金、建设国债资金用于西部地区的比例。国家政策性银行贷款、国际金融组织和外国政府优惠贷款,在坚持贷款原则的条件下,尽可能多安排西部地区的项目,争取提高用于西部地区的比例。

(三)对国家新安排的西部地区重大基础设施建设项目,其投资主要由中央财政性建设资金、其他专项建设资金、银行贷款和利用外资以及企业自筹资金解决,不留资金缺口,地方政府在土地使用、收费减免等方面积极配合。要集中力量建设一批关系西部开发全局的重大工程,如"西气东输"、"西电东送"、青藏铁路、公路国道主干线、水资源合理开发和节约利用等。

(四)中央将采取多种方式,筹集西部开发的专项资金,支持西部开发的重点项目。铁道、交通、水利、农业、林业、信息产业等部门在安排建设资金时,要继续提高用于西部地区重点项目的比重。

三、优先安排建设项目

(五)以科学规划为指导,发挥计划和市场两种机制在配置资源中的作用,在西部地区优先布局一些建设项目,包括:水利、公路、铁路、机场、管道、电信等基础设施建设,生态环境建设,特色农业发展,水电、优质煤炭、石油、天然气、铜、铝、钾、磷等优势能源、矿产资源开发和利用,城市基础设施建设,特色旅游业发展,特色高新技术及军转民技术产业化。

四、加大财政转移支付力度

(六)加大对西部地区特别是民族地区(指民族自治区、享受民族自治区同等待遇的省和非民族省份的民族自治州)一般性转移支付的力度。随着中央财力的增加,中央财政逐步加大对西部地区一般性转移支付的规模。一般性转移支付以各地标准财政收支差额作为计算的依据,按科学合理的原则,根据客观因素计算标准收入和支出,采用统一公式,不受主观因素影响。在一般性转移支付资金分配方面,对民族地区给予适度倾斜。从2000年起,中央财政安排一部分财力,专项用于对民族地区的转移支付。

(七)中央对地方专项资金补助向西部地区倾斜。加大对西部地区农业科技发展、旱作农业、节水农业、农业生态环境保护和建设、农业病虫害防治和救助等方面的投入力度。支持在西北地区开展空中云水资源的开发利用,对水土条件和沙尘暴进行监测、预测。加大对西部地区农业综合开发的投入力度,以改造中低产田为重点,改善农业基本生产条件和生态环境;大力发展优质高产高效农业,促进产业化经营;有选择地建设现代化农业示范区和科技示范区。从2001年起,根据西部地区的实际情况,适当调减农业综合开发财政资金地方配套比例,增加对土地治理的投入。对西部地区财政困难的省(自治区、直辖市),因执行1999年出台的提高机关事业单位职工工资和城镇低收入居民收入政策而增加的支出,由中央财政给予适当补助,补助额根据各地机关事业单位在职职工和离退休职工人数、月人均工资和离退休费增加额及转移支付补助系数确定。中央补助地方国有企业下岗职工基本生活费、企业离退休人员基本养老金和城镇居民最低生活保障金支出,适当向西部地区倾斜。教育、科技、卫生、政法、文化、文物等专项资金补助的分配,也要向西部地区倾斜。

(八)中央财政扶贫资金重点用于西部贫困地区。随着中央财力的增加,逐步加大对西部贫困地区和民族地区的扶贫资金投入力度,主要用于贫困乡村的基础设施建设、种植和养殖业、农村基础教育和职业技术教育、文化卫生事业和先进适用技术的推广与培训等。

(九)实施天然林保护工程,国家在安排基建投资、财政专项补助资金和对地方财政减收补助资金等方面给予支持。基建投资包括封山育林育草、飞播造林、人工造林和种苗设施建设补助等。财政专项补助资金包括森林管护事业费,国有林区森工企业基本养老保险补助费、政策性社会性支出补助费、下岗职工基本生活保障费补助和下岗职工一次性安置费补助。对因实施天然林保护工程影响地方财政收入部分,中央财政在一定时期内给予适当补助。对森工企业因木材产量调减造成无力偿还的银行债务实行先停息挂账,然后在清理核实的基础上,通过冲销呆坏账等方式予以解决。

(十)开展退耕还林还草试点工作。国家按长江上游地区每亩退耕地每年补助150公斤、黄河上中游地区每亩退耕地每年补助100公斤粮食(原粮)的标准,在一定时期内向退耕户无偿提供粮食,补助粮食的价款(每公斤原粮1.4元)由中央财政承担,调运费用由地方财政承担。同时,国家给予退耕户适当的现金补助,补助标准按退耕面积每亩每年20元计算,所需资金由中央财政负担;国家向退耕户提供种苗费补助,补助标准按退耕还林还草和宜林荒山荒地造林种草面积每亩50元计算,所需资金由中央基建投资安排。对因实施退耕还林还草影响地方财政收入部分,由中央财政在一定时期内给予适当补助。另外,要积极支持防沙治沙工作。

(十一)对在实施农村税费改革试点过程中,因改革而造成乡镇财政困难,自身无法克服的,中央财政将按照规范的转移支付办法,适当给予补助。

五、加大金融信贷支持

(十二)加大对西部地区基础设施建设的信贷投入。重点支持铁路、主干线公路、电力、石油、天然气等大中型交通、能源项目建设。对投资大、建设期长的基础设施项目,根据项目建设周期和还贷能力,适当延长贷款期限。其中,国家开发银行对高速公路项目,在项目资本金比例达到40%和统借统还的条件下,贷款期限可放宽至18年(含宽限期,下同);对水电项目,贷款期限可放宽至25年;对“西电东送”非水电项目,贷款额超过3亿元的,贷款期限一般可放宽至18年,最长可放宽至20年;对城市基础设施项目,贷款期限可放宽至10年;对其他基础设施项目,贷款期限最长可放宽至15年。

(十三)扩大以基础设施项目收益权或收费权为质押发放贷款的范围。继续办好农村电网收益权质押贷款业务,开展公路收费权质押贷款业务,创造条件逐步将收费权质押贷款范围扩大到城市供水、供热、公交、电信等城市基础设施项目。对具有一定还贷能力的水利开发项目和城市环保项目(如城市污水处理和垃圾处理等),探索逐步开办以项目收益权或收费权为质押发放贷款的业务。

(十四)增加农业、生态建设的信贷投入。对西部特色农业、节水农业、生态农业发展在信贷方面给予支持,扶持一批有发展前景、带动作用强、以公司加农户为经营方式的龙头企业。农业银行和农村信用社要积极扩大农户小额贷款,对确有还贷能力的可以发放信用贷款。有选择地增加对生态环境建设项目的贷款投入。配合退耕还林还草、封山绿化等生态环境建设工程,对一些有还贷能力的速生丰产用材林、经济林、山野菜、中药材开发以及个体苗圃等项目,增加信贷投入。

(十五)运用信贷杠杆支持经济结构及产业结构调整。支持电力、天然气、旅游和生物资源合理开发等西部优势产业发展,对贷款金额较大的重点项目,可以由商业银行总行直贷解决,贷款不纳入当地分行存贷比或限额考核范围。西部地区农村电网改造贷款,由中国农业银行总行统一安排贷款计划和资金。同时,对西部地区企业技术改造、高新技术企业和中小企业发展,也要给予信贷支持。

六、大力改善投资软环境

(十六)认真贯彻落实国有企业改革和发展的有关政策,深化西部地区国有企业改革,使企业真正成为市场竞争的主体。加快建立现代企业制度,实行制度创新。除关系国家命脉和安全的企业由国家控股外,鼓励其他国有大中型企业通过规范上市、中外合资和相互参股等多种形式,依法改制为有限责任公司或股份有限公司。改制企业要依法建立董事会、监事会,明确股东会、董事会、监事会和经理层各自的职责,做到各负其责,协调运转,有效制衡。建立分工明确的国有资产管理、经营和监督体制,使国有资产出资人尽快到位,强化国有资产经营主体的外部监督。进一步深化企业内部劳动、人事、分配三项制度改革,逐步形成经营者能上能下、人员能进能出、收入能增能减的新机制。结合产业结构调整,坚持有进有退、有所为有所不为的方针,推进国有经济布局的战略性调整。进一步放开搞活国有中小企业,积极推进中小企业组织管理体系、政策体系和社会化服务体系建设。在实际工作中加大对西部地区国有企业扭亏脱困、改组改造的支持力度。

(十七)积极引导西部地区个体、私营等非公有制经济加快发展,鼓励东、中部企业和个人到西部地区投资。除法律有特殊规定外,凡对外商开放的投资领域,国内各种所有制企业均可进入。鼓励个体、私营等非公有制经济主体以独资、合资、合作、特许权等多种方式进行投资。

(十八)简化投资项目审批程序。除关系国民经济全局和长远发展、对国家安全有重要影响的重大项目或有特殊规定的项目外,企业利用自有资金或国内银行贷款投资于国家非限制类产业的项目,需要政府平衡建设、经营条件的,政府主管部门只审批其项目建议书。企业在落实各项建设条件后,自主决定是否开工建设,并在开工后报政府主管部门备案。

(十九)认真遵照执行中央关于引进外资工作的一系列政策、法规。努力优化外商投资的地区布局,鼓励外商向西部地区投资。合理简化外商投资项目的审批程序。除重大项目或有特殊规定的项目外,外商投资项目利用自有资金和商业银行贷款在西部地区投资于国家鼓励类产业及优势产业的,政府主管部门只审批项目的可行性研究报告,项目建议书、开工报告不再报政府主管部门审批。逐步简化对外商投资企业合同、章程的审批程序。

(二十)进一步转变政府职能,在改善投资软环境上下功夫,整顿市场经济秩序,切实保护知识产权,维护经济法制。实行政企分开,减少审批事项,规范办事程序,清理和废止不符合发展社会主义市场经济和对外开放要求的规章制度。确需各级政府审批的事项,应实行便捷服务,提高办事效率和透明度。加强仲裁机制建设,及时处理经济纠纷案件,保障投资者的合法权益。

七、实行税收优惠政策

(二十一)对设在西部地区国家鼓励类的内资企业和外商投资企业,在2001年至2010年期间,减按15%的税率征收企业所得税。国家鼓励类的内资企业是指以《当前国家重点鼓励发展的产业、产品和技术目录(2000年修订)》中规定的产业项目为主营业务,其主营业务收入占企业总收入70%以上的企业。国家鼓励类的外商投资企业是指以《外商投资产业指导目录》中鼓励类项目和《中西部地区外商投资优势产业目录》中规定的产业项目为主营业务,其主营业务收入占企业总收入70%以上的企业。经省级人民政府批准,民族自治地方的内资企业可以定期减征或免征企业所得税,外商投资企业可以减征或免征地方所得税。中央企业所得税减免的审批权限和程序按现行有关规定执行。

(二十二)对在西部地区新办交通、电力、水利、邮政、广播电视企业,给予减免企业所得税的优惠政策。其中:内资企业自生产经营之日起,第一年至第二年免征企业所得税,第三年至第五年减半征收企业所得税。外商投资企业经营期在10年以上的,自获利年度起,第一年至第二年免征企业所得税,第三年至第五年减半征收企业所得税。本条所称交通企业是指投资新办从事公路、铁路、航空、港口、码头运营和管道运输的企业;电力企业是指投资新办从事电力运营的企业;水利企业是指投资新办从事江河湖泊综合治理、防洪除涝、灌溉、供水、水资源保护、水力发电、水土保持、河道疏浚、河海堤防建设等开发水利、防治水害的企业;邮政企业是指投资新办从事邮政运营的企业;广播电视企业是指投资新办从事广播电视运营的企业。除另有规定外,上述各类企业主营收入需占企业总收入70%以上。

(二十三)对保护生态环境,退耕还林(生态林应占80%以上)还草产出的农业特产收入,自取得收入年份起10年内免征农业特产税。

(二十四)西部地区公路国道、省道建设用地,比照铁路、民航建设用地,免征耕地占用税。免征耕地占用税的范围限于公路线路、公路线路两侧边沟所占用的耕地,公路沿线的堆货场、养路道班、检查站、工程队、洗车场等所占用的耕地不在免税之列。公路国道、省道以外其他公路建设用地是否免征耕地占用税,由省级人民政府决定。上述免税用地,凡改变用途,不再属于免税范围的,应当自改变用途之日起补缴耕地占用税。

(二十五)西部地区内资鼓励类产业、外商投资鼓励类产业的项目在投资总额内进口自用设备,除《国内投资项目不予免税的进口商品目录(2000年修订)》和《外商投资项目不予免税的进口商品目录》所列商品外,免征关税和进口环节增值税。符合《中西部地区外商投资优势产业目录》的外商投资项目,在投资总额内进口自用设备,免征关税和进口环节增值税,其审批程序按照《国务院关于调整进口设备税收政策的通知》(国发〔1997〕37 号)的规定执行。

八、实行土地使用优惠政策

(二十六)有计划、有步骤地对坡耕地退耕还林还草,鼓励利用宜林宜草荒山、荒地造林种草,实行谁退耕、谁造林、谁种草、谁经营、谁拥有土地使用权和林草所有权。国有荒山、荒地等未利用地依法出让给单位和个人进行造林、种草等生态建设的,可以减免土地出让金,实行土地使用权 50 年不变;达到出让合同约定的投资金额并符合生态建设条件的,土地使用权可以依法转让、出租、抵押;土地使用权期限届满后,可以申请续期。利用农村集体所有的荒山、荒地等未利用地进行造林、种草等生态建设的,可以通过承包、租赁、拍卖等方式取得土地使用权,实行土地使用权 50 年不变;土地使用权可以继承、转让(租)、抵押。

(二十七)对基本农田实行严格保护,实现耕地占补平衡。坡耕地较多的地区,为保护当地粮食生产能力,在不影响生态建设的前提下,依据土地利用总体规划,可以将部分已经过多年整治、有良好的水利与水土保持设施的坡度为 15 度至 25 度之间的耕地划定为基本农田,也可以将部分配套设施较好的新开发整理的耕地划定为基本农田。可以按照有关规定,调整基本农田种植业生产格局,发展经济作物,但不得破坏耕作条件。土地整理项目应优先安排在基本农田保护区内,使保护区内有效耕地面积不断增加,质量不断提高。增加国家对西部地区土地整理复垦开发资金的投入。西部地区各省(自治区、直辖市)上缴中央的新增建设用地土地有偿使用费,原则上通过安排土地开发整理项目全额下拨。把未利用土地开发成草地、园地,经政府有关主管部门认定能调整为耕地的,可折抵补充耕地指标,按耕地加以保护和管理。基础设施建设占用耕地的,在保证耕地占补平衡的前提下,其耕地开垦费可按各省(自治区、直辖市)所定标准的下限收取。

(二十八)提高建设用地审批效率,减少审批环节,及时提供并保障经济建设用地。需报国务院批准的建设用地,在用地报批阶段,政府主管部门主要审查是否符合土地利用规划与计划、耕地占补平衡和征地补偿安置能否落实。报批资料可以根据审查的内容相应简化。征地补偿安置要符合《土地管理法》等法律规定,防止各种搭车收费,同时切实保护农民利益。使用国有未利用地,可以免缴土地补偿费。建设项目用地除法律另有规定外,应依法有偿使用国有土地,鼓励以招标、拍卖等方式供地。外商投资项目用地,确属必需的,经批准,可以用国有土地使用权作价入股、作价出资的方式提供国有土地使用权。

九、实行矿产资源优惠政策

(二十九)在国土资源调查计划中,优先安排西部地区的调查评价项目,工作经费向西部地区倾斜。重点安排西部地区重要矿产资源集中区、国家紧缺矿产和地下水资源的调查评价工作,以及地质工作程度较低地区、地质灾害严重地区的基础地质工作。

(三十)在西部地区由国家出资勘查形成的探矿权、采矿权价款,按有关规定,符合下列条件之一的,经批准,可以部分或者全部转为国有矿山企业或地勘单位的国家资本:勘查或开采石油、天然气、煤层气、富铁矿、优质锰矿、铬铁矿、铜、镍、金、银、钾盐、铂族金属、地下水等矿产资源的;在国家确定的扶贫开发重点地区和重点开发地区勘查、开采矿产资源的;大中型矿山企业因资源枯竭,勘查接替资源的;国有矿山企业经批准进行股份制改造或对外合营时,国有资本持有单位以探矿权、采矿权价款入股的;国有矿山企业由于自然灾害等不可抗拒的原因,缴纳探矿权、采矿权价款确有困难的。

(三十一)在西部地区勘查、开采矿产资源,符合下列条件的,可以申请减缴或免缴探矿权使用费、采矿权使用费:石油、天然气、煤层气、铀、富铁矿、优质锰矿、铬铁矿、铜、钾盐、铂族金属、地下水等矿产资源的勘查、开发,大中型矿山企业为寻找接替资源申请的勘查、开发，运用新技术、新办法提高综合利用水平(包括低品位、难选冶的矿产资源开发及老矿区尾矿利用)的矿产资源开发，政府主管部门认定的其他情形。探矿权使用费，第一个勘查年度可以免缴，第二至第三个勘查年度可以减缴50%，第四至第七个勘查年度可以减缴25%。采矿权使用费，矿山基建期和矿山投产第一年可以免缴，矿山投产第二至第三年可以减缴50%，第四至第七年可以减缴25%，矿山闭坑当年可以免缴。

(三十二)探矿权人投资勘查获得具有开采价值的矿产地后，可依法获得采矿权。允许将勘查费用计入递延资产，在开采阶段分期摊销。

(三十三)积极培育矿业权市场，促进探矿权、采矿权依法出让和转让。出让矿业权的范围包括国家出资勘查并已经探明的矿产地、依法收归国有的矿产地和其他矿业权空白地。除采取依法申请批准方式外，可以采取招标、拍卖等其他方式出让矿业权。探矿权人、采矿权人可以采取出售、作价出资、合作勘查或开采、上市等方式依法转让探矿权、采矿权，也可以按有关规定出租、抵押探矿权、采矿权。

(三十四)对于外商从事非油气矿产资源勘查开采的，除享受国家已实行的有关优惠政策外，还可以享受免缴探矿权、采矿权使用费1年，减半缴纳探矿权、采矿权使用费2年的政策。对于外商从事《外商投资产业指导目录》中鼓励类非油气矿产资源开采的，享受免缴矿产资源补偿费5年的政策。在中外合营方式中，中方以探矿权、采矿权入股的，其探矿权、采矿权应按规定依法评估确认，合理作价，由中方提供相关的地质成果资料。

十、运用价格和收费机制进行调节

(三十五)深化价格改革，进一步提高市场调节价格的比重。西部地区部分铁路运价由政府定价改为政府指导价。省(自治区、直辖市)内航空支线实行浮动票价政策。列入全国城镇职工基本医疗保险用药范围的民族药价格，委托产地省级政府主管部门审批。

(三十六)调整电价和水价，推进污水处理、垃圾处理收费改革。积极疏导西部电网电价矛盾，单独核定西部地区各电网输配电费用，鼓励电力生产企业与用户直接签订购电合同，降低用户电费负担；适当降低东西部地区之间骨干电网联络线的输电费用，鼓励“西电东送”。在统筹考虑合理开发与承受能力的前提下，优先调整西北水资源短缺地区的水利工程供水价格，保证水利工程建设维护成本开支得到合理补偿。西部地区城市已建成污水处理厂而未征收污水处理费的，要依据国家有关规定尽快开征污水处理费，已开征的可根据当地居民的承受能力，按照保本微利的原则逐步提高收费标准。西部地区可以根据当地情况出台垃圾处理收费政策，推行垃圾处理收费制度。

(三十七)对西部地区新建铁路和铁路支线实行特殊运价。根据国务院确定的新路新价政策，对西部地区新建铁路可以按照偿还贷款本息、补偿合理经营成本的原则，核定新线特殊运价，以保证西部地区新建铁路按期偿还建设贷款，维持正常生产经营，促进西部地区铁路建设。进一步研究西部地区新建铁路特殊运价与全路统一运价之间差价的补偿方式。对西部地区铁路支线实行支线特殊运价。由国务院主管部门制定支线特殊运价的定价原则，具体价格水平由当地省级人民政府主管部门确定；对具备条件的西部支线，实行政府指导价或市场调节价，赋予铁路运输企业一定的价格自主权。

十一、扩大外商投资领域

(三十八)外商投资西部地区农业、林业、水利、交通、能源、市政公用、环保等基础产业或基础设施建设，矿产、旅游等资源开发，建立技术研究开发中心，享受外商投资鼓励类产业的各项优惠政策。国家将根据各地经济发展情况和条件变化，及时补充、修订《中西部地区外商投资优势产业目录》及有关措施，扩大西部地区对外开放。

(三十九)扩大西部地区服务贸易领域对

外开放。将外商对银行、商业零售企业投资的试点扩大到西部地区中心城市(直辖市、省会城市和自治区首府城市)。将中外合资外贸公司的试点扩大到西部地区中心城市,并在中外双方的资格条件上比东部地区适当放宽。我国加入世贸组织后,在法律和有关协议的框架内,优先考虑西部地区外资银行经营人民币业务的要求。对外资保险公司申请到西部地区设立经营机构的给予优先许可,对外商在西部地区设立保险代理公司和合资保险经纪公司予以优先考虑。对西部地区兴办中外合资旅行社,在资质审查与项目审批方面适当放宽标准。按照我国加入世贸组织谈判的承诺和有关规定,允许外国会计公司(事务所)在西部地区兴办中外合作会计师事务所,对于一时不具备设立条件的,允许其在西部地区设立成员所,鼓励现有中外合作会计师事务所在西部地区设立分所。在条件成熟时,可以优先在西部地区兴办中外合作律师事务所。允许设立中外合资合作建筑与相关服务、设计服务企业并允许外商控股,逐步允许在建筑与相关服务、设计服务、工程服务、城市规划服务领域设立外资企业。逐步允许外商在中外合资铁路货运企业、中外合资道路货运企业中控股,在铁路货运、道路货运领域设立外资企业。

十二、拓宽利用外资渠道

(四十)要制定适用于西部地区的外商投资企业境内外上市,内资企业通过转让经营权、出让股权、兼并重组等方式吸引外商投资,以中外合资产业基金、风险投资基金方式吸引外商投资等管理办法。

(四十一)用好国际金融组织和外国政府优惠贷款,用于西部地区教育、卫生、扶贫、生态环境保护等领域。积极争取国际多边、双边赠款,优先安排西部地区项目。及时向西部地区介绍国际组织和有关国家政府对华提供优惠贷款和无偿援助的管理模式、申请程序及重点领域。帮助西部地区培养无偿援助项目管理人员,完善项目管理,增加项目管理的透明度,确保西部地区及时获得有关信息。优先支持对西部社会经济发展具有长远意义的环保、农业开发、基础教育、卫生、水利等领域的项目。

十三、放宽利用外资有关条件

(四十二)对外商投资西部地区基础设施和优势产业项目,视不同行业适当放宽对外商投资的股比限制。对外商投资西部地区商业项目,经营年限可放宽至40年,比东部地区延长10年;注册资本可放宽至3000万元,比东部地区降低2000万元。在华外资企业和中外合资合作企业向西部地区投资,被投资企业注册资本中外资比例不低于25%的,享受外商投资企业待遇。

(四十三)对外商投资西部地区基础设施和优势产业项目,适当放宽国内银行提供固定资产投资人民币贷款的比例,中外合资合作项目一般放宽到中方出资比例的120%,外商独资项目扩大到外方注册资本的100%。对属于《外商投资产业指导目录》鼓励类和《中西部地区外商投资优势产业目录》的项目,外商具有良好信誉、贷款用于购买项目所需的国产设备材料及支付国内工程承包费用的,国内银行向其提供固定资产投资人民币贷款可不受上述比例限制,由银行独立评估,自主确定。允许外商投资项目开展包括人民币在内的项目融资。

(四十四)对西部地区利用国外优惠贷款建设的一些项目,允许适当提高项目总投资中利用国外优惠贷款的比例。对西部地区基础设施建设、生态环境建设、扶贫开发等领域的项目,根据项目的偿还能力,从一般要求国外优惠贷款占项目总投资的比例不超过50%,提高到最高可达70%,有限制采购条件或贷款机构对贷款比例另有规定的除外。加强利用国外优惠贷款规划与国家西部地区投资计划的衔接,对西部开发的重点外资项目,国家在资金上给予支持。

十四、大力发展对外经济贸易

(四十五)进一步放宽西部地区企业对外贸易经营权和经济技术合作经营权的标准。

降低西部地区生产企业申请自营进出口经营权的标准,注册资金由300万元调整到200万元,科研院所、高新技术企业和机电产品生产企业的注册资金由200万元调整到100万元。私营生产企业申请自营进出口经营权的标准,按国有、集体生产企业的条件、标准和办法办理。西部地区外贸企业申请对外劳务经营权的标准,调整为上年进出口总额达到5000万美元,或出口额达到3000万美元。在未设立外经窗口公司的地(市),可由该地(市)成立一家国有窗口公司,或指定一家国有外经贸公司申请对外劳务合作经营资格。

(四十六)鼓励西部地区发展优势产品出口。建立有机农产品生产服务体系和质量认证体系,加快有机农业科研成果向生产转化,建设一批无规定疫病区和畜产品出口示范基地,扩大有机农产品、畜产品出口。在符合国家产业政策的前提下,对西部地区出口产品逐步增加主产省(自治区、直辖市)主营生产企业的出口配额比例,鼓励西部地区优势初级矿产品和农副产品向深加工、高附加值方向发展。

(四十七)鼓励西部地区企业开展对外承包工程和劳务合作。对西部地区有实力的大型专业工程企业,在申请对外承包工程和劳务合作经营资格、承接项目、获取信息、融资等方面,给予积极支持。推动中央大型企业在承揽项目、招聘劳务人员等方面与西部地区企业合作,带动其开拓国际市场。推动国内外大型企业与西部地区企业相互联合,共同承揽西部地区利用外资的基础设施建设项目。

(四十八)鼓励西部地区企业到境外特别是周边国家和地区投资办厂。对于西部地区企业到周边国家和地区设立境外加工贸易企业或承接援外合资合作项目,在同等条件下给予优先办理。对于符合条件的西部地区企业申请中央外贸发展基金开办境外加工贸易企业,给予优先考虑。

(四十九)对西部地区经济发展急需的技术设备,在进口管理上给予适当照顾。民族地区生产急需的自用产品,适当放宽进口限制。对西部地区进口配额产品,视具体情况在数量安排上适当给予倾斜。

(五十)按照国际规则,对边境地区继续实行优惠的边境贸易政策,在出口退税、进出口商品经营范围、进出口商品配额、许可证管理、人员往来等方面,简化手续,放宽限制。对边贸企业的边境贸易经营权,根据国务院主管部门的有关规定,由省级人民政府主管部门进行登记、管理和备案。对边境地区外经企业在毗邻国家边境地区承包工程和开展劳务合作,其项目合同由边境省级人民政府主管部门自行审批。对边贸企业出口原产于本地区且属于出口配额许可证管理的商品,除国家实行统一招标的商品、实行总量控制的重要工业品、实行主动配额管理的商品、配额有偿使用管理的商品、重点管理的边境贸易出口商品、军民通用化学品、易制毒化学品和消耗臭氧层的物质外,免领出口许可证。对边贸企业出口原产于边境地区并属于实行配额有偿使用管理的商品,适当放宽经营资格,减免配额有偿使用费。对边境地区属国家重点管理的边境贸易出口商品,由国务院主管部门专项下达一定数量的出口配额,并尽量满足边贸企业与毗邻国家边境地区经济技术合作所需带出设备材料和劳务人员自用生活物资的配额。除国家统一规定的行政机关执法收费外,取消口岸其他行政性收费,减轻边贸企业经营负担。

十五、推进地区协作与对口支援

(五十一)推进地区经济技术协作。按照国家产业政策要求,在充分发挥地区比较优势的基础上,鼓励东部和中部地区与西部地区开展以市场为导向、以效益为中心、以互利为目的、以企业为主体的全方位经济技术协作。比照外商投资的有关优惠政策,采取有效措施,改善投资环境和提高服务水平,吸引东部和中部地区企业通过独资、控股、参股、收购、联合、兼并、租赁、托管和承包经营等多种方式,到西部地区投资设厂、合作开发。在开展合作的过程中,禁止把应予以淘汰的生产设备、落后的工艺技术和污染严重的项目向西部地区转移。

(五十二)加强对口支援和帮扶工作。东部地区有关省、直辖市及计划单列市根据自身优势和对口支援地区的特点,在受援地区继续建设一批小学、中学、卫生所、文化站,组织巡回教学、巡回医疗、科技下乡活动。东部地区省、直辖市及计划单列市可以根据条件,筹集对口支援的资金。继续开展小额信贷扶贫工作,向西部贫困地区农户提供信贷服务。有组织地推进“兴边富民”行动,重点支持民族地区和贫困地区的边境县,抓好试点,把帮扶措施落实到基层。

十六、吸引和用好人才

(五十三)从 2001 年起,建立艰苦边远地区津贴制度,所需经费由中央财政负担。提高艰苦边远地区机关和事业单位人员的工资水平,逐步使其达到或高于全国平均水平,鼓励和吸引人才在艰苦边远地区工作。

(五十四)调动西部地区专业人才的积极性和创造性。对已到退休年龄,但仍承担国家重大经济建设项目和在边远艰苦地区工作,属急需紧缺的高级专业技术人员,经省级人民政府主管部门批准,可适当延聘,不占单位编制和专业技术职务岗位数额。加大对西部地区政府特殊津贴专家选拔、博士后科研流动站、企业博士后科研工作站设置和留学人员科研经费资助等工作的支持力度。进一步改善西部地区高层次人才的工作和生活条件,在科研经费、助手配备、项目申请等方面给予倾斜。

(五十五)加强西部地区人才培训。结合西部开发重点任务、重大建设项目和重要研究课题的实施,采取当地培训、到东部地区培训、出国培训等方式,培养西部地区紧缺人才。加强对西部地区少数民族、中青年科技骨干培训和公务员培训的指导与支持。增加培训经费,对负责培训的机构和师资队伍建设提供支持。用好国家专项经费,争取国际援助项目,重点支持西部地区人才培训。

(五十六)鼓励人才和智力向西部地区流动。支持其他地区的人才以兼职、短期服务、承担委托项目、合作研究、技术入股、承包经营等多种形式参加西部开发。组织国内高级专家、优秀博士后和海外留学人员分期分批到西部地区考察和进行咨询服务,运用现代通信手段和网络技术开展远程服务。支持在西部有条件的地方建立留学人员创业园,充分利用其技术密集、设施完备、政策优惠的有利条件,吸引留学人员创办高新技术企业或从事高新技术研究与开发工作。

(五十七)实行人才和智力对口支援。结合经济的对口支援,确定东西部地区之间人才开发的对口省(自治区、直辖市)和重点支援项目。支持东西部地区之间开展科技人才相互挂职交流锻炼,实行人才、信息共享。进一步扩大东西部地区之间干部交流的规模。对口支援到西部地区工作的各类人才,在西部工作期间,原单位工资福利待遇保持不变,西部地区对口单位可根据实际情况给予生活补贴。

(五十八)对到西部地区工作的各类人才实行来去自由的政策。其人事档案可转到接收单位或由原单位保存,也可由接收单位或原单位所在地政府主管部门所属的人才交流机构保管。到西部地区工作的应届大学毕业生,根据本人意愿,户口可转到工作地区,也可转回原籍,由政府主管部门所属的人才交流机构提供人事代理服务,5 年内免收以上人员的档案管理费用,并负责提供档案工资调整、职称评定等社会化服务。到西部地区投资、兴办实业的人员以及开发建设所需要的各类人才将户口迁入西部地区后,如果返回东部地区工作、生活,可以根据本人意愿将户口迁回原迁出地。经选派参加国家西部开发重点任务和重大建设项目的人才,可不迁户口,保留原单位工作关系,在职务晋升、专业技术职务评聘、工资调整等方面,与原单位同类人员享有同等待遇,优先解决其夫妻两地分居等生活困难,有条件的单位应为其办理人身意外伤害保险。对到艰苦边远地区工作的大中专毕业生,可提前定级,对特别急需的人才,各地可根据实际情况,适当高定定级工资标准。西部地区要加快人事和劳动用工制度改革,允许保留原籍户口的其他地区公民到西部地区从事投资经营和参加开发建设。

（五十九）对到西部地区的外籍高科技人才、高层次管理人才和投资者提供出入境便利。提供入境、居留便利的人员范围是：执行中央或地方政府与国外签署的国家级和省部级科技项目、重点工程协议的外籍高科技、高层次管理人才，在华任职的留学归来人员中的外籍高科技、高层次管理人才，执行政府间无偿援助协议的外籍人员，较大的外商投资企业投资者及外籍高级管理人员和技术人员。上述人员如需多次临时入境，可以根据实际需要发给有效期一年以上、最长不超过五年的多次入境有效签证；对需在华常住人员，可以根据实际需要发给一年以上、最长不超过五年的外国人居留证，并对需多次出入境的，同时发给与外国人居留证相同期限的多次返回签证。

（六十）改革户籍管理制度。凡在西部地区地级以下城市（含地级市）和小城镇有合法固定住所、稳定职业或生活来源的人员，可以根据本人意愿办理城镇常住户口。西部地区的直辖市、副省级城市可以根据当地经济和社会发展的实际需要及综合承受能力，在城市规划和人口规划的指导下，以有合法固定住所、稳定职业或生活来源为基本落户条件，调整户口迁移政策，放宽各类人才户口迁移限制。改革户口“农转非”计划管理体制。对到西部地区落户的人员，各部门均不得收取城镇增容费或其他类似费用。

十七、发挥科技主导作用

（六十一）国家设立的各项科技基金、科技计划经费等专项经费向西部地区倾斜。重点围绕西部生态环境和基础设施建设、产业结构调整等方面的关键共性技术攻关及产业化，加大倾斜支持力度。加强西部地区科技能力建设，加强对国家重点实验室、工程中心、野外观测台站等科研基础设施和基础数据库、生物种质（基因）资源库、科技信息网络等科技基础性建设的支持。

（六十二）鼓励西部地区企业提高技术开发经费的开支比重。企业研究开发新产品、新技术、新工艺所发生的各项费用，包括新产品设计费、工艺规程制定费、设备调整费、原材料和半成品试验费、技术图书资料费、未纳入国家计划的中间试验费、研究机构人员工资、研究设备折旧、与新产品试制和技术研究有关的其他经费，以及委托其他单位进行科研试制的费用，不受比例限制，计入管理费用。企业研究开发新产品、新技术、新工艺的各项费用应逐年增长，增长幅度在10%以上的企业，可以再按照实际发生额的50%抵扣应税所得额。

（六十三）加大科技型中小企业创新基金支持西部地区的力度。根据相关管理办法，对西部地区申报科技型中小企业创新基金的项目，在同等条件下优先安排。

（六十四）落实《国务院办公厅转发科技部等部门关于促进科技成果转化若干规定的通知》（国办发〔1999〕29号）的有关政策，对科技人员在西部地区实施科技成果转让和兴办科技型企业，在实际执行中，提高转让收入提成、科技成果入股等奖励的比例。

十八、增加教育投入

（六十五）增加资金投入。把西部民族地区、山区、牧区和边境地区列为“国家贫困地区义务教育工程”重点地区，中央财政予以重点支持。“十五”期间，安排专项资金，实施第二期“国家贫困地区义务教育工程”，主要用于支持西部地区发展义务教育，同时适当降低地方政府配套比例；安排农村中小学危房改造资金，向西部农村中小学倾斜。以多种方式支持西部地区大力发展各具特色的职业教育，筹集资金，帮助西部地区国家确定的扶贫开发工作重点县建设好一批中等职业学校，支持西部地区办好一批示范性高等职业学校。采取国务院主管部门和省（自治区、直辖市）共建的形式，帮助西部地区建设好一批重点高等学校。增加商业银行贷款，争取国际金融组织和外国政府贷款，支持西部地区高等教育和基础教育发展，帮助改善办学条件，扩大办学规模。认真落实“奖、助、贷、补、减、免”等各项资助经济困难学生的措施,落实国家助学贷款制度,保障家在西部地区、生活有困难的高校学生能够完成学业。

(六十六)扩大招生规模。增加西部地区高校招生特别是定向招生的数量,逐年增加中央部属高校在西部地区的招生数量,扩大东、中部地区高校在西部地区的招生规模,提高西部地区应届高中毕业生升学比例。在教材建设、学位点审批、重点学科建设、重点实验室建设等方面,向西部地区高校倾斜。采取多种形式,加强和扩大对西部地区教育行政领导干部、校长和教师的培训,对贫困地区中小学教师定期进行培训。鼓励和支持西部地区发展多种形式的社会办学。加强西部地区高校同东、中部地区高校、国外高校和港、澳、台高校的交流与合作,支持西部地区高校派出更多的留学人员。

(六十七)实行教育对口支援。实施东部地区对口支援西部贫困地区学校工程,组织东部发达省(直辖市)各选择一批条件较好的学校,对口支援西部一个省(自治区、直辖市)贫困地区学校,帮助受援地区的中小学。实施西部大中城市对口支援所在省(自治区、直辖市)贫困地区学校工程,促进西部地区义务教育的发展。加强东、中部地区高校对西部地区高校的对口支援,帮助西部地区高校发展所需学科专业、培训师资、建设实验室,具备条件的合作办分校,提高西部地区高校人才培养水平。国家继续提供经费支持,利用内地教育资源,办好内地西藏班、内地高校少数民族预科班、内地新疆高中班,直接帮助西部地区培养人才。

(六十八)加快教育信息化建设。逐步使中国教育科研网和中国教育宽带多媒体网络连接西部所有高等学校、具备条件的中等职业学校和中小学。“十五”期间,使西部地区中小学教师及师范学校在校生都能接受计算机基础知识技能培训。创造条件逐步在西部地区中小学推广计算机和信息技术教育。通过多种方式,支持西部地区学校增加信息技术教育设备,建设西部地区远程教育体系,开发高质量的教育软件,制定教育软件标准,为西部远程教育提供高质量资源。中国教育科研网对西部地区所有大中小学国内上网实行优惠。

十九、加强文化卫生等社会事业建设

(六十九)加强社会事业建设。中央卫生事业补助专款,向西部地区公共卫生事业发展薄弱的地区和领域倾斜。中央政法补助专款,按因素法分配,重点投向西部地区列入国家扶贫开发工作重点贫困县、部分省级确定的扶贫开发工作重点县及经费保障能力较低的其他贫困县,以帮助贫困地区提高政法机关的经费保障程度。全国文化设施维修专项补助经费和全国“万里长廊”专项补助经费,向西部边疆地区县级以上(含县级)文化部门所管辖的文化馆、文化中心、群艺馆、图书馆、排演场(厅)、剧院(团)等文化单位倾斜。国家重点文物保护专项经费,向西部地区全国重点文物保护单位、国家重点博物馆、国家重点文物库房以及重要考古发掘项目倾斜,主要用于以上单位文物的抢救、维修、保护及发掘整理等。

二十、政策措施的解释和落实

(七十)本实施意见在总体上由国务院西部地区开发领导小组办公室负责解释,并根据国务院有关部门的职能分工,由计划(价格)、经贸、教育、科技、公安、财政、人事、国土资源、外经贸、金融、税务等各有关主管部门对具体内容分别进行解释。国务院有关部门可根据实际需要,按照国务院关于实施西部大开发若干政策措施和本实施意见,在本部门主管范围内,进一步发布有关政策细则或具体实施意见。西部地区各级政府,要按照国家规定,执行统一的西部大开发政策措施及其实施意见和有关细则。西部大开发若干政策措施实施意见自2001年起开始实施。

国务院办公厅转发国土资源部关于进一步治理整顿矿产资源管理秩序意见的通知

国办发〔2001〕85号

各省、自治区、直辖市人民政府，国务院各部委、各直属机构：

国土资源部《关于进一步治理整顿矿产资源管理秩序的意见》已经国务院同意，现转发给你们，请认真贯彻执行。

国务院办公厅

二〇〇一年十一月三日

关于进一步治理整顿矿产资源管理秩序的意见

（国土资源部　二〇〇一年十月十日）

近几年来，各省、自治区、直辖市人民政府和国务院有关部门在治理整顿矿业秩序、规范矿业权市场等方面做了大量工作，使全国矿产资源管理秩序向着好的方面发展。但是，由于地方保护、利益驱动、疏于管理等原因，当前在矿产资源管理秩序方面仍然存在突出问题：有些地方无证勘查开采行为屡禁不止，严重干扰了正常的矿业秩序；一些探矿权人、采矿权人不按勘查设计施工，擅自进行采矿活动，违反开发利用方案乱采滥挖，重采轻治，造成了严重的资源浪费和环境破坏；一些探矿权人、采矿权人违反法定的程序和条件，擅自以承包等方式非法转让处置探矿权、采矿权，扰乱了矿业权市场的正常秩序；有的管理部门超越法定权限颁发勘查许可证、采矿许可证，引发了不少权属纠纷。这些问题阻碍了矿业经济的持续健康发展，对当地社会稳定和人民生命财产安全带来了严重影响。根据全国整顿和规范市场经济秩序的整体部署，必须对矿产资源管理秩序进行集中治理整顿。

一、治理整顿的主要任务和基本目标

治理整顿矿产资源管理秩序的主要任务是：以邓小平理论和江泽民同志“三个代表”重要思想为指导，深刻理解江泽民总书记关于“要使广大干部群众在思想上真正明确，破坏资源环境就是破坏生产力，保护资源环境就是保护生产力，改善资源环境就是发展生产力”的指示精神，充分认识治理整顿矿产资源管理秩序的重要性，坚持“依法行政、严格执法、认真坚决、从快从重”的原则，针对当前矿产资源勘查开采及监督管理工作中存在的突出问题，集中整顿，及时纠正，严格规范；全面取缔和严格查处无证勘查开采、越界开采、持勘查许可证非法采矿、非法承包转让探矿权采矿权等违法行为；限期停产整顿乱采滥挖、浪费资源、破坏环境的矿山，重点解决矿山布局不合理和优势矿产开采过量的问题；进一步建立健全严格的探矿权、采矿权审批与管理制度，及时依法查处矿产资源违法行政案件。

治理整顿矿产资源管理秩序的基本目标是：通过全面排查，逐一整改，完善制度，加强管理，使治理整顿矿产资源管理秩序的工作近期取得明显效果,实现矿产资源的有效保护和合理开发利用,促进矿业经济持续健康发展。

二、治理整顿的主要内容和措施

(一)全面清理勘查、采矿许可证。

对已发放的勘查许可证、采矿许可证,由国土资源部统一组织,抓紧进行全面清理。地方各级人民政府国土资源行政主管部门要逐级具体落实。其中,油气勘查许可证、采矿许可证的清理工作由国土资源部会同省级国土资源行政主管部门统一组织油气督察员进行。

对未按照法定程序和权限颁发的勘查许可证、采矿许可证,向不符合法定条件的申请者颁发的勘查许可证、采矿许可证,违法设置的相互重叠或交叉的勘查许可证、采矿许可证,都要依法抓紧进行纠正。该吊销的要依法吊销,该注销的要坚决注销,该协调处理的要妥善处理。

(二)坚决制止违法勘查、开采行为。

地方各级人民政府要组织国土、经贸、计划、环保、工商、公安、安全监察等有关部门,分工协作,密切配合,对非法勘查、非法采矿集中进行全面治理。对无证勘查开采、越界开采、持勘查许可证进行非法开采、非法转让探矿权采矿权的违法行为,要坚决制止并予以处理。

对无证勘查开采行为要坚决依法予以取缔。对在已取得使用权的土地上进行非法采矿的,要责令立即停止非法采矿活动并依法收回其用于非法采矿的土地使用权。对越界采矿的,要限期依法纠正并没收越界开采的矿产品和违法所得;对拒不停止越界开采行为的,应依法吊销其采矿许可证。对不按地质勘查设计施工或不按开发方案开采的、逾期不按规定如实提交年度报告和拒绝接受监督检查的,要依法吊销勘查许可证、采矿许可证。对未经批准擅自进行边探边采的,或以探矿为名弄虚作假实施采矿活动的,要吊销其勘查许可证并按无证采矿论处,责令立即停止开采行为,没收其违法所得和从重处以罚款。对擅自非法承包、租赁或擅自将探矿权、采矿权倒卖牟利的,要坚决依法查处。

(三)抓紧整顿乱采滥挖。

对采矿企业不按批准的矿山设计、开发利用方案和矿区总体规划及单项工程可行性研究报告进行开采的,应责令其限期停产整顿;限期内整改不合格的,由原发证机关吊销或注销采矿许可证。对采取破坏性开采方式采矿的,应从重处罚并依法追究直接责任人的刑事责任。对被安全生产监督管理部门确定为不具备安全生产条件应予关闭的矿山,原发证机关要依法吊销或注销采矿许可证。

(四)严格规范矿业权审批。

进一步建立健全严格的探矿权、采矿权审批与管理制度。探矿权的审批登记必须严格依法控制在省级以上人民政府国土资源主管部门。要改革采矿权审批制度,通过有关法规的修改和行政审批制度的改革,将采矿权的审批权上收到省级人民政府国土资源主管部门。目前开采煤矿、石油、有色金属和大中型储量规模的34种重要矿产(目录附后)的采矿权申请,除石油、天然气、煤层气和放射性矿产必须由国务院国土资源主管部门负责登记发证外,均由省级人民政府国土资源主管部门报请省级人民政府批准后再办理采矿登记发证手续。对省级人民政府国土资源主管部门违法颁发的采矿许可证,由国务院国土资源主管部门予以撤销。

采矿许可证的发放必须符合矿产资源规划、矿区总体规划、行业发展规划、产业政策及安全、环保等要求。要解决采矿企业布局不合理和优势矿产开采过量的问题。开采规模必须与矿区的矿产储量规模相适应。要防止大矿小开,严格按照批准的矿山设计、开发利用方案和矿区总体规划组织生产,严禁乱采滥挖。今后对地方小矿发放采矿许可证应当从严控制,并充分征求计划、经贸主管部门的意见。一个矿山原则上只能审批一个采矿主体。不能违法重叠和交叉设置探矿权、采矿权。符合法定边探边采条件的,必须依法申请采矿许可证。未完成规定的勘查工作和审批程序,不能发放采矿许可证。

在自然保护区、风景名胜区、文物古迹以及国家规定限制采矿的区域申请采矿的,未经国家有关主管部门同意,不得颁发采矿许可证。在铁路、重要公路等交通沿线两侧不得准许露天采矿。要从严控制在河道和海域勘查开采砂石活动。禁止在耕地上取土烧制砖瓦。对没有取得勘查许可证、采矿许可证而提出相应的建设用地申请的,一律不予批准。

(五)强化矿产资源开发管理。

地方各级国土资源行政主管部门要在当地人民政府的领导下,严格按照法律法规和“三定”规定,强化对矿产资源勘查开采活动的管理。

依法督促探矿权人、采矿权人认真履行法定义务,依法纠正和查处探矿权人、采矿权人在矿产资源勘查开采活动中的违法行为,维护正常的矿业权市场秩序,保护探矿权人、采矿权人的合法权益。依法督促采矿权人对采矿造成破坏的土地进行复垦;对采矿遗留的坑、井、巷等工程进行封闭或填实以恢复到安全状态;对采矿造成的危岩体、滑坡、泥石流、地面塌陷、地下水系统破坏等地质灾害进行治理。新办矿山要严格执行环境影响评价制度,必须进行地质灾害危险性评估。重大项目要按规定程序审批。

(六)加强矿产资源执法监察。

要狠抓矿产资源执法监察和督察员队伍建设,保证行政执法人员的纯洁性,从源头上预防和治理腐败。对滥用职权、贪污受贿、徇私舞弊、玩忽职守的行政执法人员,要一查到底,坚决处理,绝不姑息。该追究行政责任的,应追究行政责任;构成犯罪的,要依法追究刑事责任。对未按法定程序和权限发放勘查许可证、采矿许可证造成严重后果的,要依法追究有关人员的责任。

各级国土资源行政主管部门对不当审批发证行为应及时纠正。上级机关发现下级机关有不当发证行为的,要予以纠正并依法处理。对违法行为不制止、不处罚的,要追究主要领导的责任。国土资源行政主管部门及其管理人员自行办矿、以入股等方式直接或变相参与办矿的,必须彻底脱钩,立即退出。对拒不脱钩退出的,一经查出要从严处理。

三、治理整顿的工作要求

(一)组织领导。

国土资源部负责全国矿产资源管理秩序治理整顿工作的组织部署,对地方治理整顿工作加强指导协调和督促检查。

地方各级人民政府应当采取措施,落实维护本行政区域内矿山企业和矿区正常秩序的法定职责。各地区、各有关部门要各负其责,结合实际,突出重点,制定具体可行的措施,切实做好治理整顿矿产资源管理秩序工作。对重点矿区和重要矿种,要采取专门的治理措施。对非法开采、选冶、加工、流通等矿产资源开发利用活动进行综合整治,尤其是要从源头上加大整治和规范的力度。要充分发挥和保护舆论监督、社会各界参与的积极性,设立举报电话或举报信箱,方便群众举报。对媒体披露或群众举报的案件,要从快核实,认真查处。

要按照标本兼治的原则,认真分析存在问题的深层次原因,从加强法制建设、用好规划手段、研究规律性问题、合理调整和处理相关的利益关系等方面,研究探索矿产资源管理秩序的治本之策。

(二)时间安排。

2001年底前,力争完成取缔非法采矿和清理勘查许可证、采矿许可证的任务,治理整顿的各项主要工作取得明显进展。2002年6月底前,关闭限期整改不合格的矿山,纠正乱采滥挖现象,全面落实治理整顿的各项目标和任务。

(三)检查验收。

各省、自治区、直辖市人民政府要把治理整顿矿产资源管理秩序工作列入重要的议事日程,认真做好各项有关工作,并于2001年底和2002年6月底将各阶段进展情况报国土资源部。国土资源部要加强督促检查,及时向国务院报告全国治理整顿矿产资源管理秩序的情况。

附件:34种重要矿产目录

附件:

34种重要矿产目录

1. 煤
2. 石油
3. 油页岩
4. 烃类天然气
5. 二氧化碳气
6. 煤成(层)气
7. 地热
8. 放射性矿产
9. 金
10. 银
11. 铂
12. 锰
13. 铬
14. 钴
15. 铁
16. 铜
17. 铅
18. 锌
19. 铝
20. 镍
21. 钨
22. 锡
23. 锑
24. 钼
25. 稀土
26. 磷
27. 钾
28. 硫
29. 锶
30. 金刚石
31. 铌
32. 钽
33. 石棉
34. 矿泉水

国务院办公厅转发国家计委关于"十五"期间加快发展服务业若干政策措施意见的通知

国办发〔2001〕98号

各省、自治区、直辖市人民政府,国务院各部委、各直属机构:

国家计委《"十五"期间加快发展服务业若干政策措施的意见》已经国务院同意,现转发给你们,请结合本地区、本部门的实际情况,认真贯彻执行。

国务院办公厅

二〇〇一年十二月二十日

“十五”期间加快发展服务业若干政策措施的意见

（国家计委 二〇〇一年十二月三日）

改革开放以来，特别是1992年《中共中央、国务院关于加快发展第三产业的决定》（中发〔1992〕5号）下发以来，我国服务业稳定发展，结构不断改善，就业岗位大幅度增加。但从总体上看，服务业供给不足、比重偏低、结构落后、质量不高、竞争力差等问题仍很突出，已经成为当前以及今后一段时期制约产业结构优化升级和国民经济发展的重要因素。

我国已经进入经济结构战略性调整的重要时期，必须充分认识新阶段、新形势、新体制下加快发展服务业的重要意义。加快发展服务业，是国民经济持续快速健康发展的重要保障，是提高国际竞争力和国民经济整体素质的有力措施，是缓解就业压力的主要途径，也是提高人民生活水平的迫切需要。服务业的兴旺发达是现代化的一个重要特征，加快发展服务业，对于推进社会主义现代化具有深远的战略意义。

加快发展服务业，要坚定不移地贯彻落实党的十五届五中全会精神，以市场化、产业化和社会化为方向，增加供给、优化结构、拓宽领域、扩大就业。要进一步解放思想，更新观念，真正把服务业作为产业对待。要有步骤地扩大开放，在主要依靠市场机制的基础上，通过政策引导，加大工作力度和资金投入，促进全国服务业发展再上一个新台阶。

根据“十五”计划纲要的要求，“十五”期间服务业发展的目标是：服务业增加值年均增长速度适当快于国民经济的增长速度，争取达到7.5%左右，占国内生产总值的比重由2000年的33.2%提高到2005年的36%；服务业从业人员年均增长4%以上，累计新增就业人数争取达到4500万人，占全社会从业人员的比重由2000年的27.5%提高到2005年的33%。为此，要采取以下政策措施：

一、优化服务业行业结构

（一）以市场为取向，以企业为主体，以技术进步为支撑，大力调整和优化服务业行业结构，提高服务业的整体素质和国际竞争力。强化对交通运输、商贸流通、餐饮、公用事业、农业服务等行业的改组改造，推进连锁经营、特许经营、物流配送、代理制、多式联运、电子商务等组织形式和服务方式的发展，提高服务质量和经营效益。积极发展房地产、物业管理、旅游、社区服务、教育培训、文化、体育等需求潜力大的行业，形成新的经济增长点。大力发展信息、金融、保险以及会计、咨询、法律服务、科技服务等中介服务行业，提高服务水平和技术含量，促进服务业行业结构及经济结构的优化。

（二）各地区要从本地实际出发，发挥优势，突出重点，发展各具特色的服务业。中心城市及沿海地区的部分城市，要按照城市功能定位，在改组改造传统服务业的同时，着重发展现代服务业和新兴服务业；具有交通、商贸、旅游等特定优势和服务功能的中小城市和城镇，要进一步强化优势，突出特色，提高优势行业的竞争力；其他城镇和农村，要适应当地市场需求，因地制宜地发展有优势的行业。

二、扩大服务业就业规模

（三）服务业是今后我国扩大就业的主要渠道，对此，各地区、各部门必须统一认识，高度重视，采取积极促进就业的政策措施，进一步挖掘服务业安置就业的巨大潜力，发挥其保持社会稳定的重要作用。

（四）积极支持服务业各行业拓宽服务领

域,开拓新的就业渠道。对就业潜力大的行业,尤其是社区服务、农业服务等,要营造更加宽松的环境,大张旗鼓地鼓励发展。各地区、各部门要研究制定具体的政策措施,鼓励下岗职工、乡镇转岗干部和复转军人创办社区服务企业和农业服务企业。

(五)积极引导劳动力的跨地区流动就业,取消各种限制劳动力合理流动的政策规定。有关部门要完善和规范就业服务体系,提供准确及时的就业信息,避免盲目流动。制定劳动力市场管理和职业介绍、职业指导、劳动事务代理等就业服务制度和标准,规范劳动者、企业和市场中介组织的市场行为。鼓励服务业推行非全日制、临时性、弹性工作时间等灵活多样的就业形式,为服务业扩大就业创造良好的环境。引导劳动者转变就业观念,积极从事服务业工作。

三、加快企业改革和重组

(六)加快服务业国有企业改革,建立产权清晰、权责明确、政企分开、管理科学的现代企业制度。加快服务业国有经济布局的战略性调整,有进有退,有所为有所不为。国有经济比重较高的对外贸易、公用事业、旅游、文化、电信、金融、保险等行业,要逐步放宽对非国有经济的准入限制和扩大对外开放。

(七)对国有服务业大中型企业进行规范的公司制改革。除少数企业外,要通过规范上市、中外合资、相互参股等形式,逐步改制为多元持股的股份有限公司或有限责任公司。健全公司法人治理结构,深化企业内部改革。

(八)尽快改变部分行业经营方式陈旧、缺乏服务品牌和过度竞争等状况,促进服务业的集团化、网络化、品牌化经营。依托有竞争力的企业,通过兼并、联合、上市、重组等方式,形成一批拥有著名服务品牌、多元投资主体的大型服务业企业。鼓励优势企业兼并困难企业,对长期亏损、资不抵债、扭亏无望的企业依法实施破产。

(九)国家从授权经营、跨业经营、上市融资、项目审批等方面促进形成少数具有较强国际竞争力的大公司和企业集团。各地区、各部门要鼓励企业跨地区发展,并在经营场所、工商登记、劳动用工等方面提供便利。

(十)进一步放开搞活国有服务业中小企业,采取改组、联合、兼并、租赁、承包经营、出售等多种形式进行产权制度和经营机制改革。各地区可根据不同行业的特点,采取更加灵活的方式,加大力度,加快服务业中小企业的改革。

四、放宽服务业市场准入

(十一)改变服务业部分行业垄断经营严重、市场准入限制过严和透明度低的状况,按市场主体资质和服务标准,逐步形成公开透明、管理规范和全行业统一的市场准入制度。积极鼓励非国有经济在更广泛的领域参与服务业发展,在市场准入、土地使用、信贷、税收、上市融资等方面,对非国有经济实行与国有经济同等的待遇。

(十二)加快铁路、民航、通信、公用事业等行业管理体制的改革,放宽外贸、教育、文化、中介服务等行业市场准入的资质条件。凡鼓励和允许外资进入的领域,均鼓励和允许国内投资者以独资、合资、合作、联营、参股、特许经营等方式进入,鼓励和允许上市公司以资产重组或增发新股方式进入服务业。

(十三)国务院有关部门和地方各级政府,要对服务业市场准入的有关规定进行认真清理,改革市场准入的行政审批制度,大幅度减少行政性审批,需要保留的也要按照区别情况、简化手续、公开透明、管理和监督规范的原则进行改革。

(十四)加强对服务业市场准入的规范化管理,国务院有关部门要尽快制定并公示有条件准入的领域、准入条件、审批确认等准入程序以及管理监督办法。加强对服务市场的依法监管,整顿和规范服务市场秩序,严肃查处不正当竞争行为,对违法违规和严重扰乱市场秩序的要清除出市场,创造竞争有序的市场环境。

五、有步骤地扩大对外开放

(十五)抓住我国加入世界贸易组织带来

的新机遇，积极有序地扩大服务业对外开放。要通过扩大开放，促进服务业管理体制、企业机制、组织形式以及服务品种的创新；促进先进服务技术和标准的引进，带动服务业整体水平的提高；促进和培育服务业比较优势的形成，增强国际竞争力，减少服务贸易逆差。

（十六）根据我国经济发展需要以及加入世界贸易组织的承诺，有步骤地进一步开放银行、保险、证券、电信、外贸、商业、文化、旅游、医疗、会计、审计、资产评估、国际货运代理等领域。

（十七）鼓励有条件的企业实行“走出去”战略，发展服务业的跨国公司。鼓励开展设计咨询、对外工程和技术承包、劳务合作。有关部门要在金融、保险、外汇、财税、人才、法律、信息服务、出入境管理等方面，为企业开拓国际市场、扩大市场份额、提高国际竞争力创造必要条件。

六、推进部分服务领域的产业化

（十八）以政企分开、政事分开、企业与事业分开、营利性机构与非营利性机构分开为原则，加快推进适宜产业化经营领域的产业化进程。国务院有关部门和地方各级政府要尽快完成适宜产业化领域由“政府办”向“社会办”的转变。各级政府要做好有关领域的基本公共服务，基本公共服务以外的领域都要实行产业化经营。

（十九）将各类事业单位划分为营利性或非营利性机构。营利性事业单位都要改制为企业或实行企业化管理，实行自主经营、自负盈亏、依法纳税，逐步减少直至取消政府投资和事业经费。挂靠政府部门的营利性机构要与原部门脱钩。非营利性机构也要引入竞争机制，面向市场提供服务。

七、促进后勤服务的社会化

（二十）学校、医院和企业、事业单位以及有条件的机关后勤服务设施都要面向社会开放。除法律法规和国家政策另有规定外，学校、医院和企业、事业单位以及党政机关营利性的后勤服务机构都要改制为独立法人企业。新组建并由国家财政拨款的行政事业单位，原则上不再设立后勤服务机构，所需服务由社会提供。鼓励民间投资兴办面向机关和企事业单位的后勤服务，推广“大学生公寓”等社会化服务的各种组织形式。

（二十一）在对后勤服务机构占有和使用的国有资产进行认真清理和评估后，允许将其中一部分以国有资本金的形式注入改制后的后勤服务机构。有关部门要抓紧制定促进并规范后勤服务机构转制的具体规定。

八、鼓励中心城市“退二进三”

（二十二）调整城市市区用地结构，减少工业企业用地比重，提高服务业用地比重，即“退二进三”。这是提高土地利用效益，完善城市功能，改善居民生活环境的重要措施，也是城市经济结构战略性调整的重要任务。目前，大部分中心城市已经进入必须对城市市区用地结构进行调整的阶段。要采取切实措施，逐步加大力度，把一些城市行之有效的“退二进三”措施，推广到更多城市。

（二十三）中心城市要根据城市总体规划，逐步迁出或关闭市区污染大、占地多等不适应城市功能定位的工业企业，工业企业退出的土地，要优先用于服务业。城市政府要积极采取措施，帮助迁出或关闭企业做好人员安置、资金筹措等工作。鼓励外资投向与“退二进三”相关的城市基础设施及回报率高、成长性好、带动性强的服务业项目。

九、加快服务业人才培养

（二十四）加快培养服务业所需各类人才，特别要加快培养社会急需的信息服务、金融、保险、各类中介服务、服务业政策与管理以及熟悉国际服务贸易规则等方面的人才。有计划地在现有高等学校和中等职业学校增设服务业紧缺的专业，改革教学内容和教学方法，增加紧缺专业招生规模。拓宽人才培养途径，积极吸引和聘用海外高级人才。

（二十五）加强岗位职业培训，提高服务业从业人员的职业道德、质量意识、竞争意识和业务水平，增强其就业、创业和适应职业变化的能力。全面推进职业资格证书制度,建立服务业职业资格标准体系,有序扩大实施范围和领域,提高服务业从业人员的职业素质。

十、多渠道增加服务业投入

(二十六)发展服务业主要依靠市场机制配置资源,同时也要注意发挥政府投资的引导和带动作用。中央和地方各级政府,都要适当安排一定数量的投资,作为加快发展服务业的引导资金,主要用于国家鼓励的服务业建设项目的贴息或补助,以更多地吸引银行信贷资金和社会投入。

(二十七)银行要适当增加对服务业的信贷支持,在独立审贷基础上积极向符合贷款条件的服务业企业及其建设项目发放贷款。有关部门要加强与银行的沟通,积极向银行推荐有效益的服务业项目。

(二十八)鼓励符合条件的服务业企业进入资本市场融资,通过股票上市、企业债券、项目融资、资产重组、股权置换等方式筹措资金。创造条件,逐步解决某些服务行业用水、用气、用电价格不合理问题。

十一、扩大城乡居民的服务消费

(二十九)改善服务消费环境,完善消费政策,提倡健康、文明的消费方式,引导城乡居民增加服务消费,营造有利于扩大服务消费的社会氛围。

(三十)提高城乡居民的服务消费能力,在经济发展的同时,不断增加城乡居民特别是农民和城镇低收入者的收入。建立个人信用制度,完善消费信贷办法,提高信贷服务水平。加强服务业各类基础设施建设,改善布局和结构,特别要注意扩大农村基础设施的覆盖面,促进农民增加服务消费。

(三十一)把加快发展服务业与实施城镇化战略结合起来,积极稳妥地推进城镇化,调整城镇规模结构,扩大城市服务消费群体。

(三十二)推行职工带薪年休假制度,有关部门要尽快制定具体实施办法。

十二、加强服务业的组织领导

(三十三)各地区、各部门要进一步转变观念,统一思想,提高认识,把服务业摆到与农业、工业同等重要的位置。各级政府要切实履行职责,为加快发展服务业创造良好的环境。

(三十四)计划部门负责服务业总体规划编制、政策制定和衔接平衡各行业规划与政策工作。有关行业主管部门要做好相关行业的规划编制、政策制定和组织实施工作。鼓励服务业行业协会的发展,发挥其在市场保护、行业自律、沟通企业与政府等方面的作用。

(三十五)强化服务业统计工作,按照国际惯例和通行规则,改进统计制度和方法,做好第二次全国第三产业普查,建立和完善服务业的经常性调查。有关部门要建立健全服务业发展的监测、预警、预测和信息发布制度,发挥信息导向作用。

(三十六)加快制定和完善规范服务业市场主体行为和市场秩序的法律法规,为服务业发展提供法律保障。完善服务业标准,提高服务水平。

(三十七)各地区、各部门要根据本意见制定和实施促进服务业加快发展的具体政策措施,确保政策措施落到实处。国务院责成国家计委对落实本意见的情况进行监督检查,并向国务院报告。

国务院关于青藏铁路格尔木至拉萨段开工报告的批复

国函〔2001〕72 号

国家计委、铁道部：

《国家计委关于审批青藏铁路格尔木至拉萨段工程开工建设的请示》(计投资〔2001〕1033 号)收悉。现批复如下：

2001 年 6 月 20 日，国务院第 105 次总理办公会讨论了青藏铁路建设方案，对该项目的运量、主要技术标准、设计原则、主要建设方案、环境保护、管理体制和经济评价等方面又进行了深入研究，同意该项目开工报告。

修建青藏铁路是党中央、国务院作出的一项重大决策，对加快西藏经济社会发展，促进西藏自治区同全国其他地区的经济文化交流，增强民族团结具有重要意义。各有关地区和部门要严格按照国家有关规定，落实项目法人负责制、工程招投标制和工程监理制，加强管理，保证工程质量，严格控制工程投资，按期完成建设任务，为西部大开发作出贡献。

国　务　院

二〇〇一年六月二十七日

国务院关于塔里木河流域近期综合治理规划的批复

国函〔2001〕74 号

新疆维吾尔自治区人民政府、水利部：

你们报送的《关于报送〈塔里木河流域近期综合治理规划报告〉的请示》(水资源〔2001〕157 号)收悉。现批复如下：

一、原则同意《塔里木河流域近期综合治理规划报告》(以下简称《规划》)，请你们认真组织实施。《规划》中涉及的建设项目，按照基本建设程序逐项报批。

二、实施塔里木河流域综合治理，要坚持以生态系统建设和保护为根本，以水资源合理配置为核心，源流与干流统筹考虑，工程措施与非工程措施紧密结合，生态建设与经济发展相协调，科学安排生活、生产和生态用水。

三、加强流域水资源统一管理和科学调度是塔里木河流域近期综合治理的关键。要建立健全流域管理与区域管理相结合的管理体制，明确事权划分。制定流域水量分配方案由塔里木河流域水利委员会负责；水量和重要工程的统一调度、管理和建设由塔里木河流域管理局负责；实行区域用水总量控制行政首长负责制，流域各地(州)和生产建设兵团所属师负责各自管辖区内的用配水管理，确保《规划》确定的各源流汇入干流的水量。要充分运用经济杠杆，促进节约用水。合理核定塔里木河流域不同行业的供水水价，大力推行定额水价制度，对定额内用水实行基本水价，对超定额用水实行累进加价制度。

四、流域内经济发展要充分考虑水资源条件，积极稳妥地进行经济结构调整。不再扩大农田灌溉面积，2005 年以前塔里木河干流要完成 33 万亩农田退耕自然封育任务；积极调整作物种植结构，大力压缩水稻等高耗水作物面积。流域内城市和工业发展要贯彻节水优先,治污为本的原则,严格控制兴建耗水量大和污染严重的建设项目。

五、要切实加强资金管理和工程质量管理。一定要管好、用好工程建设资金,提高资金使用率和使用效益。严格工程建设管理,精心设计,精心施工,确保质量。

加快塔里木河流域综合治理,恢复塔里木河下游绿色走廊,对于实现新疆经济和社会可持续发展,造福各族人民,巩固西北边防,具有十分重要的意义,是实施西部大开发战略的重要工程。新疆维吾尔自治区人民政府、国务院各有关部门和单位要加强领导,密切配合,保障投入,确保完成《规划》确定的各项目标任务,逐步恢复塔里木河下游生态系统。

国　务　院

二○○一年六月二十七日

国务院关于三峡库区及其上游水污染防治规划的批复

国函〔2001〕147号

湖北省、重庆市、四川省、贵州省、云南省人民政府,国家计委、国家经贸委、建设部、交通部、水利部、环保总局、三峡建委办公室、三峡建委移民局:

环保总局《关于申请批准三峡库区及其上游水污染防治规划的请示》(环发〔2001〕163号)收悉,现批复如下:

一、原则同意《三峡库区及其上游水污染防治规划(2001年—2010年)》(以下简称《规划》),请你们认真组织实施。要扎扎实实地开展工作,确保到2003年(三峡工程二期蓄水)前,完成135米水位以下库底垃圾清理任务,完成库区污水处理厂和垃圾处理场建设,并保证投入运行;到2005年,库区及其上游主要控制断面水质基本达到国家地表水环境质量Ⅲ类标准,人为破坏生态环境的行为基本得到遏制;到2009年前,完成对污染严重的次级河流整治,保证库区滞水区水质达到水环境功能区要求;到2010年,库区及其上游主要控制断面水质整体上基本达到国家地表水环境质量Ⅱ类标准,库区生态环境得到明显改善。

二、《规划》是三峡库区及其上游水污染防治工作的重要依据,三峡库区及其上游的经济建设活动必须符合《规划》的要求。湖北省、重庆市、四川省、贵州省、云南省(以下简称五省市)人民政府和国务院有关部门要根据《规划》抓紧制定本行政区域和本部门的具体实施计划,按基本建设和技术改造项目审批程序列入地方、部门和国家的国民经济和社会发展"十五"计划,并分年度逐项落实,认真组织实施。

三、三峡库区及其上游水污染防治主要责任在五省市人民政府。五省市人民政府要将三峡库区及其上游水污染防治工作目标和措施纳入省、市、县(区)长目标责任制,切实加强对三峡库区及其上游水污染防治工作的领导。要适应库区防治水污染的需要,积极推进产业结构调整,大力推行清洁生产,有效控制进入库区的污染物排放总量。要加强对《规划》实施的领导和监督,做到资金到位,措施落实,任务具体,责任明确,确保《规划》按期完成。三峡工程蓄水在即,任务紧迫,五省市人民政府每年要对《规划》实施情况进行检查、总结,对逾期未完成任务的,要查明原因,认真整改。

四、国务院有关部门要根据各自职能分工,切实加强对《规划》实施的指导和支持。《规划》提出的一些需由国家支持的项目,请国家计委加强指导和督促，落实相应资金。有关库区产业结构调整、企业技术改造等工作，请国家经贸委加强指导和检查。有关城镇污水处理厂（含管网配套建设）、城镇垃圾处理场的建设，请建设部加强指导并监督。有关船舶污染治理工作的实施，请交通部等部门指导并监督。有关库底垃圾清理工作，请三峡建委移民局结合库区移民迁建，加快组织落实，务必在2003年蓄水前完成清库任务。

五、要认真落实水污染防治资金。三峡库区及其上游水污染防治投资以国家投资为主，国家计委等部门要根据实施进度逐年安排相应资金，地方政府也要积极落实配套资金。五省市要建立污水和垃圾处理收费机制，加大污水和垃圾处理费的征收力度，逐年提高污水和垃圾处理费收费标准，使污水和垃圾处理企业实现保本微利运行。对不符合国家产业政策、无市场前景和污染严重的企业，应予关停；对符合条件的工业污染治理项目，原则上应实行"谁污染，谁治理"，以企业自筹为主，国家可给予贴息补助。船舶污染治理以船主自筹为主，要建立船舶污水及垃圾收集和处理的良性运行机制。生态保护项目要与生态建设项目相结合。

六、要加强对三峡库区及其上游水污染防治工作的领导和执法检查。三峡库区水污染防治领导小组要切实负起责任，指导督促规划项目的实施，做到立项要加快，投资要保证，施工要抓紧，管理要加强，确保工程质量；对流域重大问题加强组织协调，提出解决方案并监督落实。环保总局要加强环境执法监督，进一步完善和加强日常监督检查工作。五省市人民政府和国务院有关部门都要顾全大局，密切合作，团结治污，确保三峡库区及其上游水污染防治目标的实现。

国　务　院

二〇〇一年十一月二日

教育部　财政部　国务院扶贫开发领导小组办公室关于落实和完善中小学贫困学生助学金制度的通知

教财〔2001〕17号

各省、自治区、直辖市教育厅（教委）、财政厅（局）、扶贫办，计划单列市教委、财政局、新疆生产建设兵团教委、财务局：

《中华人民共和国义务教育法》颁布实施以来，各省、自治区、直辖市相继恢复或建立了中小学贫困学生助学金制度（以下简称助学金制度），这对帮助贫困学生就学，保证各地按时完成普及九年义务教育的目标起了很大的作用。目前，全国仍有一部分中小学生因家庭经济困难而面临着上学难的问题。为贯彻落实《国务院关于基础教育改革与发展的决定》的有关精神，保障适龄儿童、少年顺利就学和正常完成学业，各地、各部门要以"三个代表"的重要思想为指导，进一步落实和完善助学金制度，切实保证义务教育阶段的学生不因家庭经济困难而辍学。现将有关要求通知如下：

一、国家对义务教育阶段的贫困学生实行助学金制度。各地都应设立中小学贫困学生助学金专款，并逐步加大投入力度，切实保证助学金制度的顺利实施。

为推动各地做好对中小学贫困学生资助工作，中央财政设立"国家义务教育贫困学生助学金"专款，重点支持西部贫困的革命老区、少数民族聚居地区和边境地区，同时适当兼顾其他特别贫困地区。

二、助学金经费来源，按照财政体制和教育管理体制，实行以地方为主、分级管理、分级负担的办法，主要从各级财政安排的教育事业费中统筹解决。扶贫资金也要根据扶贫开发规划的总体要求予以适当支持。同时，广泛吸收社会各界捐款，资助贫困学生。

三、助学金主要用于抵减贫困学生的杂费、课本费以及补助寄宿制贫困学生生活费等。助学金原则上集中分配到校，不直接发给学生本人。县级教育行政部门，根据核准后的享受助学金学生的名单和数额，将助学金如数拨给学校。享受助学金学生的名单和数额，由县级教育行政部门上报省级教育行政部门备案。

四、助学金的发放对象，主要为因家庭经济困难，无力负担杂费、书本费、寄宿生活费而未入学和可能辍学者。对家庭经济困难的少数民族儿童、孤残儿童应优先资助。

五、省级教育行政部门应根据实际情况，会同财政部门、扶贫办，在认真调查研究的基础上，采取科学的方法，制定出衡量贫困学生的具体方法和标准，确保贫困的学生得到及时资助。

六、助学金依照民主、公平、公开的原则，每学期评定一次。针对贫困程度不同的学生，应相应设立不同等级的助学金，可全额免收杂费、书本费、寄宿生活费，也可部分减免。享受助学金学生的名单及金额必须张榜公布，接受监督。

七、学校应及时办理助学金的发放事项，保证学生入学，不得因学生交不了杂费、课本费、寄宿生活费等而拒绝学生入学。

八、各地应加强对助学金的管理，建立健全相应的财务和审计制度，确保助学金专款专用，及时拨付，提高经费的使用效益。

九、高中阶段贫困学生的资助问题，各地也要根据实际情况，通过建立助学金和奖学金制度予以解决。

十、各地要大力宣传助学金制度，使国家资助困难学生的政策深入人心、家喻户晓，以推动助学金制度的实施。

十一、助学金的标准和发放的具体办法，各地可结合城镇、农村学校的特点和实际情况制定。

各省、自治区、直辖市须在 2001 年 12 月 31 日前，将本省(区、市)实施中小学助学金制度的办法和各级财政安排的助学金经费数额报教育部、财政部、国务院扶贫开发领导小组办公室备案。

十二、原国家教育委员会、财政部《关于健全中小学学生助学金制度的通知》(教财〔1995〕53 号)与本文不同之处，按本文件执行。

教　育　部

财　政　部

国务院扶贫办

二〇〇一年九月二十四日

综 合 篇

2001年中西部地区经济社会发展综述

【经济增长】 2001年,我国经济发展的外部环境发生了急剧变化。面对错综复杂的国际环境,中西部地区按照中央的部署,坚持实施扩大内需的方针和各项政策措施,加快调整产业和产品结构、地区结构、城乡结构,稳步推进各项改革,不断提高对外开放水平,大力整顿和规范市场经济秩序,地区经济总体上保持了持续、快速、健康发展的态势。

中西部地区与东部地区的GDP增幅差距继续缩小。

2001年,全国GDP同比增长7.3%,东、中、西部地区GDP分别实现63450.1亿元、28667.8亿元和14329.7亿元,三大地带分别增长了9.8%、9%和8.7%。多年形成的经济增长从东向西依次递减的发展格局虽然没有改变,但中西部地区与东部地区GDP增幅差距继续缩小。与2000年相比,中西部地区GDP增幅分别上升了0.2和0.1个百分点,东部地区GDP增幅则回落了0.4个百分点。中、西部地区与东部地区GDP增幅差距分别由2000年的1.4%、1.6%缩小到2001年的0.8%和1.2%。

中西部地区大多数省份GDP增长速度加快,西藏GDP增幅位居全国首位,青海名列次席。

2001年,中西部地区大多数省份发展速度进一步加快。全国有22个省份(东部地区9个、中部地区6个、西部地区7个)的GDP增长率在9%以上,有9个省份的GDP增长率高于10%。西藏自治区的GDP以12.6%的增幅位居全国之首,青海与天津并列次席,GDP增幅均为12%,中西部地区其他省份GDP增长速度分别是:宁夏10.1%,增长幅度排在全国第8位;内蒙古、甘肃、吉林、黑龙江、四川、河南、湖北、陕西、湖南和重庆10个省份的GDP增幅都在9%—9.6%之间,名列第10位至第21位。从全国范围看,GDP低于全国水平的仅有云南一省,为6.5%。

【产业结构调整】 2001年,我国国民经济的产业结构进一步优化。第一产业增加值14610亿元,增长2.8%;第二产业增加值49069亿元,增长8.7%;第三产业增加值32254亿元,增长7.4%;三次产业比重分别为15.23:51.15:33.62,与2000年相比,第一产业比重下降了0.67个百分点,第二产业比重上升0.27个百分点,第三产业比重提高0.4个百分点。

中西部地区在市场需求引导下,产业结构调整步伐明显加快,并表现出如下变动特征:

第一产业比重继续降低,西部地区降幅最大;第一产业产值增幅回升,中部地区增幅最高;农业结构进一步优化,特色农业发展较快。

2001年,东、中、西三大地带的第一产业比重同比分别降低了0.52、0.79和1.38个百分点,西部地区降幅最大。中西部地区黑龙江第一产业比重提高了0.51个百分点外,其他所有省份的一产比重均出现了下降趋势,下降幅度在1个百分点以上的有:中部地区的吉林、安徽、山西及内蒙古分别降低了1.74、1.18、1.9和1.66个百分点,西部地区的贵州、新疆、陕西、四川和重庆分别降低了1.93、1.75、1.57、1.38和1.06个百分点。

2001年,东、中、西部地区第一产业产值分别提高了4.45%、3.9%和3.02%,其中,东、中部地区同比分别提高了1.12和1.23个百分点,西部由于部分地区旱灾较为严重,增幅同比回落了0.46个百分点。

农业结构调整力度明显加大,农业生产继续向优质、高效方向发展,全国粮食播种面积减少了3444万亩,优质专用小麦面积扩大了2000万亩,优质水稻种植面积比上年增加了330多万公顷。在国家宏观农业政策指导下,各地区充分发挥比较优势,以市场需求为导向,进一步优化产业布局和产品质量。中部地区作为粮棉油主产区,进一步加大了优质专用粮开发;西部地区退耕还林还草工作逐步深入,积极发展特色农业,其中新疆棉花种植面积增加到1671万亩,增幅10%。

第二产业比重西部地区降低,中部地区上升;中、西部地区第二产业产值的增幅均超过了10%,西部与东部地区的增幅差距缩小。

2001年,第二产业比重东、西部地区同比降低了0.42和0.68个百分点,中部地区上升了0.06个百分点。从全国范围来看,第二产业比重升降的省份各占一半。中西部地区的山西、江西2省第二产业比重增幅高于1个百分点,分别为1.34和1.12个百分点;四川、黑龙江2省第二产业比重降幅在1个百分点以上,分别为2.67和1.31个百分点。

2001年,东、中、西部地区第二产业产值分别增长了10.51%、10.34%和10.32%。受国际经济形势的变化影响,2001年我国工业品出口受阻,工业生产增势减弱,尤其是东、中部地区工业生产增幅降低,同比分别回落了0.77和0.16个百分点;受西部大开发战略的带动,西部地区第二产业产值同比提高了0.49个百分点。

2001年,全国有24个省份(东部地区11个、中部地区9个、西部地区4个)的工业增加值增幅在10%以上。吉林省工业增加值增幅高居榜首,达到了15.1%,排在其后的中西部省(市、区)依次是湖南省13.8%、四川省13%、内蒙古自治区12.9%、湖北省12.8%;云南省工业增加值增长速度仍最低,仅为3.9%,宁夏、广西、新疆和西藏4省份增速分别排在第27—30位,其增长幅度分别为9.2%、8.6%、7.4%和5.8%。

2001年,三大地带工业产品销售率分别为97.67%、97.79%和95.9%,与2000年相比,中、西部地区降低了0.36个和0.43个百分点,东部地区上升了0.13个百分点。全国各地区工业产品销售率除云南省在88.32%外,其他各省均在95%以上,有6个省份的工业产品销售率高于全国97.72%的平均水平,依次是贵州99.65%、湖南99.33%、西藏99.16%、新疆99.01%、重庆98.04%、安徽98%。与2000年相比,全国有14个省份(东部地区8个、西部地区4个、中部2个)工业产销率有0.03—1.18个百分点的增幅,中西部地区的吉林、黑龙江、青海和云南4省份减幅在1.15—2.99个百分点。

中西部地区第三产业比重均有提高,西部地区升幅居三大地带之首;西部第三产业产值增幅快于中部,低于东部。

2001年,第三产业比重东、中、西部地区分别比2000年提高了0.94、0.74和2.02个百分点,西部地区提高幅度最大。全国除福建和江西两省第三产业比重下降外,其他省份均有提高。提高幅度在1个百分点以上的中西部地区省份有7个,它们依次是四川(4.05)、吉林(2.35)、贵州(2.01)、新疆(1.7)、云南(1.37)、陕西(1.33)和广西(1.22)。

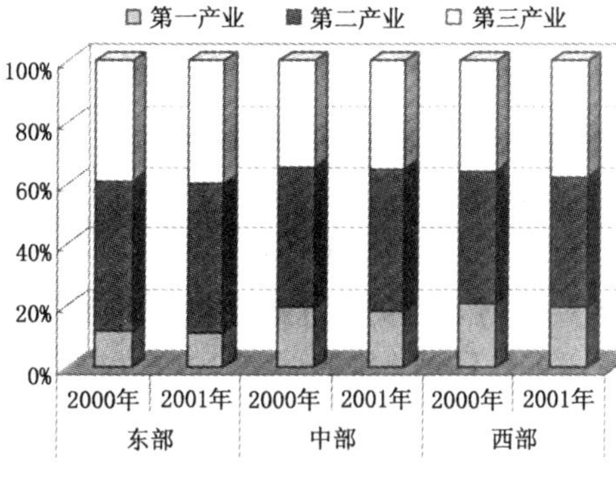

图1　2000—2001年三大地带产业结构变动

2001年,东、中、西部地区第三产业产值分别增长了10.5%、10.1%和10.2%,西部地区增幅略高于中部地区;与2000年相比,东部地区增幅下降了0.47个百分点,中部地区基本持平,西部地区上升0.16个百分点。全国有22个省份(东部地区9个、中部地区7个,西部地区6个)第三产业产值增幅在10%以上。西部地区的内蒙古和贵州两省区第三产业产值增幅并列第一,高达12.1%;其后的中西部省份依次是:广西11.1%、陕西10.8%、青海10.7%。与2000年相比,中西部地区的山西、贵州、河南3省份第三产业产值增幅在

1个百分点以上，分别达到了3.8%、1.6%和1%。

【固定资产投资】 2001年，全国全社会固定资产投资36898亿元，比上年增长12.1%，增幅提高了1.8个百分点。其中，国有及其他经济类型投资26401亿元，增长12.8%；城乡集体经济投资5189亿元，增长8.1%；城乡居民个人投资5308亿元，增长12.7%。

中西部地区固定资产投资增幅普遍加快，西部地区增幅在三大地带中保持首位。

连续四年的国债投资以及“西部大开发”战略的继续推进，使2001年三大地带固定资产投资(不含城乡集体和个人投资)均以10%以上的速度增长，东、中、西部地区分别增长了13.3%、16.3%和19.3%，西部地区明显快于东、中部地区，继续保持了“西部地区投资增速领先、中部地区快于东部地区”的态势。与2000年相比，三大地带投资增长幅度均有提高，分别上升5、2.5和4.9个百分点，东部地区增幅显著；中、西部地区占全国投资(不含专项投资)总和的比重继续上升，分别提高了0.25个和0.63个百分点。

全国有21个省份(东部地区6个，中部地区7个，西部地区8个)固定资产投资增幅高于全国12.1%的平均增长速度，中西部地区有8个省份固定资产投资增速在20%以上，增长最快的是西藏，高达75.1%；其他依次是青海35.0%、江西29%、重庆24%、宁夏22.6%、内蒙古20.5%、山西20.4%、湖南20.1%。投资增速低于10%的中西部省份只有云南一省，为1.9%。

基本建设和更新改造投资西部地区增幅领先态势不变。

2001年，三大地带基本建设投资增长速度分别是6.4%、14.6%和15.3%，中西部地区继续保持快速增长态势，西部地区增长幅度最大，继续保持领先态势。与2000年相比，中、西部地区基建投资增幅均有提高，分别上升了2.1和2个百分点。全国有18个省份(中西部地区各7个，东部地区4个)基本建设投资增长速度在10%以上，中西部地区有8个省份增长速度在20%以上，分别是西藏67.3%、贵州57.5%、青海37.1%、黑龙江25.9%、陕西23.4%、江西21.2%、重庆和宁夏均为20%。

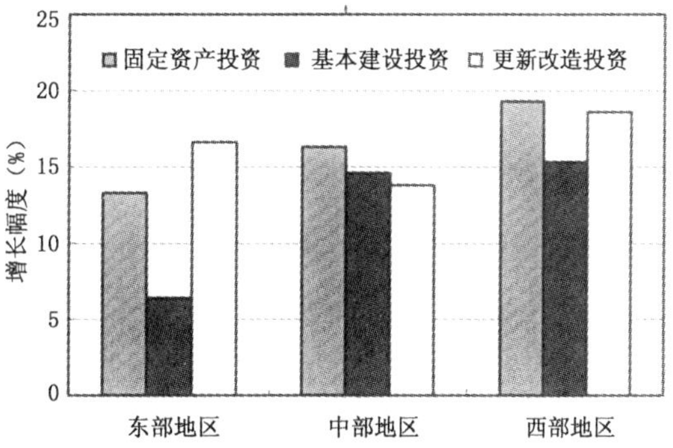

图2 2001年三大地带固定资产投资分类增长对比

随着国债资金对技改支持力度的加大，2001年技改投资增长加快。三大地带更新改造投资分别增长了16.6%、13.8%和18.7%，西部地区增长最快，与上年相比，西部地区上升了1.9个百分点，中部地区下降9.7个百分点。全国有12个省份(东、中、西部地区各4个)更新改造投资增长高于20%，中西部地区有4个省份技改投资增速高达30%以上，依次是西藏90.3%、江西37.1%、山西31.0%和云南30.0%。

中西部地区房地产投资高速增长，个人购房比例不断提高。

随着住房货币化政策的推进，房地产开发投资成为推动固定资产投资增长的一大亮点。2001年，东、中、西部地区房地产开发投资分别增长了25.2%、32.5%和34.6%，与上年相比，增长幅度分别提高了3.5、12.9和5.8个百分点，中、西部地区增势强劲。

中西部地区有15个省份(中部地区8个、西部地区7个)房地产开发投资增长在20%以上，西藏房地产开发投资增长最高，达到142%；房地产开发投资增长在40%以上的有新疆69.6%、内蒙古46.9%、江西46.4%、吉林45%、贵州44.6%、宁夏44.1%、湖南43.6%、广西42.8%、黑龙江41.2%、重庆40.8%。

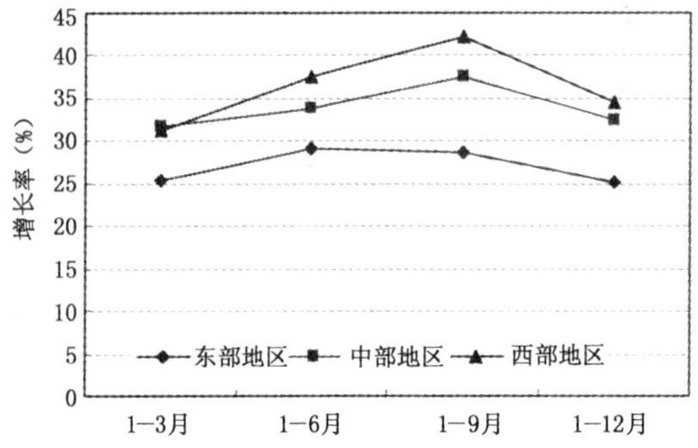

图3　2001年三大地带各季度房地产投资增长

中西部地区与东部地区一样,商品房销售中个人购房比例不断上升。2001年,全国个人购房销售额增长了41.6%,比重提高到了86.9%。江西商品房购销两旺,全年累计商品房销售面积313.74万平方米,同比增长79.6%,实现销售收入33.1亿元,增长83.6%,个人购房面积为294.74万平方米,增长了1倍,占商品房销售总量的93.9%。个人住房消费持续增长有力推动了房地产开发投资的快速增长,对整个固定资产投资增长和相关行业生产起到了明显的带动作用。

【市场与消费】　2001年,全社会消费品零售总额增长了10.1%,增幅比2000年提高了0.4个百分点,消费成为拉动经济增长最主要和最稳定的因素。中西部地区消费品零售额增长普遍加快,消费热点逐渐明朗,居民消费结构日益改变,特征如下:

中、西部地区消费市场稳中有升,9个省份社会商品零售总额增长速度在10%以上。

2001年,东、中、西部地区全社会商品零售总额分别增长了10.4%、9.99%和9.68%,与2000年相比,增幅分别提高了0.35、0.34和0.51个百分点,西部地区提升幅度最大。中西部地区有9个省份(全国有17个)的社会商品零售总额增长速度在10%以上,西藏社会商品零售总额增长高居榜首,达到了14.2%;排在其后的中西部省份依次是吉林11.1%、内蒙古11%、河南10.8%、湖南10.7%和湖北10.4%;全国只有山西一省消费增长不足8%。

中西部地区消费增长普遍提高,地带性增幅差距进一步缩小。

与2000年相比,中西部地区的消费增长表现出如下明显特征:

西部地区消费增长从一季度到前三季度均快于中部地区的消费增长;三大地带消费增长差距进一步缩小,2001年东、西部地区消费增幅差距为0.72个百分点,同比缩小了0.16个百分点;2001年中西部地区消费增长速度均在9%以上,差距仅为0.31个百分点,增幅差比2000年缩小了0.17个百分点。

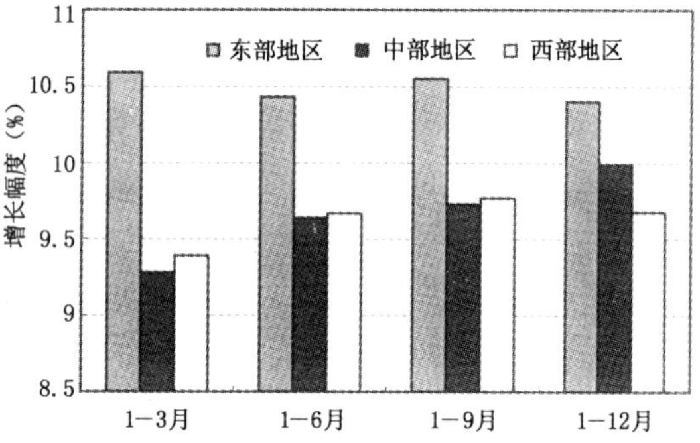

图4　2001年三大地带累计社会消费品零售总额增长季节对比

与2000年相比,全国有22个省(区、市)的社会商品零售总额增幅有不同程度的回升,提高幅度在1个百分点以上的中西部省份有3个省份,分别是黑龙江(1.9)、云南(1.7)、西藏(1.0)。西部地区除甘肃增幅降低了0.4个百分点外,其他省(区、市)均有0.1—1.7个百分点的升幅;中部地区湖北、湖南消费增速在10%以上,其他省(区、市)也有不同程度的提高。

中西部地区居民消费结构进一步改善。

2001年,中西部地区消费市场的景气程度继续提高,以旅游、买房、购车、教育和信息消费为主体的“热点”进一步扩大,居民消费结构提高并呈现出多元化的消费趋势。

2001年,全国城乡居民家庭恩格尔系数为37.9%,比上年下降了1.3个百分点;农村居民家庭的恩格尔系数由2000年的49.1%下降到47.7%,同比降低了1.3个百分点。在城镇居民消费结构中,交通通信消费支出保持强劲增势。2001年城市居民人均交通通信支出457元，比上年增长了15.7%，同比提高0.7个百分点，是城市居民家庭消费支出中增长最快的；其次是教育支出，2001年城市居民家庭人均教育支出428元，比上年增长17.7%，同比年提高5.1个百分点；购买各种家用电器、耐用消费品等支出开始下降，2001年城市居民家庭人均购买各种耐用消费品支出390元，比上年下降3.9%。2001年农村居民用于居住和交通通讯的支出最多，其比例已占消费支出增加总额的一半。

与城市相比，中西部地区农村消费市场启动仍不明显。

2001年，全国城市消费品零售额23543亿元，增长11.5%；县及县以下消费品零售额14052亿元，增长7.7%，增幅比城市低3.8个百分点。与2000年相比，城市消费品零售增幅提高了0.9个百分点，县及县以下消费品零售下降了0.6个百分点。从掌握的数据来看，中西部地区的山西、内蒙古、吉林、江西、河南、湖北、广西、四川等8个省份农村消费增长低于2000年。农村地区的消费潜力没有得到完全发挥。

【对外贸易】 2001年，面对国际经济增长减慢的严峻形势，我国进出口总额却首次突破5000亿美元大关，全年实现进出口总额5098亿美元，比上年增长了7.5%。其中出口总额2662亿美元，增长6.8%；进口总额2436亿美元，增长8.2%。中西部地区在出口商品结构的优化上以及市场多元化等方面都取得了一定的进展，外贸出口变化显著，表现出如下几个特征：

中西部地区贸易出口增速大幅度回落。

2001年，受世界经济减缓及美国"9·11"事件的影响，我国外贸出口形势十分严峻，东、中、西部地区出口总额仍分别增长了7.7%、4.84%和0.87%，但与2000年相比，增幅分别下降了20.66、32.22和29.44个百分点。2001年，中西部地区都加大了支持外贸出口的力度，有8个(全国有12个)省份出口增长速度超过10%，西部地区的青海出口位居全国增幅第一，高达33.1%；甘肃、四川和重庆分别增长了14.8%、13.5%和10.7%，位居全国第6位、第8位和第11位；中部地区的山西18.7%、吉林16.3%、河南14%和黑龙江11.1%。与2000年相比，除青海省外，其他省份出口增幅都出现了回落的趋势，下降幅度在7.1—116.9个百分点之间。

中西部地区出口商品结构不断优化，机电产品和高新技术产品出口较快增长。

2001年，出口商品结构的优化和市场多元化战略是促进我国出口贸易较快增长的重要原因。近年来，国家制定了一系列鼓励出口的优惠政策，各地区采取了扩大出口的优惠政策和措施。2001年，机电产品和高新技术产品出口增长较快，其中机电产品出口1188亿美元，增长12.8%，占出口总额的44.6%，比上年提高了2.3个百分点；高新技术产品出口465亿美元，增长25.4%，高新技术产品出口增幅比全国出口增幅高出18.6个百分点，对全国外贸出口增长的贡献率首次突破50%，成为外贸出口增长的中坚力量并实现了历史性的跨越。

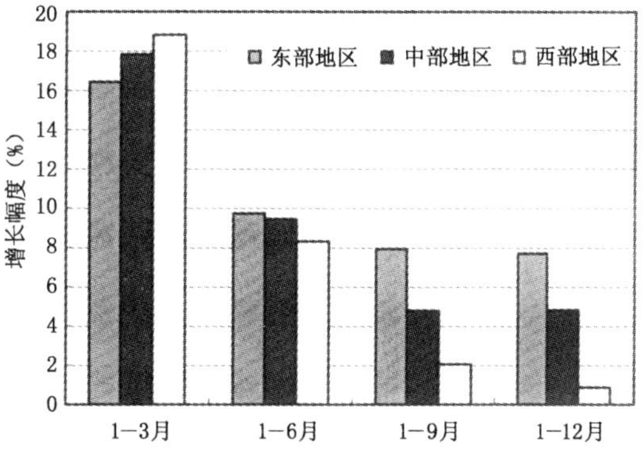

图5 2001年三大地带出口总额增长季节对比

【基础设施建设与投资环境】 自实施积极的财政政策以来，国债在中西部地区基础设施建设中继续发挥重要作用。2001年，西部国债项目当年完成投资约500亿元；全年用于支持西部开发的国债资金达到600亿元。中西部地区的铁路、公路、机场、能源电力、水利枢纽、城市基础设施等领域继续得到改善。

铁路:2001年,我国铁路建设的重点在中西部地区,中西部地区的路网结构进一步优化。其中,西部铁路完成大中型基建项目投资约270多亿元。两年共建铁路新线1327公里,复线975公里,电气化铁路440公里。2001年6月,青藏铁路格尔木至拉萨段全面开工,铁路全长1110公里,其中穿越多年高寒冻土地带550公里,总投资260多亿元。截止到2001年12月4日,青藏铁路全线完成投资10.087亿元,为年度计划的100.87%,为确保明年工程建设顺利进行奠定了坚实基础。水柏铁路、株六复线、宝兰二线等重点工程进展顺利,遂渝铁路、万宜铁路、西南出境铁路等建设项目的前期工作取得较大进展。

公路:国家在公路建设方面加大了国债资金投入力度,公路建设专项资金的一多半投入到中西部地区。2001年,加快了以国道主干线为重点的干线建设,安排了西部地区重点公路项目80个;加快了国道、省道重点路段的改造和贫困县出口路建设,安排了贫困县公路项目129个。为进一步改善西部农村地区交通条件,国家从2001年起,专项安排西部地区通地(州)、县沥青公路建设,争取到2002年底,将目前尚未通沥青路的3个州、280多个县,有一条沥青路与省会、地(州)所在地城市连接。两年累计新增公路通车历程3.2万公里,其中高速公路1900公里,一级、二级公路8670公里。

机场:以"完善枢纽、发展支线,逐步形成放射状航空网络"为重点,2000年安排西部地区机场新建和改扩建建设项目18个,广元、绵阳、铜仁、临沧等新建机场和西宁、呼和浩特、泸州、阿勒泰、库车、且末、包头等扩建工程已经完工。2001年,新开工4个机场建设项目。列入西部开发重点工程的成都、兰州、乌鲁木齐机场已经建成并投入使用,西安、敦煌、攀枝花、达川等在建工程进展顺利。一些项目的前期工作取得较大进展,拉萨贡嘎、重庆江北机场航站区扩建,新疆和田机场改扩建,贵州兴义、黎平新建等工程已具备开工条件。一批机场工程前期工作正在抓紧进行。2001年,西部机场全年投资40多亿元。初步形成了以昆明、成都、西安、兰州、乌鲁木齐为中心的支线航空网络。

管道:2001年,"西气东输"塔里木盆地至长江三角洲管道工程前期工作已经完成。涩宁兰管线工程已于2001年底投入使用,目前,输气管道日输送气量为140多万立方米。

电力:2001年,全年开工计划内大中型电站项目近2000万千瓦,创造了历史最高纪录,其中水电项目规模占55%,"西电东送"项目规模占58%,西部省份电站规模占68%。继西电东送第一批项目于2000年11月启动后,西电东送第二批项目在2001年底也已宣布开工。已开工建设的水电工程主要有龙滩、公伯峡、洪家渡、引子渡、乌江渡(扩机)、小湾水电站;火电工程有宣威、纳雍、安顺、黔北、托克托等。贵州至广东直流输电、交流输变电项目也已正式开工。南部地区"西电东送"第二批项目顺利开工,"十五"期间西南地区向广东送电1000万千瓦的任务基本落实。

水利枢纽:2000年开工的四川紫坪铺水利枢纽工程、黄河沙坡头水利枢纽工程进展顺利。2001年,国家在西部地区又安排了一批江河治理、农村人畜饮水、大型灌区改造、节水工程、病险水库除险加固工程,全年投资140多亿元。广西百色、内蒙古尼尔基水利枢纽开工建设;塔里木河、黑河流域水资源及生态环境综合治理工作开始实施。国家投资18亿元,解决了西部农村262万人的饮水困难;投资19亿元,安排节水改造项目153个;开展了长江上游、黄河上中游水土保持重点防治工程。

城市基础设施:两年多来,国家为中西部地区城市供水、城市环保、城市道路工程安排了专门投资,安排了西部地区缺水县城建设项目,加快了污水处理及其回用设施工程建设。成都、重庆、西安等特大城市轨道交通建设力度加大。"西气东输"沿线城市的燃气、供水工程建设逐步展开。

通信基础设施:随着西部大开发战略的推进,电信企业开拓中西部市场,积极投入光缆、农村电话等建设。2001 年,实施了西部通信走廊、数字化城市、宽带接入和农村电话工程,着重提升西部的网络能力、技术水平和服务能力,全年完成投资近 500 亿元。2001 年,又完成了 2000 个新通电行政村通广播电视建设。

【生态环境保护与建设】 2001 年,按照《国民经济和社会发展第十个五年计划纲要》和《全国生态环境建设规划》的总体部署,中西部地区生态建设各项工作全面推进,在天然林资源保护、退耕还林、造林绿化、水土流失治理、草原保护与建设等方面都取得明显成效,生态恶化的趋势有所缓解。

退耕还林:1999 年 10 月,四川、陕西、甘肃三省率先开展了退耕还林工作。2000 年初,国家正式启动了退耕还林试点工程。1999 年至 2001 年,累计完成退耕还林 124 万公顷,宜林荒山荒地造林 109 万公顷。几年来,退耕还林示范工作取得了良好的效果,并总结出了一系列成功的经验:一是把退耕还林和农民吃饭、增收以及地区经济发展结合起来,很大程度解决了农民当前生计和长远发展的问题;二是把退耕还林和农田基本建设结合起来,保证了农民的基本口粮田;三是把退耕还林和生态移民结合起来,实施封山绿化,加强生态环境的保护;四是把退耕还林和农村能源建设结合起来,解决农民的生活用能问题,保护生态环境;五是把退耕还林与封山禁牧、舍饲圈养结合起来,在改善生态环境的同时,促进畜牧业的发展。

天然林保护工程:自 1998 年起,国家实施了天然林保护工程,到 2001 年底,累计调减木材产量 1880 万立方米,完成人工造林面积 125 万公顷,飞播造林 57 万公顷,封山育林 528 万公顷。天然林保护工程 2001 年完成造林面积 69 万公顷,封山育林面积 121 万公顷,森林管护面积 9275 万公顷。有效地防止了天然林资源进一步遭到破坏,不断巩固了我国天然林保护的成果,为维护全国生态平衡发挥了重要作用。

京津风沙源治理:近年来,沙尘暴在我国北方地区肆虐。2000 年,国家启动了环京津风沙源治理工程,采取生物治沙、工程治沙、建立农田保护网等各种有效措施,加强林草植被保护,减轻风沙危害。初步统计,工程实施两年来,累计完成建设任务 85.1 万公顷,其中:营造林 52.3 万公顷,退耕还林还草 2.9 万公顷,草地治理 25.6 万公顷,小流域综合治理 4.3 万公顷。水利工程完成 2226 处。在一定程度上缓解了京津地区风沙危害。天然草原植被恢复与建设工作也已经陆续展开,工程进展顺利。农业部会同有关部门编制《天然草原恢复与建设十年规划》,已经上报国务院审批。

重点防护林体系建设工程:2001 年国家安排基本建设投资 11.35 亿元,完成营造林任务 74 万公顷,大部分投资主要集中在中西部地区。防护林工程建设,不仅加快了工程造林进度,提高了造林质量,还提供了一批乔、灌、草立体配置,多林种结合,针阔叶混交,经济、社会、生态三大效益兼顾,山、水、田、路配置绿化的典型样板,带动了面上造林,起到了以点带面的效果,工程区森林覆盖率普遍提高。

此外,中西部地区水土保持、重点地区生态环境建设综合治理、天然草原恢复和建设、林木种苗、绿色通道等重点生态建设工程也取得新的进展。

【科技教育与社会发展】 人才开发:2001 年,党中央、国务院批准了西部开发办牵头研究制定的《西部地区人才开发十年规划》,《规划》提出了西部地区人才开发的目标、主要任务、组织措施和政策措施,会同有关部门制定了干部交流挂职工作和西部地区各类人才培训的实施方案。中央、国家机关选派到西部地区工作的一批年轻优秀干部已经到岗就职。国务院有关部门和东部地区一些省、市组织培训了西部地区科技、教育、工程、环保、城建、旅游、农业等方面人员约 6000 人次。公安部会同有关部门加大了户政管理改革力度,促进了人才交流和人口合理有序流动;改进了出入境管理工作,为境内外人员到西部地区投资和居留提供了方便。

科技:科技部、国家计委、国家经贸委分别安排了西部开发科技专项、高技术产业化专项资金和科技创新资金,重点支持了西部地区生态环境综合治理、农业产业化、优势资源增值转化、现代中药产业化等工程和重点新产品试产项目,在西部地区建设了一批科技示范基地和高科技孵化器。据不完全统计,两年多来主要科技计划和西部大开发科技专项共安排了83个重大项目和重点项目、186个课题。国家近年来投入资金,建设西部地区科研院所和野外工作站。目前中国科学院已有15个研究所进入创新试点序列,并建立了22个野外工作站。

教育:西部地区教育事业发展得到高度重视。两年来国家对西部地区教育投入90多亿元,用于改善校舍、培训师资队伍、改善教师队伍待遇,支持基础教育、高等教育、职业教育及民族、贫困地区的义务教育、西部高校校园网建设、贫困县职业教育中心建设及中西部中小学现代远程教育扶贫示范工程等。2001年,国家贫困地区义务教育工程在一期建设基础上,又开展了第二期建设,下达资金36亿元。国家安排20亿元用于改造西部地区中小学危房,对民族、贫困地区中小学10万名教师进行培训,特级教师讲师团培训西部地区骨干教师3万人,师资力量大大改善,并试行对贫困地区农村中小学生免费提供教科书。国家在高校学科设置上对西部地区给予倾斜,继续扩大西部地区高校招生数量。

卫生、文化事业:有关部门还实施了贫困县医院、血站、计划生育服务网络和流动服务车建设、基层文化设施建设、广播电视覆盖等工程,支持了西部地区卫生、文化等事业的发展。

【对外开放】 为进一步优化中西部地区投资环境,2001年国家继续出台了一系列优化投资环境的政策措施。2001年8月28日,国务院西部开发办会同有关部门颁布的《关于西部大开发若干政策措施的实施意见》。随着中西部地区投资环境的逐步优化,大批外商,包括跨国公司对中西部地区投资力度明显加大。据不完全统计,世界五百强企业中已有80多家企业在成都、重庆、西安等地进行投资或设立办事处,给西部地区带来新的发展动力。

投资软环境进一步改善。

近两年来,中西部地区在转变政府职能,改革行政审批制度,减少行政审批环节,规范办事程序,努力提高各级政府的办事效率和依法行政的水平,大力整顿市场经济秩序,切实保护投资者的合法权益等方面,做了大量的工作,投资软环境进一步改善。如2001年底,四川省发出专门通知强调保护知识产权。陕西省2001年全面进行"市场整治"并取得初步成效,查处制假、贩假,不正当竞争等各种经济违法案件3.7万件,受理各种举报1.3万件,消费者申诉1.6万件。

中西部地区吸引外商投资进入了一个新的阶段。

2001年,中西部地区外商投资领域开始扩大,外商投资渠道进一步拓宽,利用外资规模逐步增大。外交、外贸、港澳、台、侨等部门为西部开发做了大量工作,境外人士到中西部地区考察调研明显增多,外商直接投资合同金额上升。2001年外商在中西部地区直接投资世纪规模除广西、河南、云南和宁夏外,绝大多数省区市都有增长,其中湖北、江西、湖南、四川等有较大增长。近两年,一些世界著名的大石油公司纷纷到中西部地区考察,寻找油气勘探开发合作项目。如陕西省,2001年,在新登记的214户外商投资企业中,投资总额在1000万—3000万美元的企业有42户,同比增长121%;3000万美元以上的企业5户,同比增长100%。世界著名的500强企业中,已有21家跨国公司落户陕西;另有626家外企设立了办事机构。2001年,四川履约合作项目4988项,履约率超过90%;引进到位国内资金304亿元人民币,引进到位外资11亿美元,位居西部12个省区市首位。

西部大开发战略的逐步深入，利用国外优惠贷款开始向西部地区倾斜。

国家制定出台相关政策措施，在西部开发中正确引导国外优惠贷款投向，积极探索利用国外优惠贷款的新方式。结合西部开发的主要任务，目前西部地区利用国外优惠贷款的重点领域是：交通、环保、市政、农业、生态、教育、卫生以及旅游和扶贫等。世界银行明确表示将支持这些领域的开发。亚洲开发银行已承诺在未来5年内向西部地区提供8亿美元治理西部沙漠化。2001年，宁夏与日本国际协力银行签署了利用62.5亿日元贷款用于风沙区的生态治理。贵州与有关机构签署了利用日元转贷贷款两批共144.35亿日元用于中日合作贵阳市环境示范城市项目。甘肃省利用日元转贷贷款65.43亿日元，用于小水电项目的建设。四川省利用亚洲开发银行贷款建设成都自来水BOT项目和高速公路等，利用世界银行1亿美元贷款用于成都污水处理项目。云南省于2001年4月启动了总援助金额为676.6万英镑的中英合作云南环境发展与扶贫项目。据了解，西部地区利用中国进出口银行2001年转贷日元贷款总协议金额的40%左右，约800多亿日元。

东西对口合作支援取得一定成效。

2001年，东中部地区积极参与西部地区的重点项目建设。据统计，从2000年1月至2001年8月，上海市与西部地区（含个别中部省）签定了849个项目，总金额429亿元。到2001年10月，上海建设系统参与西部市政基础设施建设项目53项，合同金额27.7亿元。仅江苏姜堰一个县级市，就在西部地区承接了各种建筑工程350多项，产值达20亿元。北京市2001年与西部地区签约的技术贸易项目7亿元。天津市与广西自治区签署合作项目金额11亿多元。浙江省已在西部地区办企业7000多个，总投资900多亿元。广东省对广西自治区的教育对口支援使150所学校、7万多学生受益。南京市实施西部对口支援项目135个。甘肃省2001年通过全国乡镇企业东西合作经贸洽谈会合同引进资金41.36亿元，到位11.7亿元，开工建设项目201个。青海省2001年已实际引进省外资金33亿元。据不完全统计，实施西部大开发两年来，东部地区有关省市与西部地区签订的经济协作和对口支援项目3000多个，涉及金额约1000亿元。

（国家发展计划委员会地区经济发展司）

进一步实施西部大开发战略

【西部开发工作的进展】 实施西部大开发战略，加快中西部地区发展，是以江泽民同志为核心的党中央高瞻远瞩，总揽全局，面向新世纪做出的重大决策。西部大开发是我国现代化战略的重要组成部分，得到了全国各族人民的热烈拥护和积极响应，引起了海内外各界人士的广泛关注。以江泽民同志为核心的党中央十分重视和关心西部大开发工作。2002年3月底4月初，江泽民总书记到西北地区调研西部大开发问题，在西安主持召开了北方六省区西部大开发工作座谈会；5月中下旬，江泽民总书记又到西南地区调研西部大开发问题，并主持召开南方六省区市西部大开发工作座谈会，总结了两年多来西部大开发的情况，明确了下一步工作的方向。江泽民总书记在座谈会上强调指出：面对新的形势和任务，全党和全国要进一步提高对西部大开发重大意义的认识，坚持以邓小平理论和党的基本路线为指导，全面贯彻“三个代表”要求，与时俱进，开拓创新，打好基础，提高水平，坚持推进发展，坚持改革创新，坚持为民谋利，坚持大局观点，加快西部地区改革开放步伐，不断开创西部大开发工作的新局面。

2001年，在党中央、国务院的正确领导下，经过各地区、各部门和广大干部群众的共同努力，西部开发取得重要进展，西部地区经济和社会事业保持了加快发展的好势头。据统计,列入西部大开发范围的12个省、自治区、直辖市国内生产总值比上年增长8.7%,固定资产投资额增长19%,社会消费品零售总额增长10%。

政策实施意见和总体规划出台。

为贯彻《国务院关于实施西部大开发若干政策措施的通知》,2001年9月,国务院办公厅转发了国务院西部开发办会同有关部门制定的《关于西部大开发若干政策措施的实施意见》,明确了重点支持西部开发的具体政策。国务院有关部门配套制定了税收、国土资源、价格等方面的政策细则。国家计委、国务院西部开发办研究制定了《"十五"西部开发总体规划》,提出了今后5—10年西部开发的指导方针、战略目标、主要任务、重点区域及政策措施。国务院有关部门分别制定了水利、交通、能源等领域西部开发的专项规划。

对西部地区的资金投入增加。

2001年,国家用于西部开发的财政性建设资金超过2000年,其中国债资金约600亿元。中央财政用于西部地区一般性转移支付和生态环境、教育、科技、地区津贴、社会保障、扶贫、基层政权建设、计划生育、青少年活动场所建设、国家级经济技术开发区基础设施建设贴息的补助资金约540亿元。2000年—2001年,国家用于西部地区基础设施建设的投资1350多亿元,用于生态环境建设的投资320多亿,用于社会事业建设100亿元,合计1700多亿元。其中,长期建设国债资金达1030亿元,占同期国债资金总额的比例超过三分之一。中央财政加大了对西部地区转移支付和专项资金补助支持力度,两年共2300多亿元。银行系统加强了国债项目配套贷款的发放工作,增加了中长期贷款2900多亿元,增加农业贷款300多亿元。

基础设施建设迈出实质性步伐。

2000年国家在西部地区开工的重点项目进展顺利。包括:西安至南京铁路、西安至合肥段和重庆至怀化铁路、公路"三纵两横"国道主干线西部路段及贫困县通道建设、西部地区枢纽和支线机场建设、重庆高架轻轨较场口至新山村线一期工程、柴达木盆地涩北—西宁—兰州输气管道工程、四川紫坪铺和宁夏沙坡头水利枢纽、中西部退耕还林和生态建设及种苗工程、青海钾肥工程、西部高校基础设施建设、贵州洪家渡水电站等西电东送电力项目,总投资1000多亿元。其中柴达木盆地涩北—西宁—兰州输气管道工程已于2001年10月完工。2001年国家在西部地区开工重点工程12个,总投资2000多亿元,包括:青藏铁路、西电东送广西龙滩和青海公伯峡水电站、广西百色和内蒙古尼尔基水利枢纽、新增退耕还林试点工程、公路"五纵七横"国道主干线西部路段、兰州经成都至重庆输油管道、西部农业和特色经济、西部中心城市基础设施、西部教育、西部高新技术产业化、西部地区血站等医疗卫生项目、贵州纳雍火电站等西电东送电站项目。2000年—2001年,西部地区新增公路通车里程3.4万公里,在建公路约5.2万公里,铁路新线1327公里,复线975公里,西电东送在建装机容量达到1750多万千瓦。

生态环境保护和建设工作明显加强。

到2001年底,中西部地区累计完成退耕还林124万公顷,宜林荒山荒地造林109万公顷,退耕还林试点工作已取得成功经验。天然林保护累计完成人工造林125万公顷,飞播造林57万公顷,封山育林528万公顷。一些地方把生态环境建设与保护同农田基本建设、农林牧业结构调整、农村能源建设、生态移民结合起来,实现了生态改善、经济发展和农民增收。环京津风沙源治理工程进入实施阶段,已完成营造林、草地治理等建设任务90万公顷。天然草原恢复与建设工程开始启动。重大建设项目的环境影响评价工作全面展开,滇池治理、三峡库区水污染防治和重点城市污染治理的力度进一步加大,对西部地区环境保护的资金投入增加。

人才开发工作力度加大。

国务院西部开发办牵头研究制定了《西部

地区人才开发十年规划》,提出了西部地区人才开发的目标、主要任务、组织措施和政策措施,会同有关部门制定了干部交流挂职工作和西部地区各类人才培训的实施方案。中央、国家机关选派到西部地区工作的一批优秀年轻干部已经到岗就职。国务院有关部门和东部地区一些省、市组织培训了西部地区科技、教育、工程、环保、城建、旅游、农业等方面人员约6000人次。公安部会同有关部门加大了户政管理改革力度,促进了人才交流和人口合理有序流动。

科技教育和社会发展计划向西部地区倾斜。

国务院有关部门分别安排了西部开发科技专项和技术创新资金,安排西部开发科技项目1050多个,技术创新项目380多个。在西部地区建设了一批科技示范基地和高科技孵化器。国家在高校学科设置上对西部地区给予倾斜,继续扩大西部地区高校招生数量。2001年与1999年相比,西部普通高校招生规模翻了一番。实施了农村中小学危房改造工程和第二期贫困地区义务教育工程,进行了西部高校校园网建设、贫困县职业教育中心建设、中西部中小学现代远程教育扶贫示范等工程。农村中小学危房改造工程安排西部地区改造1930所中小学,国家贫困地区义务教育工程覆盖西部地区1亿多人口,贫困县职业教育工程在西部建设了188所县级职业教育中心,教育信息化工程在西部152所大学开始建设计算机校园网。国家支持在西部地区建设了198所贫困县医院、277个血站和血液中心、400多辆计划生育流动服务车、389座广播发射台站、6万多个广播电视接收设施和一批基层文化设施。

经济结构调整取得新进展。

西部地区特色经济逐步发展,棉花、糖料、水果、肉类等优势农副产品增产,培育了一批农副产品加工的龙头企业,农林牧业结构有了进一步调整。水电、天然气、煤炭、稀土、钾盐、磷矿、有色金属等优势资源开发力度加大,能源矿产基地及骨干企业的建设得到进一步加强。国家支持在西部地区建设了100多处旅游基础设施项目,2000年—2001年,西部地区国际旅游收入年均增长13.8%。国务院有关部门在西部安排了高技术产业化专项资金,实施了高新技术产业化项目230多个。加快了陕西杨凌现代农业示范区、四川绵阳科技城等高新技术产业基地的建设。国有企业改革、改组、改造的步伐加快,2000年—2001年,国务院有关部门安排西部地区国债贴息项目275个,总投资500亿元,破产和兼并企业420多户,涉及资产300多亿元。非公有制经济加快发展,所有制结构逐步调整。

经济体制改革不断深化。

西部地区不断深化改革,为开发创造了良好的政策和法制环境。加快了观念更新和政府职能转变,强化了服务意识,提高了办事效率和依法行政水平。陕西、甘肃等地尝试建立了"一站式"、"一厅式"服务、限时办理等简化办事程序的工作方式,积极推广并逐步使其制度化、规范化、法律化。国有企业改革、改组步伐加快,军工企业调整重组力度加大。西部地区积极落实市场准入、融资渠道、技术支持、信息服务等政策措施,四川、重庆等地民营企业、中小企业和服务业加快发展。

对内对外开放进一步扩大。

西部地区对内开放进一步扩大,吸引了东部地区资金、技术和人才更多地投入西部大开发。东部和中部地区积极支持和参与西部大开发,与西部地区的经济技术交流与合作和对口支援工作明显加强。据不完全统计,东西部之间已签订经济协作和对口支援项目协议3000多个,金额1000多亿元。上海市与西部省区市达成合作项目800多个,金额400多亿元。浙江省各类投资主体在西部已兴办企业7000多个,投资900多亿元。对外开放进一步扩大,西部地区发挥沿边、沿海的有利条件,抓住构建中国和东盟自由贸易区的机遇,对外经济技术交流与合作尤其是与周边国家的经贸合作加快发展。两年多来,境外人士到西部地区考察调研的明显增多,到西部地区寻求投资机会的外商明显增多,世界500强企业已有70多家在西部投资或设立办事机构。西部地区吸收外商投资合同金额上升,2000年—2001年,西部12个省区市外商直接投资合同金额年均增长20%左右,进出口贸易年均增长15%左右。西气东输等重大项目利用外资取得积极进展。

【2002年西部开发工作的主要任务和措施】
2002年,要认真贯彻江泽民同志"三个代表"重要思想和党的十五届五中全会、六中全会精神,贯彻中央经济工作会议精神,落实《国民经济和社会发展"十五"计划纲要》及《"十五"西部开发总体规划》、《国务院关于实施西部大开发若干政策措施的通知》及《关于西部大开发若干政策措施的实施意见》,在基础设施、生态建设和科技教育方面,集中力量办几件大事;依靠科技进步和人才开发,促进经济开发;加快改善投资环境,扩大对内对外开放,加强调查研究和法制建设,扎扎实实地推进西部大开发。

集中力量办大事,继续加快基础设施建设。

抓好西部地区已开工基础设施项目的续建,特别是青藏铁路、西气东输、西电东送、公路国道主干线及水利枢纽等重点工程的建设,严格工程质量管理,加强项目稽察监督。新开工涩北气田开发工程、万州至宜昌铁路、西部国道主干线和省际公路重要路段等一些基础设施重大项目。2002年,国家将在西部地区进一步安排开工14个交通、水利、能源等重点项目,预计总投资3000多亿元。在年初开工了西气东输管道工程5个试验段、云南小湾水电站。2002年7月初,西气东输管道工程正式开工。输气管道西起新疆自治区轮南,东至上海,全长4000公里,途经10个省、自治区、直辖市。输气管道初期计划年输气量120亿立方米。下半年,青藏铁路格尔木至望昆段将铺轨。

深入基层办实事,加强农村基础设施建设。

加强农村交通、电力、通信建设,进一步改善农民的生产生活条件,努力做到油路到县、送电到乡、广播电视到村,使西部农村基础设施有一个大的变化。为解决西部地区3个地(州)、280多个县(团场)不通沥青公路问题,在2002年西部国债投资中,计划改建25000多公里公路,实现西部目前不通沥青公路的地(州)、县至少有一条沥青公路与省会(首府)城市、地(州)政府所在地城市连接的目标。同时,加强资金管理,严禁挤占挪用建设资金;注意保护生态环境,防止破坏山林。针对全国农村还有约900多个乡镇尚未通电,且绝大部分在西部地区的情况,要安排必要的国债资金和农行贷款,加快西部地区第二批农网改造步伐,争取在一年内使具备联网条件的乡镇基本通电,并实现城乡用电同网同价。对不具备联网条件的地方和不具备还贷能力的乡村及农户,要因地制宜地发展小水电、沼气、太阳能、风能发电等多种供电方式,逐步解决用电问题。目前,全国不通广播电视的行政村绝大多数也在西部地区。为此,2002年将由国家补助资金,在1万个新通电的行政村建设广播电视接收设施,使西部地区更多的农民能够听上广播,看上电视。

进一步加强生态环境建设,全面启动退耕还林工程。

本着积极推进、确保质量的原则,年初计划中西部地区退耕还林200万公顷(3000万亩),宜林荒山荒地造林239.5万公顷(3593万亩)。另行安排环京津风沙源治理工程退耕还林面积26.7万公顷(400万亩),宜林荒山荒地造林26.7万公顷(400万亩)。年中根据实际情况适当增加退耕还林计划。同时,确保补助粮食和资金及时足额兑现,确保林木种苗合理有效供给,确保造林质量达到要求,确保农民收入得到增加。由省级政府切实负起责任,做到退耕还林、造林种草、植被保护的任务落实到户,粮食、种苗费、现金补助的政策兑现到户,林草权属落实到户。出台并落实《关于进一步完善退耕还林政策措施的若干意见》，落实各项配套措施，建立健全管理办法和责任追究制度。继续实施天然林保护、风沙源治理、天然草场恢复与建设等生态工程，加强生态建设统一协调，切实搞好综合治理。

贯彻国家政策措施，推进西部开发重点任务。

做好国务院关于实施西部大开发政策措施及其实施意见的贯彻落实和宣传解释工作。由有关部门出台可操作性的实施细则，帮助西部地区执行统一的政策措施。继续增加对西部地区建设资金的投入，在2002年发行的长期建设国债中，继续安排一定规模的资金用于西部开发项目。增加对西部地区一般性转移支付和专项补助资金，注意向革命老区、民族地区、贫困地区倾斜。落实西部地区基础设施建设的配套贷款，对投资大、建设期长的基础设施项目，金融机构可视情况，适当延长贷款期限。简化外商投资项目的审批程序。对设在西部地区国家鼓励类的内资企业和外商投资企业，在2001年至2010年期间，减按15%的税率征收企业所得税。对在西部地区新办交通、电力、水利、邮政、广播电视企业，企业所得税实行两年免征、三年减半征收。对为保护生态环境，退耕还林产出的农业特产收入，自取得收入年份起10年内免征农业特产税。公路国道、省道建设用地，免征耕地占用税。实行土地和矿产资源优惠政策。

落实西部开发总体规划，促进产业结构调整。

组织落实《"十五"西部开发总体规划》，做好水利、交通、能源、科技、教育、环保、旅游等西部开发专项规划的实施工作。按照总体规划的要求，研究培育西陇海兰新线经济带、长江上游经济带、南贵昆经济区的规划方案。做好跨地区、跨行业重大开发项目的前期工作。加强优势农牧产品基地建设，发展农业产业化经营，促进农牧产品加工转化增值；加快特色工业和优势产业的发展，加强优势矿产资源开发利用，促进资源优势向经济优势转化；以高新技术改造传统产业为切入点，加大对西部地区企业技术进步工作的支持力度。继续加强旅游基础设施建设，扶持重点旅游景区和旅游集散中心的公用设施项目建设。加强西部地区市场建设，特别是努力培育生产要素市场。进一步采取措施，切实防止盲目重复建设和污染企业向西部地区转移。

执行西部地区人才开发规划，加快科技教育发展。

落实《西部地区人才开发十年规划》的主要任务和具体措施。采取多种形式加大干部交流和人才培训工作力度，增加从中央国家机关、群众团体、直属企事业单位和东部地区选派领导干部、专业技术人才、经营管理人才到西部地区挂职锻炼，增加从西部地区选派干部到中央国家机关和经济相对发达地区挂职锻炼。动员中央、国家机关各部门和沿海省市培训西部地区干部和人才，加快少数民族干部和人才的培养，加强引进国外智力服务于西部开发。以普及九年义务教育为重点，继续实施贫困地区义务教育工程和中小学危房改造工程，研究支持西部地区基础教育的有效政策。大力发展职业教育，积极发展高等教育，加强西部地区教育信息化建设。继续安排西部开发科技专项计划和西部地区高技术产业化示范工程，研究促进西部地区高技术产业发展的政策措施和投资机制。进一步加大对西部地区农村卫生基础设施、计划生育服务和基层文化建设的支持力度，深入做好西部地区文化、科技、卫生"三下乡"工作。

进一步改善投资环境，扩大对内对外开放。

推动西部地区转变政府职能，减少行政审批事项，提高办事效率和依法行政水平，进一步改善投资的软环境。促进个体、私营等非公有制经济加快发展，加快推进东部地区与西部地区经济技术协作和对口支援。进一步扩大外商投资领域，特别是服务贸易领域；进一步拓宽利用外资渠道。加大西部地区基础设施和优势产业吸收外商投资的力度，抓好西气东输等吸收外商投资的重点项目,扩大西部地区石油天然气对外合作的领域,做好重点地区和中心城市吸收外商投资的工作。对外商投资于西部地区基础设施和优势产业项目,视不同行业适当放宽对外商投资的股比限制,适当放宽国内银行提供固定资产投资人民币贷款的比例。对外商投资于西部地区商业项目,放宽经营年限和注册资本要求。将外商对银行、商业零售、外贸企业投资的试点扩大到直辖市、省会城市和自治区首府城市,允许西部地区外资银行逐步经营人民币业务,允许外商依照有关规定投资电信、保险、旅游业、兴办中外合资会计师事务所、律师事务所、工程设计公司、铁路和公路货运企业和其他已承诺开放领域的企业。提高西部地区利用国际金融组织和外国政府优惠贷款的比例,争取利用国际金融组织技术援助资金和外国政府赠款用于西部地区。

加强调查研究和法制建设,开展西部开发立法研究工作。

深入西部地区调查研究,及时发现西部开发实践中出现的新情况、新问题。按照国务院立法工作意见的要求,抓紧西部开发立法的前期论证工作,研究提出西部开发综合法的初步框架,组织起草退耕还林条例等单项法规的草案。严格执行各项现行法律法规,大力整顿市场经济秩序,实行依法行政,切实保护投资者和经营者的合法权益。

(国务院西部地区开发领导小组办公室 宁吉喆、胡长顺)

2001年民族地区经济社会发展综述

【国民经济持续发展】 2001年,民族地区深入贯彻落实中央经济工作会议和党的十五届五中、六中全会精神,抓住西部大开发机遇,克服严重自然灾害带来的不利影响,加快经济结构调整,积极稳妥地推进各项改革,整顿和规范市场经济秩序,在固定资产投资高速增长和社会消费需求上升的推动下,国民经济保持持续健康发展,实现了"十五"计划的良好开局。

2001年,民族地区(指五个自治区和云南、贵州、青海三个多民族省,下同)国内生产总值完成9158亿元,比上年增长8.3%,高于全国平均水平1个百分点,连续五年保持高于全国平均增长速度的态势。国内生产总值中一、二、三产业构成比例由2000年的23.9:40.2:35.9调整到22.5:40.2:37.3,第一、三产业增加值增长速度分别比2000年上升0.4和0.3个百分点,比全国平均水平高1.2和4.1个百分点。2000年广西国内生产总值突破2000亿元以后,2001年云南也突破2000亿元,达到2077亿元,贵州突破1000亿元。增长速度排在全国前10位的民族地区有西藏、青海、宁夏和内蒙古,西藏由2000年的第13位跃升到2001年的第1位,青海由第19位上升到第3位。经济增长速度达两位数以上有西藏、青海、宁夏等民族地区,西藏增长速度达到12.2%。

【工业生产持续低速增长 工业企业经济效益下降】 2001年民族地区规模以上工业企业(即全部国有工业及年产品销售收入500万元以上的非国有工业企业)增加值比上年增长7.9%,比全国低2个百分点;增长速度排在全国后7位的省区中,民族地区就占6位;仅有内蒙古排在全国前10名,但排位也从2000年的第4位下降到第8位,宁夏由2000年的第7位下降到第27位。民族地区工业增加值占全国的比重从2000年的7.74%下降到2001年的7.26%。规模以上工业企业产品销售率为97.94%,高于全国0.22个百分点,但销售收入增长速度比全国低3.1个百分点,比上半年回落3.3个百分点;实现利润比上半年回落49.5个百分点;亏损企业亏损额比上年增长2.1%,从11月开始,民族地区亏损企业亏损额首次从20多个月以来连续下降到转而上升。近些年来,民族地区工业化进展举步维艰，整个工业增长水平与经济增长的差异越来越大，工业生产增长速度多年来维持在较低水平，企业发展的内在活力和创新能力不足，经济持续增长的微观基础尚不健全，与全国推动经济增长主要靠第二产业中的工业推动形成鲜明的反差，民族地区结构调整面临非常严峻的挑战。

【投资继续保持快速增长】 2001 年民族地区完成全社会固定资产投资 3658 亿元，比上年增长 14%，比全国高 1.9 个百分点，占全国比重达到 9.91%，为“七五”计划以来最高年度，国有及其他经济类型单位完成固定资产投资投资 2827 亿元，比上年增长 19.7%，比上年高 4.4 个百分点，比全国平均增幅高 6 个百分点。增长速度排在全国前 10 位的民族地区有西藏、贵州、青海、宁夏和内蒙古，西藏由 2000 年的第 25 位跃升到第 1 位。西藏、贵州和青海增长速度分别达到 75.1%、43.4% 和 35%。在总投资中，基本建设投资和更新改造投资分别增长 15.2% 和 22.7%。2001 年以来，民族地区国有及其他经济类型单位投资额占全国投资的比重呈现逐月上升趋势，上半年为 9.8%，前 7 个月突破 10%，全年达到 10.2%，近 15 年来首次超过 10%。实施西部大开发战略为民族地区发展带来强大的动力，固定资产投资成为推动民族地区经济快速发展的主要因素。但是集体和个体投资严重滞后，将固定资产投资增长速度拉低 5.7 个百分点，影响了投资效应。

【消费增长对经济增长的拉动作用增强】 2001 年与消费总量密切相关的社会消费品零售总额 3136 亿元，比上年增长 9.7%，高于上年 9% 的增长水平，比全国低 0.4 个百分点。与上半年相比，相对于全国平均水平而言，民族地区消费出现两个“双高”，首先是增长速度上升幅度比全国高 0.8 个百分点，其次是社会消费品零售总额占全国的比重提高了 0.16 个百分点。城市社会消费品零售总额前 11 个月均保持以两位数的速度增长。农村消费市场前低后高，前 11 月农村社会消费品零售总额累计增长速度比上半年提高 0.9 个百分点。

城市居民收入的稳定增长是支持城市消费增长的主要原因，随着国家城镇生活最低保障制度的逐步完善和提高公务员工资政策的出台，民族地区城镇居民生活水平继续稳步提高。2001 年城镇居民可支配收入 6201 元，增长 10.1%，比全国高 1.6 个百分点。比较而言，虽然今年民族地区遭受干旱、台风、冰雹和洪涝灾害等影响，但由于地方各级政府认真贯彻执行中央关于减轻农民负担的各项政策措施和规定，使农牧民负担水平明显低于上年。农牧民人均纯收入 1682 元，增长 4.3%，比全国高 0.1 个百分点。

【对外贸易对经济增长的贡献有所下降】 受国际贸易环境影响，民族地区对外经济贸易对经济增长贡献率降低。2001 年民族地区外贸出口 48 亿美元，比上年下降 17.7%，比全国低 24.5 个百分点。外贸进出口总额为 91 亿美元，仅占全国的 1.8%，增长速度比上年下降 43.4 个百分点。青海、宁夏和云南等省区的外贸出口总额分别比上年增长 28.2%、20.3% 和 9.7%；青海、宁夏的进出口增长速度排在全国前 10 位，除青海两年保持在第 3，宁夏和云南的排位分别从 2000 年的第 9 位和第 27 位上升到第 7 位和第 16 位，其余的省区排名都出现后移，内蒙古从位列第 1 下落到全国倒数第 1，新疆从第 17 位下落到第 29 位。边境贸易对出口影响也较大，新疆边境小额贸易出口下降 68.3%，内蒙古下滑也很严重。

【大力培养少数民族干部】 西部大开发，人才是关键。特别是在西部少数民族地区，大力培养优秀的少数民族干部和各级各类人才，是一个十分紧迫的任务。国家有关部门积极开展一系列培训活动，通过各种渠道和方式为西部地区和民族地区培训干部。2001 年，共选派西部地区和民族地区 420 名干部到中央、国家机关和经济相对发达地区挂职锻炼。国家民委举办各类培训班 10 个班次，培训西部地区和民族地区干部 560 人。通过培训，这些干部不同程度地学到了先进的科学技术、严谨的工作作风和丰富的管理经验、大胆创新的改革精神、清晰明快的工作思路，给少数民族和民族地区各项事业的发展注入了新的活力。

【社会事业全面发展　精神文明建设加强】民族地区大力实施科技富民战略，加快实用技术的推广与普及，促进科技成果转化。巩固“普九”成果，全面实施素质教育，办学条件进一步改善。坚持不懈开展党的基本理论和基本路线教育，观念进一步转变。爱国主义、集体主义、社会主义精神得到进一步弘扬，群众性精神文明创建活动蓬勃开展。“三个代表”教育收到成效，各级行政机关面貌发生了可喜变化。各民族更加团结和睦，社会主义新型民族关系进一步巩固和加强。

（国家民委经济司）

扶贫开发工作综述

【2001年扶贫工作】　中央召开“中央扶贫开发工作会议”。

为了贯彻党的十五大和十五届五中全会精神，及时总结《国家八七扶贫攻坚计划》实施以来的成就和经验，研究确定新世纪我国扶贫开发的大政方针，2001年5月在北京召开了“中央扶贫开发工作会议”，中央、国务院主要领导同志出席会议并作了重要讲话。

江泽民总书记在讲话中充分肯定了新中国成立以来，特别是改革开放以来我们党为解决农村贫困地区的问题所取得的举世瞩目的成就。他指出，在过去20多年里，全国农村2.2亿贫困人口解决了温饱问题。他说，在这样短的时间内，解决了这么多的贫困人口的温饱问题，是一个了不起的成就。充分说明了只要我们坚持解放思想、实事求是的思想路线，坚持贯彻党的基本路线和方针政策，坚持全心全意为人民服务的宗旨，坚持发挥社会主义制度的优越性，紧紧依靠全国各族人民，就能够不断地创造出新的人间奇迹。对今后的扶贫工作，江泽民同志着重强调了扶贫工作要继续贯彻发展是硬道理的重要思想。提出“解决中国的所有问题，最根本的要靠发展。解决贫困地区的问题，最根本的也要靠发展。”

朱镕基总理在讲话中提出，要“统一思想，提高认识，坚持把扶贫开发工作放在重要位置；狠抓落实，注重实效，努力做好新形势下的农村扶贫工作；密切配合，加强协作，共同为贫困地区脱贫致富作出努力”。强调从中央到地方都要逐步增加扶贫投入，改进资金使用办法，提高使用效果。

温家宝副总理在会上全面总结了“八七”扶贫攻坚的伟大成就和基本经验；明确了新阶段扶贫开发的形势、目标和任务；提出了扶贫开发的重点。要求落实新阶段扶贫开发的各项政策措施，并提出要继续实行以工代赈政策，扩大以工代赈规模，支持贫困地区基础设施建设。要以“三个代表”重要思想为指导，加强对扶贫开发工作的领导，动员和组织全国人民努力奋斗，全面推进新阶段扶贫开发工作取得更大的胜利。

国务院颁布《中国农村扶贫开发纲要》。

在认真调查研究和广泛征求意见的基础上，国务院于2001年6月颁布《中国农村扶贫开发纲要》。提出2001年—2010年我国扶贫开发总的奋斗目标。根据这一目标，今后扶贫开发的主要任务，一是尽快解决3000万贫困人口的温饱问题。二是帮助初步解决温饱、但还不巩固的贫困人口增加经济收入，改善生产生活条件，实现稳定脱贫。

扶贫投入力度进一步加大。

2001年国家进一步加大了扶贫资金的投入，共安排各类扶贫资金295亿元，其中财政扶贫资金（包括发展资金和新增财政扶贫资金等）50亿元，扶贫贷款185亿元，以工代赈（含财政预算内资金和国债资金）60亿元，为贫困地区群众的脱贫致富和经济发展创造了有利条件。此外，国家在国债投资计划中，安排了大量资金直接用于贫困地区的基础设施建设。进一步改善了贫困地区生产生活条件,为贫困地区今后的发展打下了良好的基础。

贫困地区社会事业取得全面进展。

一是促进了教育事业的发展。利用国债资金实施了中小学危房改造、中等职业学校、西部一省一所高等院校、西部高校校园网等建设;改善九年义务教育基础条件,推进西部贫困地区中等职业教育发展,扩大高等教育规模、提高高等教育质量等;二是贫困地区的卫生条件得到改善。继续进行贫困县县医院建设和县妇幼保健院、防疫站、乡镇卫生院的建设,并通过国债资金进行了装备中心血站建设;三是贫困地区计划生育工作继续加强。人口自然增长率控制在预期目标之内;四是基层公共文化设施建设进一步加强;五是旅游基础设施建设带动了旅游业的发展,并逐步成为贫困地区新的经济增长点。

易地扶贫搬迁试点工程启动。

当年安排9亿元国债资金,连同地方配套资金,总投资约14亿元,在内蒙古、贵州、云南和宁夏四个西部省区实施该试点工程。预计通过试点可搬迁20多万贫困群众。

试点工作在各级政府的统一领导下,采取“政府引导,群众自愿,政策协调,讲求实效”的指导方针。切实做好群众动员和政策配套等项工作。易地搬迁的迁出地范围主要为国家确定的贫困县,并要求向退耕还林、天然林保护等重点生态工程区集中。搬迁对象为缺乏基本生产生活条件、生态环境脆弱地区特困农户。通过实施易地扶贫搬迁试点工程,做到既能使搬迁人口尽快脱贫致富,同时也能有效缓解迁出地土地承载压力,逐步改善原居住地的生态环境。

贫困农民收入有所增长。

总体看,在农产品价格上升、畜牧业形势较好、自然灾害对农业的影响小于上年、工资性收入继续稳步增长等有利因素的影响下,贫困地区的农民人均纯收入水平比上年将有所提高。同时,从中央到地方各级政府都加大了对贫困地区的投入,直接促进了贫困地区的农民收入的增长,并进一步促进了贫困人口的减少。预计到2001年底,全国的贫困人口将低于3000万人。

【2002年扶贫开发的主要任务及政策措施】

研究确定并颁布“国家扶贫开发工作重点县”。

主要采取以下原则:一是确定重点县的目的,是为了突出县一级的工作责任;二是重点县要覆盖全国多数贫困人口;三是对重点县要严格管理,动态监测;四是省负总责,中央只确定数量和原则,具体由各省根据实际情况分别提出并报中央审核;五是只在中西部地区安排,东部沿海省市不再安排;六是按照“大稳定、小调整”的原则进行;七是对“老、少、边”地区的要适当照顾。

研究制定贫困地区扶贫开发规划及各有关专项建设规划。

制定扶贫开发规划要按照国务院的要求,以县级规划的基础上形成省级规划,并纳入地方国民经济和社会发展计划,西部地区的规划要与西部大开发的总体部署相衔接。规划要充分论证,广泛征求意见,使其真正成为贫困地区发展各项事业的指南。同时,要在扶贫开发规划的指导下,认真研究制定各类专项规划,包括贫困地区社会事业建设规划、交通建设规划、贫困地区人畜饮水建设规划和以工代赈建设规划等。

千方百计增加贫困地区农民群众的收入。

在贫困地区,农业仍然是基础产业,也是农民收入的主要来源。贫困地区发展经济、脱贫致富,必须加强农业基础。要因地制宜发展种养业;搞好农业结构调整。要用市场经济的观点,发挥优势,发展特色农业;大力发展农业产业化经营,对具有资源优势和市场潜力的农产品生产,实行贸工农一体化经营,形成有特色的区域性主导产业,提高农业综合效益;积极稳妥地扩大贫困地区劳务输出,加强贫困地区劳动力的职业技能培训,进一步组织引导富余劳动力合理有序地实现流动就业。

不断增加扶贫投入,加强扶贫资金的管理,提高资金的使用效益。

增加扶贫投入不仅是扶贫开发的基本保证,而且对于调整收入分配格局、缩小地区发展差距、扩大国内需求都具有现实意义。要逐年加大财政扶贫资金的投入。继续安排扶贫贷款,增加总量,并继续执行统一优惠利率,由中央财政贴息。继续开展对贫困农户的小额信贷。地方政府要千方百计筹措资金,不断增加扶贫投入。进一步加强扶贫资金的管理,提高使用效益。尽快修改和完善《国家扶贫资金管理办法》。扶贫资金的分配使用要做到公正、公平、公开,在乡、村两级实行公示制度,接受群众监督。

大力开展基础设施建设和生态环境建设,进一步改善贫困地区的生产生活条件。

这是贫困地区巩固温饱、脱贫致富的一项根本性措施。无论是对剩余贫困人口的扶贫攻坚,还是防止返贫、巩固扶贫成果,都要通过不断改善当地的基础设施条件来解决。同时,贫困地区今后的发展也要靠基础设施的不断完善来支撑。在贫困地区进行基础设施建设,一要分清轻重缓急,突出重点,重点解决治水、改土、修路、通电等与群众生产生活关系最密切的问题。二要注重工程质量和效益,每一项工程都要科学论证,精心施工,确保干一项、成一项,真正发挥作用,使群众长期受益。三要注意工作方法。

继续实行以工代赈政策,扩大以工代赈规模。

以工代赈是贫困地区基础设施建设的主要渠道,也是有效的扶贫投入方式之一。要认真贯彻落实《中共中央、国务院关于做好2002年农业和农村工作的意见》和中央、国务院主要领导同志一系列指示精神,扩大以工代赈规模,坚持面向贫困人口的原则。进一步动员广大贫困群众积极参与以工代赈建设,使以工代赈建设既能促进贫困地区的长远发展,又能维护群众的切身利益。要进一步明确重点,集中投入。以中西部老革命根据地、少数民族地区、边境地区和自然资源贫乏、自然条件恶劣地区等贫困人口相对集中的区域为主战场,要为贫困群众增加收入作贡献。以工代赈要以适合于广大贫困群众参与的县乡村道路、人畜饮水工程、基本农田建设、小型微型农田水利建设、小流域治理、移民开发等为主要建设内容。要科学规划,加强管理。按照《国民经济与社会发展第十个五年计划纲要》,组织编制《老、少、边、穷经济发展规划》和《以工代赈建设规划》,促进这些地区的全面发展。进一步加强以工代赈管理,研究修定《以工代赈资金和项目管理办法》,指导和规范以工代赈项目建设按照基本建设程序运行。

加大科技扶贫力度。

要以市场为导向,以结构调整为主线,以增加农民收入为目标,积极为贫困群众提供科技服务。要充分利用科技资源和科技成果,调动广大科技人员的积极性,鼓励他们到贫困地区创业;鼓励教育战线的干部、教师到贫困地区支教。促进科研机构、大专院校、民主党派、社会团体发挥自身优势,努力为贫困地区的经济和社会发展献计献策,贡献智慧和力量。

积极推进易地扶贫搬迁试点工作。

经国务院批准,2002年继续安排国债资金开展易地扶贫搬迁试点工作,并适当扩大规模。在认真总结2001年工作经验教训的基础上,进一步明确试点工作的原则、政策和主要措施。主要包括:扶贫与生态建设相结合的原则,群众自愿参与的原则,统筹安排、政策保障的原则,生活安置与生产发展并重的原则,因地制宜、讲求实效的原则。2002年要从四个方面进一步提高实施效果:一要进一步调动搬迁群众的生产积极性,加快他们脱贫致富的步伐;二要进一步促进搬迁群众生产方式的转变和生活条件的改善;三是积极推进迁入地的农业结构的优化;四要进一步促进迁出地的生态环境和建设。

加强少数民族地区的扶贫开发。

由于种种原因,少数民族地区的基本生产生活条件还没有根本改变,贫困状况仍然十分突出。低收入贫困人口较大，自然灾害频繁、因灾返贫居高不下，人均消费支出偏高，基础设施薄弱，文化教育滞后，社会发育程度较低。因此，在新世纪扶贫开发中，少数民族地区仍是工作的一个难点和重点。要进一步提高对少数民族扶贫开发工作的认识，在确定国家扶贫开发工作重点县时，要积极向少数民族地区倾斜，加大对少数民族地区的扶持力度，积极发展少数民族地区的各项社会事业，支持人口较少民族的全面发展。

进一步推进国际合作，做好利用外资扶贫工作。

新阶段的扶贫开发要进一步加强扶贫领域的国际交流与合作。要抓住加入 WTO 的机遇，贫困地区要进一步开放，创造良好的投资环境。并在目前的基础上争取更为广泛的国际援助。要积极利用世行贷款用于扶贫，并采取多种办法软化贷款。

（国家计委地区经济发展司　刘少军）

新时期扶贫开发工作

【扶贫工作新进展】 2001 年是中国扶贫开发工作承前启后，实现重大转折的重要一年。以解决我国农村贫困人口温饱问题为目标的《国家八七扶贫攻坚计划》基本实现以后，中国的扶贫开发进入了一个新的历史时期。在这继往开来的关键时刻，党中央、国务院于 2001 年五月份召开了中央扶贫开发工作会议，全面总结近十几年，特别是《国家八七扶贫攻坚计划》实施以来扶贫开发工作的经验，分析了在新的历史时期，扶贫开发工作面临的新形势和新任务，对于 21 世纪初的扶贫开发工作进行了研究和部署，并讨论通过了《中国农村扶贫开发纲要（2001 年—2010 年）》。为加强对扶贫开发工作的组织领导，党中央在机构大幅度精简的背景下，将国务院扶贫办单独设立并升格。

2001 年在中央扶贫开发工作会议的推动下，我国扶贫开发掀起了一个新的浪潮。各地的扶贫开发工作在新的水平上普遍展开，扶贫开发出现了新的局面和良好势头。各省、区、市采取了许多积极务实的措施并取得了显著成效。

加强了扶贫开发机构建设。

各省、区、市党委、政府充分认识到在新时期，扶贫开发工作的重要性、艰巨性，把扶贫开发工作列入了重要的议事日程，主要领导亲自抓扶贫工作。在面临机构改革和精简人员的情况下，全国各地扶贫机构普遍稳定，许多省、区、市以及地、市和县一级的扶贫机构还得到了加强。为在新时期更好地开展扶贫开发工作奠定了组织基础。

召开会议，部署工作。

中央扶贫开发工作会议结束以后，各省、区、市先后召开了各级扶贫开发工作会议。传达、贯彻中央扶贫工作会议精神，并结合本地的实际情况，对扶贫开发工作进行了动员和部署。要求各级干部群众统一认识，齐心协力，动员各方面的力量，全社会形成一种合力，努力搞好扶贫开发工作。同时，各地还利用广播、电视、报纸和刊物等各种宣传工具，开展了广泛的舆论宣传，使新时期的扶贫开发大政方针深入人心。

深入开展调查研究。

为了掌握当地贫困地区的实际情况，使新时期的扶贫开发工作更有针对性，更富有成效，各省、区、市的主要领导亲自带队，到本省、区、市的贫困县、乡、村，进行了深入、细致的调查，对当地的贫困状况进行认真的分析研究。进一步了解了本地贫困地区的情况，摸清了底数，找准了问题，明确了思路，为在新时期更好地开展扶贫开发工作做好了充分的准备。

制定扶贫开发规划。

制定和实施扶贫开发规划，是做好新时期

扶贫工作,保证落实《中国农村扶贫开发纲要(2001 年—2010 年)》精神的重要措施。各省区、地、县,甚至各贫困乡村,都根据统一要求,按照中央扶贫开发工作会议精神,结合本地实际,制定了扶贫开发规划。对《扶贫纲要》提出的对象、目标、政策措施、实现途径等与本地的实际情况相结合,进一步具体化,使扶贫开发工作更加健康有序地开展。

增加扶贫投入。

2001 年国家投放的扶贫资金,总量达到 305 亿元,比上一年有了大幅度的增加。各省、区、市也根据各自的情况,尽自己的财力,较大幅度地增加了扶贫资金的投入。据对 27 个省区市的统计,2001 年地方投入信贷扶贫资金 55 亿元;投入财政扶贫资金 37 亿元;利用外资投入扶贫开发 37 亿元。这些扶贫资金的投入,确保了全国扶贫开发的整体效果。

加大培训力度。

为了更好地搞好新时期的扶贫开发工作,建立一支高素质的干部队伍是十分必要的。2001 年全国扶贫系统加大了对贫困地区干部培训的力度。国务院扶贫办举办了五期专题培训班,对各省、区、市的县级扶贫干部进行专题培训,全国贫困地区干部培训中心就“农业结构调整”、“项目管理”、“生态环境与扶贫开发”以及关于“WTO”等专题,对全国各贫困县的基层干部和专业技术人员进行了培训。同时,各省、市、区对各级扶贫干部都进行了大规模的培训。与此同时,各地还对农业技术人员和农民群众利用办班、讲座等各种形式,进行了农业实用技术培训,取得了明显的效果。

社会扶贫力度明显增强。

按照中央扶贫开发工作会议精神和《中国农村扶贫开发纲要(2001 年—2010 年)》的要求,中央、国家机关定点扶贫和东西扶贫协作工作继续得到了巩固和加强。2001 年,中央、国家机关共派出 327 名干部到贫困地区蹲点扶贫,各部门直接投入扶贫资金总额达到 5.2 亿元,另外,还举办了 453 期各类培训班,为贫困地区培训了各类实用技术人才 53300 人次。东西扶贫协作也进一步得到加强,东部沿海发达省市向对口帮扶的西部贫困省区投入资金总量达到 25.1 亿元、无偿捐赠 4.85 亿元,共实施协作项目 911 个,还帮助西部贫困地区修建公路 238.6 公里,修建基本农田 31.4 万亩、援建学校 312 所、兴建了一批人畜饮水工程,解决了 7.14 万人和 6.03 万头牲畜的饮水困难,还利用东部省市的市场,安排西部贫困地区的贫困群众劳务输出 16 万人、共获得劳务收入 3.98 亿元。此外,在东西扶贫协作过程中,西部贫困地区有 9430 人次接受了对口帮扶省市安排的各种培训。

学习“三个代表”思想。

按照中央的统一部署,各省、区、市贫困地区普遍开展了“三个代表”重要思想的学习教育活动。按照统一要求,各级扶贫部门,把学习“三个代表”重要思想和学习贯彻中央扶贫开发工作会议精神、研究部署扶贫工作以及转变工作作风结合起来,收到很好的效果。从 2001 年年初开始,在扶贫系统开展了“三个代表”重要思想学习教育活动与扶贫开发工作相结合的试点,从河北、甘肃、江西和四川等省的情况看,试点工作促进了当地基层组织建设和扶贫开发工作,取得了较好的效果。

加强与国际组织进行扶贫开发的合作。

自从 80 年代中期,中国政府开展有组织、有计划、大规模的扶贫开发工作以来,在消除贫困问题方面取得了显著成效,引起了国际社会的极大关注。在中国扶贫开发过程中,有许多国际组织先后以各种形式与中国的扶贫开发进行了合作。参与中国扶贫开发合作的国际组织有:联合国开发计划署(UNDP)、联合国粮农组织(FAO)、世界粮食计划署(WFP)、联合国儿童基金会(UNICEF)、联合国劳工组织(ILO)、联合国人口基金会(UNFPA);以及世界银行(WB)、国际农业发展基金会(IFAD)、亚洲开发银行(ADB)、德国复兴银行(KFW)、日本协力银行(JBIC),还有福特基金会(FF)、世界自然基金会(WWF)、香港乐施会等非政府组织;澳大利亚、加拿大、英国、德国、日本等国政府的发展机构也与中国的扶贫开发进行了合作。根据UNDP在1997年编写的参与中国扶贫、粮食安全和妇女三类项目的国际组织名录记载,以不同角度参与中国扶贫活动的各类国际组织共有50多个。尤其是世界银行与中国扶贫开发的合作,规模大,成效显著。世界银行在我国贫困地区先后实施三期扶贫项目,总投资达到6亿美元,项目全部完成后,我国西部贫困地区约有800万贫困人口受益。这三期项目在2001年获得新的进展,项目实施的成熟度越来越高。同时,目前我们与世界银行合作开展的第四期扶贫项目的前期准备工作进展顺利。

各类国际组织与我国扶贫开发以各种形式的合作,不仅在一些地区补充了我们扶贫资源的不足,而且在扶贫理论、政策、方法、制度建设等方面也产生了一定的影响。

加强对扶贫资金的管理,审计和监督。

为了保证扶贫资金及时、足额到位和提高扶贫资金的使用效益,各省、区、市的各级政府和有关部门,都相继建立健全了审计组织,加大了对扶贫资金的监管力度。各地在扶贫资金的分配和使用时,强调公开透明,接受审计部门和群众的监督。对财政扶贫资金实行专户管理,封闭运行。各级政府和有关部门,对扶贫资金的使用情况、规划实施的进度和扶贫项目质量经常进行检查,发现问题,及时加以纠正和处理,确保了扶贫资金的使用效益。

【扶贫工作成效显著】 进入新世纪以来,我国扶贫开发工作面临新的形势,各省、区、市在中央扶贫开发工作会议和《纲要》精神指导下,根据各自的实际情况采取了有效措施,取得了明显的成效。2001年扶贫开发工作进展顺利,新阶段开局良好。

贫困人口进一步减少。

近几年来,我国部分省市区连续遭受了严重的自然灾害,受灾的地方,尤其是农业受到了很大的损失。尽管如此,我国农村的贫困人口仍然持续减少。据国家统计局统计,2001年,全国农村贫困人口,由2000年底的3200万人,减少到2900万人,减少了280万人,贫困发生率下降到3%以下。

贫困地区基础设施和生产生活条件进一步改善。

贫困地区的基础设施建设受到了国家和各级党委、政府的极大重视。据统计,全国592个扶贫开发工作重点县累计新修基本农田300万亩,新修公路4万公里,解决了430万人和370万头牲畜的饮水困难,通电、通路的行政村数分别达到了162693个和156646个,分别占贫困县行政村总数的95.78%和92.22%。义务教育办学条件明显改善,贫困地区缺医少药的状况有所缓解,农民科学种田水平明显提高,群众文化生活得到改善。这些生产、生活条件的改善,为进一步搞好扶贫开发工作,奠定了基础。

贫困地区经济有了较快增长。

2001年我国贫困地区的各项经济指标,有了较快增长。据统计,全国扶贫开发工作重点县的农业增加值增加了1.59%;工业增加值增加了5.09%;地方财政收入增长了5.83%;农民人均纯收入为1277元,与全国农村人均纯收入的相对差距进一步缩小。

干部作风明显转变。

按照中央的部署,全国各省、区、市各级干部都进行了"三个代表"重要思想的学习,尤其是扶贫系统的广大干部,结合当地的实际,对照自己的工作,以扶贫开发工作作为重要内容,进行了认真的学习。通过学习,干部受到教育,群众得到实惠,干部和群众的精神面貌都发生了显著的变化,扶贫干部到本地区最贫困的地方,认真务实地开展工作。在深入贫困地区、深入贫困群众的过程中,进一步密切了党群关系,拉近了干部与群众的距离。

贫困地区干部群众的素质得到提高。

我国的扶贫开发工作,一直重视贫困地区干部培训的素质和农民实用技术的培训工作。各地普遍结合各地的实际情况,以市场为导向,以结构调整为主线,以增加群众收入为目标,制定培训计划。目前,已经初见成效。贫困地区干部的综合素质和认识能力、办事能力都得到了提高,农民群众认识科技、掌握科技的能力进一步加强,扶贫开发工作的科技含量也不断提高,贫困地区群众的精神面貌有了明显的改变。

在《中国农村扶贫开发纲要》精神指导下,2001年的扶贫开发工作,取得了喜人的成绩,为新阶段的扶贫开发工作取得了一个良好的开端。相信在党中央、国务院的领导下,在各级党委、政府和干部群众的努力下,扶贫开发工作将会取得更大的成绩。

(国务院扶贫办　谢鸿浮)

全国经济技术协作综述

【总体概况】 经济技术协作是顺应改革开放潮流而不断发展和壮大起来的,它率先打破计划经济的桎梏,冲出条块分割的阻碍,在市场机制的引导下促进了商品的跨地区流动。在建立和进一步完善社会主义市场经济体制的新形势下,经济技术协作的领域将更加广阔,内容更加丰富。

经济技术协作在促进区域性基础设施建设,物资流通,资金、技术、人才和信息的跨地区交流与协作,资产的跨地区重组,统一大市场的形成等方面取得了较大的成绩,有力地推动了各地的经济社会发展。据不完全统计,2001年全国各省区市实际引进区外资金2400亿元左右。

区域联系进一步密切,区域性合作取得丰硕成果。

根据各地要素禀赋和经济的互补性,按照"发挥优势,互惠互利,共同发展"的原则,全国建立了数十个不同规模、层次和性质的区域合作组织,成为开展经济技术协作的重要依托。协作区大力推进区域统一市场建设,发展各类综合性和专业市场,制定商品流通规则,消除地区封锁和地方保护,加快商品和要素的合理流动;强化基础设施建设,联合建设跨地区的交通通道,为开展区域间的合作奠定基础;通过产业转移、要素流动和资产重组等方式加快地区产业结构调整,建立地区间合理的产业专业化分工协作体系,有效地减少重复建设和地区产业结构趋同,提高产业的总体素质;开展区域特别是流域污染综合治理和生态建设,努力实现区域可持续发展;建立区域信息交流网络,充分发挥信息的导向作用;建立行业性的协作组织,通过专业性的协作深化区域合作。

投资环境得到改善,招商引资工作取得较大进展。

引进区外项目和资金是经协工作的重要内容,对于对外开放基础和条件较差的中西部地区,引进国内发达地区相对丰裕的资金更有意义。为做好这项工作,各地积极研究制定政策、改善服务质量、提高工作效率,着力优化投资环境,吸引外来投资。

上海市对1998年颁布的《关于进一步服务全国扩大开放的若干政策意见》进行了修改。增加了应对入世后新形势的内容,体现了上海"十五"发展的产业导向,吸收了到沪投资企业的意见和建议,吸收了上海有关政策中对内开放的内容,借鉴了兄弟省市扩大对内开放的成功经验。

云南省先后出台了《关于进一步扩大对内开放的决定》、《关于进一步改善投资环境、扩大开放、全面实施西部大开发战略的若干意见》、《关于鼓励省外来滇投资发展的若干规定》。许多地区还提出了为外来投资者做好各项服务工作的具体措施,明确规定外来投资企业在工商登记、项目审批、企业用地、水电气供应、户籍管理、税收、专项资金使用等方面享受的优惠待遇;有的建立了行政公示制、外来投资企业认证制度和收费登记制度,对外来企业实行"一站式"服务,成立了外来企业投诉中心;公布了鼓励外来企业投资的产业产品目录;有的建立了横向联合扶持基金,用于重大联合协作项目贷款的贴息或扶持效益好的联合协作项目。

陕西省作出了《关于改善投资环境，进一步扩大开放的决定》，鼓励和支持外省企业以多种方式与陕西开展协作；省政府把2001年作为投资环境整治年，开展“塑造陕西人新形象”的活动，树立环境也是生产力和“人人都是投资环境”的新观念，集中力量开展投资环境专项治理，增强了对外地客商前来投资、合作的吸引力。

参与西部大开发，东西合作蓬勃兴起。

各地积极响应中央实施西部大开发的战略决策，通过广泛开展各种形式的东西合作，把东部的资金、人才、技术、信息等优势与西部的资源、低价劳动力、存量资产和潜在市场等优势结合起来，形成更大的整体优势，收到“双赢”的效果。通过开展东西合作，为西部地区注入新的动力，加快了开发步伐，也为东部地区寻找到新的发展机遇，拓宽了发展空间。

上海市开始实施西部开发专项资金管理办法，制定了具体的评审条件和标准，审定和发放了上海企业在中西部地区22个重点投资项目的贷款贴息资金，贴息总额600多万元。此外，上海市还努力做好项目的跟踪落实工作。市协作办起草、市政府办公厅转发了《市政府协作办关于做好本市与中西部地区合作项目跟踪服务工作意见》。

在服务参与西部大开发过程中，天津突出了四个层面的合作：一是省市间高层的合作。通过省市领导互访，推动区域经济合作向纵深化、多层次、扩领域拓展。二是地县市区间的合作。天津18个区县已与西部的380多个地市建立了友好区县关系，为合作的顺利进行提供了组织保障。三是行业间的合作。通过技术交流、经贸洽谈、合作开发等方式，积极推进行业间的联合与协作，进一步深化经济技术协作工作。四是企业间的合作。通过优势企业的强强联合、优势企业兼并困难企业等形式，实现资产跨地区重组，优化了资源配置。2001年天津市领导率团到青海、宁夏、重庆等西部省区市考察、洽谈，共签订经济技术合作项目400多个，合作金额150多亿元。

浙江省通过建立联合协调会议制度、项目跟踪制度和浙江在西部企业的联系网络等方式，加强了与西部省区的联系。浙江省党政代表团继2000年赴新疆、甘肃考察后，2001年又赴四川、云南考察，各地也相应组织企业西行，寻求商机。通过这两次活动，浙江与新疆、甘肃、四川、云南达成300多个合作项目，其中有浙江投资的近140亿元。浙江还与青海、宁夏等省区开展了比较广泛的经济合作，签订了一批合作项目，成为东部沿海地区参与西部大开发行动最快、影响最大的省份之一。

西部各省区开展东西合作取得很大进展。2001年，四川引进省外资金近130亿元，同比增长6.4%；广西全年签订国内经济技术协作项目1300项，实施960多项，合同引进区外资金100亿元，实际到位38亿元；贵州引进省外到位资金48亿元，同比增长43%；宁夏合同引进区外资金18亿元，实际到位4.5亿元；新疆引进区外到位资金接近28亿元。

双向开拓市场，为企业寻求更大的发展空间。

采取走出去和请进来的方式，通过举办和参加多种形式的展销会、产品推介会，把产品推向更广阔的市场，为企业寻找更大的发展空间和更多的发展机遇。这种由政府组织的开拓市场活动，一方面能够提高当地消费者对产品的信任度，另一方面企业在政府的组织下直接进入市场，将单枪匹马的闯荡变为集团式的进军，收到了较好的效果。

各地对企业合作高度重视，各种形式的企业合作广泛开展起来。一些加工企业向资源丰富、劳动力成本低廉、接近市场的地区转移，由过去的“产地销”变为“销地产”，生产成本和运输成本下降，企业的竞争能力得到提高。青岛啤酒生产规模的迅速扩大、娃哈哈集团的快速崛起、三九集团的迅猛发展都与企业开展跨地区的联合协作密不可分。深圳市内联企业已与外资企业和国有企业“三分天下”，珠海市内联企业产值已占总产值的40%。

对口支援进一步巩固，扶贫工作取得新进展。

对口支援是“先富帮后富，走共同富裕道路”的要求，是社会主义制度优越性的体现，不仅有很强的经济意义，而且也有重要的政治意义。各地有关部门以高度的政治责任感，服从大局，不讲条件，扎扎实实地做好各项对口支援工作，工作成效显著，工作方法也进一步改进。

支援地区对受援地区的支援力度超过以往，提供了大量的资金，完成了一大批援建项目，为受援地区经济社会发展提供了有力的支持。在继续以政府为主导开展帮扶工作的同时，注重发挥市场的作用，帮助受援地区培育市场意识，建设市场体系；在大力修建学校和医院、修路、建桥、办电、实施解决人畜饮水工程的同时，通过输出技术、转移产业、联合办厂、兼并收购等方式，提高受援地区的经济发展能力。从对农村贫困人口的帮扶发展到企业帮扶、教育帮扶、科技帮扶、文化帮扶、信息帮扶，帮扶领域不断拓宽，做到物资帮扶与精神帮扶相结合、治穷与治愚相结合。

自1992年国务院发出“开展对三峡工程库区移民工作对口支援”的号召以来，全国21个省区市、10个大中城市及国务院50多个部门开展了多种形式的对口支援工作，取得了巨大成绩。截至2001年9月底，对口支援工作为库区吸引外来资金100多亿元，实施经济合作项目2000多个，支援方到位资金超过90亿元。

对口支援三峡库区工作还实现了八个转变，工作水平进一步提高：一是对口支援的主体由单一的国有企业或机关行政事业单位，转向投资主体多元化，民营企业异军突起，显示出很大的优势和潜力；二是由单位捐钱捐物的“输血型”的支援，转向注重新技术、新产品、新产业及先进管理经验等“造血型”的支援；三是由政府主导，行政分配，转向按市场经济规律办事，义利兼顾；四是由库区单方受益，转向双方共同受益的“双赢”；五是由机械的“一对一”支援，转向打破行政区域和所有制双重界限，促使项目在更广阔的范围内竞争选择合作伙伴；六是由合作经营转向支援方独立经营；七是由热衷铺摊子重复建设转向项目滚动发展，产品深度开发；八是合作项目由传统产品转向高新技术产品，提高附加价值。

2001年，按照第四次西藏工作座谈会筹备工作安排，国家经贸委作为经济发展组第二组的牵头单位，负责各省区市对口援藏建设项目的落实。安排落实了70个对口支援项目，总金额10.62亿元，到年底，70个援建项目中已开工33个，其中7个项目已竣工，这7个项目无一超投资概算，质量全部合格，有的还是优良工程。这些项目基本上实行了招投标制，对节约投资、控制工期、确保质量和施工安全发挥了积极作用。其余37个项目的前期工作也正在进行。

在肯定经协工作成绩的同时，也要看到，经济技术协作工作还有不少需要改进和提高的地方。一是经协基础统计数据不齐全。二是经协信息交流不充分，缺乏通畅的渠道进行全国性的交流，信息交流的内容也不够丰富。三是个别地方存在损害外来投资者合法利益的现象。四是经协系统工作制度有待健全。

【经济技术协作的工作思路】 加快要素跨地区流动，促进地区产业结构、企业组织结构和技术结构合理化。

鼓励各地围绕发展优势产业、特色经济加强区域合作。通过产业转移、要素流动和资产重组等方式加快地区产业结构调整，淘汰丧失竞争优势的产业，改造传统产业，加快发展高新技术产业，建立地区间合理的产业专业化分工协作体系，有效地减少重复建设和地区产业结构趋同，提高产业的总体素质。

鼓励优势企业以资产为纽带、以产品为龙头，通过跨地区的控股、参股、收购、联合、兼并、租赁、托管、承包经营等方式，与其他企业组成紧密的或松散的企业联合体，实现优势企业的低成本扩张，培育若干拥有著名品牌和自主知识产权、主业突出、核心能力强的大公司和企业集团。与此同时,通过大企业与中小企业加强协作配套联系,形成大企业为主导、大中小企业协调发展的格局。

鼓励企业广泛开展跨地区的技术交流,推广先进、成熟技术以及综合性节能降耗技术,扶持市场前景好、技术含量高、附加值高的技术转移项目;鼓励优势企业帮助其他企业开发新技术、新工艺和新产品;加强与高等院校和科研院所的技术合作,进行联合开发和技术攻关;禁止转移应当淘汰的生产设备、落后的工艺技术和污染严重的项目。

以中心城市为依托,提高区域合作水平。

根据经济互补性较强的地区加强经济联合、发挥整体优势的要求,巩固和充实不同层次、不同类型的区域合作组织,建设各具特色的经济协作区。西部地区要依托亚欧大陆桥、长江水道、西南出海通道等交通干线及中心城市,以线串点,以点带面,促进西陇海兰新经济带、长江上游经济带和南(宁)贵(阳)昆(明)经济区的形成;中部地区要以长江、陇海、京广、京九、京哈等沿线地区为重点,积极培育新的经济增长点和经济带;东部要进一步发挥环渤海、长江三角洲、闽东南地区、珠江三角洲等经济区域在全国经济增长中的带动作用。进一步加强协作区政府高层领导之间的联系,共同商议重大协作事项,解决重要问题。建立健全规章制度,明确各成员方的责任和义务,制定工作规程,使区域合作活动更加规范化、制度化。各协作区要在广泛调查研究和深入科学论证的基础上,编制区域合作规划,从宏观上明确联合和协作的方向、重点和主要内容,并组织、动员各方力量实施。根据中心工作的要求,确定重点合作专题,依托行业性的专业协作网络联合实施。

广泛开展东西合作,积极参与西部大开发。

依托东部和西部的比较优势和经济互补性,广泛开展多领域、全方位的经济技术合作。一是联合开发资源。东部的加工企业与西部生产原料的企业通过联合,共同建设原料基地,建立密切的产销关系,降低生产成本,提高合作效益,实现共同发展。

二是依托名牌产品的合作。东部优势企业借助其品牌优势,直接到西部建厂,或收购西部的同类企业,就地生产、就地销售,由过去的"产地销"变为"销地产",扩大市场占有率。

三是建立专业化分工联系。东部拥有先进组装或深加工技术的企业,或把其零部件或初级产品生产基地设在西部,或通过并购西部的有关企业,或与西部的企业建立生产协作关系,降低合作成本,加快技术扩散,建立比较稳定的产销关系,提高抵御市场风险的能力。

四是推广扩散先进的管理经验。东部企业将其管理优势与西部的厂房、设备和劳动力优势结合起来,通过承包经营、委托经营、租赁等方式,促使西部的困难企业摆脱困境,东部的优势企业得到进一步加强。

五是加强科技合作。东部的高等院校、科研院所与西部地区有关部门、企业联合研究和开发应用技术;与西部合作组建技术推广和技术中介机构,建立一批高新技术成果转化服务中心;以技术转让、技术入股合办企业等方式,推动高新技术项目西进。

联合提高对外开放水平,应对激烈的国际竞争和挑战。

利用沿海地区出海条件好、接近国际市场以及西部沿边地区的区位优势,组织中西部企业到沿海地区联办工贸企业和出口基地。吸引东部企业到西部的沿边地区联办出口加工企业,拓展国外市场,开展工程承包、劳务输出等;引导东部外贸企业到西部地区开展业务,建立出口货源基地,利用当地口岸增加出口。通过东部地区的中外合资企业与中西部地区的企业开展合作,扩大产品出口创汇,联合吸引外资、消化吸收国外先进技术,发展服务贸易,进一步扩大对外开放。

促进区域市场建设,加大开拓国内市场的力度。

疏通商品、要素跨地区流通的渠道,打破各种形式的地区封锁和地方保护,培育和完善公平竞争、规范有序的区域市场体系。鼓励大型商贸企业跨地区建立采购中心;鼓励商贸企业通过独资、合资、加盟、托管、代理等形式,建立异地的商贸连锁网点和分销网络;鼓励流通企业和生产企业在消费品和生产资料流通领域联合发展跨区域连锁经营、代理、配送和直达供货等现代流通组织形式,实现规模经营、集约经营;鼓励各地联合兴办商品、劳务、科技、信息、资本等要素市场。

按照发挥整体优势和注重实效的原则,举办各类区域性的展销活动和经贸洽谈会议。各地有关部门要主动配合,组织参展企业,选好项目,按国际惯例准备有关资料,做好信息发布和客户邀请等工作。要从本地实际出发,在开展展览和招商活动时,不断改进组织方式,提高效率,把大型综合性展览和招商与小型、专业性展览和招商有机结合起来,为促进经济技术协作,开拓市场、扩大内需创造条件。

加快政府职能转变,做好各项服务工作。

一是分析问题,研究政策,抓好落实。针对那些影响企业跨地区投资或资产跨地区流动重组的体制性和制度性障碍提出改进办法,解决好保障投资者合法权益、扶持推动、利益分配、服务规范等方面的问题,从根本上改善投资软环境。

二是为外来投资者提供优质服务。要帮助企业选好合作项目,解决项目重复、质量差、技术含量低、包装过粗的问题,重视对项目可行性的研究,做好可行性报告等各项前期准备工作;要规范招商引资的办事程序,简化办事手续,为外来投资者提供优质服务;要加强签约项目的后期管理,做好协调和服务工作;要加强对外来投资企业情况的调查研究,协调解决联合协作中出现的纠纷;要进一步完善和落实经济技术协作工作责任制,促进项目履约率、资金到位率、建成投产率的提高。

三是加强信息交流,发挥信息的导向作用。促进经济技术协作信息的全国性交流,不断扩大信息的覆盖面,提高信息的真实性、准确性和权威性。为经济技术协作提供有力的信息支撑,充分发挥信息引导的作用。要加快信息网络和信息系统建设,建立网络化的信息系统。要增强驻外办事处的经济技术协作职能,广交朋友,加强联系,搞好信息工作。

(国家经贸委综合司　刘　源)

西部地区篇

重 庆 市

【经济与社会发展】 2001年,重庆市完成国内生产总值1750亿元,比上年增加161亿元,同比增长9%,其中一、二、三产业分别增长2.2%、11.8%和9%;固定资产投资801.82亿元,同比增长22.3%;社会消费品零售总额669亿元,同比增长8.7%;外贸出口11亿美元,增长10.8%;地方财政收入126亿元,增长21%;城镇居民人均可支配收入6721元,增长7.1%。

农业和农村经济结构调整成效显现。2001年实现农业增加值293亿元。种植业结构进一步优化,林牧渔业比重提高,非农产业发展迅速。2001年全市乡镇企业完成增加值273.8亿元,同比增长18.1%。在遭受严重旱灾,粮食大幅度减产的情况下,农民人均纯收入仍有较大提高。农民人的纯收入1971元,同比增长4.2%。

工业经济继续保持较快增长。2001年实现工业增加值577亿元,规模以上工业企业实现现价工业总产值1062.34亿元,同比增长14.3%;实现利润21.79亿元,同比增长55.4%;企业亏损面36.2%,比上年下降4.5个百分点;地方国有大中型企业、小企业改制面分别达到73%和90%;轻重工业比重由2000年的34.3:65.7调整为40.4:59.6;重点企业不断壮大,全市五十强企业实现工业增加值125.05亿元,占全市规模以上工业的37.6%,实现利润总额22.59亿元,是规模以上工业企业利润总额的1.04倍,长安集团实现工业总产值118亿元,销售收入103亿元,成为全市和全国兵器行业第一家超过"双百亿"的企业集团。

经济结构和经济运行出现积极变化。以股份制为主的混合所有制经济产值占国有及规模以上工业企业总产值的一半以上,成为推动工业增长的主导力量;非公有制经济发展加快,占全市国内生产总值的比重达到38.8%;高新技术产品产值同比增长26%,比重达到14.5%;非公有制投资同比增长19.5%,比重达到45.7%。

2001年,全市国有企业下岗职工进再就业培训中心8.32万人,出中心9.86万人,其中再就业6.51万人,帮助指导城镇失业人员9.3万人就业,城镇登记失业率为3.9%;城市居民最低生活保障制度逐步完善,全市享受城市"低保"369.88万人次,同比增长79.9%;31万绝对贫困人口实现越温达标,实施贫困地区人畜饮水项目358个,受益人口27.4万人。

2001年完成农村移民外迁安置5.61万人,完成建房安置12.1万人,复建各类房屋380平方米;完成25个集镇的搬迁;实施库区淹没工矿企业结构调整210户;完成移民投资50.2亿元。

高新技术产业快速发展,高新技术产业实现总产值520亿元,同比增长15.5%,占全市工业总产值的比重为31.4%;全市技术合同认定登记额29亿元;专利申请2046件,专利授权1197件;重庆大学科技园被科技部、教育部认定为国家大学科技园;高新技术产业开发区和经济开发区实现总收入321.67亿元,同比增长19.1%。

2001年末全市有普通高校29所,在校学生16.16万人;有成人高校14所,在校学生10.19万人;有中等职业技术教育学校271所,在校学生21.69万人;普通中学在校学生154.03万人,小学在校学生277.78万人;九年义务教育普及率87.8%。

文化、卫生和体育事业健康发展。广播剧《生命天梯》、电视理论片《三峡大移民》荣获全国"五个一工程"奖;《流星闪烁》获摩纳哥第十三届蒙特卡洛国际少儿杂技比赛金K奖。桂园、酉阳赵世炎故居、忠县石宝寨等6处文物被列为第五批全国重点文物保护单位;三峡文物抢救保护工作进度加快,全年发掘面积20.5万平方米,勘探面积258万平方米,地面保护项目27个。全市出版各类报纸5.48亿份,图书1.13亿册,各类杂志0.33亿册。建成贯通全市40个区县广播电视光纤网络主干线,实现全市大联网。年末全市共有各类医疗卫生机构0.42万个,拥有床位6.5万张,有专业卫生技术人员8.64万人;新增加合作医疗乡镇114个,新增受益人口160万人。重庆市运动员参加国际、国内比赛获国际比赛冠军5个,团体冠军5个,个人冠军25个;重庆建设摩托围棋队取得全国围甲联赛三连冠;在第九届全运会上实现"夺金升位"目标;全年销售包括足球彩票在内的体育彩票1.2亿元。

【投资环境与利用外资】 2001年,重庆市制定出台了实施西部大开发若干政策措施并开始实施。在改善投资环境方面,继续采取有力措施,转变政府职能,规范政务行为,加大了行政审批制度改革力度,对行政审批事项保留438项,取消517项,减少54%。认真纠正部门和行业不正之风,加强社会治安综合治理,整顿和规范市场经济秩序,加强安全生产,促进了社会稳定和市场秩序的进一步好转。

基础设施建设加快,2001年完成城市基础设施投资286.17亿元,同比增长27.8%;新增和改造城镇道路321.3公里,竣工城镇桥梁(含立交桥)37座,隧道2座。江泽民总书记亲自题写桥名的大佛寺长江大桥、马桑溪长江大桥竣工通车,全长75公里的主城区环线高速公路基本建成,达万铁路、渝黔高速公路一期、渝澳大桥如期竣工。建成重庆移动GSM五期扩容、联通第五期和第六期扩容工程、宽带通信网络建设取得重大进展。完成邮电业务总量103.7亿元,同比增长20.9%;新增本地电话用户68万户,新增移动电话用户110万户,截至2001年底,共有国际互联网用户22.6万户;2001年主城区电网改造完成投资10.54亿元,完成一期农网改造任务;新增城镇日供水能力17.6万立方米,新增、改善供水管道201.8公里。

生态环境恶化的趋势初步得到遏制,生态环境状况有所好转。2001年完成天然林资源保护面积3582万亩,完成退耕还林20万亩,荒山造林48万亩,治理水土流失面积2800平方公里;三峡库区首批19个污水处理厂、5个垃圾处理场开工;三峡库区地质灾害防治工程启动。万州区黄泥包、康家坡等14个地质灾害防治工程开工;重庆发电厂最后两台5万千瓦燃煤机组关闭;桃花溪治理工程启动;主城区清洁能源一期工程如期完成,2600多台10吨及其以下燃煤锅炉和燃煤茶炉全部改用清洁能源,年减少用煤136万吨,年削减二氧化硫7.8万吨,减排烟尘3.5万吨;"一控双达标"成果进一步巩固和扩大,工业污染源达标率96.2%;对1.5万辆尾气超标车辆进行了治理,改造天然气汽车2600辆,二氧化硫排放量同比降低27.7%,得到联合国亚太经济社会委员会的高度评价。

2001年,受世界经济增速减缓的影响,对外贸易增幅呈前高后低的回落态势。全年共完成进出口总值18.34亿美元,同比增长2.7%,其中出口11.03亿美元,增长10.8%;进口7.31亿美元,下降7.5%。出口商品结构进一步优化,以摩托车、汽车及零部件为主体的机电产品出口非洲市场的出口增幅分别为15.6%、79.2%。高新技术产品出口增长12.2%。蔬菜、花卉出口实现零的突破。北部新区开发建设顺利启动,出口加工区开工建设。

全年新签利用外资合同项目191个,协议利用外资7.19亿美元,实际利用外资4.24亿美元,同比增长22.9%;新签对外承包工程、劳务、设计咨询业务合同额1.15亿美元,增长20%,完成营业额0.67亿美元,增长15%。

全年共接待国内旅游额3950万人次,同比增长28.7%,国内旅游收入164.07亿元,增长19.7%;接待海外旅客31.33万人次,同比增长17.7%,旅游外汇收入1.63亿美元,增长18.1%。

【重点项目介绍】 2001年,重庆市完成全社会固定资产投资801.82亿元,同比增长22.3%。国债投资对基础设施建设支持力度加大,全年落实并开工国债资金项目230个,完成投资114.47亿元,同比增长24.2%。其中用于农林水利、交通通信、城市基础设施、城乡电网、教育文化等基础设施项目197个，完成投资109.52亿元，占国债总投资的95.7%。

2001年重庆市64项重点建设项目完成投资178.71亿元，占全部固定资产投资的22.3%。达万铁路、渝黔高速公路一期工程、主城区环线高速公路、南岸长江滨江路、农村电网改造一期工程、电信用户宽带网、黔江卷烟厂等12个项目完工投入使用；江北机场航站区扩建、北部新区的出口加工区、长安福特汽车、光电产业园等基础设施、丰水坝水厂等13个项目开工建设；渝怀铁路、长寿至梁平、梁平至万州、重庆至合川高速公路、万州机场、武隆江口水电站、忠县施格兰柑桔产业化、高架轻轨较场口至新山村一期工程、重庆中国三峡博物馆、袁家岗体育中心游泳跳水馆等34个续建项目按计划推进。

【经济协作与对口支援】 2001年，重庆市国内经济合作势头良好，市外企业在渝投资呈现出宽领域、多层次、全方位增长的新局面，全年实际利用国内资金达46.38亿元。

2001年重庆市与四川、贵州、云南合作项目97项，到位资金10亿元。重庆经济协作区按照共同建设大交通的意见，加强了向重庆方向公路和改扩建工作，以重庆为中心的高等级公路交通网络已初步形成，经济融合度进一步提高。重庆经济协作区联络处正组织专家、学者开展重庆市对重庆经济协作区幅射带动作用研究的课题的调研工作，进一步促进重庆经济协作区成员市之间的合作。

三峡工程重庆库区对口支援工作经历了近十年的发展历程，已进入稳步发展阶段，呈现出多元化，纵深化发展的良性态势，增强了库区“造血”机能，促进了库区经济发展。2001年，上海、广东、山东、江苏、辽宁、南京、深圳等省市325个团组3179人次来库区探索对口支援与西部大开发的结合。同时重庆库区各区县组织225个团组1599人次到各省市寻求合作，并积极配合重庆市组团参加“广交会”、“厦门9.8投洽会”、“重庆三峡国际旅游节暨经贸洽谈会”、“长江沿岸城市投资项目推介会”等招商引资活动。2001年重庆库区共引进对口支援资金13.09亿元，其中社会公益性项目资金2.31亿元，经济合作资金10.77亿元，引进经济合作项目253个。

2001年，重庆对口支援西藏昌都地区1000万元。建设昌都地区图书馆。重庆市渝中区和江北区、九龙坡区和涪陵区对口支援西藏类乌齐县和芒康县，帮助建设类乌齐水电站、城市建设和建设希望小学。2001年共支援资金236.3万元，支援物资110.3万元。

四 川 省

【经济与社会发展】 2001年，四川省完成国内生产总值4421.8亿元，比上年增长9.2%，第一、二、三产业分别增长2.4%、12.3%和10.2%。三次产业增加值占国内生产总值的比例为22.2:39.7:38.1。财政收入稳定增长，金融运行保持平稳。全省地方财政一般预算收入增长15.9%，一般预算支出增长31.4%。金融机构各项存款余额比年初增长16.5%；各项贷款余额比年初增长11.0%。

2001年四川省农业平稳增长，农林牧渔业总产值1540.9亿元，同比增长2.6%。在全省遭受了多年罕见的自然灾害情况下，由于农村经济结构得到调整，农业产业化经营不断推进，经济作物种植面积扩大，农产品优质品率和商品率有所提高，林、牧、渔业得到较快发展。养殖业保持良好的发展势头，畜牧业产值已占农业总产值的44%。全省乡镇企业增加值981.3亿元，增长16.3%，农村劳动力转移达到1235万人，农民人均纯收入1987元，增收72元。

全年完成工业增加值1407.8亿元，同比增长12.5%。国有企业改革取得阶段性成果，技术改造投入力度加大，支柱产业发展步伐加快，工业结构进一步优化，经济效益稳定提高。全年国有及年销售收入500万元以上的非国有工业企业实现销售收入2274亿元，同比增长10.5%;实现利税251亿元,增长7.7%;企业盈亏相抵后实现净利润85亿元,增长18.2%。

全年第三产业实现增加值1683.2亿元,增长10.2%,第三产业对经济增长的贡献率上升到41.1%。交通运输和邮电通信业持续稳定增长,旅游业蓬勃发展。入境旅游、国内旅游同步增长,全年旅游外汇收入1.7亿美元,增长36%,国内旅游收入300.2亿元,增长21%。

积极开拓城乡市场,努力扩大内需和外贸出口。全年社会消费品零售总额1680.4亿元,增长10.3%。市场价格总水平止跌趋稳,并呈现全面回升势头。在国外市场需求下降的情况下,全年外贸出口总额15.8亿美元,增长13.5%。对外工程承包和劳务合作取得新的成绩。

固定资产投资持续稳步增长,投资结构不断优化。全年完成全社会固定资产投资1573.8亿元,增长12.1%。邮电通信、城市基础设施等行业的投资力度继续加大,项目建成投产率54%。新增固定资产625.3亿元,固定资产交付使用率达到66.6%。基本建设新增的主要生产能力有:天然气开采8.9亿立方米,发电机组容量38.5万千瓦,11万伏及以上输电线路713.6公里,变电设备359.6万千伏安,新建公路729.5公里,其中高速公路152公里,有效灌面2.8万公顷,粮食仓容133万吨,自来水日供水能力50万吨。

2001年四川省全面实施素质教育,教育结构调整步伐加快。地方普通高校连续三年大幅度扩大招生规模,高考录取率66.6%。普通高校在校本(专)科学生31.7万人,增长34.5%,在校研究生19408人。高中阶段教育规模进一步扩大,全省已有136个县基本普及九年义务教育,"普九"人口覆盖率94.2%。

继续实施"科技兴川"战略。以IT产业为代表的"一号工程"建设初见成效,成都高新区特别是西区、绵阳科技城开发建设工作进展迅速。全年重点实施、培育了22项高新技术产业化项目。全省高新技术企业883家。其中,省认定193家。全年高新技术实现产值580亿元。

【投资环境与利用外资】 四川省是西部经济大省,主要经济指标均居西部12省市区的前矛。省会成都市是中国西部重要的中心城市之一。四川省具有良好的投资环境和发展前景。

为适应西部大开发的需要,2000年以来,四川省加大行政审批制度改革,清理、废止省级文件225件,取消省级行政审批事项255项,建立省政府政务中心,并修订了《四川省鼓励外商投资的若干政策规定》,投资软环境有了明显改善。

四川能源、交通、通信等基础产业发展较快,基础设施有了很大改善。到2001年底,全省电力装机1739万千瓦,居全国前矛,天然气产量98亿立方米。四川省以公路、铁路、港口、机场等为载体的四通八达的综合交通运输体系已初具规模,全省国家铁路营运里程2608公里。公路通车里程9.17万公里,其中高速公路1152公里,居全国第5位。全省有7个民用机场,150多条国际国内航线。以微波、光纤、卫星、程控电话、无线寻呼、图文传真等为代表的现代化通信体系已基本形成。到2001年底,电话交换机容量936.9万门,移动电话交换机容量592.1万门。全省电话普及率15.5%,其中城市固定电话普及率32.3%。

四川省全方位开放格局基本形成,利用外资工作取得新的进展,四川已成为西部的投资热点之一。四川与世界知名企业的合作进一步加强,壳牌、雀巢、斯耐克玛等相继落户四川,美国安森美公司把马来西亚的生产基地迁到乐山,乐山成为世界最大的集成电路片式器件制造基地。在川的国际知名跨国公司已达73家。全省全年实际利用外资11亿美元,增长14.5%。

【重点项目介绍】 四川省2001年实施西部大开发的重点项目共84个,全年完成投资247.4亿元。

一批竣工投产重点项目已发挥投资效益。主要有成都绕城高速公路、遂渝高速公路遂宁至回马段、国道212线南充段、泸州大纳公路川境段、邻遂公路广安至武胜段、达万铁路、泸州集装箱码头、成都双流国际机场航站区、宝兴河流域小关子水电站、甘孜州冷竹关水电站、南部红岩子水电站、武都引水一期工程、四川省农村电网改造一期工程181个县(市、区)、威钢高速线材生产线、双马水泥(集团)公司7号窑技改工程、宜宾丝丽雅集团公司年产2000吨蛹蛋白粘胶长丝工程、明达玻璃(成都)有限公司九机改浮法生产线、绵阳、青白江、遂宁、达州等污水处理厂。

在建重大骨干项目工程建设进度加快。四川天然林资源保护工程,完成人工造林106533公顷,飞播造林162667公顷,封山育林103800公顷。绵广高速公路瓷窑铺至沙溪坝段已建成通车。成南高速公路正线路基和高架桥工程均已完工。内宜铁路电气化工程、攀枝花机场、达州河市机场、四川省城市电网改造、南桠河流域一期工程和四川盆地油气勘探开发等重大骨干项目,工程进展顺利。广兴铝业电解铝一期工程和金象化工年产6万吨合成氨项目已提前竣工投产。四川广播电视塔塔体施工已至232米。

一批关系经济发展后劲的重大前期工作骨干项目全面启动。紫坪铺水利枢纽、大桥水库灌区工程、大竹至重庆界高速公路、南充至广安高速公路、鹧鸪山隧道、九寨黄龙机场、福堂水电站、南充青居电站、省人民医院门诊住院综合大楼、成都第二长途电信枢纽工程和宜宾鲁能城市基础设施等重大骨干项目均已开工建设。

【经济协作与对口支援】 四川省经济协作工作再上新台阶,省际间特别是与沿海发达地区的经济技术合作与交流取得进展,全年招商引资签订合作项目协议5415个,履约项目4988个,履约率92%;引进到位国资金304亿元,其中省外引进到位资金128亿元,增长6.35%。

2001年,四川省以川浙合作为龙头的“东西合作”,以川陕、川滇合作为重点的“西西合作”取得成果。川浙企业签定合作项目136个,浙江企业在川投资29.42亿元,并确定100多个合作项目跟踪落实。四川省作为主席方成功主办的六省区市七方经济协调会第十七次会议,以“联手大开放,开发大西南”为主题,取得新的进展。

对口支援民族地区教育工作初见成效,已有1512所内地中小学和33所内地高校与民族地区高校、中专、中小学建立起对口支援关系。

【生态环保建设】 2001年,全省生态环保工作围绕着跨越式发展和构筑长江上游生态屏障的战略目标,工作成效显著。继续实施天然林保护和退耕还林还草试点工程,全年完成退耕还林面积12.3万公顷,成片造林49.3万公顷,分别比上年增长52.6%和0.9%。至2001年末,全省累计完成植树造林93.3万公顷,封山育林186.7万公顷,退耕还林还草33.3万公顷,治理坡耕地46.7万公顷,改良草场200多万公顷,治理水土流失面积3万多平方公里。继续巩固工业污染源达标排放成果,城市环境综合整治取得新的成效。环境污染限期治理项目432个,完成投资2.1亿元,在建绿色工程规划项目14项,完成投资3.6亿元。

【民族地区经济社会发展】 2001年四川省民族自治地区经济继续增长,经济结构进一步改善。全省全年民族自治地区(包括阿坝藏族羌族自治州、甘孜藏族自治州、凉山彝族自治州、峨边彝族自治县和马边彝族自治县)共实现国内生产总值237.5亿元,增长9.8%。

民族自治地区农村经济继续以实施天然林保护工程和退耕还林还草为契机,大力调整农业产业结构、产品结构,发展特色农业,实现了稳步发展。全年农林牧渔业总产值119.7亿元,增长4.8%。工业摆脱了对森工的依赖,实现了快速增长,全部工业总产值132.9亿元,增长19.1%,比上年提高10.6个百分点。以旅游为支柱的第三产业快速发展,对四川省民族自治地区经济的增长发挥了巨大作用,旅游业已成为四川省民族自治地区一大支柱产业。

投资规模继续扩大,消费需求增势良好,人民生活水平明显提高。民族自治地区完成全社会固定资产投资89.6亿元,增长26.5%。社会消费品零售总额67.9亿元,增长13.6%。城乡居民储蓄存款余额125亿元,增长18.6%。在岗职工平均工资10273元,同比增长25.6%。

贵州省

【经济与社会发展】 2001年,贵州省实现国内生产总值1082亿元,同比上年增长8.8%。其中,第一产业增加值274亿元,同比增长1.1%,第二产业增加值421亿元,同比增长11.4%,第三产业增加值386亿元,同比增长12.1%;人均国内生产总值2865元。外贸进口出现下滑,出口与上年持平。财政总收入176.87亿元,地方财政收入99.67亿元。

全年粮食产量1100.3万吨,同比减产5.3%,油菜产量63.48万吨,减产4.1%,烤烟产量26.19万吨,减产15.8%。肉类产量131.7万吨,同比增长6.1%;水产品产量6.7万吨,同比增长8.4%。

全年规模以上工业企业完成增加值235.9亿元,同比增长9.8%,其中重工业增加值160.4亿元,轻工业增加值75.5亿元,分别增长11.4%和6.5%。主要工业产品产量保持增长,饮料、中成药、家用电器、电话单机、水泥、铝合金、发电量等产品产量增长较快,企业整体效益继续好转。一批国有大中型企业(集团)发展势头强劲。

完成全社会固定资产投资505.31亿元,同比增长18%,基本建设投资、更新改造投资、房地产开发投资均保持快速增长,以交通和"西电东送"等为重点的基础设施投资增势迅猛,全年用于交通运输及邮电通信业、电力的投资分别为130.68亿元和86.72亿元。分别比上年增长59.7%和34%。

全年城镇居民人均可支配收入5451.91元,实际增长3.9%,城镇居民人均消费性支出4492.25元,实际增长2.5%,农民人均纯收入1411.73元,实际增长4%,农民人均消费性支出1098.39元,实际增长1.7%。全省实现社会消费品零售总额378.01亿元,同比增长10%,其中城市增长11.5%,县及县以下增长2.4%。居民消费价格同比上涨1.8%,其中城市上涨2.4%,农村上涨1.1%。全部金融机构存款余额1341.11亿元,贷款余额为1212.23亿元。邮电业务总量46.38亿元,城乡固定电话用户209.59万户,移动电话169.87万户,电话普及率18%,互联网用户17.67万户。

科技投入力度加大,科技经费支出明显增加,科学教育文化事业稳步发展,医疗卫生条件进一步改善,城镇社区卫生服务、农村合作医疗和初级卫生保健体系进一步健全。城市环境综合治理和重点污染治理取得成效,社会福利事业取得长足进展,38.5万人得到最低生活保障救济,1.77万下岗职工走上再就业之路。

【投资环境与利用外资】 贵州省的富集水能资源和煤炭资源形成了煤电结合、水火互济、协调发展的能源优势,铝、磷、锰等高耗能工业的资源与大型电源点靠近,形成能源资源与矿产资源良好的配套组合。

基本形成了以公路、铁路、机场、港口等为载体的四通八达的具有多种方式组合的综合运输体系,株六复线、川黔线、黔桂线、南昆线和内昆线等铁路主干线贯穿东西南北,以贵阳市为中心的贵遵、贵新、贵毕、贵黄、凯麻等高等级公路为干线的公路运输网四通八达,形成了我国西南交通枢纽和通往东南亚、加强与东盟国家经济联络的重要通道。

贵州省在税费减免、土地征用、企业嫁接改造等方面采取了更加优惠的政策。在积极引导个体、私营等非公有制经济加快发展,扩大对内对外开放水平、扩大外商投资领域、拓宽利用外资渠道、大力发展对外经济贸易、推动地区协作与对口支援，吸引人才、鼓励人才创业政策，加强组织保证政策实施，促进经济快速发展等方面做出了一系列政策措施。在投资环境的管理和服务等方面进一步减少行政审批事项，改变以往行政审批事项多、手续繁、部门多、效率低、透明度差的状况，注重工作人员管理能力、方法和综合素质要求，加强行政管理工作的法制化建设，完善对投资者的保护措施和办法，提高服务意识，加大投资的过程和后续服务，进行有效组织和综合协调、宏观产业导向和信息沟通等。

全年新批外商投资企业59户，合同利用外资9111万美元；实际利用外资金额2829万美元，同比增长13.16%。其中开发区外商投资增长加快，合同资金总额154.33亿元，实际到位资金总额36.74亿元，同比增长61.6%，全省开发区对外开放的幅射功能开始显现。

根据新形势下投资主体的特点，积极探索利用外资的新形式：向世界500强驻华机构发出函件，介绍投资环境，推荐项目；试行海外委托招商，先后与日本伊海株式会社就组织日本中小企业在贵阳建立工业园等合作事宜达成合作意向，与CBA株式会社签订《对日招商引资委托代理合同书》，与法国TRILEC公司合作确定了拟引法资进入贵州的重点领域。认真接待香港新世界、华宝、法国洛哲尔省、日本日立集团、澳大利亚安格鲁集团等投资考察团，组织有关部门与之对接洽谈，积极吸引外资。

通过努力，贵州在吸引国外资金方面取得重大突破：香港中华电力与省电力公司、省基建投资公司签订协议，投资30亿元建设安顺电厂二期工程；澳大利亚中国矿业公司投资4000多万美元开发烂泥沟金矿。2001年9月，中国振华（集团）科技股份有限公司与日本京瓷株式会社合资CDMA手机生产和研发基地合作项目获国家发展计划委员会和信息产业部的正式批准立项，年产量100万台。合资公司注册资金1.2亿元人民币。

【重点项目介绍】 2001年贵州省共安排重点建设项目126个。其中预备项目17个。在建的109个项目全部总投资为8819231万元（不含株六复线、内昆铁路，渝怀铁路只计贵州段），至2001年底共累计到位资金2578685.78万元。

2001年新列入省重点项目名单的项目有45个：遵义灌区一期工程、兴中灌区二期工程、黔西南州优质玉米基地、铜仁市城区防洪一期工程、兴义机场（含兴义市至机场联络线）、黎平机场、荔波机场、渝怀铁路（贵州段）、遵义至崇溪河公路、关岭至兴仁公路、清镇至镇宁公路、西南水运出海通道中线起步工程（贵州段）、洪家渡水电站、引子渡水电站、乌江渡水电站扩建工程、“黔电送粤”500千伏输变电工程、贵州500千伏环网及220千伏环网输变电工程、贵定县供水工程、贵医附院外科大楼、黄果树风景名胜区旅游基础设施建设项目、中国七砂集团有限责任公司从刚玉电弧炉冶炼富镓烟尘中生产纯镓和高纯镓高技术产业化示范工程、遵义国家粮食储备库（扩建1亿斤）、松桃县国家粮食储备库（新建0.5亿斤）、麻江县国家粮食储备库（新建0.5亿斤）贵阳车辆厂引进复合反渗透膜设备、膜生产技术及水净化处理成套装置国产化项目、安顺电厂二期、纳雍电厂、黔北电厂、中日环境合作示范城市项目贵阳电厂烟尘治理、习水至复兴公路、纳雍至毕节公路、水城至两头河公路、施秉至凯里公路、惠水长田至罗甸公路、独山麻尾至荔波小七孔公路、印江经松桃接319国道、石阡接320国道、兴仁至沙子岭公路、贞丰至钱相公路、黄平接凯麻公路、正安至南川公路贵州段、三都至小围寨公路、凤岗至务川公路、剑河至展架公路、凤岗至务川公路。

株六复线已建成通车，内昆铁路、水柏铁路正线铺轨基本结束；凯里至麻江高速公路、贵阳至新寨公路、紫云至黄果树公路、贵阳至毕节公路、天柱至远口公路、丹寨至下司公路、册亨至者干公路、墨冲至平塘公路建成通车，铜仁大兴机场建成通航，贵阳医学院综合教学楼已竣工。建成投产或交付使用的还有安顺王若飞大道、贵阳西郊水厂、兴义市供水工程、铜仁市自来水工程、都匀市自来水工程、毕节市自来水工程、凯里市自来水二期工程、贵阳市城市生活垃圾卫生填埋场、贵阳市河道治污工程、遵义市污水处理厂、六盘水市中心区排污工程、贵州化肥厂、贵州日报社新闻业务用房、贵州汉方公司羟基喜树碱注射剂高技术产业化示范工程、贵州盘江煤电集团有限公司优质高效煤炭洗选产业化示范工程共15个项目。

实施“西电东送”,纳雍电厂工程、黔北电厂工程、安顺电厂二期工程、贵阳电厂烟气治理技改工程、贵州至广东500千伏输变电工程已开工建设,索风营水电站已达到动工兴建的要求。

清镇至黄果树高速公路工程、凯里至鲇鱼铺高速公路已开工建设;黄果树至胜境关公路里程约为202公里,建设标准为高速公路,目前该项目工程可行性研究报告已完成待审批,前期工作正在进行中。5000公里公路改造工程进展顺利,累计完成投资21.6亿元;10条通乡公路工程全面完成,建设里程167公里。兴义机场已动工建设,总投资36323万元;黎平机场已动工建设,总投资22425万元;荔波机场按4C级规划,本期按3C级建设,总投资3.48亿元。

【经济协作与对口支援】 贵州省在第六届中国重庆投资贸易洽谈会上,签订合作项目30个,总金额8.8亿元。贵州还组团参加了“西部论坛”、“中国西部博览会暨经贸洽谈会”、“广西投资贸易洽谈会”、“成都中国西部博览会”和“长江沿海中心城市市长座谈会”等系列活动,就招商项目和优势资源进行了推介。全年引进省外到位资金48.53亿元,同比增长43%;实施经济协作项目1698个,完成省内协作资金32亿元,同比增长63.4%。

加大四城市的对口帮扶及东西部经济合作工作力度。先后与北京华证资产管理公司就组建贵州国际资本投资有限公司进行探讨,与上海市滇黔办事处就宣传贵州、推动两地协作、启动标志性合作项目等达成共识。多次接待了赴黔考察投资事宜的上海企业界人士。天津市经贸代表团访问贵州期间,签订合作项目38个,金额8亿多元。认真做好深圳市经济合作发展基金会扶持项目的考察论证,优选出重点项目7个,与深圳市签订了项目投资协议。组团参加了“中国少数民族和民族地区名优特新产品交易会”,签约24个项目,协议金额19.86亿元。深圳市党政代表团到贵州考察,捐赠一亿元设立“深圳—贵州扶贫助学基金”,并向黔南、毕节各捐赠500万元。青岛市贸促会韩国企业代表团与贵阳、铜仁、安顺等地企业签署了卫星摄影及GIS技术合作意向协议。青岛市政府代表团在访问期间,就绿色食品开发、冷水养鱼、旅游开发等方面达成合作共识。宁波市党政代表团来黔考察,与黔西南州签订帮扶项目39个,投入资金1123万元;与黔东南州签订帮扶项目54个,投入资金1105万元。大连市党政代表团来黔考察,分别捐赠遵义市390万元、六盘水市521万元、息烽县30万元。

云 南 省

【经济与社会发展】 2001年,云南省完成国内生产总值2077亿元,同比增长6.5%。其中,第一产业增长3.9%,第二产业增长4.8%,第三产业增长10.4%。

农业基础进一步巩固,粮食生产连续第9年获得丰收,总产量增加18.5万吨,优质烤烟、甘蔗、水果、反季蔬菜等经济作物种植面积或产量有较大增加,畜牧业产值增长5.3%,水产品产量增长11.4%。乡镇企业保持快速发展,效益同步增长。

制糖业实现了全行业扭亏为盈。烟草产业继续发挥支柱作用。生物资源开发创新产业发展势头强劲,花卉、天然药物等新兴产业产值增长达20%以上。矿业中10种有色金属产量跃居全国第一位。电力产业的骨干电源、电网建设进展顺利。

以旅游业为重点的第三产业对经济增长继续发挥着重要作用,全年共接待国内外游客4680万人次,同比增长18.8%;旅游总收入257亿元,同比增长21.6%。国有经济布局进一步优化,多种所有制经济共同发展的格局初步形成,个体私营经济在经济总量中的比重提高约2个百分点。

各项改革稳步推进。坚持"三改一加强",巩固和扩大了国有企业三年改革脱困的战果。国有企业建立现代企业制度和企业债转股、借改投、兼并破产、集团组建等工作取得新成绩,有32户企业改制为股份有限公司,12户列入国家计划的企业签订了债转股协议,53户企业基本实现了破产终结。进行了农村税费改革试点,清理取消了农村合作基金会。以建立公共财政框架为重点的财政改革取得新进展,社会保障制度改革迈出较大步伐,科研机构改革继续推进,市县乡机构改革正在积极稳妥地进行。医疗保险制度、医疗卫生体制、药品流通体制以及住房制度改革取得新的成绩。

财政金融运行平稳。全省地方财政一般预算收入191.1亿元,增长5.7%;支出496.4亿元,增长19.9%。支出重点保证了工资发放、机构运转、社会保障以及农业、教育、政法等方面的需要。银行存、贷款分别增加314亿元和195亿元,对经济发展提供了必要的支持。人民生活水平继续提高。农民生产生活条件进一步改善,解决了73.8万贫困群众的温饱和118万农村人口的饮水困难,农民人均纯收入1533.76元,实际增长4.3%。社会保障体系和再就业工作得到加强,住房条件有一定改善,社区服务进一步完善,城镇居民人均可支配收入6797元,实际增长7.4%。人口自然增长率10.94‰。

进一步加强了社会主义精神文明建设。爱国主义、集体主义、社会主义精神得到弘扬。群众性精神文明创建活动扎实有效,涌现出一批文明城市、文明社区、文明单位和文明乡镇。崇尚科学、反对迷信的社会风气日益浓厚。全面实施千里边疆文化长廊二期工程,新建了一批爱国主义教育基地和科普基地。

科技进步不断推进。重大科技攻关、先进实用技术示范推广等755个项目进入实施。科技成果市场化、产业化进程加快,7个高技术产业化项目受到国家表彰。农业科技进一步加强,实施了一批综合科技示范项目。科研条件进一步改善,新建成3个省级高新技术重点试验室。科技合作领域不断拓展,实施省院省校合作项目56项,国际合作项目42项。加强了知识产权保护工作,专利申请量和获权量分别增长8.1%和7.2%。云南软件园、大学科技园和农业高新技术示范园建设有了新的进展;哲学社会科学和决策咨询研究取得新成果。

新增5个县基本普及九年义务教育、10个县普及实验教学,扫除青壮年文盲35万人。调减了一批办学点,民族贫困地区的寄宿制学校得到加强,农村中小学危房改造进展顺利。信息教育和远程教育"校校通"工程开始实施。启动了2个国家级、4个省级职教师资培训基地建设。高校改革发展进一步推进,教育质量稳步提高。云大"211工程"一期建设通过国家验收,高等教育毛入学率由4.9增加到6.1%。高校后勤服务社会化稳步推进。

大力推进民族文化大省建设,继续实施艺术精品工程和民族文化工程,各民族文艺工作者创作和演出的作品在全国各项大赛中取得优异成绩,7件作品荣获第八届"五个一工程"奖,《云海丰碑》、《彩云南现》、《凤氏彝兰》等文化精品获14项全国金奖。重视民族民间传统文化的保护,抢救、开发和利用了一批文物。文化市场治理整顿成效明显,对外文化交流与合作取得新成绩。继续实施广播电视"村村通"工程,圆满完成了国家西部地区广播电视覆盖工程建设任务。组建了报业等文化产业集团,成功承办了第12届全国书市。

农村初级卫生保健成果继续巩固和发展,有效控制了主要传染病的发生和蔓延,中医药、民族医药发展较快。全民健身活动广泛开展,竞技体育水平有较大提高,在第九届全国运动会上勇夺7枚金牌,在全国残疾人游泳锦标赛暨远南运动会选拔赛上获团体总分第一名。全省勘界工作顺利完成。军转安置工作连续第9年获全国第一。民政、防灾减灾、侨务、对台、人防、气象、档案、史志等工作也取得了新的成绩。

【投资环境与利用外资】　全方位、多层次、宽领域的对外开放格局进一步形成。与世界各国特别是与相邻国家和地区的友好交往更加活跃,中越陆地边界(云南段)勘界前期工作进展顺利。对外经济贸易合作继续扩大,全年进出口总额19.9亿美元,增长9.8%。对周边国家的贸易特别是对越贸易有大幅度增长。引进了一批专业技术人才。成功举办了中国国际旅游交易会和"昆交会"等大型活动,会展经济有新的发展。各类开发区建设发展情况良好,投资环境有新的改善。对国内的开放继续扩大,启动实施经济社会合作项目1173个,引进到位资金40.6亿元。

着力扩大引进外资规模,重点引导和鼓励外资投向农业、高新技术产业、基础工业、基础设施建设、支柱产业建设、环保和传统产业改造提高,扩大以旅游为重点的服务贸易及市政设施的对外开放。把吸引跨国公司投资作为利用外资的战略重点,力争跨国公司投资比重有较大提高,同时加强中、小项目的引资。积极探索采用产权交易、股权转让、并购兼并、投资基金和证券投资等方式利用外资。调整运作模式,充分发挥各大中城市、各类开发区、边境贸易区在利用外资中的作用。重视发挥海外侨胞及团体在引资、引智工作中的桥梁纽带作用。采取有针对性的、灵活多样的招商形式,引进中介机构和专业机构参与招商。注重招商引资的实效,对重大项目和重点企业实行项目责任制,做好跟踪落实工作。建立健全重大引资项目协调制度,切实改善服务,营造良好的投资软环境。

继续实施多元化战略,大力推进经营主体多元化、出口商品多元化、贸易方式多元化和出口市场多元化。巩固欧、美、日市场,拓展东南亚及港、澳、台市场,积极开拓俄罗斯和南亚市场。加强科技兴贸工作,调整优化出口商品结构,提高产品技术含量和附加值。积极发展外向型农业。完善出口奖励政策,加强骨干企业、重点地区、重点商品的出口。认真落实出口生产企业税收"免、抵、退"政策,保证出口创汇多、信誉好的企业及时足额退税。加强与口岸部门配合,简化通关程序,提高通关效率。深化外贸企业体制改革。继续推动"走出去"战略的实施,支持具有比较优势和拓展能力的企业开展境外投资和国际工程承包,带动设备、材料及劳务出口。进一步扩大边境贸易,巩固对缅贸易,加大力度开拓越南市场,不断拓展对老贸易。

【重点项目介绍】　西部大开发云南行动计划首批项目开始实施,全年完成全社会固定产投资740亿元,"西电东送"迈出实质性步伐,大朝山电站首台机组并网发电,宣威电厂五期工程建成投产,曲靖电厂二期工程开工建设,城乡电网改造取得新成绩。国际大通道建设速度加快,公路建设完成投资再次突破100亿元,居西部省区第2位,大保、元磨等重点建设项目进展情况良好;澜沧江—湄公河国际航运正式通航;内昆铁路全线铺通,盘西铁路电气化改造顺利完成。生态建设和环境保护工作得到加强,天然林保护工程取得新成果,退耕还林还草30万亩,造林种草99万亩,9大高原湖泊水污染治理力度加大,滇池草海污染底泥继续疏浚工程基本完成。水利基础设施条件有新的改善,"润滇工程"开始启动,柴石滩水库和渔洞水库已投入运行,掌鸠河引水供水工程建设进度加快。技术改造是近几年来力度最大的一年,完成投资97亿元,增长20%,云铜、昆钢、云峰、云铝等重大技改项目进展顺利,增加了有效生产能力,促进了工业结构的优化和升级。城市基础设施和小城镇建设迈出了新的步伐。

【经济协作与对口支援】　积极参与中国—东盟自由贸易区建设。加大国际大通道出境通道建设力度,抓紧开工建设思茅至小勐养高速公路,积极配合老挝境内公路改造,疏通整治澜沧江—湄公河国际航道,改善对外交通条件。启动边境口岸建设新形象工程,认真搞好边境贸易区、重点边境口岸的基础设施建设,充分发挥口岸在边境贸易和对外开放中的桥头堡作用。积极参与澜沧江—湄公河次区域经济合作和中印缅孟地区经济合作。

以西南六省区市七方区域合作机制为依托,加强联合协调,提升合作的层次和水平。深入拓展与上海、广东、浙江、天津等沿海发达省区之间的合作,广泛吸引省外资金、技术和人才,引进资金有明显增加。继续深化和完善省院、省校合作,再实施一批新的合作项目。鼓励地州市县"走出去",广泛吸引资金、技术和人才,促进地方经济的发展。

西藏自治区

【经济与社会发展】 2001年,西藏自治区实现国内生产总值138.73亿元,同比增长12.6%,其中第一产业增加值37.47亿元,增长12.6%;第二产业增加值32.18亿元,增长3.1%;第三产业增加值69.08亿元,增长17%。

第一产业持续稳定发展,农业基础地位进一步加强。粮食总产98.25万吨,同比增长2.1%;油菜籽总产4.35万吨,同比增长10.1%,肉类产量16.01万吨,同比增长7.2%;乡及乡以上企业总产值19.18亿元,同比增长8.5%。

第二产业保持较快增长,经济效益有所提高。2001年发电量6.97亿千瓦时,同比增长5.5%;水泥49.59万吨,增长0.6%;铬矿石15.94万吨,同比较下降18.9%。

第三产业发展迅速,经济和社会效益明显。全年货运总量212万吨,客运总量319.32万人次,邮电业务总量64831万元。旅游业全年共接待海外游客12.71万人次,同比下降14.6%;创汇4638万美元,同比下降11.3%。

外贸部门全年进出口总额9482万美元,同比下降27.2%。招商引资活动形式多样,效果较好。对口援藏省(市)进一步加大援藏力度。

【投资环境与利用外资】 西藏共辖71个县,1个县级城关区(即拉萨市城关区),1个县级口岸(樟木口岸)和1个县级市,人口262万人。藏族人口占95%以上。除藏族外,还包括汉族、回族、门巴族、满族、纳西族等民族。

西藏资源丰富,开发潜力和开发价值巨大,是我国重要的后备战略资源接续基地之一。由于特殊的地理、自然环境,使西藏潜在的资源优势并没有转化为经济优势。

西藏总面积120多万平方公里,其中牧草地65万公顷,占总面积的53.79%;耕地集中分布在藏南河谷及河谷盆地中,东部和东南部也有少量分布,总面积达36万公顷,占土地总面积的0.3%。西藏土地资源一大特点是未利用土地多,占土地总面积的30.71%,可利用潜力很大。

西藏有着丰富的光照资源,太阳年总辐射值6000—8000兆焦耳/平方米。充足的光照和日照时间,较大的昼夜温差,有利于农作物的有机质的积累,也为发展特色农业提供了条件。西藏是全国大风(大于8级或17米/秒)最多的地区之一。太阳能和风能资源开发潜力较大,两种新型能源的开发利用,适合牧业区经济活动的特点,对于改善西藏牧业区的能源构成、缓和能源紧张状况、改善农牧民生活条件、抑制草场退化都具有重要的意义。

西藏水资源总量4482亿立方米(不含地下水),人均占有水量和耕地亩均占有水量均居全国首位。充足的水资源(特别是外流区)为西藏农业的稳定发展创造了极为有利的条件。西藏南部和东南部河流水量充沛,落差大,蕴藏极为丰富的水力资源。水能资源理论蕴藏量为2.01亿千瓦,占全国水能理论蕴藏量的29.7%。其中可开发的水能资源为56607亿千瓦,可开发的水能资源占全国的17.1%。

西藏已发现各种矿床、矿点2000多处,在全国已发现的160余种矿产资源中,西藏有100种。已探明储量的矿藏有49种,具有开发价值的矿种有铬、铜、以硼为主的盐类矿产、地热等。

西藏目前已搜集到的生物标本中,有哺乳动物118种,鸟类473种,爬行动物49种,两栖类44种,苔类146种,藓类607种,裸子植物120种,被子植物5246种,藻类植物2376种,真菌878种。其中药用植物1000多种,占全国药用植物种类的65%—70%。各种常用的中草药400多种,具有特殊用途的藏药300多种。

西藏多类型原始森林是全国森林资源的重要组成部分。有林地面积约1.9亿亩,西藏森林覆盖率为10.1%。绝大部分森林分布在藏东南林区,是全国第二大林区。西藏森林资源大部分保持完好,具有很高的科研价值和良好的生态、社会、经济效益。

西藏是青藏高原的主体,其耸立入云的雪峰和面积庞大的大陆型冰川和海洋型冰川,星罗棋布的湖泊,丰富的野生动植物,峡谷风光,藏传佛教的宫殿和庙宇,古迹和古城堡遗址及节日和庆典活动,构成了独特的自然景观,悠久的历史,古老的文化,虔诚的宗教信仰,淳朴的风俗民情,举世闻名的布达拉宫和遍布各地的寺院,构成了独特的人文景观。雄伟奇特的高原风光,吸引了众多的国内外游客和登山爱好者到这里进行探险、科学考察和观光旅游。

西藏的文化艺术历史悠久,藏戏、音乐、绘画、舞蹈以及丰富多彩的民间艺术,独具特色。特别是在西藏的寺庙殿堂里,保存有大量的壁画、唐卡、雕刻以及书法艺术,其流派众多,风格各异,深受社会各界人士的喜爱。西藏的民族文化是中华民族文化宝库中的一颗璀璨明珠,各族人民以勤劳、智慧和顽强的精神,在开发雪域高原的实践中,创造了独具特色的民风民俗。西藏浓郁的民风民情吸引着国内外广大的文化艺术家来藏观光、旅游。

【重点项目介绍】 西藏2001年完成全社会固定资产投资86亿元,同比增长29%。其中国家安排投资48亿元。

农林生态方面:"一江两河"农业综合开发满拉水利枢纽工程、琼果水库、莽措水库竣工并交付使用。大型灌区和水库建设已逐步发挥作用,新增灌溉面积8.9万亩。重点防护林体系建设,防沙治沙、水土保持、绿色通道、天然草原恢复和建设试点工程进展顺利。2001年完成造林面积23.3万亩、封山育林6.64万亩、经济林1.76万亩。长江上游天然保护第一期试点工程通过了自治区验收。

交通方面:青藏铁路全线开工建设,拉萨火车站附近的柳梧隧道已经贯通;羊八井至拉萨公路改建工程竣工;拉萨贡嘎机场扩建工程已进入施工阶段,贡嘎机场升降带和停机坪工程通过初验,新候机楼已完成招投标并开工建设;林芝、阿里狮泉河机场前期工作进展顺利;公路新增、恢复通车里程2264公里。

能源方面:昌都察雅县电站、阿里普兰水电站、日喀则岗巴、萨迦和仲巴电站、林芝朗县电站、山南隆子电站均已完工,加上在阿里地区实施的光明工程,2001年新增装机8490千瓦,解决了12491户农牧民用电问题。藏中电网完善工程拉萨至墨竹工卡段110KV输电线路已完成土建,金河电站正式开工建设。

基层政权建设方面:第一批公检法及乡级政权基础设施建设项目绝大多数已建成交付使用,第二批公检法及乡级政权基础设施建设项目部分工程已启动。

社会事业方面:"西新工程"顺利实施,县级卫生服务中心的改扩建顺利。

市政建设方面:拉萨西郊水厂、狮泉河镇格桑路、日喀则市拉萨路、昌都镇人民路等数十个项目均已完工交付使用。

中央第四次西藏工作座谈会确定的117个基本建设项目,除个别项目外已全面开工,总体进展顺利,到2001年底已有18个项目竣工。71个对口援藏项目已开工33个,其中昌都镇海南街和拉萨市北京东路7个项目竣工。

【经济协作与对口支援】 为推动西藏社会经济适应我国加入WTO的规则,西藏与香港、西南六省区市及西北十一省、东部沿海发达地区都建立经济协作关系。据"九五"时期不完全统计,西藏实施经济技术协作项目176项,资金达5亿多元,物资总金额近5亿元。同时,吸引各类专业技术人才2000多人为西藏的经济建设服务。

为使西藏的企业在国内、国际大环境中发挥竞争优势,积极开展西藏企业与发达地区企业间的经济技术合作,并完成部分国有企业改组、改制。目前已有西藏明珠、西藏珠峰、西藏金珠、拉萨啤酒等8家公司在国内挂牌上市。

2001年,西藏自治区人民政府与国家外经贸部共同在香港举办投资贸易洽谈会,共达成协议项目14个,总金额达4.1亿美元。同时加强与东部发达地区和内陆大中城市的合作,积极吸引各类企事业单位到西藏投资办厂。西藏的一些外向型企业在云南、广西的部分边贸、沿海口岸已设立窗口,联合各方面力量,开拓东南亚国际市场。区外个体工商户来藏投资约占全区个体工商户总量的70%左右。

对口援藏是党中央、国务院为西藏经济社会发展制定的一项基本政策,对推动西藏经济发展产生了重要作用。自十一届三中全会以来,中央先后四次召开了西藏工作座谈会,为西藏各个时期制定了一系列有利于西藏发展的特殊政策和措施,极大地促进了西藏的改革开放和各项事业的发展。特别是中央第三次西藏工作座谈会以来,中央国家机关和社会团体40家单位提供的无偿资助共计6.5亿元以上;提供的专项贷款25.6亿元以上;全国各省市区落实对口援藏项目273项,安排援藏资金66750.7万元,无偿资助设备、物资折合人民币32761.1万元。还通过智力援藏的方式,培植西藏发展后劲,增强造血功能,共培训专业管理干部、专业技术人员2000余人。

2001年6月中央召开的第四次西藏工作座谈会,进一步明确了新世纪初援藏工作的指导思想和任务,"十五"期间共安排对口援藏项目70个,总金额10.6亿元,主要涉及文教卫生、城镇建设、基础设施建设、生态环境建设与保护等基础性行业。会议明确指出要加大援藏的政策力度,对口援藏工作在原定十年的基础上再延长十年,扩大对口支援范围,确定部分大型国有企业参加援藏工作,对原未列入对口支援的29个县,区别不同情况,以不同方式对口支援。本次会议还制定了相关配套的特殊优惠政策,为西藏社会长治久安和经济跨越式发展创造了新的有利条件。

陕 西 省

【经济与社会发展】 2001年,陕西省完成国内生产总值1830亿元,同比增长9%,其中第一产业增加值283亿元,增长2.5%;第二产业增加值610亿元,增长10%;第三产业的增加值725亿元,增长10.5%。地方财政收入131.76亿元。进出口总额20.64亿美元,下降3.5%,其中出口11.1亿美元,下降15.2%。进口9.54亿美元,增长14.9%。全社会固定资产投资完成850亿元,增长13.9%,消费品零售总额665亿元,增长9.4%。城镇居民可支配收入5430元,增长6%。农民人均纯收入增加50元,增长3.5%。

在提高单产的基础上,适当调减粮食播种面积180多万亩,增加蔬菜面积60多万亩、棉花面积40多万亩、其他经济作物80多万亩,粮食产量97.6亿公斤;棉花和中药材等经济作物产量增幅分别为82%和1倍。苹果在稳定种植面积600万亩的基础上,优生区面积增加,优质品种增加。畜牧业发展势头强劲,秦川肉牛、布尔山羊规模化养殖取得进展,全年肉类、奶类、禽蛋类产量分别增长4.4%、8.7%、和12.9%。华圣果业集团、海升果汁集团、银桥乳制品集团、宴友思畜产品集团等龙头企业不断壮大。

工业经济在结构调整中加快发展,投入技改资金138亿元,对能源、有色、纺织、化工、机电制造等行业进行了重大装备技术更新改造,提高了一批优势企业的竞争实力。市场适销对路的原煤、天然气、啤酒、钢、空调压缩机等产品产量增幅均保持在20%以上。特别是高新技术产业和国防科技工业增势强劲,关中高新技术产业开发带技工贸收入480亿元,增长20%,国防科技工业增长26.8%。

旅游业接待海外游客75万人次,旅游外汇收入2.95亿美元,分别增长5.6%和5.4%;接待国内游客3360万人次,旅游收入142亿元人民币,分别增长9.8%和12%。信息金融、保险、房地产、社区服务、后勤社会化服务等现代服务业发展迅猛,咨询、法律、会计、评估等中介服务组织蓬勃兴起,各类超市、购物中心和连锁经营等现代流通形式加速发展,文化娱乐、教育培训、体育健身、卫生保健等满足群众需求的新兴服务业方兴未艾,信用、租赁等新型服务方式不断出现。

“天然林资源保护”、“三北防护林”、“长江中上游防护林”、“黄河上中游防护林”和平原绿化、绿色通道工程实施步伐加快,治理水土流失面积7000平方公里。全年退耕还林(草)70万亩,宜林荒山荒地造林种草80多万亩,落实国家专项资金7500万元。退耕还林获得国家粮款补助1.4亿元,落实扶贫开发资金17亿元和以工代赈资金3.7亿元。实施城市“三废”污染治理国债项目18个,总投资47.3亿元,落实国债资金12.3亿元。

实施中小学危房改造工程,启动地市中心血站建设,加快贫困县医院建设和基层卫生三项建设,贫困地区基础教育、卫生设施条件得到改善;开工建设高校基础设施面积212万平方米,竣工面积162.9万平方米;人口自然增长率为4.16‰;九运会上陕西省夺得8.5枚金牌;十部文艺创作获文化部大奖;广播人口覆盖率90.5%,电视人口覆盖率91.4%,有线电视用户240万户。

【投资环境与利用外资】　清理和废止了不适应世贸组织规则的地方性法规、规章、政策,清理和取消一批不合理的涉外行政事业性收费项目,制定和颁布《陕西省外商投资企业收费目录》,统一和规范收费行为;清理和废止一批政府部门审批事项,进一步健全和完善了地方性涉外法规,依法保护外商投资企业的合法权益。制订外商投资促进条例和处理外商投资企业投诉的暂行规定并保持其连续性、稳定性。及时颁布地方规章和有关法律服务细则,探索集中执法体制改革,整顿执法程序,落实执法责任。

充实和完善了陕西省吸引国内外投资、引进优秀人才和利用国外贷款的政策措施,进一步降低引资“门槛”和投资成本。对世界知名跨国公司进入陕西的国家级开发区进行较大规模投资,凡属国家鼓励类产业的,可由开发区规划和提供所需要的土地。

完善“一厅式办公”机构,明确职责,规范程序,实行行政公示制和服务承诺制,以及首问负责制、引导办理制、限时办结制,逐步做到网上审批、一厅发证。要求外资企业的用工、出国、报关、退税、用汇等审批手续,必须在规定工作日内限时办结。加速信息网络建设,为内外贸企业提供国际咨询和信息服务。

全年实际利用外资54.174亿美元,同比增长20.1%,其中借用国外贷款18.974亿美元,直接吸收外商投资35.2亿美元。新批外商直接投资项目223个,同比增长3.7%;合同外资74.245亿美元,同比增长48%;实际到位外资35.2亿美元,同比增长17%。2001年新登记的214户外商投资企业中,投资总额在1000万以上的有42户;3000万美元以上的5户。世界500强企业中又有5家在陕西投资落户,中国西北地区首家外资银行—东亚银行在陕西省的设立和麦当劳、麦德龙等著名公司的进入,填补了陕西在服务贸易领域吸收外资的空白。

陕西省鼓励外商投资于高新技术产业、交通、能源、水利、市政、环保、旅游等基础设施建设和生态环境建设。鼓励外商以独资、合资等多种形式,依法勘查、开采除油气以外的各种矿产资源。允许外商兴办中外合资会计师事务所、律师事务所、工程设计公司、货运企业、市政公用企业和其他国家开放领域的企业。

允许外商以收购、兼并、参股、控股等多种形式,参与国有企业资产重组。积极创造条件,支持外商通过协议购并、产权交易市场购并、股票市场购并以及股权转让购并等多种方式,参与国有企业的战略性改组。

【重点项目介绍】 2001年陕西省确定重点项目72个,年度完成投资244.17亿元,其中16个已基本建成投产,39个续建,16个新开工项目。

西安绕城高速公路南段。该公路全长44.89公里,与已建成的西安绕城高速公路北段相接,使5条国道、3条西部大通道和2条国道主干线在西安实现联网,总投资29.07亿元。榆林至靖边高速公路。该公路全长115.9公里,是"米"字型公路网主骨架"北段"的一段,它的建设为陕北油气田资源的规模开发,区域经济的发展和贫困地区脱贫致富有着重要的意义,总投资17.6亿元,1999年开工建设。西安至咸阳高速公路。该公路共12.866公里,是国家规划的银川至武汉线和陕西省"米"字型公路网主骨架"东南—西北段"的一段,总投资13亿元,2001年开工建设。阎良至禹门口高速公路。该公路是国道主干线二连浩特至河口公路的一段,是陕西省"米"字型公路网主骨架"东北—西南段"的一段,全长177公里,总投资56.2亿元,2001年开工建设。西安至安康公路秦岭终南山隧道。该工程是陕西省"米"字型公路主骨架"南段"的重点控制工程,是规划中的西部大通道包北线及银武线在陕西境内的共用段,隧道全长18公里,总投资21亿元,2001年开工建设。

西安咸阳国际机场扩建工程。本期扩建规模为新建5万平方米候机楼,新建停机坪17个、改建2个及配套完善供电、供水、排水、供暖、制冷、停车场等设施。总投资13.4亿元,1999年开工建设。运七—200A飞机改进专项工程。项目主要内容包括设计改进,定筹、运筹试验;复合材料等先进制造工艺及技术的应用;扩大XAC-CINS计算机集成制造工艺及技术的应用;完善售后服务和产品支援体系;改进复合材料及配套设施等,总投资39709万元。

秦陵外城以内文物保护工程。对秦陵外城以内2平方公里的村组和企事业单位进行搬迁安置,实施对秦皇陵的整体保护,并逐步建设以秦陵博物苑为主体的秦始皇陵景区,总投资4.6亿元,项目可行性研究报告已上报国家计委待批。华山巨灵索道。主要建设内容为:修建索道3746米,旅游公路12.1公里,总投资11553万元。计划2002年建成投入使用。

渭南市涧峪水库。该工程是以城市供水、灌溉、防洪为主,兼有发电功能的综合利用水利水电工程,主要由东涧峪低坝引水、西涧峪水库大坝、东阳塬引水灌溉,城市供水渠道及配套电站组成,设计灌溉面积5.24万亩,供水管线24公里,年向渭南市供水1295万立方米,电站装机3200千瓦,年发电1150万度,总投资2.18亿元,2001年开工建设,计划2005年完工。

西安软件园扩建工程。总投资2.16亿元,建设软件开发楼及综合办公楼11340平方米,扩建软件综合开放平台,2001年开工建设。金珠近代化工有限责任公司5000吨/年HFC-134a工程。HFC-134a是高技术产品,是替代氟里昂制冷剂的无环境污染的高科技产品。金珠公司已建成200吨/年的工业试验装置,工程是对原有装置的技术改造,使生产能力达到5000吨/年,总投资2.06亿元,2001年开工建设,计划2002年建成。

【经济协作与对口支援】 苏陕扶贫协作与经贸合作经过两省共同努力,在扶贫帮困、捐资助学、人才培养、干部交流、劳务输出、经贸合作等方面取得明显成效。江苏省各级政府全年捐资1665.8万元,社会各界捐资339.8万元,捐赠物资折价4477.1万元;实施协作项目196项,投资85067万元,联办企业6个;达成各类经济合作项目47项,协议资金24.5亿元;在2001年东西部洽谈会上两省共签订项目合同27个,总投资额17.8亿元,其中江苏投资11.5亿元，帮助改造基本农田20万亩，新修公路6公里，解决4470人温饱问题，解决2130乡村人口的饮水问题和3.87万头牲畜饮水问题；援建希望小学、中学共46所，资助贫困学生1000余名；捐赠图书资料和教学仪器设备，帮助贫困地区改善教学条件，连云港市政府捐赠50万元，用于宝鸡市青少年宫电脑培训中心建设；苏州市政府投资100万元为榆林中学建成校园互联网和两个多媒体电化教室。江苏省先后组织150人来陕任教，苏州市为榆林市培训校长128人，促进了学校管理水平和教育质量的提高。帮助贫困地区兴办农村种养业项目和扶贫协作示范项目，培训各类技术人才1150人次，援助各类技术12项，增加了贫困地区的"造血"功能。接纳陕西省剩余劳动力257人，劳务收入205万元；两省互派挂职干部165人，互派考察访问团140批共1555人次。

2001年对口支援西藏自治区阿里地区，帮助阿里地区建设道路、医疗、文化教育等基础设施工程，重点投资2500万元援助建设阿里地区广播电视中心；向阿里地区派出懂技术、善管理、会经营的挂职干部24人，帮助培训各类专业技术人才，援助实用技术，带动阿里地区总体文化、技术素质和管理水平的提高。随着此项工作的不断深入，两地党政、新闻媒体、广播电视等方面的交流合作进一步加强。

甘　肃　省

【经济与社会发展】　2001年，甘肃省实现国内生产总值1073亿元，同比增长9.4%。其中第一产业增加值207亿元，增长7.5%；第二产业增加值481亿元，增长10.1%；第三产业增加值385亿元，增长9.4%。外贸进出口总值7.79亿美元，同比增长37%。其中出口4.76亿美元，增长15%，进口3.03亿美元，增长96%。完成大口径财政收入124亿元，增长14.4%。其中地方财政收入68.88亿元，增长12.4%。地方财政一般预算支出230.6亿元，增长22.5%。金融机构存款余额1615.7亿元，增长15.2%。贷款余额1268.4亿元，增长8.5%。社会消费品零售总额395.4亿元，增长9%。

农业生产条件继续改善，节水灌溉和旱作农业加快发展。在粮食种植面积有所调减的情况下，总产量753.2万吨，增长5.6%。畜牧业稳定发展，特种养殖等新兴产业迅速扩大。工业企业围绕产品结构调整，突出技术创新和产品创新，培育和壮大了一批有特色、有潜力、有效益的产品。地方国有及国有控股大中型企业改制面75%。实现工业增加值356亿元，增长10%，规模以上工业企业产销率96.99%，同比提高1.35%，实现利润7.1亿元，增长28.6%。新上市公司1家，募集资金6.88亿元。

全社会固定资产投资505.4亿元，增长14.5%。新增发电装机容量49.9万千瓦；新改建高等级公路621公里，其中高速公路23公里；新增固定电话装机容量37万门，移动电话109万门；新增城市日供水能力31万吨，集中供热面积100万平方米。全年完成房地产开发施工面积543万平方米，同比增长13.14%。旅游收入25亿元，增长8.1%。

23个国债贴息和45个省列重点技改项目建设进展顺利，中国石油兰州石化公司、刘家峡化工(集团)有限责任公司"油改气"工程投入使用，金川公司6万吨电解铜、兰铝12万吨节能改造项目提前完成。兰炼300万吨重油催化裂化、24万吨乙烯工程和兰州卷烟厂异地改造工程开工建设。煤炭行业实现关井压产，冶金、石化、水泥建材等行业压缩长线产品、淘汰落后生产工艺，取得成效。

全年完成退耕还林还草98.1万亩。完成公益林建设和森林抚育86.2万亩。生态环境建设综合治理、三北防护林体系、天然草原恢复与建设、长江、黄河上游水土流失治理等一批生态环境建设重点工程进展顺利。兰州市南北两山绿化工程完成28万亩绿化任务。黑河流域综合治理工程顺利实施，当年向下游分水8.3亿立方米。

全省有14家省属技术开发类科研院所初步完成了企业化转制，原中央在甘的8家转制院所纳入地方创新体系建设。成立了甘肃省马铃薯工程技术研究中心和甘肃工业交通自动化工程技术研究中心。全年安排重点科技项目427项，实施重大科技成果转化项目12项，组建了2个技术研究中心和1个重点实验室，8项在建国家高新技术产业化发展项目进展顺利，一批民营高科技企业稳步发展。兰州高新技术产业开发区积极推进高新区企业向产业化、规模化、国际化方向发展，兰州软件园初具规模，大学科技园和留学生创业园挂牌，中国科学院白银高技术产业园正式启动。

贫困地区义务教育工程一期完成，二期工程正式启动，中小学危房改造工程开始实施。利用国债资金建设的19所中等职业技术学校、高校校舍和校园信息化网络项目进展顺利。大专院校的合并与联合，实现了教育资源在更大范围和更高层次上的共享。高校基础设施投入的加大和高校后勤服务社会化步伐的加快，有力地改善了高校的办学条件，招生规模继续扩大。省部共建兰州大学正式启动，全省高校录取率首次突破50%。

省广播电视中心一期工程完工并投入使用，"村村通"广播电视工程不断延伸，广播和电视综合覆盖率为85.9%和86.5%。全年人口自然增长率为7.15‰。城镇居民人均可支配收入5383元，增长9.5%。农民人均纯收入1509元，增长5.6%。城镇居民人均住房建筑面积20.39平方米，同比增加1.18平方米，社区服务不断完善。

【投资环境与利用外资】 甘肃省总人口2575.24万，其中少数民族人口218.4万。全省中心城市的道路、供水、供热、污水处理、垃圾处理等基础设施日渐完备。大中城市的图书馆、体育馆、影剧院等公共文化设施齐全，建成的人才、技术、商品批发等各类市场有1800多个。电子联行与全国1400多个收发站连接，联网城市1600多个，通汇网点2万多个。

全省铁路总里程3275公里，其中运营里程2322公里。宝兰铁路二线即将建成；一批高速或高等级公路即将建成通车；以兰州中川机场为中心的航空网络正在形成，可通达香港、日本和国内30多个主要城市。初步形成了以兰州为中心，以铁路、公路为骨架，包括航空、管道在内的综合立体运输网络体系。甘肃是西北电网中心，总装机容量700.1万千瓦，年发电量295亿千瓦时，大部分的县有110千伏变电所，输电线路2978公里，基本实现乡乡通电。

实现了覆盖全省的以光缆为主，数字微波、卫星传输为辅的电信基础传输网，建成了覆盖城市及农村的本地电话网、无线市话网、数字数据网、分组交换网、可视电话会议网、省内公众多媒体信息平台、公用帧中继宽带业务网和智能网，拥用当今世界比较先进的通信技术。

制订了《甘肃省发展私营个体经济条例》、《关于加快个体私营企业技术升级实现跨越式发展的指导意见》等一批经济法规，在省地县各级执法部门推行了行政执法责任制，加大了对违法违纪事件的查处力度，调解处理了一批外商投资企业投诉的纠纷案件。清理、修订了一批政策法规，省政府公布了185项下放、取消、转移、备案等审批和审核的项目，废止41件政府性规章。取消了一批收费项目，降低了近百项收费标准。

完成了省级政府机构的改革，成立了外商投资企业法律咨询中心、争议调解中心、投诉受理中心；成立了招商引资联合服务中心，实行一站式服务；一批有诚信、素质高、服务好的中介机构获得国家资质认证，在法律服务、企业注册等方面能为客商提供一流的服务。

甘肃先后与16个国际城市结为友好城市，与105个国家、地区开展了经济技术合作。省内现有1500多家三资企业、120多家外资机构，外商投资涉及电力、化工、机械、电子、轻工、冶金、服务等诸多领域。全年实际利用外资总额3.06亿美元,其中外商直接投资1.75亿美元,同比增长33.3%,实际到位资金0.74亿美元,同比增长19.3%,借用国际金融组织和外国政府贷款1.31亿美元。

【重点项目介绍】 围绕G109、G213和G312三条国道改建,开工建设了9条高等级公路,总投资164亿元。6条贫困县连接国道的公路建成通车。陇海铁路宝兰二线天兰段有106公里开通运营。中川机场改扩建工程竣工,敦煌机场实现转场飞行。涩北—西宁—兰州天然气管道建成送气。兰州电信宽带网建成。平凉电厂2号机组、张掖龙首水电站并网发电,疏勒河农业综合开发骨干工程昌马水库下闸蓄水。农村电网改造一期工程基本完成。中心城市电网改造正加紧实施。一批城市基础设施项目建成投入使用。

GZ45线山丹至临泽高速公路。建设规模为高速公路97公里,总投资20亿元,2001年12月开工建设,预计2004年建成。GZ25线兰州忠和至海石湾高速公路。建设规模为高速公路105公里,总投资36.4亿元,2001年12月开工建设,预计2004年建成。国道212线兰州至临洮高速公路。建设规模为高速公路93公里,总投资32.6亿元。2001年10月开工建设,预计2004年建成。

黄河小峡水电站。建设规模为总装机容量230兆瓦,总投资15.4亿元,2001年四季度开工建设,预计2004年建成。白水江汉坪咀水电站。建设规模为总装机容量72兆瓦,总投资4.73亿元,2001年10月开工建设,预计2004年建成。

兰州三毛纺织公司进口面料顶替工程。建设规模为年生产柔软、抗起球轻薄型高支毛精纺面料100万米,替代进口面料,总投资1.1亿元,2001年开工建设,当年建成投产,新增生产能力为年产精纺面料100万米。兰州铝业公司10万吨电解铝节能改造。主要采用先进的预焙槽技术对电解铝生产工艺进行环保、节能、降耗改造,形成年产10万吨电解铝、6万吨阳极炭块的能力,总投资11.89亿元。2001年开工建设,2002年建成投产。

【经济协作与对口支援】 成功举办了2001年甘肃·兰州投资贸易洽谈会,通过内引外联,签订经济技术协作项目369项,投资总额190.15亿元。其中当年开工建设的主要项目有:香港独资20亿元开发建设的兰州丽港城大型现代化住宅园区,澳门客商与平凉地区合资2亿元建设的省道304线华亭段关山隧道及引线工程,成都大业集团投资1.38亿元在酒泉地区建设的大业苜蓿种植与加工基地等。2001年,甘肃引进国内外资金25.78亿元,其中国内资金23.59亿元,国外资金2.19亿元。

2001年中央国家机关有15个单位定点帮扶甘肃的16个贫困县。全年有79名干部到帮扶县考察、调研和挂职,帮助帮扶县选项目、引资金。中央国家机关直接投入帮扶资金1203.6万元,引进资金1075万元,解决了相当一部分群众的吃水难、行路难等问题,对增加群众收入起到了积极作用,对转变贫困地区群众观念,提高干部工作水平,密切干群关系,起到了示范推动作用。

2001年,天津市加大了对甘肃的对口帮扶工作力度,两省市的扶贫协作领域不断拓展,工作水平有了新的提高。双方多次组团互访,天津市的同志深入甘肃的对口帮扶县,考察、论证扶贫协作项目,全年签约对口帮扶和经济协作项目118个,并向甘肃贫困地区捐赠价值1000万元的资金和物资。甘肃的同志通过到天津考察、学习,加快了观念转变,开拓了工作思路。

全年甘肃省省、地、县共有5730个帮扶单位派出1.2万名干部帮扶5800多个贫困村,各级帮扶单位直接投入扶贫资金534.23万元。帮扶工作起到了锻炼干部,密切干群关系,深化对省情、县情的认识,促进农村发展的作用。

【扶贫开发】 甘肃省绝大部分地区地处沙漠戈壁、干旱和半干旱地区,自然条件十分严酷,是国家的重点扶贫省(区)之一。在全省86个县(市、区)中,被列为国家扶贫工作重点县的有43个县(区),加上重点乡、重点村,扶贫工作面涉及77个县(区),扶贫任务十分艰巨。

2001年,甘肃的扶贫开发工作以改善贫困地区群众生产、生活的基本条件为主要内容,以解决绝对贫困和巩固扶贫成果为目标,全年共投入财政性扶贫开发资金9.16亿元,其中以工代赈资金3.91亿元。在贫困地区新修县乡道路588公里,乡村道路2478公里;架设10千伏农电线路457.3公里;解决了44.32万人、56.83万头牲畜的饮水问题;新修梯田100万亩,新增水地35.29万亩,发展集雨节灌53.55万亩;培训各类人员50.84万人;种植地膜粮食603万亩,农业科技示范面积达到614.69万亩;安置移民35364人。有39.34万人绝对贫困人口实现了基本解决温饱。

青 海 省

【经济与社会发展】 2001年,青海国民经济呈现出开局好、增长快、效益改善的特点。全省国内总产值300.83亿元,按可比价格计算比上年增长12%。其中第一产业增加值42.79亿元,同比增长5.8%;第二产业增加值132.31亿元,同比增长15.4%;第三产业增加值125.73亿元,同比增长10.6%。第一、二、三产业的比重为14.2:44:41.8。人均国内生产总值5732元,同比增长10.6%。

财政收支增加,金融运行平稳。固定资产投资大幅度增加,一批基础设施和资源开发项目建成投产,经济发展后劲增强。2001年,全省固定资产投资完成201.6亿元,同比增长30.4%。其中国有经济及其他经济投资178.2亿元,同比增长32.8%;集体经济投资5.4亿元,同比增长22.5%;城乡居民个人投资18.1亿元,同比增长12.7%。全省财政一般预算收入32.56亿元,同比增长26.3%,财政一般预算支出101.3亿元,同比增长48.4%;年末金融机构各项存款金额391.06亿元,较年初增加82.72亿元,贷款金额422.03亿元,比年初增加55.58亿元。

农牧业生产稳步增长,在遭受干旱等自然灾害的情况下,仍然取得较好收成。全年粮食作物种植面积31万公顷,同比下降4%,总产量103.2万吨,同比增产24.8%;油料种植面积16.9万公顷,同比下降12%,总产量23万吨,同比增产18.6%;蔬菜种植面积1.8万公顷,同比增长12.7%,总产量63.7万吨,同比增产5.7%。全年水产品产量0.2万吨,同比增长58.3%。全年草食牲畜总数率、出栏率和商品率分别比上年提高2.68、2.58、2.28个百分点,年末存栏总数2130.52万头(只),肉类产量22.07万吨,羊毛产量1.66万吨,牛奶产量21.65万吨。全年造林面积5.6万公顷,同比增长23.2%。退耕还林还草面积1.7万公顷。

工业经济稳定增长,效益不断提高。全省完成工业增加值89.2亿元,同比增长11.1%。其中规模以上工业增加值71.6亿元,同比增长11.2%。电力、石油天然气、盐湖化工、有色金属四大支柱产业完成增加值56.5亿元,同比增长12.2%;冶金、医药、建材、农畜产品加工四大优势产业完成工业增加值25亿元,同比增长1.08%,规模以上工业企业盈亏相抵后实现利润4.8亿元,同比增长2.03倍,经济效益综合指数为80.56,同比提高9.57个点。

城乡市场活跃,居民消费价格略有回升。全省居民消费价格指数上升到102.6,工业品出厂价格下降6.3%。2001年,全年实现社会消费品零售总额90.4亿元,同比增长10.2%。

社会各项事业进一步发展,人民生活水平提高。到2001年末,全省总人口523.1万人。其中:城镇人口190万人,乡村人口333.1万人。全省城镇居民人均可支配收入5854元,同比增长13.2%;农牧民人均纯收入1611元,同比增长8.1%;社会保障体系初步形成。2001年全省国有企业下岗职工总数为7.5万人,全部进入再就业培训中心,按时足额发放了生活费,并代缴了社会保险;为参加统筹的14.9万名企业离退休人员按时足额发放基本养老金12.5亿元,社会化发放率达到100%。年末参加失业保险职工35.7万人,参加养老保险职工36.7万人。全年安置城镇劳动力、国企下岗职工就业6.84万人,年末城镇登记失业率为3.5%。

【投资环境与利用外资】 2001年,青海省进一步扩大对外开放,加强基础设施建设,简化外资项目的审批手续,努力改善投资的软硬环境。认真贯彻推行国家西部大开发的各项优惠政策,鼓励外商来青海投资兴业,成功地举办了"东部民营企业参与西部结构调整投资贸易洽谈会",积极参加了厦门"中国投资贸易洽淡会"、深圳"中国高新技术产品交易会"等招商引资活动,促进对外贸易的发展,利用外资规模不断扩大,水平不断提高。全年新批外商投资项目47个,合同利用外资1.98亿美元,实际利用外资0.99亿美元。对外经济贸易继续扩大。全年外贸进出口总额达2.05亿美元,同比增长28.27%。其中,进口0.56亿美元,同比增长16.84%;出口额1.49亿美元,同比增长33.15%。其中国有企业出口1.39亿美元,外商投资企业出口0.02亿美元,分别占出口总额的93.29%和1.34%。进出口相抵,贸易顺差0.93亿元。

【经济协作与对口支援】 2001年,青海省按照"让利在先,得利在后,敞开省门,全方位开放"的原则,进一步加大了兄弟省市区经济技术协作和对口支援工作力度,通过"请进来、走出去"和举办各种招商会、经济贸易洽谈会及技术协作会等方式,使东西部经济技术合作迈出了较大步伐。全年签定经济技术合作意向、协议、合同1200多项。协议利用省外资金130亿元,其中已落实和实施项目560多项,实际到位资金49亿元,对青海的经济发展和经济结构调整发挥了重要作用。

辽宁省是青海对口支援省,2001年,辽宁省以各种方式对青海省给予了支持和帮扶,在培养人才、组织青海干部到辽宁挂职锻炼等方面取得了明显成效。

【重点项目介绍】 百万吨氯化钾工程:青海年产100万吨氯化钾项目是国家实施西部大开发战略,2000年首批十大重点项目之一。该工程座落在举世闻名的柴达木盆地内的察尔汉盐湖上,察尔汉盐湖为特大型内陆湖泊化学沉积可溶性氯化物盐类为主的综合性矿床,主矿以钾、钠、镁为主。总面积5856平方公里,各类盐矿资源600多亿吨,其中氯化钾储量1.45亿吨,占全国已探明储量的97%,该盐湖潜在价值达12万多亿元。青海100万吨氯化钾工程的建成对改善我国化肥品种结构,促进青海省经济建设的发展有着十分重要的意义。该项目的30万吨钾肥先导工程已开工建设,70万吨工程近期可开工建设。

李家峡水电站:李家峡水电站是我国超大型水电之一,位于青海省黄南藏族自治州尖扎县与化隆回族自治县交界处,电站枢纽由拦河大坝、泄水建筑物和电站厂房组成。大坝为三心圆双曲拱坝,最大坝高165米,单机容量40万千瓦,总装机容量200万千瓦,分二期建设,一期工程为160万千瓦(40万千瓦×4)。二期工程为40万千瓦。设计年发电量59亿千瓦时,水库库容16.48亿立方米。1993年4月开工建设,1997年2月第一台40万千瓦机组正式并网发电,2000年一期4台机组建成投运。二期40万千瓦机组计划到"十五"期间开工建设。

"引大济湟"工程:该工程是国家确定的在青海省建设的重要水利工程之一。该工程将从大通河石头峡建库引水,经24公里的调水干渠注入宝库河,年调水量7.5亿立方米。工程总投资50亿元。工程分为三期建设,一期为黑泉水库和湟水北干渠;二期为石头峡调水枢纽和调水总干渠;三期为南岸提灌工程,全部工程建成后可扩大灌溉面积118.4万亩,新增生态林草灌溉面积89.4万亩,增加城镇生活和工业供水2.78亿立方米,河道生态用水1.85亿立方米,新增发电装机8万多千瓦,具有显著的生态效益、社会效益和经济效益。一期工程的黑泉水库已建成蓄水。湟水北干渠、石头峡调水枢纽和调水总干渠工程,目前正在进行前期工作，湟水北干渠近期可开发建设。

马场垣至西宁高速路工程：马场垣至西宁高速公路是国家重点规划建设的丹东至拉萨国道主干线的组成路段，是连接西宁兰州两个省会之间重要通道。该工程建设路段长 118 公里，总投资 42 亿元。该段公路处在青海省经济发达和产业较密集的地带，在青海省经济发展中占有重要地位。该工程西宁至平安建成通车。平安至马场垣段正在建设之中。

宁夏回族自治区

【经济与社会发展】 2001 年，宁夏回族自治区完成国内生产总值 298.3 亿元，同比增长 10.1%，其中第一产业增加值 49.5 亿元，增长 6.3%；第二产业增加值 135 亿元，增长 11.3%；第三产业增加值 113.8 亿元，增长 10.5%。全年地方财政收入 27.5 亿元，增长 32.4%。全社会固定资产投资 195.8 亿元，增长 21.8%。实现消费品零售总额 98.9 亿元，增长 9.6%。

全年粮食产量 274.8 万吨，增长 8.7%。畜牧业成为农业结构调整的突破口和农民增收的新的增长点，全年肉、蛋、奶产量分别增长 10.5%、14.5%和 16.8%。工业企业完成更新改造投资 21.4 亿元，增长 17.1%，煤炭、电力、机械、冶金、造纸、化工、建材等传统支柱产业层次提升，活力增强。新型材料、生物制药、电子信息、节能环保等高新技术产业和新兴产业发展迅速，国有企业改制面达到 93.1%。全年房屋建筑施工面积 696.9 万平方米，竣工面积 441.8 万平方米。

旅游业接待海外旅游者 8668 人次、国内旅游者 280 万人次；实现收入 11 亿元；铁路货运总量 2088.7 万吨，增长 8.4%，民航客运周转量 883.7 万人公里，增长 8%，邮电业务总量 22.6 亿元，增长 49.8%。完成进出口总额 5.36 亿美元，同比增长 21%。其中，出口总额 3.56 亿美元，同比增长 8.8%，其中进口 1.8 亿美元，增长 55.7%。

在 17 个县、市实施了中小学危房改造工程，一大批中小学办学条件得到了改善。医疗卫生体制改革全面推进，《宁夏区域卫生规划配置标准》开始实施。自治区血液中心、石嘴山市、吴忠市和固原市中心血站建设进展顺利。民运会各项准备工作和场馆建设正在紧张进行。加强了最低生活保障工作。按时足额发放离退休人员的基本工资和国有企业下岗职工基本生活费，多渠道分流安置下岗职工，再就业率 41%，城镇登记失业率控制在 4.4%以内。城镇居民人均可支配收入 5544 元，同比增长 12.9%，农民人均纯收入 1823 元，同比增长 5.7%；人口自然增长率 11.71‰。

启动实施了“千村扶贫工程”和国家易地移民扶贫试点项目，山区农民人均纯收入比上年增长 9.2%。关系宁南山区发展的一些基础设施建设项目先后开工建设。全年完成旱作基本农田 35 万亩，打井（窖）2 万眼，解决饮水困难人口 19.6 万人，治理水土流失面积 1000 平方公里。1999 年以来国家安排建设的 11 条贫困县公路，到 2001 年底已完成投资 4.2 亿元，改造完成二、三级公路 613 公里。

国民经济和社会发展中存在的主要问题是：经济结构性矛盾依然突出，区域经济发展不平衡，整体素质和效益仍不够理想；国有企业改革中许多深层次问题尚未根本解决，人民群众收入水平与发达地区差距较大，农业抵御自然灾害能力较差，农民增收渠道不宽，就业和再就业压力较大等。

【投资环境与利用外资】 宁夏有铁路 780 公里、公路 10600 公里，其中高速公路 240 公里，民航通航里程 21424 公里；2001 年宁夏率先在西北地区实现了行政村村村通公路、通电、通电话、通广播电视；电话普及率每百人 20 部、移动电话每百人 9.8 部。有电视发射台和转播台 20 座、电视节目 23 套，中短波广播发射台和转播台 10 座、节目 20 套；有艺术机构 34 个、文物机构 22 个、图书馆机构 21 个、群众文化机构 317 个；卫生医疗机构 487 个、床位

14434张、医生10523人;有高等院校8所、中等专业学校25所、普通中学448所、小学3011所。

组织编制了《宁夏回族自治区鼓励外商投资规定》、《宁夏投资指南》、对外招商项目册。进一步规范了政府办公行为,公开办事和审批程序,明确审批项目时限,银川市正筹办“一条龙”服务的政府政务大厅。

成功举办了第二届宁夏投资贸易洽谈会。会上签约的项目共计101个,项目总投资184亿元,拟吸收外商投资131亿元。积极参加“2001年中国东西部合作与投资贸易洽谈会”和“第五届中国投资贸易洽谈会”,在两会上共签订利用外资项目25个,合同外资金额3.8亿美元;签订东西部合作项目15个,协议资金6.2亿元人民币;贸易成交额300万元人民币;全年实际利用外资4893万美元。

同心至沿川子高速公路项目、309国道改造项目已分别列入借用亚洲分行贷款和科威特政府贷款规划,承诺贷款总额2.85亿美元;利用日本贷款防沙治沙和彩电中心项目已开展前期工作;宁夏煤间接液化、灵武羊场湾煤矿、二甲醚、美利纸业、银川森林公园等项目与外商合作取得不同程度的进展。

宁夏鼓励投资领域:生态建设和环境保护。治理沙化土地、退化草原、水土流失和环境污染,退耕还林(草)、绿化荒山荒地、防止土壤盐渍化、建设林业基地和移民开发;城市改造、交通通信、水利设施建设;农业产业化中粮食生产加工工业、肉奶制品业、绒毛加工业、葡萄酿酒业、生物制药业、水产果菜业,电力为重点的能源产业,天然气化工和煤炭化工产业,新材料产业,特色旅游业;石化、冶金、机械、农副产品加工、建筑建材业、医药,现有国有企业改造,包括参股、控股、收购及兼并;劳动密集型行业,发展金融保险、文化体育、信息咨询、中介服务、房地产和社区服务;高新技术产业、新品种、新产品、科学研究、职业教育、成人教育、民办教育等。

【重点项目介绍】　宁夏扶贫扬黄灌溉工程。开发灌溉面积130万亩,安置移民67.5万人,总投资29.66亿元。沙坡头水利枢纽工程。库容2600万立方米,装机11.6万千瓦,年发电量6.06亿千瓦时,新增灌溉面积4万亩,改善灌溉面积100万亩。工程总投资12.8亿元。退耕还林还草工程。覆盖宁夏南部山区八县,完成退耕还林还草500万亩。

青铜峡铝厂三期工程。规模为新增电解铝10万吨,总投资17.3亿元,已交付使用。石嘴山电厂扩建工程。电厂装机容量4×33万千瓦,总投资45.49亿元。电网工程扩建220千伏线路909公里,变电容量162万千伏安,总投资13.88亿元。银川轮胎有限公司30万套子午胎技改项目。建设规模为年新增30万套全钢载重子午胎,总投资5.7亿元,已竣工投产。

石嘴山至郝家集高速公路。麻黄沟至姚伏高速公路74公里,总投资14.19亿元;叶盛至中宁高速公路96公里,总投资22.89亿元;中宁至郝家集高速公路98公里,总投资19.5亿元。古窑子至王圈梁高速公路。全长94公里,是国道主干线“青岛—太原—银川”公路的一段,总投资9.6亿元,已竣工通车。

盐环定扬黄宁夏专用工程。建设规模为解决14.33万人、46.5万只羊畜饮水困难问题,解决农林草地灌溉面积22.36万亩,工程总投资2.62亿元。

城乡电网改造工程。扩建220千伏变电站1座,新建、改造110千伏变电站35座,新建、改造线路605公里。银川市城市电网改造工程,总投资4.22亿元;吴忠市城市电网改造工程,总投资2.50亿元;石嘴山市城市电网改造工程,总投资1.51亿元;农村电网改造一期工程,工程总投资12.76亿元。

中心城市集污及处理工程。银川市老城区集污及处理工程:建设规模为排水服务面积36平方公里,日处理污水10万吨。总投资2.02亿元,已全部完工;银川市新市区北部排水工程:建设排水泵站2座,污水处理厂1座,排水管网61.9公里,总投资2.69亿元;石嘴山市集污及处理工程：建设规模为排水服务面积16平方公里，日处理污水6万吨，总投资9370万元；吴忠市集污及处理工程：建设规模为排水服务面积12平方公里，日处理污水6万吨，总投资1.29亿元。

吴忠仪表集团结构调整项目。环保监测仪器设备国产化项目规模为年产烟气、烟尘在线连续监测仪120台(套)，总投资7480万元。智能调节阀及现场总线技术产业化示范项目规模为年产智能调节阀7200台、智能附件3200台，总投资1.52亿元。

山区水资源综合开发整治。固原东山坡饮水工程建设库容320万立方米，干渠27.85公里，供水管线17.17公里。总投资9965万元。彭阳长城塬引水工程发展灌溉面积4.16万亩，总投资6741万元；农村饮水解困工程(生命工程)：解决40万人饮水困难问题，总投资1.93亿元。

【经济协作与对口支援】　2001年，全区签订经济技术协作项目356项，实施各类经济技术协作项目142项，总投资38.79亿元，引进外省区资金18.29亿元，到位资金4.53亿元。

在西安中国东西部合作与投资贸易洽谈会上，签约14个项目，其中东西合作项目12个，总投资约4.1亿元人民币，协议外方金额约3.4亿元。在深圳中国少数民族和民族地区名优新特产品交易会上，石嘴山沙湖纸业集团公司和深圳鹏程宝通贸易公司签订了为期3年的生活用纸销售协议，金额3000万元；石嘴山平惠乐食品有限公司与广东江门市健德实业有限公司签订了5个品种240吨清真牛羊肉销售协议，金额400万元。在厦门第五届中国投资贸易洽谈会上，共签定合同、协议、意向11个，其中东西合作项目3个，总投资1.44亿元，吸引外省资金1.4亿元；签订贸易合同1个，贸易额300万元。

在吴忠市举行的第十三届中国西部商品交易会上，成交总额91亿元，其中招商引资60.2亿元，贸易项目资金12.2亿元，商品成交额15.65亿元，网上交易额3亿元。西部经联网站在本届交易会开通，参与网上洽谈的人数764人。会上签订的工业、农业、城市基础设施建设、房地产、旅游、商贸、生态建设等项目体现了陕甘川宁四省十六方的资源优势。

在银川举行的全国十六省市区政协经济委员会第九次联席会议暨经济技术协作洽谈会上，各地经济协作部门共递交合作项目1300多项，签订合作项目23项，总投资4.16亿元。

1997年以来，福建省沿海8个市县对口帮扶宁夏8个贫困县，无偿支援贫困县资金累计达4765万元。完成“坡改梯”农田1万亩，援建34所、医疗大楼和活动中心各1所，改造中学和医院门诊各1所，救助学生3400名。全年八个市县组团互访13批115人；福建对口市县派出干部到固原地区和8个贫困县挂职，厦门市派出教师到宁夏的海原、泾源两县中小学任教，泉州、石狮市派出医疗小分队到同心县开展医疗扶贫工作，福建农大派出技术人员到闽宁村、固原、海原、彭阳等县(区)指导菌草种植，同心、海原、固原等县也派出8名同志到福建参加菌草培训班；厦门市为海原县捐赠校服等衣物12万件；对口帮扶盐池县的福清市捐资75万元，晋江市为固原县捐资16万元；西吉县输送到莆田县劳务200人，对口帮扶以来8县累计输送到福建省劳务3000多人，年劳务收入近3000万元。

新疆维吾尔自治区

【经济与社会发展】　2001年，新疆实现国内生产总值1485亿元，同比增长8.1%。其中第一产业增长2.8%；第二产业增长8.7%；第三产业增长10.6%。人均国内生产总值7913元，增长6.5%。

农业和农村经济全面发展。在确保粮食自给有余的前提下，积极发展市场需求的特色农产品，调减了粮食、油料种植面积，增加了优质高产棉、优质专用小麦、大麦、杂粮等经济作物种植面积。粮食(含薯类)产量796万吨，下降1.6%;棉花产量157万吨,增长4.7%;油料产量42.64万吨,下降29.1%;甜菜产量455.12万吨,增长55.5%。农林牧渔业总产值496.81亿元,同比增长4.5%。年末牲畜存栏4603.78万头(只),牲畜出栏2633.83万头(只);肉类总产量97万吨,绵羊毛产量6.99万吨,牛奶产量81.09万吨,造林合格面积154.3万亩,完成退耕还林还草面积22.7万亩,宜林荒山荒地造林种草面积11万亩;乡镇企业完成增加值80.72亿元,同比增长8.2%。

工业经济保持平稳增长势头。完成工业增加值450亿元,同比增长8%。其中轻工业增加值71亿元,下降6.4%;重工业增加值379亿元,增长10.7%。原油产量1946.94万吨,原油加工量1014.15万吨,天然气产量41.74亿立方米。

交通运输、邮电业稳步发展。全年各种交通工具完成货物周转量714.43亿吨公里,同比增长8.1%,其中铁路403.9亿吨公里,增长13.8%;公路275.9亿吨公里,增长1.1 %;民航0.63亿吨公里,下降35.5%;管道34亿吨公里,增长6%。完成旅客周转量309.7亿人公里,增长5.8%,其中铁路104.1亿人公里,增长6.9%;公路170.3亿人公里,增长7.7%;民航35.3亿人公里,下降5.1 %。完成邮电业务总量63.43亿元,增长34.1%,阿拉山口口岸过货量500万吨,钢材150万吨,增长14.2%,水泥980万吨,增长9.4%。

全社会固定资产投资706亿元,同比增长15.7%;地方项目投资379.5亿元,增长19.3%;中央项目投资326.5亿元,增长11.7%;基本建设投资400.3亿元,增长1.9%;更新改造投资108.2亿元,增长39.5%;房地产开发投资97.9亿元,增长70.5%。

由于受棉花等商品出口不利的影响,造成新疆对外贸易大幅下滑。全年进出口总额17.71亿美元,同比下降21.8 %。其中出口6.68亿美元,下降44.5%;进口11.03亿美元,增长4.1%。

财政收入增长较快,地方财政收入115.75亿元,同比增长21.2%。地方财政支出281.81亿元,增长37.2%。社会消费品零售总额406.35亿元,同比增长8.5%。年末金融机构各项存款余额1972.55亿元,同比减少162.12亿元,主要是企业存款下降所致。金融机构各项贷款余额1584.73亿元,同比增加112.18亿元。已有上市公司21家,总股本49.37亿股。保险业保费总收入34.16亿元,同比增长21.3%,赔款、给付总额11.81亿元。

通过深化改革,多渠道增加投入,大力发展教育、卫生、文化、体育、广播、影视、新闻出版等各项社会事业,70%的地区实现了“普九”目标,普通高校招生5.4万人,比上年扩招2.3万人。医疗卫生体制改革全面推进,农村卫生三项建设得到加强,民族医药事业进一步发展,初级卫生保健网初步形成,血站建设进展顺利。人口管理和计划生育工作不断加强,年末总人口1876.19万人,人口自然增长率为11.13‰。城市居民人均可支配收入6590.3元,同比增长13.3%;城市居民人均消费性支出5059.67元,增长8.4%。农村居民人均纯收入1710元,同比增长5.7%;有127.45万职工参加了失业保险,112.35万职工参加基本养老保险,35.73万离退休人员参加基本养老保险,116.17万职工参加基本医疗保险。

旅游业全年接待国内游客839.3万人次,增长10.8%;国内旅游收入98.56亿元,增长38.1%。接待国际旅游者27.3万人次,增长6.6%;旅游外汇收入0.99亿美元,增长3.8%。

工业污染有所减轻,生活污染的比重继续加大,城市环境质量有所改善,重点城市冬季大气污染状况略有好转。空气质量为一、二级的天数占18%,同比上升4.4个百分点。有各类自然保护区26个,比上年增加3个,总面积20.42万平方公里,增加28.1%,约占自治区总面积的12.3%;建立了新疆第一个生态功能保护区—塔里木河国家级生态功能保护区。

【投资环境与利用外资】　2001年,新疆进一步整顿和规范市场经济秩序,不断改善投资环境。进一步落实《新疆维吾尔自治区招商引资若干政策规定》和《新疆维吾尔自治区鼓励外商投资若干政策规定》等优惠政策,对外开放的力度不断加强。在投资建设领域推行工程项目招投标制度,颁布了《自治区工程建设招标范围和规模标准》、《自治区招标公告发行暂行办法》、《自治区工程建设项目自行招标试行办法》等相关规章。

为鼓励社会投资参与基础设施建设及生态环境建设项目,引导社会投资在新的、成长性好的社会服务业、信息咨询业、旅游业、高科技等领域发展。出台了《新疆维吾尔自治区鼓励非国有经济投资若干优惠政策实施办法》,从营造环境、放宽领域、拓宽渠道、公平税赋、改进服务和加强管理等方面入手,制定土地、税收、人才、政府服务等综合配套的优惠政策,为社会各方面增加投资创造良好的体制条件和政策环境。

能源、交通等基础设施建设和调整步伐明显加快,公路建设力度加大。吐乌大高等级公路、乌奎高速公路的相继通车,使新疆的路网结构等级得到了进一步优化,2001 年,新建公路 458.1 公里(其中高速公路 2.4 公里)、改建公路 1234.35 公里。民航支线机场建设加快,乌鲁木齐机场改扩建二期工程于 2001 年 12 月 16 日通过国家正式验收。克拉玛依机场迁建项目初步设计已正式批复,正在进行开工前的各项准备工作;和田机场改扩建工程国家已批准可研报告;新源县那拉提旅游支线机场、库尔勒机场、吐鲁番机场、博乐机场、哈密机场正在继续做前期工作。

2001 年,新疆对口岸潜力进行综合开发,加大招商引资力度,吸引国内外客商在口岸兴办经济实体,鼓励各类企业和各种非公有经济在口岸地区集中连片发展,形成规模优势,新疆现已开放 16 个一类口岸和 11 个二类口岸,成为"东联西出"战略的大通道,全年实现进出口货物总量 587 万吨。

2001 年,新疆实际利用外资 14993 万美元,同比增长 8.9%,其中国外贷款 12958 万美元,增长 9.4%;外商直接投资 2035 万美元,增长 5.8%。外商直接投资分别来自马来西亚、日本、巴基斯坦、土耳其、英国、俄罗斯、哈萨克斯坦、格鲁吉亚、维尔京群岛、凯曼群岛、美国、澳大利亚、新西兰、泰国、瑞典、香港、澳门、台湾等 17 个国家和地区。

【重点项目介绍】 2001 年,新疆 27 个续建项目累计完成投资 171.4 亿元,累计到位资金 163.2 亿元。塔城铁厂沟电厂扩建工程、泽普石化厂化肥扩建工程、乌鲁木齐机场改扩建二期工程、新疆光缆干线波分复用系统扩容改造工程、阿克苏过境线工程、国道 218 线尉犁至铁干里克改造工程、乌鲁木齐石墩子山水厂扩建工程、国家粮食储备库等 8 个项目已基本建成投产。达坂城风电厂三期扩建工程和库尔勒市天然气工程将于 2002 年完成。

塔里木农业灌排和环保二期工程完成低产田改造 36 万亩;喀什发电厂 1 号机组已于 2001 年年底并网发电;新疆农村电网建设(改造)工程完成 110KV4 座,35KV 变电站 79 座,完成 110KV、35KV 输电线路共计 2924 公里;新疆油田、塔里木油田、吐—哈油田、西北石油局等勘探开发取得了新进展,新增 302.74 万吨原油生产能力,塔里木盆地的天然气勘探开发取得重大进展,"西气东输"工程可行性研究报告已获国家批准。

独山子乙烯改扩建工程完成投资 5.3 亿元,设备安装工程已完成 40% 的工作量,计划 2002 年投料试车;国道 314 线小草湖—托克逊及相关公路改造项目路基涵洞已全部完成,桥梁工程完成 90% 以上的工程量,计划 2002 年建成通车;乌鲁木齐市外环路工程长江路至团结路、金银大道 5.9 公里线路已于 2001 年 11 月 6 日建成通车;乌鲁木齐污水处理及绿化工程子项沙区污水处理及绿化工程和红桥污水处理厂土建工程已完成,正进行设备安装调试,计划 2002 年建成投产。新疆博物馆改扩建工程主体已封顶,计划 2002 年投入使用。

新开工项目塔里木河流域综合治理工程、

和田机场扩建工程、新疆体育中心等均已开工建设。塔里木河流域综合治理工程完成堤防220公里,生态闸10座。

西气东输工程(新疆段)可行性研究报告已获国家批准;吉林台一级水电站2001年5月导流洞动工建设;哈密二电厂三期扩建工程2001年10月开工;库车火电厂、托克逊火电厂的主机设备已完成招标;奎屯—赛里木湖高等级公路初步设计已获国家交通部批准,已于2001年开工;国道314线和硕—库尔勒高速公路、木垒—巴里坤公路改造工程可行性研究报告已获批准,计划2002年开工建设;伊犁特克斯河卡浦其海工程可研报告已上报国家待批;新疆优质棉基地建设已开工建设;新疆节水灌溉工程可行性研究报告已获批准,计划2002年开工建设。

【经济协作与对口支援】 2001年,全国有29个省市区的数百家企业来疆投资兴业,落实执行了463个合作项目,合同金额35.46亿元。在引进兄弟省市区的资金中,有三分之一来自私营企业的投资。"乌鲁木齐对外经济贸易洽谈会"同兄弟省市区签订国内贸易合同511个,成交额146.75亿元。

落实执行区内合作项目532个,合同金额63.59亿元。广汇集团公司、德隆集团公司、伊力特股份公司,新天国际公司、中基股份公司、天山毛纺股份公司、啤酒花股份公司、特变电工股份公司、新疆能源股份公司等企业,充分利用各自的优势,在南北疆各地收购兼并了一些中小企业,通过资产重组,积极开发当地的优势资源。

全年签订对外承包工程和劳务合同19个,金额2123万美元,同比增长131.52%,营业额2183万美元,增长282.31%;当年派出劳务人员553人,派往的国家主要是:哈萨克斯坦、苏丹、乌兹别克斯坦。承包的主要项目是石油钻井工程和炼油厂扩建工程。承担援外项目5个,总金额6618万元人民币,受援国家和地区是:巴基斯坦、吐库曼、吉尔吉斯斯坦、阿富汗。涉及的行业有:钻井固井设备、援建高级技术培训中心和救援物资等。

新疆与山东建立的对口支援,取得一定成绩。与山东落实合作项目25个,项目资金10561万元,派遣的援疆教师对新疆的教育事业做出了贡献。

新疆生产建设兵团

【经济与社会发展】 2001年,新疆生产建设兵团实现国内生产总值196.34亿元,同比增长8.8%。其中第一产业增加值62.83亿元,下降5.1%;第二产业增加值59.93亿元,增长13.9%;第三产业增加值73.58亿元,增长21.5%。第一、二、三产业增加值占国内生产总值比重分别为32%、30.5%和37.5%。

全年实现农业总产值130.01亿元,农作物播种面积916.25千公顷(1374.75万亩)增长0.7%。粮食总产117.35万吨;棉花总产63.89万吨。完成造林面积18.92千公顷(28.38万亩),其中退耕还林4.96千公顷(7.44万亩)。水果总产量24.98万吨。年末牲畜存栏502.19万头(只);肉类总产量13.96万吨;牛奶总产量9.75万吨。

全年完成工业增加值38.07亿元,同比增长12.2%。个体经济和其他经济发展迅猛,其工业产值分别同比增长104.6%、65.6%。工业经济运行质量进一步提高,独立核算工业企业亏损面较上年下降0.8个百分点;大中型工业企业整体扭亏为盈。

建筑业全年完成增加值21.86亿元,同比增长17.1%。建筑业产值66.66亿元,增长16.5%。工程质量优良率上升为35.9%。

全年完成固定资产投资87.47亿元,增长18.8%。其中国有经济投资72.87亿元,增长11.3%。国有经济中基本建设投资52.86亿元,增长16.9%;更新改造投资18.42亿元,增长9.5%。城乡个人投资和其他各种经济类型投资分别增长50%和1倍。

社会购买力稳定增长,促进了消费品零售市场的繁荣活跃。全年完成社会消费品零售总额63.46亿元,增长17.5%,扣除物价因素,实际增长14.6%。

外贸进口继续增长,但出口明显下降。全年进出口总额6.54亿美元,同比下降13.1%。其中出口3亿美元,下降33.3%;进口3.54亿美元,增长16.8%。全行业利润总额9000万元,增长25%。

旅游事业全面发展。旅游总收入5.37亿元,增长26%。接待国内旅游者119.9万人次;接待海外旅游者6.53万人次。金融机构存贷款稳步增长,年末各项本币存款余额192.98亿元,增长11.2%;各项贷款余额131.77亿元,增长12%。保险事业业绩显著。全兵团承保保险标的金额703.99亿元,同比增长32%。全年实现保费收入4.71亿元,增长23.1%。各类保险赔(给)付金额2.65亿元,综合赔(给)付率56%。

科技成果推广应用收到良好效果。全年申报科技奖励83项,有54项成果获得兵团科技进步奖。全年推广新品种、新技术25项,新增产值3.08亿元。

教育布局趋向合理。小学适龄儿童入学率99.6%,初中毛入学率达到102%,辍学率分别降至0.2%和1%;残疾儿童入学率达82.6%;青壮年非文盲率达98%以上,复盲率已控制在5%。

文化事业欣欣向荣。有艺术表演团体9个,广播人口覆盖率88.3%,电视人口覆盖率92.1%,有线电视用户30余万户。全年出版各类报纸4500万份、各类杂志70万份。兵团卫生三项改革进一步推进,卫生事业健康有序发展。医疗保障覆盖面达到80%以上。

成功地承办了全国青年柔道锦标赛,被国家体育总局评为“最佳”赛区。组队参加了在无锡举行的全国体育大会和参加了远南残疾人运动会,取得了好成绩。

2001年,兵团人口出生率7.8‰;人口自然增长率4.1‰。年末总人口245.36万人。在岗职工68.79万人,下降6.3%。城镇登记失业率3.4%。

【投资环境与利用外资】 新疆生产建设兵团(以下简称兵团),组建于1954年,是中央直属单位,也是新疆维吾尔自治区的重要组成部分。兵团的国民经济和社会发展计划在国家实行单列,享有计划单列市的各项经济管理权限。

兵团是以现代农业为基础、工业为主导、农林牧渔并举、工交建商服综合经营、科教文卫体全面发展的特殊组织。领导机关设在乌鲁木齐市,下辖14个师、178个团、近8000个企业和事业单位,总人口245.36万。

兵团是国家重要的商品粮、优质棉的生产基地,第一产业发达,北疆垦区天山北坡经济带、边境经济带,适宜发展棉花、粮食(小麦)、畜牧业等,同时可开发特种养殖业;南疆垦区发展优质商品棉、特色瓜果、特种养殖业;东疆垦区重点发展园艺、特色农业。兵团工业主要是依托农产品进行深加工的工业,已形成以酿酒、油脂加工、蕃茄制品、制糖、果蔬饮料、乳制品为主的食品工业,以优质毛、棉纱、布和服装面料为主的纺织工业,以农用节水器材、农膜为主的农用工业,以水泥、轻质建材、膨润土开发为主的建材工业,初步形成食品、纺织、农用工业、建材等四大支柱为主体的工业体系。

兵团土地总面积743.3万公顷,是全国最大的垦区之一。兵团全年水资源(含泉水、坎儿井)159.7亿立方米,其中地表水(引用量)107.7亿立方米,可采用地下水52亿立方米。现已建成大、中、小型灌区121个,有效灌溉面积89.4万公顷;修建水库108座,总库容30.36亿立方米;修建各类渠道9.13万千米;投入使用机井9526眼。

依托垦区较为丰富的煤炭资源,以火电为主,水电为辅,现有发电装机总容量51.34万千瓦,其中:火电装机35.7万千瓦。年发电量17.9亿千瓦时,供热量1044万百万千焦。已建成塔里木热电厂、奎屯热电厂、石河子市东、西热电厂等工程。

兵团各师、团与外界联系十分便利。216、217、218、219、312、314、315国道贯穿全疆。兰新铁路途经农六师、农八师、农七师、农五师部分团场,通车至阿拉山口;南疆铁路途经农一师、农二师、农三师部分团场,通车至喀什市。航空运输连结全国各地。兵团公路通车里程2.13万公里,构筑了以兵团、师、团场为中心,以国道、省道、县道为依托的兵团公路网络体系。2001年有公路运输单位50个,民用汽车3.5万辆,具有较高的运输质量和优良的服务水平。

兵团下辖5座城市—石河子市、五家渠市、北屯市、阿拉尔市、图木舒克市,其中后四座为筹建城市。石河子市城市道路、供排水、供热、燃气、公交、绿化等基础设施完善配套,被联合国评为"人类居住环境改善良好范例";五家渠、北屯两个筹建城市市政建设1998年开始启动,基础设施不断完善,具有较大的建设与开发潜力。

兵团致力于生态环境建设,通过实施"三北防护林体系建设"、"退耕还林还草"、"防沙治沙工程"、"生态环境建设综合治理工程"等一系列生态建设项目,人工林及草地面积不断扩大,盐碱地面积呈缩小趋势。牧草地面积、林地面积及森林面积分别为24.2万公顷、39.2万公顷、38.8万公顷。重视工业污染源的防治工作,通过治理、关停、破产及限产等措施,使工业各项污染物排放实现达标。

兵团地处亚欧大陆桥的中枢,与蒙古、俄罗斯、哈萨克斯坦等八个国家接壤,新疆对外开放的16个国家一级口岸大都在兵团辖区内,是我国西部对外开放的桥头堡。兵团已与66个国家和地区建立了经贸关系,拥有各类出口商品基地170多个,经营34大类100多个商品的出口业务。兵团现有新天国际、新疆天业、新农开发、伊力特、新中基、百花村、新疆天宏七家上市公司,具有雄厚的经济实力与技术人才队伍,具备与外商及各地企业合作的条件。

兵团有各类科研院所162个,专业技术人员12.87万,在农业领域具有较强的综合优势和开发能力。"棉花高产生长模型和栽培管理计算机辅助决策系统"、"高效节水技术"、"喷滴灌专用(固态)复合肥工艺技术"等高新技术已在兵团示范或实施产业化生产。

拥有普通高校2所,成人高校3所,普通中等学校7所及成人中等学校22所,普通中学286所。其中石河子大学是一所综合院校,在校生2万余人,已成为全国高校集中办学的成功范例,被列入西部开发重点建设的大学之一。

兵团享受中央及自治区对西部大开发制定的各项优惠政策,享受国家对试点大型企业集团的各项优惠政策。同时兵团制定了《新疆生产建设兵团招商引资若干优惠政策》,对客商投资企业在税收、征地、人才引进等方面给予优惠。在石河子经济技术开发区投资经营的客商企业还享受开发区优惠政策。

重点发展区域:天山北坡经济带是兵团实施西部开发的重点区域,主要包括农六师、农七师、农八师、农十二师、建工师、新天国际和中基股份有限公司,人口114.84万。国内生产总值95.14亿元,进出口总额3.77亿美元,是兵团棉花、粮食、畜牧业的主要产区和纺织、食品、电力等工业的主要分布区。

利用外资:2001年利用外资1272万美元,其中利用国外贷款1076万美元,外商投资196万美元。境外投资200万美元。

【重点项目介绍】 400万亩现代化节水灌溉工程。是兵团实施西部大开发战略的重点工程。"十五"期间将发展喷、滴灌面积400万亩,到2005年喷、滴灌总面积达到550万亩。项目总投资37.2亿元。

金边工程。实施危旧住房改造,兵团农牧团场农牧工已有9.4万户从危旧住房搬进了新居,总建筑面积780.9万平方米,并对5个边境团场进行了给水、供电、广播电视、医院、学校等建设,改善了农牧职工住房、生活条件。

城镇化建设工程。加快石河子、五家渠、北屯、阿拉尔、图木舒克五城市建设步伐,到2001年底已完成了五个城市的道路、供水、集中供热、排水及污水处理、天然气供气等工程,居民生活条件得到较大改善。完成了7个师的道路、排水、热网等项目建设,实施了以道路、排水、热网等工程建设为主的10个小城镇基础设施建设。

白、绿、红特色产业工程。白:建设50万吨优质出口棉基地。在宜棉区开展高产优质高效攻关活动,使正常年份棉花亩产达110公斤左右,一、二级棉花占70%—80%。加强纺织企业技术升级与改造的力度,继续实施"30万棉纺锭技术升级与改造项目"。启动畜牧业"双千万"(1000万亩饲料基地,1000万头标准畜)工程。

绿:建设鲜食葡萄、酿酒葡萄、优质瓜果等基地,林果面积扩大到4万公顷,西、甜瓜总产达到41.79万吨。新天国际已建成了12万亩优质酿酒葡萄基地,形成了4.5万吨加工能力,并打开了广东、海南、上海、四川等地市场。

红:建设酱用蕃茄基地,并以中基蕃茄种植加工销售为龙头,基本形成了蕃茄产业。全兵团蕃茄制品生产能力18.7万吨,产品已进入意大利、英国、澳大利亚等市场。

农村电网建设和改造项目。兵团农网改造一期累计完成投资11.88亿元,完成了13个师、138个团场的441公里110KV线路、970公里35KV线路、7252公里10KV线路、5968公里低压线路建设。覆盖率77.5%,受益人口93万多人。同时完成了奎屯热电厂建设,开展农五师阿拉山口风力发电可再生能源的利用工作,新增发电装机容量3.52万千瓦。

公路建设项目(包括国家级贫困团场公路建设、通团场公路建设及农十二师、农十三师西部国债资金项目)。项目建设总规模2376公里,总投资21.93亿元,其中国债资金7.6亿元。2001年建成通车里程820多公里。

生态环境建设项目。在风沙危害严重的地区,启动了新疆西部边境林建设、准噶尔盆地沙漠南缘防风固沙基干林建设、塔里木河下游绿色走廊建设等工程,对1213万亩荒漠植被采取封沙育林育草措施,分期分批进行保护,加强天然草场的恢复与建设工作。积极推进退耕还林工程,到2001年底,全兵团完成退耕还林18.9万亩

【经济协作和对口支援】 经济技术协作稳步发展。全年执行当年签订的合同项目97个,完成投资金额12.76亿元,引进外省资金2.9亿元。全年执行合同项目112个,合同总投资25.42亿元,当年完成投资金额15.55亿元。当年新签订经济联合合同53项,合同金额10.26亿元,执行合同59项,合同金额10.85亿元。投资在千万元以上的项目34个。

继续落实兵团和山东省对口支持协议。辽宁省代表团的14个地市分别与兵团的14个师结为友好对子,签订了长期友好合作协议书,项目合作工作在积极进行中。北京大学和兵团石河子大学签订全方位合作协议书,派员到石河子大学担任副校长,指导石河子大学的日常工作,同时派出了一批著名学者教授来石河子大学开设系列学术讲座。农十三师在农业部支持下,与下属的海外公司达成了2万吨酵素菌肥厂的合作意向,最终目标达到5万吨的生产能力。农十师与上海水产大学为有效保护和合理开发利用额尔齐斯河流域特种鱼类种质资源,共建"额尔齐斯河流域特种鱼类繁育场",完成了丁鲹鱼、白斑狗鱼的批量人工繁殖、种苗生产技术和成鱼养殖技术工作,同时为农十师培训了技术骨干。

内蒙古自治区

【经济与社会发展】 2001年,内蒙古自治区实现国内生产总值1545.5亿元,同比增长9.6%,其中,第一产业增加值361.32亿元,增长2%;第二产业增加值624.44亿元,增长12%;第三产业增加值559.73亿元,增长12.1%。

农牧业结构调整力度进一步加大,种植业结构明显改善,粮食作物播种面积减少79万亩,饲料作物播种面积增加303万亩。粮食产量123.9亿公斤,同比减少0.3亿公斤。农牧业生产经营方式转变加快,畜牧业在农牧业中

的比重进一步提高,肉类产量149万吨,增长3.9%;奶类产量100万吨,增长20%。

工业结构调整和技术改造步伐加快,全区工业增加值增长11.3%,其中,规模以上工业增加值增长12.9%。在规模以上工业中,国有及国有控股企业增加值增长10.2%。工业产品产销率达到97.9%。

随着基础设施建设力度加大,全年新增公路通车里程3000多公里,通车总里程突破7万公里,增长4.5%;全年局用电话交换机总容量300万门,新增固定电话用户51万户,累计257.5万户,增长24.5%;其中,城市电话用户200万户,乡村电话用户55万户,城市公用电话7万部。年末已通电话行政村比重达68.4%,新增移动电话用户93万户,累计208.8万户,增长81%。年末全区计算机互联网用户15万户,同比增长1.65倍。

全年旅游业总收入54亿元,增长28%。实现社会消费品零售总额537.3亿元,增长11%。住房消费大幅度上升,物业管理、社区服务等新型服务业迅速成长。全区金融机构各项存款余额1498.8亿元,比年初增加231亿元;贷款余额1470.8亿元,比年初增加130.4亿元。

完成全社会固定资产投资496.4亿元,同比增长15.3%,全年中央项目完成投资100亿元,增长66%;地方项目完成投资完成396.7亿元,增长6.7%。共争取基本建设国债资金和中央预算内资金72.1亿元,增加31.5亿元,增长77.7%。其中,国债资金65.3亿元,增加30.9亿元,增长89.7%;中央预算内投资6.8亿元,增加5987万元,增长9.8%。这些资金主要用于农牧林水、交通通信、城市建设、国储粮库、高新技术、社会事业等基础设施和公益性项目。

以国有企业改革为中心的各项改革取得了新的进展。一是国有企业继续推行股份制改造和资产重组,股份制工业企业增加值已占工业增加值的40%以上。行业结构得到优化,轻工业比重明显提高,具有内蒙古优势和特色的乳肉绒加工工业进一步壮大,重工业产品结构适应市场变化的能力明显增强。二是积极推进行政审批制度改革。自治区政府所属各部门共计减少行政审批事项559项,减幅55.6%。三是全面推进医疗制度改革,建立了个人账户与统筹基金相结合的职工基本医疗保险制度。粮食流通体制、价格、住房等各项制度改革继续深化,农村牧区税费改革试点进展顺利,市场经济秩序明显好转。对外开放取得新的成效,全年外贸出口增长11.6%;引进国内外资金到位额184亿元,其中直接利用外资1.87亿美元,增长66%。

实现财政收入167.7亿元,同比增长7.8%。剔除减免农牧业税因素,实际增长11.2%。其中地方财政收入117.4亿元,增长10.8%。全年地方财政支出335.3亿元,增长28.4%。城镇居民人均可支配收入5536元,增加407元,增长7.9%,城镇登记失业率控制在4%的预期目标之内。农牧民人均可支配收入1950元,增加41元,增长2%。城镇居民人均住房建筑面积19平方米,增加0.6平方米。

全年共组织实施各类科技计划项目135项,各级各类教育事业全面发展,基础教育得到进一步巩固和提高。实施了国家贫困地区二期义教工程,启动了中小学危房改造工程,全区有72个旗县达到“两基”目标,“普九”教育人口覆盖率以旗县为单位达到66.8%。高中阶段教育发展较快,全区初中毕业生升学率63%,同比提高3.6个百分点。高等教育结构明显改善,招生规模进一步扩大,普通高校招生录取率52%,提高13个百分点。内蒙古大学“211”一期工程通过国家验收,国家西部大开发内蒙古农业大学建设项目正在实施中,高校后勤社会化改革工作有了新的进展。

城镇医药卫生体制改革和农村牧区卫生三项建设工程继续推进,初级卫生保健达标率预计86%。人口和计划生育工作顺利开展,人口自然增长率控制在10‰的预期目标之内。基层文化设施建设得到加强,群众文化生活进一步丰富,广播电视综合覆盖率88.1%,提高了2.5个百分点。体育事业取得新成绩,全民健身运动蓬勃发展,竞技体育水平有了新的提高。科学研究、新闻出版、环境保护、地质勘查、宗教侨务等其他社会事业都得到了新的发展。

【投资环境与利用外资】 2001年,内蒙古大力加强生态建设和基础设施建设,全年交通基础设施完成投资94.9亿元,扩建了锡林浩特机场、通辽机场,开工建设了国道110线呼和浩特东出口高速公路、包头东兴至哈德门高速公路、省道206线锦山—茅荆坝、12条国贫旗县连接国道公路等重点项目。全年完成城建固定资产投资35亿元,同比增长30.6%,使城市自来水管道总长达到1万多公里,城市道路总长达到4857公里。

进一步加强了对开发区的管理,制定了《内蒙古自治区开发区封闭管理办法》和《内蒙古自治区关于进一步规范开发区管理工作的实施办法》。有效地指导了开发区的健康发展。2001年自治区政府批准新设立了10个开发区,全区自治区级以上各类开发区达到了29个。开发区成为盟市招商引资的重要载体和新的经济增长点。

加快了口岸基础设施建设步伐,进一步完善了满洲里、二连浩特、阿尔山、珠恩嘎达布其、甘其毛道、室韦等口岸的基础设施,改善了口岸的发展环境。全区口岸进出境货运量1032万吨,同比增长26.7%;出入境客运量184.59万人次,同比增长19.08%。

按照世贸组织规则清理有关的地方性法规、条例,努力创造一个更有吸引力的政策环境。进一步整顿和规范了市场经济秩序,重点是健全信用制度。严格行政执法,减少行政审批,提高行政效率和服务水平。建立外来投资者投诉机构,切实保护投资者的利益。

利用外资保持快速增长。全年新批准外商直接投资合同81个,其中外商独资企业23个,占全部外商投资企业的28%;合同外商直接投资额2.62亿美元;全年实际利用外商直接投资额1.87亿美元,同比增长66%。年末全区注册的外商投资企业778户。对外承包工程、劳务合作进一步发展,全年新签对外承包工程和劳务合作合同金额5403万美元,同比增长4.8%;对外承包工程和劳务合作完成营业额2511万美元。

【重点项目介绍】 生态建设工程:2001年,国家投资内蒙古20亿元,加强退耕还林还草、京津周边风沙源治理、天然林资源保护等七大工程的建设,范围涉及全区96个旗县市区,全年治理荒漠化面积1470万亩,退耕还林还草186万亩,重点项目区的生态环境已得到明显改善。

交通基础设施项目:全年完成投资94.9亿元,呼和浩特至包头(另一幅)、包头至东兴高速公路建成通车。锡林浩特机场、通辽机场扩建,国道110线呼和浩特东出口高速公路、包头东兴至哈德门高速公路、省道206线锦山—茅荆坝、12条国贫旗县连接国道公路等重点项目开工建设。锡桑铁路年内竣工;包头火车站站房改造工程2001年底交付使用。

城市基础设施项目:1998— 2001年底,共完成投资69.8亿元。22个城市基础设施项目建成投产,新增供热面积830万平方米,供气能力14.6万平方米/日,污水处理能力37万吨/日,"三河、三湖"治理范围内新增污水处理能力10万吨/日,垃圾处理能力750吨/日,大大减轻了煤烟、污水、垃圾对城市环境的污染。

呼和浩特引黄工程:是利用第四批日元贷款和国债资金建设的项目,总投资17.77亿元,其中一期工程投资14.14亿元。2002年竣工,日供水20万吨。二期工程建成后,日供水能力达到40万吨,将有效缓解呼和浩特生产、生活供水压力。

工业项目:内蒙古乌海氯碱工程项目,总投资17.2亿元,建设规模为年产电石9万吨,离子膜烧碱6万吨,氯乙烯6万吨,聚氯乙烯6万吨,聚氯乙烯加工1万吨,配套建设供水、供电、供热、铁路专用线等设施。2001年已建成1#电石炉和烧碱、氯乙烯、公用及辅助工程的部分土建工程,完成石灰石矿山、送电线路及升压站改造工程。

包钢薄板坯连铸连轧项目:总投资38.7亿元。建设薄板坯连铸连轧生产线一条,设计能力为年产连铸坯200万吨;热轧卷板198万吨。已建成投产。

旅游景区基础设施建设项目:包括呼盟呼和诺尔、锡盟草原生态、赤峰白音敖包、鄂尔多斯市成吉思汗陵、兴安盟阿尔山、呼市蒙古风情园、通辽市大青沟、赤峰克旗达里湖、鄂尔多斯市响沙湾、巴盟乌拉特草原、锡盟西山湾、阿盟贺兰山南寺等12个旅游景区基础设施建设项目,总投资2.3亿元。已陆续开工建设,截止2001年底累计完成投资1.35亿元。

【经济协作与对口支援】 北京市和内蒙古自治区是长期稳定的对口帮扶和经济技术合作友好市区。北京与内蒙古自治区实施的重大合作项目,加强了内蒙古与北京市全方位的经济技术合作关系。

2001年,内蒙古利用各种机会,积极扩大宣传,全方位开展了对外交流合作。通过举办香港内蒙古招商引资活动周,参加第六届澳门国际贸易投资洽谈会、厦门第五届中国投资贸易洽谈会、西安2001年西洽会、第四届中国北京高新技术产业国际周等大型的招商引资经贸洽谈活动,全区共引进国内外资金到位额折合人民币218.6亿元,其中,引进国内(区外)资金184亿元(包括股票融资35.02亿元),引进国外(境外)资金41797万美元,其中,间接利用外资23145万美元,直接利用外资18652万美元。

广西壮族自治区

【经济与社会发展】 2001年,广西壮族自治区完成国内生产总值2231.2亿元,同比增长8.2%,其中,第一产业556.21亿元,增长4.2%;第二产业816.89亿元,增长8%;第三产业858.09亿元,增长11.1%。三次产业结构比例为24.9:36.6:38.5。实现财政总收入263.02亿元,增长19.6%,其中地方财政收入178.65亿元,增长21.5%。

农业生产稳定增长,农林牧渔业总产值872.9亿元,同比增长4.9%,粮食产量1607.3万吨,甘蔗产量3653.3万吨,水果产量307万吨,水产品产量247.8万吨,完成造林面积7.06万公顷,其中退耕还林面积1.43万公顷。

全部工业实现增加值671.21亿元,同比增长7.7%。规模以上工业企业实现增加值339.13亿元,增长8.6%;南宁、桂林、柳州三个高新技术开发区的产值同比增长31%;沿海工业园区建设前期工作进展顺利。

批发零售贸易业零售额628.81亿元,增长6.4%;完成邮电业务总量103.66亿元,增长13.8%;国内旅游收入179.17亿元,增长22%,旅游外汇收入2.48亿美元,下降5.6%。

2001年全区国内旅游人数4403.12万人次,同比增长11.4%;接待外国及港澳台旅游人数124.15万人次,同比增长0.4%,其中接待外国游客54.47万人次,增长7.6%。旅游总收入202亿元人民币,同比增长17.59%。其中国内旅游收入179.17亿元,同比增长22%;国际旅游收入2.48亿美元,下降5.6%。

完成全社会固定资产投资731.25亿元,同比增长10.8%。重大项目建设取得突破性进展,全年新开工重大项目31项,西南公路出海通道广西段全线通车,53个县实现通二级公路目标。边境大会战取得重大进展,累计完成投资14.2亿元。以退耕还林还草试点工程、珠江防护林工程为重点的生态环境建设全面展开。

全年实现进出口总额17.97亿美元,同比下降11.8%。其中进口5.62亿美元,增长3.1%,出口12.36亿美元,下降17.2%。全年边境贸易进出口总额39.52亿元,增长4.6%。

全年城镇居民人均可支配收入6666元,同比增长14.3%;城镇居民人均消费性支出5225元,增长7.7%。农民人均纯收入1944.3元,同比增长4.3%。城镇居民人均居住面积19.5平方米,比上年增加0.6平方米;农村居民人均居住面积 24.1 平方米。参加失业保险职工人数 217.7 万,参加城镇基本养老保险职工人数 187 万,全区有 51.8 万人享受城镇最低生活保障。

全区程控交换机总容量 424.8 万门,同比增长 13.8%;电话用户 408.1 万,增长 27.9%;电话普及率 1455 部/万人,移动电话用户 270 万户,同比净增 103 万户。计算机互联网用户 66 万户,增长 2.9 倍。

年末全区共有普通高等院校 30 所,招生 5.85 万人,同比增长 24%。高校新增教学等面积 24 万平方米。实施了中小学危房改造工程和边境地区中小学校项目;实施了一批县级文化"两馆"、广播电视等项目;以区域卫生规划为指导,加强了区属综合性医院和专科医院、贫困县医院以及农村"三项卫生"建设,新建卫生医疗建筑面积 14.8 万平方米。

【投资环境及利用外资】 2001 年广西颁布实施了《广西壮族自治区关于贯彻国务院西部大开发政策措施的若干规定》,内容包括广西西部大开发的投资、税收、土地、矿产资源、价格、收费等优惠政策。出台了《自治区人民政府关于进一步加强投资软环境建设的若干意见》,内容包括放宽外商投资股比限制和投资限制;对外商投资企业实行国民待遇;简化审批程序;进一步扩大外商投资领域;不断完善广西吸引人才、留住人才、鼓励人才创业的政策;建立联合办公制度,实行"一个窗口、一条龙"审批,集中办理完善投资项目的各项审核、批准、登记、发证等手续;公布办事程序,增加透明度,方便投资者、企业办事;实行审批限时制,提高工作效率。

2001 年广西增建铁路复线交付营运里程 77.4 公里,新建等级公路 1161 公里,其中高速公路 37 公里,二级公路 282 公里,西南出海通道广西段全线通车,实现通二级公里目标的县城由 38 个增加到 53 个。新增发电机组容量 7.7 万千瓦,拥有发电机组容量 863.6 万千瓦;年发电量 295.6 千瓦时。

全年新签利用外资项目 293 项,同比增长 15.4%;合同外资额 7.45 亿美元,下降 22.2%;新批外商直接投资项目 285 项,增长 15.9%;外商投资项目合同外资额 5.87 亿美元,下降 17.3%。实际利用外资 5.76 亿美元,同比下降 23.5%,其中外商直接投资 3.84 亿美元,下降 26.8%。新签对外承包工程和劳务合作合同金额 1522 万美元,同比下降 58.8%;完成对外承包工程和劳务合作营业额 1657 万美元,下降 68%。

【重点项目介绍】 龙滩水电站。该项目是红水河梯级开发的龙头电站,是红水河全河通航的控制性工程,是国家实施西部大开发的标志性工程,也是"西电东送"和实现全国联网的战略性工程,该工程规划装机容量为 9×60 万千瓦,年平均发电量 187 亿千瓦时。电站分两期建设,本期建设总装机容量 7×60 万千瓦,年平均发电量 156 亿千瓦时,相应水库总库容 162 亿立方米,防洪库容 50 亿立方米。建设年限 2001—2009 年。总投资 243 亿元。至 2001 年底,工程已累计完成投资 16.78 亿元。

百色水利枢纽工程。该工程是珠江流域综合利用规划中治理和开发郁江的一座大型骨干水利工程,已列入国家《国民经济和社会发展第十个五年计划纲要》,被列为国家实施西部大开发战略的主要标志性工程之一。是一座以防洪为主,兼顾发电、灌溉、航运、供水等综合利用效益的大型水利枢纽,水库总库容 56.6 亿立方米,最大坝高 130 米,坝顶长 720 米,坝顶宽 10 米。该工程 2001 年开工,2002 年 10 月大江截流,2005 年 1 台机组发电,2006 年工程竣工。总投资 53.33 亿元。

平果铝业公司氧化铝二期工程。工程建设规模为年产 40 万吨砂状氧铝,整个二期工程由铝土矿山、氧化铝厂、热电厂、煤气站、水源及水处理厂五个单项工程组成。建设年限 2001 年至 2003 年。项目概算总投资 188610 万元(含外汇 4200 万美元)。

水任至南宁高速公路。该项目是国道主干线重庆至湛江公路的重要组成路段。该公路共 237 公里,其中高速公路 140 公里,二级公路97公里,路经河池、都安、马山、武鸣、南宁,建设年限2000年至2004年,总投资445742万元,2001年完成投资111122万元。

南宁朝阳溪环境综合治理工程(续建)。工程1997年开工,计划2005年竣工,总投资8亿元。已完成或基本完成的项目有:二坑至朝阳溪的连通管工程、大坑口至十三中截污闸工程、朝阳溪补水工程。

【经济协作与对口支援】 2001年,广西共签订国内经济技术合作项目1307项,合同引进资金100.15亿元,已实施合作项目964项,到位资金38.11亿元。全年与广东签订经贸合作项目405项,总投资31.52亿元,已实施项目236项,到位资金6.28亿元。广西与上海双方先后组织有关部门及企业进行互访,达成合作项目160多项,总金额81.63亿元,已实施37项,总金额10.41亿元,其中上海方投资4.75亿元。与天津市企业洽谈达成合作项目协议24项,总金额11.1亿元。与西南各省区市实施经济技术合作项目39项,总投资6.31亿元。

广西对口支援三峡库区长寿县移民工作,加大了部门间对口支援和企业间合作的力度。2001年在支持长寿县受淹没乡镇迁建学校、卫生院,修建水利及移民新区基础设施等方面实施对口支援项目9项,援助资金到位245万元。广西对口支援西藏阿里地区改则、措勤两县建设县城过境公路项目,各投资700万元,援助资金当年已拨付到位,两个项目已于9月开工建设。

在2001年广西投资贸易洽谈会上,全区签订经贸合作项目313项,总投资116亿元。合作的主要项目有:广西、贵州与国家电力公司联合开发南线“西电东送”标志性工程龙滩水电站;五菱汽车股份有限公司与上海汽车集团公司通过资产划转方式改组为“上汽五菱股份有限公司”,总投资7.76亿元;广东佛山劲达纸业有限公司投资2.5亿元扩建田林造纸厂;云南健强工贸公司投资4亿元在钦州港区兴建宏基有限公司润滑油厂;四川通威集团投资5000万元在南宁经济技术开发区建设30万吨饲料厂;上海市糖业烟酒(集团)公司与上思县糖业公司合作投资3000万元组建“上上糖业有限公司”等。

【旅游资源开发】 广西是全国有名的旅游资源大省(区),区内喀斯特岩溶地貌峰奇水秀,风光迷人。桂北有世界闻名“山水甲天下”的桂林、阳朔山水;桂东南有全国著名的古代建筑容县真武阁和闻名遐迩的桂平西山;桂西南有壮族古文化遗址花山壁画,有跨越中、越两国国境的德天瀑布;桂西有百色起义旧址和红七军根据地;桂南沿海具有亚热带美丽的海滨风光,北海银滩被誉为“中国第一滩”。

广西已开发风景名胜区、点400多处,其中国家级风景名胜区有桂林漓江、桂平西山、宁明花山;自治区级风景名胜区有南宁青秀山、隆安县龙虎山、龙胜县的龙脊梯田等30处。国家级历史文物保护单位7个,国家级森林公园11个。

广西濒临南海北部湾,拥有1595公里的海岸线,是西部12个省区中唯一沿边、沿海的少数民族自治区。广西是我国壮族民族聚居的地方,有以壮、苗、瑶、京、侗风情为代表的具有鲜明的民族特色的民俗风情,以及许多的风景名胜、文物古迹等人文景观。全区现已设立旅游管理机构89个,拥有各类旅游企事业单位700多个,旅游直接从业人员超过6.5万人,旅行社309家(其中国际旅行社51家,国内旅行社258家),旅游涉外饭店347家,星级饭店244家(其中五星级4家,四星级11家,三星级67家),持证导游人员4991人。

中部地区篇

山 西 省

【经济与社会发展】 2001年,山西省完成国内生产总值1774.6亿元,同比增长8.3%。财政总收入229.11亿元,同比增长17.8%。全社会固定资产投资705亿元,同比增长13%。社会消费品零售总额679.9亿元,同比增长8.1%。外贸进出口总额19.4亿美元,同比增长10.01%,其中出口14.68亿美元,增长18.7%。全省接待游客数量和旅游收入分别增长20.8%和23%。城镇居民人均可支配收入5290元,同比增长12%;农民人均纯收入1956元,同比增长2.6%。地方国有及国有控股企业利润同比增长80.7%,亏损企业亏损额同比下降6.1%。

大旱灾造成农作物大幅减产,粮食产量69.2亿公斤,30个重灾县减产八成以上。但在全省共同努力下,通过深化农业结构调整,大力发展畜牧养殖、非农产业以及乡镇企业,取得很大成绩。农民因灾人均在种植业方面损失75元;而工资性收入同比增加64元,畜牧养殖增收19元,家庭经营的非农业增收约25元,转移性和财产性收入增加16元。增减相抵,农民人均纯收入在大灾之年增长2.6%。

全省国企改革、重组工作继续深化,组建了山西焦煤集团等五大企业集团,83%的国有中小企业实行了改制;科教兴晋方面取得新进展,太原理工大学和山西大学分别通过国家"211工程"和省重点大学验收,全省有两所实验室进入国家重点实验室行列,中小学危房改造成绩突出,建成教学基础设施面积23万平方米。

全省加强重污染行业、企业的治理,推行全社会污染物排放总量控制,局部环境质量明显改善。在大气环境质量方面,16个重点监测城市中,有4个城市好转,1个城市恶化,其余11个城市与上年持平。其中太原市全年空气质量二级天数从上年的45天增加为120天,三级天数达210天。

到2001年底,全省参加养老保险的企业职工284万人,参保率96%。全年共征缴养老保险基金43.2亿元,征缴率96%。全省82万名企业离退休人员全部足额领到了基本养老金。全省参加失业保险的职工286万人,当年失业保障基金收入2.94亿元,失业保障基金支出1.5亿元。全年领取失业保险金人数22.1万人(次),同比增加11.7万人(次),月人均支付224元。

【投资环境与利用外资】 山西省政府出台了《关于进一步改善山西省投资软环境的实施意见》,为吸收外资提供了宽松的政策环境,对制止"三乱"收到了良好的效果。同时十分注重对"三资"企业的后期管理和服务,注重对重点企业的调查研究,实实在在为企业排忧解难,以8部门联合年检为契机,密切部门协调,不断总结经验,及时研究解决吸收外资工作中遇到的新情况和新问题。

省政府以依法行政、改进作风、完善服务、创造环境为应对"入世"的总体思路,在机构改革、职能调整的基础上,增加了外经贸部门对全省国际电子商务、涉外条约法律、机电产品进出口以及开发区工作归口管理的行政职能。积极推进行政审批制度改革,简政放权,对所有审批事项进行了调查清理,对外贸经营权由审批制逐步过渡到登记备案制,且由国有企业扩大到民营企业,对外商投资项目的合同、章程审批权和批准证书发放权,下放到各市地和省级以上开发区,切实方便企业,提高效率。

对山西省的地方性涉外法规、规章、政策文件进行了认真清理。对与WTO规则和国家新的法律政策不一致的,及时废止和修改,并结合"四五"普法教育对机关公务员进行了行政法规培训。指导、组织和协调企业针对山西省商品的倾销指控,学习运用反倾销、反补贴以及技术贸易壁垒等法律手段维护了自身的合法权益。

贯彻"大经贸"战略,立足行业指导,为企业创造宽松的外经贸工作运行环境。与有关部门协同配合,加强税贸、银贸、汇贸、关贸等协作,发挥政策的集成效应,落实开拓国际市场资金、出口贴息、外贸发展基金等国家扶持外经贸发展的各项政策。帮助企业解决在经营中遇到的出口退税滞后、配额许可证不足、资金紧张、经营范围有限等方面的困难和问题;继续推进现代贸易方式的建设,加快了山西省国际电子商务站第二期工程的进度,为更多的企业提供了网上出口创汇、招商引资的舞台。

2001年,全省共批准外商投资项目75个,同比增长5.6%;项目总投资5.86亿美元,增长31.9%;合同外资额2.99亿美元,增长14.1%;实际利用外资2.34亿美元,增长4.1%;外商投资企业完成出口1.54亿美元,下降4.4%。新批项目外商投资额明显增大,平均项目投资额800万美元。外商直接投资主要来自于25个国家和地区,其中台湾省、香港、印度、法国、美国、巴拿马为主要的投资国家和地区。

【重点项目介绍】 2001年,全省重点工程进展十分顺利。万家寨引黄工程163公里输水隧洞已全线贯通,总干、南干各泵站首台机组试通水成功;大运高速公路的桥涵、路基已基本完成。

万家寨引黄工程。该工程是从山西西北地区的万家寨引黄河水,通过崇山峻岭向太原市、大同市、朔州市输水的巨大工程。工程由枢纽和引黄工程的总干线、南干线、联接段、北干线等组成。输水工程线路全长452.23公里,主要建筑物有隧洞208.8公里,埋涵141公里,五级六座扬水站,总扬程648米,总装机42万千瓦;调节水库4座,总库容2.87亿立方米。水利枢纽主要由混凝土拦河坝、坝后式水电站、开关站和引黄取水口等组成。总库容8.96亿立方米,电站总装机108万千瓦,年发电量27.5亿千瓦时。水库年供水量14亿立方米,其中向山西省供水12亿立方米。枢纽的主要任务是供水并结合发电调峰,同时兼有防洪、防凌作用。

太原钢铁集团公司不锈钢系统改造项目。总投资49.39亿元,其中固定资产投资47.64亿元,铺底流动资金1.75亿元。项目完成后,可形成50万吨不锈钢冶炼能力和40万吨不锈钢冷轧薄板的生产规模,年可新增销售收入73.68亿元,新增利税13.52亿元,项目的全投资内部收益率14%。

大同汇海水煤浆有限责任公司水煤浆项目。该公司是2000年成立的股份制企业,公司注册资金2165万元,水煤浆总生产能力一期为35万吨/年,二期70万吨/年,规划到2005年发展到500万吨。生产线采用中国矿业大学提供的高浓度制浆工艺,经国家水煤浆工程技术研究中心批准,“国家水煤浆中心山西技术创新中心”设立在该公司,使企业有了更可靠的技术支持。水煤浆作为重油的替代品,市场十分广阔,用户主要分布在电力、石油、石化、城建等部门。

【经济协作与对口支援】 2001年,山西省积极开展对外经济技术协作,省外经贸厅邀请了伊朗、美国、德国、日本、巴基斯坦、尼日利亚、印度、澳地利、英国、加拿大、法国、澳大利亚、俄罗斯、韩国等25个国家和地区的客商224人来山西进行经贸活动。省外经贸系统派往美国、德国、阿联酋、香港、法国、日本、澳大利亚、瑞士、加拿大、土耳其、毛里求斯、英国、新西兰、南非、坦桑尼亚、匈牙利、泰国、韩国、俄罗斯、意大利等50个国家和地区746人进行考察,推销和经贸洽谈。

全年签订对外承包工程和劳务合作合同项目25个,金额5680万美元,同比增长1%;完成营业额5064万美元,同比增长18.1%;当年派出劳务人员815人,年末在外人数1597人,主要派往以色列、香港、新加坡、阿联酋、孟加拉、柬埔寨等20多个国家和地区。在承揽大型项目上有所突破,如十三冶在孟加拉2100万美元的公路项目,省电力公司和送变电项目,都将很好地带动山西省设备、原材料、劳务等的出口。

接受国际经济组织及双边援助项目5个,

金额576万美元，涉及环保、生态、林业、扶贫、医疗卫生等领域。特别是利用加拿大无偿援助解决了左权、和顺等县多年吃水难的问题，收到了非常好的社会效益。

组织参加第89届中国出口商品交易会（春交会），交易会期间，出口成交额1.43亿美元。出口商品结构和出口国别、地区结构进一步优化，出口商品主要有：服装、五金金属制品、玻璃器皿、化工产品、矿产冶金及有色金属。出口国别、地区主要有：欧盟、美国、海湾、港澳地区。

组织参加第90届中国出口商品交易会（秋交会），交易会期间，出口成交额1.36亿美元，参展企业在开发新商品、调整出口结构方面取得了一定的成效。出口商品主要为：五金金属制品、玻璃器皿、化工产品、矿产冶金及有色金属等。出口国别、地区主要有：欧盟、海湾、美国、港澳地区、东南亚、拉美国家。

组织参加第三届中国国际高新技术成果交易会，山西省有16个高新技术项目成交，交易总额11.55亿元人民币，山西参展项目240个，项目涉及电子信息、生物医药技术、新材料、光机系一体化、环境保护、新能源节能技术、化工、轻工、农林牧渔、航空航天等多个领域，门类齐全，技术含量高，不仅具有实用价值，而且发展前景看好，受到了国内外客商的关注和青睐。

结合《中国农村扶贫开发纲要》，制订山西省新阶段扶贫开发实施方案。根据山西省贫困地区生态恶劣，近几年连续受旱的实际情况，新阶段山西省扶贫开发工作瞄准增加贫困人口收入和改善生态环境两大主攻目标，采取措施的重点是实施"旱作节水、种草养畜、农产品加工、扶贫移民"四大增收工程。

2001年下半年组织四个检查组分别到上年安排的方山、兴县、夏县、万荣、乡宁、沁水、左权、右玉等11个扶贫移民重点县进行检查，通过检查除保德、五寨、离石扶贫移民工作进展缓慢外，其他各县在上半年均已全面展开移民新村建设。为了进一步加大扶贫移民的工作力度，2001年又确定了娄烦、河曲、偏关等12个县新安排移民搬迁任务。

贫困地区特别是吕梁地区，连续3年出现旱灾，省扶贫局组织有关人员先后深入到吕梁的兴县、临汾的永和、忻州的静乐开展调查，分析县情，并写出专题调查报告，供省委、省政府在决策时参考。在此基础上，全省当年共安排种养业财政扶贫资金2亿元，其中有近4000万元资金倾斜安排在21个受灾重点县。

吉林省

【经济与社会发展】 2001年，吉林省实现国内生产总值2032.5亿元，比上年增长9.3%，其中第一产业增长4.6%，第二产业增长10.8%，第三产业增长10.3%。社会消费品零售总额906.8亿元，增长11.8%，城镇居民家庭人均可支配收入和农民人均纯收入分别为5340.5和1822元增长11%和7.9%，人口自然增长率为3.4‰。

全省粮食作物种植面积5035万亩，专用玉米900万亩，大豆、玉米轮作面积500万亩。"订单"面积2637万亩，增长1.1倍。粮食总产量1953.4万吨，增长19.3%。畜牧业占农业总产值的比重为43.3%。农业产业化取得新进展，农产品市场信息体系初步建立，农产品质量安全标准、质量监督检测、质量安全认证体系建设取得积极进展。水利基础设施建设投入资金15.4亿元，松干、二松防洪主体工程基本完成。重点小城镇建设步伐加快，"百强镇"发展取得积极成效，乡镇企业改革改组有新的进展。

工业经济保持较快增长，规模以上工业增加值557.3亿元，增长15.1%，工业经济效益综合指数为110%；盈亏相抵后实现利润85.6亿元，其中国有及国有控股企业实现利润65.1亿元。产品销售率96.9%。全省237户中型一类以上国有大中型企业中，完成投资主体多元化公司制改造的已达到70%以上。制定并实施了促进中小企业发展计划，放开国有中小企业近95%。国有资产重组步伐进一步加快,到年底省政府共批复组建15家国有资本营运机构,约400亿资产纳入运营。个体私营经济税收实现20.7亿元,增长30.7%。

第三产业实现增加值742亿元,批发零售餐饮业等传统服务业保持平稳的发展势头,信息服务等新兴产业显示出较强的增长潜力。会展业迅速兴起,长春国际会展中心落成并成功举办了农博会、汽博会等大型会展。全省商品房销售面积345万平方米,增长13%,移动电话用户增长65.5%以上,IP网户增长1.6倍。旅游业全年接待国内外游客2252万人次,增长23%;旅游收入83.8亿元,增长47.4%,居民消费价格指数为101.3%。

完成全社会固定资产投资679.5亿元,增长15.8%,基建、技改、房地产投资分别增长14.9%、11.3%和6.4%。全年国家下达基本建设国债项目计划309项、国债资金33.7亿元。年末完成项目投资118亿元,列入国债贴息的技术改造项目16项,贴息专项贷款规模13.3亿元。大多数国债项目竣工投产,其中:二松堤防基本达到50年一遇的标准,50个县农网改造一期工程全部竣工,长春轻轨一期工程实现试通车,四平至白山一级公路辽源至通化段、延吉至图们高速公路建成通车。第一、二批国家粮库及世行贷款中转库和收纳库基本完工,陆续投入使用,第三批34个国家粮库建设项目开工建设。“十五”百项重点工程新开工建设18项,续建25项,前期工作57项,累计完成投资265亿元。

一般预算全口径财政收入218.3亿元,其中,地方级财政收入121.1亿元,增长16.6%。财政支出326.4亿元(包括国家税收返还和专项补助等),可比增长14.1%。年末金融机构各项存款余额2623.9亿元,增加264亿元。其中城乡居民储蓄存款余额1796.9亿元。各项贷款余额2981.8亿元,增加78.8亿元。

全年外贸进出口总额31.33亿美元,同比增长21.9%。其中出口14.63亿美元,增长16.3%;进口16.7亿美元,增长27.1%。玉米出口400多万吨,创汇4.7亿美元,拉动全省出口增幅10个百分点。中俄互市贸易区和珲春出口加工区建设有新的进展,对韩国、日本、朝鲜、马来西亚等国的出口继续保持增长。全省开发区实现国内生产总值470亿元,增长33%,出口完成6亿美元,增长46.3%。

全省8所省属科研机构完成企业化转制。全社会研发投入14亿元以上。百项高技术产业化示范工程已有56项列入国家计划,有7项获得国家授牌、15项获得省级授牌。长春光电子产业基地、长春软件园等项目已开工建设,入园企业分别达到114户;全年新增民营科技企业320户。教育体制改革和布局调整取得进展,两基成果得到进一步巩固,建立了农村中小学危房改造、扶持贫困生等专项资金,改善了中小学办学条件。高校新制二级学院建设和管理有所加强。高校后勤人员、相应资源与学校行政系统的剥离工作初步完成。高校学生公寓开工建设面积9.8万平方米。全年普通高校招生7.1万人,录取率71.2%,高等教育毛入学率16%。

制定《吉林省生态省建设总体规划纲要》,启动了生态建设优先项目计划。加大造林和绿化的工作力度,全年完成公益林造林11.5万公顷,封山育林32.1万公顷,森林抚育19.1万公顷,复垦整理土地3000公顷。全省主要城市饮用水源地水质达标率继续稳定在95%以上;城市污水集中处理率(一级)、工业用水重复利用率和工业固体废物综合利用率分别达到10%、76%和50%。

全年累计发生下岗职工45.28万人,实现再就业14.64万人。发放下岗职工基本生活费10.8亿元;离退休人员养老金社会化发放率95%,共发放低保资金2.1亿元,城镇职工医疗保险参保人数124万人。全年安排各类扶贫资金4.83亿元,比上年增加了8900万元。

广播和电视人口覆盖率95%和96%,长影世纪城项目经国家批准立项,农村卫生院改造取得积极成效。体育竞技水平进一步提高,全国九运会上共获奖牌39枚，相继改造和建设了北大湖滑雪场、净月潭滑雪场及长白山等一批旅游和体育设施重点工程。

【投资环境与利用外资】 2001年实际利用外资5.3亿美元，增长7.8%，其中借用国外贷款1.84亿美元，增长17.7%；外商直接投资3.38亿美元，增长0.2%。赴沪苏浙、闽粤、京津鲁招商引资活动签约项目842项，总投资644亿元，合同利用域外资金402亿元，已到位48.2亿元。西安投资洽谈会合作项目149项，合同金额102.4亿元。

【经济协作与对口支援】 吉林省经协系统完成经协项目完成147个；完成科技成果转让项目35个；实际引进资金21.8亿元；交流信息4022条；人才交流5458人次。

组织参加了第五届东西部合作与投资贸易洽谈会和第八届天津全国商品交易会。“西洽会”吉林省代表团展位143个，参展企业750户，会上共签约项目149项，投资总额102.4亿元，拟引进域外资金50.9亿元，贸易总额14.7亿元。截止年底，所签项目全面启动的已有79项，实际引进外资10.71亿元。“天交会”吉林省展位101个，参展企业180户，参会人数350人。

吉林省党政代表团、经贸代表团赴山东、北京、天津考察学习和经贸交流，与山东、北京、天津签约合作项目385项。其中投资类项目301项，投资总额287亿元，拟利用域外资金255亿元；贸易类项目59个，贸易额51亿元。此外还有25个其他类合作项目。还签署了“深入开展经济技术交流合作会谈纪要”，与二市一省确定了长期稳定的合作关系。

参与促成了长春华禹光谷、芬兰阿加波、香港浩德、深圳中兴四家投资1200万美元，在长春市高新技术开发区征地建厂，生产销售诺基亚手机产品项目。华禹光谷与香港浩德投资3170万元，在长春高新技术开发区生产表面贴装晶体元器件项目，一期工程1400万支，可实现销售收入4297万元，利税1637万元；学生豆奶粉项目，达产后年转化大豆10万吨，可生产各种奶粉和豆奶8万吨，预期可实现利税1.8亿元。海虹公司投资4050万元，建立医药电子商务平台以及在“西洽会”上签订了高科技成果项目6项，成交额1.35亿元。

引进域外资金，促进经济结构调整，福耀集团在长春投资3亿元，年产50万套轿车玻璃项目。河北冀东水泥集团在盘石市投资5亿元，建设年产180万吨水泥熟料生产基地项目。为白城市引进3.85亿元，上马洮北区8氏甘草种植基地和深加工项目、洮南四毛改建粮食储备库等项目。为松原市引进投资8000万元的16万吨饲料加工项目。促成上海高榕食品有限公司与农安合建蔬菜基地项目及吉林华正集团与英国PIC种猪改良公司生猪饲养屠宰项目等。

吉林省在对口支援的方式、方法上由过去单纯给钱给物的“输血型”支援变为进行项目对接支援的“造血型”支援，并在人才、技术上给予支持。西洋参种植和梅花鹿养殖项目在巫溪县实施后受到当地政府和群众的欢迎。西洋参种植基地常年在地参苗400亩，梅花鹿存栏1000头。两个项目已初具规模并开始产生效益。几年来吉林省先后组织15个团组150多人次赴三峡库区对接了20多个合作项目，并在旅游资源开发和教育事业发展等方面进行了广泛研究和探讨。吉林省援藏年产5000万块灰砂砖项目投资2300万元，2001年9月开工，预计2002年8月竣工投产。

【重点项目介绍】 舒兰禾生5万吨高蛋白学生豆奶粉工程：主要建设内容有主体厂房1.8万平方米，原料库2400平方米，成品库4500平方米，主要生产设备及锅炉房、污水处理站，总投资19939.9万元。

吉林东北虎药业蛹虫草菌粉及其制剂工程：建设规模和产品方案为蛹虫草菌粉（干品）100吨、蛹虫草菌粉胶囊1.8亿粒。主要建设内容为综合厂房、综合办公楼、动力站、厂区管网及门卫，建筑面积4万平方米，总投资17753.3万元。

四平至白山一级公路工程：项目全长

284.14公里,总投资36.4亿元。辽源矿务局金宝屯矿井建设工程:金宝屯煤田位于内蒙古自治区科尔沁左翼后旗协尔苏乡境内,金宝屯矿井建设规模为120万吨/年,产品为长焰煤。总投资89529万元。

长春高新区大学城一期建设工程:总体规划占地面积6平方公里。项目总建筑面积148万平方米,其中一期工程规划总建筑面积82万平方米。一期工程估算投资12.3亿元。

长白山天然矿泉水资源勘查开发保护工程:现已建成生产能力在万吨/年以上的生产企业3家,其中,娃哈哈集团吉林有限责任公司靖宇矿泉水厂生产矿泉水9万吨/年,抚松县生产矿泉水等系列饮料10万吨/年,靖宇县吉源矿泉水厂生产矿泉水1万吨/年。规划建设11个矿泉水生产厂,年产矿泉水83万吨,总投资7.08亿元。

主要城市污水处理工程:长春市北郊污水处理厂已完工,长春市西郊、长春市双阳区、吉林市、松原市、辽源市、四平市、公主岭市、梨树县污水厂正在建设中。

省特产局百万亩保护地项目:省政府在"十五"期间实现发展保护地生产总规模100万亩,带动农户100万户,实现年产值80亿元。

长春热缩材料公司粘性内表面热缩管工程:年生产纲领2亿米,年纲领重量为1556吨。总投资15114万元。

黑龙江省

【经济与社会发展】 2001年,黑龙江省实施"搞好二次创业,实现富民强省"战略成效显著。面对预期走低的世界经济,以发展为主题,以结构调整为主线,正确处理改革发展、稳定之间的关系,经济增长加快,社会全面进步。

经济增长步伐加快。2001年,全省实现国内生产总值3561亿元,按可比价格计算,比上年增长9.3%,增幅比上年高1.1个百分点,是近四年来的最高增幅。其中第一产业增加值408.9亿元,增长8%;第二产业增加值1998.7亿元,增长9.8%;第三产业增加值1153.4亿元,增长8.8%。人均国内生产总值9349元,增长9%。产业结构有所调整。三次产业结构为11.5:56.1:32.4。

国有企业改革改组稳步推进。企业战略性调整重组取得新的进展,98户国有大中型骨干企业完成公司制改造,占可改制国有大中型企业总数的85%;继续放开搞活国有中小型企业,全省国有中小企业累计改制2664户,改制面87.6%。

2001年,黑龙江省坚持走效益型农业的发展道路,继续大力调整结构,扩大绿色、特色作物种植,提高良种覆盖率,战胜了春季低温、春夏干旱和病虫等自然灾害。农业和农村经济实现了稳定发展。

种植业结构进一步优化。全省优质农作物播种面积占种植面积比重75%,比上年提高5个百分点。粮食总产量2651.7万吨,同比增长4.2%。

绿色食品产业加速发展。全省绿色食品认证达281个,比上年增加116个,增长70.3%,占全国认证总数的14.1%。绿色食品产业牵动农户79.9万户,占全省乡村总户数的17.2%。全年实现绿色食品种植业和养殖业产值72.3亿元,占农牧渔业总产值比重为10.2%。绿色食品加工企业实现产值53.7亿元,增长1.2倍,利税7.6亿元,增长61.7%。

林业生产稳定增长。全年完成造林面积27.7万公顷。实现退耕还林面积6万公顷,增长1.3倍。天然林保护工程继续深入实施。省森工系统木材产量比上年调减26万立方米。

畜牧业发展步伐加快,所占比重提高。全年实现畜牧业总产值224.6亿元,同比增长9.8%。畜牧业总产值占农林牧渔业总产值的比重31.6%,比上年提高3.5个百分点。

农业生产条件继续改善。年末全省拥有农机总动力1666.9万千瓦,同比增长3.3%。拥有大中型农用拖拉机72.9万台,增长

0.3%。化肥施用量(折吨)123.2万吨,增长1.4%。农村用电量28.7亿千瓦时,增长4.4%。农田有效灌溉面积209万公顷,增长2.9%,节水灌溉面积118万公顷,增长6.2%。

2001年,全省工业继续贯彻“抓大放小”方针,以市场为主体,深化国企改革、加快结构调整,通过体制创新和技术创新,使工业生产保持较快增长。全部工业实现增加值1767.8亿元,同比增长9.5%。工业对国内生产总值增长的贡献率52.2%,成为推动全省经济快速发展的主要因素。其中规模以上工业实现增加值1253.5亿元,同比增长10.6%。

受固定资产投资增长加快的影响,建筑业发展势头良好。全年建筑企业完成增加值231亿元,同比增长12.6%。四级资质以上的建筑企业实现税金11.1亿元,增长45.3%,实现利润3.8亿元,扭亏为盈。建筑市场进一步规范,全年通过投标承包工程4922个,增长18.5%,占全部施工单位工程比重的47.5%。施工房屋面积3042.9万平方米,增长13.2%,竣工房屋面积1422.5万平方米,下降1.9%。

教育事业在改革调整中稳步发展。年末全省共有普通高校41所,在校生27.1万人,同比增长35.5%;研究生培养单位有22所,在校研究生1.4万人,增长27.3%;普通中学2775所,在校生252.1万人,增长1.4%;成人中等专业学校在校生5.1万人,下降16.4%;小学12636所,在校生258.8万人,下降8.6%。

科技队伍稳定增强,科技投入加大。年末全省地方国有企事业单位共有各类专业技术人员96.4万人。从事科研活动人员9.7万人,增长5%。全年科技经费支出42.5亿元,增长7%,全年共取得重大科技成果912项。全年受理专利申请3670项,授权专利1869件。

体育事业蓬勃发展。全年共获得各种赛事的世界冠军5个,创造世界记录2项。在国内比赛中,黑龙江省运动健儿创全国记录3项,获金牌151枚,银牌170枚,铜牌162枚。全民健身运动广泛开展。举办运动竞赛会584次,参加人数30万人次。

居民收入增加,生活水平进一步提高。由于全省经济持续稳定增长,加上政策性调资,全年全省城镇居民人均可支配收入5426元,同比增长10.4%。全省城镇居民人均可消费性支出4192元,增长9.6%。

由于全省粮食增产,尤其是绿色、特色种植业的快速发展,牧业生产形势好,价格上扬,农民收入出现恢复性增长。全省农民人均纯收入2280元,比上年增加132元,增长6.1%,结束连续三年下降的局面。全省农民人均消费支出1604.5元,同比增长4.2%。

城乡居民居住条件继续改善。城镇居民人均住房建筑面积18平方米,比上年增加0.8平方米;农村人均住房面积18.9平方米,增加0.6平方米。

【投资环境与利用外资】 2001年,黑龙江省加大了争取国家投资和调动地方、企业投资积极性力度,重点实施大项目战略,启动百项工程建设。全年完成全社会固定资产投资993.7亿元,同比增长14.3%。

投资结构得到进一步调整。全年农林牧渔水利业投资34.3亿元,增长52.4%,占全部投资比重的35%;运输邮电通信业投资179.1亿元,增长33.9%,所占比重为18%;机械电子工业投资27.9亿元,增长19.7%,所占比重为2.8%。能源工业投资203.4亿元,下降7.8%;所占比重为20.5%。在更新改造投资中,用于节约、增加品种、提高产品质量、“三废”治理等的投资54.9亿元,增长53.3%,所占比重提高11.6个百分点。

投资效益有所提高。全年新增固定资产684亿元,增长16.8%;竣工房屋面积2219.7万立方米,房屋竣工率达64.2%,提高1.7个百分点。建成投产的建设项目2641个,下降16%。

交通运输业平稳发展,邮电通信业继续保持快速增长。全年交通运输和邮电通信业完成增加值239.2亿元,同比增长13%。

2001年全省对外经贸保持较快增长。全年进出口总值33.8亿美元,同比增长13.3%。其中进口17.7亿美元,增长15.4%;出口16.1亿美元,增长11.1%,在进出口总值中,边境小额贸易进出口10.9亿美元,增长7.7%;一般贸易进出口13.7亿美元,增长6.3%。

利用外资小幅增长。全年协议利用外资11.9亿美元,同比增长9.4%;实际利用外资11.5亿美元,增长4.3%,其中外商投资8.6亿美元,增长3.6%。

对外经济技术合作有所扩大。全年签订对外承包工程和劳务合作合同金额2.4亿美元,同比增长4.3%;营业额1.4亿美元,增长2.9%。

【重点项目介绍】 “三北”防护林体系建设四期工程。规模为人工造林630万公顷,封山育林194万公顷,飞播造林126万公顷。起止年限2001年—2010年,总投资354亿元。

退耕还林工程。规模为退耕还林2万公顷,荒山造林2万公顷。起止年限2000年—2003年,总投资4.14亿元。

尼尔基水库工程。规模为总库容81.72亿立方米,装机280MW。2001年新建,总投资45.2亿元。

寒葱沟水库工程。规模为库容8858万立方米,起止年限2002年—2004年,总投资3亿元。

国道京加公路塔子城至齐齐哈尔段项目。规模为一级公路228公里、二级公路174公里,总投资46.8亿元,处于前期准备阶段。

省道同江至抚远公路项目。规模为二级公路163公里。起止年限2001年—2004年,总投资6.9亿元。

绥佳线佳木斯松花江特大桥项目。规模为桥长2494米。起止年限2000年—2003年,总投资3.2亿元。

外围油田产能建设项目。规模为原油306万吨。起止年限2002年—2005年,总投资95亿元。

西沟抽水蓄能电站项目。规模为装机2台10万千瓦机组。起止年限2003年—2005年,总投资8.1亿元。

哈尔滨轨道交通一期工程项目。规模为自哈医大二院至哈尔滨东站,线路长14.4公里,16座车站,1座车辆段,总投资45.2亿元,处于前期准备阶段。

哈尔滨磨盘山水库供水工程。规模为新增供水能力90万立方米。起止年限2002年—2009年,总投资44.9亿元。

双鸭山塌陷区综合治理一期工程。规模为新建住宅35.3万平方米,新建或加固中小学校舍4.65万平方米等。起止年限2001年—2003年,总投资3.9亿元。

哈尔滨国际会展体育中心项目。规模为23万平方米。2001年始建,总投资17亿元。

黑龙江省科学技术馆项目。规模为建筑面积2.5万平方米。起止年限2001年—2002年,总投资2.8亿元。

伊春森林旅游项目建设工程。规模为新建和改扩建旅游公路418公里,景区景点108处。起止年限2001年—2005年,总投资27.9亿元。

伊春市北药开发项目。规模为建设省、市级北药基地20处,改造现有制药企业3户,新建北药开发市场1处。起止年限2001年—2005年,总投资15亿元。

哈尔滨三乐源生物工程集团股份有限公司大豆蛋白活性肽项目。规模为年产1万吨大豆蛋白活性肽。起止年限2002年—2003年,总投资5.1亿元。

黑河关乌河水泥厂项目。规模为2条日产2500吨熟料新型干法水泥生产线。起止年限2001年—2004年,总投资7.8亿元。

【经济协作与对口支援】 面对全球贸易下降、出口困难的新情况,黑龙江省重点开发俄罗斯市场,对俄贸易大幅度增加。全年实现对俄贸易总额18亿美元,增长31.1%,占全省对外贸易总额的53.2%,其中出口7.8亿美元,增长68.2%。其主要特点是项目规模扩大,高技术项目增多,资金到位率高。扩大省际间经济技术合作，引进省外资金 72.5 亿元，增长 12%，项目履约率和资金到位率分别达到 66% 和 49%，比上年提高 5 个和 26.5 个百分点。企业走出去的能力增强，农业、森工、食品、轻工等领域对俄投资增加，完成境外投资 5800 万美元。

全省扶贫解困和社会治安工作取得很大成绩，起到了稳定社会、稳定民心的作用。以机关事业单位职工工资、离退休人员基本养老金、下岗职工基本生活费，困难居民的最低生活保障金按时发放为内容的“四个确保”工作得到很好落实；城市“一帮一”扶贫解困工程顺利实施，农村新的十年扶贫开发工作顺利启动，城乡贫困人口得到有效救助；查处用人单位拖欠进城民工打工钱的工作取得进展；优扶对象、劳动模范的生活得到妥善安排；社会治安“严打”整治斗争深入开展，人民群众的安全感明显增强。

安 徽 省

【经济与社会发展】 2001 年，安徽省实现国内生产总值 3290.1 亿元，同比增长 8.6%。其中，第一产业增加值 754.2 亿元，增长 3.3%；第二产业增加值 1415.2 亿元，增长 10.4%；第三产业增加值 1120.7 亿元，增长 10.1%。国内生产总值中三次产业比例为 22.9:43:34.1。

全年粮食产量 2500.3 万吨，同比增产 28.2 万吨，增幅 1.1%；油料产量 296.9 万吨，同比增长 4.1%；棉花产量 37 万吨，增长 29.8%。以发展养殖业和推进农业产业化为重点的农业结构调整步伐加快，种植业内部粮经二元结构正在向粮经饲三元结构转变。

全省工业实现增加值 1191.5 亿元，同比增长 9.9%，国有及规模以上非国有工业企业实现增加值 550.1 亿元，增长 11.6%。工业结构调整步伐加快，钢、钢材、水泥等投资类产品稳定增长。全省规模以上工业企业经济效益综合指数为 98.6，同比提高 6.7 个百分点；产品销售率为 98%，下降 0.5 个百分点；实现销售收入 1798.5 亿元，增长 9.9%；利税总额 193.5 亿元，增长 21.4%，其中实现利润 52.6 亿元。

全年社会消费品零售总额 1142.8 亿元，同比增长 8.4%，其中城市消费品零售额 546.7 亿元，增长 9.6%；县及县以下分别为 254 亿元和 342.1 亿元，增长 8.3% 和 6.6%。全年商品成交额 1032.8 亿元，同比增长 6.7%。完成各类运输货物周转量 1093.2 亿吨公里，同比增长 1.6%，旅客运输周转量 558.4 亿人公里，同比增长 4%。

全年进出口总额 36.2 亿美元，同比增长 8.2%。其中，出口总额 22.8 亿美元，增长 5.1%；进口总额 13.4 亿美元，增长 13.9%。实现旅游总收入 186.2 亿元，同比增长 16.5%。其中，旅游外汇收入 1.4 亿美元，增长 20.2%；国内旅游收入 174.9 亿元，增长 16.2 %。接待海外游客 38.1 万人次，增长 19.6%；接待国内游客 3363.6 万人次，增长 13.1%。

安徽省共有各类专业技术人员 100.8 万人，同比增长 3.9%。有县以上独立研究开发机构 227 个，高等院校办研究与发展机构 40 个，大中型工业企业办技术开发机构 261 个；从事科技活动人员 10 万人，其中科学家和工程师 5.7 万人，分别增长 3.1% 和 3.2%。全省有民营科技企业 4924 家，从业人员 10.8 万人，技工贸总收入 153.8 亿元。有国家重点实验室 3 个，省级重点试验室 4 个，省部共建实验室 4 个，新建省工程技术研究中心(中试基地)2 个，企业技术中心 138 个。

全省有普通高校 54 所，在校生 25.2 万人。研究生培养单位 17 个，当年招收研究生 3254 人，其中高校招收研究生 3016 人；在学研究生 7669 人，其中高校 7104 人。各类普通中等职业学校 791 所，在校生 59.3 万人，其中普通中专学校在校生 15.6 万人。技工学校在校生 3.7 万人，普通中学 3787 所，在校生 372.7 万人，其中高中在校生 64.4 万人，初中在校生 308.3 万人。小学 22970 所，在校生 691.9 万人。小学学龄儿童入学率为98.6%;普通初中和小学学生辍学率分别为5.71%和0.28%。成人教育和技术培训进一步发展。全年成人高等教育机构招收本专科学生6.3万人,在校生15万人。

全省有艺术表演团体92个,文化馆103个,公共图书馆84个,博物馆38个,各级国家档案馆123个,馆藏档案资料465万卷册,库馆总建筑面积12.5万平方米。广播电台15座,中波发射台和转播台23座;电视台17座,电视发射台和转播台332座;有线电视用户达206万户;另有县级广播电视台50座。有卫生机构(含诊所、卫生所室、个体开业)7038个,同比增加333个。其中,医院、卫生院2952个,卫生防疫防治机构229个,妇幼保健机构110个。全省医院、卫生院共有床位11.6万张,同比增加1023张。共有专业卫生技术人员15.5万人,其中医院、卫生院13.5万人,卫生防疫防治机构1万人,妇幼保健机构0.29万人。在医院、卫生院专业卫生技术人员中,有医生5.6万人,护师(士)3.8万人。

本省运动员在国际和国内的重大比赛中,共获得21.5枚金牌、30枚银牌和22.5枚铜牌,拥有各类体育场地14106个,其中体育馆42个,标准体育场35个。

全省职工工资总额309.1亿元,同比增长6.9 %,其中在岗职工工资总额295.8亿元,增长7.3 %;在岗职工平均工资7908元,增长13.1%。全省城镇居民人均可支配收入5668.8元,同比增长7.1%;人均消费性支出4517.7元,增长6.7%;城镇居民恩格尔系数为44.3%,同比下降1.4个百分点。农民人均纯收入2020元,增长4.4%;农民人均消费支出1412元,增长6.9%;农村居民恩格尔系数为53.5%,同比下降0.5个百分点。居民住宅条件继续改善,城乡建成住宅6930.8万平方米,其中城镇1971.9万平方米,农村4958.9万平方米。

【投资环境与利用外资】 到2001年底,全省公路通车总里程6.58万公里,其中高速公路596公里,二级以上公路8036公里,基本形成以合肥为中心,通达全国主要城市、贯通全省各地的高等级公路网。全省已建成13条干线和支线铁路,铁路营业里程2164公里,芜湖长江大桥和正在建设的宁西线,改变了安徽在全国铁路路网中的地位。合肥、黄山、阜阳、芜湖、安庆、蚌埠六大机场与国内29个大中城市通航,合肥、黄山已开通了香港航线。在横贯安徽境内的400公里长江上有5个对外开放口岸,全省已经全部实现电话交换程控化,移动通讯网覆盖全省,与国内各城市和世界160多个国家和地区建立了便捷的通讯联系。

到年底全省已发现各种矿藏136种,已探明储量的70多种,其中煤炭储量居全国第7位,铁矿石居第5位,硫铁矿居第2位。安徽有被联合国列入世界文化与自然遗产名录的旅游胜地黄山和中国佛教圣地九华山,全省有国家级、省级各类旅游点290多处,其中国家风景名胜区5处,历史文化名城3座,以黄山、九华山、太平湖为中心的皖南旅游区,是我国品位最高、景点最集中、特色最鲜明的山岳风光旅游区。

安徽人力资源丰富,科技教育实力雄厚,拥有江泽民亲笔题名为“科学岛”的中科院合肥分院和全国闻名的中国科学技术大学等一大批高等学府和研究机构,各类科研机构200多家。国家级合肥高新技术产业开发区1997年9月被国务院批准为向对亚太经合组织特别开放的科技工业园区。

安徽工业有较强的配套能力,以合肥为中心的机械和轻工业,以马鞍山为重点的钢铁工业,以芜湖为基础的新型建材工业,以安庆为基础的石油化工工业,以铜陵为中心的有色金属工业,淮南、淮北两大煤炭基地等在全国均占有重要地位。

安徽对外开放格局初步形成,一批国内外知名企业来皖投资兴业,省内部分企业已开始“走出去”投资的尝试。到年底全省批准“三资”企业4600多家,实际利用外资66.6亿美元。一些境外大公司入住本省,可口可乐、西门子、日立、住友、三洋、伊滕忠、圣戈班、ABB等23家世界500强企业已在安徽安家落户。

全年全省合同利用外资12.73亿美元,增长69.4%,实际利用外资4.8亿美元,增长15%,其中,新批外资企业260家,增长12.4%;协议利用国外贷款1.2亿美元,实际利用1.18亿美元。审批境外投资项目5个,总投资3000多万美元。实际利用外资4.8亿美元,同比增长15%,其中外商直接投资3.4亿美元,增长5.7%。当年新批"三资"企业260家,同比增加13家。

【重点项目介绍】 2001年安徽省列入考核的49个项目,全年完成投资100亿元,建成和基本建成怀洪新河、港口湾水库、合肥—徐州高速公路南段、淮南矿区张集矿井、铜陵气动乳化脱硫除尘装置、安徽省汽车零部件工程一期工程、农村电网改造一期等22个项目,列入新开工11个重大建设项目已经开工9个。

一批重大项目进展顺利,蚌埠机场迁建工程场道工程基本完工。合肥—安庆高速公路已完成路基工程,进行水稳层和面层铺设。连云港—霍尔果斯公路安徽段路面底基层已全部完成。合肥—徐州高速公路北段特大桥工程已进入上部施工,安徽大学图书馆工程主体结构完成,进行内外装饰。

【经济协作与对口支援】 2001年安徽省经济协作围绕实施西部大开发战略,以加强东中西部合作为重点,积极开展内引外联,招商引资取得新成果。2001年实际利用内资(省外资金)105.89亿元,完成任务的117.66%。

组织参加了4月在西安举办的"中国东西部投资与贸易洽谈会"。共签约项目45个,总投资额近21个亿。其中,利用外资项目9个,总投资额8622万美元;国内联合项目36个,总投资额13个多亿。在签约项目中,合同签约占40%左右,协议签约占60%左右。

安徽省人民政府、新疆维吾尔自治区人民政府、新疆生产建设兵团于2001年7月在乌鲁木齐市联合举办皖新产品展销暨经贸合作洽谈会,共签订了利用外资、外贸、内贸、内联、科技、劳务合作六大类项目124项,总金额33.4亿元人民币。其中签订合同的项目63项,合同金额128289.4万元人民币;签订协议项目61项,协议金额206061.6万元。

江　西　省

【经济与社会发展】 2001年,江西省实现国内生产总值2176亿元,同比增长8.8%,其中一产业增长4.1%,第二产业增长12.4 %,第三产业增长8.4%。财政总收入200.2亿元,增长16.6%,其中地方财政收入131.9亿元,增长18.3%。

工业增长明显加快,全年钢产量399.4万吨,增长24.9%;汽车16万辆,增长19.5%;水泥1607万吨,增长16.3%。全年全部工业增加值595亿元,同比增长10.6%。规模以上工业企业盈亏相抵后净盈利14.2亿元,经济效益综合指数为81.6%。技术创新体系建设加快,省级企业技术中心由24户增加到40户。企业改革继续推进,国有大中型企业中已有125户实行了公司制改革。

围绕增加农民收入,加大农业结构调整力度。水产品产量132.2万吨,增长4%;肉类总产量193万吨。农业产业化经营加快推进,一批龙头企业正在壮大,江西苎麻纺织集团、南丰飞环酒业、江西德宇集团、广昌昌顺公司被评为国家级农业产业化龙头企业。科教兴农措施进一步落实,建设了南昌、赣州2个省级农业科技园。农产品促销力度明显加大,在上海成功举办了江西优质农产品展示展销会。利用国债资金改造了一批农村道路和病险水库,实施了节水灌溉、人畜饮水等工程,有效灌溉面积达到1897.5千公顷,旱涝保收面积达到1534.6千公顷。扶贫开发取得新成就,国家和省安排的扶贫建设资金5.5亿元,促进贫困地区农民人均增收60元。

2001年,江西省城镇居民可支配收入5506元,增长7.9%;农民人均纯收入2232元,增长4.5%。企业离退休人员基本养老金本期支付率 99.8%，养老金社会化发放率 99.5%，国有企业下岗职工基本生活费足额发放率达到 97%。全年消费品零售总额 763.3 亿元，实际增长 10.1%。全省金融机构个人中长期消费贷款年末余额 55.8 亿元，比年初增加 27.6 亿元。全省商品住房销售面积增长 79.6%，销售收入增长 83.6%，其中个人购房面积增长了一倍。每百户居民拥有固定电话 40 部，同比增加 7 部；每百人拥有移动电话 8 部，同比增加 4 部；互联网用户数和有线电视用户数分别增长 55%和 20%；人口自然增长率下降到 9.38‰，年末总人口 4186 万人。

小学适龄儿童入学率 96.91%，小学毕业生升学率 94 .8%，普通高中招生比上年增加 4.32 万人，增长 26.92%，普通高校招生 7.6 万人，高考录取率达到 62%，在校生 19.6 万人，共有 7 个博士生点，222 个硕士点，研究生招生 1335 人，在校研究生 2970 人。

以京九铁路沿线旅游开发为重点，加强了庐山、井冈山、龙虎山、三清山、三百山、鄱阳湖、景德镇、南昌、赣州、瑞金等旅游区的开发建设，旅游入境人数 19. 6 万人，旅游外汇收入 7000 万美元，旅游业总收入 161.39 亿元。

共有各类医疗机构 7594 个，医院病床 6.3 万张，各类卫生技术人员 12.3 万人。通过实施"农民健康工程"，促进了农村医疗卫生机构现状的改善，建立和健全了农村卫生服务网络。共有各类文化机构 2291 个，广播电视人口覆盖率分别为 90%和 93%。

【投资环境与利用外资】　2001 年全社会完成固定资产投资 660 亿元，同比增长 20.5%。其中国有单位投资 421 亿元，增长 26.6%；集体和个体投资 240 亿元，增长 11.1%。在国有投资中，基本建设投资 228 亿元，增长 14.9%；更新改造投资 107 亿元，增长 42.3%；房地产开发投资 64 亿元，增长 49.9%。

全省铁路营业里程 2262 公里，公路通车里程 6 万公里，其中高速公路 421 公里，内河通航里程 5537 公里。电信实现了乡乡交换程控化、传输数字化，程控电话装机 592 万门，移动电话容量 315 万户，铺设了干线光缆，开办了互联网业务。城市日供水能力 640.8 万吨，用水普及率达 93.2%，管道供气总量 3.9 亿立方米，用气普及率 65.8%，人均道路面积 6.5 平方米，人均公共绿地面积达 5.8 平方米。

在积极发挥浙赣铁路、320 国道、九景高速公路、昌厦公路等交通大动脉在促进与东、西部联系中的重要作用的同时，加快建设赣粤高速公路、赣龙铁路、井冈山机场、上海至云南瑞丽国道主干线江西段，使其尽快发挥效益；此外，还要抓紧开展铜九铁路、吉安至衡阳、九江至景德镇至衢州、赣韶铁路、向塘至抚州至龙岩铁路、京福高速公路江西段的前期准备工作，进一步打开西部地区的出海口，加快东部与中西部之间的融合。

2001 年实际利用外资 5.4 亿美元，同比增长 64.8%，其中借用国外贷款 1.5 亿美元，外商投资 4 亿美元。全省共批准外商投资项目 309 项，合同外资 5.3 亿美元。分别同比增长 12.8%、98.2%。外贸进出口总额 15.3 亿美元，其中出口 10.4 亿美元，下降 13.2%；进口 4.9 亿美元，增长 15.3%。

【重点项目介绍】　2001 年重点项目共 38 项。其中建成投产项目 10 项，续建项目 10 项，新开工项目 11 项，预备项目 7 项。主要涉及水利基础设施，高速公路及铁路，电力、电网，信息技术，社会事业建设等五大类。全年共完成投资 74.5 亿元，同比增长 24.8%。

建成投产项目。井冈山华能电厂：建设规模为 2 台 30 万千瓦燃煤机组，总投资 29.8 亿元，新增火力发电 30 万千瓦。中国联通江西分公司 GSM 三期工程：总投资 6.17 亿元，新增 35 万门数字移动电话及光缆线路 1035 公里。柘林水电站扩建工程：建设规模为 2 台 12 万千瓦水轮发电机组，总投资 7.1 亿元，新增水力发电 12 万千瓦。江西省科技馆：由展示区、宇宙剧场、学术行政区三大功能区组成，总投资 9880 万元，新增建筑面积 15977 平方米。江西省老干部活动中心综合楼：建设总投资 4500 万元，新增建筑面积 16613 平方米。

江西省一附院外科大楼:共分12个病区,每个病区配有中心吸引、中心给氧、传呼系统,总投资2500万元,新增560张病床。第二期国家储备粮库,总库容12亿斤,总投资3.3亿元,新增粮食仓储12亿斤。赣西大桥:长510米、宽25米,引道分别与青萍公路和建设北路相接,总投资5851万元。上饶县下会坑水库1号、2号机组工程:总投资13413万元,总库容3529万立方米,大坝高102.4米,系目前国内同类型最高坝,新增水力发电0.8万千瓦。江西省高技术产业发展中心:总投资2490万元,新增建筑面积1.12万平方米。

新开工项目。赣粤高速公路昌傅至泰和段、南昌第二长途电信枢纽工程、南昌市麦园垃圾卫生填埋场二期工程、中央直属九江棉花储备库、九江电厂三期送出工程、中国联通江西分公司CDMA数字移动通信网一期工程及二级干线三期工程、赣粤高速公路泰和至赣州段、抱子石电站、第三期国家储备粮库、赣龙铁路江西段、赣粤高速公路赣州至定南段、江西省人民医院二部二区病房楼。

续建项目,完成投资38.3亿元。沪瑞高速公路梨温段、江西省长江干流江岸堤防加固整治工程、赣抚大堤加固配套工程、鄱阳湖区二期防洪工程、九江电厂三期工程、丰城矿区曲江井、景德镇市第四水厂、赣州市第三水厂、南康市第二水厂、东安微型汽车发动机扩建工程。

【经济协作与对口支援】 2001年,全省共签订经济技术协作合同项目3510项,合同引进省外资金370.76亿元,实施经协合同项目3238项,实际引进省外资金183亿元,合同引资比2000年增长169.5%,实际引资比2000年增长108.6%,超额完成省政府下达的实际引进省外资金100亿元任务目标,创历史最好水平。

江西省的三峡库区移民安置工作,坚持国务院"迁得进,稳得住,逐步能致富"的方针,精心选择了4个县的30个乡、镇、场、50个行政村的75个安置点,较好地完成了3467名三峡库区移民安置任务。建成移民新房739栋(套)共8万平方米,人均26平方米。架设了高低压线3.5万米,维修和新修乡村公路8.6公里,铺设水泥路4.3万平方米,打吃水井482口,为移民创造了一个较好的生活和生产环境。移民思想稳定,对建设好新的家园充满了信心。

援藏项目建设顺利。省政府先后两次派员入藏,共商援建事宜。通过赣藏两省区的共同努力,援建西藏工商管理培训大楼于2001年9月在拉萨市开工奠基。

为策应长江中上游水土保持和生态建设,改善整个长江流域的水土保持状况,发挥江西省林业科技力量较强的优势,抓紧规划和建设一批草木种苗基地,为西部地区退耕还林提供优质适宜的种苗。省内各主要林业科研单位和林场也在加强与西部有关省份的联系与合作,促进"北苗南繁"、"西苗南育"工程的实施,尽快形成良好的生态效益和经济效益。

发挥江西省地质勘探队伍力量雄厚、技术全面、设备先进的优势,积极参与西部地区的地质调查、勘查和地质灾害治理等工作,参与西部地区矿产资源的开采、冶炼和深加工,在三峡库区、西部铁路、西部路桥、电站大坝等地质工程勘察和地质灾害治理中发挥积极作用。2000年—2001年两年内,全省地勘部门共派出工程技术人员10多批近500多人次参与了西藏、新疆、陕西、云南、广西、重庆、四川、内蒙等西部地区的地质调查、勘查和地质灾害治理等工作,参与了三峡库区、云南高速公路、广西龙潭电站等地质工程勘察和地质灾害治理;先后承担了陕西、四川、新疆等地的油井、水井勘探施工任务,为当地资源开发和经济发展做出了积极贡献。鼓励省内有资质的建筑施工队伍进入西部承揽工程,积极开辟西部建筑市场。鼓励有条件的江西企业到西部地区投资创业。引导省内有条件的企业积极到西部投资办厂,加强协作。

河　南　省

【经济与社会发展】　2001年,河南省完成国内生产总值5645万元,同比增长9.1%。其中,第一产业增加值增长5.5%,第二产业增加值增长9.9%,第三产业增加值增长10.3%。地方财政预算收入267.7亿元,增长8.6%。完成全社会固定资产投资1627.8亿元,增长10.3%。

随着农业基础设施特别是水利设施的改善,以及先进实用农业技术的推广应用,粮食总产量稳定在较高水平,全年粮食产量4119万吨,肉类总产量541万吨,增长4.6%,奶牛存栏8万头,奶类产量30万吨,增长48.5%。农业结构进一步调整,优质专用小麦种植面积1514万亩,优质水稻、玉米、花生、大豆种植面积有所扩大。中药材、花卉、苗木、食用菌、优质瓜果、无公害蔬菜种植面积增加。造林、绿化工作取得新成绩,退耕还林完成45万亩。扶贫开发工作取得新成效,全年脱贫79万人,解决农村饮水困难人口81万人。

随着经济体制改革的深化和产业结构的调整,工业已成为全省国民经济的主导,全年完成工业增加值2287.6亿元,增长9.8%。规模以上工业企业经济效益综合指数101.8,企业全员劳动生产率提高12.5%,实现利润138.5亿元。工业结构调整取得明显进展,全年国家和省共安排工业结构调整项目91个,高新技术产业化重点项目68个,项目总投资134.2亿元。这些项目的实施,有效推动了工业结构的优化升级。国企改革进一步深化,优势企业的核心竞争力得到增强,机械、煤炭全行业扭亏为盈。

全省居民消费价格总水平上涨0.7%,全社会消费品零售总额增长10.8%,国内旅游收入增长8%,住宅销售面积增长5.5%。城镇居民人均可支配收入5267元,增长8.8%,农民人均收入2098元,增幅4.9%。

环保工作取得新成绩,重点流域、区域和城市环境污染防治得到加强。文化、体育、卫生、广播电视、新闻出版等社会事业欣欣向荣,文化基础设施建设步伐加快。社会保障工作继续加强,"两个确保"落实较好,城镇登记失业率为2.8%。

全省基础教育得到加强,适龄儿童入学率99.6%,小学毕业升学率95%,高中阶段教育入学率45%;郑州大学"211工程"通过验收,郑大、河大新区开工建设,新增11所高等职业技术学院。全年普通高校招生14万人,在校生36.9万人。

【投资环境与利用外资】　河南自然资源十分丰富,耕地面积678万公顷,居全国第三位,林地366万公顷,牧草地68万公顷,是全国重要粮食作物和经济作物产区。全省总人口9555万,是全国第一人口大省。辖18个地级市、22个县级市、89个县和40个区。

河南的河流大多发源于西部山地,呈扇形向东、东南、东北或南分流,全省超过5千平方公里的河流有16条,地表水资源总量313亿立方米,浅层地下水资源205亿立方米。全省已发现各种矿产100多种,探明储量居全国前10位的53种,前3位的18种。煤炭、石油、天然气、有色金属矿产资源、非金属矿产资源等矿床规模大,资源远景好。

河南是文物大省,地下文物全国第一,地上文物全国第二。风景名胜等旅游资源丰富,开发前景广阔,南太行山、伏牛山、桐柏山—大别山、嵩山等旅游景区风光宜人、景色秀丽。

河南已形成包括纺织、轻工、食品、煤炭、石油、电力、冶金、化工、建材、机械、电子等门类齐全的工业体系,多种工业产品产量居全国前列。河南是全国重要的交通、通讯和能源大省,境内已形成"三纵四横"的现代化铁路网,营运里程3664公里,郑州北站是亚洲最大的货运编组站,郑州东站是亚洲最大的零担中转站。公路交通四通八达,"三纵三横"高速公路网已具雏形,全省公路通车里程6.9万公里,其中高速公路1075公里。有郑州、南阳、洛阳三个民用机场,郑州机场为国际机场,已开辟

30多条国内外航线。全省公用电信网光缆总长度13万皮长公里,新增移动电话用户194.1万户,计算机互联网用户187万户。全省新增发电装机228万千瓦,总容量1759.7万千瓦。新增煤炭生产能力150万吨。举世瞩目的小浪底水利枢纽主体工程完工,盘石头水库大坝顺利截流。城市基础设施建设步伐加快,城市公用事业完成投资79.8亿元。郑州环城快速路全线贯通。城市供水、供电、交通、环保、居住条件进一步改善。

2001年利用外资总金额8亿美元,其中新批外商直接投资企业190家,合同外资金额4.8亿美元,实际利用外资金额4亿美元。第二产业仍是外商投资的主要领域,外商投资第三产业的比例显著上升,外资来源渠道中,港台投资比重继续保持高位,日商投资比例大幅上升;合资合作方式仍占主流,外商独资企业比例上升;跨国公司来豫合作意向进一步显现,前景看好。

为加快河南经济社会发展,河南省政府出台了一系列政策法规,积极吸引外资,启动民间投资,鼓励非国有经济的发展。针对西部开发及河南的承东启西的区位优势,制定了"东引西进"的战略措施,大力推进河南的经济社会发展。

【重点项目介绍】 2001年,新争取国债项目100个,国债资金34.7亿元。宁西铁路、西气东输、西电东送等国家重点工程进展顺利。洛阳至三门峡、三门峡至灵宝、漯河至驻马店、商丘至开封、新庄至焦作、漯河至周口六条高速公路建成通车,新增高速公路570公里,全省高速公路通车里程达到1075公里。禹州、信阳两大电厂和小浪底三台机组建成投产,新增发电装机228万千瓦,总容量达到1759.7万千瓦。平煤十一矿等煤矿建成投产,新增煤炭生产能力150万吨。举世瞩目的小浪底水利枢纽主体工程完工,投资规模最大的水利工程盘石头水库大坝顺利截流。城市基础设施建设步伐加快,城市公用事业完成投资79.8亿元,郑州环城快速路全线贯通。城市供水、供电、交通、环保、居住条件进一步改善。

焦作万方280KA铝电解槽示范工程、莲花集团80万吨小麦加工转化、天冠集团20万吨燃料乙醇、安玻集团84厘米超大屏幕玻壳、安钢集团高速线材、华英集团樱桃谷鸭系列加工四期工程等结构调整项目建成投产。建成国家粮食储备库47个,新增仓容110万吨,近几年陆续投资8个多亿用于"三点一线"等黄河沿线旅游景区景点基础设施建设,使景区面貌和旅游条件得到改善。教育基础设施建设力度加大,郑大、河大新区建设进展顺利,2001年高校新增教学设施面积16万平方米,利用国家和省专项资金安排农村中小学危房改造1500多所,改造面积235万平方米,省人民医院和郑大一附院病房楼建成投入使用,全省新增病床5933张。省广播大厦、河南文学院、河南电视台演播厅基本建成。

【经济协作与对口支援】 2001年,河南省通过由上至下、由虚至实、由小到大的方式在农业与农副产品生产加工、工业、旅游、科技教育、劳务等方面开展地区经济技术协作和对口支援工作,在豫粤合作、豫沪合作以及对重庆市、新疆阿克苏地区对口支援方面展开全方位的地区合作与交流。

围绕"西部大开发"战略,制定了"关于进一步实施东引西进、扩大对外开放、加快发展的意见",承办了国务院西部办在郑州召开的东中部地区支持参与西部大开发座谈会,东中部地区19个省、市、区计委和6个经协办代表参加了会议,会议交流了东中部地区参与西部大开发的工作经验,开拓了中东部地区支持参与西部大开发的工作思路,明确了工作重点。

加快基础设施建设,配合国家做好宁西铁路建设工作,建成了一批联系东西部地区的交通通道,为促进黄河协作区及有关省区的经济社会发展与交流提供了便利条件。

加强协作区内经贸合作。组团参加了在新疆乌鲁木齐举办的2001年中国乌鲁木齐对外经济贸易洽谈会,实现商品贸易额14.78亿元,签订经济技术合作项目1.12亿元;在甘肃省兰州市成功举办了2001河南产品(兰州)展销会,涉及电子、机械、机电、化工、农业、医疗等领域,实现商品成交额80.8亿元,签订经济技术合作项目12.3亿元;成功举办了2001郑州商品交易会和首届中原国际食品博览会、第三届中国(郑州)建材装饰装修新材料展销会、2001年11月在驻马店举办了全国乡镇企业东西合作经贸洽谈会。

加强与协作区有关方面的双边合作,与甘肃省签订经济技术合作项目49个,涉及化工、机械、农林、纺织、食品等14个领域。参加了在宁夏召开的“全国十六省(市、区)政协经济委员会第九次联系会议暨经济技术协作洽谈会”。黄河金三角经济协作区、鲁豫冀交界地区积极开展全方位合作,合作领域已从单纯经济技术合作拓展到政治、文化领域。

黄河流域生态建设与合作进一步加强,在国家统一安排下,与山西、陕西等兄弟省份联合开展了黄河中游地区生态建设与环境综合治理工程,提高了草木覆盖率,减少了黄河泥沙淤积。河南与山东两省共同开展了黄河滩区综合治理与开展工程建设,郑、汴、洛及沿黄旅游景区景点基础设施建设得到进一步加强,人们对黄河文明的认识越来越深刻,初步形成黄河旅游品牌。

加强对口支援工作。组建的河南省人民政府驻新疆办事处已正式挂牌,为推动两省区经济技术协作与交流,强化对口支援工作奠定了良好的基础。河南义马矿务局与阿克苏地区就合作建设洗煤厂达成意向;每年为阿克苏地区培养50名大学生。与重庆巴南区签订14个对口支援协议,无偿援助资金120万元,同时提供人才培训和技术支持。落实“西藏自治区重点传染病控制项目”的建设工作,首批1540万元资金已拨付,项目已全面开工建设。

湖　北　省

【经济和社会发展】　2001年,湖北省实现国内生产总值4662.28亿元,比上年增长9.1%。其中第一产业增加值692.2亿元,同比增长2.5%;财政收入稳定增长。完成财政收入386.1亿元,同比增长9%。金融运行平稳,到年底金融机构各项存款余额4238.5亿元,比年初增加681.3亿元;各项贷款余额3787.2亿元,比年初增加303.9亿元。

农业结构调整步伐加快,农村经济平稳发展。在部分县市遭受严重旱灾的情况下,农业仍保持平稳发展势头,农村经济结构调整取得积极进展,区域特色农业发展初具规模,形成了优质稻、专用优质小麦、双低油菜及部分经济作物、特种养殖专业产区。农产品品质结构进一步优化,国标三级以上优质稻种植面积占水稻总面积的比重,比上年提高27个百分点;优质油菜占油菜总面积比上年提高13个百分点;出栏生猪中优质三元猪比上年提高5个百分点;名特优水产品、特色菜、中药材、烟叶、果茶桑等优质农产品有了较大发展。

农业产业化经营取得新进展,国家级和省级龙头企业发展到64家,形成了荆州天颐、监利银欣、宜昌汇源、武汉莲花湖等一批特色农产品品牌,订单农业发展到2000多万亩,300多万农户进入产业链。乡镇企业继续发展,农村劳动力转移呈上升趋势,加工、运输、建筑、旅游等产业从业人员继续增加。全年农民外出打工人数480多万人,比上年增加50多万人。

初步建立现代企业制度的80户重点企业,在加快推进产权多元化、法人治理结构规范化等方面取得新进展。继续采取多种形式放开搞活中小企业,全省国有中小企业改制面已达85%以上。上市公司资产重组力度加大,整体效益有所提高。积极推进工业结构调整取得较好成效,全年实现高新技术产业增加值273亿元,同比增长15%,高新技术产业正在向光电子信息、生物技术与新医药、新材料等方面聚集,产业优势日趋明显。同时关停了一批不具备安全生产条件和不符合环保标准的小厂小矿。通过这些调整措施,改善了企业的生产经营环境,工业经济增长的质量和效益有所提高。全年完成工业增加值2066.5亿元,同比增长10.2%。实现利润119.3亿元,增长38.6%。

2001年,全省共完成固定资产投资1551.8亿元,同比增长9.2%,其中基本建设投资683.4亿元,增长10.1%;技术改造282.7亿元,增长15.3%;房地产开发投资151.2亿元,增长12.3%。全省固定资产投资的特点:一是国债项目建设总体进展顺利,全省争取国债资金80多亿元,对拉动经济增长发挥了重要作用。二是投资结构调整出现积极变化。技术改造和房地产投资增长加快,增幅分别比上年提高5和3.6个百分点。三是重点建设进展顺利。

商贸、金融、保险、餐饮等传统行业,加大创新力度,加快完善市场化网络,市场服务功能进一步增强。旅游、信息、会展、社区服务等新兴服务业发展较快,竞争实力不断加强。特别是旅游业发展较快。全省旅游总收入352.6亿元,同比增长24.9%。服务业的发展,为第三产业优化内部结构,提高经济效益,奠定了较好基础。第三产业增加值增长10.4%,占国内生产总值的比重35.5%,比上年提高0.6个百分点。

居民消费平稳增长,市场物价稳中略升。为增加居民收入,启动消费需求,全省财政增加了社会保障支出,国有企业下岗职工基本生活费和离退休职工基本养老金基本做到了按时足额发放。对纳入最低生活保障范围的城市居民,进一步提高了最低生活保障标准。实行农业税灾歉减免政策,全省共退税3.2亿元,切实减轻受灾农民的税赋负担。治理整顿农村电价,推行城乡生活用电同网同价。到年底,全省农网改造工程已覆盖81个县(市、区),实际完成投资82.5亿元。不仅改善了农村供电能力和消费环境,还减轻农民电费负担7亿多元。大力促进住房、旅游、汽车、教育和信息服务等消费,增加了对旅游基础设施的投入,鼓励发展住房信贷,放开轿车价格,降低汽车购置税,取消固定电话初装费和移动电话入网费,大幅度降低拨号上网用户资费标准,进一步扩大高中阶段和高校招生规模。按照国家的部署,先后于1月和10月两次提高机关和事业单位职工工资和离退休人员养老金水平。这些措施的实施取得了积极成效。全省实现社会消费品零售总额1975亿元,同比增长10.4%。其中,城市增长12.3%,县及县以下增长7.1%。市场物价稳中略升,居民消费价格总水平比上年上升0.3%。全年城镇居民人均可支配收入5856元,增长6%;农民人均纯收入2352元,同比增加83元。

城乡基础设施投入力度加大,居民居住条件和生活环境有了新的改善。加大新阶段扶贫开发的力度,继续解决贫困人口温饱问题。人口总量得到有效控制。人口自然增长率为2.44‰。加强基础教育、推进素质教育工作取得积极进展。全省基本实现普及九年义务教育的目标,小学学龄人口入学率、初中学龄人口入学率比上年略有提高,高中阶段毛入学率比上年提高3个百分点。高层次人才培养规模进一步扩大。普通高校在湖北省录取新生15.9万人,同比增长13.9%。各类职业技术教育和成人教育加快发展。再就业工作继续推进。各项社会保障制度改革进一步深化,养老、失业、工伤、医疗、生育等保险覆盖面逐步扩大。文化、体育、卫生、广播影视、新闻出版等各项社会事业发展都取得了新的进展。

【投资环境与利用外资】 2001年,全省扩大对外开放,大力改善投资环境,实行利用外资目标责任制,外资项目合同履约率和外资到位率大幅度提高,有力地促进了利用外资的增长。一是积极做好外资项目的协调服务和落实工作,推广武汉东西湖区改善投资环境、扩大招商引资经验。二是加强与爱立信、诺基亚、德拉克、法国燃气等国外大型跨国公司的联系,促进了一批重大外资项目对外合作进程。三是认真作好项目前期准备和项目储备,努力争取国外中长期优惠贷款。四是实施"走出去"战略取得进展,武汉飞翔环保、华工激光、华珍药业分别赴巴西、澳大利亚和越南投资均已获国家批准。全年新批外商投资企业349个,同比增长5.4%。实际利用外资20.17亿美元,同比增长54.7%。其中直接利用外资15.61亿美元,增长47.5%;利用国外贷款4.56亿美元,增长85.4%。

【重点项目介绍】 2001年,全省39个重点项目完成投资298.7亿元。其中,37个地方重点建设项目完成投资119.4亿元。京珠高速公路湖北北段、军山长江公路大桥、当阳玻璃扩建工程、黄石花湖水厂一期工程、黄石磁湖截污工程、宜昌夷陵长江公路大桥、省人民医院门诊楼、湖北剧场、江汉大学新建工程等已基本建成,大部分项目已交付使用。全省农村电网改造一期工程已基本完工;粮库建设完成了前两批42个项目的竣工验收或预验收工作,第三批20多个粮库建设项目已全部开工建设。南水北调中线工程前期工作取得较大突破。

【经济协作与对口支援】 2001年,全省执行经济协作项目500多项,引进新产品20多项,新批各单位、企业在湖北设立办事机构120多家,新组建经济协作区1个,新结成友好协作城市3对,新组织150多家企业参加了企业联合,组织各类协作项目洽谈和商品展销活动30多次,接待兄弟省市来湖北考察、洽谈协作人员6000多人次。

先后组织各市州参加了西安全国东西部经济协作洽谈会、海南全国经济协作洽谈会、上海经济协作洽谈会、北京经济协作洽谈会,组织湖北企业赴上海经济协作洽谈活动、赴深圳经济协作洽谈活动等大型协作活动,指导有关市组织多形式的区域协作洽谈会、经济协作项目推介会、商品展销及投资项目合作洽谈会,协助广东佛山市组织佛山武汉经济合作洽谈暨商品展销会,促成江西省委书记、省长带队的党政代表团来湖北考察,签订了《湖北省人民政府江西省人民政府关于加强经济合作的协议》及《黄石市九江市结为友好城市的协议》,取得良好效果。各市州组织和参加各类大型经济协作活动30多次,签订了一大批经济协作项目。

注意与兄弟省市建立对口合作关系。除与江西省签订了加强经济协作协议外,先后有襄樊市与上海市徐汇区、十堰市与辽宁省沈阳市、黄石市与江西省九江市结成了经济协作友好城市。

主动参与区域协作。通过多种形式,组织中南6省3市协作区、沿长江26城市协作区、武汉4省28地市协作区、中部13地市协作区、两湖平原9市协作区等8个协作区开展了经济协作项目洽谈会、商品展销会、中西部合作项目推介会、区域合作研讨会等多层次的协作活动。在河南省驻马店市召开了武汉协作区第9届市长专员联席会议,形成了《武汉经济协作区新世纪实现联合发展的意见》和《联合参与西部大开发的意见》。中部协作区举办协作区经贸协作洽谈会,成交额30多亿元。荆州市和湖南岳阳联合发起成立了湖北、湖南毗邻地市"两湖平原协作区",协作区包括湖北、湖南9个市,共36个县市和12个城区,并设立了常设机构,制定了合作规划。

推进企业扩大联合。按照"推动企业联合,实现资产重组,减少重复建设,促进结构调整"的原则,先后组织多家企业与山东鲁能、武汉人福、四川托普、宁波洛兹、上海凯赛、深圳东阳光等大企业联合,盘活存量资产2亿多元,减少下岗职工500多人。

2001年,三峡工程二期移民搬迁进入三年攻坚阶段,按照"抢抓机遇,加快库区经济发展,促进二期移民搬迁"的总体思路,进一步加大对口支援三峡工程建设的工作力度,共落实对口支援项目315项,到位资金近6亿元。其中,经济合作项目69项,到位资金近4.5亿元;社会公益项目184项,到位资金1.1亿元,分别比上年增长6%、32%。

湖南省

【经济与社会发展】 湖南省2001年坚持扩大内需、调整结构、改善环境,国民经济呈现速度、效益同步增长的发展势头。全年完成国内生产总值3983亿元,同比增长9%,其中,第一产业增加值826亿元,增长4%;第二产业增加值1570亿元,增长10%;第三产业增加值1587亿元,增长10.5%。

全年完成全社会固定资产投资1209.3亿元,增长13.4%。其中国有投资798.4亿元,增长16.6%;集体和个体投资410.9亿元,增长7.6%。国有投资中,基本建设、技术改造和房地产投资分别增长18%、13.2%和42.1%。全年争取国家各类建设资金249.5亿元,同比增加16.8亿元,占全部国有投资的31.2%,其中国债资金51.97亿元。国债项目355个,累计完成投资650亿元,占总规模的65%,156个项目建成或基本建成。39个省级重点工程完成投资271亿元。全年新增电力装机62.1万千瓦、高速公路135公里、等级公路1367公里、城市道路164公里、日供水能力137万吨、日污水处理能力60万吨。社会消费品零售总额1511.1亿元,增长10.7%。其中城市增长12.7%,农村增长8.6%。商品房销售额增长38.3%,餐饮业零售额增长15.4%,文化教育、交通通讯、医疗保健等消费增幅均在11%以上。居民消费价格总水平下降0.9%。投资和消费需求成为带动经济增长的主导力量。

结构调整步伐加快。三次产业结构为20.7:39.4:39.9。农业结构调整力度加大,粮食面积调减341万亩,优质稻增加226万亩;蔬菜、瓜菜、麻类、药材种植面积分别增长11%、22.2%、37.7%和32.2%;农产品综合优质率达45%,较上年提高5个百分点。农业产业经营继续推进,年产值5000万元以上的农产品加工企业发展到210家,连接基地3500万亩,带动农户400万户;23家省级龙头企业实现销售收入95亿元,利润7.5亿元,分别增长26.6%和38.9%。工业结构进一步优化,工业增加值1309.5亿元,增长9.9%,其中规模工业增加值618亿元,增长13.8%。规模工业增加值占全部工业增加值的比重47.2%,提高2.9个百分点;股份、三资、私营企业分别增长14.7%、10.3%和31.2%。新产品产值率6.5%,提高1.1个百分点。实现高新技术产业产值606亿元,利税92.4亿元,分别增长21.2%和19.8%,软件产业产值30亿元,增长50%,出口创汇220万美元。第三产业增幅领先,电信业增长34%,固定电话、移动电话用户分别达728.2万户和410.4万户,互联网用户65.4万户;旅游业实现总收入210亿元。年末金融机构各项存款余额3342.9亿元,比年初增加471.5亿元,各项贷款余额2787.9亿元,增加389.6亿元,城乡结构调整取得积极进展,城市化率达30.8%,从事非农产业劳动力比重42.7%。重点地区发展加快,长沙市经济增长12.1%,株洲、湘潭增长11%。湘西自治州经济增长8%,财政收入增长14.9%。

国企改革不断深化,年初确定的50户建制企业,40户挂牌运作;11户企业依法破产;15户企业实施债转股。社会保障逐步完善,分别筹集国有企业下岗职工基本生活费和企业离退休人员养老金19.66亿元和63.99亿元,做到按时足额发放。县(市、区)基本建立并实施了城市居民最低生活保障制度。棉花购销市场有序放开。行政审批制度改革全面启动。

经济效益明显提高。规模工业企业实现利润51.7亿元,增长48.7%;经济效益综合指数102.3%,提高8.4个百分点。财政总收入361.65亿元,其中地方财政收入205.64亿元,增长14.04%,工商税收增长12.6%。人民生活水平进一步提高,城镇居民人均可支配收入6780元,增长561元;农民人均纯收入2299元,增加102元,分别增长9%和4.7%。

社会事业全面发展。全年共取得各类科技成果1008项,其中11项获国家科技奖励。专利申请4292件,授权2401件。长沙软件园列入国家11大软件园基地,岳麓山大学科技园被国家授牌。“普九”人口覆盖率99.7%;地方普通高校招生10.2万人,增加1.4万人;中南大学、湖南大学、国防科大、湖南师大通过国家“211”一期工程验收,两所软件工程学院国家批准挂牌。国土保护、环境治理和生态建设进一步加强,开发整理增加耕地9.5万亩;实施退耕还林、荒山造林141万亩;治理水土流失面积344.4平方公里;改善农村能源结构,新建农户沼气池20万个;再就业工作不断推进,安置城镇失业人员22万人,城镇登记失业率4.2%。扶贫开发力度加大,全年中央和省两级投入扶贫资金12.9亿元,20万贫困人口实现脱贫,解决贫困地区60万人饮水困难。计划生育工作继续加强,人口自然增长率5.08‰。体育、广电、出版、文化、卫生等社会事业取得新的进展,精神文明和法制建设出现新的气象。

【投资环境与利用外资】 为了扩大对外开放和招商引资,湖南省在下大力建设硬环境的同时,突出加强软环境的改善,做到客商在湖南投资安全、方便、有利。一是制定了《湖南省鼓励外商投资条例》和通过产权转让进一步放活国有中小型企业的若干政策,以地方法规的形式明确外商来湖南投资的优惠政策和法律保护措施。二是统一招商引资管理。实行“一个窗口对外、一站式审批、一条龙服务”,使投资者在湖南办事更加方便、快捷。三是加强了招商引资项目库的建设。对备选项目优先衔接计划、落实配套资金,并不断充实、更新,使常年备选项目保持在1000个以上,有利于客商及时地了解和选择项目。四是清理整顿对外商投资企业的税外收费。在外商投资企业实行收费监督卡制度。五是加大对重点招商项目和“三资”企业的扶持力度,对重点项目建立领导跟踪负责制,对重点“三资”企业加强服务和管理,并由各级监察部门实行挂牌保护。六是重视客商投诉。省政府成立了外商投诉协调委员会和投诉协调服务中心,省直各有关部门和地州市都设立了投诉机构,形成了外商投诉协调服务网络,依法保护外商投资企业的合法权益。

2001年湖南省利用外资总额11.57亿美元(不含外商其他投资),同比增长13.5%,其中,新批准设立外商直接投资企业338家,同比增长5.6%,吸收外商直接投资合同金额9.53亿美元,同比增长42.9%,实际到位金额8.1亿美元,同比增长18.8%。借用国外贷款实际支付3.47亿美元,同比增长3%。

2001年7月,省政府在香港举办了2001年湖南(香港)投资贸易洽淡会。省直有关部门和各市州组成外经分团、贸易分团、高新技术分团、旅游招商分团和14个市州招商分团参会,共发布省级重点招商项目300个,取得了丰硕的成果。大会签约项目144个,利用外资总额14.8亿美元。其中,签订合同项目103个,合同利用外资8.5亿美元;签订协议项目34个,协议利用外资5.6亿美元;意向项目6个。

9月湖南省组团参加了第四届中国投资贸易洽谈会(“厦交会”),签约外资项目28个,合同利用外资近3.68亿美元。

2001年,湖南省进出口总值完成27.58亿美元,同比增长9.8%。其中,出口17.54亿美元,同比增长6.1%;进口10.04亿美元,同比增长16.9%。全省累计实现贸易顺差74959万美元。出口额中高新技术产品出口总额4.13亿美元,同比增长4.9%。

2001年全省新签国外工程承包和劳务合作合同额2.7亿美元,同比增长44.32%,完成营业额2.65亿美元,同比增长91.42%,外派劳务人数3163人,同比增长38.73%;年末在外人数6200人,同比增长43.58%。

【重点项目介绍】 重点建设投资成效显著。2001年,全省40个重点建设项目完成投资271亿元,同比净增10亿元,占同期国有投资的34%。全部和单项投产项目均已建成。耒宜高速公路建成通车;益阳电厂2台机组投产发电;株六铁路复线和武广铁路电气化建成通车;永连公路一期工程99公里已完成;常德卷烟厂技改工程建成,该厂烟草生产规模增加30万箱;金迪化纤3万吨直纺长丝开始全面试生产。重点施工的18个项目基本达到计划进度,重点预备的13个项目进展顺利,常德至张家界高速公路和邵阳至怀化高速公路前期工作基本完成。

2001年全省重点工程质量合格率为100%,优良率超过了70%,常德卷烟厂技改工程、金迪化纤扩建工程等项目,优良率达到了90%以上。

湘江流域环境污染治理项目。涉及全省9个市,包括22个子环境污染治理子项目,项目总投资23.37亿元,其中利用第四批日本国际协力银行贷款118.53亿日(折合人民币8.3亿元);国内配套资金中中央财政预算内专项资金2.44亿元,地方财政预算内专项资金3.41亿元,项目业主自筹92198万元。截止2001年底,22个子项目累计完成投资14.94亿元,其中日元贷款已签合同金额84.05亿日元。

【经济协作与对口支援】 2001年湖南省联合协作与内联引资项目1680个,引进内资70.6亿元;举办或参与各类以开拓市场为主的经贸洽谈、商品展销活动44次,总成交额30多亿元;为库区移民及贫困地区承诺对口支援资金1.65亿元,实际到位5349万元,已接收安置三峡外迁移民3069人。

2001年湖南省的省际交往仍以主动承接东部地区经济辐射,呼应"两东"(广东、浦东)为主,但赋予了推进工业化、农业产业化、加快城镇化的新内涵。

内联引资工作有新突破。一是交通能源等基础设施建设领域引进内资大幅增长,有效地拉动了投资需求。二是进入经济开发园区的内联招商引资项目增多,加快了各类开发园区的培育,提高了全省的工业化水平。长沙高新技术开发区2001年1—10月签约81个项目,其中内资项目73个,引进资金7.3亿元。浏阳生物医药园2001年引进省外资金2.5亿元,到位资金1.2亿元。三是经济技术合作在县、乡掀起热潮,带动了传统农业向现代农业转化,推进了县域经济的发展。

区域协作呈现新的局面。2001年,在巩固传统协作区关系的同时,与外省市经济协作的区域进一步扩大,全省各地市州县加入的不同层次、不同规模的协作区已达10个。

省会城市篇

成　都　市

【经济与社会发展】 2001年,成都市完成国内生产总值1491亿元,分别占全国和全省的1.55%、33.73%,同比增长13.1%,在副省级城市中列广州、深圳、杭州之后居第4位。第一、二、三产业增加值分别增长4%、15.6%和12.4%。一、二、三产业比重调整为8.92:45.34:45.74。人均国内生产总值14665元。全社会固定资产投资总额582.2亿元,增长22.3%。地方财政收入77.6亿元,增长32.1%。

农业区域布局按照近郊发展都市农业、中郊发展优质高效农业、远郊发展生态农业的规划进一步优化,全市农业粮、经、饲比例为58.3:34.5:7.2,养殖业产值占农业总产值比重上升到38.4%,农村二、三产业得到较快发展。农业产业化经营取得重大的突破,全市销售收入达5000万元以上的重点龙头企业达到50余户,带动农户70余万户,约占总农户的37%。

工业结构调整取得积极进展。电子、医药、食品、机械四大主导产业增加值占工业增加值的比重达到60.3%,电子及通信设备制造业已成为工业经济的第一支柱,高技术产业发展势头良好。东郊工业区结构调整开始启动。

第三产业稳步发展,第三产业实现增加值682亿元,消费品市场稳中见旺,全年实现社会消费品零售额627.5亿元,同比增长13.2%。旅游保持较快增长,国内旅游收入142亿元,增长14.3%;旅游外汇收入11650万美元,增长43.7%。房地产业发展迅猛,汽车、信息服务、教育等新的消费热点方兴未艾。

2001年,全市组织实施科技计划项目229项;新上科技项目198项,其中国家级11项,省级88项。全年科技项目投入资金11.6亿元,开发新产品77个,获市及市以上科技成果奖107个。新认定高新技术企业194家。教育事业以实施素质教育为核心,在改革调整中加快发展。2001年末,全市中小学校(含职业中学)达2738所,在校学生132.3万人,专任教师7.2万人。学龄儿童入学率99.9%,小学毕业生升学率99.7%。全市共有普通大中专学校68所,在校学生24.2万人,专任教师1.6万人。

2001年,全市在岗职工年平均工资为12493元。城市居民人均可支配收入8128元,同比增长6.3%;农民人均可支配收入3067元,同比增加145元。年末城乡居民储蓄存款余额995亿元,比年初增长19.8%。社会保障事业进一步巩固提高,全市参加失业保险职工人数为87.8万人;81.2万名(市本级)职工和71万名农民参加了社会养老保险;121万名城镇职工参加基本医疗保险;10.8万城乡居民得到最低生活保障救济。

【投资环境与利用外资】 成都市是四川省的省会,是西部地区特大型中心城市之一,现有人口1019.9万人。国务院规划确定成都市为"西南地区的科技中心、商贸中心、金融中心和交通通信枢纽"。

成都市全年新改建公路1285公里,年末通汽车村达100%。全市公路总里程12198公里,其中,高速公路277公里。电话交换机总容量310万门;年内相继完成了一、二、三环路、内环路、府南河综合整治工程,城市面貌和生态环境明显改善,城市特色更加突出。实施了蜀都大道、羊市街西延线等40多条城区道路的改造建设。建成成温邛、成彭等区域内快速通道和成绵、成渝等高速公路。完成自来水六厂、西郊天然气储罐站、成都污水处理厂和成都长途电话枢纽工程等若干重点项目,城市供电、供气、供水和通信能力大幅度提高,市区天然气气化率达98.5%。城市管理、城市园林绿化、环境保护、市容环卫等工作成效明显,被评为国家卫生城市和环境综合整治优秀城市。郊区(市)县城镇和省、市试点小城镇建设步伐加快,城镇体系建设取得新的进展。

成都市陆续出台了加快成都市投资体制

改革的决定及13个配套文件,涉及固定资产投资领域的行政事业性收费由原来的62项减少到37项,减少了40%,收费总水平下降了10%—20%;行政审批事项减少545项,一般性项目办理时间从原来平均250日降低到68个工作日。直接涉及固定资产投资的证照由28个减少到16个。建立健全了监管处罚制度,规范政府行政执法行为,从源头上预防和治理腐败。通过投资体制改革,达到"政企分开,盘活存量,聚集增量,经营城市"的目标。

2001年,成都市批准利用外资项目213个,合同外资金额44207万美元,实际利用外资金额30972万美元,其中外商直接投资项目212个,合同外资额38161万美元,实际到位外资26094万美元。截止2001年底,全市共批准外商投资企业2775家(不含外经局撤销企业241家),合同外资金额42.12亿美元,实际利用外资金额20.47亿美元。从投资方式来看,外商独资企业比重加大;从外资来源分布来看,亚洲国家、地区到成都市投资增长较快;从投资领域来看,外商对制造业的投资持续增长,主要集中在电子、通信设备、机电产品,生物制品、化学工业等领域,外商投资房地产开发项目也较以往有所增加;从地区分布情况看,成都市高新技术产业开发区吸引外资持续增长,仍处于全市领先地位。成都市投资环境的不断改善,使外商的投资信心进一步增强,外商投资企业增资保持上升势头。2001年,已投产的外商投资企业增资数量为38家。合同外资增资额10789万美元,同比增长153%,占全市合同外资总量的28%,成都可口可乐饮料有限公司增资到位1080万美元。

【重点项目介绍】 2001年,纳入成都市重点建设管理的续建项目30个(包括部分国债项目),项目总投资214.72亿元,截止年底累计完成投资167.37亿元。30个重点建设项目截止年底共到位资金55.04亿元,为年度计划50.09亿元的105.7%。

2001年在建重点项目进展顺利。竣工投产或建成使用项目8个,有成都市自来水六厂B厂BOT项目、青白江污水处理厂、都江堰拉法基水泥项目、明达玻璃有限公司九机改浮法及矿山配套工程、四川升达林产有限公司高强复合地板生产线、彭州CNG汽车减压阀专用装置、市公安局看守所、市三医院住院楼等。基本建成项目3个,包括人民南路南延线、三环路、绕城西半环等。部分建成的项目2个,即成都郊县公路快速通道网、市郊县公路干线网。

正在加快建设的重点建设项目有成都至龙泉公路、成洛路改扩建工程、老成渝公路成都至龙泉段改造、府南河综合整治二期续建工程、都江堰污水处理厂、成都大学迁建项目、岷江干流河道(成都段)防洪整治工程、成都化工炭素总厂高级炭素制品产业化项目、成都邮政通信生产指挥调度中心、都江堰市供水扩建工程、生物灭蚜剂开发与产业化示范工程、新都环境工程专业设备厂、成都市天然气开发利用扩建工程、四川锅炉厂黑液炉国产化项目、大邑县生态环境综合治理工程、成都市垃圾卫生填埋场(二期)、成都排水工程(第二污水处理厂)。

贵　阳　市

【经济与社会发展】 2001年,贵阳市实现国内生产总值302.75亿元,同比增长11.2%。实现财政总收入63.51亿元,同比增长12.4%。其中地方财政收入27.97亿元,同比增长15.84%。完成固定资产投资155.42亿元,同比增长36.8%;城镇居民人均可支配收入6909元,同比增长3.8%;农民人均纯收入2229元,同比增长6.9%。

经济结构调整明显加快。在国内生产总值中,一、二、三产业的比重为8.3:50.4:41.3。与上年相比,第一产业下降了0.8个百分点,第二产业下降了0.5个百分点,第三产业上升了1.3个百分点。

在农林牧鱼总产值中的比重,农业和林业分别下降了1.5个百分点和0.5个百分点,畜牧业上升了2个百分点。乡镇企业结构调整和二次创业取得积极进展，一批龙头企业和出口创汇企业正在发展壮大，特别是制药业、特色食品加工业发展较快，已经成为全市新的经济增长点。

工业经济结构进一步调整。在工业总产值中，国有经济占40%，同比下降2.7个百分点。全年技术改造投资完成39.42亿元，同比增长27.1%。完成技术改造项目100项，新产品开发300项；一批大项目先后建成投产或达产增效。西洋肥业一期30万吨/年复合肥工程、味莼园集团3万吨/年调味品异地改造项目、振华科技100亿只/年新型电子元器件项目、詹阳公司高速挖掘机和主力电器工程等项目建成投产，贵阳海信技改工程、血制品、贵阳水泥有限责任公司一期30万吨水泥/年工程、贵州轮胎子午胎项目、贵州水晶集团技术改造项目达产增效，贵州铝厂氧化铝节能改造项目、开磷集团磷酸二铵技改项目、振华集团年产158万部CDMA手机项目、天津(贵州)塑力电缆分厂项目、贵阳海信工业园一期工程、航天工业园区项目、南方汇通环保部件项目、伊妹方便米饭6条生产线扩建项目、贵阳水泥有限责任公司一期第二条生产线30万吨水泥/年项目等已正式开工建设，一批重点骨干医药生产企业正在抓紧准备按照GMP标准进行改造和建设，中日环保示范城市项目进入采购招标阶段。

第三产业实现增加值124.97亿元，市场建设力度加大，市场布局合理调整，城乡市场体系进一步完善；信息化建设取得初步成效，贵阳市已正式成为国家信息化试点城市；旅游基础设施建设得到了加强，花溪旅游区、红枫湖景区、开阳风景区旅游建设项目均获国债，息烽、修文、乌当景区和百花湖景区基础设施建设加快，文昌阁景观一期、青岩古镇二期工程建设已完工。

基础教育取得稳步发展，"普九"人口覆盖率达100%，职业教育蓬勃发展，高校后勤社会化服务顺利推进。高新技术产业的发展得到进一步拓展，贵阳国家级高新技术产业开发区金阳科技产业园科技创新中心项目已进入前期准备阶段。贵阳软件园区建设一期工程建成投入使用。人口与计划生育工作坚持基本国策，严格控制农村人口过快增长，稳定城市低生育水平，全市人口自然增长率控制在计划指标范围内。积极推进卫生体制改革，加强了传染病防治，建成社区卫生服务中心30个，贵阳市已被列为全国监测防治爱滋病试点城市之一。文化、体育、广播电视、新闻出版等各项社会事业继续发展。市群众艺术馆、市美术馆、残疾人康复中心等工程建设进展良好，贵阳景云山殡仪馆建成投入使用。社会保障工作进一步完善。"两个确保"继续加强，就业与再就业工作力度加大，全年统筹就业3.04万人。

【投资环境与利用外资】 贵阳市是贵州省省会，祖国大西南重要的交通通信枢纽和经贸中心城市。全市总人口335.8万，总面积8034平方公里。

贵阳市位于贵州省中部，是川黔、湘黔、黔桂、贵昆四条铁路干线交汇处，全年旅客发送量2100万人次，货物发送量2800万吨；有4D级机场的49条航线通往国内32个城市，年旅客吞吐量140多万人次，年货邮吞吐量2万多吨；随着贵阳—黄果树、贵阳—遵义、贵阳—北海、贵阳—毕节四条高等级公路先后建成通车，加上城乡道路改造的逐步完善，改善了全市城乡经济社会发展环境。

贵阳市先后出台了一系列鼓励外资的优惠政策，改善了对外经济贸易与利用外资的管理体制，成立招商局和"一站办"，投入巨资进行了大规模的城市改造和生态环境建设，特别是在实施西部大开发战略中，市委、市政府做出了建设金阳新区的重大决策，将在离城区10余公里、100平方公里的地域上，重新建设一个贵阳市，为全市经济社会发展和招商引资拓宽了空间。

【重点项目介绍】 中心区市政建设项目。总投资128.95亿元，小城镇建设总投资8.89亿元,交通建设总投资71.94亿元,城市燃气总投资35.9亿元,城市供水实施建设项目总投资20.06亿元,市政、河道建设及维护改造计划总投资15.8亿元,公交、客运基础设施建设计划总投资6.1亿,城市绿化及改造计划总投资12.61亿元。

生态环境建设和城市市政公用基础设施计划总投资88.03亿元。其中,城市生态环境建设总投资35.41亿元,主要是中日环境合作示范城市项目和构建生态城市。林业生态建设总投资8.31亿元,主要是退耕还林还草工程和环城林带建设。环境卫生设施建设总投资7.03亿元,主要是建垃圾卫生填埋场和生活垃圾综合利用等。

金阳新区建设预计总投资300亿元。其中,基础设施80亿元,房地产开发和其他建筑项目120亿元,其他建设项目100亿,“零排放”系统项目拟争取申请日本国政府贷款配合实施。

企业技术改造及高技术产业化项目237项,预计总投资240亿元。其中,传统产业的技改226项,总投资213.9亿元。高新技术产业化项目计划总投资27亿元,完成建设项目28个。

电子信息产业计划总投资21.19亿元。先进制造业计划投资4.9亿元。环保产业计划投资9.42亿元。

房地产项目累计总投资将达到357.6亿元,建成住宅800万平方米。

农业基础设施建设项目需要投资25.4亿元。主要是水利项目、坡改梯工程、田园化建设和改造茅草房,农业综合开发等。

社会事业主要建设项目30个,总投资413230万元。其中:有软件园、科技馆、贵阳大学、贵阳一中金阳分校、大剧院、艺术大厦、全民健身中心和金阳体育中心等。人防建设4.6亿元。

昆明市

【经济与社会发展】 2001年,全市国内生产总值完成673亿元,同比增长8.5%;结构调整取得成效,三次产业结构调整为8:46.5:45.5;经济总体效益不断改善,地方财政收入增长6.2%;市场物价基本稳定,居民消费价格水平上升0.6%,社会消费品零售总额增长10.7%;全社会固定资产投资263亿元,增长10%,继续成为推动经济增长的重要因素;人民生活不断改善,城镇居民人均可支配收入增长6.1%,农民人均纯收入增长4.4%,就业和社保工作进一步加强,城镇登记失业率控制在2.5%以内;坚持计划生育基本国策,人口自然增长率控制在8‰以内。

加强农业基础地位,推进农业产业化进程。以农民增收为目标,壮大特色经济和六大优势产业。粮、烟生产效益提高,粮食总产量120.6万吨;扶持50个龙头企业,建设科技示范园,实施37项农业结构调整项目,发展有市场的蔬菜、花卉和养殖业。增加投入,改善农业基础设施条件,共完成各类水利工程6610个,退耕还林还草13.6万亩,实施六个县生态建设规划和1370万元的以工代赈计划,加大贫困山区的科技教育扶持,增加专项机动金,促进少数民族地区经济建设。乡镇企业在调整中发展,全市乡镇企业增加值109.6亿元,占国内生产总值的比重为16.3%。

大力调整产业结构,发展优势产业,烟草、机电、冶金、生物资源开发四个产业增加值占全市工业总量的41.9%,化工、轻工等产业发展后劲增强。工业经济的速度和效益同步提高,规模以上工业企业利润增长66.4%,产销率为100.8%,综合效益指数达到122.6%,创近几年最好水平。高新技术开发区和经济技术开发区进一步理顺管理体制,扩大招商引资,技工贸总收入123.5亿元,同比增长33.3%。积极发展股份制等混合经济,拓宽个体私营经济的发展领域。

商贸业持续发展，工商联手，工贸结合，搞活营销机制。完善现有市场及商业中心区的服务功能，支持工商企业携手，加强营销队伍建设，进一步发展连锁经营、代理配送、网上交易等新型营销方式。改善基础设施和市场环境，树立昆明品牌，培育旅游产业，海外和国内旅游人数分别为59万和1900万人，分别增长13.6%和71.5%，旅游业总收入141亿元。

实施科技兴昆和可持续发展战略，发展科技教育和各项社会事业，改善城乡居民的物质文化生活。实施重点科技计划49项，建成5个农业科技示范园，7户企业建立技术中心。发展基础教育，全面推进素质教育，优化教育资源配置，调整教育结构。解决农村办学薄弱环节，实施中小学校舍危房改造9200平方米，顺利完成了各项招生计划。

深化医疗卫生体制改革和药品生产流通体制改革，推进城镇职工基本医疗保险，国家机关、事业单位医保已经全面启动，完成了昆明血液中心等项目前期工作。认真抓好计划生育工作，稳定低生育水平，提高生育质量。繁荣文艺创作，培育文化产业，加强历史文化名城保护。加强社会主义民主法制建设，推进依法治市，以社区为重点，综合治理交通和治安秩序，深入开展严打整治，排查调处社会矛盾，建设文明繁荣的城市环境。关心困难群体生活，确保离退休人员养老金和国有企业下岗职工基本生活保障金按时足额发放。加强再就业工作，国有企业下岗职工累计分流安置率达78%，城镇登记失业率控制在2.5%以内。城镇居民人均可支配收入增加227元，达7790元，人均消费性支出6927元，增长5.2%；农民人均纯收入增加98元，达2318元。

【投资环境与利用外资】 落实市委、市政府《关于进一步改善投资环境，扩大对内对外开放的实施意见》，发挥昆明连接东南亚、南亚国际大通道的枢纽作用，以创业环境吸引人才，资源转化吸引资金技术，全面整顿和规范市场经济秩序，健全市、县两级便民服务中心，积极改革行政审批制度，规范审批行为，提高办事效率，为内外投资者营造发展环境，同时，做好加入世贸组织后与国际接轨的准备，加快培养熟悉国际贸易规则的专业人才队伍，促进开放型经济发展。实行以质取胜和市场多元化战略，巩固东南亚市场，开拓欧美、非洲市场，抓好重点出口企业，调整优化出口商品结构，巩固机电、磷化工产品，扶持芸豆、紫杉醇加工等商品基地建设，鼓励优势企业提高产品科技含量，支持企业落实出口退税政策，调整出口商品结构，努力扩大出口。拓宽利用外资渠道，争取国外的大企业、公司到昆投资；引进先进管理方式和营销技术，放开搞活商贸企业，逐步扩大内外贸、旅游、教育等领域的对外开放；抓好利用国外政府贷款的掌鸠河引水供水工程、滇池综合治理和禄劝中德合作造林等项目。进一步发展与上海、浙江等先进地区的经济技术合作，扩大与西部省市、省内地州的联合协作，不断提高对内开放水平。

2001年，全市海关进出口总额13.4亿美元，其中出口7.8亿美元，进口5.6亿美元，分别增长16.5%、9.4%、28.1%。扩大招商引资，新批准外商投资企业48户，合同利用外资1.14亿美元，同比增长5.9%，实际利用外资2392万美元；批准11户外资企业增资869万美元；掌鸠河工程利用日元贷款1亿多人民币。广泛开展国内经济技术合作，签订协作项目274项，启动264项，引进资金到位20.8亿元。

【重点项目介绍】 加快“水、路、树、气”为主的基础设施建设，引导外来投资和民间投资，发展高新技术产业、传统产业改造和市政建设。控制高档房地产、一般商场的重复建设，推进小城镇建设，加快国家康居示范小区建设，努力扩大投资，促进经济增长。进一步完善“十五”期间建设的18项重大工程的前期工作，建立实施西部大开发项目库，做好项目储备和规划方案研究，提高基本建设项目前期工作质量。全市固定资产完成投资263亿元，增长10%，其中基本建设完成投资97亿元，增长11.5%；更新改造完成投资56亿元，增长

18.3%;房地产开发完成投资65亿元,增长1.7%;其他投资、农村、个体私营完成投资45亿元。固定资产投资对经济增长起到了有效拉动作用:

一是财政性重大基本建设投资和房地产投资支撑投资增长。2001年基本建设投资和房地产投资占完成投资的比重为36.9%、24.7%,分别增长11.5%和1.7%,尤其是掌鸠河引水供水工程、世行贷款项目、草海底泥继续疏浚、车木河引水供水工程、柴石滩水库、东西寺塔文化街、真庆文化广场和官渡古镇保护工程等12个重点项目进展顺利,已完成投资16.8亿元,占总投资的85%,配合了省级嵩待、九阿、昆石、龙东4条重点公路建设。房地产开发完成投资65亿元,增幅1.7%,比去年同期提高15个百分点。

二是更新改造投资增幅较大。更新改造投资56亿元,因省属重点技改项目加大投资力度,同比增长18.3%。市属更新改造仍呈负增长,因此,要保持更新改造投资持续增长,还需对中小技改项目提供更优惠政策及给予资金扶持。2001年,全市的重点项目主要有:掌鸠河引水供水工程近期规模40万吨/日,远期60万吨/日,输水工程97公里,新建云龙水库和第七自来水厂;世行贷款项目新增污水处理22万吨/日,供水17万吨/日,清运垃圾1500万吨/日,改造和新建配套管网;草海底泥疏浚继续工程疏浚面积1.93平方公里,继续疏浚草海污染底泥215万立方米;车木河引水供水工程供水规模4万吨/日;柴石滩水库总库容4.37亿立方米,年发电1.83亿度;东西寺塔文化街建西寺塔梅花园及五华区图书馆,东、西寺塔文化街长2.4公里,两侧为传统建筑群;真庆文化广场拆迁面积18650平方米,新建广场占地20亩;官渡古镇保护工程金刚塔顶升及广场上下阁楼,妙湛寺文庙、武庙修复。

拉　萨　市

【经济与社会发展】 2001年,拉萨市完成国内生产总值47亿元,同比增长16.5%。其中,第一产业完成6亿元,增长3.45%;第二产业11.4亿元,增长18.63%;第三产业29.6亿元,增长18.64%。

全市农业总产值39197.45万元(1990年不变价),同比增长6.55%。粮食总产量38740万斤,同比增长0.39%,油菜籽产量2204万斤,增长1.53%;各类牲畜存栏165.21万头(只),牲畜总增率21.4%,综合商品率33.81%,肉类产量1.92万吨,增长6.67%;奶类产量1.87万吨,增长2.75%。全市乡镇企业完成产值2.7亿元,同比增长20%;多种经营实现收入2.25亿元,同比增长6.6%。

实现工业总产值13829.6万元(1990年不变价),同比增长2.05%。国有企业实现收入36702.6万元,虽然收入同比下降12.84%,但成本费用也下降16.34%,税金增长了10.97%,盈亏相抵后实现盈利976万元。全年落实技术改造资金2351万元,其中市财政安排技改资金300万元,企业自筹资金2051万元。主要产品产量为:发电量615万千瓦时;水泥产量10.82万吨;地毯7213平方米。

全市完成地方财政收入2.11亿元,同比增长10.4%,其中,税收收入2.02亿元,地方财政支出6.9亿元,增长16.55%。金融机构各项存款余额为147.28亿元,增长55.62%。其中城镇居民储蓄存款余额26.22亿元,增长28.6%;贷款余额68亿元,增长18.45%。旅游业接待海内外游客22.55万人(次),增长38.34%,旅游营业收入9985.77万元,增长52.85%,市属旅游企业利润208.02万元,下降17.6%。完成进出口贸易总额1300万美元,增长16.38%。其中进口1181万美元,增长19.9%;出口119万美元,下降9.84%。

全社会固定资产投资总规模12.26亿元,增长46.65%。到年底,已完成固定资产投资

8.5亿元，增长33.85%。一大批项目建成投入使用，特别是列入市重点项目及受援项目完成情况较好。

全市城镇居民人均可支配收入7869元，同比增长5.96%；农牧民人均纯收入1816.13元，增长8.98%；实现社会消费品零售总额24亿元，增长17.42%。居民消费价格指数为101。

全年安排教育基本建设项目23个，投资9038万元。其中，国家、自治区投资5700万元，市财政安排1270万元，县区单位自筹378万元，落实援助资金1690万元；新建和改扩建校舍面积72083平方米；全市适龄儿童入学率98.16%，同比提高0.86个百分点。全市投入科技经费1045万元，其中从国家科技部、自治区科技厅和对口援助省市争取到资金432万元，市财政安排238万元，自筹375万元，落实科技项目51项，项目内容涉及农牧业、工业、医药卫生、软科学、能源开发等行业和领域，促进了科技延伸和发展。实施了部分县(区)的卫生服务中心和人畜饮水工程，改善了部分群众的医疗卫生和饮水条件；计划生育工作有所加强，人口自然增长率控制在14‰以内；医疗保险工作已经启动，保障了人民群众的身体健康；下岗职工基本生活费、离退休人员养老金按时足额发放。

【投资环境与利用外资】 拉萨市位于雅鲁藏布江支流拉萨河中游河谷平原，海拔3658米。拉萨市全年多晴朗天气，冬无严寒，夏无酷暑。最高气温29℃，最低气温零下16.5℃，年平均气温7.4℃；降雨量集中在七、八、九月份，年降雨量500毫米左右；全年日照时间3000小时以上，有"日光城"之称。拉萨市现辖堆龙德庆县、当雄县、尼木县、曲水县、林周县、达孜县、墨竹工卡县和城关区七县一区。总面积29518平方公里。人口40多万，有藏、汉、回等十多个民族，藏族人口占87%。

拉萨自然资源、矿产资源、水能、地热、太阳能资源十分丰富，名胜古迹众多，景点星罗棋布。有气势恢宏的印度板块与欧亚板块碰撞的地质景观，有磅礴玉洁的念青唐古拉山主峰，穷母冈日峰等雪峰冰川风光，有美丽恬静的当雄草原风光，有波光万顷的纳木错高原湖泊风光，有气象万千的堪称"地热博物馆"的羊八井地热田、羊应乡地热区的地热风光，有布达拉宫、大昭寺、哲蚌寺、色拉寺等规模宏大、金顶巍峨的古寺风采、有美妙绝伦的壁画、唐嘎和塑像艺术，有独具神韵的藏歌、藏舞、藏戏，有异彩纷呈的少数民族风情，使拉萨成为一个融自然景观与人文景观于一体的综合性旅游胜地。

拉萨市建成区面积53平方公里，城市居民人均住房面积9平方米，已建成城区道路200公里，自来水普及率75%，绿地覆盖率32.26%。已建成水力发电厂、地热发电厂、火力发电厂14座，总装机容量超过16万千瓦，农网建设正在实施，形成了电力生产建设以水电为主，多种能源互补的格局。以拉萨为中心的公路网络已经形成，交汇于拉萨的青藏、川藏、中尼等公路干线及其支线公路总长2.2万公里。以拉萨为中心，辐射西藏各地区、拉萨市各县(区)的公路网络已经形成。青藏铁路(格尔木—拉萨段)预计2006年建成运营。拉萨贡嘎机场可起降波音767和空中客车(A340)等大型客机，已开通拉萨至成都、西安、西宁、北京等国内航线和至尼泊尔王国首都加德满都的国际航线。

拉萨邮电通讯设施先进。已建成卫星地面站、拉萨程控电话局、拉萨邮政枢纽大楼和900兆移动电话及无线电寻呼系统，形成了以拉萨为中心的拥有现代化通讯手段、遍布城乡的邮电通讯网。全市程控电话装机容量6万门，移动电话总容量12万门，兰州—西宁—拉萨光缆通讯工程和拉萨—日喀则、拉萨—林芝、拉萨—江孜光缆通讯工程已经建成。拉萨已进国际、国内自动电话网，程控电话可直拨国内各地和世界180多个国家与地区，部分电报电路采用了电传方式。拉萨对国内近200个大中城市开通了邮政快件和特快专递业务，并开辟了两条国际邮路。会议电视、语音信息服务、因特网、电子信箱等新业务都已开办。

拉萨现有食品、电力、采矿、建材、印刷、制革、藏药、化工等行业企业40多家,民族手工业具有十年的悠久历史,卡垫、地毯、民族服装、民族家具、玉器、金银首饰等,有着独特的工艺特色和民族风格。

西藏自治区人民政府已制定《关于招商引资的若干规定》和《关于招商引资的补充规定》,拉萨市已制定《关于引进人才的暂行规定》、《关于深化国有企业改革的意见》、《关于进一步加快拉萨市非公有制经济发展的意见》,拉萨市已被国家旅游局授予"中国优秀旅游城市"称号。国家为帮助西藏发展赋予了一系列优惠政策,在引进外资方面,除国家禁止和需要国家综合平衡的项目外,外商投资项目一律由西藏自治区人民政府自行审批,不受规模和国家产业政策的限制。在进出口经营权方面,西藏生产企业、科研院经营自产产品的进出口业务,自治区可参照国家有关规定自行审批。在税收方面,所有地方税种的开征、减免均由西藏自定。

【重点项目介绍】 2001年,全市续建和新开工的重点项目118个,总投资6.67亿元,其中,续建项目15个,投资1.36亿元;新建项目103个,投资5.31亿元。大多数重点项目建设完成情况较好,到年底,拉萨市德吉路、环城东路、扎基路东西段、海关至水泥厂道路、北京东路改扩建、曲水县县城道路、公安科技信息大厦、尼木县县城至江口公路、当雄县县城至纳木湖公路、堆龙德庆县德庆乡等6个乡镇基层政权建设项目已竣工投入使用。西藏和平解放50周年纪念碑、垃圾填埋场、林周、曲水两县农网一期工程、拉萨江苏高原生态园、民族文化艺术宫、实验幼儿园、市委综合楼、公检法等一批重点及受援项目建设进展顺利,工程质量普遍较好。这些项目的实施和建设,亮化、美化了城市,为经济和社会事业的发展奠定了良好基础。

西 安 市

【经济与社会发展】 2001年,西安市实现国内生产总值734亿元,同比增长13.1%,其中第一产业增加值45亿元,增长2.5%,第二产业增加值330亿元,增长15.7%,第三产业增加值359亿元,增长12.1%。财政总收入83亿元,同比增长20.3%。其中地方财政收入55.9亿元,增长19.1%,地方财政支出57.3亿元,增长10.5%。

实现农业总产值76.8亿元,同比增长2.8%。粮食总产量197.1万吨,下降2.4%;油料产量1.2万吨,下降10.2%;蔬菜产量152.8万吨,下降5.8%;水果产量33.9万吨,下降1.3%;棉花播种面积1937公顷,增长17.8%,产量1742吨,增长27.4%;肉类产量15.7万吨,增长6.6%,禽蛋产量13.2万吨,下降4.3%,奶类产量25.5万吨,增长3.9%。全市拥有农机总动力202.1万千瓦,增长0.8%;有效灌溉面积223.3千公顷。

实现工业增加值262亿元,增长15.5%。实现工业总产值930亿元,增长16.4%,其中规模以上工业企业实现总产值578.5亿元,增长18.8%。在规模以上工业总产值中,国有及国有控股企业工业总产值452.4亿元,增长22.8%。规模以上工业总产值中新产品产值75.7亿元,增长42.4%,规模以上工业产品产销率96.8%,实现利润18.2亿元,增长24.3%;利税总额40.4亿元,增长16.8%。建筑行业实现增加值68亿元,增长16.8%。西安高新技术产业开发区实现工业增加值79.22亿元,增长29.8%,西安经济技术开发区实现工业增加值18.9亿元,增长36%。组织实施科技计划项目488项,其中国家级91项,获得资助6171万元;市级各类计划项目397项,投入科技三项费3200万元。新认定高新技术企业121家。年末有各类专业技术人员37.3万人,增长1.3%。

完成全社会固定资产投资287.7亿元,同比增长23.8%。其中基本建设投资124.9亿元,更新改造投资53.7亿元,房地产开发投资67.4亿元。

交通运输、邮电通信业实现增加值73.6亿元,增长15.5%。全年货运量7610万吨,货物周转量421.4亿吨公里。邮电业务总收入36.1亿元,增长18.6%。年末全市电话交换机总容量245万门,增长6.5%。电话用户171.2万户,增长21.3%;移动电话用户127.7万户。旅游业共接待国内外游客1752万人次,增长7.7%。其中接待海外游客67万人次,增长3.4%;接待国内游客1685万人次,增长12.2%。旅游业总收入113亿元,增长7.2%。其中旅游外汇收入2.9亿美元,增长7.4%。

实现外贸进出口总额17亿美元,下降2.2%。其中出口8.8亿美元,下降17%,进口8.2亿美元,增长21.2%。市属自营进出口4.7亿美元,增长7.8%,其中出口2.8亿美元,增长0.2%;进口1.9亿美元,增长20.9%。

实现社会消费品零售总额365.9亿元,增长11.4%。全市在岗职工平均工资10786元,增长17.5%;城市居民人均可支配收入6704.9元,增长5.4%;农村居民人均纯收入2489元,增长6.2%。城乡居民储蓄存款余额800.9亿元,增长18.5%;居民消费价格总指数98.7,商品零售价格总指数97.3。

年末全市有中小学校(含职业中学)2832所,在校学生130万人,专任教师6万人。学龄儿童入学率99.8%,小学毕业生升学率97.3%。有普通高等学校32所,在校学生25.4万人。有各类卫生机构2965个。其中医院、卫生院639个。卫生技术人员4.2万人,其中医生1.9万人,总床位3.2万张,其中医院床位2.6万张。全市51个社会福利机构拥有床位1811张,收养1350人。各种社区服务设施1421个,共有13.4万城乡居民得到最低生活保障救济。2001年,西安市运动员获得6个全国冠军,90个省冠军。

【投资环境与利用外资】 西安城市日供水能力158万吨,使用液化石油气、天然气、煤气的总户数77万,气化率85.4%。全年供应液化石油气80643吨,增长86%;供应天然气16712万立方米,增长45%;供应煤气1670万立方米,增长16%。市区公交运营线路网长度380公里;市区道路总长989公里,增长1.4%。环境监测网络覆盖全市,全年空气质量良好,饮用水源水质达标率99.8%,建成区绿化覆盖率34.2%。人均公共绿地面积5.2平方米。

西安鼓励投资商在以下几个方面优先投资发展:以电子信息、现代生物与新医药、机电一体化、光电子、航空航天、新材料和高效节能环保等六大产业为代表的高新技术产业;以装备工业、轻纺工业、建筑与建材工业等四大产业为重点的传统产业;以旅游资源综合开发、旅游服务设施、景观建设为重点的旅游产业;以交通、城市气化、集中供热、郊县高等级公路、县域公路、污水治理及环城公园等为重点的基础设施建设;以新型住宅、社区综合服务设施和旧城改造为重点的房地产开发;以农田水利、优质高效农业和农业产品深加工为重点的城郊型农业;以垃圾和污水处理、林业、小流域和荒山荒滩治理为重点的生态环境建设。

2001年西安市颁布了《关于进一步整治和改善投资环境的决定》,提出了进一步改善政策环境,吸引和鼓励投资商来我市兴业发展的优惠政策;简化了招商引资的审批程序;清理了行政事业收费项目,减轻了投资商和企业的负担;从政策上降低了土地的使用费用,初步建立了科学合理的建设用地供应制度;明确各部门的管理权限和职能,规范了对投资企业的检查;为给投资商和企业提供优质高效的服务,成立了西安市投资服务中心;为切实维护投资商和企业的利益,决定成立西安市投资商及企业投诉服务中心;实行投资环境评价和责任追究制,建立健全了奖惩制度。

西安已与145个国家和地区建立了直接贸易关系,同美国、日本等贸易大国保持了稳定的贸易伙伴关系。累计批准外商投资企业

2295个,合同外资额52.95亿美元,累计实际利用外商投资24.52亿美元。到西安投资的国家和地区已达51个,2000年美国《财富》杂志排定的500强已有19个在西安投资。2001年共批准利用外资项目129个,合同投资额6.1亿美元,增长12%;实际利用外资1.8亿美元,增长13%。实际借用国外贷款2.3亿美元,主要投向于城市供水、供气、通讯、污水处理等城市基础设施领域。

【重点项目介绍】 2001年共安排基础设施建设、高新技术产业和经济结构调整等重点项目86项,总投资403.6亿元。西安高架快速干道一期工程,全长10.7公里,总投资6.56亿元。西安市金花路立交桥,跨铁路立交,使二环路全线贯通,总投资3.31亿元。城市道路网及排水管网改造工程(一期),改造城市主干道41792米,主要道路有西大街等14条,排水管道47861米,总投资17.43亿元。城市配水管网改造扩建工程,改造配水管网176公里,新增输配水能力50万立方米/日,总投资3.18亿元。天然气城市气化工程二期工程,新增日供气88万立方米,气化用户19万户,城市气化率95%,总投资7.76亿元。西安市第三污水处理厂,污水处理能力为10万立方米/日,其中生产中水5万立方米/日,总投资2.41亿元。

西安高新区基础设施项目,包括高新区基础设施二期工程、西工大科技园、大学生物园、新材料园、电子工业园、长安科技产业园、西安交大国家科技园。总投资62.31亿元。西安经济技术开发区基础设施项目,包括开发基础设施一期工程、二期工程和出口加工区建设,总投资42亿元。

退耕还林工程,完成退耕还林面积5万亩,宜林荒山造林5.5万亩,总投资2.14亿元。农业综合开发项目,改造中低产田104万亩,发展多种经营,总投资7.92亿元。西安市西北郊排洪工程,对皂河、漕运明渠、幸福渠等进行排洪治理,总投资2.88亿元。

西安飞秒光电科技有限公司无源光器件生产和光机电一体化项目,项目总投资2.84亿元。香港富维科技有限公司液晶显示器生产线,总投资2980万美元。西安御园公司三园工程,建设野生动物园、园艺博览园和科技生态园,总投资18.6亿元。

兰 州 市

【经济与社会发展】 2001年,兰州市实现国内生产总值348.7亿元,同比增长10.03%,其中,第一产业增加值16.9亿元,第二产业增加值181.3亿元,第三产业增加值150.5亿元。

农业种植业结构得到调整,产业化进程加快,百合、洋芋、玫瑰、花卉、中药材等具有区域特色的农产品发展较快。引大灌区农业综合开发,红古5万亩山台地开发取得较大进展。合同种植面积21.5万亩,签订蔬菜合同订单1.6亿公斤。农村小康建设取得新进展,全市五区整体进入小康,建成小康乡37个,小康村350个,宽裕型小康村发展到16个。

全市工业实现增加值139.2亿元,同比增长10.1%,其中限额以上工业企业完成增加值127.7亿元,增长10%;市属限额以上工业企业完成增加值33.8亿元,增长14.1%。中石油兰州石化公司300万吨重油催化裂化装置等50项中央、省属重大技改项目和甘草集团日产1000吨干法水泥生产线、佛慈制药厂中成药生产线改造等40项市属技改新建项目开工建设;兰铝10万吨电解铝环保节能改造、窑街水泥厂30万吨水泥熟料生产线建成投产;国有企业改制改组力度加大,新组建了燃化集团、塑料集团、佛慈集团、甘草集团。小型企业股份制改造步伐加快,国有企业改组改制面达到86.2%。

以整顿和规范市场秩序为重点,加快商贸功能区、商业密集区、10大区域性批发市场以及商业街和繁华商业小区的建设步伐,提高了综合服务功能和监管水平,全年实现社会消费品零售总额173.9亿元,同比增长8.9%。

实现进出口总额4.6亿美元,同比增长

13.1%。其中,出口3.1亿美元,增长10.6%;进口1.45亿美元,增长18.66%。新签约国内经济联合与协作项目178项,引进到位资金16.6亿元。新批外地驻兰办事机构62家,其中国内大企业、大集团、大公司来兰设立办事处20家。

全市大口径财政收入34.7亿元,增长26.9%,其中一般预算收入19.6亿元,增长18.1%。金融机构存款余额802亿元,增长19.36%,其中城乡居民储蓄存款余额43.5亿元,增长15.3%。金融机构贷款余额649.5亿元,增长10.33%。

在兰高等院校扩建和后勤服务社会化改革进度加快;基础教育建设力度加大,百所标准化初中建设和中小学教育"校校通"工程全面启动,全年建成标准化初中19所。职业教育取得新的突破,兰州职业技术学校正式挂牌,市文科职业学校被教育部认定为国家级重点职业学校。大力实施文化精品战略,涌现出《大梦敦煌》等一批国家级优秀剧目,荣获中宣部第八届"五个一工程"奖。卫生事业有了新的进展,当年建成60所标准化村卫生所,全市标准化村卫生所达到283所,标准化乡镇卫生院43个,市级医院全面改造。体育事业有了新的发展,成功举办了"兰州市第四届运动会"。群众体育运动蓬勃开展,先后举办大规模的群众体育锻炼活动10余次,各类群众性竞赛活动24次。

城镇居民人均可支配收入6325元,同比增长8.1%,农民人均纯收入2134元,增长6.4%。全市用于社会保障、再就业、困难群众生活安排和救灾方面的支出5.24亿元,其中财政性支出1.15亿元。全年再就业率50%以上,城镇登记失业率控制在3%以内。

【投资环境与利用外资】 2001年,兰州市重点加强了生态环境建设、大气污染治理、城市管理、绿化美化和城市路桥建设,完善了城市基础设施,增强了综合服务能力。南北两山完成绿化面积20.46万亩,退耕还林还草1.4万亩。市区新增绿地102公顷,地面水质达标率100%,饮用水源水质达标率93.04%。森林覆盖率8.77%。

截止2001年底,兰州民航累计开辟航线35条。兰州中川机场改扩建工程完工并通过国家验收,使进出兰州变得更加快捷、便利。兰州—巉口、兰州—白银、柳沟河—古浪、尹家庄—中川、兰州—临洮等高等级公路相继开工建设,改善了兰州与周边地区的交通条件。电信基础设施基本形成了大容量、多业务、科技含量高、覆盖面广的电信通信网。全市拥有固定电话机87.9万部,固定电话普及率每百人29.7部。移动用户69.7万户,数字移动通信交换机总容量107.6万门,数字化、综合化、宽带化、个人化的通信网正逐步形成,计算机互连网用户4.51万户。城市基础设施建设和市容市貌的综合整治工作取得显著成效,黄河风情线延伸整治8.9公里,北滨河路西段等15项城市道路拓建改造全面完成。

以甘肃兰州投资贸易洽谈会为主线,兰州市招商引资的针对性、适应性和成功率进一步提高。全年兰州新批外商投资企业49户,合同投资总额1.99亿美元,其中外资1.01亿美元,同比增长3.59%。

【重点项目介绍】 兰州市天然气城市管网改建工程。该工程是甘肃省天然气综合利用的重点项目,建设工期9年,总投资6.03亿元,全部投资内部收益率(所得税前)7.84%,投资利润率3.44%,动态投资回收期19.51年。

兰州市七里河、安宁区污水处理厂项目。该项目是中国政府与日本国际协力银行签署的第四批日元贷款建设项目。设计日处理污水20万立方米,总投资3.97亿元,项目建成后,服务面积42平方公里,服务人口48.9万人,达到国家一级排放标准,每年对黄河水体可减少排放生物化学需氧量1.17万吨,化学需氧量2.48万吨,悬浮物1.46万吨,氨氮0.18万吨,磷182吨。

兰州市雁儿湾污水处理厂项目。该项目是经国家计委、建设部批准建设的《兰州排水工程》主体项目之一,总投资1.12亿元。其中一期工程日处理污水10万立方米,二期工程日处理污水6万立方米,一期工程已于1998年正式投入运行。工程建成后每年可去除化学需氧量1.96万吨、氨氮188吨、悬浮物1.06万吨,使黄河兰州段水体环境大为改观。

小西湖黄河大桥工程。该工程总投资4亿元,为预应力混凝土连续钢架结构。项目包括主桥、引桥、引道、北滨河路喇叭型立交、滨河中路立交、小西湖环岛立交、西津路立交桥以及小西湖东街匝道桥等八个子项目。

【开发区建设】 兰州高新技术产业开发区是1991年国务院批准的首批27家国家高新技术产业开发区之一,目前已构建起"新材料、生物技术与新医药、节能环保、信息产业、先进制造技术"五大支柱产业体系。形成了创业中心园、软件科技园、大学科技园、民营科技园、高校软件园、电力科技园、留学人员创业园等具有鲜明特色的"一区多园"空间布局。

2001年,新批入区企业159户(其中生产性企业41户)。技工贸总收入过千万元的企业60户,过亿元的企业20户,过5亿元的企业4户。全年完成技工贸总收入61.3亿元,同比增长44.2%;实现增加值16.6亿元,增长38.3%;实现利税5.75亿元,增长40.2%;出口创汇1200万美元,增长1.26倍。2001年高新区有11个项目被列为国家级火炬计划项目,天星稀土大磁致伸缩材料及应用器件、新开元结构阴离子型多功能助剂等8个项目被列入国家高新技术产业化推进项目计划,高纯度对甲酚、纳米金刚石、超细粉体材料等产业化项目生产规模不断扩大。

兰州高新技术产业开发区除享受国家、甘肃省出台的有关优惠政策外,兰州市委、市政府先后颁布实施了《关于加快兰州高新技术产业开发区发展的决定》、《关于进一步扶持兰州高新技术产业开发区发展的若干意见》、《兰州市进一步扩大对外开放若干政策规定(试行)》、《兰州市鼓励外商投资若干政策规定(试行)》、《兰州市吸引人才政策规定(试行)》、《兰州高新技术产业开发区扶持产业发展的若干优惠政策》,对高新技术企业在减免税收、促进产业化、吸引人才等方面给予优惠。

兰州经济技术开发区2002年3月15日经国办函〔2002〕20号文件批复,成为国家级经济技术开发区。兰州市成立了经济技术开发区筹备领导小组,具体负责经济技术开发区的筹备启动工作。兰州经济技术开发区位于兰州市安宁区中心地带,面积9.53平方公里,是兰州市新城区规划的核心区。经济开发区现有一批实力较强的机械家电、生物医药、食品加工、商贸流通等企业。甘肃电力科技园、甘肃农业大学、兰州铁道学院以及附近的西北师范大学、甘肃农业科学院、甘肃社会科学院等科研力量强、人才集中的大学和科研单位,为经济开发区的发展提供了有力科技支撑。2001年底,区内技工贸收入20.4亿元,实现税金4260万元,完成工业总产值14.68亿元,工业增加值4.3亿元。

西　宁　市

【经济与社会发展】 2001年全市完成国内生产总值104.49亿元,按可比价格计算比上年增长12.5%。其中第一产业增长5.2%;第二产业增长13.7%;第三产业增长12.7%。地方一般预算收入6.52亿元,增长16.8%。完成固定资产投资69.27亿元,增长28.71%,其中市属投资41.51亿元,增长24.84%。社会消费品零售总额57.6亿元,增长9.27%,全年居民消费价格指数同比上升3.2%。城镇居民人均可支配收入6041元,增长14.01%;农民人均纯收入1671元,增长10.54%。社会保障和再就业工作力度加大,享受城市最低生活保障人数4.43万人,养老金收缴率89.1%,国有企业养老保险覆盖面99%,集体企业为95%。

已初步建立起城郊型农业的框架,2001年完成农业增加值8.61亿元,增长5.2%。粮油总产量26.75万吨,增加7.74万吨;蔬菜产量26.75万吨,增加0.6万吨。完成畜牧业产值3.02亿元,增长7.8%。牲畜出栏率及肉、奶等畜产品产量有所提高。调减了5.75%的粮食作物种植面积,增加固定菜田、花卉、中藏药材种植面积。培育发展具有竞争力的特色区域农业和"订单"农业,加强了产业化基地建设,确定了青海百盛等25个市级农业产业化重点龙头企业。完成退耕还林还草0.5万公顷。完成乡镇工业增加值4.25亿元,增长11.3%。

初步形成了以煤炭、电力、冶金、机械、建材、化工、食品、医药为主的工业体系,通过结构调整和产业重组,加大了技改投入力度,使工业生产有了恢复性增长。全年完成工业增加值26.64亿元,增长12.7%。地区规模以上企业实现利润总额3.16亿元,增长8.1倍,市属实现利润总额0.85亿元,增长5.6倍。完成技改投资2.98亿元,增长21.7%。

第三产业实现增加值51.9亿元,同比增长12.7%,在国内生产总值中的比重为49.7%。2001年完成科技项目25项,新安排科技项目35项。进一步促进科技与经济的紧密结合,优化了科技资源配置。全市现有各类科研机构及科技服务机构91个,专业技术人员7万余人。形成了以基础教育为主,成人教育、职业教育、高等教育协调发展的教育格局。现有高等院校6所,普通中等专业学校10所,普通中学153所,小学808所;现有医院54家,其中三级甲等医院3所,三级乙等1所,各类卫生技术人员9617名,病床8706张。

交通业基本形成了公路、铁路、航空立体交通运输网络。每日固定铁路客运列车9.5对;民航已开通北京、上海、广州等国内中心城市航线14条。2001年,完成客运量2405万人,货运量1837.4万吨,其中机场旅客吞吐量25.06万人次,货邮吞吐量1574.3吨。

2001年全市邮电业务总量完成8.12亿元,增长28.6%,其中邮政业务量0.47亿元;电信业务总量7.65亿元,分别增长21.31%和29%。固定电话用户29.74万户,移动通信电话用户20.7万户;无线寻呼17.15万户。

【投资环境】 在符合西宁市统一规划的前提下,鼓励国内外投资者对能源、交通、市政基础设施等项目,中藏药资源开发项目,资源综合利用和农产品深加工项目,生产出口创汇和替代进口产品的项目,高新技术产业项目,商业、物资供销、对外贸易、房地产业、经济技术信息和咨询服务以及其他资源开发服务的项目进行投资。

在西宁新建的基础产业和基础设施建设项目总投资在8000万元以下,加工工业项目总投资在5000万元以下,外商和港澳台同胞投资项目总投资在2000万美元以下的,由开发区管委会审批,并简化项目审批程序,对各类建设项目实行一次审批。对土地使用权实行有限期的无偿出让和有偿转让,转让期最长为15年,在转让期内,可依法出租、转让抵押。对外商独资和中外合资及中外合作经营的企业,生产性企业从正式投产之日起,除国家有特殊规定的以外,免征工商统一税5年,期满后仍有困难者,经报批可以继续延定期减免。对各类"三资"企业,凡使用年限在15年以上的,按照国家统一税率征收企业所得税,经企业申请,税务机关批准,从开始投产的年度起,头5年将企业所得税全部返还,期限满5年,经申请,税务机关核准。全部返还其再投资部分已缴纳的企业所得税款;外资企业生产的出口产品,除国家有特殊规定的以外,免征工商统一税。外资企业生产的内销产品,在开办初期纳税确有困难的,可以申请在一定期限内减免工商统一税。

通过举办招商新闻发布会、发布招商引资项目信息、派出招商考察团、网上招商等途径,开展招商引资。2001年全市签约项目274项,总投资约30亿元,到位资金7.1亿元。

【重点项目介绍】 南绕城快速路(东民和路—格尔木路段)。工程总投资8.9亿元。通路全长20.3公里,标准为城市一级主干道。预计2002年全线贯通。

西宁市天然气城市气化工程和城市锅炉煤改气工程。城市气化工程总投资2.23亿元,敷设城市主管线143公里,日供气量30万标准立方米。

污水处理厂一期工程。工程总投资1.69亿元。日处理污水8.5万吨,主要建设沉淀池、曝气池、污水处理设备购置安装及总体工程,铺设排污管11.4公里,辅助建筑物面积3000平方米。2001年12月一期工程全部完工。

西宁经济技术开发区一期(核心片区)工程。2001年实际完成总投资2.4亿元。其中开发区管委会基础设施投资完成1.17亿元,入区企业和单位完成投资1.23亿元。核心片区实现"七通一平",1号、2号、3号、5号四条区内道路建成通车,4号路已完成工程量的80%。总面积5.3万平方米的中心广场(122米×434米)已完成地下基础工程,预计2002年8月建成。2001年底已批复入驻企业28户,青海明诺胶囊有限公司20亿粒硬胶囊项目已建成投产,青海明杏生物工程有限公司、青海普兰特药业有限公司、青海唐古拉藏药制药有限公司等企业的项目正在建设之中。

【利用外资与对外贸易】 2001年新批准"三资"企业20家,合同利用外资3015万美元,实际利用外资456万美元。西宁地区进出口总额达1.83亿美元,同比增长35.58%,其中市属1678万美元,增长41.83%。对外贸易快速增长,主要出口产品有碳化硅、镁锭、工业明胶、骨胶、羊毛手工打结毯等。

【经济协作与对口支援】 先后组织企业参加了2001年中国东西部投资贸易洽谈会、第六届中国重庆投资贸易洽谈会、中国少数民族和少数民族地区名、优、特、新产品暨土特产品贸易洽谈会、兰交会、厦门第五届中国投资贸易洽谈会等,热情接待外地来宁考察、访问、洽谈业务代表团(组)50余个。成功举办了"2001年中国东部企业参与西部结构调整投资贸易洽谈会",取得了良好效果。全市共签订并实施横向经济联合与协作项目309项,总投资27亿元,引进资金26亿元。

银 川 市

【经济与社会发展】 2001年,银川市完成国内生产总值104亿元,同比增长9.5%,其中第一产业增加值11.1亿元,第二产业增加值44.9亿元,第三产业增加值48亿元。人均国内生产总值10154元,同比提高531元。城市居民人均可支配收入6257元,同比增长11.3%,农民人均纯收入2852元,同比增长5.1%。地方财政收入11.45亿元,同比增长29.2%。

农业加快种植业结构调整步伐,在保证粮食基本生产能力的前提下,种植业向多元化方向发展。突出发展特色农业、生态农业和观光农业,全年粮食播种面积148.3万亩,比上年略有减少,总产量65.73万吨,增长4.9%。蔬菜播种面积13.54万亩,其中放心菜面积2.1万亩,占15.5%;无公害蔬菜面积4376亩,占3.2%。引进了一批优良畜禽品种,新建具有一定规模的养殖小区126个,肉类产量3.33万吨,蛋类产量1.53万吨,奶类产量7.43万吨,分别比上年增长10.8%、1.4%和28.9%。水产品产量2.58万吨,增长9.3%,其中名特优新水产品占15%,同比上升3个百分点。养殖业产值占农业总产值比重为35.8%,同比提高4.2个百分点。

深入推进以产权制度为核心的企业改革,市属企业改制改革面已达97%以上,全市工业增加值增长9%,拉动经济增长3.3个百分点。市属企业整体效益初步好转,规模以上工业企业盈亏相抵实现利润6150万元;乡镇企业实现利润3.67亿元,同比增长9.9%。建立了中小企业信用担保基金和工业发展基金,着力培育生物制药、机电一体化、新材料、石油天然气化工、优质农产品加工业。建成实施了长城30万套子午胎、赢海30万吨水泥、多维药业泰乐菌素、绿谷药业博尔泰力注射液、美洁新系统万吨高档生活用纸、万得活性炭、味精厂扩建等一批项目,为工业发展增强后劲打好基础。个体私营企业发展到4.8万户,其中资产500万元以上的有137户,资产上亿元的有10户。非公有制经济实现增加值35.9亿元,在国内生产总值中的比重区为34.5%。

第三产业快速发展,中心城市功能进一步增强,围绕建设大市场、搞活大流通、发展大商贸,引导三产向现代服务业发展,着力培育房地产业、社区服务业、信息业、会展业等新兴服务业,努力做大做强旅游产业。成功举办了宁夏投资贸易洽谈会暨枸杞节、第二届国际摩托旅游节和大漠黄河国际旅游节等大型节会。旅游业全年共接待国内外游客265万人次,总收入8.3亿元,同比增长15.2%和13.3%。信息化进程加快,到年底全市上网用户5万户,同比增长1倍多。房地产业快速发展,房地产开发投资完成17.66亿元,同比增长43%,全年累计销售商品房面积83.1万平方米,销售额增长29.2%,市区人均住房面积11平方米。

完成全社会固定资产投资52.96亿元,其中市属投资23亿元,同比增长24.8%。争取到国债资金2.15亿元,3年来累计争取国债资金7.72亿元,涉及11个行业35个项目,总投资19亿元。

大力推进科技进步工作,增加科技投入,重点支持新产品开发、技术改造、环境保护和科技成果推广转化等,全年共实施各类科技项目122项,取得自治区级科技成果14项、市级科技成果34项。推进素质教育工程实施,优化教育结构,合理资源配置,全市高中阶段入学率75%,其中城市84%。全市总人口103.91万人,人口自然增长率为8.25‰,扩大社会保障覆盖面,完善低保制度,提高最低工资标准,深入推进医疗、就业、住房等与人民生活密切相关的制度改革。各项社会事业全面进步,连续第四次荣获"全国双拥模范城",并荣获了"全国优秀旅游城市"、"全国园林绿化先进城市"和"全国卫生先进城市"等荣誉称号,分别创建了17个和73个全国、自治区级精神文明先进单位。加大社会事业投入,新建或续建了一批教育、卫生、体育、文化、福利和环保设施。城市建成区面积55.71平方公里。城镇登记失业率为3%。

【投资环境与利用外资】 加快城市基础设施和生态环境建设步伐。城市功能得到增强,新增城市道路面积19.23万平方米,排水管道11公里。生态环境进一步改善。实际完成造林合格面积6.08万亩,城市建成区绿化覆盖率22.9%,同比提高0.54个百分点,人均公共绿地面积4.7平方米,同比增加0.3平方米。积极组织实施清洁能源行动计划。空气质量达到三级的天数占总天数的86%,同比提高9个百分点。

把优化投资环境作为加快经济发展的突破口,不断推进政府职能转变,努力在全社会形成"人人都有投资环境,事事关系投资环境"的氛围。在市属部门全面推行政务公开制度,行政审批事项减少23.8%。先后建设开通了政府政务大厅、会计核算中心、建设项目招投资中心。

全年新批外商投资企业25家,总投资2.83亿美元,合同外资额1.02亿美元,直接利用外资976万美元;与南非拉普斯公司合作预计总投资30亿元的银川市森林公园项目成功签约;进入实施阶段的各类国内经济技术合作项目42项,其中生产建设项目36项,实际到位资金2.9亿元。实现外贸进出口总额2.79亿美元,同比增长9.4%。

【重点项目介绍】 城市道路及排水工程。道路总长5.2公里,排水管线10公里,总投资1.13亿元。城市污水处理工程。第一污水处理厂日处理污水10万立方米,总投资1.18亿元,已进入试运营。新市区北部污水处理工程设计能力为日处理污水10万吨,一期建成日处理污水5万吨能力,服务面积12.4平方公里,占地11.06公顷,采用卡普塞尔氧化沟法,总投资概算为5788.9万元。

民用天然气工程。一期工程总投资1.85亿元,建设规模为日供气11.2万立方米,供应11万用户;已建成两个储配站,主干网72公里,小区支线庭院中压线45公里,完成投资

1.24 亿元。

生态建设及园林绿化工程。万亩生态园绿化一期建设工程:完成西界与北界部分防护林工程,绿化面积 21.5 公顷。北二环路林带绿化工程:完成总投资 1100 万元,绿化面积 10 公顷,种植各类树木近 4 万株。黄河护岸林(银川郊区段)工程:完成植树 1600 亩,封育治理 3000 亩。万亩枸杞园基地建设:完成种植优质枸杞 5000 亩。

西夏王陵旅游区保护及基础设施建设。2001 年继续建设西夏王陵三号陵区的地表遗迹保护工程。完成修建苏峪口—拜寺口—滚钟口的旅游公路,道路全长 13 公里,总投资 1250 万元。南门广场恢复建设工程。在完成 1 号人防工程的基础上进行广场恢复和建设,2001 年完成一期工程总占地面积 19725 平方米,投资概算 1287 万元。

北环蔬菜果品批发市场迁建工程。占地面积 180 亩,建筑面积 8.7 万平方米,投资 5051 万元。市中医院改扩建工程。总投资 3337.4 万元,扩建后建筑面积 16605 平方米,其中地下室面积 1105 平方米,商业开发面积 2100 平方米。

第七届民运会体育场馆建设工程。新城体育馆工程建筑面积 14547 平方米,投资 7320 万元,可容纳 5500 观众,并可供宁夏大学教学和体育训练使用。城区湖滨体育中心整体改造过程,建筑面积 20649 平方米,投资 4549 万元。

乌鲁木齐市

【经济与社会发展】　2001 年,乌鲁木齐市实现国内生产总值 315 亿元,比上年增长 9.4%,其中第一产业增长 1.5%; 第二产业增长 8.7%; 第三产业增长 10%。

农牧业生产以增加农牧民收入为重点,进一步扩大经济作物种植面积,扶持特色养殖业及牛羊育肥业,农村经济保持稳步发展。实现农业增加值 5 亿元,同比增长 11%,粮食产量 56.2 万吨,肉类产量 2.01 万吨,农牧民人均纯收入 3580 元,增加 182 元。

工业生产积极落实债转股和技改贴息政策,加大企业更新改造力度,推进中小企业改制工作,石化、冶金、建材等行业快速增长,实现工业增加值 78 亿元,增长 8%;限额以上工业企业实现利润 14 亿元,同比增加 12.96 亿元。建筑业稳步发展,完成施工产值 112.88 亿元,增长 7.84%,完成施工房屋建筑面积 1245 万平方米,增长 26.1%。

在企业更新改造和房地产开发投资拉动下,完成全社会固定资产投资 140.5 亿元,增长 16.33%。其中基本建设投资 52.3 亿元,下降 14.07%,更新改造投资 25.4 亿元,增长 83%,房地产开发投资 61.2 亿元,增长 43.7%。完成邮电业务总量 27.25 亿元,增长 42.5%;完成货物周转量 174.47 亿吨公里,增长 7.41%。

深入开展整顿和规范市场经济秩序工作,市场保持繁荣稳定。实现社会消费品零售总额 134.6 亿元,增长 9.53%。市场物价总水平有所回升,全年居民消费价格指数 105%。旅游业发展势头良好。全年接待国内外游客 375.25 万人次,增长 21.33%;实现旅游及购物收入 42.73 亿元,增长 11.28%。

受国际市场变化及周边国家关税调整等影响,对外贸易有所下降。实现进出口贸易总额 6.31 亿美元,下降 29.52%。其中出口 4.36 亿美元,下降 37.7%。两个开发区外贸出口持续高速增长,完成出口总额 1.7 亿美元,增长 63.9%。

财政收入 62 亿元,其中地方财政收入 34.84 亿元,增长 24.22%;地方财政支出 27.93 亿元,增长 30.65%。金融机构存款余额 772.95 亿元,比年初增加 114.1 亿元;金融机构贷款余额 658.13 亿元,同比增加 77.97 亿元;城乡居民储蓄存款余额 292 亿元,同比增加 37.13 亿元。

61 项市级科技计划项目顺利实施;城乡小学、初中在校生巩固率达到 99.7%;普通高中招生 1.23 万人,增长 12.4%。人口自然增长率 6.24‰,年末全市人口总规模 212.43 万人;城镇居民收入稳步提高,城镇居民家庭人均可支配收入 7897 元,增长 8.9%。劳动就业和社会保障工作进一步加强,共安置城镇人员就业 3.79 万人,下岗职工再就业率达到 70.2%,城镇登记失业率控制在 4%以内。养老、失业、医疗三大社会保险覆盖面进一步扩大,养老保险新增 3.1 万人,失业保险新增 3.34 万人,医疗保险新增 5.4 万人。

【投资环境与利用外资】 乌鲁木齐市地处天山北坡中部,辖七区一县,总面积 12000 平方公里,总人口 212.43 万人。自 1992 年以来,乌鲁木齐市每年举办全国四大交易洽谈会之一的"乌洽会",市内 5 个二类口岸和两个开发区建设初具规模,现代化交通通信网络基本形成,商品市场体系全面建立,是第二亚欧大陆桥经济带西部重要的商贸、金融、信息、科技、文化教育中心,是沟通新疆南北疆,连接中国内地与中亚、欧洲的交通总枢纽,中国向西开放的门户。

为了给投资者提供全方位、高效便利的服务,乌鲁木齐市进一步简化项目审批手序,建立了基本建设项目投资受理审批服务"一厅式"办公模式。

在城市建设和管理过程中,乌鲁木齐市融入经营城市的发展理念,鼓励国内外投资者以独资、参股等形式新建和经营城镇公用设施,扩大拍卖出让土地范围,对于经营性土地出让一律实行拍卖,城市建设取得飞速发展,投资环境日益改善。

乌鲁木齐市多渠道吸引国外及疆内外的资金、技术和其他生产要素的投入,利用外资的数量和规模稳步扩大。全年共批准外商投资企业 30 家,项目总投资 1.4 亿美元,增长 1.25 倍;合同利用外资 1.1 亿美元,增长 3.7 倍。

【重点项目介绍】 2001 年,乌鲁木齐市确定市级重点建设项目 17 项,其中新建项目 4 项、续建项目 13 项,项目总投资 43.53 亿元,截至 2001 年底完成投资 21.5 亿元。

外环路工程,全长 30.16 公里,已实现 16.31 公里快速道路通车。延安路延伸工程,全长 2.3 公里,已投入使用。南湖北路延伸工程和北京路延伸工程因城市建设资金紧缺,推迟建设。苇湖梁热电联产热网工程,供热面积 350 万平方米,已完成 10 公里主管网、12 座换热站及 4 座自管站建设。高新区集中供热二期工程,供热面积 160 万平方米,2 号机组已投入运行。管道天然气入户工程,供气规模 25 万户,累计安装用户 20 万户、通气 12 万户、完成公用巷道管线 27 公里。石仁子沟水库工程,库容 190 万立方米,已实现部分蓄水使用。石墩子山水厂扩建工程,日供水 20 万立方米,已完成 8 公里取水管道、主要构筑物工程及部分设备安装。排水管网改扩建工程,改造排水管网 59.5 公里、雨水管线 9.2 公里,完成中山路、延安路、红山西路等 19 条道路 34.3 公里排水管线改造。雅玛里克山污水处理工程,日处理污水 5 万立方米,已完成厂区主要构筑物主体工程。水磨沟区污水处理工程,日处理污水 10 万立方米,已完成虹桥污水处理站厂区主要构筑物主体工程。头屯河区污水处理工程,日处理污水 1.6 万立方米,已投入试运行。西山垃圾卫生填埋场工程,库容 1000 万立方米,已完成排洪涵管、拦洪坝、截污坝、部分场区防渗膜工程及管理区配套设施建设和医用焚烧炉安装。红山体育馆工程,建筑面积 15420 平方米,已完成主体框架。十九中教学楼工程,建筑面积 10948 平方米,已基本完工。红山大型超市工程,建筑面积 77544 平方米,已完成主体基础施工。上述项目新增生产能力:集中供热面积 170 万平方米,改造排水管网 35 公里,城市快速路 16.31 公里,管道天然气入户 10 万户,改造城市道路 2.3 公里。

2001—2002 年,乌鲁木齐市初步确定重大前期项目 18 项,分别为:乌鲁木齐市引额济乌高水高用配套工程(包括照壁山水库工程、大西沟水库工程、乌鲁木齐河分洪工程、和平渠改造工程),红坑子水库工程,退耕还林还草工程,天然草场恢复和保护工程,煤炭净化燃烧联产节能建材项目,乌鲁木齐市南区热网工程,乌鲁木齐米泉区域污水处理利用及环境整治工程,九家湾垃圾转运站工程,城市轻轨交通项目,城市交通控制系统项目,城市消防设备及管理系统项目,南山旅游风景区开发项目,水磨沟区旅游开发项目,轮台古城开发保护工程,达坂城镇基础设施改造工程,东山区小城镇建设项目,电熔爆新型表面工程技术项目,东山区大型看守所工程。

呼和浩特市

【经济与社会发展】 2001 年,呼和浩特市(以下简称呼市)实现国内生产总值 211.2 亿元,同比增长 19.9%。其中,第一产业增加值 25.51 亿元,增长 0.1%,第二产业增加值 95.42 亿元,增长 26.4%,第三产业增加值 90.26 亿元,增长 19.8%。财政收入 22.9 亿元,同比增长 12%。工业经济效益综合指数 94.86,提高 4.7 个点。全市独立核算工业实现利税 11 亿元,增长 24%,盈亏相抵后净盈利 2.31 亿元。完成固定资产投资 95.26 亿元,增长 38.5%。社会消费品零售额 79.87 亿元,增长 15%。外贸出口总额 6540 万美元,增长 25.4%。

全部工业完成增加值 77.3 亿元,其中独立核算工业完成增加值 44.8 亿元,分别增长 24.2%和 25%。“奶业兴市”战略的实施,推动了奶业的超常规发展,奶牛头数 14 万头,鲜奶产量 40 万吨,分别增长 53%和 70.8%。乡镇企业完成增加值 118 亿元,增长 15%;实际入库税金 5.6 亿元,增长 11%。组织实施了天然林保护、退耕还林(草)等重点工程和大青山前坡生态治理等一批精品示范工程。完成人工造林合格面积 67.7 万亩。

全年发放下岗职工基本生活费并代缴社会保险费 7446 万元,发放离退休人员养老金 2.5 亿元,企业养老保险和失业保险基本实现了全覆盖,职工基本医疗保险、工伤保险取得新进展。劳动和社会保障工作逐步向社区延伸,下岗职工再就业率 51.3%,城镇登记失业率控制在 3.6%以内。全年城市居民人均可支配收入 6180 元,增长 10.7%;农民人均收入 2561 元,增长 0.9%。城乡居民储蓄存款 172.79 亿元,增长 13.3%。

全年推广自治区级以上科技成果和适用技术 17 项,有 2 家企业被列为高新技术企业,有 3 家企业技术中心成为自治区级企业技术中心。素质教育全面推进,巩固和提高了“两基”达标成果,市区基本普及高中阶段教育,职业教育、成人教育、民族教育得到加强。推行了教职工全员聘任制,规范了中小学收费管理,完成了一批中小学危旧房改造工程。成功举办了第三届昭君文化节和首届国际民间艺术节,村村通广播电视计划进展顺利。广泛开展了社区医疗服务,巩固提高了三级医疗机构网点建设,卫生三项建设通过了自治区检查验收,城乡居民医疗卫生条件得到改善,人口自然增长率控制在 9‰以内。成功举办了首届全市民族运动会,群众性体育活动蓬勃发展,新闻出版、民政优抚、外事、侨务、气象、文物保护等各项事业都取得了新成绩。

【投资环境与利用外资】 呼市现已形成了以市区为中心,以京包公路、呼准二级公路为主干线,通过 9 条主要公路干线辐射区内外城镇和乡村的交通网,呼市—包头的高速公路已经建成通车。铁路通过京包、包兰铁路与全国铁路相连接,有直达北京、上海、西安、银川、兰州、南京、宁波等地的客运列车和直达乌兰巴托和莫斯科的国际联运列车。呼市白塔机场有通往国内各主要城市的航线 48 条、国际航线 2 条,可直达蒙古首都乌兰巴托和俄罗斯赤塔,另外还开通了香港、上海、东京等不定期包机航线,年吞吐量 35 万人次。

呼市的城市公用事业和市政设施的供给能力明显增强,相继建成了邮政枢纽工程、机场邮件转运站、邮政通信综合网和电子化邮局等,建起了现代通讯所需要的支撑网、业务网,电话装机容量 52 万门,市话普及率 17%,电话用户38.3万户，移动电话用户30.1万户。水厂生产能力38.7万吨/日，煤气供气总量2691万立方米，集中供热面积772.2万平方米，城市排水管道长度407公里，城市污水处理率35.2%，建成区绿化覆盖率28.1%。

呼市是国务院确定的沿边开放城市，先后建起了如意经济技术开发区、金川资源经济开发区、金河农业产业化开发基地及和林盛乐经济园区。2001年，如意、金川两个开发区经国家批准合并，成为国家级呼和浩特经济技术开发区。截止2001年，开发区累计完成基础设施投资17.26亿元，引进内资项目811个，外资项目77个，累计引进国内外资金64.4亿元；金河农业产业化示范基地规划总面积6.8平方公里，基地龙头企业华蒙金河(集团)实业公司是世界上最大的金霉素饲料添加剂生产厂家。

按照呼和浩特市未来城市建设规划与经济发展布局，呼市将形成卫星城经济园区与市区周边经济园区相互连接的4条经济带。其中由如意开发区(一区)、白塔开发区、新城区经济园区组成东部经济带；由赛罕区金桥经济技术开发区、沙尔沁如意二区和和林盛乐经济园区组成南部经济带；由玉泉区裕隆经济园区、托县华蒙金河经济技术开发区组成为西南部经济带；由金川开发区及新建的2.2平方公里的出口产品加工区、土左旗的经济园区组成西部经济带。

呼市出台的优惠政策和法规主要有："呼和浩特市实施西部大开发战略优惠政策"，"关于加强技术创新、发展高科技、实现产业化的政策"，"呼和浩特市稳定培养高层次优秀人才的若干规定"，"呼和浩特市引进高层次优秀人才的若干规定"，"关于大力发展个体私营经济的若干意见"，"呼和浩特市私营企业权益保护条例"、"呼和浩特经济技术开发区关于促进招商引资，加快经济发展的若干规定"，"呼和浩特市拍卖'五荒'资源使用权实施办法"等。同时建立了行政服务中心，实现了一厅式审批。

呼市通过各类招商引资活动，全年签订合同、协议、意向共265项，协议引进资金40.14亿元。实施项目220项，引进资金30.3亿元，其中外商投资项目25项，协议利用外资6874万美元，实际利用外资3485万美元，同比增长14%；横联项目240项，协议引进区内外资金34.46亿元(区内资金8.15亿元，区外资金26.3亿元)，实际使用区内外资金27.42亿元。

【重点项目介绍】 城市配水管网改造项目：拟改造、新设中低压配水管网153公里，总投资2.79亿元。集中供热热网三期工程：总投资4.3亿元，将建成40个建筑小区的供热管网及热力站、供热面积830万平方米的城市供热系统。天然气输配工程项目：主要建设市区的供气管网，加压站及储气柜等，总投资4.5亿元，建成后年实现销售收入1.79亿元，利润0.2亿元，每年减少烟尘排放量1181吨，二氧化硫排放量3544吨。

如意开发区南区开发建设工程：该工程开发面积20平方公里，预计基础设施总投资10亿元。首期开发5平方公里内的道路、给排水、集中供热、供电等基础设施全面开工建设。绕城公路项目：该项目的绕城东路和北路拟建成城市一级主干道，绕城南路和西路建成城市快速路，总投资32.28亿元。

"蒙古风情园"旅游项目：建设内容有成吉思汗广场、敖包群、民族博物馆、名人纪念园、草原动植物园、石雕园等，总投资3.2亿元，项目完成后，可实现年营业收入9600万元，利税4800万元。

年产60万套载重子午轮胎项目：总投资7.95亿元，建成后年实现销售收入9亿元，利税2.52亿元。蒙牛乳业股份有限公司三期扩建工程：总投资2.55亿元，建成后年新增液体奶产量22万吨，实现销售收入11.5亿元，利税1.53亿元。华蒙金河实业公司扩建年产2万吨饲料金霉素项目：该企业生产的"牧星"牌饲料金霉素在同类产品中出口量居全国第一，产品在国内外市场缺口很大，销售前景广阔。总投资1.81亿元。建成后年实现销售收入4.62亿元，利税0.26亿元。内蒙古仕奇集团年产 1.5 万吨新型纤维素项目:总投资 8.23 亿元,建成后年实现销售收入 3.9 亿元,利税 1.41 亿元。

生态市建设工程项目:建设总规模为新增森林面积 441.95 万亩,退耕还林 486.12 万亩,城区人均公共绿地 8 平方米以上,总投资 11.22 亿元,预计 2010 年完成,建成后可控制水土流失量 8740 万吨、储水量每年 5.1—18.8 亿吨,可保持水土约 691 万吨,预计木材产量 21.6 万立方米,产值 5400 万元;水果产量 4.26 亿吨,产值 5.11 亿元;加上种苗共计总产值 54.8 亿元。黄河中上游退耕还林试点示范县建设工程:建设规模为造林种草 200 万亩,总投资 4.2 亿元。西部沙棘综合开发利用产业化项目:总投资 1.15 亿元,将建成 10 万亩良种沙棘生态经济林,形成年产 10 吨沙棘黄酮、1000 吨沙棘冲剂、1 亿粒沙棘油软胶囊、500 吨沙棘系列化妆品的生产能力,建成后可实现年销售收入 6.78 亿元,利税 2.82 亿元。

南 宁 市

【经济与社会发展】 2001 年,南宁市实现国内生产总值 322.63 亿元,同比增长 9.8%。其中第一产业增加值 48.63 亿元,增长 1.6%;第二产业增加值 94.27 亿元,增长 7.5%;第三产业增加值 179.73 亿元,增长 13.6%。财政收入 38.53 亿元,增长 27.15%。全社会固定资产投资 104 亿元,增长 8.5%。社会消费品零售总额 163.44 亿元,增长 9.26%。

全市农业总产值 77.56 亿元,增长 2.08%。甘蔗、蔬菜种植面积分别增加 14.5 万亩、2.3 万亩,粮食种植面积减少 2.9 万亩,优质谷种植面积增加 26.3 万亩,畜牧、水产养殖发展势头良好;乡镇企业总收入 196.67 亿元,增长 5%;上缴税金 3.81 亿元,增长 6.01%;实现利润 7.67 亿元,增长 6.2%。

全市规模以上工业企业实现产值 132.61 亿元,增长 8.43%;实现税金 12.28 亿元,增长 11.31%。国有工业企业改革整顿逐步深化,重大工业项目顺利实施,25 个重大工业项目的实施总投资 63.32 亿元。12 家企业完成改制,5 家企业开始改制。

全市旅游总收入 51.84 亿元,增长 12.74%;公路客运量增长 17.5%,公路货运量增长 15.79%;邮电业务总量 25.58 亿元,增长 32.01%;年末金融机构存、贷款余额分别为 672.67 亿元、490.94 亿元,分别增长 4.87%、10.09%。保险业保费收入 8.68 亿元,增长 29.56%。商品房销售额 24.4 亿元,增长 1.73 倍。建筑业、房地产业对经济增长的贡献率为 16.85%。

2001 年全市城区有私营企业 5592 户,个体工商户 27284 户,注册资本金净增 3.66 亿元,增长 10.02%;缴纳税金净增 9366 万元,增长 38.74%。私营、个体商业零售额增长 12.65%。

全市外贸进出口总额 5.37 亿美元,下降 18.49%。其中进口总额 1.07 亿美元,下降 28.48%;出口总额 4.3 亿美元,下降 15.57%。南宁高新技术产业开发区技工贸总收入 86 亿元,增长 38.04%;经济技术开发区被批准为国家级经济技术开发区,技工贸总收入 5.55 亿元,增长 21.3%;华侨投资区实现国内生产总值 1.63 亿元,增长 5.16%。

市、县区、乡镇机构改革顺利推进,公务员队伍、素质结构得到优化,事业单位推行了聘用合同制。财政改革继续深化,县区财政管理体制进行了调整,县区财力得到增强;政府采购运行逐步规范;工程预决算审核管理进一步加强。“两个确保”继续巩固,全市离退休人员按时足额领到养老金;医疗制度改革顺利推进;社会保障体系不断完善。行政审批制度改革扎实开展,取消了行政审批事项 667 项,南宁市行政审批办证大厅开始联审工作。

城市基础设施建设力度加大,城市快速环道等建设进度加快;南湖湖泊综合整治等项目前期工作进展顺利;市政公用事业成绩显著。机场高速公路荣获我国市政行业工程质量最高奖—建设部“市政金杯示范工程奖”,建筑有形市场管理水平进一步提高,工程质量优良率41.11%,通过工程招投标活动全年共节约资金1.61亿元,城市管理、土地管理及城镇化建设等工作进一步加强,加大对市容环境卫生的整治力度,市容市貌进一步改观,人居环境进一步改善,园林绿化建设步伐加快,城市建成区绿地率31%,绿化覆盖率38%。

全市共组织实施创新计划项目232项,组织实施市本级科技计划项目104项;信息化建设取得初步进展,组织实施了一批示范性、标志性信息化项目;城市社会应急联动中心已建成并投入试运行;大力发展高新技术产业,引进了一批新的高技术项目。成功举办了全国首届火炬计划项目成果交易会,成交额12.59亿元。加快科技服务体系建设,广泛开展科技合作交流,共签约92个项目,总投资18亿元。

启动了国家级基础教育课程改革实验区的工作,南宁职业技术学院进入国家示范性职业技术学院建设行列。文化事业生机勃勃,一批优秀剧目获国家和自治区奖励,其中大型壮族舞剧《妈勒访天边》、歌曲《大地飞歌》获得中共中央宣传部颁发的全国第八届社会主义精神文明建设“五个一”工程奖。群众性文化活动丰富多彩。卫生事业健康发展。深入开展“九亿农民健康教育行动”和推行合作医疗制度,推进了以乡镇为单位的初级卫生保健达标建设,完成农村改厕5.08万座,县郊农村沼气池建成4.04万座。体育事业取得新成绩,全年参加区内外各种比赛共获得193枚金牌、170枚银牌、136枚铜牌。群众性体育活动蓬勃开展,体育产业实现新发展。

年末城乡居民储蓄存款余额274.89亿元,比年初增长14.04%。城镇居民年人均可支配收入7906.32元,增长6.16%;从业人员劳动报酬增长11.72%,约有68%的家庭户收入增加,城镇居民年人均消费性支出7107.48元,增长6%;农民年人均纯收入2321元,增长6.27%;人口自然增长率6.1‰。

【投资环境与利用外资】 南宁市近海、近边、沿江、沿线,处于我国大西南出海通道的枢纽位置,毗邻粤港澳,背靠大西南,面向东南亚,处在广东等发达地区产业转移的前沿,市场腹地和辐射面较广。

城市基础设施日趋完善,已形成了航空、铁路、公路、水运四通八达的立体物流体系和便利快捷的现代信息流系统,市内交通网络通畅,水、电、燃气供给充足,拥有国家级、省级开发区。生态环境优美。先后获得“国家园林城市”、“全国卫生城市”、“中国优秀旅游城市”、“全国文明城市”、“中国人居环境奖”、“全国科技进步先进城市”等国家级奖项。政策优惠。南宁市实行沿海开放城市政策,同时享受国家西部大开发待遇,拥有少数民族自治区首府特有的半个立法自主权,是我国唯一具备上述三种政策优势的省会、首府城市。投资服务优质,原有1047项投资审批事项,经过清理减少了667项;设立了联合行政审批大厅,实行行政效能督察制度,公开、公平、公正的市场环境正在逐步形成。

全年共签订招商引资项目合同248个,合同投资额84.51亿元,其中引进资金70.43亿元。合同项目中内资项目201个,投资额66.26亿元,引进内资57.3亿元;外资项目47个,投资额18.25亿元,引进外资13.13亿元(折合1.58亿美元)。合同项目涉及工业、农业、基础设施、旅游、房地产、环保、生物化工等10多个门类,大于5000万元的合同项目有34个,投资额67.05亿元。全年全市实际利用外资1.13亿美元,增长34.01%。

【重点项目介绍】 2001年全市共安排重点项目55项,重点建设项目实际完成投资19.37亿元。南宁糖业3.4万吨蔗渣浆、南宁化工离子膜烧碱扩建投产运行,东葛路小学、火车站广场改造竣工并投入使用,兴宁路和民生路步行街改造开街营业,社会应急联动系统试运行,农村电网改造一期10千伏以下工程竣工。

在建大中型项目有邕江防洪堤、城市快速环道、朝阳溪综合整治、陈村水厂二期、城市电网改造、邮政第二枢纽、城市管道燃气、国际会展中心等。新开工项目主要有邕江防洪堤江北中堤、安力泰药业二期、年产2.5万吨高精度铝板带箔技改、永和大桥、三津水厂一期、南湖湖泊综合整治、白沙路小学、青秀山景区道路一期等。

太 原 市

【经济与社会发展】 2001年,太原市完成国内生产总值386.34亿元,同比增长10.5%,其中,第一产业增加值14.94亿元,同比下降2.9%;第二产业增加值189.6亿元,增长10.4%;第三产业增加值181.8亿元,增长11.9%;人均国内生产总值12381元,增长7.8%。

农业生产在大灾之年粮食、油料减产的情况下,实现了农村经济和农民收入双增长,全年农林牧渔业总产值23.34亿元,同比下降2.1%。乡镇企业总产值190.92亿元,增长12.2%;营业收入154.76亿元,增长15.1%;上交税金3.43亿元,增长26.9%。

全市规模以上工业企业完成增加值100.15亿元,同比增长10.3%,市及市以下工业企业完成增加值27.87亿元,增长9.2%。工业经济效益综合指数为76.64,比上年提高3.09点;盈亏相抵后实现利润4.2亿元,增长3.4%,完成利税总额27.64亿元,增长15.4%。产品创新能力提高,新产品产值12.93亿元,同比增长42.6%。潜力产品发展势头良好,产业结构调整取得新进展,全市共下达扶持资金4946万元,贴息资金2780万元,资本金2050万元,其他116万元。银行贷款7.3亿元,企业自筹10.76亿元。已投产达产的潜力产品全年增加销售收入12亿元,增加利税1.5亿元。

到2001年末,太原市高新技术产业开发区入区企业980家,增长16.7%,全年实现科工贸总收入108.2亿元,增长41.1%;利税11.1亿元,增长25.6%。

全年完成全社会固定资产投资122.71亿元,同比增长17.1%,其中,基本建设投资49.57亿元,增长13.7%;更新改造投资38.64亿元,增长17.7%;房地产开发投资21.14亿元,增长31.6%;其他固定资产投资13.36亿元,增长8.8%。市属固定资产投资60.86亿元,增长19.4%。其中,基本建设投资21.21亿元,增长28.6%;更新改造投资6.99亿元,下降20.9%;房地产开发投资21.14亿元,增长31.6%;其他固定资产投资11.52亿元,增长20.1%。中央固定资产投资完成27.54亿元,增长9.3%,省属固定资产投资完成34.31亿元,增长20%。

全年财政总收入35.16亿元,同比增长12.9%。一般预算收入24.16亿元,增长12.5%;一般预算支出29.74亿元,增长21%。存款大幅增长,贷款相对活跃,现金继续保持回笼态势。全年社会商品零售总额161.13亿元,增长9.1%;城市居民消费价格总指数为99%,商品零售价格总指数为98.4%。

全年外贸进出口总额13.22亿美元,同比增长17.7%,其中,出口10.53亿美元,增长19.7%;进口2.69亿美元,增长10.4%。实现贸易顺差7.84亿美元。市属外贸全年进出口总额1.66亿美元,增长6.8%。

全市共有独立科研机构110所,工作人员1.2万人。由市科委完成科研成果31项。其中达到国际先进水平的2项,国内领先水平的22项,国内先进水平的7项。技术市场共登记技术合同176项,合同金额4135万元。全市高等院校12所,招收本、专科学生36696人,同比增加9753人,在校学生101230人,增加28541人;高校和科研机构在读研究生3139人,增加973人;中等专业学校43所,在校学生86082人,增加2975人;技工学校53所,在校学生9304人,减少1344人;普通中学243所,在校学生185537人,增加11902人;职业中学33所,在校学生11235人;减少2116人;小学1457所,在校学生293615人,减少1447人;幼儿园971所,入园儿童97415人,减少2627人,成人高校在校生21230人,减少2452人。

2001年,城镇居民人均可支配收入6500

元,增长8%;农民人均纯收入为2738元,增长3.6%。城镇居民人均住宅面积10.55平方米,增加0.42平方米;农村人均住房面积26.2平方米,增加0.2平方米。全年有51.59万名企业职工和19.68万名离退休人员参加了养老保险,职工基本养老保险覆盖面为95.2%;66.7万名企业职工参加了失业保险,失业保险覆盖率97%;已审批城市居民最低生活保障人数41026人,发放保障金1581万元。

【投资环境与利用外资】 2001年,太原市进一步优化投资环境,制定一系列鼓励引进外资政策,鼓励企业做大做强政策,鼓励国有企业改革政策,引进人才政策,土地政策,财政支持政策。

全市继续坚持积极、合理和有效利用外资的方针,全市共批准外商投资企业22户,同比下降8.3%,投资总额8508.5万美元,下降57.5%,其中,中外合资3230万美元,下降69%,实际利用外资6290万美元。截止到2001年底,累计批准外商投资企业985户,投资总额41.99亿美元,合同外资14.28亿美元,外商直接投资主要来自香港、台湾、韩国、日本等十几个国家和地区。

2001年由太原市计委申报和审批的项目情况:全年审批项目3个,总投资33623万美元,其中,利用外资2770万元;上报项目6个,总投资68757.84万元,其中,拟利用外资4854.95万美元。上报的6个项目均为利用外国政府贷款,其中包括利用日本协力银行日元贷款,建设太原市污水回用工程和节水灌溉,利用加拿大政府贷款建设太原市城南区域供热工程等基础设施项目,这些项目的实施将进一步改善太原市的城市环境质量。

【重点项目介绍】 引黄太原城市供水工程,该项目建设总规模为80万吨/日,总投资23.07亿元,其中首期工程40万吨/日,投资16.07亿元,已累计到位资金6.2亿元。

太原二电厂热电联产项目,建设规模为一台20万千瓦供热机组,总投资9.4亿元,累计完成投资2.3亿元。二电集中供热工程,该项目建设规模为970万平方米,总投资7.3亿元,累计到位资金5.8亿元,建成热力站42座,主支干线已建成,达到供热能力600万平方米,累计完成投资4.1亿元。

内环路改造工程,建设规模为14.495公里,总投资3.67亿元,累计完成投资1.9亿元。长风大街、长风大桥工程,建设规模为长风大街4.7公里×80米,长风大桥569米×52.5米,总投资6.2亿元,已建成通车。

垃圾焚烧发电工程。建设规模为日处理垃圾1000吨,总投资3.85亿元。河西北中部污水处理厂一期工程,建设规模为日处理污水8万吨,总投资2.44亿元,2000年11月竣工投产,累计完成投资2亿元。

省属重点项目汾河二库。该项目总库容1.33亿立方米,水库控制流域面积2348平方公里,总装机9600千瓦,总投资6.7亿元,主体工程基本建成,累计完成投资5.4亿元。

山西大学文科楼,总建筑面积2.17万平方米,总投资5400万元,工程已基本建成,累计完成投资6300万元。山西博物馆,建筑面积5万平方米,总投资3.17亿元,前期工程全部完成,累计完成投资6300万元。

山西第二长途电信枢纽,总建筑面积3.28万平方米,总投资2.17亿元,工程主体框架建成,累计完成投资4000万元。

太钢50万吨不锈钢工程,总投资21.1亿元,工程正在进行,累计完成投资7.4亿元。

长 春 市

【经济与社会发展】 2001年,长春市实现国内生产总值1003亿元,同比增长13.4%。其中,第一产业135.9亿元,增长9.7%;第二产业443.6亿元,增长14.1%;第三产业423.5亿元,增长14%。人均国内生产总值1.43万元,增长12.7%。个体私营经济完成增加值233.6亿元,增长4.2%。

全年实现农业总产值223.9亿元,增长14.3%。粮食作物播种面积93.5万公顷,经济作物面积增长13.2%,专用型玉米、大豆、水稻面积增长64%。订单播种面积47.3万公顷。粮食总产量62.5亿公斤,同比增加10亿公斤。畜牧业产值114.4亿元,肉类产量120.3万吨,禽蛋产量31.3万吨。完成造林面积6785公顷,新育苗面积461公顷。新建续建农业产业化骨干项目33个,完成投资16亿元。

规模以上工业企业完成增加值282亿元,增长16.4%,规模以上工业企业盈亏相抵后实现利润58.6亿元,增长29%,完成新产品产值254.5亿元,新产品产值率26.7%,工业经济效益综合指数164.5%,全年新认定高新技术企业128户,高新技术产业实现产值300亿元,同比增长50%。产值超亿元的高新技术企业已发展到52户。建筑业完成增加值62.6亿元,同比增长13.5%。四级及以上资质建安企业完成施工产值140.3亿元,实现利税6.3亿元。全年施工工程7354个,施工面积990.8万平方米,竣工面积623.5万平方米。

全年实现进出口总额23亿美元,增长33.5%。其中进口13.2亿美元,增长40.6%;出口9.8亿美元,增长25.1%。国有企业出口7.6亿美元,外商投资企业出口2.1亿美元。旅游业全年接待旅游人数1007万人次,其中入境游客6.6万人次,国内游客1001万人次。旅游收入48亿元,增长66%;旅游外汇收入3072万美元,增长35.8%。

全年完成固定资产投资285亿元,同比增长21.2%。其中基本建设投资105.4亿元,更新改造投资53亿元,房地产开发投资48.5亿元。全年完成商品房竣工面积294万平方米,同比增长68.3%,商品房销售面积136.9万平方米,增长29.6%;商品房销售额31.5亿元,增长66.7%,商品房空置面积144.9万平方米。

各种运输方式完成货物周转量347.4亿吨公里,同比增长2.2%。其中铁路315.4亿吨公里,公路31.8亿吨公里,民航2056万吨公里。完成旅客周转量122.7亿人公里,增长3.4%。其中铁路84.7亿人公里,公路24.1亿人公里,民航13.9亿人公里。完成邮电业务收入31.6亿元,增长15.4%。全市电话交换机容量179.8万门,增长13.4%,市话用户95.2万户,农话用户20.1万户。移动电话用户154.9万户,电话普及率为40.3部/百人(含移动电话);互联网注册用户53159户。

全年实现社会消费品零售总额358.3亿元,同比增长12.5%。各类商品交易市场已发展到438个,40个亿元市场全年实现交易额254.5亿元。居民消费价格总指数为102.3%,同比上涨2.3%。会展经济成为新的经济增长点。全年共办会展49个,成交额40亿元。

完成全口径财政收入97.4亿元,同比增长28.1%,地方财政收入36.3亿元,增长19.4%。地方财政支出59亿元,增长15.4%。年末金融机构存款余额1158.4亿元,增长14.6%,其中企业存款余额376.1亿元,储蓄存款608.1亿元。金融机构各项贷款余额1344.8亿元,增长8.5%,其中短期贷款余额845.2亿元,中长期贷款余额401.8亿元。金融机构现金收入3051.3亿元,增长14.9%;现金支出3020.4亿元,增长15.2%;货币净回笼30.9亿元。全市有股票交易机构6个,股票交易网点36个,上市企业18个,有价证券成交额650.1亿元。保险业全年承保总额1809.8亿元,同比增长42.8%,保费收入12亿元,增长21.8%,全年赔付总额4亿元,增长17.8%。

全年实施市级以上科技发展计划498项,其中国家级项目67项,省级项目346项,市级项目185项。全年通过鉴定、验收和认定的科技成果244项,获国家级奖励10项,省级奖励70项。有独立科学研究与技术开发机构98个,拥有专业技术人员40万人,中科院和工程院院士23人。有技术开发、咨询、转让等服务机构1920户,技术成果交易额6.2亿元,市科技管理部门共投入科技经费2345万元。

年末有普通全日制高等院校25所,在校

生15.6万人。各类成人高等学校13所,在校生2.4万人。中等学校27所,在校生1.8万人。普通中学403所,在校生38.8万人,其中初中331所,在校生30.7万人。小学1848所,在校生60万人,学龄儿童入学率97%。

专业艺术创作精品不断涌现,全年共获省级以上奖励58项。有电影事业机构220个,其中电影放映点213个。文化事业机构239个,其中艺术表演团体10个,剧场、影剧院9个。公共图书馆10个,总藏书量224万册,其中少儿图书馆1个,藏书量18万册。群众文化事业机构173个,其中乡镇文化站142个,文化市场管理机构11个,其他文化事业机构19个。文物事业机构7个,其中博物馆2个。

有广播电台5座,节目6套,中波发射台和转播台2座,广播人口覆盖率为100%;电视台5座,节目9套,一千瓦以上电视发射台和转播台5座,电视人口覆盖率为100%,全年共出版图书1856种。

有卫生医疗机构1044个,其中医院、卫生院291所,拥有医疗、疗养床位2.4万张,卫生技术人员为3.6万人,乡村医生和卫生员6665人,个体医生开业人员1221人。已建立社区卫生服务站98个,社区卫生服务覆盖人口90%以上。全市建立再就业服务中心(站)203个,为35353名进站下岗职工及时足额发放了基本生活费。下岗职工再就业3.5万人,城镇登记失业率控制在2.5%以内。

全年长春市运动员参加国际、国家、省级以上赛事99项次。在国际比赛中获得金牌9枚、银牌11枚、铜牌10枚;在全国比赛中获得金牌105枚、银牌67枚、铜牌76枚。在全省比赛中获金牌272枚,连续三年被评为"全国群众体育先进市"称号。成功地承办了世界杯短道速滑赛、亚洲汽车拉力锦标赛等高水平的国际赛事3项次,全国比赛14项次,省级比赛5项次。

【投资环境与利用外资】 到2001年末,全市建成烟尘控制区面积149.2平方公里,环境噪声达标区面积92.6平方公里。德惠、双阳、净月3个县(市)、区被批准为国家级生态示范区建设试点单位。工业废水排放达标率、工业固体废物综合治理率、危险废物处置率分别达到93%、95%和100%;饮用水源水质、城市地面水质达标率100%。

全市水厂日综合生产能力107.6万立方米,煤气日供气量72万立方米,市区使用煤气、天然气、石油液化气户数68.6万户。城区集中供热面积4000.3万平方米,新增集中供热面积492.3万平方米。全市园林绿地面积5537公顷,公共绿地面积1600公顷,建成区绿化覆盖面积6358公顷,绿化覆盖率38.7%。

新批三资项目125个,其中超千万美元项目20个,有16家世界500强企业落户长春。实际利用外资5亿美元,增长37.7%。其中直接利用外资3.6亿美元,增长26.7%。五个开发区全年审批三资企业51个,利用外资3.7亿美元。新签对外承包和劳务合作合同金额24222万美元,营业额15011万美元,年末在外劳务人员21923人。

【重点项目介绍】 华禹光谷3G移动电话项目,华禹光谷无线手持终端示范工程,长春粘性内表面热缩管项目,长春鸿达指纹卡锁项目,半导体高亮度发光外延及芯片产业化示范项目,石头口门水库兴利增容工程,长春大成60万吨玉米淀粉项目,榆树150万吨猪屠宰加工项目,德大1亿只肉鸡项目,东旭集团120万头生猪屠宰项目,伪皇宫保护项目,长春大学城一期工程,长江路改造建设项目,珲乌一级公路工程,长春轻轨一期工程,西郊污水处理工程,净月开发区基础设施工程,经济开发区基础设施工程,高新开发区基础设施工程等。

哈尔滨市

【经济与社会发展】 2001年,哈尔滨市实现国内生产总值1120.1亿元,同比增长11.2%,其中,第一产业增加值186.1亿元,增长4.6%;第二产业增加值393.1亿元,增长

13.4%;第三产业增加值540.9亿元,增长12%。财政一般预算收入103.1亿元,增长19.4%。

实现农林牧渔业总产值295.4亿元,同比增长5.2%。粮食产量68.1亿公斤。畜牧业产值123.6亿元,同比增长13.5%。绿色农业播种面积7.1万公顷,优质粮食作物覆盖率为84%。全市乡镇企业实现总产值749.5亿元,增长15.8%;利润29.1亿元,增长18.2%。

实现工业增加值318.4亿元,同比增长12.1%,完成总产值1101亿元,同比增长13.4%。医药、汽车、食品和电子信息制造四大支柱产业完成工业产值279.1亿元,同比上年增长7.1%,工业经济效益明显提高。全市规模以上工业企业实现利税总额42.6亿元,同比增长12.6%,利润总额5.4亿元,增长52.5%;亏损企业亏损额下降4.8%。经济效益综合指数为77.04,同比提高2.9个百分点。

全社会完成固定资产投资311.8亿元,同比增长22.9%。完成投资1亿元以上的项目34个,完成投资98.6亿元,同比增长23%,拉动全市投资增长7.3个百分点。

以冰雪旅游和人文景观为主的旅游产业有新的发展,已建成建筑艺术广场、冰雪大世界、丹清河风景区、二龙山和亚布力滑雪场等各类旅游景点、景区101个,全年接待国内外旅游者1154万人次,同比增长25.5%;旅游总收入55.7亿元,同比增长23.6%。接待海外旅游者17万人次,同比增长9.4%。

全年城市基础设施建设投资35.7亿元。二环快速干道全面竣工并投入使用。花园街拓宽改造、道外十四道街至南岗宣化街跨线桥工程等8路14桥重点路桥工程竣工,城市现代化路网格局基本形成。环境质量不断提高,环境噪声达标区27个,达标面积107.3平方公里,增加7.3平方公里。市区空气中大气总悬浮微粒年日均值为0.244毫克/立方米,二氧化硫年日均值为0.037毫克/立方米,二氧化氮年日均值为0.048毫克/立方米;城市地面水水质达标率为89%,城市饮用水源水质达标率为94.2%。年末全市总人口941.1万人,同比增加6.5万人。人口出生率8.07‰,人口死亡率4.34‰,人口自然增长率3.73‰。城市居民人均可支配收入6407元,同比增长13.8%,恩格尔系数由上年的43.1%下降到40.8%。农村居民人均纯收入2618元,同比增长5.7%。

2001年组织实施各类科技计划项目238项,取得各类科技成果945项,其中,国际先进科技成果174项。受理专利申请1500项,授权专利800项。签订各类技术合同1981项,成交金额8.7亿元,同比增长3.5%。全市共有普通高校19所,招生5.8万人,同比增长15.4%;在校学生16.7万人,增长26%;在校研究生1.3万人,增长29.4%。成人高校招生4.2万人,在校生10.6万人。普通中学在校生66万人,同比增长2.37%。各类中等专业技术学校在校生8.5万人。小学在校生59.7万人,学龄儿童入学率99.5%。成人中等专业学校在校生1.4万人,成人技术培训98.3万人。

全市共有专业艺术表演团体18个,各类电影放映单位36个,文化馆21个,公共图书馆19个,博物馆8个,档案馆21个。市直艺术表演团体全年共演出1619场,观众146万人次;获国际级奖励4项,获国家级奖励15项。图书馆藏书322万册,发行报刊5.2亿份,发行杂志0.6亿册。全市有广播电台1座,广播调频转播台139座,广播人口覆盖率98.7%;有电视台1座,1千瓦以上电视发射台和转播台11座,电视人口覆盖率97.6%。

全市共有各类卫生机构1128个,床位3.5万张,其中,医院、卫生院438个,床位3.3万张。卫生专业技术人员4.7万人,有卫生防疫、防治机构53个,卫生技术人员3000人;妇幼卫生机构21个,卫生技术人员1000人。农村有卫生院211个,床4000张,卫生技术人员6000人。在国内外重大体育比赛中,共获得金牌46枚,银牌45枚,铜牌43枚。独具北方特色的"百万青少年上冰雪"活动中,全市共浇冰场400处,“上冰雪”人数40万,有5个区和5个县(市)被评为省级“上冰雪”活动先进单位。

【投资环境与利用外资】 有5条国际、国内铁路干线在此交汇,有7条公路从哈尔滨通往全国各地。有国际、国内空中航线58条,可办理100多个国家和地区、200多个机场配运业务。全市拥有公交营运线路100条,营运车辆3365辆。哈尔滨港位于松花江水系中心位置,与俄罗斯4个城市直接通航,经江海联运通向日本、朝鲜半岛及东南亚各港口,是国内内陆一类开放口岸。发电装机容量230万千瓦,年生产能力138亿千瓦时。全市共有公用水厂7座,供水总量3.4亿吨,其中居民生活用水2.1亿吨。煤气供气总量3亿立方米,煤气管道长1704公里,管道煤气普及率为67%。

哈尔滨市是我国重要的工业基地,现已形成以机电工业为主体。轻工、纺织、医药、汽车、冶金、电子、建材、化工等门类齐全的工业体系。电站成套设备、飞机、客车、精密仪器仪表、工量具、继电器保护装置、铝镁合金等产品在产量和质量上都居国内同行业领先地位。哈尔滨市地处东北亚经济区的中心位置,是第一条欧亚大陆桥的重要连接点,成为世界各国拓展俄罗斯、独联体及东欧市场的“桥头堡”。新辟建的东北亚经贸科技合作区和对俄出口加工园区,与哈尔滨内陆港、中俄边境互市贸易区实行联动作业,实现对俄贸易的产、供、销“一条龙”。

截止2001年底哈尔滨市共审批三资企业2594户,实际利用资金累计13.74亿美元,累计实现税收51.7亿元,出口创汇13.8亿美元,已有香港、韩国、日本、美国等40多个国家和地区的客商到哈尔滨市投资。投资领域包括电子、机械、纺织、化工、食品、服装、房地产、轻工、医药等。哈飞汽车制造有限公司、双城雀巢有限公司、黑龙江正大实业有限公司、哈尔滨龙兴化纤有限公司等4户企业在全国三资企业500强中榜上有名。

按照国家的《外商投资产业指导目录》要求,重点投资的行业是:国有大中型企业的嫁接改造;自然资源的综合开发,特别是农业资源综合开发;城市基础设施建设;高新技术产业;积极开拓在通信、旅游、商业、金融服务等新领域进行试点。外商到哈尔滨开发区投资由开发区管理委员会自行审批,可享受沿海开放地区经济技术开发区和沿海开放地区高新技术产业开发区的各项优惠政策。

【重点项目介绍】 2001年的45项重点推进项目,列入重点推进的9个前期项目中,磨盘山水库供水工程项目进展顺利,项目建议书已获国家计委批复,可研报告已上报国家计委;绿色食品基地一期工程的项目建议书已编制完成;轨道交通一期工程的预可研已通过中咨公司专家组评估,由国家计委报请国务院审批。重点在建项目36项,总投资142亿元,当年完成投资31.89亿元。哈尔滨万集源超级市场一期工程、黑大公路哈五段、二环快速干道、道外区十四道街跨线桥、市少年宫艺术中心、海格集团数字调制广播发射机、空调股份公司尖峰冷却预热器等11个项目竣工。

合 肥 市

【经济与社会发展】 2001年,合肥市实现国内生产总值363亿元,同比增长11.3%。其中第一产业增加值38亿元,增长3.2%;第二产业增加值176亿元,增长12.3%;第三产业增加值149亿元,增长12.5%。

受粮食播种面积调减和严重干旱的双重影响,全市粮食总产量133万吨,同比减少6.8%;油料产量31.8万吨,增长17.6%;棉花产量1.46万吨,增长19.2%。养殖业生产发展势头良好,全年肉类总产量24万吨,增长4.4%;牛奶产量1.5万吨,增长27%;水产品产量10.3万吨,增长0.6%;林业生产保持稳定增长,全年造林面积1837公顷,增长45%。

工业生产增势强劲,全部工业完成增加值151亿元,同比增长12.3%;建筑业完成产值85.3亿元,增长28.6%;全年完成进出口总额

20.5亿美元,同比增长7%。其中出口14.1亿美元,增长5.9%;进口6.4亿美元,增长9.5%;累计实现贸易顺差7.7亿美元。

旅游业总收入29.23亿元,同比增长16.6%。其中旅游外汇收入2317万美元,增长13.2%;接待国内外游客414万人次,增长3.5%。交通运输业完成公路货物运输周转量24亿吨公里,增长6%,完成旅客运输周转量36亿人公里,增长3%;邮电通信业完成业务收入17亿元(不含寻呼),增长15.6%;年末电话户数81万户,计算机互联网用户15.8万户,同比增长1.33倍。

全年完成全社会固定资产投资142亿元,同比增长8.8%。其中,国有及其他经济类型单位投资120.4亿元,增长6.5%;城乡集体和个体投资22.2亿元,增长24.2%。基本建设投资72.8亿元,增长2.8%;更新改造投资20.3亿元,增长12.4%;房地产开发投资25.54亿元,增长10.8%。

全年实现社会消费品零售总额164亿元,同比增长11%,其中城市消费品零售额140亿元,增长11.9%。各种经济类型企业全面发展,私营经济发展加快,全年增长46%;个体、港澳台、外商、股份制及其他经济保持较快的增长势头,增长13.1%。全年商品成交额201亿元,同比增长48%,其中农村商品交易市场成交额720亿元,增长54.3%。

全年财政收入49.3亿元,增长17.6%,其中地方财政收入27.7亿元,增长13.6%。同期预算支出30.96亿元,增长20%。金融机构各项存款余额711亿元,各项贷款余额705亿元,分别增长26.3%和18%;城镇居民储蓄存款余额226亿元,增长22.7%;保险系统保费收入8.7亿元,赔偿和给付1.8亿元,增长6.4%。城镇居民人均可支配收入6817元,同比增长6.7%;人均消费性支出5600元,增长12.5%;农民人均纯收入2032元,增长2.9%;农民人均生活消费支出1426元,增长9%。城镇居民住房人均使用面积15.3平方米,农村居民人均居住面积24.53平方米。

全年共鉴定验收各类科研项目32项,其中达国内领先水平和国内先进水平的17项、省内领先水平的12项。全市有16所普通高校,当年招生3.14万人,在校生8.42万人,当年招收博士生、研究生2786人,在校博士生、研究生6632人;138所普通中专及职业中学在校学生14万人,217所普通中学在校学生28.5万人,1459所小学在校学生43.18万人,初中入学率为95.1%,学龄儿童入学率为99.7%。文化事业日益繁荣,大型话剧《风驰瑶岗》荣获中宣部和省“五个一工程”奖,并在第七届中国戏剧节上荣获“剧目奖”等6个奖项,大型话剧《何家庆》、《国事家事》等获省“五个一工程”奖,市图书馆、科技馆初步建成,市少儿图书馆建成对外开放,拥有各类体育场地6个,有卫生机构565个,其中医院、卫生院230个,床位12505张;全年出生人口出生率9.42‰,人口自然增长率5.36‰。

全年发行中国电脑体育彩票5100万元,获公益金510万元。发行社会福利彩票10762万元,筹集社会福利资金675万元。全市已建成14个环境噪声达标区,面积64平方公里,大气环境质量达到国家规定的标准,地面水环境质量基本符合国家规定的要求。

【投资环境与利用外资】 合肥市经国务院批准享受沿海开放城市的政策,现辖肥东县、肥西县、长丰县、瑶海区、庐阳区、蜀山区、包河区三县四区,总面积7497平方公里(包括部分巢湖水面),市区面积596平方公里,城市建成区面积135平方公里。合肥市于1992年进入中国城市综合实力50强,拥有全国卫生城市、全国园林城市、全国城市环境综合整治优秀城市、全国双拥模范城、全国社会治安综合治理先进单位、中国优秀旅游城市、全国科教兴市先进城市等国家级荣誉称号。

合肥是建设中的国家铁路交通枢纽之一,淮南复线贯穿南北、华东第二通道合肥—阜阳—商丘线路、合肥—九江和正在建设的宁西线(南京—西安)等铁路干线交汇合肥。合肥是全省的高速公路枢纽,高速客运直达南京、上海、杭州等大城市。合肥骆岗机场作为国际备降机场,开辟了北京、上海、深圳、昆明等国内航线20多条,开通了合肥—香港专线。合肥港通过淝河、巢湖与长江沿岸港口相连,可通航500吨到1000吨级的驳船。

城区交通已建成“二环九射”加方格网的道路框架,城市供水、供电、供气充足,正在建设的国家“西气东输”工程,将给合肥发展带来新的发展机遇。城市服务业发达,贸易繁荣,城市综合服务、保障功能比较完善。旅游资源丰富,市内有逍遥津公园、包公祠、教弩台、明教寺、大蜀山等名胜古迹,有我国五大淡水湖之一的巢湖。周围地区有凤阳的中都城、龙头寺、明皇陵以及敬亭山、佛子岭、磨子潭、梅山等五大水库,有驰名中外的天下第一山—黄山和全国四大佛教胜地之一的九华山。

中国科技大学、合肥工业大学等高等院校和中国科学院合肥分院等各类科研机构,丰富了合肥市的人力资源。闻名遐尔的合肥国家同步辐射实验室、全国最大的直流脉冲机组等,提高了合肥的科技知名度。全市现有各类专业技术人员总数17万多人。

合肥市制定和出台了一系列优化环境、鼓励、奖励投资的政策。全面减少了行政审批,提高办事效率。加强招商引资,政府实行“一站式”服务。合肥市鼓励投资者投资建设重点工业项目,特别是汽车、机械制造、化工橡胶、家电与电子及生物医药和信息产业;综合利用资源和再生资源及采用保护环境的新技术设备产业;重点发展商贸旅游、房地产开发、社区服务以及广告、信息咨询、会计师事务所等中介服务机构。全年全市利用外资1.76亿美元,增长33.9%;利用内资22.4亿元,增长15.4%。

【重点项目介绍】 水源联络管工程、安徽元一国际高尔夫俱乐部、长丰瓦东干渠补源工程、大口径塑料波纹管工程、宁西铁路合肥段、合肥至白龙公路改造、合肥二电厂、肥西及长丰国债粮库等项目相继建成。

小型连轧、5万吨离子膜烧碱和13万吨尿素等重大技改项目建成投产。南淝河综合治理灯饰工程、望塘污水处理厂、拦水橡皮坝开工建设,市政府广场、胜利广场、徽园、城区4个出入口客车换乘中心等建成使用。开工建设马鞍山南路、望江路、临淮西路、天长路等主干道,王小郢污水处理厂和十五里河中下游综合整治工程基本完成。

软件产业基础、生物医药产业园区、大学城一期、国际会展中心、安徽国通工业园、江汽集团H1商用车、合肥客运中心、广电新闻中心、元一大酒店等项目取得新进展,加快实施紫蓬山、舜耕山、三河镇等旅游综合开发项目。继续建设梦园小区、柏景湾花园、阳光花园等一批城市生活小区,结合教育产业发展实施中国科技大学扩建等项目。

南昌市

【经济与社会发展】 2001年,南昌市实现国内生产总值485.6亿元,同比增长12.1%;完成全社会固定资产投资94亿元,同比增长18%;财政总收入52.4亿元,同比增长17.6%;地方财政收入22.5亿元,增长17.5%;实际利用外资1.3亿美元,同比增长2.9倍;实际利用内资38.2亿元,同比增长25.3%;社会商品零售总额160.8亿元,同比增长11.4%;城镇居民年人均可支配收入6206元,同比增长8.3%;农民年人均纯收入2517元,同比增长5.3%。

三次产业结构趋于合理,所有制结构有所完善,产业内部结构不断优化。农业特色产品增多,优质品率提高,龙头企业壮大,产业化水平提升。粮经比重为58:42;种植业优质品率达到82%;有年销售收入500万元以上的农副产品加工龙头企业67家,年交易额1000万元以上的农产品专业批发市场20家;农业产业化率达到45%。

工业经济整体效益明显好转,规模企业大幅增长。全市工业总产值538亿元,增长14%。规模以上工业企业产值增长17.5%,占全市工业总产值的52.7%;利税35.5亿元,增长14.5%,其中利润11亿元,增长6.6%;全市37家重点扶持的企业,产值占规模企业总产值的66.8%,利税增长11.3%。

大市场迅速壮大,新业态积极抢滩,房地产空前活跃,旅游业大幅攀升。南昌百货大楼、洪城大厦年销售额分别增长69.3%和35.2%;洪城大市场、南昌深圳农副产品批发市场,年交易额分别增长16%和12.9%;商品房销售面积增长25.5%,销售额增长45.6%;来南昌旅游人数增长14.1%,旅游总收入增长23%。

个体私营经济总量快速提升,企业规模扩大。增加值占全市国内生产总值的25.1%,上缴税收占全市税收总额的12.2%,年纳税200万元以上的企业增加到12户;年销售收入超亿元的企业发展到19户。

各项改革不断深化。企业改制平稳推进,江西丝绸厂等34户企业改制方案获准通过,南昌百货大楼、洪城大厦等商贸企业顺利完成改制;社保体系日趋完善,全市公有制企业基本养老保险覆盖面100%,非公有制企业覆盖面60%,社会化发放面100%,工伤、生育保险覆盖面不断扩大,城镇职工基本医疗保险制度改革顺利推进;改革预算管理体制,大力推行部门预算。社会事业协调发展。教育改革不断深入,各项教育协调发展,全民教育程度普遍提高。深化科技改革,推进科技进步,建立技术创新体系,组织实施各类科技计划241项,其中国家级7项;组织鉴定验收科技成果55项,专利申请730件。

城镇医疗卫生体制改革稳步推进,医疗卫生服务水平不断提高。广泛开展全民健身,大力发展文化事业,整顿净化文化市场,成功举办纪念"八一"起义大型演唱会,十台节目共庆国庆、中秋佳节。加大计划生育工作力度,计划生育率89.7%,人口出生率15.5‰,实现了人口控制目标。加强了生态环境保护,强化环境综合治理,朝阳污水处理厂投入使用,城市环境质量达到全国环境保护重点城市中上水平。

【投资环境与利用外资】 南昌是国务院批准的享受沿海开放地区优惠政策的内陆城市,是京九大动脉沿线唯一省会城市,大京九与浙赣线交汇与南昌,赣宁、赣湘铁路在境内通过,使南昌成为铁路交通的重要枢纽之一;北京至珠海的105、上海至云南的320、兰州至福州的316三条国道在境内交汇,南昌至九江的高等级公路直达长江口岸,赣粤、沪瑞高速公路将于2004年建成;南昌昌北机场开辟了直飞北京、上海、深圳、昆明、香港等33个城市的40多条航线;赣江穿城而过,顺赣江经鄱阳湖入长江出东海,可直达长江各口岸和上海港,可通航500吨到1000吨级的驳船。良好的交通地理位置,使南昌成为沿海的腹地,内陆的前沿,形成了独特的投资环境。

2001年以城市电网及农村电网改造为重点,提高了电网供电能力及可靠性,全市装机总容量31.8万千瓦,500千伏变电站1座,220千伏变电站4座,110千伏变电站27座,全市用电量51亿千瓦时。自来水供水能力142.1万吨/日,城市家庭燃气率为87.2%,管道煤气供应量为7.6万立方米/日。

南昌投资软环境进一步改善,建立了"领导负责、项目首谈、信息报告、工作推进、情况督查、利益分成、招商办证无假日、外商投资项目审批制改登记制"八项制度,完善了"投资促进、统一办证、外商投诉"三大中心,健全了考核体系,规范涉外收费,减少行政审批,兑现引资奖励,出台了《关于进一步加快经济发展的若干政策措施》。全年新批外商投资项目65个,同比增长51.2%,其中引进超千万美元的项目5个。两个国家级开发区(南昌高新技术产业开发区和南昌经济技术开发区)及其他开发区已成为招商引资的主战场。

【重点项目介绍】 建成投产项目。沿江路综合改造,全长6.1公里,总投资2767.2万元;滨江大道路面工程,长8.1公里,宽18米,总投资3240万元;临江大道路面绿化工程(含丰和立交桥),长8.1公里,宽18米,另加立交桥

3公里,总投资6675万元;孺子路(桥),路长3.7公里,宽30米,桥长86米,总投资2956.9万元;建设西路(桥),路长2.6公里,宽25米,桥长121米,总投资3096.6万元;城区煤气管网及设备改造,铺设中低压输气管73.7公里,新增用户2.6万户,总投资7177.1万元;朝阳洲污水处理厂,日处理污水8万立方米,总投资1亿元;市图书馆,总建筑面积1.9万平方米,总投资3663.8万元;红谷滩接待中心、行政中心、会展中心,总建筑面积11万平米,总投资1.9亿元;红谷滩基础设施一期,已完成行政中心周边道路,花岗岩广场及周边绿化,红谷大道及红谷四路至八路路面、绿化、强弱电管线,红谷一路至三路,丰和大道临时路面及泵房,总投资7547.3万元;沿江南路一、二期道路及绿化工程,路长3.7公里,宽40—53.5米,总投资5199万元。

新开工项目。青山湖整治于2001年10月开工,至年底已完成清淤70万立方米,片石护岸2.4万立方米,完成投资1334万元;市劳教所扩建工程2001年5月开工,至年底完成投资774.8万元。

续建项目。麦园垃圾填埋场累计完成投资7095万元;朝阳洲干道整治累计完成投资5027.2万元,已有朝阳中路、东河滩路建成投入使用;高新区主干道累计完成投资8344万元;长陵水厂改造,日供水10万吨,30万吨/日取水泵房,累计完成投资3005.8万元;青山湖电排站,装机容量4000千瓦,累计完成投资3263.5万元;墨山立交桥,长801米,宽22.5米,其中主桥长129米,累计完成投资1428万元;高新三路、高新四路,全长1.5公里,宽20.3米,累计完成投资510万元;城南排渍道(玉带河)综合整治,整治污水渠12.1公里,铺设截污管(涵)25公里,累计完成投资3087.9万元;金庐软件园附属道路及排水,道路全长9.9公里,累计完成投资4271万元;市中级法院审判综合楼,总建筑面积2.9万平方米,累计完成投资1900万元。

郑州市

【经济与社会发展】 2001年,郑州市实现国内生产总值828.2亿元,同比增长10.9%。其中第一产业增加值45.3亿元,同比增长5.3%;第二产业增加值404.8亿元,同比增长10%;第三产业增加值378.1亿元,同比增长12.7%。财政收入完成55.9亿元,同比增长21.5%。金融机构各项存款余额1627.3亿元,同比增长23.6%;贷款余额1256.8亿元,同比增长26.3%。

农业结构适应市场需求继续向优质、特色、高效调整,优质专用小麦、玉米和优质水稻的种植面积均比上年有大幅度增加。蔬菜、花卉、瓜类等经济作物面积扩大,效益提高,一批独具特色的农业园区已经形成,农业名牌产品不断涌现。全年粮食产量149.9万吨,肉类产量19.5万吨,蛋类产量14.3万吨,奶类产量6.2万吨,蔬菜产量212.7万吨,水产品产量5.5万吨。农业产业化步伐加快,全市从事农产品加工的企业300多家,带动农户38万户。农业基础设施进一步加强,农村生态环境进一步改善,农村经济可持续发展态势良好。

工业结构调整初见成效,全部工业完成增加值344.7亿元,同比增长9.5%。其中,规模以上工业完成增加值201.1亿元,同比增长9.9%。积极实施国有资本和国企职工身份双重置换,企业投资主体向多元化发展,宇通公司国有股份出让成功。国家经贸委确认的8户债转股企业中,欧丽、白鸽集团已经完成,其他6户企业正在资产评估认定。工业经济结构调整步伐加快,雪城、长铝、郑纺机、郑煤集团等4户企业的6个项目被列为国家经贸委国债贴息技改项目,白鸽、三棉、四棉等7户企业的7个项目被列为国家重点技改"双优一高"项目。产品质量有所提高,"金芒果"香烟被评为国优产品。支柱产业已成为新的经济增长点,汽车、铝工业、食品3大产业已初具规模。个体和私有制经济发展迅速,增加值占全市工业增加值的比重为30.2%,同比增长29.3%。

全年完成固定资产投资295.7亿元,同比增长14.4%。其中,第一产业完成投资17.4亿元,同比增长34.9%;第二产业完成投资82.9亿元,同比增长4.5%;第三产业完成投资195.4亿元,同比增长17.6%。54项重点建设项目总投资144.2亿元;当年投资49.5亿元。

市场销售稳中趋活,全社会消费品零售总额完成386.5亿元,同比增长11.8%。商品交易市场向规模化发展,辐射能力进一步加强,成功的举办了2001年郑州全国商品交易会和秋季全国糖烟酒商品交易会,交易额分别达到94亿元和114亿元。

对外经贸稳中有升,完成外贸进出口总值24368万美元,同比增长26.8%。其中出口总值16855万美元,同比增长36.9%。全市自营进出口企业总数达270家,居全省第一,"大经贸"格局业已形成。

科技创新能力增强,在技术创新6122工程中,企业共实现新产品销售收入37.2亿元,同比增长12.6%,实现利税6.1亿元,增长36.1%;实施高新技术产业化重点项目38项,新增销售收入27.5亿元,新增利税5.8亿元。教育事业取得新进展,适龄儿童入学率小学为99.95%,初中为98.44%,初中毕业生升入高中阶段学习人数的比例为75%,普通高校在校生16.2万人,增长38.4%。各级各类教育协调发展,素质教育[2]稳步推进,教学质量进一步提高。环境保护工作力度加大,城乡环境进一步得到改善。计划生育工作得到加强,人口增长得到有效控制。

文化、卫生、旅游、广播电视、体育等各项社会事业都有新的发展。精神文明、城市创建活动成效显著。城乡居民生活水平不断提高,生活质量明显改善,农民居民人均纯收入3155元,同比增长8.3%,城市居民人均可支配收入7266元,同比增长12.5%。全年旅游产业总收入79.2亿元,同比增长20%。其中共接待境外游客8.95万,增长10.5%,创汇5013万美元,同比增长7.7%。

【投资环境与利用外资】 郑州地处京广、陇海两大铁路干线交汇处,公路网四通八达,国道107和310线交汇于此,是全国重要的陆路交通枢纽城市之一。民用航空有30多条国内航线,可与全国28个大中城市直接通航。郑州是全国邮政电信的重要枢纽,邮政业务量居全国前列,市话总容量212万门,可与世界上180多个国家和地区、国内900多个市县实现长途直拨。郑州市现辖五市一县六区,总面积7446.2平方公里,人口676万。

郑州现已探明的矿藏有34种,主要有煤炭、铝土矿、耐火粘土矿、水泥灰岩、硫铁矿、陶瓷土,郑州是重要的粮食、棉花和农副产品生产基地,红枣、大蒜、西瓜等品质优良,畅销国内外。

为适应中国加入世贸组织,郑州市加快推进政府职能转变和行政审批制度改革,大力整治规范市场秩序,创造公平竞争环境,改善投资环境,吸引国外知名企业入郑投资,已经和即将进郑投资的有德国MAN、德国MW、美国杜邦、美国百事可乐、日产公司、沃尔玛、家乐福等一批世界知名企业。

全年全市国外经济合作合同额411.58万美元,营业额353.07万美元,派出各类劳务承包人员973人次,同比分别增长471.6%、136.3%、16.2%;境外加工贸易带动设备出口157.8万美元,是上年的14.3倍;合作市场发展到南非、新加坡、日本、韩国、台湾等19国家和地区,涉及远洋捕捞、机械加工、建筑工程等12个项目。

全年新批外商投资58家,合同外资金额16702万美元,实际利用外资7140万美元,合同外资额在1000万美元以上的新批项目有6个。

【重点项目介绍】 全年完成重点建设项目投资49.5亿元,年内新开工项目30个、投产项目23个。环城快速路、中原路、新郑路立交、嵩山南路、中原西路、紫荆山南路和花园路等市区81条近200公里的道路的新建、拓宽及修整已完成,郑东新区开发、郑州大学城等一批项目进展顺利。文化、教育、体育和卫生设施建设、通讯基础设施建设、城市园林绿地建设工程、嵩山风景名胜基础设施建设和东风渠市区段综合治理等工程进展顺利。工业结构调整和高新技术项目如郑州油漆厂迁建工程、郑州玉龙生化股份有限公司产业化示范工程、白鸽集团股份有限公司高档涂附磨具产业化示范工程相继按计划开工建设;河南庆安化工股份有限公司邻苯二甲酸酐高技术产业示范工程已建成投入生产,郑少高速、航海路体育场、市供水工程邙山干渠改造、小浪底生产指挥调度中心等一批项目建设进展迅速,这批重点项目建设的顺利进行极大的改善了郑州市的城市基础设施建设和投资环境,有力的推动了全市经济的增长。

武　汉　市

【经济与社会发展】 2001年,武汉市完成国内生产总值1347.8亿元,同比增长12%,其中第一、二、三产业增加值分别为85.03亿元、594.84亿元、667.93亿元,分别比上年增长5.3%、12.9%、12.1%。

农村经济稳定发展,农业实现增值增效。面对遭遇特大旱灾的不利局面,在抗灾保丰收、保稳定的同时,积极推进农业产业化。订单农业发展有所突破,十大主导农产品占农业总产值的比重达到59.7%,同比提高3个百分点。农村居民人均纯收入3100元,同比增长5%。

工业保持快速增长,新兴产业支撑明显。工业成为拉升全市经济增长的主要力量,规模以上工业完成增加值329.8亿元,同比增长11.8%,实现利润总额66.82亿元,同比增长35.3%。五大产业基地和东湖新技术开发区、武汉经济技术开发区成为工业主要增长点。

第三产业稳步增长,一批消费热点初步形成。第三产业占国内生产总值的比重为49.6%。市场销售平稳增长,完成社会消费品零售总额685.82亿元,同比增长13%。商贸业加快发展新业态,促进了传统商业的结构升级。中商集团销品茂项目开工建设,武商集团、中百集团以连锁经营的业态形式向省内地市拓展,麦得龙、家乐福、正大等跨国商业集团在武汉相继开设新的连锁店。房地产业发展迅速,全年房地产竣工面积和销售面积分别达到614.04万平方米、408.85万平方米,同比分别增长23.6%、13.7%。旅游业不断壮大,全年共接待海外旅游者人数和天数分别为28.59万人次和72.83万人天,同比分别增长29.02%和30.05%,实现旅游外汇收入1.21亿美元,国内旅游收入151.11亿元,同比分别增长23.86%和21.86%。

全年完成固定资产投资508.44亿元,同比增长10%。重点工程进度较快,武汉国际会展中心、新江汉大学建设工程、白沙洲水厂扩建、安凯200万公里电缆、邮科院SDH系列设备产业化、新洲举水补源工程、武汉出口加工区等18个项目基本建成,城市电网改造进展顺利。城市基础设施建设全面推进,绕城公路西南段、军山长江大桥、晴川桥、长丰桥建成通车。“两江四岸”亮化工程、中山公园改造、汉口江滩整治等城市景观项目完工,进一步改善了城市形象。

财政收入快速增长,全年完成全口径财政收入150.18亿元,同比增长21.8%。其中地方财政收入86.16亿元,同比增长28.7%。财政收入快速增长的原因,除了企业效益提高的积极影响外,还有加大清欠征管力度的作用及预算外收入转为预算内收入的暂时性因素。

社会保障体系建设得到加强,各项社会事业全面发展。巩固“两个确保”,积极稳妥推进下岗职工出再就业服务中心,深入开展再就业援助行动,全年下岗职工、失业人员实现再就业6.8万人次。养老金社会化发放率达到99.3%,企业职工养老保险新增参保人员7.5万人,失业保险新增参保单位889户,最低生活保障覆盖率由上年的0.7%提高到4%。居民收入稳步提高,2001年城市居民人均可支配收入7305元,同比增长8.1%。科技创新体系建设步伐加快,教育事业稳步发展,新江汉大学正式成立。计生工作得到巩固,人口自然增长率为2.47‰。卫生事业取得新成绩,城镇职工基本医疗保险制度改革正式启动实施。

【投资环境与利用外资】 实施环境创新工程,大力改善投资环境。2001年进一步完善和提升了"一条龙"联合办公中心的职能,颁布实施了《市人民政府关于进一步提升市外商投资企业内资内联企业联合办公中心功能的意见》,建立了首问责任制,强化窗口作用,进一步改进工作作风,提高工作效率。建立了招商投资顾问制度,推动招商工作网络化。全球大公司、大财团继续看好武汉,纷纷来汉考察投资,来汉投资的世界500强企业由36家增加到40家,特别是台资增长较快。2001年实际利用外资14.32亿美元,同比增长10%。吴家山台商投资区成为武汉市第三个国家级开发区,武汉已成为台商向大陆第三轮转移潮的重要目的地。

2001年外贸出口总额(海关数)21.56亿美元,同比增长6%。其中出口9.46亿美元。外贸体制改革步伐加快,组建了武汉恒信国际经贸集团,新设了19家由企业法人、经营者、外销员和职工共同投资的公司制企业。

【重点项目介绍】 2001年,列入武汉市政府一级目标管理的重点项目共46项,全年累计完成投资105.64亿元。年内建成投产或部分投入使用的项目有:新江汉大学、国际会展中心、武钢程潮西区铁矿、晨鸣汉纸改造、湖北武汉出口加工区、安凯高频电缆、华中数控、三环集团智能卡终端机、农村电网改造、江汉三桥、江汉五桥、周边公路、通信网建设、山水园林城市建设、白沙洲水厂扩建、万松园路综合改造、涵闸整险加固及农田水利建设、新洲举水流域补源工程等18项。特别是武汉国际会展中心拓展了会展经济;新江汉大学成为武汉高等教育领域的新亮点;江汉五桥的建成通车使中环线西线全线贯通,并连通白沙洲长江大桥,使规划中的武汉新经济增长带连成一体;江汉三桥为两江交汇、地理环境优越的南岸嘴整体开发创造了条件;新洲举水补源工程增强了35万亩灌区抗旱能力等。重点项目建设不仅是投资增长的重要支撑,而且改善了投资环境和城市面貌,提高了城市整体功能。

2001年,武汉市争取到国家计委安排国债项目14个,获得国债资金20.67亿元,同比增长1.5倍。自1998年下半年以来,武汉市共争取国债项目49个,计划总投资142.8亿元,其中国债资金50亿元,占近四年全社会固定资产投资净增额的49.6%,截止2001年底国债项目累计完成投资93.4亿元,现已竣工投入使用的25个。国债项目已经或正在对武汉的经济社会发展产生重要影响,国家实行积极财政政策的绩效在武汉市得到充分体现。

【区级经济发展】 2001年,武汉市区级经济继续保持快速增长的态势,发挥了在全市经济发展中的重要支撑作用。全市13个区共完成国内生产总值593.06亿元,同比增长14%,占全市比重为44%;其中规模以上工业增加值55.85亿元,同比增长18.8%,占全市比重为17.1%;完成全口径财政收入49.63亿元,同比增长30.4%,占全市比重为33%;完成固定资产投资(不含房地产投资)102.22亿元,同比增长31.1%,占全市比重为28.3%;实现社会消费品零售总额403.87亿元,同比增长21%,占全市比重为59%。区级经济结构调整不断加快,特色优势逐步显现;开放引进成效突出,园区建设步伐加快;企业改制不断深化,民营经济继续壮大。

长 沙 市

【经济与社会发展】 2001年长沙市实现国内生产总值728.08亿元,按可比价格计算,比上年增长12.1.%;其中,第一产业增加值78.37亿元,增长4.9%;第二产业增加值297.09亿元,增长13.1%;第三产业增加值352.62亿元,增长12.9%。一、二、三次产业的比重调整为10.8∶40.8∶48.4，人均国内生产总值12436元，同比增加1174元，增长11.4%。

农业和农村经济发展平衡，种植结构调整步伐明显加快，全年调减稻谷播种面积25.7万亩，蔬菜与经济作物播种面积达194万亩，比上年增加24万亩，增长13%。完成农林牧渔业总产值124亿元，同比增长5.9%，其中农业总产值67.27亿元，增长6.3%；林业总产值4.74亿元，下降1.7%；牧业总产值46.46亿元，增长5.9%，渔业总产值5.52亿元，增长9.5%。全市粮食总产量250.3万吨，同比下降4.6%。

工业生产稳定增长，全部工业总产值662.51亿元，同比增长10.2%，其中国有及年销售收入500万元以上非国有工业企业（以下简称规模以上工业企业）完成工业总产值370.53亿元，增长16.2%；规模以下工业企业实现工业总产值291.98亿元，同比增长2%。

建筑业生产经营稳定增长，完成建筑业总产值141.11亿元，同比增长14.4%；全员劳动生产率68436元/人，增长20.8%；实现利税9.38亿元，同比增长10.7%；房屋竣工面积618.50万平方米，增长3.3%；房屋建筑竣工率44.1%。建筑业实现增加值40.11亿元，同比增长16.9%。

完成全社会固定资产投资279.8亿元，同比增长38.3%。其中国有经济投资139.42亿元，增长52.6%；集体经济投资23.67亿元，增长16%；城乡个体经济投资37.7亿元，增长3.2%；其他经济类型投资79.01亿元，增长46.3%。

全年实现社会消费品零售总额344.97亿元，同比增长12.1%，剔除物价因素实际增长14.1%。其中公有经济实现消费品零售额136.56亿元，比增长2.7%。

交通运输业稳步发展，完成货物运输周转量139.63亿吨公里，同比增长4.7%。旅客运输周转量39.81亿公里，同比增长27.7%。

完成邮电业务总量49.93亿元，同比增长42.7%；全市电话交换机总容量188.59万门，同比增长8.3%；电话普及率38.2部/百人，已通电话的行政村比重达100%。

外贸出口平衡发展，完成进出口总额16.51亿美元，同比增长0.4%。其中进口6.03亿美元，增长1.6%；出口10.48亿美元，下降0.3%。旅游业接待游客2021.5万人次，同比增长5.1%。其中接待国际旅游者23.5万人，同比增长5.9%；旅游收入79.79亿元，同比增长15.8%。其中旅游创汇1.35亿美元，增长13.4%。

金融机构现金收入2699.98亿元，同比增长30%；金融机构现金支出2628.25亿元，增长32%。存贷款稳定增加。全年金融机构各项存款余额986.85亿元，同比增加160.67亿元，增长19.4%。城镇居民人均可支配收入8704元，同比增长9%。全年人均消费性支出7745元，增长5.1%。农村居民人均可支配收入3153元，同比增长7.2%。

拥有科学研究开发机构96个，从事专业技术和科研活动人员24.89万人，同比增长7.6%。科技经费支出12545万元，同比增长25.8%。共取得各类重大科技成果118项，专利申请1398件，同比增长6.2%；授权专利937件，同比增长5.5%。有高新技术产业开发企业469个，实现产值210亿元，同比增长20%，实现利税36亿元，增长20%。产值过亿元的高新技术企业达45家，同比增长25%。

“普九”成果进一步巩固，高中阶段教育普及率70%。职业教育、成人教育平衡发展。全市共撤并、调整中小学263所，共有普通高校29所，在校学生17.26万人，成人高校8所、中等专业学校及职业中学96所、普通高中90所。普通高校在校学生17.26万人、中等职业学校在校学生3.8万人、普通中学在校学生33万人、小学在校学生40万人。小学适龄儿童入学率99.8%，初中入学率100%。

拥有卫生机构1086个。卫生技术人员2.82万人。卫生机构床位2.25万张，农村有医疗点的村数占总村数的92.9%，乡村医生和卫生员3851人。每千人拥有医生、护师、护士4.82人,每千人拥有床位3.85张。

【投资环境与利用外资】 长沙地处长江沿江开发带和华南经济圈的交汇点,属湖南"一点一线"(一点指长沙、株洲、湘潭城市群,一线指京广线)区域经济发展战略的重中之重,作为长株潭经济一体化的核心城市,具有优越的区位环境优势。

长沙已基本形成了水陆空现代化交通体系,长沙黄花机场是国际航空港,已开通35条航线,可直飞北京、上海、广州、深圳、香港、曼谷等特大城市和地区,以长沙为中心的湖南省高速公路网已经形成,107、319、京珠高速等公路均交汇于市区,长沙已列为全国45个公路主要枢纽城市之一。长沙又是全国铁路交通枢纽,京广复线贯穿南北,湘黔、浙赣、石长线连接东西。长沙港口主枢纽霞凝港区正在建设之中。长沙综合通信能力居全国第3位,可与全国各地和世界180多个国家和地区进行通信联系。

全市有6个自来水厂,日供水能力132万吨,有35千伏以上变电站72座,主变容量350.58万千伏,城区交通便捷,"六桥三环"城市交通主骨架格局基本形成。城市环境综合治理成效显著,森林覆盖率达51%,城区绿化覆盖率为35%。

长沙已与日本、新加坡、韩国、美国等8个国家的9个城市结为友好城市,并加入了亚洲城市发展战略组织,对外交流活动频繁,外商投资不断增加,至2001年末,共批准外商投资企业1911家,合同利用外资24.6亿美元,实际到位外资19.3亿美元。LG、伊莱克斯、麦德龙、沃尔玛等世界500强企业落户长沙,外资投资领域全面拓展,投资效益大幅提高。

合同利用外资和实际利用外资均有较大幅度的增长,签订项目(合同)75个,同比增长41.5%,当年合同利用外资金额24980万美元,增长1.25倍,实际利用外资26527万美元,增长49.8%。

【重点项目介绍】 2001年全市重点工程23项,其中竣工项目9项,续建项目5项,开工项目9项。全年重点工程累计完成总投资60.5亿元。

湘江大道首期2.4公里、火星北路一期1.4公里、劳动西路323米于9月正式通车;芙蓉路拓改工程全长8公里、人民东路全长2.6公里,于9月告竣;五一市民市场和芙蓉广场分别于4月和5月竣工开放;330米长的黄兴中路于10月通车;潇湘大道一期路基工程于11月完成,实现简易通车。

五城会工程中的新世纪体育文化中心、贺龙体育场改扩建、体育新城建设进展顺利;机场高速公路、展览馆西路、黄兴南路商业步行街、黄兴北路拓改、火星南路、德政园住宅示范区、桔子洲移民安置工程等都将在2002年竣工或部分竣工。

民族自治州篇

吉林省延边朝鲜族自治州

【经济与社会发展】 2001年,完成国内生产总值141亿元,比上年增长9.5%,其中第一产业增加值22亿元,增长3%;第二产业增加值62.5亿元,增长12.1%;第三产业增加值56.5亿元,增长8.5%。人均国内生产总值6443元,同比增加562元,增长9.4%。

农业结构进一步改善,粮食产量72万吨,增长2.6%。肉类产量6.8万吨;蛋类产量1.9万吨;奶类产量3964吨;水产品产量4360吨,水产品养殖面积10335公顷。年末全州拥有农业机械总动力74.1万千瓦,机耕面积14.2万公顷,占全部耕地面积的55.5%,农村用电量2.6亿千瓦小时。林业完成造林面积2.7万公顷,改造低产森林2485公顷,零星植树48万株,实现产值3.2亿元,增长6%。

国有工业实现增加值20.3亿元,下降5.7%,非国有工业实现增加值22.7亿元,增长28.8%。实现工业销售收入87.2亿元;利税总额11.8亿元;亏损企业亏损额2.7亿元,工业企业经济效益综合指数82.4%。完成建筑业增加值9.3亿元。建筑施工企业施工面积128.3万平方米;全员劳动生产率1.5万元,增长0.2%。

完成全社会固定资产投资总额54.4亿元,其中基本建设投资23.9亿元;更新改造投资11.7亿元;房地产开发投资7.3亿元。完成交通建设投资4.5亿元。延吉至图们高速公路、敦化至江源、珲春至圈河二级公路已经建成通车。河龙水利枢纽等一批续建工程资金得到落实。延吉市布尔哈通河堤防工程和中环路等州庆工程进展顺利。

实现消费品零售总额71亿元。批发零售贸易业零售额59.1亿元,增长5.3%。35家限额以上批零贸易企业全年实现批零贸易额21.4亿元。全年完成公路货运量2907万吨,公路客运量3180万人,航空货运量1900吨,航空客运量18.57万人。完成邮电通信业务总量9.9亿元。其中邮政业务总量1.4亿元;电信业务总量4.9亿元,移动通信业务总量3.7亿元,年末市内电话用户37.1万户;移动电话用户37.1万户。旅游产业全年共接待海外游客17万人次,增加2万人次,实现海外旅游收入2.9亿元,增长10.8%。

对外经济技术交流与合作不断加强。全年共批办外商投资企业91户,实际利用外资3144.5美元。在外劳务人员13042人次,其中当年外派劳务人员3640人次,年末全州实有注册登记外商投资企业567户,其中本年新注册登记外商投资企业103户。全年对外贸易进出口总额3.1亿美元,其中,出口总额1.9亿美元,进口总额1.2亿美元。在进出口总额中,一般贸易进出口总额下降12.9%,加工贸易增长5.9%,边境贸易增长11.1%。

实现全口径一般预算收入16.5亿元,其中地方级财政收入6.9亿元,增长10.3%;财政支出24.9亿元,同比增长24.8%。年末金融机构各项存款余额223.3亿元,各项贷款余额220.9亿元。现金总收入794.2亿元、支出823.5亿元,全年货币净投放29.3亿元。保险业全年保费收入3.6亿元;赔款支出0.8亿元。

全州有2项科研成果获省科技进步奖,有23项科研成果获州科技进步奖,有46项发明创造申报国家专利。年末共有各类科学技术人员9.9万人,有国有科研机构23个、科研人员552人。全州高等院校招收研究生331人、毕业生137人;高等院校在校学生10804人;毕业生2090人;中等专业学校在校生7477人,普通高中在校生3.2万人,小学在校生16.9万人,学龄儿童入学率99.8%,在园幼儿3.6万人,盲聋哑学校在校生578人。

延边电视台全年共译制电视剧3部60集;延边人民广播电台共制作广播剧12部71集。全州有艺术表演团体8个,公共图书馆9个,博物馆3个,广播电台8座,电视台8座,广播人口覆盖率99.7%,电视人口覆盖率97.1%。有各种卫生机构212个,有医生4858

人,护师、护士4245人,有病床9096张。全州举办县(市)、乡(镇)级以上综合运动会246次,参加的运动员17万人次。到年末有29万人达到《国家体育锻炼标准》,达标率为83.8%。

年末单位从业人员33.6万人,其中在岗职工32.9万人,城镇私营企业从业人员3.6万人,城镇个体劳动者7.6万人。全州在岗职工工资总额为26.6亿元,增加0.5亿元,在岗职工平均工资8088元,增长10%。农民人均纯收入1847元,城镇人均可支配收入6550元,增长18.5%。

年末全州农村救济对象中集体供养社会散居的孤、老、残、幼人员2339人;敬老院77个,收养1583人;国家办光荣院1个,年末在院人数451人;城镇社会福利院2个,年末在院人数96人。城乡各种社会救济对象得到国家救济1.1万人次;全州乡镇全部建立了农村社会保障网络,城镇共建立3731个社区服务设施。年末参加基本养老保险的职工35万名。各级劳动保险机构为20886名失业职工提供了失业救济。城镇新建住宅173.3万平方米,农村新建住宅45.9万平方米,同比增加1万平方米。

2001年争取国家资金3500多万元,改造了45所农村中小学危房,办学条件得到改善。深入开展扶贫解困工作,落实农村扶贫资金6410万元,使2万多贫困人口解决温饱问题。

国民经济和社会发展中存在的问题:建立现代化企业制度企业尚不完善和规范,存在新的"大锅饭"问题;农村产业化进程不快,农民增收渠道少;县域经济普遍缺少骨干项目,经济持续增长的内在动力不足;全州软环境建设仍有较大差距,政府职能转变滞后;失业下岗人员增多,社会保障和稳定工作压力加大;人才短缺问题突出。

【东西对口支援】 延边州2001年累计达成经济技术协作项目38项,引进资金34.3亿元,创办外商投资企业567户(年末),实际利用外资3144.5万美元,开拓国际市场的渠道不断拓宽。

成功地完成两省一市招商活动,通过参加全国各省区出口商品交易会、中国图们江经济贸易洽谈会、中国朝鲜族民俗节等活动,加强对外经济技术协作和交流。

【重点项目介绍】 珲春老龙口水利枢纽工程。总库容3.18亿立方米,年城市供水2.79亿立方米,农业用水1.17亿立方米,电站装机1.66万千瓦,年发电量50838千瓦时,可保护人口56.8万人,保护耕地11.9万亩,灌溉面积15万亩。

退耕还林、还草试点工程。退耕还林面积29430公顷,退耕还草面积50000公顷。项目总投资77120万元。到2001年共完成还林面积16417亩,其中退耕还林面积73896亩,配套面积87521亩。

江密峰至珲春高速公路。全长349公里(不包括已建成的延吉至图们28.7公里),全封闭、全立交四车道高速公路,该工程分二期建设。一期工程投资为42亿元。生态旅游公路。该公路全长98.5公里,总投资11367万元。

湖北省恩施土家族苗族自治州

【经济与社会发展】 2001年,全州国内生产总值126.78亿元,按可比价计算,比上年增长4.4%。其中,第一产业增加值53.36亿元,第二产业增加值36.24亿元,第三产业增加值37.18亿元,分别比上年增长2.4%、2.3%和9.4%;一、二、三产业增加值占国内生产总值的比重为42.1:28.6:29.3。

农村经济结构调整稳步推进。在农林牧渔业总产值中,林牧渔业产值比重提高了2.7个百分点;粮食种植面积调减5.6千公顷,总产量168.67万吨。工业结构调整力度加大,但由于受卷烟工业结构调整的影响,全年工业增加值比上年下降3.3%。一批国债项目和西部开发项目的实施,促进了固定资产投资的大幅度增长。全州全社会固定资产投资完成额42.62亿元,同比增长34.4%。全年实现社会消费品零售总额37.3亿元,同比增长8.1%,居民消费价格总水平比上年下降0.3%。

对外开放不断扩大。全年实际利用外资711万美元,其中直接利用外资501万美元;外贸出口688万美元。财政金融保持平稳运行。全州完成财政收入98090万元,金融机构各项存款余额69.5亿元,比年初增加14.4亿元,各项贷款余额74.3亿元,比年初增加6.3亿元。

到2001年底,全州普通高校在校学生8029人,年内招收本专科学生2228人;普通中专3所,在校学生2911人;普通高中24所,普通初中171所,普通小学1769所,在校中小学生578596人,小学适龄儿童入学率98.3%,小学生毕业生升学率91.4%。职业高中8所,在校学生共5543人。成人高校在校学生400人,成人中专在校学生746人。全州国有企事业单位共有各类专业技术人员59123人,科学研究和适用技术推广取得新的进展,获湖北省科技进步奖和成果推广奖各1项。

全年艺术表演团体共演出1177场,观众95.39万人次,9个艺术表演团体全年新创作剧(节)目17台。全州广播、电视覆盖率分别为90%和91%。有卫生机构1010个,卫生人员12032人,卫生机构床位7056张。竞技体育取得较好成绩。先后6次组队参加全省青少年射击、田径、举重、柔道、划船、乒乓球、羽毛球等项目的比赛,共获金牌6枚,银牌17枚,铜牌4枚;州民族体育馆正式落成开馆。城乡居民生活有所改善。农民人均纯收入1467元,城镇居民人均可支配收入5775元,同比增长2.6%。人口自然增长率3.43‰,年末全州总人口380.15万人。

【投资环境】 全州森林覆盖率61.54%,通过退耕还林、天然林保护、生态环境治理重点县、城市垃圾处理与污水处理、城市防洪等工程的实施,全州生态环境得到进一步改善。

恩施州资源丰富多样。水电资源理论蕴藏量509万千瓦,可开发量349万千瓦,已开发40多万千瓦;硒、铁、煤、石煤、天然气、磷、硫铁矿、耐火粘土等8种矿产占全省第一位。恩施州素有"世界硒都"、"天然植物园"、"种质基因库"、"鄂西林海"、"烟草王国"、"华中药库"之称。恩施州地处中西结合部,是我国中部连接东西部的咽喉,是中部与西部地区政治、经济、文化交流的桥头堡。

长江黄金水道、318、209国道从东西南北贯穿恩施州境,恩施许家坪机场是鄂、渝、湘、黔边界区域内唯一的机场;已动工兴建或规划兴建的三峡库区沿江公路,沪蓉高速公路,沿江铁路万宜线三条东西大通道也将通过恩施州;许家坪机场即将进行改造升级。

2001年全州货物周转量7.57亿吨公里,旅客周转量达13.91亿人公里,分别比上年增长19.4%和32.9%,综合运输能力不断增强;第二条电力外送通道—恩施龙凤坝至宜昌晓雁溪220千伏输变电工程正式投入运行,使全州电力外送能力达到50万千瓦;全年完成邮政业务总量4719万元,电信业务总量13688万元,分别增长5.5%和9%,邮电通讯设施条件继续得到改善,通讯能力进一步增强。

为进一步改善投资环境,先后两次取消政府部门审批事项234项,大力推行"五个一"服务(即一厅式办公、一条龙服务、一支笔审批、一本册子收费、一证式保护)。同时,大力整顿市场经济秩序,消除地方保护主义,加大"五小企业"关闭力度,相继关闭了3家烟厂、9家小水泥厂、7家小钢厂、500多家小煤矿。

【重点项目介绍】 万宜铁路。万州经恩施至宜昌段铁路,是铁道部规划重点建设的"八纵八横"之一的沿江铁路大通道的重要组成部分,是西南地区通向华中、华东的主通道。它西接达万铁路,经利川、恩施、建始、巴东、长阳至宜昌,与焦枝线和长荆铁路相连。正线全长378公里,其中恩施州境内约230公里。按国铁Ⅰ级干线标准建设,单线(利川以东预留复线条件),电力牵引。概算总投资170亿元。

计划2002年控制工程开工,建设工期5年。

恩施许家坪机场扩建。恩施许家坪机场于1993年建成投入使用,跑道长2010米,飞行区宽度160米,跑道加道肩总宽度50米。站坪100×70米。由于机场未达到4C级机场的标准,无法满足C类飞机正常起降,急需进行扩建完善。扩建规模为:跑道长度扩建到2350米,升降带宽度扩建到210米,站坪扩建到200米×70米等。概算总投资14555万元。国家计委、民航总局已将该项目列入西部地区民用机场建设计划,预可研已编制完成。

鹤峰江坪河水电站。该电站是娄水上游的龙头电站。坝址汇流面积2140平方公里,总库容14.06亿立方米,调节库容7.87立方米,具有多年调节性能。多年平均发电10.05亿千瓦时,是湖北电网内较好的调峰电源之一。工程总投资27.4亿元。预可研已获国家经贸委批复。

【东西对口支援】 全国有149个单位对口支援巴东。到2001年止,共落实对口支援项目100多个,到位资金2亿多元。2000年下半年以来,全州共获得西部开发项目30多项,总投资27.6亿元,其中西部国债资金3.92亿元。国家实施新一轮扶贫开发,全州八县(市)均被列入"国家扶贫开发工作重点县"。为加强与中东部地区的经济技术合作,1998至2001年,州委、州政府先后在福州、温州、深圳、上海实施集中招商活动,共签订项目合同403个,合同金额31.89亿元,现有295个项目开始实施,159个项目竣工投产,到位资金8.686亿元。

【生态旅游】 州境内生态环境良好,喀斯特地貌发育,溶洞众多,峡溶谷幽,峰奇洞异,深山之中珍藏着无数胜景。境内三峡风光、神龙溪漂流、清江闯滩、梭布垭石林等旅游精品,与神龙架原始森林、张家界国家森林公园相互辉映,构成长江上游和清江中上游生态旅游区的黄金地段。恩施还是一个历史文化遗迹众多的地方,生活在距今200—250万年前的"建始人"遗址—建始高坪巨猿洞是中国唯一的猿人生物化石共生地,也是中国最早的古人类遗址之一,中外专家预言,建始有可能建成亚洲人类起源研究发展中心。2001年,全州共接待旅游人数58.2万人次,比上年增加11万人,其中接待外国游客和港澳台同胞8万人次,比上年增加3.5万人,旅游总收入1.58亿元,其中创汇650万美元,同比增长30%。

湖南省湘西土家族苗族自治州

【经济与社会发展】 2001年,湘西州国内生产总值72亿元,增长8%。其中,第一产业增加值22.9亿元,增长2.3%;第二产业增加值25.1亿元,增长11.5%;第三产业增加值24亿元,增长10.2%。经济运行质量与效益进一步提高,全州财政总收入7亿元,增长17%。人民生活继续改善,消费能力有所增强,吉首地区城镇居民人均可支配收入5305元,增长2.2%;农民人均纯收入1293元,增长1.3%。实现社会消费品零售总额36.25亿元,增长6.6%。居民消费价格总水平与上年持平。

2001年,湘西州完成全社会固定资产投资27.6亿元,增长11.6%,其中国有投资完成21.1亿元,增长10.5%。固定资产投资有力的拉动了经济快速增长。一、二、三产业比为31.8:34.9:33.3。

农村经济稳定发展,全年粮食总产量85.7万吨,烟叶1.8万吨,肉类总产量9.3万吨,水果总产量23.4万吨。500个专业村得到了发展,新扩专业村320个,完成超级稻播种16.8万亩,种植反季节蔬菜1.5万亩。工业生产增长较快,国有及年销售收入500万元以上非国有工业实现增加值16.7亿元,增长17.1%;规模以上独立核算工为企业实现利润1.65亿元,增长26%。第三产业特别是新兴服务业蓬勃发展。旅游业全年接待国内外旅游者169万人次,实现旅游收入2.2亿元,增长103%。凤凰县被国务院批准为国家历史文化名城，小溪自然保护区升格为国家级自然保护区。对外贸易高速增长，全年完成进出口总额7392万美元，增长64%；实际利用外资814万美元，增长8.4%。信息产业快速发展，电信业增长23.93%，固定电话、移动电话用户分别达到19万户和9.7万户，互联网用户2.86万户。年末金融机构存款余额73.99亿元，比年初增长21.1%；各项贷款余额82.19亿元，比年初增长12.7%。

2001年湘西州新解决农村8.2万低收入人口温饱和3.55万人饮水困难；完成272个电视集中收看村建网任务，182个电视无线覆盖村建立了有线电视站，新增农村有线电视用户3万户；新增62个行政村通公路和823个行政村通电话。环境治理和生态建设进一步加强，全州8县市进入国家退耕还林和生态项目县范围；完成工程造林32.78万亩；新增封山育林面积19.8万亩；新建沼气池3402个，节柴节煤灶32874个。

科技事业取得成效，全年共安排州级以上科技项目43项，猕猴桃系列开发、龙须草开发等科研项目进展顺利。教育事业稳步发展，8县市顺利通过了“普九”年检；吉首大学师范学院挂牌成立；改造中小学危房7万平方米。文艺创作繁荣，大型舞蹈诗《扎花女》获第二届全国少数民族文艺汇演创作金奖和表演金奖。竞技体育取得重大突破，湘西州运动员在第九届全国运动会上取得了四金、一银、三铜的好成绩。社会保障工作取得新成就，养老保险金、失业保险金征缴率均为96%；医疗保险金征缴率90%，参保职工7.94万人；企业离退休人员养老金和进中心签协议下岗职工基本生活费社会化发放工作，做到了按时足额。安置各类就业人员9280人，组织劳务输出2.18万人次。全州城镇登记失业率4.5%。人口自然增长率控制在7.03‰。

【投资环境】　在实施西部大开发战略中，湘西州始终把规范市场经济秩序，创造良好投资环境摆在首要位置。出台了湘西州改善投资软环境的系列措施。一是颁布了《关于实施西部大开发的若干优惠政策》，从税收、土地、矿产资源开发、引进人才、招商引资奖励、投资服务等方面制定了40条优惠政策。二是大力推行政务公开制度，废止了一批不适应西部大开发的文件，进一步理顺、规范和完善了政策法规体系，最大限度地为西部开发扫除体制和政策上的障碍。三是加强对项目建设的服务。出台了《关于对全州西部开发和招商引资重点项目实行“一站式”审批服务的意见》，由政府有关职能部门组建投资服务中心，按照规定的时限对建设项目实行“一站式”审批，“一个窗口”对外，“一条龙”服务。制定了《关于对全州西部开发和招商引资重点项目行政事业性收费实行优惠政策的意见》，从此使重点项目优惠政策协调工作走上规范有序的轨道。

【重点项目介绍】　2001年湘西州共安排重点项目47个，其中续建项目20个，新建项目22个，前期工作项目5个。

常德经吉首至茶洞高速公路。该公路是国家西部大开发重点规划建设的八大通道之一长沙至重庆公路通道的一部分，其中常德至吉首段全长230公里，估算投资106.4亿元；吉首至茶洞段，全长75.3公里，估算投资48.92亿元。

国道209线龙山至凤凰高速公路。是国家重点干线公路临汾至三亚线的一部分，是湘西州“十五”标志性工程之一，全长202公里，估算投资129.2亿元。

吉首经凤凰至大兴机场高等级公路。是国家重点干线公路泉州至毕节线的一部分，全长73.2公里，按平原微丘二级公路技术标准建设，路基宽度12米，路面宽度9米，联络线2.81公里。

湘西州城市扩容提质工程。项目总投资38.85亿元，8县市新建城市道路106公里，新增日供水能力48万吨，建设污水处理厂36万吨/日，垃圾处理场2500吨/日，建州级园林式单位376个，县市城镇环城绿化面积达9.35万亩。

湘西州病险水库除险加固及武水、酉水两

大灌区配套建设项目。治理病险水库14处,武水、西水两大灌区整修干支渠773公里,其中干渠329公里,支渠444公里。项目总投资4.04亿元,其中病险水库除险加固2.42亿元,两大灌区配套1.62亿元。

湘西州农业产业化建设项目。新建和改良湘西椪柑、猕猴桃、茶叶、油茶、黄姜、百合、高山反季节蔬菜基地150万亩,保护和改良天然草场150万亩,建立种草养畜基地50万亩,以及农产品的深加工。项目总投资12.03亿元。

湘西州退耕还林。完成全州退耕还林总面积308万亩(退耕还林158万亩,荒山造林150万亩),总投资27.75亿元(已安排155万亩,待安排153万亩)。

新能源建设工程。总投资2.8亿元。其中投资2亿元建沼气池10万个,投资0.5亿元建节柴节煤灶10万个,投资0.3亿元推广太阳能热水器1万台。

吉首大学建设。该校是拥有12个院系,26个本科专业,涵盖9大学科门类的省属综合性大学,现有全日制在校学生8200多人,占地面积83公顷,是湘鄂渝黔四省市边区的唯一的综合性大学。计划投资1.8亿元新建校舍6万平方米及设施配套。

湘西州旅游基础设施建设。凤凰历史文化名城、南方长城、永顺的猛洞河漂流、小溪原始次生林、老司城开发、吉首德夯民族风情、龙山火岩溶洞群、花垣边城、古苗河景区等极富特色。为做大做强湘西州旅游产业,计划投资10亿元用于各风景点的景区公路、新建和改造游道建设、景点的维护、供电系统等项目建设。

【东西对口支援】　2001年,湘西州经济技术协作和对口支援工作取得较大进展。全年共实施协作项目82个,引进资金4.11亿元,同比增长12.2%;争取对口支援资金8139万元(其中省直单位支援资金4154万元,湖南省辖六市支援资金3985万元),同比增长58.4%。一是突出引进重点骨干项目。围绕湘西旅游开发,凤凰县通过“南方长城”这一旅游品牌,引进黄龙洞股份有限公司租赁凤凰县8个旅游景点50年,黄龙洞股份有限公司拟投入资金83亿元,成为湘西州最大的内联引资项目。2001年,湘西州引进资金在1000万元以上的内联引资项目有28个。二是突出提升项目科技质量。湘西州老爹农业科技开发股份有限公司已经农业部的批准,可使用绿色食品商标标志,其富硒猕猴桃系列产品深加工项目已被科技部列入国家级星火项目,2001年该公司投资1000万元兴建万吨猕猴桃果汁生产线二期工程。泸溪县利用西安工业大学技术优势,引进2000万元,新建年产2万吨磷酸氢钙生产线。2001年,湘西州共引进8个科技含量较高的协作项目。

四川省阿坝藏族羌族自治州

【经济与社会发展】　2001年,阿坝州实现国内生产总值40.1亿元,同比增长10.8%,一、二、三次产业增加值分别比上年增长1.1%、13.3%、16%,占国内生产总值的比重为25.7:36.2:38.1,产业结构逐步趋于合理。

加大农村经济结构调整步伐,推进农牧业产业化进程。在实施退耕还林还草工程的前提下,粮食播种面积减少2589公顷,但农村经济仍然得到发展,农牧民实现增收。全州实现农业总产值14.1亿元,同比增长1.4%;农牧民人均可支配收入在上年基础上增加55元。全年粮食总产量19.5万吨,各类牲畜存栏350.5万头,同比净增0.8%,肉类产量5.56万吨,同比增长4.6%。

工业生产坚持以追赶型、跨越式发展为主题,以增大总量为目标,结构调整为动力,以培育水电、高耗能、医药和绿色食品为重点,加快支柱产业的发展,不断深化企业改革,妥善解决经济运行中出现的各种矛盾和问题,工业经济呈现较好的运行态势。全年工业总产值17.9亿元,增长6%。

加强旅游资源的开发和利用,旅游市场继

续攀升。充分利用得天独厚的旅游资源优势，编制完成了与国际接轨的《阿坝州旅游发展总体规划》，加大旅游基础设施建设力度，进一步理顺旅游管理体制，旅游市场综合治理初见成效。全年接待海内外游客242万人次，同比增长26%；旅游总收入12.34亿元，同比增长28.5%。

固定资产投资快速增长，拉动作用明显发挥。2001年，阿坝州加强以国债资金为主的交通、能源、农牧业产业化、生态建设、农村水利、异地扶贫、公检法司、城市基础设施、旅游基础设施、教育卫生及其他社会事业等行业的投资力度。全年全社会固定资产投资完成25.8亿元，同比增长46.2%，增速在全省21个市州中名列第一位，不断加大招商引资力度，积极与州外企业联合开发旅游、水电、药业等资源。全年签订国内合作项目51项，协议引进国内资金48亿元；协议引进外资项目3个，协议国外资金1.5亿美元。实际履约项目50个，到位资金11.65亿元，同比增长164%。

积极拓宽市场，鼓励消费，新的消费热点逐步形成。在国家和省先后出台增加工资，加强社会保障等扩大消费的政策后，全州消费需求稳定增长，城乡市场繁荣活跃，农牧产品价格逐步回升，农牧民现金收入增长，购买力得到提高。全年社会消费品零售总额10.2亿元，同比增长14.6%。

社会保障制度改革不断深入，扶贫工作取得新成效。对低收入职工的“两个确保”继续得到坚持。全年共为18121名下岗职工发放基本生活费255万元，代缴社会保险费175万元，向失业人员发放失业救济金15万元。城镇职工基本医疗保险制度改革工作稳步推进。农村扶贫工作加大力度。

【投资环境】 阿坝州交通、通讯、电力、教育、卫生和环境保护长足进步，全州公路通车里程5000余公里，公路等级和通过能力大幅提高，实现了乡乡通公路；光纤通信、卫星电视覆盖全州的所有县城和大部分乡镇；兴建了一批水电站，建设了州级供电网络，电力富足、电价低廉。同时制定了鼓励外商来州投资优惠政策和办法。凡到阿坝州投资可享受国家对少数民族地区和贫困地区经济开发方面的优惠政策，享受自治州依据中华人民共和国民族区域自治法而制定的有关土地、税收金融、财政价格和人才引进、企业用工等方面优惠政策。组建了专门的招商引资机构，建立了“一站式”和“外来投资服务中心”，强化服务功能，为海内外客商创造一个比内地更优惠的宽松、高效、优质的投资环境。

【重点项目介绍】 交通方面：鹧鸪山隧道已列入国家计委新开工建设项目计划，建设进展顺利；九寨黄龙机场跑道试验段全面动工，工程量已完成60%；金川县城至马尔康可尔因公路、阿坝至壤塘公路建设情况良好。

水电建设方面：福堂电站进入全面建设阶段，红叶二级电站完成60%以上的主体工程，铜钟电站三台机组已全部建成发电，沙牌电站预计2002年建成，天龙湖电站前期工作已完成，主体工程已动工，狮子坪电站、金龙潭电站等前期工作进展顺利。

电网建设：映秀至小金四姑娘山110KV送变电工程已全面完成，茂九110KV送变电工程已达到预期进度，牧区电网建设进展顺利，红叶二级至绵阳220KV输电线路工程已开工建设。

旅游景区建设方面：小金四姑娘山景区双桥沟公路国债项目已大部竣工，毕棚沟、神仙池景区公路建设顺利实施。

一期农村电网建设与改造累计完成计划的96.3%，13个县一期农网建设与改造已通过省预验收，改造后的农村用电价格大幅下降，减轻了农牧民电费负担。全面开工建设总里程875公里的11条通县公路及总里程106公里的国贫县公路建设，已完成投资2.23亿元。启动了九寨沟漳扎、松潘川主寺、黄龙、马尔康、小金四姑娘山和九寨甘海子等日处理5万吨的污水处理厂。启动了马尔康、理县、汶川、阿坝、黄龙垃圾处理厂，日处理垃圾300吨。启动实施了若尔盖、小金、九寨沟漳扎和松潘川主寺自来水厂,日供水4万吨。全面启动了阿坝州中心血站、阿坝州职教培训中心、卫生“三项建设”及全州中小学危房改造工程和全州文化中心建设等工程。城市基础设施的进一步完善,促进了阿坝州城镇化水平的提高。

生态建设项目区已覆盖全州13个县,2001年完成人工造林17248公顷,飞播造林16667公顷,封山育林16821公顷,森林管护365.4万公顷,育苗258公顷。通过实施生态工程,阿坝州部分地区生态恶化的状况得到改善,生态效益初步显现。

【经济协作与对口支援】 阿坝州在积极开展与深圳、浙江、山东、成都等省、市对口支援的基础上,不断密切和扩大协作关系,先后与省内外各大专院校、科研单位和企业建立了长期的协作关系。旅游方面,与四川汉龙集团签订了联合开发四姑娘山景区的协议,与成都星宇集团和四川浦发旅游有限公司合作建设旅游服务项目,与成都中国旅行社和成都会展中心有限公司联合开发毕棚沟、神仙池景区。能源开发方面,与四川汉龙集团合资修建天龙湖电站,与四川全兴、郎酒集团和国电公司合作修建福堂电站及杂谷脑河流域开发。农业开发项目方面,与州外企业合作,开发生态农业、农畜产品、药业等。与州外企业合作,促进阿坝州工业项目建设与改造。引进外资投入州内教育事业。依托区域资源优势,阿坝州还积极参加“川西片区11市州成都经济协作区”活动,发展和加强国内横向经济技术联合与协作。

四川省甘孜藏族自治州

【经济与社会发展】 2001年,甘孜藏族自治州实现国内生产总值27.57亿元,较上年增长8.8%,其中,第一产业增加值7.51亿元,增长1.8%;第二产业增加值7.69亿元,增长9.4%;第三产业增加值12.37亿元,增长13.2%。第一、二、三产业比重为27.25:27.89:44.86。城镇居民人均可支配收入6000元,同比增长18.5%;农牧民人均纯收入802元,同比增加69元。

全州农业生产在退耕还林还草粮食播种面积减少的情况下,围绕农牧民增收目标,以市场为导向,加快了产业结构调整步伐。全年粮食产量18.61万吨,同比减少1.67%;经济作物及蔬菜产量继续保持增长势头,其中油料产量增长4.48%,蔬菜产量增长10.62%。畜牧业生产立足于基础设施建设,推进产业化进程,扩大种草面积,促进了养殖业的发展。年末各类牲畜存栏总数为501.69万头(只、匹),同比增长1.6%,牲畜总增率、出栏率、商品率分别增长22.4%、19.8%、11.8%;肉类总产量6.44万吨,同比增长11.2%;牛奶产量10.76万吨,同比增长3.6%。全州扶贫工作在总结“八七”扶贫攻坚计划实施经验、分析面临困难和问题的基础上,重点加强新村扶贫试点工程和国家重点扶贫工作县申报工作。乡镇企业总产值4.04亿元,同比增长7.06%。

全州认真执行中央、省生态环境建设有关政策,全面启动“天保”、退耕还林还草、生态环境综合治理、小流域水土流失综合治理、天然草原恢复与建设等五大生态工程,并取得阶段性成果。全年完成“天保”工程营、造林32.91万亩,新封面积14.43万亩,森林管护7803.5万亩,新育苗911.46亩;实施退耕还林还草工程18万亩;国家重点地区第三批生态环境综合治理项目县康、泸两地一期工程通过了预验收,二期工程进入扫尾阶段,并将转入三期续建;道孚、甘孜、白玉三县小流域水土流失综合治理项目进入实施阶段;石渠、理塘、色达三县天然草原恢复和建设项目列入了国家投资计划。

水能资源开发推动了工业结构调整。全州围绕水能资源开发建立了一批电力企业,以华能康定水电有限公司为代表的龙头企业,为全州工业经济发展注入了新的活力,推动了工业经济的结构性变化。全州完成限额以上工业总产值4.76亿元(现价,下同),同比增长

22.29%。其中重工业实现产值4.62亿元,增幅为20%;股份制企业实现总产值2.22亿元,增幅为36.5%。主要工业产品中发电量增长1.63倍,水泥增长16.9%,粗铜产量增长16.3%。

固定资产投资高速增长,成为经济发展的重要支撑。全年完成全社会固定资产投资18.8亿元,较上年增34.2%。其中,基本建设投资16.8亿元,更新改造投资1264万元,其他投资1.87亿元,投资结构渐趋合理。固定资产投资大幅增加,有力地促进了经济恢复性增长,为经济发展作出了重大贡献。

消费需求扩大,第三产业快速发展。全社会消费品零售总额8.81亿元,同比增长12.5%;其中,城镇市场高于农村市场,私营、个体经济大于国有经济,餐饮业和批发零售贸易业最为活跃。公职人员工资的大幅提高,增加了潜在的消费需求;旅游成为消费市场的热点,全年接待游客67万人次,实现旅游总收入3.67亿元。第三产业对国内生产总值的贡献率达63.76%。招商引资工作取得了明显成效。全年引进资金7.37亿元。

地方财政收入增加,金融运行平稳。全州完成地方财政收入1.07亿元,其中一季度同比增长10.2%,二季度同比增长47.8%,三季度同比增长30.29%,四季度同比增长25.88%,全面反映了实施财政体制改革,整顿和规范市场经济秩序,强化税收征管等各项措施和经济结构逐步调整取得的明显成效。中央对甘孜州财政转移支付增加,全州财政长期紧张的状况有所缓解。金融机构各项存款余额40.14亿元,比年初增长41.89%,各项贷款余额15.56亿元,比年初增长18.86%,金融对经济建设的服务作用进一步加强。

各项社会事业稳健发展。全州《教育十年行动计划》全面实施;“普初、普九”工作步伐加快;青壮年文盲率由上年的30.1%下降到28.4%。全年上报省科技项目63个。医疗、卫生系统在抓好城镇职工医疗保险制度改革、药品生产流通体制改革的同时,积极稳妥的推进全州医疗卫生体制改革。全州人口自然增长率为7.91‰。全州广播电视人口综合覆盖率分别为78.47%、79.21%。文化、体育等社会事业进一步发展。全州劳动和社会保障工作进一步加强,城镇登记失业率控制在5.6%以内。

【投资环境】 基础设施进一步改善,国家级重点项目二郎山隧道工程全面竣工通车,全州通县公路建设全面启动。建州以来投资规模最大的重点建设项目冷竹关电站全面竣工投产,电力首次进入商业运行。通信网络进一步向乡村延伸,通光缆的乡、镇、村、点达到42个;DDN、互联网等电信新业务迅速发展,信息化程度进一步提高。旅游基础设施建设取得一定成效。

为确保经济社会健康发展,全州全面清理了地方性政策法规。对不利于西部大开发战略实施,有碍对外开放和吸引外来投资的政策进行了取缔和修订,对部分州级窗口部门进行了行风评议活动;同时,开展了整顿、规范市场经济秩序和社会治安综合整治等工作。

【重点项目介绍】 交通建设方面:全州外接周边省、州、县的通县油路工程建设及重要旅游景区公路建设全面启动,建设总里程2534公里,总投资23.5亿元;投资5.74亿的二郎山隧道西口至康定山重二级公路改造工程全面开工;康定机场项目前期工作正在抓紧进行。

能源及电源点建设方面:装机容量18万千瓦的冷竹关电站三台机组全部并网发电;一期农网改造工程建成110KV输电线108.3公里、35KV线路466.1公里、35KV变电站96700KVA,完成10KV线路2897.6公里,低压线路3362.7公里,电网覆盖率达25%。一批骨干电源点建设已经完成或正在抓紧开展前期工作。

城市基础设施建设方面:全州各县城市缺水、无水县工程建设步伐加快,康定垃圾污水处理项目正式启动。

【东西对口支援】 省内外先进地区对甘孜州的对口支援力度进一步加强。省委选派了60

名省级机关和内地的优秀干部赴州、县挂职，同时全州选派了12名中青年干部出州挂职锻炼，拓宽了甘孜州各级领导视野，提高了行政管理水平，成效显著。对口帮扶城市进一步加大了教育、卫生等方面的帮扶力度。成都市部分中小学除向结对帮扶学校捐钱捐物外，还对这些学校的校长、骨干教师进行了培训，以边教边学的方式较快地提高了他们的业务水平和管理能力。许多城市免费接收了州内优秀的贫困学生到内地学习。地区间经济协作进一步发展，全州共实施经济技术协作项目91项，较上年有较大增长。

四川省凉山彝族自治州

【经济与社会发展】　2001年，凉山彝族自治州实现国内生产总值160.4亿元，同比增长9.7%，其中第一产业增加值59.74亿元，增长4.8%；第二产业增加值47.82亿元，增长14.7%；第三产业增加值52.84亿元，增长11.2%。产业结构不断优化，第一、二、三产业占国内生产总值的比重为37.2:29.8:33；人均国内生产总值3969元，同比增加339元。

实现农业总产值90.31亿元，增长6.1%；乡镇企业总产值104.88亿元，增长17.2%；农民人均纯收入1487元，人平增加126元，增长9.3%；粮食总产量172.74万吨，增长1.3%；肉类总产量32.73万吨，烤烟4.53万吨，蚕茧1.01万吨，水果24万吨。烤烟、蚕茧、蔗糖、水果、蔬菜已形成规模，白魔芋、蓖麻、胡萝卜、花卉、芦荟、中药材、亚热带水果等经济作物迅速发展。

实现工业总产值103亿元，增长17.1%；工业增加值37.43亿元，增长15.3%；规模以上工业企业实现总产值44.11亿元，增长18.68%；大中型工业企业支柱作用明显，全年大中型企业实现产值23.33亿元，占总产值的54.1%。

2001年凉山州继续贯彻集中资金保重点原则，加大重点项目建设和续建扫尾项目建设，投资结构进一步得到调整，投资效益有所提高。全年完成全社会固定资产投资41亿元，增长16%，其中基本建设投资23亿元，增长2.5%；更新改造2亿元，与上年持平；固定资产投资率25.4%。

招商引资工作成绩显著，全年共开展合作项目126项，协议资金85.86亿元，实际到位资金5.7亿元，增长27.2%。

全部财政收入14.9亿元，增长3.6%，其中，地方财政收入8.4亿元，增长6.5%，一般预算支出32.2亿元，增长47.9%；年末金融机构各类存款余额141.39亿元，增长20.5%；各类贷款余额74.45亿元，增长5.3%。

【投资环境】　凉山州基础设施建设已初具规模，西昌青山机场是我国西南跑道最长的大型全天候机场，通讯、气象、导航设施完善，机场可起降包括波音747在内的大型客机，现每周有14次航班往返成都。成昆铁路纵贯全州5县1市，途经州内45个火车站，境内全长367公里，2000年电气化改造完成后，提高综合运输能力1倍以上，现每天有11对列车从西昌过境。境内公路通车里程1.83万公里，108国道途经成都、西昌、昆明，把南北结合成整体，2000年108国道高速公路西昌黄联至冕宁泸沽段74.4公里竣工通车。省道宜西公路(宜宾市—西昌市)、泸盐路(泸州市—盐源县)和美峨公路(美姑县—峨边县)、美马公路(美姑县—马边县)从东部连接宜宾、泸州、乐山；九江公路(甘孜州—冕宁县)是西昌与甘孜藏族自治州的通道；2001年末境内各县市、区乡均通公路，通车乡达100%。州内通航水路里程369公里。

全州已建成一、二级干线光缆6193皮长公里，州到县全部光缆化。17个县市均开通程控电话，本地电话网程控交换机容量63.54万门，国际互联网169、163和网卡用户1.56万户；长途业务电路10308路，同比增加7246路，通讯方便快捷。邮政业务经营种类齐全，西昌市开办了国际、国内特快传递。

境内国家电网与地方电网并存，能满足大

型工业基地建设需要。州内现有地方水电站879座1165台,装机容量48.6万千瓦,年发电量21.1亿千瓦时,已形成以西昌为中心的供电网络。国家电网在州内穿过冕宁、喜德、西昌、德昌等县市,南与攀枝花电网相连,北与四川主网相联,其供电可靠性及电能质量能满足各种特殊用电需要。

全州共有城市自来水厂19座,日供水能力19.36万吨,州府西昌市有自来水厂3座,日供水能力7.2万吨。

【重点项目介绍】 天然林资源保护工程:于1998年启动,涉及全州17县市和4个省属重点森工企业。到2001年底全州累计营造生态公益林665.4万亩,其中造林134.3万亩,封山育林410.8万亩,森林抚育118万亩,人工促成天然更新2.3万亩。对现有4272万亩有林地、灌木林地和未成林造林地实行常年管护。

退耕还林还草工程:于1999年10月在全州启动,1999~2000年退耕还林还草计划任务50万亩、荒山造林14.1万亩已全面完成。2001年完成计划任务29.2万亩,配套荒山造林10.26万亩。

农网建设和改造一期工程:于2000年启动,2001年底完工并通过预验收。总投资65742万元,建设和改造各级变电站51座、各类线路10730公里、改造配电变压器3719台,解决了84个乡、427个村、78428户农民用电问题。

通县油路建设工程:于2001年启动,计划安排西昌和昭觉至雷波县城、会东县城至会理县城、德昌县界至会理县城、喜德县城至越西县城、宁南县城至会东火山、越西斯觉至昭觉岔路口、越西县城到甘洛县城等13条公路1186.8公里建设任务,计划总投资6.07亿元,2002年底基本完工。

大桥水库灌区一期漫水湾枢纽工程:系国家大Ⅱ型水利工程—大桥水库枢纽工程的续建和配套工程。计划新建库容565万立方米挡水闸坝一座、引水渠道120.63公里、装机容量2万千瓦电站一座,并对原有灌区进行改造。总投资7.94亿元,计划工期4年。工程建成后可新增和改善灌面50.76万亩,占大桥水库总灌面87.42万亩57%;提供城镇生活、工业用水1.45亿立方米,年新增发电量1.1亿千瓦时。工程于2001年4月动工。

安宁河堤防工程:工程主要建设内容为:新建堤防、护岸150.38公里,估算总投资5.98亿元,其中凉山州境内123.03公里(西昌71.12公里、冕宁33.46公里、德昌18.45公里),投资4.8亿余元。2000年开始投资建设。

会东县新华水库:具有灌溉、县城供水、防洪、旅游等综合效益的中型水利工程。总库容2210万立方米、坝高65米,正常蓄水位1978.5米,干渠一条32.8公里,支渠6条84.3公里,可控灌8.04万亩,其中新增灌面5.81万亩,改善灌面2.33万亩。计划总投资14603.92万元,其中枢纽工程8631.06万元,渠系工程4606.23万元,电站212.35万元。

农村人口饮水解困工程:利用国债资金解决全州农村21.92万人口饮水困难,其中:计划2000~2002年解决凉山州西昌、德昌、会理、会东、甘洛、宁南6县市12万人饮水困难;2002~2004年解决凉山州木里、布拖、美姑、雷波、昭觉、喜德、盐源、金阳、普格、越西、冕宁、甘洛等12个县9.92万人饮水困难。2001年计划总投资1401万元,解决3.46万人饮水困难。

异地移民扶贫工程:据1994年调查统计,凉山州约有5万户、23万人居住在海拔2800米以上不具备基本生活条件的高寒山区。为解决这部分贫困人口的脱贫越温和治理好生态环境,从1994年开始实施异地移民扶贫试点工程建设。2000年在国家专项资金支持下,异地移民扶贫工程在凉山州全面启动。“十五”期间,全州计划实施异地移民扶贫工程4.5万户、18.5万人。2001年共计投入异地移民资金3485万元,建设74个集中移民安置点,安置4000户、1.8万人。完成基本农田改造1.83万亩、新改建水渠及安装水管306公里、新修和改造通村公路171公里、架设输电线路248公里。

【东西对口支援】 凉山州先后与上海、广东、浙江、福建、云南等21个省市、33个地区建立了经济技术合作协作关系。浙江省杭州市对口帮助凉山州西昌市一职中、喜德县城关小学、光明小学等三所中、小学,通过无偿捐赠电脑等教学设备以及开展双方互派教师学习、指导、培训等活动进行对口帮扶。

贵州省黔西南布依族苗族自治州

【经济与社会发展】 2001年,黔西南州实现国内生产总值67.21亿元,同比增长9.4%,其中,第一产业增加值22.9亿元,增长3.3%,第二产业增加值22.84亿元,增长15.4%,第三产业增加值21.46亿元,增长10.3%,人均国内生产总值2254元,比2000年增加218元。全社会固定资产投资21.15亿元,同比增长36%,全州实现财政总收入77338万元,同比增长12%,其中地方财政收入45903万元,同比增长10.1%,财政支出121368万元,同比增长31.4%。

金融机构各项存款余额60.24亿元,同比增长13.32亿元,各项贷款余额47.86亿元,同比增加3.24亿元,保险公司保费收入10399万元。社会消费品零售总额18.9亿元,增加7.2%。在岗职工年人均工资8047元,同比增加1673元,其中国有单位在岗职工年人均工资8302元,同比增加1718元,城镇集体单位在岗职工年人均工资6098元,同比增加1118元,城镇居民人均可支配收入5785元,同比增加1059元,其中人均消费性支出4432元,同比减少143元,农村居民人均纯收入1407元,全州城镇登记失业率3.1%。

年末全州有普通高校1所,在校学生3094人,专任教师137人,毕业生360人。中等专业学校8所,在校学生5536人,专任教师433人,毕业生1911人。普通中小学生58.97万人,专任教师21669人,毕业生10.03万人,学龄儿童入学率99.97%。全州有有线电视转播台280座,卫星电视地面接收站3173座,有线电视用户13.98万户,电视覆盖率87.26%。全州有卫生事业机构205个,专业卫生技术人员3790人,拥有医疗病床4062张,全州设置村级医疗点1672个。

【投资环境】 黔西南州地处滇、黔、桂三省(区)结合部,现辖兴义市、安龙、兴仁、贞丰、普安、晴隆、册亨、望谟八个县市,州府兴义市,全州面积16804平方公里,总人口299.91万人,其中少数民族人口占40%,城镇人口46.5万人,城镇化水平15%。

黔西南州境内有大小河流百余条,地表水年流量94.2亿立方米,地下水总量约22.9亿立方米,水能理论蕴藏量331.5万千瓦,现已建成的天生桥一、二级水电站(装机250万千瓦),同时有光照电站等一批项目已被国家列入第二批“西电东送”的重点项目。

全州有乔木、灌木等植物1300多种,牧草400多种,有较高营养价值的牧草有60多种,有中草药材1773种。已探明的矿产资源有41种,有开发价值的21种,其中红铊矿储量居全国第一,黄金已探明的储备量300吨以上,远景储量在500吨以上,黄金产业年产黄金10万两,占贵州省产量的80%。煤炭资源推测储量近期75亿吨,远期300亿吨以上。

南昆铁路经过黔西南境段187公里,设大小车站21个,建成地方货场13个,年货物吞吐量250万吨,一批与铁路衔接配套的货场及公路相继建成。国道320线和324线、省道214线,各县间通县油路工程大修改造项目都将在2002年底前相继完成,南昆经济带(黔西南州段)和“兴(义)安(龙)兴(仁)”一小时经济圈基本形成。

全州实现县与县交换程控化,传输光缆数字化,80%的乡镇开通光缆,建成C3本地电话网、DDN数字数据网,移动电话和无线寻呼覆盖全州八县(市)。电力方面,110千伏电网已覆盖全州八县市,实现了乡乡通电,农网改造项目第一期工程全部完成,二期工程已准备开工建设。兴义市10万吨/日水厂建成投产,其余各县2万吨/日的水厂建设将在2002年底投入运营。各县(市)城市道路改造和其他基础设施建设正在进行。

2001年,黔西南州对地方性政策规定进行了全面清理,对有碍西部大开发战略实施及影响了对外开放,吸引外来投资的全部予以取缔或重新进行修订。相继有加拿大CEPCO公司、香港腾辉集团公司、江西恒泰集团、广州云峰药业、心意药业、苗药药业等一批外资和外来企业到黔西南州安家落户。

【重点项目介绍】 兴义机场:按4C级标准规划,本期按3C级标准建设,跑道长2300米,宽45米,航站楼面积3000平方米,航管楼面积1500平方米,总投资36323万元,2000年12月开工,计划2004年建成通航。

南北盘江—红水河航道整治工程:该工程为交通部规划的西南水运出海中线通道重要组成部份,在黔西南州境内里程336公里,共建设坡脚、坝草、蔗香、百层、羊里5个码头合计9个泊位。总投资1.6亿元,年设计通过能力160万吨,近期按五级航道标准建设,设计船型为250吨机动驳。工程自2000年开始建设,2004年建成通航。

关兴公路:是贵州省网规划"一横二纵四联"中的"四联线"之一,是320、324国道的重要联络线,建设里程114.2公里,其中黔西南州段64公里,总投资9.67亿元,项目于2001年3月动工,2004年建成通车。

电力方面:黔西南州四条"西电东送"的大通道全部建成投运,每年向广东地区输电能力达370万千瓦。光照电站,项目建设在黔西南州晴隆县境内的北盘江上,装机容量104万千瓦,投资50亿元,坝高109米,是贵州省第二批"西电东送"能源建设的重点项目,定于2004年开工建设。平班电站,项目建设于南盘江上,是红水河综合开发利用的第三个梯级电站,总装机容量40.5万千瓦,总投资19.49亿元,由广东、广西、黔西南州三方共同投资,2001年10月开工建设,计划2004年第一台机组发电,2008年建成完工。

【东西对口支援】 1996年至2001年,宁波市安排12个县(市)区和市直部门采取"一加一"的办法帮扶黔西南州的兴仁、晴隆、普安、册亨、望谟6个贫困县。五年来,共签约帮扶项目235个,已到位帮扶资金4176.9万元,完成帮扶项目229项。宁波市还向黔西南州捐款700万元,捐赠衣被179.56万件,有129个乡镇、2273个村、16.3万农户、62.69万贫困人口得到救助。

贵州省黔东南苗族侗族自治州

【经济与社会】 2001年,黔东南苗族侗族自治州实现国内生产总值85.91亿元,同比增长9.3%。其中第一产业增加值35.32亿元,增长3%;第二产业增加值26.08亿元,增长12.5%;第三产业增加值24.51亿元,增长15.8%;人均国内生产总值2022元,同比增加217元。一、二、三次产业的比重为41.1:30.4:28.5。

实现农业总产值56.05亿元,同比增长3.1%;粮食产量134.2万吨,增长1.3%;肉类产量15.83万吨,增长5.9%。实现工业总产值40.59亿元,同比增长19.8%,其中规模以上工业企业总产值29.51亿元,增长22.8%。完成全社会固定资产投资38.77亿元,同比增长42.9%。财政收入7.32亿元,增长8.6%,其中地方财政收入5.17亿元,增长7.2%。全部金融机构存款余额78.98亿元,同比增长18.7%。社会消费品零售总额22.52亿元,增长10%。城镇居民人均可支配收入5240元,农民人均纯收入1326元,分别增长7.2%和4.2%。

先后在丹寨、施秉、镇远、锦屏、从江、黎平、天柱、三穗、台江、剑河等县实施生态建设、退耕还林、水土流失治理等项目。2001年有林地面积148.8万公顷,活立木蓄积量7240万立方米,森林覆盖率49.4%。工矿企业污染治理达标率上升到80%,水土流失面积和工矿企业污染得到有效控制。

2001年全州公路通车里程5874公里,其中油路702.1公路。改造等级公路538公里,台辰至下司、施秉至凯里、黄平重安至凯里龙场、三穗至天柱、雷山至凯里、黎平至榕江等公路改造工程进展顺利。完成县乡公路改造714公里,建成谷坪、竹林、两旺、罗里4条通乡公路。

一期农网改造工程基本完成,新建35千伏变电站33座,建成110千伏以上输电线路15条,新增通电村145个。新建开通移动通信基站108个,移动通信网络覆盖州内70%以上的乡镇。完成凯里市政干道改造和自来水二期扩建工程,14个县城自来水改扩建工程全面动工,凯里大阁山隧道建成通车,以凯里为重点的城镇改造取得新的进展。

现有高等师范专科学校1所,在校学生3040人;中等专业学校6所,在校学生11153人;普通中学254所,在校学生214228人;普通小学2102所,在校学生508781人。小学学龄儿童入学率95.48%,"普九"人口覆盖率50.8%,扫除文盲4.6万人。

全年组织实施科技计划项目63项,其中省级11项,州级52项,投入经费126万元。共有文化馆16个,图书馆17个,博物馆1所,群众艺术馆1个,文物管理所16个,民族文化工作队7个,专业剧团2个,有线广播站17个,电视差转台399座,卫星地面站12596座,广播、电视覆盖率分别为74%和91.29%。全年出版杂志12.6万册,报纸826万份。拥有医疗卫生机构347个,有医院病床5502张,卫生技术人员7819人;社会诊所、医务室、卫生保健所415个,卫生技术人员782人;人口出生率和自然增长率为18.5‰和11.3‰。

【投资环境】 黔东南州辖凯里、麻江、雷山、丹寨、黄平、施秉、镇远、三穗、岑巩、天柱、锦屏、黎平、榕江、从江、台江、剑河16个县(市),首府凯里市,全州总面积3.03万平方公里,有苗、侗、汉、布依、水等20多个民族。总人口427.3万,其中少数民族占80.7%。

全州药用植物资源丰富,素来享有"天然药库"的美称。普查和踏勘查明有47种矿产,共有矿床54处,矿点251处,矿化点24处。煤炭现已发现矿床(点)23处,储量1.41亿吨。

境内河流有大小河流2900余条,集水面积大于20平方公里或河长大于10公里的河流343条,其中集水面积在100平方公里以上的河流有79条,天然落差843米,水能理论蕴藏量262万千瓦,可开发量172万千瓦。有自然保护区7个;风景名胜区11个,其中;国家级1个,省级6个;有国家级文物保护单位1个,省级文物保护单位33个,县(市)级232个。

2001年,出台了《黔东南州招商引资新办生产经营型企业优惠政策及奖励办法》的优惠政策。凡引进外资投资者到黔东南州新办生产经营型企业,自项目建成投产之日起三个日历年度内,由州级财政于次年2月底以前将该企业实际解缴到州级财政的各项税收金额(不含中央及省级财政分成部分)的25%返还企业,25%用于奖励引资人。凡引进外资投资者与州属企业合资、合作,对企业进行技改和扩建的,经有关部门确认,以原州属企业上年的税收为基数,按其解缴到州级财政的新增实际税收金额计算,合资、合作企业与引资人仍享受以上政策优惠和资历。

【重点项目介绍】 凯里至麻江高速公路一段,是65号高速公路与贵新高等级公路的重要连线,全长51.8公里,总投资15.6亿元,于2001年12月30日正式通车。

凯里木浆厂及造纸原料林基地建设。该项目设计年产木浆34万吨,营建木浆工业原料林350万亩,概算总投资77.1亿元,其中,凯里木浆厂建设投资68亿元,基地投资9.1亿元。

【经济协作与对口帮扶】 2001年,全州共签约引资项目283个,已实施项目253个。协议引资344574万元,实际到位资金97562万元,其中,省外资金78870万元,省内资金18692万元。全年共接待外地客商来电来函咨询及考察、投资的客商2300余人次，其中外省客商986人次。兴办各种民族文化节日、贸洽会、展销会招商5次，通过各种媒介和英特网发布了大量的招商引资信息，拓宽经济协作渠道。

2001年落实宁波市帮扶项目48项，投入无偿扶贫资金1056万元，比上年增加500万元。帮扶项目的主要内容有基础设施、文化教育、医疗卫生、种植业、养植业。宁波市帮扶力度不断加大，工作不断深入，投入的帮扶资金逐年增加，在黔东南州产生了较好的经济和社会效益。

【民族旅游】 黔东南州素有“百节之乡”的美称，一年中有节日集会200多个。节日活动丰富多彩，有唱歌跳舞、斗牛赛马、吹芦笙、敲铜鼓、赛龙舟、唱侗戏等。苗族人民和侗族人民的手工艺精湛，纺织、刺绣、挑花、银饰品等堪称绝活，芦笙、鸟笼、泥哨、绘画、蜡染、编织等更具民族特色，风格典雅、古朴夸张。

1992年国际旅游年会将黔东南苗族侗族自治州列入世界“回归自然、返朴归真”的旅游最高圣地之一(亚洲2个，一是西藏，二是中国贵州黔东南)。境内奇山秀水，自然风光迷人，民族风情浓郁，集自然风光、民族风情和人文景观于一体。

有以国家级风景名胜区舞阳河和云台山为代表的山水名胜旅游线。以凯里、台江、雷山为代表的苗族风情旅游线，主要有国家级民族文物村寨西江千户苗寨、朗德上寨、雷公山国家级自然保护区天然公园、“中国现代民间绘画乡”铜鼓村苗族农民画、古峡奇观“平良重安江峡”、巴拉河自然风光、南花、青曼苗族风情等。有以黎平、从江、榕江为代表的侗族风情旅游线，在这条旅游线上，有世界之最一天生桥、省级风景名胜区八舟河风光、著名全国的肇兴侗族鼓楼群、长廊风雨桥和从江小黄侗族大歌，有中国工农红军黎平会议会址、两湖会馆、古榕群奇景、车江侗族风情等。有近几年开发的施秉杉木河漂流、剑河温泉、岑巩龙鳌河风景名胜构成了黔东南多姿多彩的旅游胜地。

贵州省黔南布依族苗族自治州

【经济与社会发展】 2001年，黔南布依族苗族自治州实现国内生产总值106.03亿元，同比增长8%。其中第一产业增长1.8%，第二产业增长8.6%，第三产业增长15.7%。完成全社会固定资产投资23.22亿元，同比增长6.5%。财政总收入11.22亿元，增长8.21%，其中地方财政收入完成6.03亿元，增长8.91%；财政支出18.01亿元，增长34.22%。年末金融机构各项存款余额78.34亿元，增长18.5%，各项贷款余额75.4亿元，增长7.7%；现金净投入7.93亿元。社会消费品零售总额28.96亿元，增长7.1%；城镇居民人均可支配收入5589元，增长13.6%；农民人均纯收入1428元，增长0.8%；城镇登记失业率3.1%。

全年完成农业总产值29.1亿元，增长2%。粮食产量118.55万吨，增长0.8%；油菜籽产量6.86万吨，减产4.6%；肉类产量14.22万吨，增长1.8%；牛奶产量1484吨，增长44.5%；植树造林56.25万亩，增长6.8%。

全州规模以上工业企业完成产值32.4亿元，增长11.94%；工业产销率95.1%，完成增加值10.2亿元，增长21.4%。185户国有工业企业中，已进行和正在进行产权制度改革的有120户，国有及国有控股工业企业盈亏相抵后实现利润1000万元。

全年共争取到国家预算内、国债资金、省补助资金3.5亿元，主要用于农田水利、交通、城市基础设施、生态环境、电力和社会发展等基础设施项目建设。

2001年全州共获得省科技进步奖三等奖1个，州科技进步奖22项。全州有各级各类学校1943所，在校学生65.06万人；教职工3.4万人，其中专任教师3.02万人。小学在校生45.17万人，小学学龄儿童入学率略有提高。普通中学在校学生18.51万人，增长14.2%。到年底，已有都匀、福泉、贵定、瓮安、龙里、荔波6个县(市)实现基本普及九年义务教育和基本扫除青壮年文盲,170个乡镇通过"普九"评估验收,全州九年义务教育人口覆盖率为76%。

全州共有艺术表演团体2个,文化馆12个,公共图书馆13个,博物馆1个。广播人口覆盖率81.03%;有电视台3座,电视发射台和转播台357座,电视人口覆盖率86.47%。有卫生机构361个,其中医院、卫生院280个,床位5980张,卫生人员10186人,其中卫生技术人员8561人。村卫生室覆盖率69.47%。全州开展大型群体竞赛活动250多次,参加人数11万多人次。体育健儿在省内外比赛中共获金牌17枚,银牌13枚,铜牌12枚。

【投资环境】 黔南州是沟通西南与东南、华南沿海地区重要通道的中间地带、东西结合部,具有较明显的区位优势。现有黔桂、湘黔及株六铁路复线3条过境干线和普(广西普洛)茂(荔波茂兰)支线铁路,总长381.4公里。设有车站40个,每日通过客货列车54对。全州公路通车里程7695.9公里,基本形成了3条国道(G210、G320、G321),6条省道(S206、S207、S208、S304、S302、S307)纵横交错为主骨架,县乡道路为脉络的公路网络。全州有2条河流通航,通航里程115公里。

全州现有220千伏变电站2座,变电容量39万千伏安,输电线路231公里,110千伏变电站20座,变电容量66.7万千伏安,输电线路850公里。已实现县县通110千伏输变线路,重点乡镇已通35千伏输变线路,基本实现村村通电目标。广泛使用的网络传输系统及程控电话,移动电话,无线寻呼覆盖全州十二县市。

黔南州人民政府出台了"关于进一步扩大国内外经济合作的若干规定"及"黔南州对外来投资者的服务承诺"。在全州范围内开展了投资软环境综合整治工作,进一步改善投资环境,贯彻落实招商引资的各项优惠政策,积极推进"一站式"服务方式,以更加开放的姿态,更加优惠的政策,更加优质的服务和更加安全的保障欢迎四海佳宾。

【重点项目介绍】 荔波机场:建设规模为3C(按4C)规划,跑道长2300米,总投资3.48亿元,机场试验段于12月底动工。

重点国债公路:惠水至都匀公路,规模为改造142.7公里,其中三级油路10公里、四级油路132.7公里,总投资7710万元。罗甸至都匀公路(罗甸至独山段),规模为改造四级油路156公里,总投资8580万元;惠水长田至罗甸公路,规模为改造118.4公里,其中二级公路20.7公里,三级公路97.7公里,投资7645万元。三都至小围寨公路,规模为改造四级油路75公里,投资2400万元。独山麻尾至荔波小七孔公路,规模为改造三级油路44公里,投资1800万元。长顺至平坝公路,规模为改造四级油路56公里,投资2300万元。

都匀市垃圾处理工程:规模为日处理250吨,总投资4851万元。都匀市剑江河道治理工程:总投资7803万元。粮库项目:独山国家粮食储备库,惠水、福泉省级粮食储备库相继开工建设。其中独山粮库规模为2.5万吨仓容,总投资1375万元;惠水、福泉省级储备库建设规模均为1万吨仓容,总投资440万元(不含征地费)。

【东西对口支援】 从1996年至2001年底,深圳市经济合作发展基金管委会对黔南州帮扶项目共35项,金额5900万元,其中捐赠项目3项,700万元;由州外企业承贷承还的项目42项,贷款金额850万元;由黔南州县市政府承贷承还的项目28项,资金4350万元。2001年4月,贵州剑峰化工股份有限公司年产3万吨食品磷酸技改项目、罗甸县绿色食品资源开发有限责任公司保鲜野生蔬菜生产线、独山县三利实业有限公司年产4万吨硫酸生产线、独山金江面粉厂优质大米加工等4个项目获深圳市经济合作基金贷款700万元。2001年5月,深圳市政府向黔南州捐赠500万元;深圳飞通光电股份有限公司向黔南州独山县董岭乡捐资30万元修建一所希望小学。

【招商引资重点产业】 荒地、荒山开发、中低产田、低效林改造;粮、油米、果树、蔬菜、花卉、牧草等农作物优质地方特色品种、新品种开发;林木营造及林木育种引进;优良种畜、水产苗种繁育;农药、化肥、农膜、饲料、农用机械设备、农具及相关零配件生产、蔬菜、水果、肉食品、水产品贮藏、保鲜、加工新技术、新设备;综合利用水利枢纽的建设。

粮食加工、植物油加工、麻纺织及产品开发、竹系列产品加工及综合利用、茶叶、辣椒、猕猴桃、刺梨、魔芋、肉食和干鲜果品等特色食品加工,商品纸浆,优势企业改造与更新。煤炭综合利用开发,水、火电站的建设、经营。磷化工系列产品,新型钾肥、锑化合物系列产品,钡盐系列产品,碳酸钙类系列产品,农药、林产化工系列产品,废气、废液、废渣综合利用。新型墙体材料、中高档建筑卫生陶瓷,装饰装修材料,建筑防水材料,水泥制品及预制件,高标号水泥及特种水泥,优势企业技术改造。中药材生产基地、中药制剂、名优中成药产品、制药企业 GMP 生产线。

地方铁路的建设,经营(不允许外商独资);公路,独立桥梁和隧道,港口设施的建设,经营;民用机场的建设和经营(由国有资产占控股或主导地位);城市道路建设、经营;城市供水、煤气、热力管网建设、经营城镇综合市场、专业批发市场建设、经营。环境污染治理工程及治理技术;城市污水处理;城市垃圾处理。旅游资源开发与自然生态环境保护建设;旅游产品开发,旅游宾馆建设,城镇建设,房地产开发,科技信息咨询。

对国有企业资产采取拍卖、租赁、兼并、控股、参股等多种形式的资产重组。冶金工业:精锑、精锌、铁合金。

云南省文山壮族苗族自治州

【经济与社会发展】 2001 年,文山州完成国内生产总值 78.23 亿元,同比增长 9.3%。其中,第一产业增加值 27.96 亿元,第二产业增加值 20.26 亿元,第三产业增加值 30.01 亿元,分别增长 3.3%、14.5%和 12%。

全州种植业结构进一步优化,粮食总产量 10.26 亿公斤,同比下降 0.4%。种植优质稻 27 万亩,比上年增加 11 万亩。辣椒、花生、蔬菜、亚麻等经济作物、草果、八角、竹子、李子等经济林果面积进一步扩大。畜牧业持续稳定发展,肉类总产量达 1.53 亿公斤,增长 4.4%,实现畜牧业产值 14.98 亿元,实现税收 4621 万元,增长 21%。乡镇企业总收入 97.3 亿元,总产值 71.6 亿元,分别增长 16.4%和 15.7%。

围绕改土、治水、办电、通路、绿色等工程,共投入各类扶贫资金 4.79 亿元,组织实施了 138 个扶贫项目。完成了广南、富宁、西畴、马关、砚山、邱北 6 县 2800 人的异地开发扶贫任务和 1166 户茅草房住房改造,在 8 个乡(镇)开展了科技扶贫示范,推广项目 47 个,受益农户 2240 户,林业完成人工造林 29.6 万亩,增长 2.4%。又解决了 33.34 万贫困人口的基本温饱问题。农民人均纯收入 763 元,同比增加 53 元。

全年固定资产投资 20.8 亿元,增长 35.3%。其中:基本建设投资 11.42 亿元,增长 41.1%,新增固定资产 5.47 亿元;更新改造投资 2.04 亿元,其他投资 6.76 亿元,分别增长 1.7 倍和 17.2%,全州新增有效灌溉面积 12. 38 万亩。电网改造和农村电气化建设取得重大进展,行政村通电率达到 97.9%。5000 亩退耕还林(草)试点县工作、天然林保护、造林工程进展顺利。八布、杨万、六河三个乡(镇)结合部 8 万余亩荒山的综合治理工程初见端倪,边境贫困乡的生产生活条件进一步得到改善。

工业结构调整取得新进展,三七制药、建材、矿业、电力、烟叶复烤及农副产品加工业的经济实力和效益不断提高。建成了年产 30 万吨新型干法水泥旋窑、特安呐制药公司的一批技改项目。三七产业园区建设项目已经启动实施,文山三七成为首批国家列入地域保护的产品。云南文山文华集团三七系列保健食品项目列入国家高新技术推进项目计划。三七产业实现产值4.18亿元,税利1.02亿元。

利用"天保边交会"、"昆交会","第三届中国特产文化节"召开的机遇,开展投资项目合作。召开了文山州重点对外招商项目(香港)推荐会,积极宣传文山的资源、投资环境和优惠政策,组织推荐重点项目50项,与外来客商达成了三七资源加工、水电等合作协议。加强口岸规划及建设,实施天保口岸综合验货场建设,全年完成边贸进出口总额6.17亿元,增长26.2%。全州旅游业共接待游客149.23万人次,增长3.3%,旅游总收入5.15亿元,增长3.5%。

坚持科教兴州战略,组织实施了科技计划48项。三七无公害栽培、"邱北小椒"品种提纯复壮、水稻"两杂"引种栽培等一批农业科技成果。全州民营科技企业已发展到38家,专利申请20件。科技进步对工业、农业、国民经济的贡献率分别达28.4%、40.6%和33.1%。

建成5万线交换光纤接入网和4万线小灵通系统,本地网同步数据传输系统和宽带城域网投入营运。全州市农话普及率达18.3%,移动通信用户达12.5万户。新一代天气雷达建设项目已启动,初步实现气象资料传输网络化,及时发布气象预报,为防灾减灾提供了科学依据。

加强社会发展项目建设。启动实施了第二期千里边疆文化长廊工程,广南、砚山两县贫困地区职业教育示范项目建设顺利,文山、马关、西畴三县中小学危房改造、麻栗坡、富宁两县防疫站等一批医疗卫生项目建成或即将建成投入使用。启动实施了全州八县的医疗保险制度改革,参保单位2117个,参保职工达10.67万人。城镇登记失业率控制在2.64%。

【投资环境】 文山现有森林面积1500多万亩,有76科355种树木,其中的枧木、华盖木、铁杉、香水莲等117种被列为国家珍稀濒危植物;有草场1200多万亩,具有发展畜牧业的良好条件。现已探明和发现的矿产有11类55种、67个矿点,有8种矿的储量居云南省首位,锡、锑、锰矿的储量分别居全国第二、三、八位。还有金、银、铅、铜、镍、磷、大理石、沸石、膨润土等一批具有开采价值的金属和非金属矿藏。

水资源总量172.5亿立方米,水能理论蕴藏量323万千瓦,可开发利用175.87万千瓦,1万千瓦以上站址25处,已开发利用23.59万千瓦。

自然景观丰富多彩,邱北普者黑省级旅游区有新、奇、秀、幽等特点;砚山浴仙湖省级名胜风景区四面环山、山势层峦叠嶂;广南八宝省级名胜风景区素有"高原桂林"之称;文山西华公署以"险"著称。

文山州与越南的河江、老街两省山水相连,境内有天保国家级口岸1个,省级口岸3个,边民互市点24个。平远至天保公路是我国通往越南的主要通道之一。

文山州现有水电装机23.59万千瓦,并与云南省电网相连;州府文山距昆明340公里,距广西南宁670公里,距越南河江省150公里;323国道穿境而过,全州公路通车里程9077公里,323国道衡阳至昆明(砚山—平远街段)高速公路已开工建设,邮电通信实现交换数字化和传输光缆化,开通900兆赫全球通移动电话;国家已批准全州八县对外开放。

文山州成立了外商投资审批办公室,实行一个窗口对外,一站式审批,为外商提供高效快捷的办事效率,制定出台了《关于进一步改善投资环境,扩大开放的若干规定》,招商政策更优惠。

【东西对口支援】 文山州与上海市及三区一县按照上海和云南省对口帮扶协作的工作部署,进一步扩大扶贫与协作的规模,拓展经济社会合作的领域,提升合作的层次,对口帮扶与协作工作进展顺利,成效显著,2001年上海市及三区一县共有26个经贸考察和帮扶团队275人来文山进行经贸洽谈、帮扶考察,共实施帮扶协作项目74个,计划投资5703.4万元,到位2983.9万元(其中:对口帮扶项目70个,投入资金1400.4万元,到位680.9万元;经济协作项目4个,投入资金4303万元,到位

2303 万元）。

【重点项目介绍】 平远街至文山二级公路、马关至客田四级公路路面工程、砚山至西畴四级弹石路工程全面完成，蒙自至马塘公路文山段三级沥青路面、黄龙坝至秉烈三级公路建设已经验收。衡阳至昆明高速公路砚山至平远段、砚山至文山二级公路、西洒至珠街三级公路建设进展顺利，八宝至三腊四级旅游公路路基已经成形，邱北至碳房、文山至麻栗坡、文山至马关、兴街至西洒四条通县油路工程已经开工。

马关大丫口水库主体工程已全部完成，富宁清华洞水库一期工程扫尾工作正在进行，团结水库、小桥沟水库和回差调水工程建设进展顺利，文山暮底河水库和平远、丘北两个大型灌区工程已开工建设，广南八宝水库开工前的准备工作基本就绪，砚山听湖水库病处初设已经完成。累计解决了 187.13 万人、81.57 万头大牲畜饮水困难。

农村电网“两改一同价”一期工程进展顺利，文山、丘北两县已通过验收；二期工程可研报告已批准实施。马鹿塘水电站一期工程顺利开工。东方红电站恢复重建工作正在进行。连接省网的回龙至开远 110 千伏输变电工程已投入运行。全年完成发电量 14.59 亿千瓦时，供电量 23.62 亿千瓦时，实现销售收入 3.9 亿元，税利 8189 万元。

云南省红河哈尼族彝族自治州

【经济与社会发展】 2001 年，红河州完成国内生产总值完成 161.91 亿元（当年价），同比增长 8.3%。其中，第一产业 37.6 亿元，增长 2.4%；第二产业 76.31 亿元，增长 12.7%；第三产业 48 亿元，增长 6.9%。农业受灾严重，全年粮食总产 123.04 万吨，减少 2.4%；工业产业和产品结构进一步调整，卷烟等优势产业得到充分开发，使工业经济稳步发展，增长质量不断提高。

实现全社会消费品零售总额 41.5 亿元，同比增长 6.9%；对外贸易进一步扩大，全年完成进出口总值 1.88 亿美元，同比增长 16.2%，边境小额贸易 5259 万美元（海关统计数），同比增长 29.2%。

财政收支呈现良好的发展态势，全年实现财政收入 39.04 亿元，增长 27.3%，其中：上划中央“两税”26.31 亿元，增长 32.5%，实现地方财政收入 12.73 亿元，增长 17.7%，地方财政支出 30.1 亿元，增长 25.7%；年末金融机构各项存款余额为 191.67 亿元，比年初增长 15%，各项贷款余额 129.29 亿元，比年初下降 0.5%；人民生活水平不断改善，农民人均纯收入 1445 元，同比增长 5.2%，在岗职工人均工资收入 9152 元，增长 11.3%；城镇登记失业率 3%。

围绕增加农民收入和调整农业结构，不断推进农业产业化经营，在稳定粮食生产的前提下，经济作物得到进一步发展，大力发展绿色农业、有机农业、无公害农业、订单农业、冬季农业，强化蔬菜、水果、葡萄、除虫菊、灯盏花、印楝的生产种植和畜牧业开发。抓好退耕还林，推进公益林、商品林工程建设，加快宜林荒山荒地造林步伐。

进一步推进工业经济结构的战略性调整，在巩固有色金属、磷化工、建材、蔗糖等传统工业的同时，卷烟工业得到快速发展，全年生产卷烟 72.6 万箱，增长 18.8%，同时以葡萄酿酒、生物医药、生物农药为开发重点的生物资源产业得到深度开发，初步呈现出继烟草产业之后的经济支柱态势。

继续加大基础设施建设，努力缓解“瓶颈”制约。完成全社会固定资产投资 44.42 亿元，同比增长 0.2%。以个开蒙城市群为重点，推进城镇化战略的实施。积极实施城市化发展战略，启动红河大屯科技工业园区基础设施建设。在抓好中心城市建设的同时，对市县城和全州 40 个重点集镇进行建设，使许多市县和乡镇面貌焕然一新。

贯彻“走出去”战略，进一步扩大对内对外开放，使全方位、多层次、宽领域的开放格局得到巩固。河口边境贸易区已形成方案上报省政府,并于2001年5月开始试运行,取得了较好的效益。在积极巩固与滇中八地州、三省五地州、上海、北京市西城区等友好关系的同时,与江苏扬州恢复了友好关系,与广州黄浦区建立了友好区州关系,与浙江温州的经贸关系进一步夯实,个旧、蒙自温州商贸城开发建设进展顺利,促进了州外多种要素参与红河州的经济建设。同时按市场法则,鼓励州内企业走出去开发,在缅甸建设的饮料生产线、“三九”电池生产线,取得良好的经济效益;金平昆明同昌隆公司与新疆生产建设兵团哈密13师联合开发镍矿项目,列入西部大开发中的省区合作项目。

实施科教兴州战略,安排科技三项经费500多万元,开展了34个省级和37个州级科技项目实施,个旧市锂离子电池正极材料、泸西县除虫菊生物农药等一批具有科技含量和经济效益的项目进展顺利,烤烟漂浮育苗技术和粮食、甘蔗种子改良等广泛应用在生产实践中,科技对国民经济的贡献率达41.4%。继续巩固“两基”成果,加快了红河南部地区“普九”步伐。文化、卫生、广播电视、体育等社会事业进一步发展,围绕建设民族文化大州,积极组织“三下乡”,不断推进红河哈尼梯田申报世界文化遗产步伐,启动全州医疗保险制度改革,成功举办了州全运会暨民运会,红河州体育馆建设进展顺利。

【投资环境】 红河州是西南地区通往东南亚的最短通道。有河口、金水河两个国家一类口岸,有发展转口贸易的有利条件。随着个(旧)—冷(墩)、鸡(街)—石(屏)、通(海)—建(水)、石(林)—泸(西)公路的建成和昆河经济带红河片区的开发建设,交通网络已经形成,且以蒙自为中心的个(旧)开(远)蒙(自)城市群建设已具雏形。“九五”以来,为了加快红河州的建设发展步伐,先后制定了《红河哈尼族彝族自治州投资优惠政策》,《关于实施开放带动战略,进一步扩大对外开放的若干意见》的补充规定和《红河哈尼族彝族自治州招商引资奖励办法暂行规定》等政策措施,为投资营造了一个良好的投资环境。

【重点项目介绍】 鸡街至石屏、通海至建水公路。该工程是红河州高等级公路网架的重要公路。鸡石公路为横向公路,连接红河州的东部与西部,东与昆明至河口公路相交。通建公路北接玉溪,与昆玉公路、昆曼公路相接。鸡街至石屏公路,全长98.32公里,建设投资18.67亿元,1999年开工建设,通海至建水一级公路,红河州境内47公里,建设投资9.994亿元,1999年开工建设。

红河民用机场。该机场为云南省内支线民用机场,建设投资3.9亿元。中国民航机场规划设计院总院已编制完成《红河机场选址报告》、《红河机场预可行性研究报告》,并通过评审,红河机场场址个旧市老阳山。

云南个旧霞石矿综合开发。霞石矿是个旧市继有色金属资源后的又一大型矿产资源,远景储量24亿吨,含丰富的铝、钾、钠、硅等元素,可生产氧化铝、硫酸钾、碳酸钠水泥等产品。项目总投资44.2亿元,年产氧化铝20万吨,碳酸钾13万吨,水泥300吨,空心砖13000万块。项目建议书已报省政府西部开发办公室及省计委,待业主确定后即由省计委转报国家计委批准立项。

弥勒雨补水库。位于红河州弥勒县北面弥阳镇坝口村,属西江水系甸溪河上游,距弥勒县城15公里。总投资22308万元,设计总库容5750万立方米,灌溉面积9.0337万亩。

【东西对口支援】 2001年上海市及四区(徐汇区、长宁区、奉贤区、清浦区)加大了对红河州泸西县、屏边县、金平县、元阳县、石屏县、红河县、绿春等八县的对口支援力度,促进了红河州经济社会的健康发展。上海市及四区共投入资金1063.9万元,物资折价107.2万元,引进技术人才10人,2001年度参加考察和蹲点人员达53次93人。

【民族工作】 红河州努力发展民族经济,加快少数民族和民族地区的经济发展。由于历史、社会、自然条件等因素的制约,州内经济社会发展水平极不平衡,尤其是少数民族聚居的红河南部六县，社会发展较为缓慢。为了加快这些地区的发展，制定了科学合理的红河南部产业发展规划，不断加大扶贫开发力度，使南部六县的国民经济和社会事业得到较快发展。先后在边境3县启动了“155”温饱工程、“兴边富民行动”建设计划和对边境县村公所及其以下学校实行“三免”教育，促进了边境民族地区的稳定和发展。

红河州充分发挥少数民族干部的特殊作用。强化政策法规建设，促进民族工作走向规范化。根据国家有关法律法规和《自治条例》的规定，在政权建设、少数民族干部培养、民族教育、民族文化大州建设、民族经济发展、自然资源保护与开发等方面制定出台一系列政策法规，使全州民族工作有法可依，有章可循，使民族工作进一步向规范化，制度化推进。

云南省西双版纳傣族自治州

【经济与社会发展】　2001年，西双版纳傣族自治州完成国内生产总值(现价)48.59亿元，同比增长5.8%。其中第一产业17.16亿元，增长1%；第二产业7.98亿元，增长4.8%；第三产业23.45亿元，增长10%。三次产业的结构为40:16:44，人均国内生产总值5672元。

农业结构调整力度加大，扶贫工作成绩显著。农产品向优质、高产、高效方向发展。2001年全州农业总产值(90年不变价)19.52亿元，同比下降1.9%。全年粮食种植面积123.86万亩，产量33.91万吨，分别下降3.8%和2.4%。全州干胶产量13.62万吨；甘蔗种植面积31.34万亩，甘蔗产量127万吨，茶叶种植面积31.04万亩，干毛茶产量1.4万吨。乡镇企业营业总收入10.2亿元，增长5.9%。

扶贫开发力度进一步加大，2001年共投入扶贫资金3000万余元，共解决了1.23万人的温饱问题和3.29万头大牲畜的饮水困难。异地搬迁全面实施，共搬迁安置344户1786人，温饱安居工程建设成效显著。

国有企业改革重点向建立现代企业制度，提高经济效益，调整国有经济布局和改组国有企业的方向转移。2001年全州改制企业131户，实现工业总产值(现价)8.7亿元，同比增长14.78%。主要工业产品食糖产量13万吨；精制茶4667吨。

2001年全州全社会固定资产投资12.79亿元。其中基本建设投资9.18亿元；城乡私人投资2.2亿元。旅游业全年接待海外游客3.64万人次；旅游外汇收入1407.62万美元；接待国内游客247万人次；旅游综合收入16.3亿元；民航航班达9222架次；接送旅客92.2万人。边境经济贸易总额14.95亿元，同比增长7.7%。其中口岸进口总额1.65亿元；口岸出口总额6.7亿元。地方财政收入3.54亿元，同比增长8.3%；地方财政支出8.7亿元，增长34.3%。各项存款余额52.2亿元，增长14%。其中城乡储蓄存款29.44亿元，增长8.5%；各项贷款余额为30.86亿元，增长4.4%。

全州社会消费品零售总额14.2亿元，同比增长6.8%；城乡集市贸易成交额7.37亿元，增长4.5%。城镇居民人均年可支配收入6119元，同比增长6.7%；农民人均纯收入1761元，同比增长1.5%。全面启动天然林保护工程，开展人工造林、封山育林、退耕还林等工程，积极实施甘蔗、粮食下山等管理措施，森林面积不断回升。森林覆盖率达63.68%。环保工作取得进展。结合“一控双达标”、“小胶厂”清理整顿及勐腊糖厂等污染事故的查处，推动了环保工作法制化进程。

2001年，组织鉴定科技成果45项，通过鉴定40项，批准成立了6家民营科技企业，10万余人次参加了各种适用技术培训。教育工作在巩固“普六”的基础上，加快“两基”工作步伐，不断加大教育投入，改善办学条件，全州“普六”、扫盲工作已通过省级验收，10个国有农场和景洪市十个乡镇基本“普九”。全州适龄儿童入学率98%。进一步加快实施“文化精品工程”，文化基础设施得到改善。加强实施“村村通”广播电视工程，广播电视覆盖率分别达到86.68%和92.5%。卫生综合服务能力进一步提高,条件得到改善,各类传染病得到有效控制。人口自然增长率控制在11.04‰以内,2001年全州年末总人口85.95万人。社会保障事业进一步得到完善,城镇登记失业率控制在2%以内。

【投资环境】 西双版纳州公路通车里程5959公里,实现了乡乡通、村(行政村)村通。区域内以国道213、214线构成与云南省、大西南公路网相联系的公路交通脊架。6条出境公路直通老挝、缅甸,其中4条公路可与泰国相连。形成以景洪为中心,国道为干线,连接城乡、辐射全州,沟通省内外、邻国的公路交通网。

景洪港属国家级水路口岸,自1994年开始建设,已初具规模。澜沧江—湄公河航运营运繁忙,百吨级机船可直抵老挝、泰国,国内航道标准已达六级。西双版纳口岸机场属国家级航空口岸,具有全天候起降条件,为国家4c型机场,可同时停放6架波音飞机,已有至北京、上海、天津、广州、重庆、成都、昆明、大理、丽江9条国内航线和泰国曼谷国际航线。2000年航班8442架次,接送旅客85.4万人次。

陆路口岸磨憨为国家一类口岸,打洛、勐龙为二类口岸,均有公路与邻国相通,设有查验机构。已形成与老挝、缅甸、泰国及东南亚贸易往来的陆路口岸通道。磨憨口岸毗邻老挝,面向东南亚,规划面积4.623平方公里,建立集加工贸易,通道服务,转口贸易,边境旅游等功能为一体的边境贸易区。打洛口岸毗邻缅甸,面向东南亚,建立加工贸易,转口贸易,边境旅游,通道服务等功能为一体的边境贸易区。勐龙毗邻缅甸、建立加工贸易,转口贸易,边境旅游等功能为一体的边境贸易区。

全州水电装机容量9.89万千瓦,并具有省级漫湾电站220千伏变电网。境内澜沧江段有可供开发的景洪、橄榄坝、勐松三座大型水电站,总装机225万千瓦。

西双版纳传统的优势产业为粮、胶、糖、茶四大支柱,鼓励发展围绕四大支柱的加工业;新建市垃圾处理、污水处理、河流整治、退耕还林、生态保护等生态环保项目。

【重点项目介绍】 西双版纳州勐腊县大沙坝水库。属云南省重点建设项目,水库设计总库容6152万立方米,最大坝高39.9米,为国家中型水库。水库建设工程批准概算10124万元。1999年开工建设,工期4年。水库建成后,可灌溉农田5.61万亩,年灌溉效益2621万元,可防洪保护勐腊县城、勐捧坝子两岸土地12平方公里,8万人民的生命与财产,年效益853万元,枯季放水将对下游团结桥电站和南腊河口电站起到增加发电量,改善电能质量的作用。是一个以灌溉、防洪为主,兼顾发电、旅游、养殖、城镇供水等综合利用的水利水电工程。

西双版纳州天然林保护工程。建设工期13年,建设规模1954万亩,其中公益林254万亩,森林管护1700万亩。总投资41816万元。项目1998年正式启动。西双版纳州热带花卉示范园区。占地2500亩。总投资4500万元。于2001年开工建设,工期5年。

旅游西环线(勐龙经布朗山至打洛公路)。该路段是西双版纳州连接西部旅游景区,通往240边境贸易区和省级口岸打洛的一条重要陆路通道,全长92公里(其中新建46公里),拟按山岭重丘四级公路修建。总投资2.3亿元(估算),于2000年12月开工建设。勐泐故宫。规划面积3000亩,总投资6.6亿元。建立历史文化区、佛教文化区、民俗文化区,生态文化区,休闲度假五大功能片区,集文化、教育、旅游、国际交流、科学研究为一体。

景洪市江南污水处理厂。建设规划期4年,建设规模:日处理污水5万吨及截污管网60104米。总投资1.06亿元。于1999年开工建设。

西双版纳职业技术学院。规划占地面积158亩,项目规划总投资8076万元(含教学设备投资1900万元),分三期组织实施。

西双版纳州基诺山、布朗山“两山”综合扶贫开发。建设规划期为3年,主要建设内容:

基础设施、社会公益事业、安居工程、农田基本建设、科技培训及产业开发等。总投资7300万元。于2000年12月正式开工建设。

云南省楚雄彝族自治州

【经济与社会发展】 2001年，全州总人口252.36万人，少数民族人口79.38万人，其中彝族人口64.17万人，占总人口的25.43%。人口自然增长率为6.21‰。

全州实现国内生产总值114.6亿元，按可比价计算，比2000年增长8.6%。实现农业总产值52.2亿元，同比增长2.13%。2001年粮食作物播种面积虽然下降了3.03%，全年粮食总产量102.08万吨，下降0.91%。农业基础设施不断改善，农业结构调整取得实效。设施农业、订单农业发展较快，农业产业化经营迈出新步伐。乡镇企业快速健康发展，乡镇企业实现总收入173.7亿元，同比增长23.8%。

全州完成工业总产值82.57亿元，同比增长12.58%。工业结构进一步改善。公有制经济与非公有制经济的产值构成比为41:59。工业经济效益明显好转。规模以上工业企业亏损总额7908.8万元，同比下降10.36%；利税149150.8万元，同比增长53.23%。

全州社会商品零售总额30.08亿元，同比增长9.8%。旅游业接待国内旅客197.32万人次，实现旅游外汇收入199.6万元。财政金融运行平稳。当年全州财政总收入20.29亿元，其中地方财政收入8.1亿元，同比增长4.8%；财政支出24.3亿元；全州金融机构年末各项存款余额116.1亿元、各项贷款余额85.6亿元。

加强重点建设项目的实施，有力地拉动全州固定资产投资的大幅度增长。2001年全社会固定资产投资累计完成29.13亿元，同比增长27.01%。

重点产业培育成效明显。五大重点产业建设取得了初步成效，烟草业的支柱地位继续巩固提高，天然药业、绿色食品业、冶金矿产业、特色旅游业发展势头较好。全年五大重点产业创造的增加值44.44亿元，同比增长15.1%。

经济结构趋向良好。符合工业化发展趋势的二、三、一产业结构已经显现。非公有制经济快速发展，所有制结构调整进展明显。全州城镇化水平由2000年的20.32%提高到2001年的21%。

国有企业的经济效益明显提高。全州107户国有及国有控股企业，当年完成销售收入、实现利润和缴纳税金分别比上年增长5.7%、65.0%和18.58%。

全州2001年签订经济社会合作项目97个，引进资金6.27亿元。各级各部门抓住机遇，充分发挥区位和资源优势，加强与友好城市和周边地区的合作与交流。成功举办了川滇五地州经济合作区第二次会议。对外经济贸易继续扩大，全年完成进出口总额959.93万美元，同比增长6.2%。

人民生活水平不断提高。2001年，农民人均纯收入1636元，同比增长3.87%；城镇居民人均可支配收入6427元，同比增长8.73%。

社会保障体系不断完善。加强了城镇居民最低生活保障制度建设，使符合条件的城市贫困居民得到最低生活保障。《楚雄州民族文化发展战略实施纲要》全面启动实施。大力推进文化精品工程和民族文化工程，深化文化管理体制改革，组建了楚雄文化艺术中心，对外文化交流与合作取得新成绩。积极推进医药卫生三项制度改革，促进医疗卫生事业的健康发展，提高了医疗服务水平。

州、县（市）、乡（镇）机构改革已基本结束，通过改革，转变了职能，精简了机构和人员编制，优化了结构，提高了机关工作效率。深入持久地开展“严打”专项斗争，加强社会治安综合治理，打击各种刑事犯罪和经济犯罪，“严打”整治斗争取得显著成绩；依法加强对宗教事务的管理。重视和加强信访工作，妥善处理人民内部矛盾，促进了社会稳定。进一步加强社会主义精神文明建设。爱国主义、集体主义、社会主义精神得到弘扬。群众性精神文明创建活动扎实有效,涌现出一批文明城市、文明社区、文明单位和文明村镇。崇尚科学、反对迷信的社会风气日益浓厚。

2001年组织实施国家和省、州重点科技项目60个,有73项科技成果和科技进步项目获州以上奖励。科技进步对国民经济增长的贡献率为38.8%。广播和电视覆盖率分别90.03%和91.53%。

【投资环境】 以水利、交通为重点的基础设施建设成绩显著。农田水利化程度达53.7%;全州公路通车里程14081公里;全年完成邮电业务总量3.4亿元。年末全州拥有固定电话17.5万部;固定电话普及率6.95部/百人;移动电话12万部。建成了宽带网,为实现电子商务、电子政务和信息化构筑了平台。实施对内对外开放战略,进一步完善招商引资的各项优惠政策。楚雄经济技术开发区经济快速发展,产品结构、产业结构和经济结构明显改善,综合经济实力不断增强,对内对外开放的“窗口”和示范作用进一步得到发挥。全州生态环境进一步改善,污染治理取得成效,森林覆盖率为39.5%,工业污染源重点考核企业如期实现达标排放。政府系统勤政廉政建设得到加强,政府职能进一步转变,驾驭市场经济的能力进一步提高。

【重点项目介绍】 州内南永公路、320国道楚雄过境公路、元大公路,元谋丙巷河水库,大海波、东河、麻栗树水库等除险加固,元谋大型灌区、蜻蛉河大型灌区、全州农村人畜饮水、国债水土保持小流域治理、长江上游水土保持项目,国家生态环境重点县建设,天保工程、退耕还林还草,农业综合开发项目,农业高科技示范项目,元谋、永仁、南华易地开发扶贫、以工代赈项目、国债以工代赈片区开发,楚雄市城市供水、程家坝污水处理工程,罗川、沙桥等重点小城镇建设,全州中小学危房改造,卫生项目,承办省11届省运动会体育场馆建设,楚雄通讯建设项目,农村电网改造,国家储备粮库等重点建设项目工程顺利实施,确保了楚雄州固定资产投资的大幅度增长,有力拉动了国民经济的健康发展。

【东西对口支援】 全州利用西南六省区七方横向联合协作和滇沪、滇粤合作的契机,推进与周边省区及全国其他省区的经济技术联合与协作,利用各种交易会、展销会、博览会,扩大彝雄州与全国各地的交流。2001年,全州实施滇沪合作项目4个,总投资2425万元,其中省外投资1170万元;滇粤合作项目8个,总投资7640万元,其中省外投资3870万元;滇浙合作项目13个,总投资4326万元,其中省外投资3376万元;与福建合作项目8个,总投资893万元,全部由省外投资。上述合作项目涉及农业、生物创新、矿产开发、经贸流通等领域。通过这些项目的实施,既增强了楚雄州对先进发达地区的了解和交流,同时在很大程度上改善了州内的生产条件和生态环境,加快了产业结构调整,促进了全州经济社会的发展。

云南省大理白族自治州

【经济社会发展】 2001年,全州完成国内生产总值145.14亿元,比上年增长8%,其中第一产业47.95亿元,增长4.6%,第二产业41.9亿元,增长8.8%,第三产业55.29亿元,增长10.5%;财政总收入22.1亿元,增长10%;全社会固定资产投资34.3亿元,增长8.1%;社会消费品零售总额39.9亿元,增长7.7%;外贸商品出口总额1458万美元,增长66.9%;农村居民人均可支配收入1768元,增长3%;年末总人口330.99万人,人口自然增长率7.54‰。

农业结构调整稳步推进,农村经济全面发展。以增加农民收入为目标,加大农村产业结构调整力度,积极推进农业产业化经营。全年粮经为75.5:24.5,农产品优质品率稳步提高。粮食总产量12.97亿公斤;肉类总产量24.5万吨,同比增长4.2%;水产品产量2万吨,增长8%;人工造林面积36万亩,飞播造林34.6万亩,全民义务植树997万株。全州农业总产值 80.3 亿元,同比增长 3.9%。

工业发展逐步加快,经济效益稳步提高。创办了开发区生物制药园、剑川县上兰工业小区、祥云县浑水海工业园区和一批乡镇企业小区。实施了保鲜牛奶、袋泡茶、无梭织机、水泥立改旋等重点技术改造项目 38 项;开工了电解锌、植物皂素以及农产品深加工等工业项目,优势资源的开发能力进一步增强。全年完成工业总产值 78.12 亿元,同比增长 10.3%。工业产品产销率 95.6%,实现利税总额 12.5 亿元,同比增长 9%。卷烟、啤酒、乳制品、锌以及布、纱等优势产品产量大幅增长,工业经济效益稳步提高。

加强了建设项目前期工作,基础设施建设取得了新成绩。年内国家计委和省计委共安排下达项目资金 54652.1 万元,其中国债资金 39188.2 万元,中央预算内资金 5535 万元,省级资金 9928.9 万元。完成全社会固定资产投资 34.3 亿元,同比增长 8.1%。实施了机场—下关等重点公路建设项目。"引漾入洱"工程项目建议书已正式上报国家计委和国家水利部,并由国家水利部水规总院组织审查。新开工了巍山五茂林水库、洱源海西海水库防渗。大理市已列入国家生态环境建设重点市计划,实施了洱源、剑川等 4 县的供排水工程。大理市大风坝垃圾处理场项目已开工。

市场需求稳步回升,财税金融持续增长。全社会消费品零售总额比上年增长 7.7%,全年居民消费价格指数为 99.1%,整体物价水平稳中有降。完成上划中央两税 10.59 亿元,同比增长 6%,地方一般预算收入 10.4 亿元,增长 14%。金融机构年末各项存、贷款余额分别达 139.8 亿元和 95.8 亿元,同比增长 11.7%和 7.3%。城乡居民储蓄存款余额 79.9 亿元,增长 14.9%。

旅游产业健康发展,对外开放水平进一步提高。全年接待国内游客 536 万人次,同比增长 4.1%,海外旅游者 13.6 万人次,增长 36%,实现旅游外汇收入 2465 万美元,增长 23.3%,旅游经济总收入 25.56 亿元,增长 15.5%。完成外贸商品进出口总额 1727 万美元,同比增长 66.9%。合同利用外资 2010 万美元,实际利用外资 350 万美元。

整顿市场经济秩序取得成效,非公有制经济稳步发展。查处了各类违法案件 2828 件,涉案金额 708 万元,取缔非法传销和制假窝点场所 53 个,销毁假冒伪劣商品标值 3240 万元。全州个体工商户发展到 75851 户,私营企业发展到 1408 户。个体私营企业从业人员达到 11.96 万人,上缴财政税收 17252 万元,分别比上年增长 6.4%和 4%。完成乡镇企业营业总收入 97.1 亿元,乡镇企业工业产值 32.6 亿元,分别比上年增长 18.4%和 16.2%。

加大扶贫攻坚力度,人民生活水平进一步提高。完成了 81 个温饱村建设试点、1000 户垛木房改造和 111 户安居工程的搬迁任务,解决了 13857 人、18536 头大牲畜的饮水困难,贫困地区的生产生活条件进一步改善。全年解决温饱人口 14410 人。享受"低保"的人数扩大到 43993 人,同比增加 32942 人,发放保障金 890.1 万元。先后拨出抗灾救灾专款 1817.6 万元,救灾粮食 492.4 万公斤。

实施科教兴州和可持续发展战略,各项社会事业协调发展。组织实施了省科技项目 14 项,州科技项目 12 项。经教育部批准成立了大理学院。继续扩大高中招生。全年完成中专招生 2608 人,普通高中招生 9476 人,初中招生 58505 人,小学招生 45225 人。全州有线电视入网 28.5 万户,同比增长 3.6%。年内计划生育率达 99.6%,人口自然增长率降低到 7.54‰。认真实施天然林保护工程,完成了洱海底泥疏浚试挖工程,退耕还林还草 5.64 万亩,新建沼气池 2.15 万口,农村节柴改灶 4689 户。

【投资环境】 大理飞机场于 1995 年通航,开通了大理至昆明、大理至景洪、大理至天津航线;大理滇西公路运输枢纽,滇缅公路与滇藏公路在此交汇,广大铁路、楚大公路和大丽二级公路全面投入营运。大保高速公路即将建成。州府到县城的公路实现了油路化。形成了航空、铁路、公路为一体的立体交通网。全州局用交换机总容量31.9万门,固定电话普及率达8.61部/百人,移动电话普及率5.16部/百人,利用现有设备可确保国际、国内电话、电传、传真、数据通讯、INTERNET、E-MAIL等业务的正常运转。大理州12县(市)城市建成区面积50平方公里,城市规划区面积152平方公里,城市人口62.56万人,城市化水平18.9%。城市道路288公里。全州城镇日供水量21.66万吨。属大电网统一供电,已形成以下关为中心的220千伏网。

为适应我国改革开放和建立社会主义市场经济体制及加入世界贸易组织新形势的需要。对1997年颁布的《大理白族自治州进一步扩大对外开放,鼓励外商投资实施办法》、《大理白族自治州引进投资、技术和人才》作了进一步的修改和完善;州人民政府发布了《大理白族自治州人民政府关于废止不适应的2001年底前制定的部分政策措施的决定》,废止了47件政策措施;清理了大理州州直部门行政审批事项659项,其中精简项目190项,保留469项。12个县市都建立了便民服务中心,实行"一幢楼里办事、一个窗口办完、收规定费办事,按承诺日办结"的全方位优质服务。编制印发了《大理投资指南》,从大理概况、基础设施、开发区简介、政策法规、投资导向、费用标准、服务机构等方面,向来大理的投资商作全面的宣传指导。

【重点项目介绍】 剑兰公路竣工通车。剑兰公路起于大理州剑川县甸南,止于上兰与怒江州兰坪相连。全长76公里,三级油路,总投资18827万元。工程于1996年12月28日开工,2001年4月竣工,通过省级验收,投入使用,该工程的建成有力地改善了贫困地区的交通条件。

巍山五茂林水库开工建设。五茂林水库是大理州"十五"期间新建的中型水利工程,批准概算总投资9837.3万元,总库容1183万立方米,坝高68米。工程于2001年7月开工建设,工期4年,项目建成后可新增和改善农田灌溉面积1.74万亩,缓解永建、大仓、庙街三个镇的人畜饮水困难。

云南省德宏傣族景颇族自治州

【经济与社会发展】 2001年,德宏州完成国内生产总值38.2亿元,比2000年增长3%,其中,第一产业增加值11.9亿元,下降2.7%;第二产业增加值9.2亿元,下降9.1%;第三产业增加值17.1亿元,增长15.2%。

完成农业总产值18.29亿元,同比下降1.7%;主要农副产品产量:粮食37.11万吨,下降6.5%;油料1.49万吨,下降13.1%;甘蔗299万吨,增长16.8%;猪牛羊肉产量2.84万吨,下降0.5%;水产品产量10029吨,增长7.5%;乡镇企业营业收入104149万元,增长12.2%;全年基本解决温饱的贫困人口1.4万人。

完成工业总产值19.96亿元,同比下降15.2%;主要工业产品产量:食糖23.93万吨,下降27.9%;酒精2.29万吨,下降28.3%;发电量6.89亿千瓦小时,增长8.3%;水泥41.55万吨,下降2.4%;年末规模以上工业企业亏损面62.4%。11户糖厂有10户盈利,实现利润4381万元,同比增盈1150万元。

完成社会消费品零售总额17.14亿元,外贸进出口总额22.47亿元,同比分别增长3.1%和5%。完成全社会固定资产投资10.11亿元,同比下降14.9%;其中国有经济投资63047万元,下降24.2%;集体经济投资2877万元,下降6%;城乡居民投资13739万元,下降9.3%;其他投资21391万元,增长23.7%。年末地方财政一般预算收入25318万元,同比增长14.6%;财政一般预算支出100258万元,增长39.6%;金融机构各项存款余额59.97亿元,同比增长15.4%;各项贷款余额40.18万元,同比增长2.7%。年末全州累计接待国内外游客211.7万人次,同比增长15.5%;实现旅游收入10.7亿元,同比增长16.9%。

年末全州总人口 102.81 万人，同比增长 1%，人口自然增长率控制在 7.52‰。城镇居民人均可支配收入 7159 元，同比增长 2.2%；农村居民人均纯收入 1161 元，比 2000 年增长 1.7%；城镇居民人均居住面积 24.5 平方米，同比增长 7.4%；农村居民人均居住面积 17.6 平方米。年末全州参加养老保险人数 20327 人，同比增加 2020 人，有 58544 名职工和退休人员参加了基本医疗保险。全州学龄儿童入学率 99.6%，同比提高 0.04 个百分点。年末全州获省级科技进步奖 31 项。

【投资环境】 2001 年底，德宏芒市机场安装了盲降设备，实现了夜航。全州公路通车里程达 4150.49 公里，同比增加 483.75 公里；晴雨通车里程 3244.4 公里，同比增加 925.66 公里。邮电通讯又有新的发展，年末交换机总容量 22.5 万门，固定电话期末到达户 111818 户；移动电话用户 100807 户，电话普及率为 11 部/百人；年末互联网用户 11948 户。

完成了农网改造建设一期工程，新建或改造了 8 座变电站，更换及新增配电变压器 718 台，完成“一户一表”70298 户，农村电价过高的状况得到根本的改变。基础设施建设得到加强，全年共完成电信业投资 6749 万元，同比增长 8.5%；能源工业投资 10961 万元，同比增长 80.8%；水利建设投资 8043 万元，同比增长 1.7%；公路建设投资 11622 万元，市政建设投资 6734 万元，使全州基础设施进一步得到改善。

拟订了《德宏州鼓励外商、外来投资及管理工作暂行规定》，对投资领域，建立目标责任制，改善投资环境，提供优质高效服务，优惠政策，监督与奖励等方面做了明确规定，并明确了德宏州外商投资管理部门为外经贸部门，改变了对外商投资企业多头管理现象。2001 年全州共取消乱收费项目 47 项，标准 115 个；重申停止执行 4 项，规范收费行为 12 项；围绕关系广大群众利益，各方面反映强烈的价格和收费问题进行了专项整治，查处了一批乱收费和价格违法案件，进一步净化了市场经济秩序，使投资环境得到较大改善。

【重点项目介绍】 瑞丽至章凤二级公路改造。计划总投资 3.8 亿元，2001 年完成投资 3.65 亿元；完成路基 43.71 公里，土方 251.6 万立方米，石方 168.2 万立方米，排水及防护 20.93 万立方米，特殊路基处理 15.79 公里，路面 6.1 公里，大桥 11 座 106.5 米，中桥 5 座 371.38 米，小桥 5 座 107.96 米，涵洞 191 道 4018.13 米，隧道 1 道 175 米。

陇川县城搬迁。经国务院同意，国家民政部批准陇川县政府驻地由城子镇迁至章凤镇。云南省政府对陇川新县城中心片区建设详规作了批复，搬迁人口规模 5000 人，占地 1.4 平方公里，一期启动用地 1 平方公里，搬迁总投资 16000 万元，并按规划进行配套建设。该工程于 1998 年 10 月动工，截止 2001 年 10 月已完成投资 16017.4 万元；完成的项目主要有：道路基础设施项目累计完成路基工程 15275.69 米，路基挖填土方 619265 立方米，排水管 24551.38 米，完成投资 5736.75 万元；社会事业及办公楼项目累计完成建筑面积 109059.76 平方米，完成投资 5788.79 万元；职工住宅 683 套，建筑面积 66329.9 平方米，完成投资 3651.86 万元；市区绿化投资 200 多万元；在建项目完成建筑面积 9070.8 平方米，完成投资 640 万元。

大盈江险段防洪治理工程。2001 年完成投资 2014 万元；完成筑堤 21.273 公里，护岸 31.786 公里，开挖堤后排水沟 20.603 公里，防汛道路 7 条 11.85 公里。瑞丽江国界河治理。2001 年完成投资 2150 万元，完成钢筋石笼导流坝 27.8 公里，布置新建 A 类护岸 820 米，A 类补强加固 810 米，布置新建 B 类护岸 200 米，新建 C 类护岸 245 米。麻栗坝水库。该水库是灌溉、防洪、发电相结合的大二型水利枢纽工程，水库总库容 10512 万立方米，坝高 34.5 米，设计灌溉面积 23 万亩，坝后电站装机 2×1000 千瓦；估算总投资 50962 万元。该工程正在开展初步设计工作，力争 2002 年底开工。

农村电网改造一期工程。2000年12月动工,2002年1月竣工,项目总投资11243.2万元,实际完成投资10707.83万元。新建35KV变电站7座16500KVA,35KV线路101.77公里,10KV线路364.16公里,10KV开关站2座;改造35KV变电站1座,改造10KV线路275.87公里;新建及改造4000V线路1344.77公里,更换(新增)配电变压器718台,完成"一户一表"70298户。

【东西对口支援】 德宏州与东部上海、广东、浙江在互惠互利,对口支援方面取得了显著的成绩。2001年开展东西对口支援项目16项,其中上海2项,广东7项,浙江7项。引进资金5365.5万元,其中上海300万元,广东3119万元,浙江1946.5万元;实施的项目主要涉及加工业、种养殖业、采掘业、商业、旅游服务业、房地产业等。

在重视和开展东西对口支援的同时,德宏州积极巩固和发展对内合作关系。全年同国内20多个省市区和州外省内6个地州市的部门、企业单位的协作关系进一步得到巩固加强和发展。共与省内外签订经济技术合作项目63个,合同或协议资金40993万元,实施项目80项,实施项目合同投资总额101012万元,实际到位资金41175.9万元;通过项目实施,实现工农业总产值13506万元,利润1060.6万元,上交税金719.5万元。

云南省怒江傈僳族自治州

【经济与社会发展】 2001年,怒江州完成国内生产总值119570万元,同比增长6%,其中一、二、三产业分别增长1.7%、-0.9%和17.5%,三次产业比重为28:35:37;完成全社会固定资产投资4.6亿元,同比增长6%;地方财政收入10868万元,同比增长12.4%;社会消费品零售总额1.78亿元,同比增长57.1%。

农业继续保持稳定发展形势,粮食总产量实现连续14年增长。农业总产值51006万元,同比增长2.6%;粮食总产量16.59万吨,增长1.4%;畜牧业经济收入13762万元,同比增长8%;农民人均可支配收入869元,增长1.3%;农民人均有粮418公斤,比上年增加5公斤,又有2.05万贫困人口解决了温饱问题。

全州完成县内易地开发投资340万元,在22个点实施了易地开发,共安置3000人,福贡县完成了512人的跨地州安置。同时在全州范围内启动了以片区综合农业开发为重点的产业化建设。

工业以技术改造为突破口,继续推进企业效益管理的改革进程。2001年开工技改项目8项,其中6项获得了国家技改贷款贴息;完成技改投资2670万元,同比增长12%。完成限额以上工业增加值33212万元,同比增长6.1%,国有及国有控股企业完成利税7800万元,同比增长6.3%。

片马口岸全年完成边贸进出口总额17800万元,同比增长57.1%;上缴利税1926.6万元,同比增长73.08%。按国家边贸政策全面理顺口岸及主要边贸通道关系,使亚坪、丹珠、俄嘎三在通道全部实现贸易合法化,为培育新的经济增长点创造了必要的条件。

昆交会期间,签订了5项国内外招商引资项目,其中两项已开始实施,协议引进资金3.65亿元;组建了云南世博怒江旅游发展有限责任公司,为开发怒江州的旅游资源迈出了重要的一步。

2001年,全州有个私企业注册9320户,增长12%;从业人员2.69万人,增长8%;注册资金3.18亿元,增长53%;营业收入5.75亿元,增长10%;上缴税金2400万元,增长53%。

2001年,教育基础设施建设投入1926.66万元,同比增长18.9%;小学适龄儿童入学率95.94%,初中毛入学率52.18%,中考升学率87.04%,高考升学率69.54%,大专以上录取人数507人,年内共有4个乡(镇)、47个村委会实现无盲单位验收。卫生医药体制改革继续推进,农村卫生初级保健工作有新进展,农村合作医疗单位覆盖率31.45%。广播电视

"村村通"工程继续实施,完成150座地面卫星站数字化升级改造。新建10座地面站,全州广播、电视覆盖率分别为79.03%和85.16%,提高了2和1个百分点。

【投资环境】 全州公路通车里程2316公里,公路等级和路面质量有了明显改善;共建成电站48座,装机容量5.82万千瓦,年发电量1.37亿千瓦时;已形成了光缆、数字微波及卫星通信等多种手段的主体传输网,正向数字化、宽带化、智能化和多媒体通信发展;以州府六库和四县县城为主的城区照明、排污、供水、防洪、通讯等设施得到进一步改善。

国内外投资者在怒江投资领域和行业,除国家明令禁止的范围外不受限制,可任意选择独资、合资、合作经营等方式,也可以对州内企业参股入股,承包租赁和兼并,可以购买州内企业,采取来料加工、来样生产、来件装配、补偿贸易,投资也可用外币或人民币、机械设备、原材料、其他物料;工业产权、先进技术、专利和经营权等资产可作为入股;允许投资企业对怒江珍稀生物资源进行培育性开发和对矿产资源进行勘探、开采和加工;外来投资者的投资规模大小,投资时间长短,投资方式,设立企业的条件,经营地域和持股比例不受限制;鼓励外来投资者开拓怒江周边邻国市场,鼓励州内外各界人士牵线搭桥,引进投资项目、资金、技术、设备和人才。

进一步简化了外商投资项目的审批程序。根据现行审批权限,外商投资项目按照项目性质分别由发展计划部门和外经贸部门审批备案,逐步简化对外商投资企业合同,章程的审批程序。按照我国加入世贸组织的有关规定,对外来投资者的规划、用地、设计、开工、供水、供电、税收、通讯及安全消防等及其他服务性收费,均执行法定标准的下限,并优先安排。

【重点项目介绍】 水利水电建设方面。围绕"矿电结合、以矿带电、以电促矿"的结构调整主线,在政策上、体制上、项目安排上为水电业的发展创造了一个宽松的环境。兰坪大华电站、福贡马吉电站已投产发电;装机2×2500KW,总投资3099万元的泸水县老窝河电站于2001年4月正式开工;六库江堤一期工程竣工,二期工程建设规模为堤防总长2816米,投资3000万元,计划于2002年7月底完工;全州农网改造一期工程总投资7318万元,现已开工建设;怒江州第一个中型水库兰坪丰坪水库于2001年8月8日破土动工,总工期36个月,该项目总库容3230万立方米,电站装机2×1250KW,农业灌溉面积17928亩,农业用水1422万立方米,农村及城镇生活用水1165.7万立方米,发电补水量709.4万立方米,是一座以农田灌溉为主,满足城镇供水及兼顾发电的综合水利工程,总投资1.62亿元。

交通基础设施建设方面。六兰公路啦井至大树子段改造工程、六库至花桥坝二级公路、贡丙公路改造工程全线完工,并已通过验收,投入使用。完成贡山青那桶公路(开挖14公里毛路)并完成青那桶至滇藏交界16.5公里四级路测设工程。

市政基础设施建设方面。六库江西自来水厂竣工验收,实现了西水东送,解决了六库人民的饮水问题;六库老城区完成了人民路、向阳路、新闻路等主要街道的改造,并已通过验收投入使用;总投资为4200万元的兰坪县城振兴南路改造于2001年10月全线动工,计划于2002年6月30日完工;三江并流怒江片区管理中心建成投入使用。

国土整治方面。兰坪县城滑坡治理工程总投资2000万元,其中一期工程1500万元已于2001年10月动工,计划到2002年3月完工;兰坪铅锌矿南大沟治理工程完工。

天保工程。完成了怒江州四县天然林资源工程森林管护和公益林建设项目作业设计,落实森林管护面积84.25万公顷,并全部由专人管护;完成公益林建设任务2.18万公顷,其中人工造林898公顷,封山育林9472公顷(含兰坪县累计封山育林7613公顷),森林抚育5010公顷。

退耕还林(草)试点工程。完成了兰坪县

退耕还林(草)试点工程规模65235.9亩,其中退耕还林(草)13000亩,宜林荒山荒地种草52235.9亩,顺利完成了美国福特基金会援助项目—泸水县退耕还林(草)试点项目。

项目前期工作方面。六库电站完成预可研报告,怒江民用机场完成增选方案设计,完成了怒江州农网改造二期工程和六库至兰坪大华110KV输变电工程的立项申报工作,完成了怒江州19个边境民族贫困乡(镇)扶贫开发建设规划并通过省级评审,完成了泸水县易地开发工程和《兰坪、福贡2001年国家西部易地扶贫安置试点项目可行性研究报告》并通过省级评审,怒江流域总体规划正式启动,完成了怒江州中心血站、福贡县医院、州医院住院楼等一批公益事业项目前期工作。

云南省迪庆藏族自治州

【经济与社会发展】 2001年,迪庆藏族自治州完成国内生产总值10.6亿元,同比增长8.93%,其中,第一产业增加值3.46亿元,增长3.29%,第二产业增加值2.67亿元,增长20.18%,第三产业增加值4.52亿元,增长8.04%。地方财政一般预算收入6987万元,同比增长19.3%。全社会固定资产投资7.04亿元,同比减少5.73%。社会消费品零售总额3.34亿元,同比增长5.9%。乡镇企业总产值5.53亿元,同比增长16.6%。粮食总产量13.85万吨,同比增长1.47%。农民人均纯收入812元,同比增长10.6%。人口自然增长率7.771‰,城镇登记失业率控制在4%以内。

全州有医疗机构床位数794张,卫生技术人员1245人,每千人拥有病床2.4张,技术人员3.7人;拥有电视地面站1371座,建成乡镇级有线电视网络10个,县级电视网络4个,州级有线电视多功能传输综合网1个,云南省广播电视光纤干线延伸到中甸县城,全州电视覆盖率80%;建成州广播电台1座,中波发射台(3千瓦)1座及维西、德钦广播调频台,全州广播覆盖率达42.3%。

【投资环境】 迪庆是云南省唯一的藏族自治州。地处滇西北高原,平均海拔3380米,是云南海拔最高的地区。根据国家产业政策及迪庆州经济社会发展思路及产业重点,迪庆州人民政府于2000年颁布施行了《迪庆藏族自治州人民政府关于扩大开放的若干规定》、《迪庆藏族自治州建设项目管理暂行办法》,明确凡在迪庆州行政区域内的集体、个私、国内引资项目实行登记备案制。根据国家和省的有关政策法规,修改完善了《迪庆州基本建设投资项目登记备案制实施细则》,设立了迪庆州人民政府外来投资服务中心,为简化审批手续、提高工作效率、改善投资环境、吸引外来资金,促进个私经济的发展,创造了良好的基础条件。根据《当前迪庆州鼓励发展的产业产品目录》,鼓励投资方向为:农牧业、林业、水利、电力、交通、有色金属、医药、轻工、建筑建材、城市基础设施及房地产、资源综合利用和环境保护、旅游、商业、其他服务业共82个类别。

至2001年底,全州水电装机容量15.2719万千瓦,实现了从能源短缺向能源剩余的转变。全州29个乡镇182个行政村中已有180个行政村通电;公路通车里程达3287公里,实现了乡乡通公路,182个行政村中有86.5%通了公路;中甸旅游环东线二级公路、国道214线中(甸)松(园)二级公路已开工建设;迪庆香格里拉机场于1999年建成通航,已开通中甸—昆明、中甸—成都、中甸—拉萨三条航线;全州三县一区(扶贫民族经济开发区)及29个乡镇电话交换均已实现全数字程控交换,总容量28148线;建成光纤线路933皮长公里,26个乡镇及部分行政村实现了数字光缆传输,容量2700线;出州电路9600线;建成分组网、数字数据(DDN)已覆盖三县一区,建成州局ATM、FR网和因特网、公众多媒体通信网,建成数字数据DDN端口144个、分组端口112个、ATM的V35端口8个、E1123个、163、169服务器端口总数300个。

【重点项目介绍】 2001年全州共安排重点项目23个,其中农林牧水9项,扶贫1项,市政建设6项，旅游1项，交通3项，社会事业3项。完成投资3.63亿元，同比增长3%；实施了国道214线香格里拉—区哇迪段二级公路改造、香格里拉桑那水库、维西县城市政建设一期工程、香格里拉县城和平路改造、香格里拉旅游东环线油路改造、天保工程、退耕还林（草）工程、维西县生态环境综合治理工程、小流域水土保持综合治理工程、“三江并流”环境整治工程、维西县城泥石流治理工程、农村安居工程和县内异地开发等生态环境建设项目；实施了香格里拉球根类花卉基地、人草畜三配套建设项目、梅里雪山生态旅游区建设、畜产品开发等一批建设项目。

重点开展了小中甸水库及坝后电站、迪庆机场扩建、香格里拉县城城规3号路、滇西北球根花卉示范园区、香格里拉高山植物园、香格里拉体育训练中心、中维公路改造、香格里拉独克宗古城保护与维修、德钦县市政二期、维西塔城森林生态旅游景区基础设施建设、龙潭河综合整治、迪庆佛学院等12个项目前期工作。

【东西对口支援】 2001年先后接待云南同乡联谊会、全国工商联首批赴迪考察团、成都市金牛区考察团、昆明市政府赴迪联络组、昆明市外地驻昆机构考察团、奥地利联邦商会考察团等中外考察团。全国工商联部分著名企业已与迪庆州政府达成共识，双方将联合实施全方位整体性开发合作。

积极组织州内企业参加上海云南名特优商品展销会、深圳首届中国少数民族地区名优新特产品交易会、昆交会等6个大型商品交易和展览活动。

2001年签定经济技术协作项目16项，协议引进资金30747.5万元，实际到位4923.5万元，社会合作项目23项，接受捐助资金396万元。其中已实施的东西合作项目有：浙江省台州市私营企业吴瑜先生与迪庆州康巴商城有限公司合作的“康巴商城二期工程”、江苏省苏州市钟小兵先生与迪庆州建工集团合作的“新建向阳综合集贸市场”、上海四季花木公司和中科院昆明植物研究院与香格里拉格桑花卉有限公司合作的“香格里拉高山花卉科研工作站有限责任公司”、湖南省洪江纸业有限责任公司与迪庆州松园资产经营有限责任公司合作的“原迪庆纸浆厂设备转让”、湖南省湘潭个体商言亚君先生与迪庆经济开发区合作的“迪庆州开发区水泥制品厂”等。目前还没有严格意义上的东西对口支援项目。

【香格里拉】 2001年12月，经国务院批准，迪庆藏族自治州中甸县更名为香格里拉县。自此，香格里拉作为全中国、全世界共同拥有的最珍贵的自然文化遗产，以崭新的姿态出现在中华人民共和国的版图上。平均海拔3300米的香格里拉高原，自古以来就是滇、川、藏三省结合部的区域中心，是古茶马互市的重要集散地，是迪庆各族人民政治、经济、文化、旅游中心。建国以来，特别是改革开放以来，随着国家实施西部大开发的战略和迪庆经济的蓬勃发展，作为县府、州府所在地的建塘镇，城市基础设施建设不断完善，市政规模日益扩大，城市面貌日新月异，初步形成4.5万人、23.6平方公里的城市规模，初步建成具有一定香格里拉文化特色的高原国际旅游城市。根据云南省城乡规划院、清华大学建筑学院编制的《香格里拉城市总体规划》，结合2005年撤县建市工作，将逐步启动省级历史文化名城香格里拉古城、坛城文化广场、城市中心大道、城市绿化生态系统等一批市政基础设施建设，全面推动香格里拉理想城的建设步伐。

甘肃省甘南藏族自治州

【经济和社会发展】 2001年，甘南藏族自治州完成国内生产总值15.17亿元，同比增长9.8%，其中第一产业增加值6.18亿元，增长4%，第二产业增加值3.04亿元，增长13%，第三产业增加值5.95亿元，增长15.1%。完成全社会固定资产投资6.71亿元，同比增长了46.8%。外贸出口额355万美元。实现社会消费品零售总额5.8亿元，同比增长9.2%，居民消费价格指数101.8%。

全年各类牲畜年末存栏289.38万头只,各类牲畜总增长率24.21%,出栏率30.49%,商品率24.19%。农业生产条件继续改善,产业化发展开局良好,种植结构得到调整,全年粮食产量10.53万吨,油料产量1.246万吨。全面实施天然林保护工程,通过长防长治工程、退耕还林还草和全民义务植树活动,完成造林合格面积6万亩,完成退耕还林还草1.79万亩,封山育林3.84万亩。乡镇企业全年完成总产值4.85亿元,同比增长21.9%,完成增加值1.18亿元,增长20.2%,利税3785万元,增长15.2%。农牧民人均纯收入1223元,同比增加43元。完成工业增加值2.3亿元,同比增长11.1%,其中限额以上工业增加值1.83亿元,增长15.5%。独立核算工业企业实现利润8251万元,增长16.2%,其中盈利企业盈利8902万元,增长10.3%,亏损企业亏损额651万元,下降37%,亏损面下降8%。

完成大口径财政收入13912万元,同比增长19.27%,其中地方财政收入11998万元,同比增长23.58%。金融机构各项存款余额15.2亿元,同比增长12.4%;各项贷款余额9.54亿元,同比增长1.13%。旅游业全年接待海内外游客83.8万人次,实现综合收入8300万元,分别同比增长33.18%和59.8%,其中接待海外游客4.98万人次,实现收入597.6万元。

城镇居民最低收入保障政策进一步落实,有5836人列入城市最低生活保障范围。城镇职工养老、失业和医疗保险工作不断完善,覆盖面和资金征缴率不断提高。新增职工住房面积15.8万平方米,城镇居民人均可支配收入3030元,同比增加230元,增长8.2%。

2001年科技进步对工业和农业的贡献率分别为22.5%和36.7%。继续强化和完善教育"两基"攻坚措施,巩固和提高了"普初"、扫盲成果。医疗卫生三项制度改革稳步推进,人口增长得到较好控制,全年人口自然增长率为8.52‰。完成了广播电视"村村通"建设任务,广播、电视综合覆盖率分别达到77.8%和82.8%。

【投资环境】 甘南州公路四通八达,213国道纵贯全州,各县县城对外都有三级油路连接,形成了以州府所在地合作市为中心的公路网络。建成了通达州内七县的二级光缆干线,完成了以合作市为中心的甘南本地电话网络;数字移动电话网覆盖全州县以上城市、重点乡镇和干线公路沿线;计算机实现拨号上互联网。电力供应充足,价格较低,经过城乡电网改造,35千伏线路覆盖大部分乡镇。

城镇基础设施建设步伐明显加快,合作中心广场(总投资1000万元),完成投资533万元,基本完成了路基、排水沟、给排水管道等基础工程;总投资1600万元的合作城区供水扩建工程,完成投资400万元;碌曲县城供水工程(总投资448万元)基本完成主要控制工程,完成投资250万元;夏河县主街道改造、玛曲县中心广场及主街道拓宽、舟曲县广场建设和城区道路拓宽基本完成建设任务。

2001年,甘南州先后组团参加了"西交会"、"民交会"、"兰洽会"和"乡镇企业东西洽谈会",签约项目21个,投资总额17亿多元,协议引进资金6.55亿元。年内落实到位资金7318万元,有8个合同建设项目开始实施,1个合同项目和1个协议项目正在抓紧做前期工作。

【重点项目介绍】 2001年,甘南州启动实施了玛曲县天然草原恢复与建设项目,完成投资1190万元;夏河县、合作市国家生态环境综合治理工程累计完成投资1975万元;卓尼生态县建设安排建设资金500万元,即将开工建设。全州安排人畜饮水工程128个,资金1440万元。

舟曲至两河口铺油改造工程竣工;尕玛公路铺油完成了23公里的路基工程;夏河王格尔塘至达久滩公路全长103公里,总投资9700万元,已全线开工;碌曲至则岔公路全长55公里,三级路面,总投资3500万元;卓尼至岷县公路全长85公里,三级公路,总投资5900万元;卓尼至西寨公路全长50公里,三级公路,总投资2800万元;徐合公路临潭至卓尼段,除一座桥梁未完工外,其余工程均已完成,完成投资725万元;合作市213国道过境公路改造已完成路基平整和排洪沟的施工。2001年甘南有13个不通电话的偏远乡开通了电话,20个乡镇开通了移动电话。

截止年底,甘南累计完成农网建设与改造投资1.95亿元,农网改造二期工程已正式启动实施。碌曲县阿拉山电站。装机容量2×4500千瓦,总投资7932万元;夏河头道河电站。装机容量5700千瓦,总投资4500万元;舟曲木耳电站和瓜子口电站也已正式开工建设;舟曲两河口、卓尼俄吾多、临潭鹿儿台等地方国有及国有控股大中型企业改制面达到75%。电站已完成前期工作。

【东西对口支援】 2001年,甘南州共抽调帮扶干部1894人,深入到312个村开展到村帮扶,年内共投入帮扶资金33.24万元,农用物资12.64万元,资助失学儿童140名,维修校舍6所,捐赠桌椅36套,书籍34万多册,电脑130台,捐助衣被2353件,面粉1.4万公斤,太阳灶86台。

省直部门和单位对甘南州的对口支援工作取得成效,甘南州与甘肃农业大学建立了友好合作关系;甘肃省广播电视大学捐送给合作市第三小学30台微机及地面卫星接收系统一套,帮助建成一个远程教育室;兰州石化职业技术学院向迭部县藏族中学捐赠12.8万余元的微机、音乐、美术、体育等教学仪器;甘肃工业大学、兰州工业专科学校、西北师大等10所院校捐赠了55万多元的计算机、图书等教学设备;甘肃工业大学对夏河县12名英语教师进行了为期1年的免费培训;经兰州大学牵线搭桥,由北京海淀科技公司向临潭县捐赠电脑100台,并在临潭县举办了由50名教师参加的计算机培训班;兰州商学院、西北民族学院分别派出两名教师到迭部、碌曲两县进行支教。甘肃人民出版社向甘南州捐赠了33万元的图书。省、州、县每年有500多个机关单位的3000多名干部定点帮扶全州533个贫困村,使甘南州的扶贫帮困工作进入了一个新的发展阶段。

甘南州七县一市均列入"国家贫困地区义务教育工程"项目实施范围,并从2001年起分五年安排建设资金7789万元。

【扶贫开发】 2001年,国家投入到甘南州的财政性扶贫资金7247.6万元,其中"两州一地"资金2400万元,"两西"资金385.2万元,新增财政扶贫资金1762.4万元,以工代赈资金2700万元。

在扶贫资金扶持下,新增有效灌溉面积2.112万亩,建成集雨节灌窑(池)4875眼(处),发展集雨节灌面积1.14万亩,节水灌溉面积1.205万亩,建成人畜饮水工程128个,解决了农牧村1.2万人、4.678万头牲畜的饮水问题。同时治理河道10.52公里;加强了以草场围栏为主的畜牧业基础建设,新建牧民住房4.378万平方米,新修牲畜棚圈8.1万平方米,牧区当年种草面积23.64万亩,草场围栏面积80万亩;当年退耕还林(草)3.02万亩,实施天保工程后封山育林3.96万亩;改善解决了200多个自然村、一万多户群众的用电问题;修建乡村道路65.28公里,县乡道路53.5公里,桥梁3座。

结构调整和科技扶贫有了新的起色,2001年全州种植中药材面积近4万亩,同比增加2.47万亩,牧区加大了良种畜引进力度,引进阿尔巴斯绒山羊4010只,良种牛82头,优质藏羊、种羊1000只;全年劳务输出4.8万人次,增加收入近4000万元;完成劳务移民和基地移民2944人;在农牧村共推广太阳灶1500台,改灶550户,建沼气池56座。由于投入到位,措施得力,2001年甘南州有2.16万贫困人口基本解决了温饱。

甘肃省临夏回族自治州

【经济与社会发展】 2001年,临夏州实现国内生产总值30.34亿元,同比增长13.5%,其中,第一产业完成10.53亿元,第二产业完成10.03亿元,第三产业完成9.78亿元。全州完成财政收入1.87亿元,同比增长13.6%。其中地县级财政收入1.16亿元,增长3.4%。地方财政支出9.68亿元,增长36.87%。金融机构各项存款余额35.6亿元,同比增长7.62%;各项贷款余额32.11亿元,同比增长7.33%。保险业全年承保总额4.72亿元,同比增长5%。保险费收入0.23亿元,增长24%。

全年农业总产值(90年不变价)8.28亿元,同比增长9.72%。其中,种植业产值5.57亿元,牧业产值2.37亿元,林业产值3000万元,渔业产值400万元。全州年末拥有农业机械总动力47.24万千瓦,同比增长1.68%;化肥施用量6.07万吨,同比增长1.34%;农田有效灌溉面积79.82万亩,同比增长1.08%。

全州完成工业总产值17.06亿元(不包括中央、省属企业),同比增长15.15%。其中,国有及限额以上企业完成产值4.07亿元,增长22.87%;限额以下企业完成产值12.99亿元,增长12.93%。全州23个建筑企业,完成建筑业总产值4.68亿元,完成房屋建筑施工面积92.77万平方米,同比增长10.44%。

交通运输业整体水平明显提高,公路基础设施不断完善,运输能力继续加强。全年完成客运量715.9万人,增长11.2%,旅客周转量3.18亿人公里,增长14.8%;完成货运量221.5万吨,增长14.6%,货物周转量2.63亿吨公里,增长9.3%。邮电部门完成业务总量1.54亿元,同比增长42.2%。年末有市话5.19万门、农话3.09万门,有716个行政村已通电话,全州8县(市)开通了无线小灵通市话,移动电话拥有量3.56万门。

全年全州安排科技项目69项,其中省级9项,州级60项。共取得科技成果24项,其中15项成果达到国内领先水平。共有各级各类学校1497所,比上年增加30所。普通中学在校学生61876人,增加5927人;学龄儿童入学率94.48%,上升0.59个百分点,巩固率95.67%,毕业率92.93%。

【投资环境】 临夏州是全国民族自治地方改革开放试验区、黄河上游多民族经济开发区。为了更好地吸引国内外客商的投资,临夏州先后出台了《临夏回族自治州人民政府招商引资优惠若干规定》、《关于大力发展非公有制经济的决定》。并结合我国加入WTO的新形势,对州县出台的有关文件进行了全面清理。

临夏州电力供应充足,国家先后在永靖县黄河段建起盐锅峡、刘家峡、八盘峡三座大型水电站。总发电量1.21亿度。临夏州先后在大夏河、广通河、牙塘河等河段上建成各类水电站36座,装机85台,总装机容量3.81万千瓦。

全州现有国、省、县3种行政等级公路31条1241公里。公路总里程中二级公路134公里,三级公路776公里,四级公路553公里。初步形成了以州府所在地为中心,连接州内外,贯穿各县(市),通达各乡镇的公路网络。水运方面拥有各类船舶440多艘,建成码头13个,开辟水上航线6条290公里。刘家峡水电站有42公里的单线专用铁路。

全州有各类集贸市场139个,形成了批发、中转、零售相配套,专业与综合市场相关联的市场网络。2001年,共与州外客商签约各类项目合同和协议110项,总投资29.69亿元,其中协议引进资金24.89亿元。

【重点项目介绍】 临夏县土门关一级电站。总投资5720万元,总装机6400KW,年均发电量3595KWH,年利用小时数5917小时。2001年开工建设。

临夏州和政古生物化石博物馆。总投资1525万元,建筑面积3850平方米。项目建成后,将极大地推动和政县古生物化石资源的开发利用,促进旅游业的发展和经济结构的调整。

积石山县大峡引水灌溉工程。为小型跨流域调水工程,由渠首引水枢纽、输水渠、高家调蓄水库、灌溉干渠及建筑物、灌溉支渠及田间工程等五大部分组成,概算总投资6300万元。项目建成后,可发展灌溉面积8万亩,年增产粮食1143万公斤，油料60万公斤，蚕豆100万公斤。还可解决2.88万人、115万头大牲畜的饮水困难。

临夏市给水改扩建工程。项目由取水枢纽、输水管网和水厂等单项工程组成，总投资8271万元，日供水能力达到5万吨，其中新增日供水能力4万吨。工程建成后，可使临夏市供水不足的问题得到有效解决，对改善临夏市的投资环境、提高市民生活质量将起到积极的作用。

南阳渠灌溉工程。是一项旨在解决临夏州东乡、和政、临夏三县部分干旱山区缺水问题的跨流域调水工程，总投资5.56亿元，设计灌溉面积12.2万亩，主要建设内容包括牙塘水库水利枢纽、总干渠、干支渠及田间配套工程。项目建成后，将大大改善东乡、和政、临夏三县生态环境，解决12万多亩耕地的灌溉、8万多人的饮水问题，改善4万多人的饮水困难。

【东西对口支援】 2001年，中央、省、州、县(市)817个单位的1.21万名帮扶队员深入贫困乡村和部分企业开展对口支援和帮扶工作。各级帮扶和对口支援单位以解决温饱和增加群众收入为中心，在广泛开展送温暖献爱心活动的同时，帮助贫困地区理思路、找项目、引资金。据不完全统计，各级帮扶单位共捐助和筹集资金590.9万元，捐送面粉1.59万袋，衣物3.94万件；新上帮扶项目48项，新建或维修村校21所，资助学生2895名，捐送课桌凳1678套，培训农民技术人员1.87万人(次)，印发科技资料2万多份。

国务院台湾事务办公室先后为广河县教育、小型水利、人畜饮水、乡村道路等项目筹集建设资金近60万元；国务院华侨事务办公室投资20万元，引进和聘请专家，为积石山县畜牧业的发展，进行畜种改良、技术指导和培训，投资5万元，在积石山县建冻配站一个，完成了澳州南德温牛冻精授配866头，并联系香港佛教联合会投资35万元，在安集乡红坪村栽植花椒5000亩，投资30万元积极同新疆、西藏联系，向新疆、西藏输转劳务人员3700人，创收630万元，在备耕春耕期间，各级帮扶工作队帮助调供良种3.35万公斤，化肥8500袋，农膜2.76吨，农药1.57吨，购买农机具46台(套)；省军区投资15万元为积石山县寨子沟乡曹姚小学新修教室和宿舍各1栋，硬化校园面积300多平方米；省外办捐资10万元，完成了积石山县吹麻滩前庄渠道衬砌工程，筹资76.5万元，解决了吹麻滩镇中庄、前岭、后阳洼三个村5200人的饮水问题。各帮扶单位全年共举办各类培训班300多期，受培训人员5万多人。

【扶贫开发】 2001年，临夏州扶贫工作以基本解决温饱和巩固温饱成果为目标，坚持开发式扶贫，全年安排财政扶贫资金8374万元。

在扶贫资金的帮助下，新修县乡道路63.6公里、乡村道路105公里；新增有效灌溉面积3200亩，集雨节灌面积2.2万亩，解决了2.8万人、2.13万头牲畜的饮水问题；新修梯田1万亩；完成地膜粮食面积70.07万亩；新发展日光节能温室671.5亩；全年投入扶贫培训经费91.64万元，培训乡村干部和农民技术人员12.58万人(次)；完成农业新技术推广面积50万亩；引进和推广蔬菜、果品及粮食作物新品种12个；加大对乡镇企业的投资力度，全年扶持农业产业化龙头企业150多户；具有地方特色的养殖业和农产品基地进一步发展壮大。

青海省海北藏族自治州

【经济与社会发展】 2001年，海北州实现国内生产总值(现价)12.26亿元，同比增长12.71%。其中，第一产业3.88亿元，同比增长7.6%；第二产业3.79亿元，同比增长15.7%；第三产业4.58亿元，同比增长14.8%。州县属固定资产投资4.8亿元，同比增长38.4%。地方财政一般预算收入6410万元，同比增长13.1%。实现社会消费品零售总额3.64亿元，同比增长15.1%。

进行农牧业结构调整,实行退耕还林(草),合理调整农作物种植结构和畜群畜种结构,努力发展特色农业。实现农林牧渔业总产值2.75亿元,同比增长6.2%。其中,农业产值1.07亿元,增长10.1%;林业产值389万元,增长78.5%;牧业产值1.64亿元,增长2.8%。总增各类牲畜93.6万头只,增长3.2%。出栏各类牲畜98.67万头(只),增长8.1%。人工造林面积4.55万亩,增长111.7%。

全州地方工业从无到有、从小到大,不断发展壮大。到2001年,发展行业主要有能源、采掘、冶炼、建材、农畜产品加工、食品、医药、轻纺等行业;主要产品有煤、电、铝锭、合金铝棒、铝型材、碳化硅、硅铁、石棉绒、中成药、毛纺制品、植物油、皮革等;主要产品的生产能力为:煤炭100万吨,石棉2万吨,铝锭1万吨,碳化硅2万吨,发电量1.2万千瓦时。全州有国有独资、股份制、股份合作制、民营、私营企业177户。2001年,完成工业总产值4.96亿元,同比增长5.8%,实现年销售产值4.56亿元,产销率95%。

教育事业以"两基"为重点,全州六年制义务教育普及率89.3%,九年制义务教育普及率72%,初等义务教育普及率89.3%。2001年,全州在校生4.4万人,教职工2913人。学龄儿童入学率96.8%,青壮年文盲率下降至9%。州属中等专业学校2所,在校生342人;科技兴州战略稳步推进,建设科技示范村10个,完成科技研究开发和推广项目9项,科技进步对经济增长的贡献率36.92%;文化工作以大力推进文化下乡和文化扶贫为中心,提高广播、电视覆盖率,安装完成"村村通"电视设备37套,卫星地面接收站50套,太阳能视听设备30套,全州电视覆盖率92.01%,调频广播覆盖率80.17%;卫生事业以实施"卫八"等项目为重点,大力推进规范化合作医疗和乡村卫生组织一体化管理,实行统一行政、财务、业务、药品采购、收费标准和工作任务为内容的"六统一"活动。全州拥有乡级以上医院、卫生所及医疗保健机构85个,卫生技术人员1000人,病床760张。

2001年全州城镇居民人均可支配收入5831元,同比增长16%,农牧民人均纯收入1478元,同比增长8.9%。

【投资环境】 为了加快海北州资源开发和社会经济发展步伐,鼓励国内外和省内外企业到海北州进行投资、开发建设。在国家法律、法规和政策规定的基础上,海北州人民政府制定了《海北藏族自治州招商引资优惠办法》。规定凡在海北州以独资、合资、合作等形式新办非国家明令禁止的经济实体、公益事业或参与现有企业改制、改组、改造的州内外、国内外客商,均可在土地使用、现有厂房和设备使用、税收、配套服务等方面享有优惠政策。

海北州境内主要公路干线有青新315国道、宁张线、湟嘉线、民门线、峨祁公路等国道、省道,通车里程1870公里。过境铁路有青藏铁路干线贯穿海晏、刚察两县,支线铁路有哈尔盖至热水线,全长57.93公里,海晏站至西海镇专用支线全长39公里。州府西海镇与四县通三级柏油路面,州府距省会西宁103公里,其中州府距湟源县通二级公路,湟源至西宁通一级公路,交通便利。电能充足,海北四县电网并入全省电网,境内有110千伏变电站3座、110千伏线路3条、35千伏线路10条,除刚察县外其他三县县城均处于110千伏电网覆盖之下;州府及四县县城与国内外各地通讯实现了程控化,电话交换机容量2.2万门。126、127无线寻呼台、中国移动和联通移动电话网已开通,覆盖全州四县及25个乡镇。全州所有31个乡镇、74个村通电话,通讯便利畅达。

州府西海镇日供水能力为4.2万吨。有污水处理站2座。四县县城及部分乡镇建有自来水设施,能够满足当前和今后一时期县城生活与生产用水。

【重点项目介绍】 西海火电厂项目,装机2×12.5万千瓦,总投资估算11.8亿元。可研报告已上报国家计委,招商工作在进行之中。

大通河、黑河流域梯级水电开发。大通河流域已开工建设的仙河、东旭、寺沟与黑河流域地盘子水电站加快建设进度，按计划投入运行。2002年，拟开工建设大通河流域玉龙滩、拉扎水电站。

海北江仓煤矿。江仓煤矿位于刚察县吉尔孟乡默勒河南岸，距热水柴达尔火车站107公里，是青海省唯一提交精查地质报告的体质焦煤井田。全井田煤炭地质储量1.2亿吨，属70年代下马项目。现对原江仓煤矿进行技术改造，拟建年产60万吨矿井、40万吨选煤厂及20万吨焦化厂，投资估算3.38亿元人民币。

海北金丰铝业10万吨电解铝项目。在西海镇地区利用现有铁路、公路、供电、供水以及通讯便利条件，采用200千伏安预焙槽，建设10万吨/年电解铝厂。投资估算为15.46亿元，投资回收期5年。

默勒煤矿项目。在祁连县默勒乡境内建设年产原煤87万吨的四个矿井。默勒矿区是优良的动力用煤和民用煤田区，矿区公路畅通，供电、供水、通讯等建设条件较好。项目投资估算2亿元，投资回收期8年。

纳子峡水电站项目。电站属坝后式，总库量10.48亿立方米，最大发电量水头125米，最大发电水流量61.94立方米/秒，装机容量6万千瓦，年发电量为1.93亿千瓦时。总投资估算5.8亿元，回收期6.5年。

实施畜牧业品质结构调整，大力推进种子工程。从2002年开始，每年引进500头野牦牛杂一代种公牛，推进牦牛提纯复壮；建立藏系种公羊进行串换，改变品种退化，生产能力下降趋势；对绵羊改良区引进优良羊品种，大力发展肉毛兼用型养羊产业；完成牛改0.3万头、绵羊改良10万只、藏系羊本品种选育15万只。

在确保农业增效和农民增收的前提下，扩大适销对路的优质品种生产规模，由单一粮食生产向多种经营转变，由一般粮油品种向优质、杂交品种转变，提高单产与提高效益并举，合理调整农业产业结构。实施退耕还林(草)，总体上以减粮、稳油、扩饲草为重点，扩种药材、花卉、蔬菜等经济作物，建立粮、油、草、经四元种植结构。

加大农牧业基础设施投入，重点做好草原基本建设、人畜饮水工程、退化草场治理、牧民定居点六配套建设、农牧区高效示范工程、中药材生产基地项目、天然林和天然草场保护工程、黑河流域生态应急工程和牛羊育肥基地建设项目，夯实农村牧区经济发展基础。

海北铝业公司1万吨技改项目。争取铝业公司1万吨三期扩建项目的招商和复工工作，“十五”末铝锭年产量达到10万吨。

青海省黄南藏族自治州

【经济与社会发展】 2001年，全州实现国内生产总值14.1亿元，增长10.13%。其中第一产业6.51亿元，增长20.78%，第二产业2.1亿元，增长1.24%，第三产业5.49亿元，增长22%。全州一般预算收入7596万元，同比增长11.51%。其中地方财政一般预算收入完成6524万元，增长16.4%。全社会固定资产投资完成3.65亿元，增长10.48%。其中州属固定资产投资完成3.24亿元，增长11.29%。

社会保障力度进一步加强，城镇居民收入增加。全州各地区，初步建立了以城镇职工基本养老、基本医疗和失业保险制度为重点的社会保障体系，实现了企业离退休人员养老金和下岗职工基本生活保障金的按时足额发放。2001年全州参加基本养老保险4185人、共发放保险金519.37万元，社会化发放率100%；失业保险人数9102人，享受城镇居民最低生活保障1345人；城镇职工基本医疗保险制度全面推进，参保人数1.2万人；再就业工作进一步加强，全州城镇登记失业率控制在3.79%以内；劳务输出工作取得成效，年内组织劳务输出5.7万人(次)，收入3513万元；扶贫工作取得新成果，解决了1510户0.85万贫困人口的温饱问题；年末城镇居民人均可支配收入5532元,增长13.47%,农牧民人均纯收入1348元,增长7.53%。

农牧区经济全面发展。主要作物产量较上年增幅较大,粮食产量3100万公斤,增长12.74%;畜牧业连续夺得第八个丰收年,年末存栏各类牲畜200.56万头(只)。能繁殖母畜比例达到55.05%,牲畜总增率36.99%,商品率33.88%,肉类产量2.45万吨。年内完成防灾基地建设764户。乡镇企业完成总产值1.2亿元,增长23%。全年实现农牧业总产值2.1亿元(不变价),增长2.37%。全年完成"三北"防护林造林2.47万亩,退耕还林还草造林种草7796亩,封山育林45万亩。建设围栏草场22.2万亩,种草10.95万亩,草地灭鼠512.16万亩,灭虫51万亩,治理水土流失19.3平方公里。

工业生产继续保持良好的发展势头。2001年,全州工业总产值6.51亿元(不变价),其中地方工业总产值2.93亿元,增长12.28%;实现工业增加值5.43亿元(现价),地方工业增加值1.6亿元,增长11.46%。地方主要工业产品产量大幅度增加,铝型材0.35万吨,同比增长近一倍;发电量1.85亿千瓦时,增长32.8%;铝锭2.15万吨,增长5.84%。工业产品产销率达到90.62%。在全州工业总产值中,重工业发展势头依然强劲,所占比重达93.7%。固定资产投资增幅较大。地方固定资产投资完成3.2亿元,增长11.29%,其中基本建设投资2.19亿元,更新改造投资1.01亿元。

市场需求稳步增长。全社会消费品零售总额1.48亿元,增长9.5%。个体私营经济快速发展,实现产值2645万元。

各项社会事业全面发展。全年共实施各类科技项目8个,科技对经济增长的贡献率28%。教育事业进一步发展,办学质量和效益进一步提高,全州适龄儿童入学率93.7%,巩固率98%。广播电视"村村通"工程进一步延伸,广播、电视人口覆盖率分别达到90%和65%。医疗卫生事业全面发展,三级医疗卫生预防保健网络得到完善和巩固,初级卫生保健合格县达到75%以上,合格村卫生院覆盖面达到70%。人口与计划生育工作继续加强,全州年末人口20.99万人,人口出生率控制在17.4‰以内,计划生育率88.96%。

【投资环境】 国家实施西部大开发战略以来,黄南州基础建设得到进一步改善,有效地改善了黄南州的投资环境。为了加快黄南州的经济发展,鼓励国外和省内外客户到黄南州投资建设,在符合黄南统一规划的前提下,鼓励国内外投资者对电解铝项目;交通、市政基础设施等项目;农产品深加工项目;畜产品加工创汇项目;对外贸易、经济技术信息及其他资源开发服务的等项目进行投资。

在黄南州新建的基础产业和基础设施建设项目,总投资在4000万元以下,加工工业项目总投资在2000万元以下,外商和港澳台同胞投资项目总投资在1000万美元以下的,由黄南州政府审批,并简化项目审批程序,对各类建设项目实行一次审批。对土地使用权实行有限的无偿出让和有偿转让,转让期最长为15年。在转让期内,可依法出租、转让抵押。对外商独资和中外合资及中外合作经营的企业,生产性企业从正式投产之日起,除国家有特殊规定的以外,免征工商统一税5年。期满后仍有困难者,经报批,还可以继续延定期减免。对各类"三资"企业,按照国家统一税率征收企业所得税。经企业申请,税务机关批准,从开始投产的年度起,头5年将企业所得税全部返还。外资企业生产出口产品,除国家有特殊规定的以外,免征工商统一税。外资企业生产的内销产品,在开办初期纳税确有困难的,可以申请在一定期限内减免工商统一税。

【投资重点】 综合农业建设工程。南部重点是草原"四配套"建设,生态草地建设项目;北部以水利为重点,抓好同仁扎毛水库、李家峡南干渠灌溉二个水利骨干项目。结合扎毛水库建设,加快同仁隆务河两岸东西干渠的前期各项工作。抓好小型水库、涝池、农田配套等水利设施建设,因地制宜的搞好集雨利用工程,开展以农田水利设施建设为主的小流域治理工作,加快已有农田水利设施的正常维护工作。实施同仁一期、尖扎二期生态环境治理项目,实施天然林保护、"三北"防护林及退耕还林还草工程,抓好同仁、泽库大黄种植基地前期及藏药、虹鳟鱼养殖及农副产品加工,使农业向产业化方向发展。

水电建设工程。开工建设同仁奴合加水电站,完成江什加、麻巴水电站的可研审查及河南县尕孔电站的立项工作,积极做好直岗拉卡电站建设的协调服务工作;争取立项实施同仁第四批农村电化建设项目。尽快核实全州无电乡、村情况,加快无电村通电工程实施步伐,争取2003—2004年消除全州无电村。协调解决2003年110千伏线路进河南,为泽曲河开发创造条件。

交通建设工程。加强省州县的交通网络建设。做好阿赛及坎布拉旅游二级专用公路的协调服务工作;抓好同仁至循化公路的铺油工程;开工建设泽库至同德三级公路;积极争取建设资金,加强乡镇至村公路建设。打通航运河道,促进旅游业的发展。

电解铝建设工程。按照黄南州铝行业规划,进一步扩大电解铝生产规模,延长产业链。全面完成黄铝扩建项目,使生产规模达到1.8万吨。全面完成同仁铝业环保技改。

城镇基础建设工程。促进城乡经济协调发展。以四县县城所在地和现有小城镇为重点,科学规划,合理布局,集中扶持,壮大规模。重点抓好同仁道路二期工程、李家峡道路与排水工程、尖扎康杨镇建设,争取尖扎、泽库、河南县城道路二期工程。做好隆务镇、坎布拉镇重点小城镇建设的实施工作,抓好保安镇、泽曲镇、优干宁镇建设的前期工作。

【区域经济开发】 北部经济区:包括同仁、尖扎两县和坎布拉地区。该地区地理位置优越,光照充足,交通通信条件好,人口相对密集,拥有黄河、隆务河两个流域开发区和同仁文化历史名城及热贡艺术、坎布拉森林公园两个富有潜力的旅游区,是黄南经济实现跨越式发展的希望所在。"十五"期间,一是把"两河"开发作为全州经济发展的战略重点,把开发"两河"优势资源与建设保护生态环境,发展特色产业结合起来,实行统一规划,综合开发。二是加快"两河"水能梯级开发进程,并以富足的电力资源推动有色金属冶炼业、铝材加工业,建材业和农畜产品加工业的快速发展。争取建成坎布拉特色经济开发区和同仁互助滩工业开发园区,形成具有地方特色的工业体系。三是加快"两河"沿岸土地资源的综合开发治理步伐,不断向农业生产的深度和广度拓展。利用河谷地带光热条件好的优势,通过加大投入,改革耕作方式,提高科技含量,充分挖掘现有土地资源潜力,稳定发展优势粮油、瓜果、蔬菜生产和家庭养殖业、水产养殖业,建立"两高一优"农业产业带。四是依托独特的自然风光、人文景观、宗教文化发展旅游业,带动相关产业的发展。五是坚持多目标综合治理方针,以治理水土流失为中心,以退耕还林还草为重点,大力治理生态环境,改善群众生产生活条件。

南部经济区:包括泽库、河南两县。该区域属三江源自然保护区,海拔高,自然条件严酷,生态环境脆弱,是在全州经济发展梯度中处在较低层次上的高寒畜牧业区。"十五"期间,一是大力实施扶贫开发和异地扶贫工程。二是抓好生态环境保护和建设。把发展经济与保护生态结合起来,坚持在开发中保护,在保护中开发,加大对退化草场的治理力度,严禁对各种资源的掠夺式开发利用,积极发展生态畜牧业和高效畜牧业,走集约化经营的路子。三是加大对牧区基础设施建设投入力度,加快以"四配套"为主的草原基本建设和公路、通信、人畜饮水、能源工程建设,使城乡群众的生产生活条件有较大改善。四是搞好以县城为重点的小城镇建设,促进畜产品加工业和第三产业的发展。五是控制人口过快增长,大力发展教育事业,提高劳动者素质。

青海省海南藏族自治州

【经济与社会发展】 2001年,海南州完成国内生产总值(现价)16亿元,同比增长12.4%。地方财政收入6642万元,同比增长11.3%。固定资产投资完成8亿元,同比增长37.7%,其中州属固定资产投资6.53亿元,同比增长37.86%。经济结构调整、生态建设、小城镇建设、国有企业战略性改组、农牧业产业化经营取得了突破性进展,促进了国民经济运行质量和效益的稳步提高。

农作物总播种面积70.38万亩,同比减少1.01万亩,其中粮油播种面积58.87万亩,减少11.23万亩;青饲料面积10.5万亩,增长17倍;中藏药材480亩,增长18.52%,蔬菜0.93万亩,增长38.75%;马铃薯种植面积3.37万亩。年内总增牲畜115.44万头(只),总增率36.94%,出栏122.03%万头(只),出栏率39.05%;商品率为32.86%。乡镇企业完成产值(现价)2.34亿元,同比增长10.3%,完成增加值7179万元,增长11.5%;实现利润1724万元,税金1136万元,同比增加40万元。完成人工造林10.30万亩,其中"三北"防护林工程3.55万亩,保护母亲河绿色工程1.27万亩,天然林保护工程2867亩,退耕还林工程6255亩,荒山造林2.46万亩,治沙工程4649亩。退耕还草22.36万亩,荒山种草4.16万亩,黑土滩治理4500亩。

完成工业总产值(不变价)2.16亿元,工业增加值(现价)7474万元,销售产值2.27亿元,产销率83.7%;全州独立核算的58户工业企业中,亏损企业15户,盈利企业盈利额926万元,亏损企业亏损额1275万元,盈亏相抵后净亏349万元。

社会事业得到快速发展。通过全面实施素质教育,普及九年制义务教育,进一步深化教育体制改革,全州中小学布局结构趋于合理。学龄儿童入学率96.2%,广播人口覆盖率86%,电视人口覆盖率84%;计划生育率93%,人口自然增长率10.81‰,人口出生率为15.35‰。

人民生活水平稳步提高。2001年全州城镇居民人均可支配收入5081元,同比增长10.5%;农牧民人均纯收入1748元,同比增长10.8%。全年累计征缴社保费1245万元,向1695名离退休人员按时足额发放养老金789.69万元,发放率100%;共收缴失业保险金248万元,收缴率100%;已发放失业金90.47万元。最低生活保障扩面工作全面展开并进展顺利,全州城镇职工医疗保障制度全面实施。上年接转下岗职工620名,安置224名,再就业率36%;失业人员2997名,安置1513名,安置率50.4%,年底城镇登记失业率3.6%。新建牧民定居点1020户,使全州所有的牧户全面实现了定居。

【投资环境】 为了加快海南州的经济发展,借助国家实施西部大开发为契机,创造良好的投资环境。从加强基础设施建设入手,进一步改善投资环境,吸引和鼓励国外和省内外客户到海南投资建设。在符合海南州统一规划的前提下,鼓励国内外投资者对矿产资源开发项目;生产出口创汇和替代进口产品的项目;水电开发项目和耗电无污染项目;交通、市政基础设施等项目;高新技术开发项目和农产品深加工项目;资源开发及深加工和经济技术信息、咨询服务以及其他服务等项目进行投资。

海南州人民政府依据国家有关政策,结合海南州实际,制定了《海南州关于推进民族地区经济发展的优惠政策》,并在办事程序、政策服务、权益保障等方面给投资者实行优惠。使招商引资的软硬环境得到进一步改善,一批招商引资项目得到落实。2001年度全州协议引进资金6.01亿元,年底前已到位资金4636.6万元。共签订各类经济合作协议23项,已落实启动9项,项目履约率和资金到位率较往年有了较大幅度提高。主要项目有:内蒙古草原兴发公司以700万元价格整体收购海南州肉食品总公司及其所属的兴海、同德、贵南三县冷库;吉林通化恒生药业公司以170万元整体收购海南藏药厂、州农牧机械厂；西宁五洋农机公司以115万元整体收购州印刷厂；甘肃岷州实行公司在同德县投资1504万元建成了同德清真淀粉加工厂，投资125万元建寄居同德县保健品加工厂；青海省水电公司投资1300万元建设同德香池电站；西宁甘青实业有限公司投资1180万元独资建设贵德鱼山电站。

【重点项目介绍】 农牧业：一是加大草产业开发力度，走产业化、集约化之路。计划全州种植优质牧草25万亩，同时加大引资力度，吸引外地一些饲料加工企业来海南从事饲草料加工业，以此推动草产业的发展。扩大沿黄地区复种冬小麦、饲草料种植面积，并以草原兴发集团海南分公司为依托，充分发挥农作物秸秆和牲畜暖棚的作用，积极发展农区畜牧业和扶持牛羊育肥养殖、贩运输专业户，注重搞好犊牛和羔羊产品，逐步建立规模生产基地。二是充分利用海南州冷凉性气候优势，扩大马铃薯精淀粉厂原料基地并逐步向周边地区辐射，在兴海曲什安、贵南茫拉等地建立马铃薯生产基地，并力争在共和地区建立分厂，带动共和地区马铃薯种植规模，延长产业链，采取“公司＋农户”等多种形式，形成利益共享、风险共担的经营机制，发展“订单”农业。

中藏药生产基地建设工程：引导农牧民因地制宜扩大麻黄草、甘草、大黄等中草药材种植面积，发展中藏药产业。并抓好以种苗为主的后续项目生产基地建设，建设中药材种苗基地900亩，利用优势，合理开发中藏药特效保健系列产品。

生态建设工程：一是实施同德三期生态工程及兴海、贵南二期生态治理重点工程；二是全面实施退耕还林还草工程，计划完成造林种草44万亩，其中退耕还林草24万亩，荒山造林种草20万亩。天然林保护工程公益林建设9.25万亩，三北防护林四期工程9.4万亩，育苗3010亩；三是抓好109、214国道及宁果公路为重点的交通干线绿色通道，四是积极动员全社会力量开展义务植树等活动，计划完成人工造林17万亩，封山育林新封20万亩，四旁植树100万株；五是全面实施贵南沙沟、同德巴沟、兴海大河坝等9沟小流域治理；六是做好塔拉滩生态治理和青海湖环湖生态治理项目的前期工作。

交通建设工程。实施好贵德沿黄滨河大道，加快建设同德唐干公路、兴海龙藏公路和铜峪沟矿区公路、共和恰卜恰至切吉公路和委曲旅游公路、151旅游公路、贵德环城等公路。积极争取151南山旅游公路，151至恰卜恰公路、恰龙二期三级油路、贵德南海殿旅游公路早日开工建设，进一步提高公路等级，改善海南州的交通条件。

水利建设工程。海南州继续把水资源开发利用作为战略性基础产业加强水利骨干项目建设。在抓好现有水利设施的维修改造的同时，实施兴海县野马台人畜饮水、共和沙珠玉灌区配套工程、贵南茫拉灌区续建工程、贵德县新街大渠节水等灌溉工程。

城镇建设工程。重点加强恰卜恰以集中供热、道路排水、垃圾处理等为重点的小城镇建设。全面完成共和倒淌河、贵德河阴镇的小城镇建设。认真做好兴海温泉、共和江西沟、黑马河、同德河北、贵德尕让等小集镇建设的前期工作。实施好151供水工程，恰卜恰文化街、同心街道路排水等工程，同时，实施义务教育二期工程项目，抓好文化、教育、卫生等基础设施建设和藏区基层政权组织的基础设施建设。

水电、矿产资源开发。一是按照梯级开发，连续建设中小并举，滚动发展的原则，加快海南境内黄河流域水电资源开发步伐。重点加强尼那电站和拉西瓦电站建设中的协调工作，保证工程建设顺利进行。继续做好尕曲、毛多电站开发前的各项准备工作。采取多元化投资和建—卖—建滚动开发的形式，加快香池、美丽滩电站建设，加快黄河支流梯级电站的开发进程。二是要加大赛什塘铜矿投资，加快矿山建设进程，带动铜峪沟铜矿的滚动开发。

青海省果洛藏族自治州

【经济与社会发展】 2001年,全州完成国内生产总值5.28亿元,同比增长11.11%。其中第一产业2.15亿元,同比增长4.85%;第二产业0.5亿元,同比增长16.23%,工业增加值0.16亿元,同比增长9.47%;第三产业2.63亿元,同比增长15.78%。地方财政收入3257万元,同比增长8%;全社会固定资产投资4.74亿元,同比增长144.73%。社会消费品零售总额1.04亿元,同比增长11.59%;城镇居民人均可支配收入6226元,同比增长16.5%;农牧民人均收入1491元,同比增长7.49%;繁活各类仔畜69.5万头只,牲畜繁活率56.1%,同比增长3.1%;总增率26.3%,同比增长2.8%;出栏率28.2%,同比增长3.4%;商品率22.3%,同比增长3.3%;年末牲畜存栏239万头只。小块农业区粮食总产量2447吨,油料113吨;农牧业总产值1.46亿元,同比增长3.3%。解决温饱人口1916人,同比增长48.2%。

社会事业协调发展,相互促进。科技工作以提高农牧民群众科学文化素质、生产技能、加速科技成果转化和推广应用为目标,重点开展了科技培训、科普宣传、科技项目审报等工作,培训农牧民防疫员0.3万人。民族教育工作继续加强学龄儿童入学率和巩固率,进一步加大教育投入,改善办学条件,扩大办学规模,全州适龄儿童入学率86.7%,文体广电事业有了长足进步,投资近千万元的"921"中波转播台和五县两乡调频广播建成开播,使全州的广播覆盖面大幅度提高,收听效果得到明显改善。卫生工作以提高人民健康水平为宗旨,加强预防保健、医疗服务、卫生改革、卫生区域规划等工作,全州儿童四苗覆盖率92.43%,城镇乙肝疫苗接种率为32.26%。人口与计划生育工作积极贯彻基本国策,使计划生育工作得到进一步加强,人口自然增长率控制在16‰以内。社会保障工作取得新进展,年内安置城镇劳动力、国有企业下岗职工904人,就业安置率54%,发放企业离退休人员生活费371.2万元,下岗职工基本生活保险金104.22万元,失业职工救济金29.2万元,发放率达到100%,使企业离退休人员、下岗人员和失业人员的基本生活得到了保障。

【投资环境】 国家实施西部大开发战略以来,果洛州得到快速发展,基础建设进一步加强,改善了果洛州的投资环境。在符合果洛州统一规划的前提下,鼓励国内外投资者对生态环境建设项目,野生动植物保护项目,大黄基地建设和深加工项目,畜产品加工创汇项目,对外贸易、经济技术、信息及资源开发服务的项目,进行投资。

在果洛州新建的基础产业和基础设施建设项目总投资2000万元以下,加工工业项目总投资1000万元以下,外商和港澳台同胞投资项目总投资在500万美元以下的,由果洛州政府审批,并简化项目审批程序,对各类建设项目实行一次审批。对土地使用权实行有限的无偿出让和有偿转让,转让期最长为15年,在转让期内,可依法出租、转让抵押。对外商独资和中外合资及中外合作经营的企业,生产性企业从正式投产之日起,除国家有特殊规定的以外,免征工商统一税5年,期满后仍有困难者,经报批,还可以继续延定期减免。对各类"三资"企业,凡使用年限在15年以上的,按照国家统一税率征收企业所得税,经企业申请,税务机关批准,从开始投产的年度起,前5年将企业所得税全部返还,期限不满5年,经申请,税务机关核准。全部返还其再投资部分已交纳的企业所得税款;如该项目不足5年撤回的,将依法追回已返还的税款。外资企业生产出口产品,除国家有特殊规定的以外,免征工商统一税。外资企业生产的内销产品,在开办初期纳税确有困难的,可以申请在一定期限内减免工商统一税。

【投资重点】 三江源生态环境建设工程:重点加强天然林,草原的野生动植物资源保护,加大对退化、沙化草地治理恢复力度,加快人工造林步伐，增强水土保持和水源涵养功能，精心组织并实施生态建设工程。在积极探索“黑土滩”治理有效途径的同时，认真落实“退耕还林、退耕还草、退耕还牧、退牧还草、少牧养草”等措施，对一些特殊地区的天然林草地实行休牧育草，进行封育治理，通过每年80万亩封滩育草，70万亩退化草场改良、10万亩黑土滩治理和500万亩灭治鼠虫害的实施，力争用10年左右的时间使全州3750万亩中度以上退化草场得到治理，初步建立起良性循环的草原生态系统。

重点发展效益畜牧业。坚持“以草为本、强化基础、优化结构、依靠科技、增加效益”的畜牧业发展方针，合理调整和优化畜群、畜种结构，实施科学的经营管理方法，积极引进、推广和应用畜种改良、土种选育、暖棚养畜等实用科学技术，努力在培育优良牲畜品种上有所突破，变“掠夺式”经营为“投入产出平衡”经营；强化畜产品市场建设，建立起以牧业协会形式的连接牧户与大市场的中介组织，逐步形成州县乡牧委会四级畜产品流通销售服务网络，引导牧业向高产、优质、高效的现代化方向发展。

继续加大草原基础设施建设力度，力争在五年内使100%的牧户达到“四配套”，全部牧户实现定居；彻底解决缺水地区人畜饮水问题，并逐步向更高层次的水、电、路等多项配套方向迈进；同时进一步采取有效措施，通过雨水集流、埋设管道、打井喷灌等方式，解决草原的灌溉问题。

加速发展特色经济。以优势资源为依托，对经济结构进行战略性调整，发展具有一定优势和市场竞争力的产业、产品，构筑以资源开发和资源加工为主体的经济结构，逐步形成地区特色经济。一是大力发展生态畜牧业这一支柱产业，在畜产品的深、精加工上扬优势、兴特色、创名牌。以果洛州乳品厂现有产品和即将开发的新产品为龙头，发挥地方肉食品加工优势，形成以优势产品为龙头，连接各县、覆盖全州的从原料到产品加工、到开拓市场营销的生产经营产业链。二是立足果洛州旅游资源丰富、无污染、容量大的特点，大力发展黄河源头生态旅游业，利用5年左右的时间，重点开发集北部自然风光和登山探险为一体的“三湖两峰”（扎陵湖、鄂陵湖、冬格措纳湖和阿尼玛卿峰、年宝叶什则峰）旅游区，同时兼顾开发宗教文化及民俗风情旅游；以班玛县玛柯河流域为中心的南部原始森林、古迹、宗教及民俗风光综合旅游区；以甘德、达日、久治三县为中心的以觉囊派、宁玛派寺院为代表的宗教文化旅游区和以玛玉藏戏文化中心、格萨尔王狮龙宫殿为主要内容的藏民族文化旅游区。通过分期开发，把果洛建成集登山、狩猎、探险、自然人文景观、宗教和民族文化为一体的旅游大州，并使之成为新兴产业；三是以本地富集的优势资源为依托，以新的机制和思路组建藏药开发公司，挖掘和改进传统藏药资源，规模生产经营藏药系列产品，把果洛逐步建设成为集藏药、药材加工为一体的藏药材生产基地。同时进一步加大中藏药材种植与保护建设力度。四是积极寻求合作开发联营伙伴，继续抓紧德尔尼铜矿钴硫分离研究和补充勘探工作，进一步加快德尔尼铜矿的开发步伐，争取德尔尼铜矿早日立项建设。

青海省玉树藏族自治州

【经济与社会发展】 2001年，全州完成国内生产总值3.93亿元，增长12%。其中第一产业完成1.74亿元，增长2.46%；第二产业完成1.1亿元，增长15.01%；第三产业完成1.12亿元，增长27.22%；地方财政一般收入5054万元，增长13.68%。完成固定资产投资3.6亿元，增长19.84%。城镇居民人均可支配收入5915元，增长11.6%。农牧民人均纯收入1336元，增长11%。

农牧区经济稳定发展。种植、养殖业出现了较大幅度的恢复性增长。全年实现农牧业产值2.32亿元，同比增长9.12%。全州粮油总产量2346万公斤，增长1.2%。各类牲畜增加93.1万头只,出栏92.4万头只,商品出栏69.3万头只,商品率达到25.4%。年末各类牲畜存栏277.3万头只。

工业结构调整初见成效,为了全面保护"三江源"生态环境和为促进"三江源"可持续发展做出贡献,进一步加大矿业秩序整顿力度。对资源浪费大和生态破坏严重的采掘在结构上进行了调整。电力工业、屠宰业、民族五金制品业、采盐业发展较快,企业扭亏增盈工作成效明显。主要产量为发电量累计完成5089万度,生产黄金404千克。

固定资产投资增势强劲,基础设施条件得到进一步改善,交通建设再上新台阶。利用国家实施西部大开发战略和继续实行积极财政政策的两大机遇,加强项目建设和固定资产投资工作,改善了基础设施条件。年内新上项目约90个,投资总额2.45亿元。

以公路建设为重点,着力改变玉树州交通落后的状况。加快国道主干线青康公路姜路岭—清水河段和玉树—囊谦大桥段,省道清水河—曲麻莱—不冻泉、曲麻莱—治多、治多—结古、多拉马康—杂多等公路改扩建工程建设;适应发展旅游业的需要,建设通往玉树县勒巴沟、热水沟、囊谦县尕尔寺峡谷等旅游景区的公路;实施"乡村公路通达工程",修建县乡之间四季公路13条1269公里,修建乡村等外公路2363公里,州至各县达到三级公路标准,乡乡通四季公路,大多数行政村(牧委会)通公路或通机动车。逐步建成以结古为中心,以国道、省道为主骨架的公路网。全州新建乡村公路523公里,乡村公路总通车里程达2241公里。

邮电、通信业发展迅速、信息网络初具规模。年内完成了结古、杂多、治多、曲麻莱县城的邮电通信生产用房和住宅建设,开通五县及清水河乡移动电话服务业务。全州程控电话交换机用户1.36万门,移动电话用户4200户,信息网络初具规模。

农村电网建设速度加快,年内投资5365万元,实施了各县农村电网建设与改造工程;投资906万元实施囊谦县杂曲电站技术改造项目;玉树县第三批农村水电初级电气化县已通过验收;完成结古镇区电网新扩建工程及结古镇巴塘河第一期防洪治理工程;拟建成太阳能光伏电源29座,总装机容量800千瓦。

生态建设初见成效。年内组织实施了三江源自然保护区碑址造林绿化工程、玉树县退耕还林还草试点项目、天保工程和曲麻莱县生态治理二期工程。完成退耕还林还草2.4万亩。

科技、教育、卫生和其他事业协调发展。加快先进实用科学技术的推广步伐,大力引进、推广、示范优良品种和先进实用技术,为促进科技成果向现实生产力转化奠定了坚实的基础。加大教育改革力度,积极推进素质教育、职业教育和德育教育,教育水平明显提高。全州适龄儿童入学率66.6%。青壮年文盲率由上年的43.2%下降到38.4%。进一步推进文化、卫生、体育、广播电视等各项社会事业的发展。乡村卫生组织一体化管理覆盖率61%,合作医疗以乡为单位覆盖率达到75%,以村为单位覆盖率达到100%;人口自然增长率控制在5.2‰以内。

【投资环境】 为了加快玉树州资源开发和经济发展步伐,鼓励国外和省内外客户到玉树州进行投资建设,在符合玉树州统一规划的前提下,鼓励国内外投资者对"三江源"生态建设项目;中藏药资源开发项目;交通、市政基础建设项目;资源综合利用和农产品深加工项目;商业、物资供销、经济技术信息和咨询服务以及其他资源开发服务等项目进行投资。

在玉树州新建的基础产业和基础设施建设项目总投资在2000万元以下,加工工业项目总投资在1000万元以下,外商和港澳台同胞投资项目总投资在500万美元以下的,由自治州政府审批,并简化项目审批程序,对各类建设项目实行一次审批。对土地使用权实行有限期的无偿出让和有偿转让,转让期最长为15年,免征工商统一税5年,期满后仍有困难者,经报批,还可以继续延定期减免。对各类

"三资"企业,凡使用年限在15年以上的,按照国家统一税率征收企业所得税,经企业申请,税务机关批准,从开始投产的年度起,头5年将企业所得税全部返还。外资企业生产的出口产品,除国家有特殊规定的以外,免征工商统一税。外资企业生产的内销产品,在开办初期纳税确有困难的,可以申请在一定期限内减免工商统一税。

【投资重点】 三江源生态保护工程。玉树州是长江、黄河、澜沧江的发源地,是维持整个江河流域生态平衡的"水塔"。搞好玉树州的生态环境保护与建设,不仅是玉树州实现可持续发展的需要,而且对整个长江、黄河、澜沧江流域乃至全国北方地区的生态建设有着重大影响。生态环境建设坚持保护与治理并重,因地制宜,科学规划,突出重点,分步实施,把生态环境建设与经济社会发展结合起来,以保护生物多样性和恢复自然生态为目标,加强天然林草和野生动植物资源保护,禁止乱捕滥猎,乱砍滥伐,严厉打击偷砍盗伐和偷捕盗猎等违法等破坏活动,加强草原建设,大力开展沙化、退化草场、黑土滩治理和灭鼠灭虫、退耕还林(草)、休牧育草工作。实现生态效益、社会效益和经济效益的统一。

旅游资源开发。充分利用玉树州地处三江源头的地理优势、独特的高原景观、藏传佛教寺院和康巴文化等资源,大力发展旅游业。以生态旅游和文化旅游为重点,以唐番古道藏传佛教朝圣、世界屋脊探险、三江源头生态旅游为三条黄金旅游线,开发隆宝滩自然保护区、冰塔林观赏、三江源头探险、囊谦原始森林、巴塘温泉群、文成公主庙、唐僧晒经台、勒巴沟岩画、康巴歌舞、佐娘文化等景区景点。重点推出"三江源头"、"民族风情"、"动物王国"、"青藏高原"四大旅游品牌。积极开发安冲藏刀等独具特色的旅游产品,吸引国内外旅游者,使旅游业成为玉树州重要产业和新的经济增长点。

藏医药资源开发。依托玉树高原特有的藏医药资源,依靠科技进步,挖掘现有藏医人才和技术,大力发展和培养藏医后备力量,充分利用现代生物工程技术,开发虫草、大黄、贝母、藏茵陈等青藏高原特有的野生植物为原料的系列藏药和保健药品。加强野生动植物资源的保护和开发,在保护中开发,在开发中保护。因地制宜地开展藏药用动植物资源的繁育和种植,建设5千亩藏药材种植基地。同时引导鼓励和支持农户种植藏药村。成立藏医药研究机构,开工建设玉树州藏药制剂中心,发展藏医药加工,并逐步提高其技术含量和增加值,使藏医药培育成为玉树州新的经济增长点。

青海省海西蒙古族藏族自治州

【经济与社会发展】 2001年,全州实现国内生产总值61.5亿元,同比增长18%。其中第一产业3.27亿元,增长4.3%;第二产业41.1亿元,增长23.5%;第三产业17.13亿元,增长8.4%;全州一般预算收入完成8.25亿元,同比增长49%,其中地方一般预算收入2.71亿元,增长23.3%。各类金融机构各项存款余额为4.63亿元,增长22%,其中城乡居民储蓄存款余额25.9亿元,增长14%;各项贷款余额35.8亿元,增长7%。

社会保障体系逐步完善,城乡居民收入增加。2001年,全州各地区和有关部门进一步扩大了社会保障覆盖面,在"两个确保"的基础上,加强了城市居民最低生活保障工作。全州离退休职工养老金、下岗失业人员基本生活费发放率均达到100%,享受城市最低生活保障人数增加到9693人,覆盖面比上年提高17.9个百分点。全州城镇职工基本医疗保障制度改革全面启动。再就业工作进一步加强。全州登记失业率控制在4%以内,安置下岗职工和城镇劳动力0.78万人。扶贫开发取得新的成果。全年有2200户、10334人基本实现脱贫。年末全州城镇居民人均可支配收入6383元,增长9.6%;农牧民人均纯收入2050元,增长6.5%。

2001年,农业增加值增长4.3%,同比提高2.5个百分点。农牧业种植结构进一步优化,蔬菜、马铃薯、豆类、青稞、中藏药材等种植面积加大,牲畜良种引进繁育、牛羊育肥头数增加,林业、水产业继续保持较快增长,农牧业生产效益逐步改善。生态建设取得新进展。全年完成围栏草场8.5万亩,人工种草4.7万亩,人工造林4.14万亩。

2001年,全州国有企业通过实施放开搞活一批、整合控股一批、破产重组一批的改革策略,国有企业资产重组步伐明显加快,加大了结构调整力度,巩固和发展了企业改革和脱困成果。龙康药业、高原生物有限公司、铁精粉、水泥、熔炼石英等一批新的工业支柱企业和优势特色产品已经形成。股份制和非公有制工业企业成为工业增长的重要力量。工业企业完成增加值34亿元,增长20%,规模以上企业盈亏相抵后实现利润5135万元,增长1.63倍。

2001年,海西州认真贯彻西部大开发的各项政策,抓住国家增发国债的机遇,加大了项目和资金争取力度。全年共落实各类项目249个,其中新开工项目210个,全州完成固定资产投资60亿元,增长65%。涩宁兰输气管道、青藏铁路西格段扩能改造、乌兰—格尔木330千伏输变电工程、格尔木—锡铁山110千伏输变电工程、农网改造一期工程、公检法司业务用房、职工住宅小区、海西会展中心等基础设施建成或基本建成;青藏铁路格拉段,香巴农业扶贫开发,格尔木、德令哈以及各县、行委的城市道路改造,供、排水等一批项目相继开工建设,全州基础设施和城镇面貌发生了显著变化。优势资源开发取得了新的进展,百万吨钾肥、海西60万吨水泥等大型工业项目开工建设,为海西州的经济发展将产生重大推动作用。全州投资结构进一步优化,形成了国有经济、集体经济、民营经济共同发展的多元化格局,分别比上年增长51%、27.5%和38%。筹融资渠道进一步拓宽。全年利用外资(包括国内资金)1.3亿元人民币。

市场经济秩序好转,消费品市场活跃,价格水平稳定。全州实现社会消费品零售总额9.28亿元,增长8.5%。积极开展了涉农收费价格、药品医疗服务价格、农网改造收费价格、中小学校收费等专项检查,核定了住宅小区房屋价格,调整了水、电、液化气、非营利性医疗机构医疗服务项目价格,保护了消费者利益,维护了市场竞争秩序,价格总体水平稳定。全州居民消费品价格总水平99.4%,同比下降0.6个百分点。

科技教育发展加快,社会事业全面进步。2001年,实施科技项目11项,新开工项目10项,科技进步对经济增长的贡献率达到35%。拥有各类学校195所,其中中等专业学校2所,各类学校在校学生人数6.5万人,学龄儿童入学率98.63%。拥有专职教师4520人。拥有文化事业机构15个,全州有线电视台2座,电视发射和转播台14座,卫星收转站85座,有线电视台(座)8座,广播电台2座,电视人口覆盖率达85%,广播人口覆盖率75%。拥有卫生机构81个,其中医院24个,病床数1594张,卫生技术人员2104人。

【投资环境】 海西州是青海省经济开发建设重点地区,在国家实施西部大开发以来,特别是对区内的柴达木盆地资源开发力度进一步加大,海西地区经济得到进一步发展。使海西的交通、通信、电力、城市服务等基础条件发生了显著变化,投资环境有了明显改善。到2001年,境内536公里的青藏铁路经过扩能改造后,货运能力提高到1150万吨;州内5条国省道2806公里大部分实现了黑色化,地方公路48条1702公里大部分达到等级标准;格尔木机场新开通了至西宁、郑州、济南、烟台的航线,初步形成了铁路、公路、航空交通运输网络。兰—西—拉光缆的建成,微波、卫星等多种传输手段的运用,使全州通信水平显著提高,通信网络和技术装备基本与我国发展水平相适应。随着龙羊峡至乌兰330千伏、乌兰至都兰110千伏、乌兰至德令哈110千伏和乌兰至格尔木330千伏输变电工程的建成,海西大部分地区在大电网的覆盖范围,电力供应有了可靠保障。在城市服务方面,商贸流通业、社区服务业、信息咨询业以及科技、教育、文化、卫生、体育等设施基本健全,服务能力和服务水平明显提高。在政府职能转变、提高党政机关工作效率、改善服务质量、政策支持以及法制化、市场化建设等方面也取得了积极进展。为了海内外投资者来海西投资创造了良好的投资环境。

【重点项目介绍】 生态建设工程:海西州地处荒漠地带,柴达木盆地沙漠是我国八大沙漠和四大沙地之一。柴达木荒漠化继续恶化的严峻形势引起了国家及各级党委和政府的关注。柴达木荒漠化治理被国家列入"三北"防护林体系建设第四期规划之中,被青海省、海西州列入"十五"计划发展纲要之中,其中格尔木10万亩荒漠化治理工程、5万亩种草工程于2000年开始实施并取得明显效果。同时实施了德令哈市万亩枸杞林工程,德令哈市、都兰县、乌兰县生态农业项目。海西地区的生态保护工程已列入了全州"十五"规划。目前项目正在实施中。

石油天然气工程:为了加速海西地区的石油化工业发展,充分利用石油资源,在加大勘探、增加储量的同时,加快对石油资源开发利用和深加工。计划到2005年,累计探明和控制的石油地质储量4亿吨,天然气3000亿立方米,建成年产油气500万吨(当量)的生产能力。重点加强天然气的开发利用,积极开发下游产品,形成油气化工与盐湖化工结合的发展格局。重点抓好青海盐湖天然气化工基地建设,并力争达到年产聚丙烯9万吨、甲醇42万吨、甲醛2万吨、PVC10万吨、合成氨36万吨、尿素20万吨的生产能力。

盐湖化工:重点建设青海盐湖集团100万吨氯化钾项目,马海湖15万吨氯化钾项目,使海西州钾肥生产能力达到200万吨,建设年产60万吨纯碱项目。抓好硫酸钾、硝酸钾、碳酸锂、碳酸锶、金属镁、高纯镁砂等产品的开发工作,努力实现盐湖资源的综合利用。

新疆维吾尔自治区
克孜勒苏柯尔克孜自治州

【经济与社会发展】 2001年,克孜勒苏柯尔克孜自治州(以下简称克州)国内生产总值9.76亿元,比上年增长23.9%,其中第一产业增长2%;第二产业增长3.9%;第三产业增长55.2%。

农业结构调整初见成效,调整优化种植结构,林果面积已达12.2万亩,巴仁杏3.4万亩,特色园艺林果业已初具规模。克州现有耕地3.94万公顷,农牧渔业总产值增长2.9%,粮食总产量16.84万吨,棉花0.63万吨,油料0.34万吨,基本实现粮食自给。畜牧业重点发展农区畜牧业和牲畜品种改良,牲畜年末存栏144.54万头,牛羊肉总产量1.78万吨,同比增长1.7%。商品率48%,畜牧业在农业中的比重有所提高,大部分牧区已通电,为大力发展畜牧业奠定了基础,乡镇企业完成增加值8455万元。农牧民人均纯收入1071元,增长70元。

工业基本完成了企业改制,改制面达95%以上,完成工业增加值5429万元,同比增长3.9%。非公有制企业已达47户,个体工商户已发展到5505户,从业人员9687人,注册资金4319.9万元。

克州依托三个边境口岸的优势,扩大对外贸易与经济技术合作,拓展中亚市场,扩大外经贸合作领域。完成外贸进出口总额1720万美元,其中进口1131万美元,出口589万美元。克州充分发挥自治州民俗风情优势,加快国内及跨国旅游业的发展,旅游人数4万人次,其中境外旅游人数1.5万人,旅游外汇收入100万美元。

固定资产投资2.38亿元,地方财政收入4000万元,地方财政支出6.37亿元,各项存款13.57亿元,贷款余额8.36亿元。居民消费价格总指数达到104.1%,社会消费品零售总额2.49亿元,同比增长7.3%。总人口44.49万,同比增加0.8万人，人口自然增长率为12.66‰。

继续组织实施“八七”扶贫攻坚计划，农牧民收入稳步提高。从1994年开始，自治州贫困人口已由当时的20716户96196人减少到14231户66662人，农牧民收入由1995年的749元提高到2001年的1071元。不断加大科技投入，在平原农区推广小麦留行套种玉米技术，农区推广地膜春麦和地膜玉米高产技术。棉花调控技术和病虫害综合防治技术，畜牧业长草短喂和两贮一化技术；园艺生产技术、节水灌溉技术。

继续推进九年制义务教育进程，努力改善办学条件，推进少数民族学生用汉语授课、普及计算机教育，改善教学设备配置，发展现代远程教育，提高教育信息化水平。现有中等院校3所，在校学生1720人，普通中学55所，在校学生31568人，其中牧区寄宿学校39所，学生在校巩固率99%，城市适龄儿童入学率100%、农村99.2%。

【投资环境】　克州交通便利。首府阿图什距喀什航空港35公里，乌鲁木齐至喀什的航班每日一班(旺季时两一三班)，国道314线横穿境内，形成了以州府市区为中心的公路网。农区村村通汽车，牧区乡乡通汽车。喀什通往各边境口岸的公路建设已全部完成。从阿图什到达吉尔吉斯首都比什凯克的国际客运班车十分便利，经过克州通往吉尔吉斯的国际铁路正在规划中。

邮电通讯事业迅速发展，公众通信能力持续增加。实现了数字传输和光缆卫星通讯，移动通信系统进入了全国移动通讯网。克州三县一市全部普及程控电话，农村电话网也已形成。

克州境内的两个口岸基础设施建设已完成，功能齐全，现在已全部投入运行，运行状况良好，为克州经济发展发挥着重大作用。

【重点项目介绍】　阿尔塔什水利枢纽工程。在水利骨干工程建设的同时，合理开发地下水，增加地下水开采量1.2亿立方米；改建防渗渠道927公里，新建防渗渠道218公里。通过节水浇灌促进种植业结构调整，使克州一些主要河流的水利资源得到有效开发和利用。加快克州农村人畜引水工程建设，提高供水覆盖面，使90%的农牧民吃上符合国家卫生标准的饮用水。

克州生态环境工程建设。建设地点为阿图什市、阿克陶县、乌恰县、阿合奇县，建设内容为水利工程，打机井180眼及配套，建设渠系建筑物2556座，闸1230个，桥涵400个，渡槽898个，防洪堤150公里，渠道750公里；林地建设及封山育林6.67万公顷，草原生态建设改良200万公顷，绿洲农业生态建设，项目总投资15亿元，到2010年可建成人工林面积1.73万公顷，储备量6485万株，生产木材544.7万立方米，经济价值19亿元，农业生态建设方面改善20万公顷农田浇灌条件，收复弃耕地2万公顷，盐碱地治理1.43万公顷，新建人工草地4.33万公顷，改良草地14.33万公顷，从而增加森林覆盖率，扩大绿洲面积，改善生存环境。

25万亩草料基地建设工程，建设内容为渠系配套和打井、围栏、种草、喷灌，建设地点为三县一市，哈拉峻5万亩；依达良1万亩；库兰萨日克10万亩；哈拉奇3万亩；黑孜苇1万亩；阿克陶县草原恢复和建设5.5万亩(0.5万亩为围栏改良)，项目完成后为克州大力发展畜牧业奠定了基础。

布仑口—公格尔水利枢纽工程。该工程是克州及喀什地区可以共同受益的综合水利枢纽工程。布仑口水库是盖孜河中游河段的龙头水库，也是该河流唯一具有多年调节性能的控制性水库，水库的调节优越，所属公格尔电站是盖孜河中游河段的第一梯级水电站。水库坝高35米，坝顶长度330米，水库正常蓄水位3290米，总库容6.4亿立方米，电站装机容量20万千瓦，年发电量6.58亿千瓦。总投资17.7亿元。该项目具有灌溉、发电、防洪和改善生态环境的综合效益。改善灌溉面积8.53万公顷，扩大灌溉面积3.45万公顷。该工程的建设将为克州和喀什两地州经济发展，尽快改变贫困面貌，增加农业发展后劲，扩大耕地，改善灌溉条件，奠定坚实的基础。

【东西对口支援】 山东淄博对口支援克州教育。江西省对口支援克州经济建设，每年派一批专业技术人员深入到基层帮助工作，已来三批共72人，为克州勘查了水利基本情况，提出可持续发展的思路；在医疗方面，援助干部带来先进的医疗技术和设备，为克州培训出了一批医疗骨干，在扶贫和经济建设中发挥了一定作用。

新疆维吾尔自治区
巴音郭楞蒙古自治州

【经济与社会发展】 2001年，巴音郭楞蒙古自治州（以下简称巴州）国内生产总值134.9亿元，同比增长8.1%。其中第一产业增长6%；第二产业增长7.9%；第三产业增长10%。三次产业在国内生产总值的比重为17.7:60.3:22。

巴州积极引导农民调整和优化种植结构。实现农业增加值25亿元，同比增长6%。全年播种各类作物313.44万亩，其中粮食作物83.34万亩，经济作物218.6万亩，其他作物3.29万亩。大面积推广棉花高产攻关取得显著成绩，亩产120公斤皮棉种植面积达41.47万亩，亩产150公斤皮棉种植面积达16.18万亩；棉花平均亩产107公斤，较上年增加8公斤，总产10.45万吨，增加2 .09万吨。畜牧业生产继续保持快速增长，牲畜最高饲养量354.91万头只，养殖小区已达71个，养殖专业户达15400余户。林果业进一步发展壮大，完成人工造林面积17.05万亩，新植果树12.75万亩，其中：香梨9.72万亩、杏3.04万亩、红枣0.91万亩、葡萄1.2万亩。乡镇企业继续保持增长，完成总产值29.54亿元，同比增长8.3%。

工业继续保持较快增长，实现工业增加值62.5亿元，同比增长7.9%。规模以上工业企业盈亏相抵后实现利润22.48亿元，工业产销率100%。完成更新改造投资6.27亿元，同比增长39.3%；其中地方完成3.83亿元，同比增长59%。共实施地方重点技术改造项目7项。其中，罗布淖尔（集团）公司5.5万锭精梳技改、和静天山水泥有限公司30万吨熟料烧成系统和30万吨粉磨站技改三个项目已经完成并投入生产；罗布淖尔（集团）公司引进5台新型气流纺和引进36台倍捻机技改、库尔勒棉纺织有限公司引进12台气流纺一期技改、博湖苇业（集团）公司年产5万吨漂白苇浆板技改等4个项目正在加紧实施，为推动地方工业的发展起了重要促进作用。

巴州社会消费品零售总额27.5亿元，同比增长5.3%。对外贸易进出口总额4107.8万美元，同比增长16.5%，其中，地方完成出口3507.2万美元，增长16.2%。主要出口商品为棉纱、番茄酱罐头、棉布、轮胎、蛭石和辣椒酱罐头。

巴州地方财政收入7.6亿元，增长10.8%，财政支出13.8元，增长16.8%。金融运行平稳，巴州金融机构年末各项存款余额151亿元，增长10.2%，各项贷款余额107.5亿元，增长13.7%。在岗职工年平均工资9624元，增长25.5%。着力解决下岗职工再就业和社会保障体系建设，使城镇登记失业率控制在3.5%。物价涨幅基本合理，居民消费价格指数102.5%。年末总人口106.4万，同比增长2.5万人。

巴州继续全面实施“科教兴州”战略，共审核安排科技兴农项目16项，科研计划23项，申报国家星火计划项目1项，申报自治区星火计划项目2项，申报自治区重点科研项目2项，申报自治区科技进步奖项目4项；民营科技企业管理和保护知识产权工作有新的起色。焉耆“两基”教育工作复验已通过自治区级验收；加快民汉合校工作步伐，且末、轮台、库尔勒、和硕、博湖等加大了工作力度，共合并14所；参加的各类体育比赛共获得金牌19枚，银牌27枚，铜牌22枚；广播、电视覆盖率分别为

97%、98%。

【投资环境】 2001年,巴州投资环境得到进一步改善,全面清理和取消有碍经济和社会发展的政策及规定;行政审批制度改革正在推进;整顿和规范市场经济秩序工作深入开展,市场环境、消费环境有了明显改善。

2001年巴州固定资产投资82亿元,同比增长15%,基础设施建设成效明显,形成了以库尔勒为中心,国、省道干线公路为骨架,县乡公路为支线的公路网络。修建了一大批水利工程,水资源在地区间和季节间的进行合理分配,自然环境得到进一步改善。首府库尔勒市的环卫、供排水、供气、公交等建设力度加大,成为一个开放的、初具规模的功能较齐全的。为新疆乃至大西北所瞩目的戈壁绿洲石油新城。

巴州人民政府共清理各类市场345个,取缔无照经营1863户,立案查处各类违法违规案件6019起,案值12780万元;受理各类举报投诉1012件,督办案件32起,结案31起。捣毁制假窝点105个,查处商品涉及17大类80余个品种。

【重点项目介绍】 2001年,巴州继续加强重点项目的建设,地方安排的重点项目进展顺利,成为拉动地方经济增长的重要因素。在安排的重点项目中,续建(含收尾)项目18项,新开工项目3项,预备新开工项目12项。其中,库尔勒老城区排污工程、库塔干渠续建工程、和静、尉犁国家生态重点县一期工程已完工;和硕"八一"水库除险加固工程、若羌山口电站、巴州急救中心已基本完工,进入收尾阶段。国道218线尉犁—铁干里克段改造工程已建成投运。巴州节水灌溉项目已开工建设,希尼尔水库、焉耆水源地工程、开都河第一分水枢纽北岸干渠进展顺利;焉耆丙纶长丝项目迁址到库尔勒经济技术开发区进行建设,生产车间土建工程已完成80%,设备已经订购。库尔勒城市天然气管道工程已完成主干管线安装51.19公里,庭院管线200公里,完成户内安装近3.5万户,实现供气2.3万户,安装改造锅炉80台,安装壁挂式锅炉1460多户。巴州农村电网改造建设项目、塔中—且末沙漠公路、巴音布鲁克旅游道路工程、库尔勒城市供水工程、库尔勒市新城区西尼尔工业区排污工程等一大批项目正在按计划加紧实施。

【东西对口支援】 2001年,巴州成功举办了知名企业经济合作巴州行和巴州(上海)投资项目洽谈活动。落实了"乌洽会"、河北—巴州、深圳—巴州洽谈会合作项目。库尔勒经济技术开发区建设和招商引资工作进一步加快。利用外资工作取得新进展。共有5个项目列入国家计委利用国外政府贷款项目清单,合计金额2362万美元。"乌洽会"上,巴州签订各类合同、协议167份,总成交金额42.76亿元,其中,合同141份,金额25.19亿元,占总成交额的82.3%。

新疆维吾尔自治区
昌吉回族自治州

【经济与社会发展】 2001年,昌吉回族自治区州(以下简称昌吉州),国内生产总值134.49亿元,同比增长10.1%。其中,第一产业增长2.5%,第二产业增长14.1%,第三产业增长12.5%。地方财政收入6.16亿元,同比增长10.7%。全社会固定资产投资33.47亿元,同比增长15.49%。外贸进出口总额5533.1万美元,其中,出口4078.8万美元,增长23.8%。社会消费品零售总额32.3亿元,同比增长8.5%。农牧民人均纯收入3313元,比上年增加202元。

农业综合生产能力不断提高,农业增加值32.4亿元,同比增长2.8%。调整了农产品生产结构,粮食总产量74.85万吨,下降13.4%;油料3.32万吨,下降46.3%;棉花8.89万吨,下降2.2%;甜菜45.65万吨,增长25.8%。牲畜存栏364.19万头(只),肉类总产11.64万吨。工业总产值94.91亿元,同比增长14.83%。工业产品产量中,原煤572.89万吨,下降16.6%;原油210万吨。随着经济全球化趋势的加快,昌吉州经济与国内外联系更加紧密,已同40多个国家和地区建立了合作关系,大力推广先进的科学技术,使科学技术在经济增长中的贡献率达到42%以上。教育事业得到了优先发展,基础教育、职业教育、成人教育和民族教育进一步加强。昌吉学院进行了合并和改扩建,建设了昌吉州一中、二中教学楼,改建和扩建了民族中小学,各县市进行了中小学危房改造等。

完成了图书馆的扩建项目,积极申报各县市图书馆、文化中心的建设项目。在发掘整理、保护继承民族文化遗产和发展新时期文化方面取得了显著的成绩,创作许多具有民族特色和地域文化艺术作品。各县市积极组织业余文艺演出队,使人民群众业余生活更加丰富多彩。

人口与计划生育工作继续加强,耕地、环境保护工作力度加大。文化、广播电视、体育各项社会事业技术水平有所提高。积极投入资金改善卫生条件和医疗设备。建成了一批人畜饮水工程,利用国债资金正在建设昌吉州血站和昌吉州人民医院急救中心大楼,利用外国政府贷款等手段提高了各级医疗单位的技术装备,完善了配套设施。全州年末总人口150.77万,比上年增加1.44万人。

昌吉州旅游资源独具特色,驰名中外。雄伟秀丽的国家4A级风景区—天山天池就坐落在昌吉州境内,还有始建于汉代的北庭都护府古城遗址、亚洲最大的恐龙化石发掘地、东方最大的硅化木群及鸣沙山、原始胡杨林等高品位的人文和自然景观,开发前景十分广阔。

【投资环境】 昌吉州区位优势突出,基础设施完善。从东西北三面环抱自治区首府乌鲁木齐市,拥有乌拉斯台和亚中商城两个对外通商口岸。州首府昌吉市距乌鲁木齐国际机场18公里,距乌鲁木齐市区36公里,乌昌一级公路将两个市区连为一体。境内亚欧大陆桥、312、216、217三条国道及吐—乌—大高等级公路、乌奎高速公路横贯昌吉州。亚欧光缆从境内通过,新疆最大的电力网覆盖全地区,通讯邮电畅通无阻,城市道路及供排水等配套设施日益完善,功能齐全,具备承接大规模投资能力。建设健全了生产要素市场,加快了资本市场和劳务市场建设,拓宽了投融资渠道。结合农业产业化及城镇化发展进程,促进了劳动力优化组合和合理流动。规范房地产市场,进一步发展技术、信息、产权等市场,大力发展中介组织。从而使各要素市场规范化、高效运作。

确立了农业以畜牧业为主导地位,把畜牧业迅速做大做强的战略性调整,加快了城市经济发展,增强经济竞争能力。实施城市群战略,加快以城市基础设施建设为主的城市建设。进一步扶优扶强主导产业,着力培养新型产业,包括旅游业、文体产业、教育产业、信息产业、会展产业、社区服务业等,为城市经济的快速增长积聚能量。促进了融合经济的发展,本着"资源共享、优势互补、互惠互利、共同发展"的方针,打破地域界限,打破条块分割,积极与周边地区协同合作,提高了整体发展水平。

昌吉州出台了税收优惠政策、土地使用优惠政策、产权交易优惠政策以及简化行政审批手续等一系列优惠政策。中外投资者可以投资国家投资产业指导目录中所允许的所有产业项目,鼓励重点投资农业包括农林牧业综合开发及其产品深加工;基础产业包括水利、能源、交通、通信、环保、供电、供气、给排水等基础设施建设;化学工业包括石油化工、天然气、精细化工、农用化工;采掘业包括有色金属、黑色金属和非金属矿藏的勘探和加工;建筑工业包括新型或节能建筑、装饰材料;新型产业包括新材料、生物工程技术、节约能源开发技术、资源再生及综合利用技术;环保旅游产业及科教文体卫生娱乐、咨询等行业。

基础设施和重点项目建设进展顺利,产业结构调整成效显著,投资结构明显改善。开展了全方位、多层次的经济联合与协作,招商引资项目已成为昌吉州国民经济和社会发展的重要增长点。积极推进"科教兴昌"战略,科技进步成为拉动经济增长的主要因素之一。

【重点项目介绍】 农业方面有:昌吉州棉花基地建设、利用日本协力基金贷款的昌吉州节水灌溉工程、自治州环准噶尔东南缘生态环境保护与综合治理的三北四期防护林工程、玛纳斯县石门子水库、玛纳斯县新户坪水库除险加固、吉木萨尔县东大龙口水库、木垒县英格堡水库、奇台县开垦河灌区改造、呼图壁河灌区改造、八县市农村饮水工程。

工交能源商贸方面:新天国际葡萄酒业有限公司30000吨/年葡萄酒项目、新疆大天池食品有限公司鲜奶处理装置、屯河微滴灌节水农用产品生产线、昌吉州农村电网改造二期工程、昌吉市集中供热二期工程、昌吉市天然气管道工程、昌吉市污水处理工程、昌吉市城市垃圾无害化处理工程、吉木萨尔县城排水改扩建工程、米泉通汇市场、奇台县国家粮食储备库。文教卫生旅游方面:昌吉州中小学危房改造工程、昌吉州一中综合教学楼、昌吉州人民医院外科急诊大楼、昌吉州医疗系统引进西门子设备、天山天池风景区建设一、二期工程。

【东西对口支援】 昌吉州积极开展同沿海先进省份的交流合作,派遣干部学习锻炼。开展全方位、多层次的经济联合与协作,通过一系列优惠政策招商引资,新天国际、啤酒花股份、广汇集团等一批具有实力的企业集团在昌吉州投资办厂。已有十余家区内外上市公司落户昌吉州,外资在固定资产投资中所占比重日益增大,招商引资项目已成为自治州国民经济发展的重要增长点。经济技术协作与交流不断扩大。以"屯河"、"特变"为代表的企业集团本着贸易主体多元化、贸易方式多样化和贸易手段现代化的方针,巩固传统市场,进军新兴市场积极与疆内外企业协作开拓国际市场。

新疆维吾尔自治区
博尔塔拉蒙古自治州

【经济与社会发展】 2001年,博尔塔拉蒙古自治州(以下简称博州)实现国内生产总值24.55亿元,比上年增长9.4%,其中,第一产业增长2%;第二产业增长20.1%;第三产业增长11.7%,第一、二、三产业增加值占国内生产总值的比重为39.7%、24%和36.4%。财政收入2.14亿元,同比增长13%,其中地方财政收入1.43亿元,财政支出4.51亿元。社会消费品零售总额9.11亿元,同比增长12.8%。

农林牧渔业总产值11.79亿元,同比增长7.1%。农业种植业结构进一步优化,棉花、甜菜生产增加,粮食、油料减少。全年棉花产量4.89万吨,同比增长8.2%;粮食16.98万吨,同比增长6.9%;油料2.42万吨,甜菜14.51万吨。

工业总产值12.59亿元,同比增长14.6%。外贸进出口总额1.56亿美元,同比增长41.6%,其中出口总额700万美元,进口总额1.49亿美元。招商引资成交额16.3亿人民币,其中对外贸易合同7个,成交额6800万美元,外经合同2个,成交额3.68亿元。博州现有对外经贸企业80家,有边境小额贸易专营权和国际货代权企业1家。完成国际货运代理88万吨,盈利216万元。有外资企业3家(外方均为香港企业),实际利用外资63.4万美元。

博州年末总人口41.58万,年底在岗职工88296人,比上年增长1%。地方城镇私营和个体从业人员24488人,增长5.3%;各类职业介绍机构3家,全年安置城镇就业人员3025人;通过实施再就业工程,下岗职工再就业率54%;年末实有登记失业人数1374人,城镇登记失业率3.1%,同比降低0.6个百分点。

2001年,农牧民人均纯收入2932元,同比增长4%;在岗职工工资总额6.94亿元,同比增长22.6%;在岗职工平均货币工资7670元,同比增长21.1%。年末城镇居民人均居住面积12.74平方米,增长0.8%;农村居民人均居住面积16.03平方米,增长30.86%。

公路货运周转量4.66亿吨公里,旅客周转量3.93亿人公里。邮电业务量1.16亿元,新增电话用户9825户,年末电话用户73459

户，电话传输光缆237公里。计算机互联网络初具规模，形成了电话、电报、无线寻呼、无线接入电话、传真等快速便捷的信息传递网。

社会保障和福利事业取得新进展。全年有2.4万职工参加失业保险，同比增长23.1%；有1.46万职工参加养老保险，同比增长14%；有2407名离退休人员参加了养老保险，有3.8万职工参加了基本医疗保险，其中有2.67万人参加了团体补充医疗保险。城镇社会服务网络有较大发展，已建立起各种城镇社区服务设施4处。最低生活保障救济人数4373人，同比增长2.2倍；国家抚恤、补助各类优抚对象6793人。有各类社会福利院15个，床位231张，收养人数162人。社会销售福利彩票220万元，同比增长2.4倍；筹集社会福利资金22万元，同比增长1.3倍；接受社会捐赠55.8万元，同比增长4.1%。

科教文卫事业稳定发展。地方各类专业技术人员1230人，从事科研活动人员180人，全年用于科技项目的社会投资1.1亿元。科研成果不断涌现，全年已登记的自治州重大科技进步成果奖14项，自治区重大科技进步奖2项。受理专利6项，授权专利4项。组织实施区级以上"星火"计划6项，组织实施"科技兴新"项目1项，申请成功并实施国家级"农业科技成果转化基金"项目1项，区级"中小企业技术创新基金"项目2项。认定民营科技企业14家。

有中等专业在校学生1299人，同比下降1.37%；职业中学在校学生597人，同比下降21.9%。普通高中在校学生7114人，普通中学在校学生24384人，小学在校学生53480人。学龄儿童入学率达99.9%，幼儿园在园幼儿8319人。

有艺术表演团体2个，乡镇文化站17个，村级文化室306个，文化馆3个，公共图书馆4个，博物馆1个，档案馆5个，已开放各类档案2176卷。一千瓦以上电视发射台和转播台2座。广播人口覆盖率90%，电视人口覆盖率88%。有线电视用户2.38万户。出版各种报纸101.9万份。

共有卫生机构53个，其中医院和卫生院32个，卫生防疫、防治机构6个，妇幼卫生机构4个。拥有病床1627张，专业卫生技术人员2395人，其中医生871人，护师、护士690人。在卫生技术人员中，少数民族858人，占总数的35.82%。乡镇卫生院10个，乡村医生和卫生员283人，乡村有医疗点的村占总村数的91.22%。运动健儿在自治区第九届运动会中，共获得3枚金牌、3枚银牌、4枚铜牌。在自治区青少年年度比赛中，共获得6枚金牌、6枚银牌、6枚铜牌。

【投资环境】 博州修订并颁布了《关于投资合作发展经济的优惠办法》共23条，鼓励国内外各类经济组织、科技机构、企业及个人以资金、技术、设备等方式投资合作，来博州兴办各类实体。还出台了《关于积极鼓励促进个体私营经济发展的若干规定》，增强了对国内外人才、资金、技术和项目的吸引力。博乐市修编出台了《博乐市边境经济合作区招商引资优惠政策》，组建了专门的招商引资机构，"一站式"和"联合办公的社区综合服务中心"，强化了服务功能。

阿拉山口口岸经过十一年的建设，总投资达7.33亿元。口岸基础设施覆盖面积8.1平方公里，绿化面积1平方公里，建筑物建筑面积46.5万平方米，仓储库1500亩，常住人口8700人。过货量509.1万吨，占新疆16个口岸总过货量的88%，居全国同类口岸第二位。口岸完成财政收入1987万元，完成招商引资738万元。口岸注册的私营企业166家，注册资金10565万元，注册的个体工商户439家。口岸实现进出口贸易额10亿美元，已突破单一的通关功能，向多功能方向发展。

博乐市边境经济合作区2001年合作区招商引资扩建、新建项目27个，总投资4606.7万元。合作区现有国有企业10户，工商企业17户，私营企业7户，个体工商户200户。

【重点项目介绍】 2001年，博州有12项重点项目开工建设，完成投资额3.24亿元。精河县下天吉水库一期续建工程,坝体填筑到 632 米高程,实现截流,完成投资 3187 万元。阿拉山口环保绿化工程,完成基干防风林 481 亩,城区绿化 137.6 亩,完成投资 284 万元。精河县国家重点地区生态建设一期工程,完成滴灌安装 2000 亩,实验性植树 205 亩,人工种植甘草 115 亩,完成投资 317 万元。博州冷水鱼繁育基地工程,完成配套设施建设,完成投资 385 万元。农村电网建设与改造工程,完成抄表到户 21290 户,完成总户数的 80%,完成投资 3392 万元。博兰水泥厂技改项目,完成投资 1953 万元。精河天润棉纺织技改工程,完成投资 1950 万元。精河县大河沿子镇小城镇经济综合开发工程,完成投资 505 万元。移动和联通公司 GSM 移动通讯网工程,建成“三环一链”的光纤网络,完成投资 980 万元。交通基础设施建设,完成投资 2258 万元,实施的城市基础设施项目有城市公园 2 个,广场建设 3 座,完成总投资 1269.6 万元,城市道路完成“一纵六横”的改造工程,完成投资 1760 万元。

【东西对口支援】 自 1999 年湖北省委、省政府精心选拔 20 名湖北优秀干部开展援博工作以来,到 2001 年的三年中,湖北、博州两地共达成各类经济合作项目 20 个,从湖北引进固定资产投资 1000 万元,吸引流动资金 3000 万元,湖北省投资 230 万元的精河县脱绒厂已投入运转,生产短绒 240 吨。博州有 600 吨棉花和 2000 吨玉米进入湖北市场,有 50 家湖北籍商人开办的企业落户阿拉山口口岸,从事进出口贸易,湖北为博州的医疗卫生和教育事业捐款赠物 160 万元。

新疆维吾尔自治区
伊犁哈萨克自治州

【经济与社会发展】 2001 年,伊犁哈萨克自治州(以下简称伊犁州)国内生产总值 220.01 亿元,比上年增长 7.7%,其中,第一产业增长 3.8%;第二产业增长 8.9%;第三产业增长 11.1%。第一、二、三产业增加值占国内生产总值的比重为 35.7:30.2:34.1。

种植业结构进一步优化,实现农业增加值 74.48 亿元,同比增长 5.9%;粮食产量 172 万吨,油料 19.62 万吨,棉花 9.43 万吨,甜菜 189.5 万吨,年末牲畜存栏 1387.59 万头(只),肉类总产 28.99 万吨,牛奶 39.53 万吨,绵羊毛 2.58 万吨,水产品 1.5 万吨,禽蛋 7 万吨,乡镇企业实现增加值 24.06 亿元,同比增长 12.19%,实现利润 6.27 亿元。

工业生产稳步发展,结构调整步伐加快。实现工业增加值 24.58 亿元,同比增长 8.2%。主要工业产品中,发电量 14.33 亿千瓦小时,原煤 344.15 万吨,水泥 122.47 万吨,黄金 2541 千克,机制糖 17.68 万吨。

完成固定资产投资 55.62 亿元,同比增长 30.3%,其中更新改造投资 8.62 亿元,增长 23.85%;基本建设投资 28.23 亿元,增长 30.1%;房地产投资 6.85 亿元,增长 87.67%。

对外开放继续扩大,各口岸总过货量 49.85 万吨,新增合资项目 9 个,投资总额 2984 万美元。完成对外贸易进出口总额 3.26 亿美元,同比增长 13.9%,其中进口 2.61 亿美元,出口 6500 万美元;边民互市贸易出口额 90557 万元(约合 10937 万美元);旅游购物出境商品货值 5.41 亿元;接待游客 223.03 万人次、旅游收入 3.68 亿元。

社会消费品零售总额 62.9 亿元,同比增长 10.6%。地方财政收入 9.72 亿元,财政支出 35.54 亿元,分别增长 13.2% 和 38.98%。城市居民人均可支配收入 5638 元,城市居民人均消费性支出 4335 元,农牧民人均纯收入 2520 元,在岗职工平均货币工资 9144 元。财产保险收入 0.89 亿元,人身保险收入 3.33 亿元,保险费业务总收入 4.44 亿元。

各项社会事业全面发展,现有卫星地面接收站 280 个,有线电视网覆盖 24 个县(市),广播人口覆盖率 88%,电视人口覆盖率 89.9%,制作专题节目 475 部(集),译制哈语影视剧 275 集。现有各民族文字的报刊、杂志社 35 家,其中一家哈萨克文出版社,一家哈萨克文字的青少年报社。现有艺术表演团体26个，文化馆27个，公共图书馆23个。有卫生机构471个，拥有病床13450张，专业卫生技术人员18992人。“两基”教育加快，义务教育工程、中小学危房改造工程进展顺利。民族学生中适龄儿童入学率98.2%，小学毕业升学率91.2%，小学在校生43.08万人，中学在校生18.36万人，普通中等专业学校在校生1.04万人，普通高校在校生0.47万人。各类学校已用哈、汉、维、蒙古、锡伯、柯尔克孜、俄罗斯等7种语言文字进行教学。共安排自治区级科技计划项目17项，申请专利7项，批准专利1项。

【投资环境】　伊犁州交通便利，北疆铁路在伊犁州境内长约200公里。伊宁机场、塔城机场、阿勒泰机场和富蕴机场与乌鲁木齐机场航线相通。公路通车里程2.6万公里，已形成以奎屯为枢纽的大十字骨架和以伊宁市、布尔津、北屯、额敏为中心的干支衔接的交通网络。伊犁州214个乡镇，已全部开通班车。

邮电通讯实现数字传输和光缆卫星通讯，年末电话用户45万户，移动电话6万户。计算机互联网络已初具规模，形成了电话、电报、无线寻呼、传真等快速便捷的信息传递媒体网。

伊犁州境内有8个口岸相继开放，已初步形成了以口岸开放为依托，东联西出向周边国家和内地省区梯次推进，一般贸易、小额贸易、互市贸易、购物贸易、外资和外经“六个轮子”一齐转，多层次、多领域的贸易格局。

【重点项目介绍】　伊犁州130万吨林纸一体化项目。伊犁河谷可开发土地面积大，通过种植300万亩速生杨，每年采伐60万亩，年产木材480万立方米。建设130万吨商品纸浆厂，建成林纸一体化新兴产业，项目总投资69亿元。

精—伊—霍铁路。该铁路东接北疆铁路精河东部，贯穿伊犁州首府伊宁市，到达西北最大的公路口岸—霍尔果斯口岸。铁路全长302公里，其中精伊段221公里，总投资38亿元。

塔城盆地生态环境综合治理工程。项目区治理总面积569万亩，其中塔城184.5万亩，额敏153.5万亩，裕民84.5万亩，托里146.5万亩，项目总投资24.5亿元。

阿勒泰地区沙漠化治理工程。总规模545万亩，其中飞播造林种草50万亩、灌溉育林育草30万亩、人工防护林、固沙林、经济林、薪炭林50万亩。开荒造田50万亩，低产田改造30万亩，项目总投资11.3亿元。

乌苏市准噶尔西南缘防风治沙生态林建设项目。项目总面积850.5万亩，总投资13.46亿元。

布尔津西水东调工程。山口水库库容3.99亿立方米，坝高118米，装机16万千瓦，调水渠长116公里，流量70立方米/秒，该项目总投资16.76亿元。

阿勒泰地区乌伦古河、额尔齐斯河天然林保护工程。额尔齐斯河、乌伦古河流域林地、疏林地、灌木林封育保护55233公顷，宜林地封育造林59290公顷，退耕还林1000公顷，项目总投资7.15亿元。

伊犁州40万头优质牛基地建设。用五年时间完成规模20万头奶牛，年出栏20万头优质肉牛基地建设，总投资1.2亿元。伊犁州300万只细毛羊基地建设。通过改良发展，使新疆细毛羊由目前的185.1万只发展到300万只，项目总投资5665万元。

那拉提旅游风景区。建设地点位于新源县，总投资1358万元。恰西自然旅游风景区，建设地点位于巩留县，总投资2809万元。伊犁河谷旅游风景区。旅游区建设地点位于伊宁市南郊，占地9平方公里，总投资1.38亿元。伊犁林则徐旅游风景区。分为5个景区11个景点，总投资1.8亿元。

果品蔬菜保鲜库建设项目。在伊犁州有关县市建设总库存量3万吨的果品蔬菜保鲜库，项目总投资2.5亿元。

伊犁农业产品中心批发市场。该项目位于伊宁市东北部，项目包括水果蔬菜粮油批发市场和活畜交易市场两部分,建设规模为118180平方米,项目总投资1.52亿元。

伊犁州10万亩药材种植基地建设。在新源县、霍城县、伊宁县等地开发种植中药材10万亩,项目总投资5000万元。伊犁河鲟鱼繁育基地。建设规模为占地788亩,项目总投资4391万元。

伊犁"独风流"野生果品饮料生产项目扩建。使设计生产能力从年产1000吨,扩大到5万吨,最终达到10万吨系列饮料规模。天山马鹿茸血保健品开发。年产3吨鹿茸分级切片和2000吨鹿茸血保健酒系列产品,项目总投资800万元。

【东西对口支援】　伊犁州通过内联外引招商引资取得了丰硕成果。利用资源优势和西部大开发提供的商机,开展多种形势的横向经济联合与协作。同江苏常州市结成友好城市,为伊犁州培养了一批专业技术人才,填补当地技术空白14项,同国内区内大企业签订经济技术协作合同260个,金额38.64亿元;执行合同256个,金额23.43亿元;招商引资金额39亿元,到位22.5亿元。引进资金6.19亿元,引进人才271人次,培养各类技术人员149人。利用外资项目46个,合同投资总额15738.7万美元,合同利用外资额5822.1万美元,实际利用外资1339.2万美元。

重点市县篇

重庆市渝北区

【经济与社会发展】 2001年，重庆市渝北区实现国内生产总值48.64亿元，同比增长11.3%(含重庆北部新区，下同)。其中第一产业增加值减少4.9%；第二产业增长16.1%；第三产业增长16.7%。经济结构逐步优化，一、二、三产业的结构比重为19:49:32。人均国内生产总值6039元，同比增长10.4%，社会劳动生产率10118元，同比增长13.4%。

全区农林牧渔业总产值(现价)12.9亿元，同比下降6.3%。粮食播种面积受种植结构调整、经济开发建设用地等因素影响比上年减少7.22万亩，粮食总产量24.4万吨，减产27.2%。新增造林面积2.5万亩，全区乡镇企业增加值13.1亿元，同比增长25.2%。

全区工业生产快速发展，全部工业增加值完成13.59亿元，同比增长18.2%。规模以上(国有及年产品销售收入500万元以上的非国有工业，下同)工业增加值7.83亿元，增长54.1%，工业经济效益综合指数100.2%，同比提高15.2个百分点。产品销售收入28.43亿元，利润总额12719万元，利税总额24463万元，分别增长28.6%、2.3倍、94.4%。

全社会固定资产投资完成61.51亿元，同比增长37.3%。其中基本建设投资17.09亿元，增长14.1%；更新改造投资3.44亿元，增长11倍；房地产投资23.4亿元，增长74.6%。高速公路、铁路、电力、电信等跨区重点项目在渝北区完成投资10.34亿元，增长16.7%。交通运输部门货物周转量38643万吨公里，增长6.4%，旅客周转量19.68亿人公里，增长7.6%。空港旅客吞吐量319.3万人，增长14.8%。全年邮电业务总量27572万元，增长70.9%。

全年社会消费品零售总额11.82亿元，增长11.9%，批发零售贸易业零售额增长15%，餐饮业零售额增长23.8%。居民消费价格总指标100.7，商品零售价格总指数101.7。

全年地方预算内财政收入35980万元，同比增长18.4%，预算内财政支出46293万元，增长20.9%。连续17年实现财政收支平衡。年末金融机构存款余额72.24亿元，比年初增长17.3%；贷款余额45.45亿元，比年初增长21.4%。保险事业开办险种42种，保险金额32.41亿元，增长4.1%，保费收入5947万元，增长14.7%。

渝北区2001年教育工作再次荣获“全国‘两基’工作先进地区”称号，并被确定为全国教育改革实验区，高考、成教、职教再创佳绩，渝北中学、渝北实验小学、渝北职教中心成为重庆市的重点学校，为普通高校和中专(中师)输送合格新生1748人，比上年净增456人，高教自考6961人次，373人获大专及本科文凭，比上年增加254人。

科技事业取得新进展。组织实施各类科技项目52个，民营科技企业技工贸收入1亿元。全年科技三项费达到293万元，增长22.08%，全年登记技术合同32项，合同成交金额791万元。

文化体育及广播电视事业健康发展。新增7个乡镇有线电视光纤联网，新发展农村有线电视77个村，全区广播人口覆盖率97%，电视覆盖率97%。2001年度符合政策生育率、人口出生率、自然增长率分别为95.54%、7.33‰、1.35‰。卫生改革步伐加快，深化了医院内部运行机制和药品管理体制改革，进一步完善了卫生防保体系。

生态环境治理建设全面推进。完成生态环境建设投资372万元，完成了水土保持生态示范园一期工程，有三个项目被纳入国家三峡库区水污染防治规划。

人民生活水平继续改善。2001年，全区城镇居民人均可支配收入6491元，同比增长13%。农民人均年纯收入2479元，增长3.1%。城乡居民年末储蓄存款余额47.54亿元，比年初增长23.3%。城镇居民人均居住面积18平方米。

积极开展“小城镇建设年”活动，新建小城

镇面积8.8万平方米,新增城镇人口8300多人,建成居民新村2个。全区乡镇场镇基本实现"净化、绿化、美化、亮化"目标。

【投资环境】 重庆市渝北区是1994年12月17日经国务院批准,在撤销原江北县建制基础上设立的新区。位于长江北岸与嘉陵江东岸,属重庆近郊区,部分区域在重庆主城区范围。面积1452.03平方公里。人口80.83万人,其中农业人口61.26万人,非农业人口19.57万人。渝北区区位优势突出,有"山城北大门"之称,区政府驻两路镇,距重庆主城区21公里,有210高等级公路直达。两路镇已初步发展成为集商贸、旅游、住宅为一体的卫生城、花园城、旅游城、文化城。

渝北区交通优势明显。重庆江北国际机场坐落境内,是重庆对外开放的"空中门户";国道210、212、319三条高等级公路和正在建设的渝怀铁路、渝邻高速路、渝黔高速路及待建的渝遂铁路在渝北区交汇,由两路直接通往主城区的城市主干道—金开大道即将竣工投入使用;规划的西南最大火车编组站位于境内,与长江寸滩集装箱码头、鱼嘴深水港紧邻。基本形成了陆运、水运、空运的立体交通网络,是重庆市的交通通信枢纽地区。

渝北区基础设施较为完善。区内有22万伏变电站3座,11万伏变电站5座;两路镇现有日供水能力7万吨的仁睦水厂,并正在建设引重庆梁沱水厂10万吨/日的供水工程;有日处理能力3.4万吨的城南、城北污水处理厂,日处理能力120吨的沙坪观山垃圾处理场;川东气田的天然气大部分从渝北输往重庆主城区和成都;重庆第二长途电信枢纽工程已经竣工,重庆汽车邮件转运中心即将投入使用,全区电话装机总容量10万门,2001年固定电话普及率11.5%,通电话行政村达98.8%。

渝北区投资软环境优越。制定并实施了一系列促进区域经济发展、推动西部大开发、吸引和鼓励客商投资的优惠政策。逐步形成"服务就是投资环境"的观念,全面实施发展环境综合整治工作,渝北区行政服务中心将于2002年5月正式成立并投入运行,形成"一门式"办公,落户渝北的投资者办理各种审批手续将更加方便、快捷。为加快与国际经济接轨,清理、废除了一批不适应形势发展要求的政策及法规。对行政审批制度进行了改革,对限额以下、不需要政府平衡资金且符合国家产业发展政策的一般竞争性项目取消了立项审批,改为项目备案登记制。基本形成了环境优美、设施配套、生活舒适、投资放心、办事高效、服务周到的投资软环境。

【重点项目介绍】 积极做好渝怀铁路、江北机场二期扩建工程、渝邻高速公路等国家级和重庆市在渝北区境内的重点建设项目的协调、服务工作。"一小时渝北"骨干公路网络正加紧建设,重点景区、景点的基础设施逐步完善;正式启动从重庆梁沱水厂引水至两路的供水工程、渝北广场和木鱼石公园;完成了渝北电影院改建和渝北行政中心主体工程;农村电网改造一期工程通过市里验收,完成了保护母亲河小流域治理和水土保持生态示范园一期工程,两路镇城北污水处理场、农业园区污水处理场及洛碛污水处理场等三个计划总投资2.6亿元的环保项目被纳入国家三峡库区水污染防治规划。

重庆市万州区

【经济与社会发展】 2001年,万州区国内生产总值完成73.2亿元,同比增长11.2%,其中,第一产业下降0.5%、第二产业增长15.3%、第三产业增长11.6%。

农业结构调整加快,农村经济平稳发展。2001年由于遭受历史上罕见的旱灾,全年粮食产量41.27万吨,比上年减产25.5%,第一产业增加值(不变价)减少579万元,得益于农业结构调整,农民人均纯收入增加了3.5%。油料总产量增长3.6%,生猪出栏增长5.4%,牛出栏增长6.5%,羊出栏增长11.8%。农业产业化经营发展加快,已建立各类农业产业化经营组织486个。粮油、林业、畜牧等七大产业化经营项目顺利实施。乡镇企业稳步发展，完成增加值11.7亿元，实现利润1.2亿元，入库税金1.1亿元，分别增长12.1%、10%和8%。

工业经济快速增长，全区规模以上工业企业完成总产值（不变价）25.3亿元，增长22.4%。企业改革稳步推进，关闭破产淹没工矿企业117户，盘活闲置资产4.1亿元。工业经济效益大幅提高，工业经济效益综合指数达到93，与上年同口径比较提高8.7个百分点。规模以上工业企业利税总额2.8亿元，同比增长22.6%，盈亏相抵后实现净利润8840万元。重点企业支撑作用进一步显现，重点工业企业实现不变价产值13.8亿元，占全区规模以上工业总产值的54.6%；实现利税2.2亿元，占规模以上工业企业利税总额的76.2 %。12户重点企业户户赢利，经济效益综合指数达到118。高新技术产业有了新的发展，进入国家“双高一优”导向性计划项目6项，列入重庆市重点技术创新项目14项。

商贸流通日趋活跃，财政金融平稳运行。主城中心商务区、组团次中心商务区、重点小城镇商贸区的梯次商贸发展格局初步形成。全社会消费品零售总额28.2亿元，同比增长10.6%。由于受国际形势的影响，1月—11月外贸出口总额1637万美元，下降37.8%。居民消费价格指数同比提高0.1个百分点。完成地方财政收入5.07亿元，同比增长15.7%；全年地方财政支出11.05亿元，同比增长30.9%。金融机构各项存款余额109.7亿元，比年初增长11.4%；各项贷款余额近80亿元，比年初增长5.2%。

移民工程进展顺利，完成移民投资11.2亿元，建成城乡房屋110.7万平方米，搬迁城乡人口23920人，建成城镇道路4.3公里，大中型桥梁2座1629.8米，复建专项公路12.9公里，开工复建7个城镇港口码头作业区、10个泊位。

固定资产投资力度继续加大，重点项目积极推进。2001年，全区全社会固定资产投资完成51亿元，同比增长23.3%。

生态建设取得新进展，环境质量进一步提高。新增和恢复蓄引提水能力24.6万方，治理水土流失50平方公里，成片造林9.11万亩，新修乡村公路93公里。明镜滩、申明坝污水处理厂，长岭垃圾处理场如期开工。加大地质灾害的治理工作，积极推进地质灾害项目的前期工作，通过评审的11个项目，总投资2.76亿元，已下达投资计划的项目5个，投资7625万元。工业企业继续巩固“一控双达标”成果，工业废水处理率、工业废气处理率、工业固体废物综合治理率达到75%、87%、66%，分别提高了12.5、18.5、1.1个百分点。

围绕移民、企业技术创新、产业结构调整，实施了66项重点科技项目，有2项获得重庆市人民政府科技进步奖，有10项获得万州区人民政府科技进步奖。教育事业进一步发展，适龄儿童入学率100 %，初中入学率95.6%，高中入学率60.5%，普通高校招生7873人。广播电视实现村村通，卫生、体育、新闻出版事业快速发展。计划生育工作进一步加强，稳定低生育水平顺利实现，计划生育率为93.6 %，人口自然增长率控制在4.5‰以内。社会保障体系不断健全，参加基本养老保险参统单位1035户，基本养老保险职工9436人，参加离退休费统筹32907人，实现再就业4155人，城镇登记失业率为4.2 %。城镇居民人均可支配收入5757元，增长10.5%；农民人均纯收入1708元，增长3.5%。

虽然万州经济社会实现了较快发展，但是，经济社会发展仍然存在经济总量偏小，财政实力较弱，企业核心竞争力不强，农业抗灾能力较差，移民搬迁矛盾突出，城镇就业压力大等问题。

【重点项目介绍】 重点项目涉及交通、生态、环保、市政建设等方面，计划投资22亿元。达万铁路全线贯通，万州大桥、万安大桥顺利通车，农网改造基本完成计划任务。在建项目完成年度投资计划的106.7%。万梁高速公路完成路基（包括桥梁、隧道）工程建设总量、投资都超过计划目标；万州机场挖填方全部完成,场平基本结束;甘宁水库主体工程基本完成,水库蓄水、电站发电、水厂一期完工、管网连通、正式供水;驷马桥工程坝后回填土10万立方米,强夯完成38万立方米;大灌区工程全面完成建设任务;红溪沟港区二期工程港区拆迁完成、散货泊位正式动工建设;城市供水系统工程和红花地作业区工程进展顺利。新开工项目中,长江二桥、鞍子坝港区、污水处理、滨江路工程、青龙瀑布基础设施、江南防洪护堤、大滩口水库四通一平工程已经开工。

重点技术改造项目进展顺利。鱼泉榨菜2万吨精品榨菜、太白酒厂酿酒车间和制曲车间已竣工投产;索特集团2万吨离子膜烧碱技改项目已开工建设;万兴烟叶30万担打叶复烤线、三牧集团兽药生产GMP达标项目预计2002年初竣工。

【投资环境】 万州区城市基础设施完善。万州港是长江十大港口之一,国家二类水运口岸,年吞吐量1500万吨;公路以国道318线和省道万忠、万开、万云线为主干,区内公路通车1200公里,年货运量900万吨;4C级万州机场2003年即可建成通航;万州至达州铁路已建成通车,万州至宜昌铁路2002年开工建设,将成为西北西南地区到东南沿海的最佳通道;全区现有国家与地方相互协调的三级输变电网和城市供电网络;城市自来水供水能力18万吨,年供水量2000万吨,天然气普及率65%;全区实现城乡电话程控化、移动通讯覆盖全区;万州设立万县海关,并建立了相应的商检和动植物检疫机构。

万州区结合本地实际制订了比较完善的对外开放政策和地方性法规,出台了税收、土地、移民多方面的配套服务政策措施,建立了较为完善的招商引资工作制度,提高了服务质量,优化了投资环境。

重庆市巫山县

【经济与社会发展】 2001年,巫山县国民经济快速增长,实现国内生产总值134575万元,同比增长9.2%;三次产业结构为34.8:22.6:42.6;完成固定资产投资88296万元,同比增长26.2%;社会消费品零售总额52664万元,同比增长8.5%;地方一般预算收入5767万元,同比增长11.4%;农民人均纯收入1322元,增长4.8%;城镇居民人均可支配收入5186元,增长13%。

农村经济持续发展。实现农业总产值72443万元,增长2.4%,粮食产量22.52万吨,粮油优质率比上年提高10.5个百分点,优质瘦肉型猪出栏率提高12个百分点,烤烟按"公司+农户"的形式发展到4万多亩,使农民直接增收1000多万元。庙宇镇节水农业及农业综合开发初具规模。

旅游经济大幅度增长。小三峡全年接待国内外游客67.5万人,同比增长39.2%,实现旅游综合收入2.36亿元。全年对口支援和经济技术协作项目96个,到位资金13015.42万元,有力地支持了移民和地方经济的发展。

移民工作整体推进。完成移民投资64740万元,移民外迁2477户10276人,2001年6月28日县委、人大、县政府、政协和78个移民迁建部门、部分居民迁至新城办公或居住,搬迁企业32家,8户淹没企业列入国家关闭破产计划,18个崩滑体、20段库岸地质灾害防治项目列入国家规划。

社会事业成绩显著。全年推广科技成果30项;"两基"教育荣获重庆市政府成就奖;人口自然增长率控制在5.6‰以内;广播、电视覆盖率分别达到85%和90%。

【投资环境】 巫山县地处三峡库区腹心,渝东门户,长江自西向东将全县分为南北两片,幅员面积2957平方公里。全县辖48个乡镇,567个村,人口58.45万,其中农业人口53.25万。境内资源丰富。已探明储量的矿藏有15种,煤、铁、锰等矿产资源储藏丰富,极具开发潜力。农副土特产品烤烟、蚕桑、党参、魔芋等享有盛誉。

旅游资源得天独厚。巫峡、全国"AAAA"景区小三峡和以神女峰为代表的"三台八景十二峰”等自然景观驰名中外。文化资源独具特色,204万年前的龙骨坡“巫山人”、“大溪文化”等历史源远流长。

伴随西部大开发、三峡大移民,巫山县公路、水利、通讯建设齐头并进。2001年,完成“八小时重庆”巫山段工程,巫山长江公路大桥引道建成,主桥工程开始建设;巫山长江大桥建成后,使长江天堑变通途,极大地改善巫山交通长期落后的状况,建成后的巫山长江大桥将成为三峡的新景观;农网改造完成投资9300万元,新增、改造高低压线路3077公里,装机容量已达3万千瓦,城乡用电基本得到保障;新县城供水工程、官阳场镇人畜饮水和官渡场镇人饮工程竣工,城镇日供水能力达到5万吨;新城日处理污水能力2万吨的污水处理厂和180吨的垃圾处理厂开工建设;固定电话达到3.24万户,移动电话1.8万户;长江船舶上通重庆、下至上海;公路经东西南北出境通向全国各地。“网上政府”与信息高速公路即将建成,微波与光缆覆盖全境,通讯信息全面实现程控化和移动化。

按照“政府创造环境,人民创造财富”的理念,加大投资软环境的整治力度,成立了治理软环境办公室,清理、废止和停止执行有碍软环境的地方性政策和规章,取消了不合理收费,破除了一批行政性和行业性垄断,减少了项目的审批程序和手续,出台了引进人才、招商引资等优惠政策,完善了“政务公开”、“办事限时”、“一站式服务”等制度,加之西部大开发、三峡大移民、国家新一轮重点扶持县、对口支援等优惠政策,巫山县正逐步成为三峡库区乃至西部地区投资环境最优的县之一。

【重点项目介绍】 巫山长江公路大桥。位于著名风景区长江三峡之一的巫峡峡口,设计桥长612米,主孔跨径460米,是国内单跨最长的特大型桥梁。桥面净宽19米,桥面高程251.5米,桥型采用钢管砼中承式拱桥,引道全长9.5公里。工程概算总投资1.96亿元。工程于2001年动工建设,现已完成大桥引道工程、拱座开挖、扣吊系统安装,并开始主拱钢结构制造,预计将于2003年竣工投入使用。

农村电网改造工程。设计规模为新建35KV变电站3座,新建与改造35KV输电线路3条共48.4公里,新建改造10KV线路492.44公里,新建改造0.4KV及以下线路2260.85公里,新建更换配电变压器777台,总容量37.03MVA。调度通讯自动化(含用电管理)1套。概算总投资9150万元,其中国债资金1830万元,农业银行贷款7320万元。工程已经完工。投资5000万元的二期工程即将动工建设。农村电网改造工程建成后,将提高全县农村供电质量,降低用电价格,减轻农民负担,启动农村消费。

新县城污水处理厂及管网工程。设计规模为日处理污水2万吨,估算总投资9316.56万元。已完成土地征用、拆迁房屋、回填土方、明沟开挖等,预计工程可于2003年3月竣工投入使用,届时巫山新县城的生活污水可经过处理后达标排放,减轻对长江中下游的环境污染。

新县城垃圾卫生填埋场工程。总投资7753万元,设计生产能力为日处理垃圾180立方米。项目前期工作基本完成,即将正式动工建设。

大昌至平河旅游专用公路工程。设计路面宽度8.5米,行车宽度7米。总投资3003万元,其中国债资金1100万元,其余1903万元由地方自筹解决。已完成工程量的70%。项目建成后,将改善巫山小三峡、马渡河小小三峡环形漂游热线的交通状况,促进巫山旅游业的快速发展。

天然林资源保护工程。1998年至2001年共安排国债资金955.2万元(总投资1134万元,其余178.8万元为地方自筹),完成天然林保护18.65万亩,其中植苗造林5.12万亩,封山育林13.51万亩,苗圃280亩。有效保护了生态环境,减少水土流失。

退耕还林还草工程。规划2001至2010年退耕还林还草79.89万亩,其中25度以上坡耕地38万亩,荒山荒地41.89万亩。总投资82492.11万元。上级已下达退耕还林计划8.85万亩,其中坡耕地退耕4万亩,荒山4.85万亩。国家投资1362.5万元,市县投资120万元。已完成4.7万亩,其中退耕1.7万亩,荒山3万亩。

四川省双流县

【经济与社会发展】 2001年,双流县连续6年位居全省县级经济综合实力评价“十强”县榜首,2001年全县实现国内生产总值112.8亿元,同比增长13.6%,其中第一产业增长4.5%;第二产业和第三产业分别增长14.8%。一、二、三产业增加值占国内生产总值的比重分别为10.6:52.5:36.9,人均国内生产总值13070元。财政收入7.36亿元。乡镇企业完成增加值48.88亿元,增长14.4%。全年粮食总产量29.57万吨,增长24.4%,蔬菜总产量46.26万吨,肉类总产量4.29万吨,增长5.7%,其他农副产品生产基本稳定。都市农业、高效农业、生态农业的农村区域经济发展格局基本形成,有年产值在1000万元以上的农村经济龙头组织12家。

全年完成工业增加值50.51亿元,增长14.4%,其中规模以上工业企业工业增加值24.5亿元,增长14.8%。实现销售收入62.5亿元,增长12.4%,实现利税5.7亿元,增长19.7%,工业产品销售率达96.6%,工业经济效益综合指数120%。工业结构调整取得积极进展,技术含量高、附加值大的高新技术产品快速发展,高新技术对工业经济贡献率达60%,生物制药、电子信息、绿色食品、新型材料等支柱产业进一步壮大,四大支柱产业实现工业增加值15.2亿元。

建筑业保持较快的发展势头,全年实现增加值9.2亿元,增长18.3%。完成施工产值25.54亿元、竣工产值17.28亿元;施工面积384.17万平方米,竣工面积242.41万平方米,分别增长25.3%和55.6%。

交通运输、邮电业继续保持快速发展,全年完成增加值13.5亿元,同比增长13%。2001年末,全县公路通车里程1073公里,民用汽车拥有量12105辆,通公路的村达100%,公路货运量596万吨,同比增长30.4%。邮电通信事业服务领域不断拓展,邮电业务量2.6亿元,较上年增长32%,新增市话1.9万余门,新增移动电话用户8.7万余户。

完成全社会固定资产投资18.15亿元,增长22.15%,其中:基本建设投资5.04亿元,增长13.6%;更新改造投资2.62亿元。增长105.7%;房地产投资8.27亿元,增长149%;投资对经济增长的贡献率为57.2%。

实现社会消费品零售额26.34亿元,增长15%,其中非公有制经济零售额24.55亿元,增长34.5%,受假日经济的带动,以都市生态旅游休闲为主的旅游餐饮业继续保持快速增长,全县共接待游客276万人次,旅游收入2.38亿元,分别比上年增加108.9%和53.5%;餐饮业实现零售额6.9亿元,增长30.4%。全年投入3900万元,新改扩建市场1.58万平方米。

年末金融机构各项存款余额109.97亿元,比年初增长15.4%,其中储蓄存款61.53亿元,增长16.4%。金融机构贷款余额89.16亿元,增长10.2%,其中工业短期贷款16.69亿元,增长15.5%。

建立完善了科技成果转化激励机制,高新技术成果转化率达90%,实施科技项目29项,8项成果获市科技进步奖、10家企业成为国家级高新技术企业、9家企业成为省、市重点高新技术及成长型科技型企业。年内双流中学、棠湖中学成为国家级重点中学,中和中学、籍田中学分别成为“省重点”和“市重点”,高考一次性上线人数再次居全市郊县榜首。

2001年,全县在岗职工年平均工资12949元,农民人均纯收入3309元,分别比上年增长12%和5.6%。农村居民人均生活费支出2411元,消费水平和能力继续提高。农民每百户耐用消费品拥有量彩电67台、冰箱11台、洗衣机46台、摩托车51辆。住房条件继续改善。年末城镇居民人均住房面积19.8平方米、农村居民人均居住面积36.1平方米。社会保障体系更加健全完善。年内参加失业保险职工人数2.65万人;参加社会养老保险的人数达2.54万人;全县共有2.86万名职工参加了基本医疗保险。文化、体育、卫生等社会事业全面发展,人民生活质量明显提高。

环境保护工作继续加强,环境监测网络逐步健全,环境质量保持稳定,全年工业“三废”治理项目14个,年内完成污染治理投资95万元。工业废水排放达标率73.4%,工业固体废物综合利用率99.4%。

【投资环境】 双流县位于“天府之国”成都平原腹地,是西南地区中心城市成都市的近郊大县。面积1067平方公里,人口86.67万人。县城东升镇距市中心15公里,是吸纳成都市经济辐射最近的一个县城。县域重镇华阳镇、白家镇、文星镇、九江镇等三面环绕成都,距市区5—10公里。境内有成都双流国际机场,成昆铁路、成雅高速公路、机场高速公路、川藏公路、成乐大件路纵贯县境。即将通航的府河在双流县的流域有80%以上,成都港也将建在双流华阳镇,成都市人民南路南延线已通车,形成了集航空、铁路、公路、水路于一体的四通八达的交通网络。

双流县紧邻省城,县境内名胜古迹甚多,其中著名的有二仙桥、广都遗址、永祚寺、应天寺、金华庵、黄龙溪古镇。全县具有大专以上学历人数3万多人,各类专业技术人员2万多人。

双流县劳动力充足,劳动成本低,自来水、电力、天然气等供应充足,且价格均低于其他地区,有利于降低生产成本和提高产品在国际国内市场上的竞争力。双流特产丰富,生活成本较低。双流享有国家和省、市给予的多种优惠政策,加上优良的投资环境,优质的服务,这都为企业降低成本提供了可靠的保证。

双流县委、县政府坚决贯彻执行国家和省、市有关鼓励投资的优惠政策,制定了招商引资激励办法,同时大力整顿政风,认真提高办事效率,“马上办”服务中心为投资者提供一站式服务,负责统一协调办理招商引资手续,为客商提供优质的服务,努力营造更加优良的投资环境。针对不同企业的具体情况,还分别采取“减五免五”和“一企一策”等办法,可以满足各类投资企业的多种要求。

【重点项目介绍】 农业基础设施建设大为改善。完成金马河河堤整治、老南干渠中段整治及江安河航空港段综合整治工程;修建U型防渗渠160公里。

城市基础设施建设项目成效显著。2001年完成了黄胜路黄甲段二期、草金路西延线(九江段)一期、籍黄路一期和金花大桥基础工程等基础设施建设。全面完成了天府大道(成都市人民南路南延线)、人民广场二期、北坛路步行街、华阳府河公园、川大路一期、大荆路路面及附属工程建设。同时县城实施“光彩工程”和“透绿工程”,对主要街道的人行道、路灯、交通设施进行了改造,新增绿化地面积10万余平方米。

四川省峨眉山市

【经济与社会发展】 2001年,峨眉山市实现国内生产总值27.93亿元,同比增长13.1%。其中,第一产业增长3%,第二产业增长15.2%,第三产业增长15.2%。三次产业增加值占国内生产总值的比重由上年的17.6:47.4:35调整为15.9:46.8:37.2。

农业从产业结构调整转向产业结构调优。全年农林牧渔业总产值6.6亿元,增长3.3%。乡镇企业完成增加值12.48亿元,增长27.9%。粮食总产量11.52万吨,同比减少12.1%;油菜产量6851吨,增长0.4%;茶叶产量2578吨,增长1.8%;水果产量14100吨,增长4.9%;生猪出栏320913头,增长2.3%;出售和自宰家禽527万只,增长15.1%;水产品产量1775吨,增长3.8%。完成农业综合开发项目2.68万亩、全国生态农业示范县建设项目2.57万亩,治理水土流失13平方公里,解决了9个村的人畜饮水问题。林业继续加强天然林保护工程,完成造林933公顷,实现连续38年无森林火灾。

全市工业完成增加值11.94亿元,增长15.7%。其中,规模以上工业企业完成增加值7.18亿元,增长2.7%;峨眉山市属规模以上工业企业实现增加值3.9亿元,增长44.8%。经济效益持续增长,规模以上工业企业实现销售收入23.1亿元,增长13.8%;实现利税2.28亿元,增长13.3%;全年工业经济效益综合指数达97.4。市属规模以上工业企业实现销售收入12.48亿元,增长22.8%;实现利税1.35亿元,增长55.2%;市属工业企业经济效益综合指数达132。

全年建筑业完成增加值11455万元,增长10.5%,房屋建筑施工面积97.1万平方米,增加33.3万平方米;房屋建筑竣工面积62.6万平方米,增加19.6万平方米。

旅游环境明显改善,投资200万元建成峨眉火车站至天下名山牌坊绿色旅游通道,完成博物馆二期和灵秀苑一期工程,建成报国寺夜花园和珍稀植物园。全年接待中外游客165.79万人次,增长4.6%;旅游业总收入5.81亿元,其中旅游直接收入2.48亿元,增长21.9%。

全市交通运输和通信业完成增加值21325万元,增长7.8%。完成公路客运量1296.5万人,增长28.4%;货运量792万吨,货物周转量25951万吨公里,分别增长40.2%、26.2%。境内铁路客运量(发运量)44.8万人,铁路货运量(发运量)218万吨。全市邮政电信业务总量完成5465万元,增长46.7%。年末全市固定电话用户达43921户,增加6762户;移动电话用户达32270户,增加13150户;国际互联网用户达3472户,增长1.36倍。

全社会固定资产投资完成82820万元,增长27.2%;实现社会消费品零售总额110027万元,增长10.6%。年末金融机构存款余额336167万元,比年初增加44311万元;各项贷款余额217433万元,比年初增加34444万元;现金收入937589万元,同比增长19.3%;现金支出918077万元,增长18.6%,收支相抵净回笼现金19512万元。保险事业稳步发展,全年承保额280755万元,下降4.3%;保费收入3856万元,增长25.3%;赔款1476万元,增长8.3%。

城市基础设施进一步加强。投资3600万元完成省道103线峨九段改造路基工程,完成市客运中心二期主体工程。“引青济峨”供水工程投资6460万元,完成管线铺设5公里。增加通信设备容量4384线,完成宽带线路、城区光纤物理网工程。

全年城镇居民人均可支配收入6243元,增长7.8%。人均消费支出5188元,增长4.4%;农民人均纯收入2902元,同比增加127元,增长4.6%;农民人均生活消费支出2091元,增长6%。农村社会基础设施得到改善,年末自来水受益村183个,通汽车村245个,通电话村154个。社会保障事业进一步加强,解决了城镇居民8030人、农村居民703人的最低生活保障问题。全市参加基本医疗保险的职工人数为27150人,参加基本养老保险的职工人数为23938人。

科技投入加大,科技三项费达80万元,引进推广科技项目39项。科技“百亿工程”通过乐山市检查验收,完成市“十亿工程”。依靠科技进步新增产值5.62亿元,新增利税1.28亿元。启动生产力促进中心建设,中药材现代化科技产业(四川)基地黄连规范化种植进展顺利。

年末全市有中小学校193所,在校生53301人,教师3380人。境内有大学1所(西南交通大学峨眉分校);中专2所(四川省中药学校、四川省技术监督学校),小学学龄儿童入学率99.83%。年末有卫生机构41个,卫生技术人员1423人,卫生机构床位数1289张。

大力发展民俗、武术等旅游文化,荣获“全国武术之乡”殊荣。全面实施光纤电视二期工程,被乐山市政府评为“村村通”广播电视工程先进集体。创精品节目,获国家级奖3个,省级奖21个。

精神文明建设向纵深发展。深入开展创建文明城市、文明行业、文明村镇和树新风创“十佳”活动，评选了首届“十佳市民”，在文明单位开展了“万人评议行风”活动。建成省级文明单位1个，乐山市级最佳文明单位1个、文明单位2个。

【投资环境】 峨眉山市是四川省省辖县级市，地处四川盆地西南边缘，面积1183平方公里，总人口42.8万人，是全国首批电气化试点县(市)、全国卫生城市、中国优秀旅游城市。

峨眉山市商业、服务、金融、信息基础设施完善，形成食、宿、行、游、娱、购设备配套、功能齐全的接待服务网络。交通便利，成昆铁路由北至南贯穿全境，境内有火车站5个，其中燕岗火车站是国家二级编组站；公路四通八达，纵横密布，乐(山)峨(眉)快速通道与临境而过的成(都)乐(山)高速公路接通，市区距双流国际机场120公里，成都145公里，乐山港31公里。城市功能齐全，日供水能力10万吨，大、小电网优势互补，天然气已进入工矿企业和居民家庭。邮电通讯便捷，已开通程控电话39100线和模拟移动网、数字移动交换网、寻呼网、互联网。

2001年，峨眉山市对投资服务环境进行全面整治，建立了投资招商服务中心，先后出台了《峨眉山市鼓励外来投资优惠政策规定》、《峨眉山市招商引资奖励实施办法》等一系列招商引资优惠政策。

【重点项目介绍】 2001年，全市重点项目共13个，总投资199972万元。峨眉山市第三水厂工程、峨眉山铝业集团20万吨电解铝第一期5万吨工程、四川峨眉竹叶青系列茶产业化项目开发工程等8个市直管重点项目进展顺利，累计完成总投资51165万元。峨眉山景区保护与建设项目已完成博物馆、民俗风情园。峨眉山大酒店、天下名山—报国寺、滑雪场、金顶索道、报黄公路等项目的建设和改造。四川金顶(集团)股份有限公司日产2000吨窑外干法生产线技改工程、峨眉半导体材料厂年产15吨4—5英寸区熔单晶硅技改工程等5个市属以上重点项目已完成投资26927万元。四川峨眉山国家粮食储备库扩工程扩建于2001年竣工验收；市第一期农网改造工程通过验收。

四川省南江县

【经济与社会发展】 2001年，南江县遭受了有气象记录以来最严重的自然灾害，但经济仍保持了稳定增长。实现国内生产总值15亿元，同比增长2.4%，其中第一产业增加值69038万元，同比下降7.3%，第二产业增加值30073万元，同比增长13.8%，第三产业增加值50889万元，同比增长11.6%，一、二、三次产业结构由上年的51.8:14.9:33.3调整为46:20.1:33.9。

生态农业不断发展，森林覆盖率已达49.5%，造就了四川省“绿色食品”基地。1998年南江黄羊被农业部命名为“国内肉用性能最好的山羊新品种”，2001年饲养量已达59.7万只，并在全国24个省(市)的110多个县(市)得到广泛推广；金银花基地建设被列入全国标准化示范项目，累计种植5万亩，当年产量82万公斤；2001年，国家林业局命名南江为“中国核桃之乡”，核桃累计种植8万亩，当年产量200万公斤。“云顶茗兰”、“云顶绿茶”茶叶获国家AA级绿色食品标志认证，“长赤牌”翡翠米获国家A级绿色食品标志认证。

生态旅游强力推进。1993年南江县境内的光雾山风景名胜区被批准为省级风景名胜区，2001年被列为省级“地质公园”，已申报国家级风景名胜区。南江县城—光雾山风景区—陕西省汉中市150公里公路按二级标准改造即将完成，其中南江—光雾山风景区76公里已铺装成砼路面。开通了风景区“中国移动”、“中国联通”移动通讯，实施了景区中心镇广播电视光纤联网。引进资金1200万元，建宾馆3处，拥有高中低档床位500余个。完成了光雾山风景区开发总体规划，并经省政府批准,正在抓紧实施。2001年,接待国内外游客10.5万人次,同比增长15%。

生态城市加快建设。按照建设山水生态旅游城镇的目标,修编了南江县城建设规划。以县城为重点,大力实施“硬化、绿化、亮化、净化、美化”工程。建成县城南北进出通道生态长廊30公里,县城绿化率达到35%。完成了巴(中)至南(江)95公里天然气管网铺设和供气站建设,新建了垃圾初级处理场,关闭了“五小”工业企业99家,减轻了县城污染。拓宽硬化县城道路8公里,新安装路灯200盏,完成了县城2万吨自来水供水工程。城镇建设步伐的加快,促进了县域经济的快速发展。2001年,南江县引进县外资金10646万元,社会消费品零售总额5.7亿元,同比增长10.2%。

2001年,全社会固定资产投资3.76亿元,同比增长18.7%。基础设施建设进一步推进。南(江)桃(园)公路国债项目启动,完成了南(江)杨(坝)路17公里油路铺装;实施了大河、赶场、贵民三个片区农网改造;固定电话新扩容7778门,总数达到36720门;新建移动通讯基站26个,总数达到55个;33个乡镇完成了广播电视光纤联网。大力加强生态环境建设。实施了“天保工程”,封山育林1.32万亩,人工造林0.85万亩,飞播造林4万亩,管护天然林294万亩;退耕还林(草)2.5万亩;治理水土流失面积57平方公里。优势资源得到进一步开发。南江黄羊、金银花、核桃三大产业化项目取得明显进展,生态旅游开发力度加大。

县级财政收入5165万元,财政支出13495万元(不含专款)。金融机构各项贷款余额128102万元,同比增长7.1%,存款余额87338万元,同比增长14.4%。

“科教兴县”步伐加快。科技对国民经济贡献率稳定达到46%,南江被国家科技部命名为“农业科技先进县”。“九年义务教育”招生22813人,同比增长24.1%,高中招生2211人,同比增长73.1%,向各类大专院校输送学生792人,同比增长18.2%。其他社会事业稳步推进。

【投资环境】 南江县位于四川省东北部川陕交界处的大巴山南麓,面积3417平方公里,辖73个乡(镇)、61.84万人,其中非农业人口7.8万人。

普乐铁路通达南江县乐坝镇,出省、出县,县城到各片区350公里公路已全部硬化,乡乡通路通车,全县公路通车里程3136公里。固定电话装机容量3.5万门,普及率5.89部/百人,移动电话乡(镇)覆盖面100%、乡村50%;通过广播电视“村村通”、“光纤联网”工程的实施,电视覆盖率95%,有线电视入户率46%,建成了党政网和经济信息网。引进了国家电网供电,县至各片区全部完成了35KV输变电改造。

南江县森林覆盖率随着生态环境建设的不断加强,在“十五”可达55%。县境内有国家和省级保护野生动物36种,列入“中国药典”的中药材281种,活立木蓄积量810万立方米,国家和省级保护树种11种。光雾山风景区被称为“四川盆地北部重要生物基因库”,其生态旅游资源在全国负有盛名。优越的生态环境,是开发绿色食品、发展生态旅游的难得宝地。

2001年,南江县全面清理了过去出台的地方性政策规定,废止了与国家实施西部大开发政策不符的文件66件,并结合南江实际,制订了鼓励外来投资、加强城镇建设、发展绿色食品、开发生态旅游的政策措施。大力推行行政审批制度改革,简化了办事程序,提高了服务效率。在所有执纪执法单位开展了执纪执法“三最佳”创建活动,在“窗口”部门开展了行风评议活动,促进了政府各部门工作作风的极大转变。

【重点项目介绍】 南江黄羊产业化开发:建立南江黄羊种羊、肉羊生产基地,年饲养黄羊100万只,出栏50万只,其中年出栏合格种羊5万只、肉羊45万只,加工能力20万只及选育研究、扩繁、配种、防疫等配套服务体系建设,总投资8700万元,建成后年实现销售收入1.5亿元。

核桃产业化开发：建基地15万亩，年产核桃600万公斤，加工核桃粉等产品400万公斤，总投资4600万元，建成后年实现销售收入9000万元。金银花产业化开发：建基地20万亩，产干花1000万公斤，加工50万公斤，年产高含量绿原酸100吨，保健饮料3万吨，建成后年实现销售收入4.1亿元。

光雾山风景区基础设施建设：新建、改建景区公路149公里、游山道62公里等，总投资1.8亿元，建成后年门票收入1000万元，其他收入5000万元。

陈家山隧道工程：修建山重二级公路隧道2510米，两头接线公路13.8千米，总投资1.6亿元。60万吨/年旋窑水泥：总投资2.25亿元，建成后年均销售收入2.5亿元，投资利润率21%，税后投资回收期6.8年。

5万吨/年霞石矿采选扩建：总投资2700万元，建成后年销售收入1980万元，年利润900万元。南门生态广场建设：建商业城7000平方米、广场1万平方米，总投资3000万元。

贵州省遵义县

【经济与社会发展】 2001年，遵义县实现国内生产总值60.03亿元，同比增长9.6%，其中第一产业增加值20亿元，同比增长2.5%，第二产业增加值19.28亿元，同比增长14.5%，第三产业增加值20.75亿元，同比增长13%，人均国内生产总值4629元，一、二、三产业占国内生产总值的比重为33.3∶32.1∶34.6。全年实现全社会固定资产投资11.02亿元，同比增长99.2%。实现财政总收入2.72亿元，其中地方财政收入1.7亿元，同比增长6.8%；财政支出3.76亿元，同比增长38.3%。

2001年，全县粮食作物播种面积122337公顷，粮食产量57.02万吨，其中水稻29.36万吨、小麦4.73万吨、玉米11.4万吨。油菜籽6.66万吨，烤烟1.18万吨，肉类产量8.27万吨，水产品产量0.68万吨。全年发电28.89亿度，生产铝锭3.04万吨，水泥58.37万吨，原煤69.51万吨、硫铁矿39万吨。

招商引资工作取得较好成绩，全年与县外共签订合同协议资金5.9亿元，实际到位资金1.6亿元，合作项目44个。年末全县金融机构各项存款余额为19.36亿元，比年初增长19.7%，其中城乡居民储蓄余额为14.01亿元，增长27.2%；各项贷款余额为13.77亿元，比年初增长10.8%。

全县已基本普及九年义务教育和基本扫除青壮年文盲。拥有各类学校623所，其中职业中学2所、普通中学130所、小学49所。在校学生24.65万人，其中在校职业中学学生385人、普通中学学生8.19万人、小学学生16.42万人。小学适龄儿童入学率99.8%。全县广播覆盖率为89.5%，电视覆盖率为88.3%。年末全县拥有卫生机构39个，病床731张，卫生技术人员1365人。全年单位从业人员平均工资为8370元，同比增长27.4%。农民人均纯收入2138元，同比增长3.1%。精神文明建设和民主法制建设进一步加强。

【投资环境】 遵义县位于贵州省北部，东接湄潭、瓮安，南临息峰、开阳，西连仁怀、金沙，北界桐梓、绥阳，县城南白镇南距贵阳130公里，北达重庆340公里，中央环抱历史名城遵义市城区。全县总面积4703平方公里，辖33个镇、2个乡，年末总人口129.78万。

遵义县地势西北高、东南低，海拔多在850—1100米之间，属中亚热带湿润季风气候，年均气温13.5℃—15.7℃，年均日照1146.9小时，无霜期270天左右，年均降雨量1075毫米。遵义县地域宽阔、土地肥沃，素有“黔北粮仓”之美誉，是贵州省商品粮、油菜籽生产基地县，商品猪基地县，全国烤烟生产基地县。依托丰富的农副产品资源，遵义县的辣椒、蔬菜、油菜籽、生猪等极具深加工优势和潜力。遵义县生物资料丰富，气候适宜，特别适合天麻、杜仲等中药材生长。

遵义县境内矿产资源储量丰富，矿藏点多面广、品位高、易开采。已探明的矿种有26个，无烟煤保有储量6.19亿吨，远景储量15

亿吨左右;铝土矿探明储量8251万多吨;硫铁矿储量8948万吨,开发潜力巨大。

遵义县历史悠久、山川秀丽,境内有众多的名胜古迹和自然景点,革命遗址、历史文物等人文景观与山、水、林、泉、洞、湖等景观交相辉映,构成各具特色的旅游景区。

遵义县是国务院批准的对外开放县和贵州省首批二十个经济强县之一。交通便利,区位优势明显。黔渝电气化铁路、210国道、贵遵高速公路纵贯南北,326国道横跨东西,已经开工建设的遵义至重庆高速公路是西南地区的又一条出海大通道。2001年全县境内拥有铁路里程95公里,客货站10个,铁路专用线7条13.4公里;拥有公路里程2524公里,其中高速公路里程60公里,厂矿专用公路11条22.8公里。全年完成货运量404万吨,同比增长15.4%,货物周转量24240万吨公里,客运量1997万人,同比增长14%,旅客周转量27962万人公里。

2001年全县农网改造一期工程的完成,乌江电厂的扩机增容技改已极大地提高了电网供电能力及可靠性。县城自来水管网建设,使县城南白镇、龙坑镇的自来水供水系统与遵义市城区联为一体,确保了县城生产、生活用水供应。

县内电话交换已全部实现程控化,开通了移动电话、传真、计算机互联网及电报、特快专递、礼仪信函、邮政储蓄等多种服务。国家重点工程杭、福、贵、成光缆的交付使用,年末城乡固定电话用户54572户,同比增长48.1%;移动电话用户12137户,同比增长120.3%;互联网用户3839户。

遵义县已逐步形成了以冶金、化工、建材、能源、医药、食品六大行业为主的工业格局,主要产品有发电、原煤、铝锭、黄磷、化肥、水泥、药品、食品等。遵义县正处于黔中经济带和遵义市"中路突破"区域经济带,资源丰富、交通便利,具有经济发展的巨大潜力。遵义县竭诚欢迎各方有识之士来县投资经商,共谋发展。

【重点项目介绍】 乌江电厂扩容技改项目。乌江电厂是乌江干流开发的九级开发电站之一,现已建成装机3×21万千瓦的发电机组,在此基础上进行技改扩容,新增两台25万千瓦机组和对三台老机组扩容增加9万千瓦。工程总投资8.3亿元。2000年11月正式开工,预计2003年9月首台机组并网发电,12月第二台机组并网发电。

遵义铝厂电解铝环保节能技改项目。建设规模10万吨/年,总投资13.9亿元,2001年7月开工建设,预计一期5万吨电解铝/年生产线于2002年7月试运行。

遵义灌区一期工程:总库容5510万方,概算总投资5.3亿元,工程完工后,每年可提供8640万方水量,用于农灌、城市供水和人畜饮水,可灌溉农田25.4万亩,其中新增14.3万亩,配套改造3.2万亩,改善灌面7.9万亩,解决8.15万人、3.26万头牲畜饮水。

贵州家诚药业有限责任公司扩建工程。总投资1.2亿元,于2000年开工,建成后将使公司生产能力达到片剂20亿片,胶囊10亿粒,颗粒剂1亿包,年产值2.5亿元,创税收3478万元。

贵州黄盛记绿色食品有限公司扩建工程。总投资9640万元,建成后年产保鲜蔬菜1万吨、梅干菜0.2万吨、泡椒0.5万吨、辣椒制品0.6万吨、雪菜0.2万吨,新增产值1.3亿元,年创利税3483万元,解决就业534人,使农民年增收1600万元。

遵义县龙坑污水处理及回用工程。建设规模为日处理污水4万吨及尾水出水回用2万吨,概算总投资4959.7万元,建成投产后年均削减BOD排放量2774吨,COD排放量4526吨。

遵义氧化铝厂20万吨氧化铝扩建项目。总投资12.02亿元,建设规模为年产砂状氧化铝20万吨,建成后年销售收入5亿元,年销售税金及附加为4999万元,年利润总额为1.35亿元。

鸭溪火电厂。总投资50亿元,建设规模为装机4×30万千瓦,是"十五"期末贵州省

"西电东送"需建设的骨干电厂,建成后年产值16亿元,年税金1.5亿元。

贵州省贵阳市云岩区

【经济与社会发展】 2001年,云岩区实现国内生产总值90.42亿元,同比增长10%。其中第一产业增加值4035万元,增长4.3%;第二产业增加值49.06亿元,增长8.3%;第三产业增加值40.96亿元,增长12.2%。人均国内生产总值为17136元,同比增长8%。居民消费价格总水平比上年上升3.2%;商品零售总额28.1亿元,商品零售价格总水平比上年下降3.7%。完成全社会固定资产投资13.34亿元,城镇居民人均可支配收入6979元,农民人均纯收入3402元。财政总收入4.13亿元,地方财政收入2.44亿元。

2001年,云岩区规模以上工业企业总产值完成74.11亿元。工业主要有卷烟、橡胶、制药、汽车配件、日用轻工五大行业,具备一定的工业基础,处于工业中后期水平。产业结构调整及行业结构优化初见成效,经济效益明显。传统产业正向高科技、高附加值的都市型工业转变,工业经济发展已由速度为主转变为以效益为主的阶段。

随着城镇化水平的提高和城区现代化的发展,13个村耕地不足5000亩,传统农业逐步萎缩,正向观光农业、生态农业转变。

社会各项事业蓬勃发展,11家国有独立科研机构2001年开展课题研究41项,科研机构经费支出1936.9万元。科技三项费支出575万元,辖区内有大专院校4所,中学14所,小学43所,企事业办、民办中学10所、小学48所。1995年实现"两基"达标以来,积极推进高水平、高质量普及九年义务教育的工作。2001年适龄儿童入学率为99.98%,启动了"全国基础教育课程改革实验区"。

区内拥有各类市场104个,社区服务中心16个,社区服务设施486个,服务网点10000余个,商品零售额上亿元的大型商贸企业10家,营业额上千万元的大型餐饮企业12家。主要宾馆及饭店55家,其中涉外宾馆22家,四星级宾馆4家,三星级宾馆7家。2001年云岩区政府投资7000万元对贵州省最大的小百货批发市场—市西路批发市场进行改造,现已拥有商户5000家,当年实现销售额22亿元。为了增加城市服务功能,合理布局,将贵州省最大农副产品批发市场进行调迁,建成三桥农副产品中心,预计该中心建成后,有商户1000户,销售额20亿。

辖区内有影剧院10个,图书馆1个,青少年宫1个,体育场4个,游泳池5个,康体中心4个,大中型娱乐场所20余家及卡丁车场、保龄球馆等数万平方米的大型体育设施。成功举办了"云岩区文化艺术节","三月三"民族艺术节及2001中国(贵阳云岩)国际卡丁车锦标赛暨全国卡丁车锦标赛。城乡有线电视覆盖率达100%。辖区有卫生医疗机构459个,床位3681张,卫生技术人员4047人,建有社区卫生服务中心15个,社区卫生服务站22个,社区服务覆盖人口90%;计划生育率为98.53%,人口出生率8.44‰,人口自然增长率3.91‰。初步建立养老、失业等保险制度,确保退休职工的基本养老金和失业人员的失业保险金及时、足额地社会化发放。

【投资环境】 云岩区交通、通讯便利,综合配套服务设施完善,是集生产、科研、信息、商贸、生活、旅游、娱乐、服务于一体的现代化城区,辖区15个街道办事处、1个镇、113个社区居委会、13个行政村(于1997年全部步入小康村)。总面积67.5平方公里,总人口52.46万。冬无严寒,夏无酷暑,年均气温15摄氏度。

云岩区基础设施完善,有川黔、滇黔、湘黔、黔桂四条铁路在境内交汇,铁路电气化程度居西南前茅;区内各类公共交通畅达,以贵阳为中心的公路干线网络连接全省各地和相邻各省,公路四通八达,长途客车和旅游客车日夜往返。距龙洞堡国际机场仅10余公里。被喻为"城中森林"的黔灵山位于区内,古迹有阳明祠,文昌阁等。

云岩区享有沿海开放城市的优惠政策,制定了符合区情的投资优惠政策。1999 年被贵州省委、省政府列为全省建设 20 个经济强县之一,先后荣获国家级科技工作先进区,全国文化工作先进县,全国城市计划生育工作先进城区,全国创建文明城市工作先进城区等称号。

【重点项目介绍】 2001 年全社会固定资产投资在建项目 32 项,总投资 82 亿元,2001 年完成投资 13.34 亿元。

GMP 改造。贵州益佰制药有限公司等七大制药公司进行了 GMP 生产线技术改造。产品有胶囊、片剂、粉针剂、水针剂、颗粒、滴丸、洗液等。计划总投资 2.45 亿元,建筑面积 1.5 万平方米。项目全部完工后,可实现年产值 20 亿元,税利 2.5 亿元,解决 500 人就业。

地热资源开发。利用安井蕴藏丰富的地热资源,新建温泉休闲旅游中心,总占地 250 亩,建筑规模 8.3 万平方米,绿化面积超过 100 万平方米,设计总投资 2.88 亿元,计划安排 1500 人就业,每年可实现生态旅游收入近亿元。

市场建设。贵阳银通建材、家具大型综合市场,贵阳三桥水果批发市场,贵阳云岩华联超市,贵阳市花香村批发联销市场。4 个市场设计总建筑面积 32.6 万平方米,总投资 3.35 亿元,项目全部建成投入使用后,可实现年营业额 68 亿元,年创税利 4.2 亿元,解决 7000 余人就业。

三桥地区整体开发。三桥地区是联接贵阳市中心城区与金阳新区的纽带。该地区规划布局以大型公建、人文居住中心、工业小区、高等级公路,绿化带、市场带。项目占地 646 公顷,建筑规模 212 万平方米,总投资 43 亿元。

贵阳云岩星力绿化广场。该项目位于贵阳市繁华路段中华北路,占地 8790 平方米,总建设规模 16151 平方米,总投资 1.2 亿元。市西商业步行街改造。2001 年投资 4500 万元,对市西路进行改造,改造后全路段路宽 15 米、长 900 米。

居住小区建设。松山花园、黔灵小区、金狮小区和扶风小区建设项目。四个小区总占地面积 905 亩,建筑规模 130 万平方米,总投资 17.25 亿元。

云南省丽江纳西族自治县

【经济与社会发展】 2001 年,丽江纳西族自治县实现国民生产总值 15.15 亿元,按可比价格计算比上年增长 8.15%。其中,第一产业增加值 3.45 亿元,增长 3.9%;第二产业增加值 3.72 亿元,增长 1.1%;第三产业增加值 7.98 亿元,增长 13.8%。一、二、三产业增加值占国民生产总值的比重,由上年的 23.7:26.1:50.2 调整为 22.8:24.6:52.6。人均国民生产总值 4353 元,同比增长 9%。

全年实现地方财政收入 1.1 亿元,同比增长 20.5%。全社会固定资产投资完成 4.04 亿元,同比增长 7.7%。社会消费品零售总额实现 5.55 亿元,增长 9.6%。

旅游业有序发展,全年共接待海内外游客 290 万人次,同比增长 12.4%,其中,国内游客 279.5 万人次,同比增长 12.3%;海外游客 10.5 万人次,增长 14.1%。实现旅游综合收入 18 亿元人民币,同比增长 33.9%。

人民生活稳步提高,城镇居民人均可支配收入 6368 元,同比增长 4.1%;农民人均纯收入 1198 元,同比增长 2.7%。年末全县总人口为 34.9 万人,自然增长率为 3.4‰。全县普通中学在校学生 19005 人,同比增长 5.9%;职业中学在校学生 768 人,同比增长 20%;小学在校学生 3.47 万人,同比下降 5.37%。学龄儿童入学率 98.9%。全县拥有卫生机构 29 个,医院病床 587 张,专业卫生技术人员 767 人。全县广播、电视覆盖率分别为 90%和 85.5%。全年完成邮电业务总量 1.33 亿元,同比增长 39.9%;拥有电话用户 5.25 万户,同比增长 25.8%。

【投资环境】 丽江纳西族自治县地处中国西南云贵高原与青藏高原的接合部，属金沙江、澜沧江、怒江三江并流区和滇、川、藏大三角经济区，全县总面积7648平方公里，其中山区面积占总面积的95%以上，县城大研镇海拔2400米，距省城昆明580公里，空中航程40分钟。丽江纳西族自治县是丽江地区行政公署所在地，国家级历史文化名城，丽江古城是云南省唯一的世界文化遗产。境内最具优势和开发潜力的资源是旅游资源、生物资源、水能资源。玉龙雪山、老君山是国家级风景名胜区，"三江"并流地区正在申报世界自然遗产，东巴文献遗产正在申报世界记忆名录。

生物资源开发已具一定规模，特色生物产品主要有白芸豆、山嵛菜、青梅、青刺果、三纹鱼、球根花卉等。玉龙雪山、老君山是著名的植物宝库，仅玉龙雪山就有各类植物3800多种，其中国家重点保护的濒危植物有20多种，药材植物800多种，花卉植物200多种。全县有流域面积在50平方公里以上的河流21条，多年平均流量大于10立方米/秒的3条，各河流水能资源按分段计算叠加，水能资源理论蕴藏量61.96万千瓦(不含金沙江水能资源)，可开发水能资源10.21万千瓦。金沙江在境内流程447公里，在虎跳峡的段落差高达210米，装机容量可达528万千瓦，年发电304亿千瓦时。

"九五"以来，全县基础设施条件显著改善，丽江机场是云南航空第二基地，正在申报为口岸机场，现已开通昆明、西双版纳、广州、北京、上海航线。全县公路交通四通八达，公路通车里程1581公里，其中国道67公里，省道267公里，县乡道269公里。以县城所在地大研镇为中心的城市建设初具规模，新建了香格里拉大道、七星商贸街，城区主干道基本得到改造，供、排水系统逐步完善。《丽江纳西族自治县国民经济和社会发展第十个五年计划和到2010年远景目标》提出："十五"期间把丽江建设成为经济充满活力，人民安居乐业的旅游大县、民族文化强县和环境优美的生态县。到2010年，把丽江建设成为世界级精品旅游胜地、独具特色的生物资源开发创新基地和重要的水能基地。

【重点项目介绍】 大研镇东过境公路改造工程，全长3.4公里，其中城市一级公路1.7公里，总投资2048万元。中兴至黎明公路，全长24公里，路基宽6.5米，路面宽5.7米，山岭重丘区三级路，属丽江县旅游经济干线，总投资2700万元。城市生活垃圾处理工程，新建日处理120吨的堆肥自理厂和日处理80吨的垃圾卫生填埋场，填埋库容34.7万立方米，总投资2900万元。丽江古城玉河走廊改造工程，该项目集旅游、商贸为一体，主要建设内容包括玉河游路改造、河道整治，新建地下停车场和供排水系统，总投资10997万元。拉市隧洞通海整治工程。改建暗涵段670米，基岩隧洞段360米，总投资1638万元，是丽江县重点水利工程。

云南省曲靖市麒麟区

【经济与社会发展】 曲靖市麒麟区是由原县级曲靖市于1998年改制而来，区政府位于原县级市政府旧址。2001年全区国内生产总值80.96亿元(现行价，下同)，其中第一产业增加值5.17亿元，第二产业增加值44.76亿元，第三产业增加值30.49亿元。一、二、三产业比重为7.1:55.3:37.6。

实现农业总产值10.09亿元，其中，农业产值5.85亿元；林业产值700万元；牧业产值3.74亿元；渔业产值4300万元，粮食总产量19281万公斤；烤烟移栽面积10.13万亩，烤烟产量1315.56万公斤；桑园面积1.14万亩，蚕茧产量45.2万公斤。油料、水果、花卉平稳发展。

完成工业总产值80.19亿元，其中，区属工业总产值12.06亿元，轻工业总产值54.9亿元，重工业总产值25.28亿元；国有工业总产值58.63亿元，集体工业总产值1.99亿元，个体、私营和其他经济类型工业总产值19.57

亿元。主要工业产品有原煤、焦炭、水泥、塑料制品、卷烟、布、服装、化肥、生铁、汽车。

个体工商户达11027户,从业人员16910人,注册资金8883万元;私营企业259户,从业人员4250人,注册资金22721万元,非公有制经济占国内生产总值的比重为19.7%。

全区完成固定资产投资14.91亿元,投资50万元以上的基本建设、更新改造项目165个,竣工投产项目89个,竣工住宅21.41万平方米。完成地方财政收入17887万元,支出30132万元。金融机构各项存款余额89亿元,其中居民储蓄存款余额40.23亿元。保险费收入17416万元;保险业务赔款5243万元;人寿保险承保人数36.65万,家庭财产保险15143户;为支柱产业烤烟保险12万亩。

实现社会消费品零售总额13.49亿元,其中城市零售额8.94亿元;农村零售额4.55亿元;国有经济零售额2.47亿元。职工工资稳步增长。在岗职工工资收入12421元,同比增加1125元;城镇居民人均可支配收入6771元,农民人均纯收入2510元。

完成邮电业务总量35814万元,程控电话交换机总容量505282门,年末电话机总数294160部,移动电话用户73370户。共有各类学校217所,其中大学1所,在校学生3400人;中等学校6所,在校学生6500人;普通中学38所,在校学生3.98万人;职业中学6所,在校生5200人;小学106所,在校生5.67万人;幼儿园58所,在园儿童1.61万人;教师进修学校1所。小学入学率99.7%,初中入学率99.7%。

有艺术表演团体3个,文化馆(站、中心)13个,公共图书馆2个,影剧院3个。有卫生机构40个,病床2834张。全年参加省、市体育比赛六次,获省级金牌7枚、银牌5枚、铜牌5枚。

经济工作中存在的主要困难和问题是:经济结构不合理,城市化水平低,非公有制经济发展滞后。农民增收难,企业脱困难,财政平衡难,就业与再就业难,仍是当前面临的主要问题。

【投资环境】 麒麟区又名爨乡,地处云南省曲靖市中部,南盘江上游,西与马龙县交界、北与沾益县毗邻,东接富源县,南与陆良县接壤,东南部与罗平县交界,距省会昆明136公里,是曲靖市的政治、经济、文化中心。面积1552.83平方公里,辖3个镇、5个乡、4个街道办事处;总人口618567人,其中非农业人口225071人。年平均气温14.5℃,年均降水量1008.9毫米,年均日照2108.2小时,气候温和,夏无酷暑,冬无严寒,是云南省烟草业的优质烟叶生产基地之一。

境内铁路有贵阳—昆明(线)铁路,320国道、326国道穿境而过;已建成通车昆明—曲靖、曲靖—陆良高速公路,北接富源的曲靖—胜景关高速公路正在建设中,全区拥有公路101条632.6公里,其中区公路9条140.98公里,乡镇公路79条454.01公里,专用公路13条37.61公里;基本实现了村村通公路。

城市建成面积24平方公里,城市道路91.5公里;城市日综合供水能力8.5万吨,供水管道达到168.7公里,用水普及率99.5%,城市排水管道密度6.78公里/平方公里,污水日处理能力达到3.7万吨,污水处理率达98.3%,垃圾粪便无害化处理率达到95.1%;园林绿化面积587公顷,其中,建成区绿化覆盖面积332公顷,公共绿地面积达到79.4公顷,人均公共绿地面积达到3.31平方米,城区绿化覆盖率为13.83%;液化石油气用气人口16.65万人,城市用气普及率69%。

城南片与城西片开发区正在兴建之中,城南距市中心11公里的曲靖温泉旅游度假区的功能设施正在向深度开发中,拥有实力强劲的滇东电业、曲靖电厂、宣威电厂,电力供给充足,邮电通讯覆盖率100%。

麒麟区结合自身实际,于1998年出台了"关于扩大对外开放鼓励投资的优惠办法";认真清理了各种阻碍经济发展的不合理收费,设立了便民服务中心。加强了治安等综合管理,净化了投资环境。

【重点项目介绍】 麒麟区“十五”规划重点建设项目共有59项，项目投资315204.48万元。其中续建项目6项，投资38712.83万元，新建项目53项，投资276491.65万元。

在续建项目中，水利建设项目1项，投资6900万元；政法及其他项目4项，投资21812.83万元；教育类项目1项，投资1亿元。

在新建项目中：生态建设项目3项，投资45827.38万元，水利建设项目6项，投资18837万元；农业建设项目12项，投资33255.5万元；畜牧业项目3项，投资3000万元；交通建设项目3项，投资4424万元；工业建设项目7项，投资31286.89万元；其他工业项目2项，投资3750万元；社会事业建设项目10项，投资20950万元；城市基础设施建设项目2项，投资5.31亿元；其他建设项目3项，投资9060.88万元；旅游建设项目2项，投资5.3亿元。

西藏自治区拉萨市城关区

【经济与社会发展】 2001年，拉萨市城关区实现国内生产总值（1990年不变价）9910.87万元，其中第一产业2529.4万元，第二产业2791.79万元，第三产业4589.68万元；本级财政预算内收入3371.8万元。农牧民人均纯收入2795元，城镇居民（不含干部职工）人均收入4015元。

全年实现农业总产值3120.49万元，农村经济收入10970.96万元，粮食产量1541.18万斤，蔬菜产量6414.39万斤，奶类产量566.39万斤，多种经营和乡镇企业实现收入7859.92万元。

城关区现有民族手工业企业26家，产品包括毛纺、服装、家具、古建、宗教用品六大系列1300多个品种。20多个品种被分别评为国家、西藏优质产品。其生产的产品地毯、卡垫、挂毯等还荣获亚太地区国际博览会金奖，远销香港和欧美等国际市场。全年贸易行业销售总额1141.65万元，个体私营工商户已发展到13000多户。城关区旅游业通过十几年的努力，逐步形成了集“吃、住、行、游、娱、购”六大要素的旅游产业。

城关区内共有各级各类学校100多所，1995年率先在西藏实现普及六年义务教育，1998年被验收为“无文盲区”。已基本形成了从幼儿教育、中小学教育、中等职业教育到职工成人大专教育和普通高等教育的体系。辖区内聚集着西藏5所大医院，拉萨市属2所医院，医疗网点30多处。医务人员在高原肺水肿、高山昏迷和慢性高原病的救治方面处于国内领先水平；传统的藏成药“珍珠七十味”、“珍珠达西”、“玉宁二十五味”、“常觉”、“芒觉”等，经现代科学手段化验分析并经临床验证，对许多常见疾病、疑难病有独特疗效，部分产品已打入内地和国际市场；区内出版发行报刊20多种，拥有图书馆、各类影院、乡村文化站（室）等文体活动场所。

【投资环境】 城关区成立于1961年4月23日，是西藏政治、经济、文化的中心，位于雅鲁藏布江支流拉萨河中下游，海拔3658米，行政区域东西跨距28公里，南北跨距31公里，总面积524.51平方公里，其中城区建成面积54平方公里，东邻达孜县，南与山南地区贡嘎县和扎囊县接壤，西与堆龙德庆县相连，北靠林周县。辖4个乡、7个街道办事处、28个居委会、42个村委会；聚集着中直单位、驻藏部队以及自治区拉萨市的党政机关、企事业单位、社会团体等机构；有藏、汉、回等18个民族；常住人口近14万，流动人口20万。

城关区全年多晴朗天气，降雨少，冬无严寒，夏无酷暑。属高原温带半干旱气候。年最高气温29.6℃，最低气温零下16.5℃，平均气温7.6℃；年降水量500毫米左右，降水分配不均，95%以上集中在5至9月的雨季；全年日照时间3015小时，素有“日光城”之称。

城关区中部是宽阔的拉萨河河谷冲积平原。粮食作物主要有青稞、小麦、豌豆、蚕豆、玉米；经济作物主要有油菜、圆根、大麻；蔬菜作物主要有马铃薯、萝卜、白菜、西红柿、辣椒、黄瓜、四季豆、茄子等三十余种;果树主要有苹果、桃、梨、核桃等;树木有杨、柳、榆、圆柏等;家畜家禽主要有牦牛、黄牛、奶牛、犏牛、马、绵羊、山羊、猪、鸡、鸭、鹅等;野生动物主要有獐子、黑颈鹤、藏雪鸡、野兔等;药材主要有虫草、贝母、红景天、人参果等。

城关区南北环山,水资源和矿产资源十分丰富。在拉萨河及周围高山、冰川等条件的作用下,境内形成了数百平方公里的地下水库。储量丰富,没有任何污染,易于开采。矿产资源主要有铁、石灰石、花岗石、瓷土等十多种,且品位高、储量丰富、易于开采。太阳能资源丰富,年平均太阳辐射770兆焦耳/平方米,已被广泛开发利用。

城关区旅游资源丰富、独特。不仅有闻名于世的布达拉宫、大昭寺、罗布林卡,还有众多的古建筑、摹崖造像、金石匾额、珍贵文物和古遗址,以及绚丽神奇的自然景观,独具神韵的藏戏、藏舞和异彩纷呈、别具一格的风俗民情。

城关区交通便利,邮电通讯设施先进。一个以拉萨为中心,以五条进出藏国道为骨架,以14条区(省)道、77条县乡公路为基础,辐射西藏的公路网已基本形成。距此90公里的拉萨机场投资2.5亿元改造后,可以起降波音767和空中客车A340等大型客机,已开通拉萨至邦达、成都、重庆、西安、西宁、北京等国内航线和至尼泊尔王国首都加德满都的国际航线。已建成的邮电通讯设施主要有卫星地面站、拉萨程控电话局、拉萨邮政枢纽大楼和900兆蜂窝移动电话及无线电寻呼系统。

【重点项目介绍】 市政建设:该项目是一个集多功能于一体的系统工程,建设内容为道路工程140539平方米,给水工程45084米,排水工程40776米,电照工程604套,环卫工程(公厕30座、垃圾箱150个)。项目总投资34005.02万元。老城区将分两年完成9万平方米危房改建工程,总投资7000万元。

基层政权建设:西藏将在"十五"期间实施4个乡基层政权建设。夺底乡乡政建设总投资106万元,现该项目工程进度为办公楼主体和框架已基本完工,周转房正在建设之中,拟定于6月底完工。蔡公堂乡乡政建设总投资125万元,现已完成可研和初设。纳金乡乡政建设总投资82万元,现已完成可研和初设。娘热乡乡政建设总投资100万元,现已完成可研和初设。

生态环境建设:城关区南北部山地水土流失问题严重,造成拉萨河河道泥沙沉积。拉萨河由于河道淤积、堤岸不稳等原因而形成游荡型河道,不但危及沿岸平原区正常的农牧业生产,洪水季节常常威胁拉萨市区安全。诸多生态环境问题造成的土地退化、土地资源浪费和潜在的水患,已成为社会经济协调和可持续发展的制约因素之一。为此将城关区划分为三个生态环境建设类型区,分别是拉萨河城关区段河谷平原综合治理区:该区域包括沿岸南北两侧山麓坡折线以下的全部河谷地段,海拔3650—4050米,地貌类型为山间河谷平原,可细分为山麓洪积扇群、河流冲积平原及夹于两者之间的山前洪冲积倾斜平原,面积约11486.77公顷。拉萨河北岸山地水土流失综合治理区:位于城关区北部,包括拉萨河以北山麓坡折线以上的山地,海拔高度在3650—5400米之间,土地面积23025.99公顷。拉萨河南岸高寒草场生态建设区:本类型区包括拉萨河以南山麓坡折线以上的山区,海拔3650—5600米,土地面积17938.24公顷。

近期任务(2000年—2010年)启动并实施"拉萨河流域城关区段生态环境综合治理"项目,计划总投资1.12亿元。中期任务(2011年—2030年)拟实施的项目为"拉萨拉鲁湿地自然保护区建设"和"拉萨市城关区娘热沟水土流失综合治理"。计划投资1600万元。远期任务(2031年—2050年)拟建设的生态环境项目为:拉萨市城关区夺底沟水土流失综合治理。计划投资1012万元。城关区第一期生态环境建设综合治理项目的主要内容为:植树造林66.7公顷,种草11.2公顷,拉萨河治理1750米。治理目标:治理水土流失面积42.8平方公里,治理沙漠化面积0.67平方公里,治理三化面积 4.8 平方公里。城关区已列为全国第二批生态环境建设重点县。

陕西省宝鸡市

【经济与社会发展】 2001 年,宝鸡市实现国内生产总值 195 亿元,其中第一产业增加值 25.6 亿元,第二产业增加值 91.8 亿元,第三产业增加值 77.6 亿元;地方财政收入 8.87 亿元;完成外贸进出口总额 5960 万美元,农村居民人均纯收入 1603 元,城镇居民人均可支配收入 5145 元;实现社会消费品零售总额 60.3 亿元,居民消费价格指数为 101.8%。

全年粮食产量 130.4 万吨,水果产量 35.3 万吨,蔬菜产量 50.6 万吨,大牲畜存栏 43.1 万头,肉类产量 10.3 万吨,奶类产量 14.6 万吨;畜牧业产值 14.2 亿元(现价)。全市已建成苹果、辣椒、烤烟、生猪、禽蛋等十大基地,苗木、布尔山羊、秦川牛、莎能奶山羊、特种玉米、果业、辣椒、良种猪、草业等 10 大良种繁育中心和 27 个农科专家大院及科技示范园。

全年规模以上工业企业实现总产值 151.21 亿元;全市工业企业 1572 户,拥有陕长岭 A、宝商股份、秦川发展、宝光股份、宝钛股份五家上市公司和宝鸡烟厂、西凤酒厂、宝鸡啤酒、毅武集团、北照股份、东岭集团、中铁宝桥、秦明电子等具有较强竞争力的 50 多个大型工商企业集团;有 48 种产品被评为陕西省名牌产品,有 180 多种产品打入国际市场。

公路运输完成货物运输量 2086 万吨,货物周转量 16.9 亿吨公里;旅客运输周转量 41.2 亿人公里。完成邮电业务总量 6.6 亿元,局用交换机总容量 60.1 万门。电话普及率 13 部/百人,移动用户 24.6 万户,国际互联网用户 36344 户。旅游业全年接待国内外游客 467 万人,其中入境游客 2.08 万人,实现旅游综合收入 15.23 亿元。

2001 年,全市普通高校招生 3390 人,在校生 9211 人;成人高校招生 1934 人,在校生 4242 人;各类中等职业技术学校招生 13739 人,在校生 31631 人;普通高中招生 22867 人,在校生 56614 人;初中招生 82376 人,在校生 228264 人,入学率 95.8%;小学招生 63725 人,在校生 450749 人,入学率 99.81%;建成省级重点中学 7 所,省级示范中小学 18 所,省级示范幼儿园 6 所,省级职业高中 3 所,省级农村教育改革实验县 5 个。科技事业欣欣向荣,宝鸡市实施各类科技开发计划项目 104 个,其中国家级 30 个、省级 43 个;取得重大科技成果 53 项,其中填补国内空白和达到国内先进水平的 26 项,授政府科技进步奖 53 项;授政府农业科技成果推广奖 8 项。

全市共有艺术表演团体 14 个,文化馆 13 个,公共图书馆 13 个,博物馆 10 个,广播和电视综合人口覆盖率分别达到 98.94% 和 98.3%。宝鸡市创作的广播剧《天凤》获全国“五个一工程”优秀广播剧奖;电视论文《商业电视文化与国家意识形态》获第二届中国电视“金鹰奖”电视艺术评比三等奖;专题篇《大山在悲恸—追忆优秀共产党员杨文洲》获陕西省好新闻三等奖。

全市有医疗卫生机构 1108 个,其中医院 87 所,乡镇卫生院 179 所,卫生防疫、防治机构 14 个、卫生技术人员 14703 人,床位 10340 张。体育事业成绩显著,在全国第九届运动会上有 14 名运动员入围,8 名获奖,取得 1.5 金 1 银的好成绩;参加省内各项目比赛,获得金牌 44 枚,银牌 43 枚,铜牌 49 枚;全民健身活动蓬勃开展。

【投资环境】 宝鸡位于陕、甘、川、宁四省区的接合部,辖十县两区,总面积为 1.8 万平方公里,总人口 370 万人,其中市区面积 555 平方公里,人口 60 万。宝鸡是陕西省重要的粮油和副食品生产基地,林副土特产主要有苹果、辣椒、核桃、花椒、生漆等;太白山自然保护区有植物 2000 多种,药材 500 余种,野生动物 560 种,其中猕猴桃、五味子、板栗、沙棘果、天麻、黄芪、柴胡等闻名全国,金丝猴、大熊猫、秦岭虎、大鲵属稀世珍宝。境内矿产资源丰富,已探明铅、锌、铜、铝、金、银、煤等 30 余种,矿品位高，金属储量达500万吨。

宝鸡是欧亚大陆桥—陇海线上第三个大十字，陇海、宝成、宝中三条铁路在此交汇；公路形成了东连西安、西达兰州、北至银川、南接成都的四条干线和110条支线的公路网。由西宝高速公路至咸阳国际机场100多公里，资源调配十分便利。是中国西部的工业重镇、陕西省第二大城市，是全国卫生城市、全国双拥模范城市和全国优秀旅游城市。宝鸡设有海关和商检机构，进出口贸易通畅便捷；建成各类商品交易市场260多个，大型商贸城30多个。

宝鸡已形成机械、电子、食品、有色金属加工四大优势产业和以68户国有大中型企业为骨干、门类齐全的工业体系，产业工人26万人。钛材产量居全国第一，钢桥梁、铁路道岔居全国第二，灯泡居全国第三；通讯及导航设备、精密机床在全国占有重要地位。

宝鸡市投资环境优越，政务大厅为投资商提供一厅式办公服务。有基础设施完善，服务机构健全的国家级高新技术产业开发区。市政府制定了一系列鼓励投资的优惠政策，在企业税收、土地使用、投资方式及投资方向等方面，提供了十分宽松和优惠的政策。

【重点项目介绍】 2001年，全市50个重点建设项目，累计完成投资48亿元，同比增长30.4%。在国债资金的拉动下，城市基础设施项目建设普遍加快。道路建设当年完成投资1.42亿元，建成宝鸡市高新开发区东区高标准骨架道路—高新大道，完成汉中路、广元路等7条城市道路的拓宽改造，新开工建设总投资1.6亿元的广元路渭河大桥和斗中路渭河地下通道工程。城市环保工程当年完成投资1.28亿元，天然气气化工程和城市集中供热工程进展加快，城市气化率达到72.3%，集中供热面积210万平方米。开工建设总投资2.42亿元，日处理污水12万吨的污水处理厂和总容量1亿立方米的垃圾处理厂。渭河公园及园林绿化，城市广场建设加快，增强了城市载体功能，改善了城市环境。安居工程进展顺利，当年施工经济适用住房面积66.94万平方米，竣工36万平方米，销售30万平方米，完成投资4.6亿元。

装机120万KW宝鸡二电厂全面建成，总投资4.9亿元的城市电网改造工程竣工，总投资7.95亿元的农村电网改造进展顺利，供电质量得到很大提高。宝兰铁路复线建设已完成投资16亿元，国列贫困县出口公路—林益公路建成通车，蔡家坡常兴两座公路渭河大桥建成投入使用，宝汉公路宝鸡段改造完工，姜眉公路一期工程全线贯通，公路重点项目当年完成投资2.5亿元。

渭河宝鸡峡加坝加闸水力水电工程完成投资2.46亿元。冯家山石头河两大灌区改造、千渭河堤防建设、苗木中心、生态县建设、退耕还林、人畜饮水工程、天然林保护等农业国债项目进展顺利，当年完成投资3.4亿元。

宝鸡高新技术产业开发区建设当年完成投资2.94亿元，促进了宝鸡科技水平提高；宝鸡卷烟厂570KG/CO_2膨胀烟丝生产线、东岭凤县5万吨锌锭生产线、中日合资中直缝钢管生产线，为西气东输工程配套的大口径螺旋焊管等一批项目建成投产，北照公司高效细管径荧光灯技改、秦明公司电子医疗器材及生物材料技改等项目开工建设，12个重点乡镇工业园建设进展顺利、宝鸡有色金属加工厂引进钛冷炉床熔炼炉、长岭集团稀土永磁刷直流电机及变频调速伺服系统生产线、宝鸡石油机械厂钻机生产线改造、秦岭水泥千阳日产4000吨水泥生产线、冀东水泥扶风日产3000吨水泥生产线等一批重大工业项目近期将开工建设。

陕西省杨凌农业高新技术产业示范区

【经济与社会发展】 2001年，杨凌农业高新技术产业示范区完成国内生产总值6.5亿元，同比增长30%，实现技工贸收入12亿元，同比增长66.7%，地方财政收入4888万元，同比增长31%；上交中央税收1042万元。

全年新增企业126户，新开工企业18户，其中外商投资企业13户，股份有限公司15户，建成投产企业36户，高新技术企业33户；新增企业中，投资过亿元的项目1个，投资过3000万元的7个；实现出口1200万美元；创业中心入孵企业新增23户。加快现有企业的股份制改造，完成12家企业改制，吸收社会货币资本超过2亿元人民币。加快杨凌区工业园区建设，与9家企业达成投资意向，投资总额达9.89亿元。有7家企业办理入区征地手续，2家企业已开工建设。同时海峡两岸农业合作试验区在杨凌挂牌成立。

完成全社会固定资产投资6.4亿元，新增市政道路6.5公里、人行道1.4万平方米、路灯600盏，补修市政道路3.3万平方米、排水管道10.5公里，安装天然气管道24公里，新增天然气用户1260户，热力管网供热面积30万平方米。启动了新桥路、西闸口跨铁路立交桥和渭河大桥工程。

大力发展良种业、名优新特果业、苗木花卉业、畜牧养殖业和绿色无公害蔬菜业等五大支柱产业，建设万亩节水农业基地、万座大棚设施农业、万头奶(肉)畜养殖和万亩苗木花卉基地等工程。制定出台并组织实施“设施农业发展实施方案”及“奶(肉)畜养殖实施方案”，新建各类农业种植设施和养殖小区20多个。涌现出“金坤”、“妙味”、“宝丰”、“绿地”、“富山”、“绿洲湾”等一批与农户风险同担、利益共享的龙头企业。积极向周边地区辐射，在西部省区和陕西省内建立各类试验、示范基地57个。使农业科技成果得到了迅速转化和推广，同时由杨凌企业充当龙头，在全国建立若干企业化运行的试验、示范基地，既使农业高新技术成果得到转化和应用，又使农业高新技术企业得到了前所未有的发展，杨凌示范区2001年区外示范产生的带动效益超过100亿元。

成立了生产力促进中心和中国农业知识产权信息中心，开展专利试点，开通了杨凌信息港，为科教人员开展项目咨询、包装，专利项目查询、中介和科技信息交流搭建了平台。8月8日，世界首批成年体细胞克隆山羊与一只胚胎克隆山羊自然交配后，成功生下一对小羊羔，证明克隆羊同样具有生殖能力，创造了世界奇迹。8月31日，西北农林科技大学教授窦忠英率领的科研小组从人类干细胞中分化诱导得到心脏跳动样细胞团，标志着我国在人类胚胎干细胞领域跻身世界先进行列。这两项成果被评为陕西省2001年十大科技新闻。杂交小麦“西杂一号”通过审定，平均亩产达到626.4公斤，成为我国黄淮麦区第一个通过审定的杂交小麦品种。西北农林科技大学有50多人参与、创办、领办高科技企业，全年转化科技成果36项。

以农高会为龙头的会展经济，成为科技成果转化和产业化的理想平台。2001年11月召开的“以科技推动农业现代化”为主题的第八届农高会取得了圆满成功，共有全国31个省、市、自治区、新疆建设兵团，以及美国、法国、日本等25个国家和地区的客商参展、参会。会期参观学习的各界群众达130万人次；促成项目洽谈、技术成果及产品交易总成交额150多亿元；展示各类成果4000多项，其中农业高新技术成果占40%以上；大会推介项目1000多项，涉及全国17个省、市、区。

2001年，农民人均纯收入2120元，同比增长17.5%。离退休人员养老金实现社会化发放，计划生育工作不断加强，农村改厕试点工作逐步铺开。组建了示范区药品监督管理局，对医药卫生市场进行了全面清理整顿。成功举办了第九届亚洲赛艇锦标赛和第五届中国国际民间文化艺术节杨凌演出活动。

【投资环境】 杨凌农业高新技术产业示范区成立于1997年，是经国务院批准成立的我国唯一的国家级农业高新技术产业示范区。示范区位于八百里秦川腹地，东距西安82公里，地理位置优越，交通条件便利。示范区总面积94平方公里，总人口14万，新建区规划面积22.12平方公里，下辖县级杨凌区。

杨凌示范区实行“省部共建，以省为主”的管理体制，由国家18个部委和陕西省人民政府联合共建。同时,陕西省赋予示范区管委会省级经济管理权、地市级行政管理权,实行封闭式管理,开放式运行,全省各部门也给予示范区最大限度的支持。杨凌示范区现已成为中国向亚太经合组织开放的科技工业园区之一、中国六个海峡两岸合作试验区之一、中国"十五"期间重点支持发展的五个国家级高新区之一。

2001年,杨凌示范区投资环境不断优化。成立了示范区企业投诉中心,清理涉及企业的各类行政事业性收费项目271项,并在政务大厅实行"一口收费",为入区企业发展创造良好的软环境。多渠道、全方位争取支持示范区发展的优惠政策。完善首问责任制和办文办事限时承诺制等一系列制度。深入开展精神文明建设,形成了"亲商"、"安商"、"富商"和"人人都是投资环境"、"人人都是示范区形象"的良好氛围。

示范区城市功能不断完善,在基础设施、产业发展、成果转化、科技示范、体制改革、引进人才及对外开放等方面取得重大进展,电力、通讯、市政道路、天然气、城市供水、教育、医疗、集中供热和计算机网络平台等一批关键项目相继建成或正在建设,城市功能日趋完善。严格执行环境保护各项法规,加强环境污染治理。绿化面积37.3公顷,新区绿化覆盖率达40%以上。经国家环保总局批准,杨凌已被纳入第六批国家级生态示范区。以观光农业为主的特色旅游正在成为示范区发展的一个新亮点。

【重点项目介绍】 一是重点发展良种产业、生物技术产业、绿色有机食品产业和旱作农业新机具、新材料产业,同时发展农副产品精深加工产业、植物化工及生物资源综合开发利用产业、现代中成药产业和农业信息产业。

二是重点面向西部农业发展的科技需求,立足西部地区农业产业结构调整和农民增收需要,发挥科教优势,加快优良品种培育、引进和先进实用技术的推广,推动西部地区发展特色经济;积极探索企业、科技人员和农户在农业产业化过程中的有效组织形式;建设好国家农业专利信息中心,尽快形成覆盖西部、辐射全国的农业科技大市场。

三是完善孵化体系建设,建立拥有专业化的管理服务队伍,具有良好的软硬件服务环境,创造畅通的融资渠道,提供坚实的资金信贷保障的现代科技型企业"孵化器"。培育更多有发展潜力的中小型科技企业,促进科技创新和科技成果加速产业化。

四是加大基础设施建设力度,以经营城市的思路建设城市,努力探索城市建设、管理的新机制、新模式。重点是建立城市建设投融资机制,加快土地资源的市场化开发,吸引民间资金和外资参与城市基础设施建设。加强城市供水、排污、道路、环境绿化以及市场等基础设施建设。

五是抓好重点村镇的规划和建设,搞好城乡公路的升级改造,逐步实现农村城镇化,把村镇建设纳入城市发展总体规划,使村镇设施建设标准逐步向城市靠拢,并作为城市功能的补充和完善。

陕西省韩城市

【经济与社会发展】 2001年,韩城市实现国内生产总值19.2亿元。其中,第一产业增加值3.3亿元,第二产业增加值10.6亿元,第三产业增加值5.3亿元。

农业以椒、果、菜、畜四大产业为主,工业以煤炭、电力、冶金、建材等四大产业为主,另外有机械、铸造、纺织、食品、服装、化工、医药、农副产品加工等十多个门类的产业体系。已形成煤炭700万吨,发电40万千瓦,精煤240万吨,冶金焦炭170万吨,水泥65万吨,生铁20万吨,钢20万吨的生产能力。中外合资年产3万吨的浓缩果汁项目已经建成投产。投资100多亿元人民币的韩城二电厂和西安至禹门口的西禹高速公路正在开工建设。

【投资环境】 韩城市位于陕西省东部,关中平原东北隅。南接合阳、东隔黄河与山西河津、乡宁、万荣相望。南北长50.2公里，东西宽42.5公里，总面积1621平方公里。总人口38万人，耕地面积48万亩，市辖2办、10镇、9乡，是国务院批准的对外开放城市和历史文化名城。

韩城市自然资源丰富，开发潜力巨大。境内蕴藏着煤、石灰石、铁矿石、铝土矿、大理石、白云石、高岭土等丰富的矿产资源和丰厚的煤层气资源。煤炭地质总储量103.48亿吨，其中探明储量27.74亿吨，水泥灰岩探明储量5083.7万吨，铁矿探明储量3014万吨，铝土矿44万吨，大理石260万立方米，高岭土1514万吨；煤层气资源总量2080亿立方米，达到开采品位的资源量1907.6亿立方米；水资源得天独厚，黄河境内流程74公里，水资源总量为3.6亿立方米，可利用量为2.5亿立方米。

韩城气候温和，雨量适中，物产丰富。尤为"大红袍"花椒驰名全国，年产量1200万公斤，占全国总产量的六分之一，是全国最大的花椒生产基地，韩城还是陕西渭北优质苹果基地，苹果种植面积十万亩。核桃、柿子、板栗、大枣等产业正在发展壮大。

韩城历史文化悠久，旅游资源丰富，有天然历史博物馆之称，是陕西八大旅游景点之一。民居古建村落党家村被称为人类文明的活化石，有唐、宋、金、元、明、清时代的古建筑一百多处，庄严肃穆的太史祠墓和巍峨壮丽的龙门风光都已成为来韩城游客的必游之地。

韩城市投资环境优越，108国道和西(安)韩(城)铁路纵贯南北，西禹高速公路正在建设，是联结西北与华北的重要地区，境内公路网已具规模，实现了乡乡通油路，交通十分便利。城市建设飞速发展，基础设施日益完善，城市建成面积14.7平方公里，供水能力5万吨，程控电话装机容量5万门，GSM和CDMA移动电话网覆盖全市，广播电视覆盖率99.8%，城区绿化优美，电力供应充足。城乡商贸活跃，新城农贸大厅、南关蔬菜批发市场，轻工业批发市场及西塬花椒市场等骨干市场的相继建成，城市集中供热工程、城市煤气工程、垃圾处理工程等基础设施项目正在积极前期准备中。

韩城市通过完善政策、健全制度、规范管理、强化服务等措施，不断改善投资软环境，先后出台了《关于紧抓西部大开发机遇　加快韩城经济发展的决定》、《关于进一步优化投资与经济发展环境的意见》、《关于招商引资优惠政策的若干规定》、《关于认真清理规范性文件的通知》、《韩城市向重点项目和企业派驻政府特派员实施办法》等一系列政策制度，为优化投资与经济发展环境奠定了政策基础。成立了政务大厅，提高了办事效率，创造了优良的投资环境。独特的资源优势和人文景观优势以及优越的投资环境使韩城市的招商引资工作成效显著。投资1.2亿元的60万吨冶金焦项目、投资7000万元的3万吨浓缩果汁加工项目，投资2000万元的20万吨环保型煤等招商引资项目已相继竣工投产，城市煤气工程、干法水泥生产，电解铝及铝型材加工等项目正在积极招商引资。

【重点项目介绍】 城市煤气工程，该工程设计供气规模为日供气8万标准立方米，气源为市北2公里处韩焦公司20万吨冶金焦，日产9.6万标准立方米的富余煤气，项目总投资7295万元，项目建成后，预计年销售收入1444万元，投资回收期10年。

城市集中供热工程，项目总投资8730万元，供热范围为新城区和招商区，供热面积140万平方米，主要建设内容为29兆瓦热水锅炉三台，热力管网3.5公里，包括城市集中供热站，城市热力管网和小区热力站等，项目建成后，预计年销售收入2200万元。

"民居瑰宝"韩城党家村旅游开发项目，党家村古民居，位于韩城市新城区北9公里处，始建于元至顺二年，距今已有600余年历史，目前保存完好的明清"四合院"有125处，国内专家称其为"民居瑰宝"，日本专家赞其为"东方人类古代传统村庄的活化石"，是全国重点文物保护单位。开发保护工程包括：对现存建筑保护维修,恢复原有的古庙宇;重建已被毁坏的24座哨门洞楼,关帝庙一座,戏台一座;举办各种形式的民俗展览活动,总投资2000万元。

清水温泉度假村,清水温泉位于历史文化名城陕西韩城芝阳镇清村,清泉附近山青水秀,景色宜人。经国家环境监测所分析化验,清水温泉水温45℃,对心血管、内分秘、内湿、皮肤病有极好的疗效。含有14种矿物质及多种微量元素。项目建设矿疗医院、温泉游泳馆、度假山庄及娱乐健身设施。项目总投资2600万元人民币,已投入400万元,征地116亩,进行温泉井、40亩人工湖、1000平方米洗浴办公楼的建设。

日产1000吨干法水泥生产线项目,韩禹建材矿业有限责任公司位于韩城市龙门镇阳山庄村东108国道旁,年生产能力15万吨,是陕西省建材系统重点企业之一。该公司资产总额3400万元,占地100余亩,拥有职工514人,其中各类专业技术人员80余人。该公司拥有矿山开采权,按目前规模自有矿山可开采百年,为了充分发挥资源优势,决定建设日产1000吨即年产36万吨干法水泥生产线,项目总投资1.2亿元。

30万吨煤矿建设项目,该矿位于韩城矿务局燎原煤矿井田南端,马庄村之南,面积6.23平方公里。含煤地层为石碳二叠系含煤建造,共含煤11层,局部可开采和主要可开采煤层4层,属低硫瘦煤,炼焦配煤和动力用煤。总储量5459.62万吨,其中A+B级储量3647.26万吨,占总储量的67%。可开采储量1388.52万吨,矿井设计年生产能力30万吨,服务年限35年以上,项目总投资4163万元。

10万吨电解铝生产及25万千瓦自备火力发电项目,韩城市煤炭资源丰富,探明储量27.74亿吨,水资源条件得天独厚,邻近年产120万吨氧化铝粉的山西铝厂,电解铝资源可靠,发展铝电工业条件十分优越,为充分发挥资源优势,拟建设10万吨电解铝及2×12.5万千瓦自备坑口火力发电厂,项目总投资45亿元。

甘肃省张掖市甘州区

【经济与社会发展】 2001年,甘州区实现国内生产总值29.04亿元,同比增长9.58%,全社会固定资产投资总额完成7.03亿元,同比增长12.85%,地方财政收入1.316亿元,同比增长5.7%。

农业结构调整力度加大,产业化经营取得新突破,在保持农作物种植面积基本稳定的情况下,按照市场需求变化,进一步加快结构调整步伐。粮食生产中的优质小麦、高产专用玉米和优质小杂粮等种植面积大幅度增加,油料、蔬菜、瓜果等经济作物种植面积进一步扩大,粮经比例由上年的60:40调整为49:51。订单农业发展迅速,合同种植面积34万亩。林果业发展有了新的起色,完成造林面积5.1万亩,新建优质果品基地1.09万亩,育苗基地1.4万亩,发展速生用材林7500亩。畜牧业生产稳步增长,品种结构趋向优化,新发展规模养殖村(社)41个、养殖户219户,水产品、珍禽养殖从总量和规模上都有了大的发展,肉禽蛋奶等畜产品产量稳步增长。农业基础进一步加强,黑河流域综合治理节水工程进展顺利,完成投资6974万元,衬砌各类渠道194.8公里,完成节水灌溉面积1.78万亩。小康建设稳步发展,全区共改造小康住宅4710户,新建高标准小康示范点3个。乡镇企业结构调整取得进展,企业效益有所提高,完成增加值7.22亿元,同比增长20.3%,营业收入23.22亿元,同比增长20.3%。

企业改革进一步深化,城市经济活力逐步增强,全区有63户企业完成改制任务,占应改制企业的91.3%,改制后大部分企业活力增强,效益上升,有力地拉动了城市经济的增长。企业技改步伐加快,600吨仲钨酸铵、阳极板精炼炉生产线、龙渠电站1号机组、万金纸业一期工程扩建改造等13个项目建成投入生产。消费品市场日趋繁荣,超市、连锁店、专卖店等现代营销方式发展迅速。新增个体私营企业126户、个体工商户1159户。财政金融运行良好,地方财政收入1.32亿元,同比增长5.7%。金融机构存款余额33.01亿元,同比增长19.4%,贷款余额27.5亿元,同比增长1.16%。

社会各项事业协调发展,人民生活继续改善,农民人均纯收入3103元,同比净增152元;城镇居民人均可支配收入5327元,同比净增371元。科教兴市步伐加快,全区建设农业科技示范点42个,引进推广农业新品种211个,新技术46项。素质教育稳步推进,中小学教学质量提高,高考录取率为72.6%。文化市场管理力度加强,小康文化建设效果明显,群众性文体活动广泛开展。卫生工作取得了新的成绩,药品集中招标采购成效显著,农村合作医疗运行良好。计划生育专项治理工作取得突破性进展,计划生育率、人口自增率等控制在计划目标之内。社会治安综合治理取得明显成效,广播电视、环境保护、民族宗教、精神文明建设等各项社会事业蓬勃发展。

【投资环境】 甘州区地处甘肃省河西走廊中部,原为张掖市,因原张掖地区撤地建市,原张掖市改称甘州区,辖1区10镇12个乡5个街道办事处,总人口47.93万,其中城镇人口12.19万。面积4240平方公里。现有耕地90.16万亩,园地面积23.27万亩,林地21.97万亩,牧草265.37万亩,水域18.2万亩,森林覆盖率12%。

甘州区农副产品资源丰富,加工转化前景广阔,农业产业化经营不断推进,基本形成了龙头带基地、基地连农户的生产经营格局,为发展农副产品深加工提供了良好的条件。城乡工业基本形成了采矿、冶金、电力、化工、机械、造纸、建筑建材、医药、酿造、粮油加工为主的工业体系。

全区各类专业批发市场已发展到34处,形成了连接城乡、沟通内外、纵横交错的粮油、蔬菜、皮毛、牲畜、工业品、旧货、餐饮等市场网络。人才、信息、劳务、物资等各类要素市场已具雏形,南关蔬菜批发市场位居全省十大市场行列,甘州市场被命名为“全国文明市场”。

甘州区基础设施完善,投资环境优越,境内交通便利,兰新铁路和312、227国道横贯全境,距城区25公里的机场可起降各类飞机,县乡公路四通八达,城乡电网已并入全国大电网,邮电通讯方便快捷。城市功能日臻完善,城区主干道拓建和供水扩建已经完成,城区集中供热、污水处理和二环路改扩建等项目先后开工建设,改善了城市形象,增强了城市综合服务功能。

在招商引资方面,制定了《甘州区招商引资优惠政策》、《甘州区加快发展非公有制经济的优惠税费政策》和《甘州区进一步放开城镇户籍制度的暂行办法》等一系列政策法规。

【重点项目介绍】 年产1万吨PE、PVC塑料管材生产线。主要生产高、低压PE、PVC两大系列管材,计划在原年产1000吨塑料管材生产线的基础上,改扩建形成1万吨生产能力。项目总投资1600万元,项目建成后,年产值可达1亿元,实现利税1492万元。

白钨矿采选及深加工生产线。项目总投资1.2亿元,项目建成后,年采选白钨矿60万吨,生产仲钨酸铵、三氧化钨及钨棒(粉)深加工产品5000吨,产值3.3亿元,实现利税5695万元。

张掖小孤山水电站。总投资6.8亿元,其中世行技术援助资金75万美元。总装机容量9万千瓦,建成后年产值可达1.2亿元,利税2560万元。

2万吨脱水蔬菜生产线。项目总投资2.3亿元,建成后可年产2万吨脱水蔬菜,带动20万亩脱水蔬菜基地,产值可达3.5亿元,利税6000万元。

优质葡萄基地建设。项目总投资2.18亿元,建成后将新增优质酿酒葡萄基地3万亩,年销售收入可达4亿元,利税2888万元。

甘肃省永昌县

【经济与社会发展】 2001年,永昌县国内生产总值完成12.55亿元,同比增长7%,完成农业增加值3.24亿元,县属工业企业完成增加值1.73亿元,同比增长11.6%;乡镇企业完成增加值4.37亿元,同比增长18.9%,实现税收3100万元,同比增长9%。

围绕农业增效、农民增收、农村稳定的总目标,大力调整农业产业结构,促进农村经济的健康发展。种植业结构进一步优化,粮经比例达到43.6∶56.4。优质专用农产品生产基地初具规模,高效农业发展迅速。优质小麦、啤酒大麦种植面积分别达到18.43万亩和11.95万亩,优质率为89.8%和95.5%。畜牧业有了新的发展,新增规模养殖户662户。林业生产完成人工造林1.53万亩,封山育林3.22万亩,退耕还林(草)2095亩。乡镇企业有了新的发展,以啤酒麦芽、优质面粉、洋芋淀粉加工和果蔬保鲜贮运等为主的农业产业化龙头企业不断发展壮大。

工业经济稳定增长,新建陇浙炉料公司等10家企业,完成了亚美地毯公司5万平方米生产线扩建等7项技改项目,进一步增强了地方工业实力。工业经济综合效益指数为98.2%。对外开放水平不断提高,全年共签订各类招商协议、合同51项,合同、协议引进资金8.87亿元,实际利用外来资金3800万元。

商贸流通日趋活跃,实现社会消费品零售总额3.36亿元,同比增长2.8%。新增个体私营业户1024户、1525人,累计达到5956户、9568人,分别增长18.4%和17.7%。非公有制经济实现税收1200万元,同比增长28.3%,占经济总量的比重为28.2%。

财政金融运行平稳,实现财税收入1.68亿元,同比增长9.8%,大口径财政收入1.11亿元,同比增长6.9%,其中地方财政收入8700万元,同比增长5%。金融机构年末各项存款余额13.32亿元,同比增长10.6%,贷款余额16.02亿元,同比增长5.1%。

城乡人民生活水平进一步提高,城镇居民人均可支配收入5060元,人均净增902元,增长21.7%;农民人均纯收入2762元,人均净增87元,增长3.3%;初步建立了城乡困难居民最低生活保障体系。

精神文明建设成效显著,社会各项事业协调发展,实施了河西精神文明模范走廊创建工程。科技兴县战略实施力度加大,完成高科技蔬菜生产示范园区建设等12个重点科技项目,科技对经济发展的贡献率不断提高。全面推行素质教育,小学巩固率为99.5%,初等教育完成率为97.3%,普高升学率为56.8%。人口自然增长率8.61‰,计划生育率93.8%。卫生、文化、广播、电视和体育事业进一步发展,城乡群众保健水平不断提高,文化生活不断丰富。

【投资环境】 2001年,永昌县成立了招商引资服务局,各乡镇也相应成立了招商引资工作机构,制定了招商引资项目责任制,通过各种有效途径宣传永昌。并先后出台了《关于进一步鼓励外来投资的优惠政策规定》、《关于进一步扩大对外开放改善投资软环境的若干规定》和《关于大力发展个体私营经济的决定》。凡来永昌投资办项目的外地客商,优先优惠出让土地使用权,荒地荒山荒坡无偿提供使用权,外商投资企业交纳的地方所得税按一定生产期限全额返还,对其家属和子女户口、招工、入托、入学等方面给予照顾。

永昌县基础设施较为完善,国道312线和兰新铁路贯穿全境,县乡道路四通八达,硬化率达到100%。电力供应充足,辖区内火电厂、小水电站年发电量28亿万千瓦时。西兰乌光缆穿越县境,程控电话装机容量1.2万门,移动电话网覆盖城乡。

永昌县农产品、矿产、旅游资源丰富,发展潜力巨大。有冶金、化工、电力等中央、省、市属大型企业20余家。初步形成了轻纺、建材、煤炭、面粉加工、啤酒麦芽生产、苜蓿加工和羊肉制品加工等为主的地方工业体系。

【重点项目介绍】 永昌县西河灌区续建配套与节水改造项目。主要建设内容为改建渠首枢纽1座,改造干、支渠67条162.15公里,建筑物362座,概算总投资1.13亿元。截止2001年底,已完成投资912.96万元,改建干支渠9条13公里,建筑物59座。项目完成后,将增加保灌面积35万亩以上,水的利用率提高20%以上。

永昌县东河灌区续建配套与节水改造项目。主要建设内容为改建干、支渠25条255.3公里,配套建筑物977座,概算总投资1.74亿元。截止2001年底,已完成投资757.59万元,改建干渠2条8.65公里,建筑物29座。项目建成后,将增加保灌面积30万亩以上,水的利用率提高20%以上。

永昌县优质啤酒大麦生产基地项目。项目总投资593万元,主要建设内容为新增啤酒大麦生产基地7万亩,良种繁育基地2000亩。项目建成后,年可提供优质啤酒大麦良种850吨,优质啤酒原料6.6万吨,实现销售收入3550万元,利税574万元,项目区人均增收81元。

甘肃省天水市

【经济与社会发展】 2001年,天水市实现国内生产总值87.5亿元,比上年增长8.3%,其中第一产业增长15.5%;第二产业增长6%;第三产业增长9%。

农业结构得到进一步优化,农村经济快速发展,在持续8年干旱之后,2001年的旱情有了较大缓解,天水市利用这一有利时机,大力发展农村经济,加快农作物种植结构的优化,良种率继续提高。退耕还林(草)工程进展顺利,草产业发展迅速,畜牧业生产增长较快,肉、禽、蛋、奶比上年都有较大幅度增长;当年新增林地面积15.24万亩,治理水土流失面积430.9平方公里,生态环境综合治理、南北二山绿化工程进展顺利,以人畜饮水、节水灌溉为重点的小型水利建设成效显著,全市农村的生产、生活、生态环境都有了新的改善;乡镇企业完成总产值52.84亿元,同比增长18.8%;实现农业增加值16.5亿元,同比增长15.5%;农民人均纯收入1168元。

全面推进国企改革,工业效益稳中有增,坚持"工业强市"方针,深化企业改革,强化企业管理,扩大招商引资,促进了生产增长和企业增效。杭州娃哈哈10万吨纯净水及可乐饮料线、长城万吨浓缩果汁线等一批新建项目相继建成投产,推动了全市工业结构的调整和生产的快速增长,全年实现限额以上工业增加值10.8亿元,同比增长10.4%。

在国家继续实行扩大内需和积极财政政策的强力拉动下,商贸流通出现转机,居民购买力增强,市场物价在去年的基础上缓慢回升,全年实现社会消费品零售总额30.5亿元,同比增长10.9%。居民消费价格指数102.6%。

固定资产投资继续稳定增长,以城乡基础设施建设、退耕还林草、生态环境综合治理工程和农村电网改造为重点的基本建设呈现出良好态势。全年完成全社会固定资产投资28.7亿元,同比增长6.93%。

财政收入有所增长,金融形势运行平稳,全年实现财政收入6.89亿元,金融机构年末存款余额94.08亿元,同比增长10.55%,贷款余额69.67亿元,同比增长2.68%,城乡居民储蓄存款余额67.15亿元,同比增长10.99%。

全市九年义务教育普及率进一步提高,以农村中小学危房改造为重点的教育基础设施项目顺利实施,甘肃林业学校晋升为甘肃林业职业学院,西北工业学校晋升为甘肃工业职业学院。市级中心血站、张家川血库、市中医院住院楼、乡镇中心卫生院改造等一批重点项目的实施,使全市城乡居民的生活质量得到新的提高。

【投资环境】 2001年3月,天水市政府出台了《天水市实施西部大开发招商引资若干政策规定》,放宽了市场准入条件,明确了鼓励投资的重点产业,并在征用土地、税费征收等方面给投资者以优惠,有力地推动了全市的招商引资。2001年11月中共天水市委三届十四次全委会议上,通过了《关于进一步优化经济发展环境的若干意见》,在营造良好的法制环境、政策环境、服务办事环境、市场环境、舆论环境及责任考核等方面提出了建设性意见,实施了首长责任制,答复签字制,办事评议制,过失追究制,末位淘汰制,竞争上岗制和市直单位科级干部全员轮岗制等"七项制度",并在一些服务行业实行公开服务内容、服务程序、服务对象、服务标准和承诺服务时限的"四公开一承诺"制度,使天水市的投资环境、建设环境和创业环境得到改善。

在发挥"五大优势"(相对区位优势,加工工业优势,旅游资源优势,农林特产优势,劳动力资源优势),实施"三大战略"(科教兴市战略,依法治市战略,可持续发展战略),调整"四大结构"(产业结构、所有制结构、投资结构、产业结构),加强"三大建设"(基础设施建设、生态环境建设、小城镇建设),坚持走"农业稳市、工业强市、旅游富市"的路子,加快农业产业化、工业化、城镇化、信息化进程,把天水市建设成为发育水平较高的以生态农业、加工工业、旅游商贸为主的陇东南中心城市方面取得了进展。

【重点项目介绍】 天水市城区外环路拓建工程。道路全长46.25公里,工程由11条城区道路和2座桥梁组成,占地面积199万平方米,绿化面积37万平方米,敷设排水管线74.3公里,概算总投资6.77亿元,一期工程于1998年10月开工,共三路一桥、13.9公里,总投资2.3亿元,已于2000年7月竣工。二期工程共五条道路,总长12.2公里,总投资1.7亿元,于2000年7月开工建设,2001年8月完工。三期工程主要包括羲皇大道中段、迎宾北路、皇城路、环城路西段、颖川路和天水郡大桥,于2001年7月开工。天水市城区外环路工程建成后,将使全市人均道路占有面积从3.7平方米提高到8平方米,绿化覆盖率从12.03%提高到13.17%,人均公共绿地面积从2.09平方米提高到3.14平方米。对加快天水城市化进程,改善城市投资环境,提高城市品位,促进全市经济发展和社会的全面进步都具有十分重要的意义。

麦积山风景区道路建设项目。项目总投资4035万元,计划修建景区道路46公里,其中游览步行道20公里。截止2001年已安排投资2600万元。建成道路21公里,包括贾河至麦积山公路5.18公里、前川至王家大沟3.5公里、温泉至滩子公路2.76公里,以及景区步行道9.5公里。麦积山风景区环道的建设,对改善天水麦积山景区旅游基础条件将起到积极作用。

青海省格尔木市

【经济与社会发展】 2001年,格尔木市完成国内生产总值22.08亿元,同比增长31.9%,其中第一产业0.58亿元,同比增长5.5%,第二产业13.3亿元,同比增长41.3%,第三产业8.2亿元,同比增长21%。

2001年,农业根据市场需求,调整农作物种植结构,扩大经济作物和其他饲料等农作物种植结构,扩大经济作物和其他饲料等农作物的种植面积。农作物种植总播种面积5.6万亩,同比增长4.1%,油料播种面积0.87万亩,下降53.4%,蔬菜播种面积0.78万亩,增长51.2%,其他作物播种面积1万亩。各类牲畜年末存栏26.6万头(只),同比下降2.2%。乡镇企业得到较快发展。全年实现利润922万元,同比增长13.5%。

2001年,完成工业总产值(现价)25.25亿元,同比增长24.8%,工业增加值完成8.1亿元,同比增长9.4%。全年工业产品销售88.7%。

2001年,完成货运总量422.2万吨,同比增长0.7%,其中铁路366.8万吨,增长15.2%;公路55.4万吨,下降45.1%。完成客运总量129.8万人次,同比增长0.6%,其中铁路113.4万人次,与上年持平;公路15.7万人次，下降1.9%；民航6783人次。完成邮电业务总量1.1亿元，同比增长33.5%。

2001年，完成固定资产26.2亿元，同比增长2.07倍。其中基本建设投资23.86亿元，增长256.6%；更新改造投资0.54亿元，增长106.2%；房地产开发投资1.14亿元，下降17.9%；其他投资0.62亿元。

2001年，完成地方财政一般预算收入1.3亿元，同比增长20.8%；财政支出1.8亿元，同比增长27.7%。城镇居民人均可支配收入6515元，同比增长11.95%。农牧民人均纯收入2254元，同比增长6.9%。

全年社会消费品零售总额6.1亿元，同比增长8.6%。随着流通领域体制改革的进一步深化，各种经济成分竞争激烈，非国有经济快速发展。物价继续保持低水平运行，人民生活水平不断提高。

【投资环境】 格尔木是蒙古语，意为“河流密集的地方”。格尔木是一座现代化新兴高原城市，市区位于昆仑山北麓柴达木盆地南沿中部，辖区面积为12.3万平方公里。建成区面积24平方公里，总人口16.5万人，居民主要有汉、藏、蒙、回等民族。格尔木市是通往西藏、新疆、甘肃的重要交通枢纽。1960年10月17日，经国务院批准设立格尔木市，1965年3月27日改为县。1980年6月14日复又设市。格尔木现已发展成为青海省的重要新兴工业城市，主要有盐化工、石油、天然气、铅锌等工业。

格尔木市各类资源极为丰富，矿产资源主要有钾、镁、锂、金、铜、钴、铅、锌、玉石、水晶、石油天然气等。其中有30余种矿产居全国前列；野生动植物资源主要有野牦牛、野驴、藏羚羊、白唇鹿、雪鸡、雪豹、棕头鸥等；野生植物达200多种，其中枸杞、大黄、雪莲、甘草、麻黄等最为出名。水能资源主要有沱沱河、当曲河、格尔木河、那陵郭勒河等数十条。年径流量10.68亿立方米，水能资源蕴藏量50万千瓦以上，现已建成格尔木、小干沟等水电站。全区草场面积3974万亩，耕地面积7.41万亩，尚有可开垦农地40万亩。区内有全国最大的察尔汉盐湖、现已建成20万吨钾肥厂1座，100万吨钾肥二期工程正在建设中。

为了加快格尔木市资源开发和经济发展步伐，鼓励国外和省内外客户到格尔木市进行投资建设，对所有经济技术实体除享受国家和青海省规定的有关优惠政策外，还享受格尔木的有关优惠政策。在符合格尔木市统一规划的前提下，鼓励国内外投资者对能源、交通、市政基础设施项目、矿产资源开发项目、资源综合利用和深加工项目、生产出口创汇和替代进口产品的项目、高新技术产业项目、商业、物资供销、对外贸易、房地产业、经济技术信息和咨询服务以及其他资源开发服务等项目进行投资。

在格尔木新建的基础产业和基础设施建设项目总投资在5000万元以下，加工工业项目总投资在3000万元以下，外商和港澳台同胞投资项目总投资在1000万美元以下的，由开发区管委会审批，并简化项目审批程序，对各类建设项目实行一次审批。对土地使用权实行有限期的无偿出让和有偿转让，转让期最长为70年，在转让期内，可依法出租、转让抵押。适当降低固定资产投资方向调节税实行零税率或低税率。对外商独资和中外合资及中外合作经营的企业，生产性企业从正式投产之日起，除国家有特殊规定的以外，免征工商统一税5年，期满后仍有困难者，经报批，还可以继续延定期减免。对各类“三资”企业，凡合作年限在15年以上的，按照国家统一税率征收企业所得税，经企业申请，税务机关批准，从开始投产的年度起，前7年将企业所得税全部返还，后8年返还50%。外资投资者将企业分得的利润，在开发区内再投资，期限不少于5年，经申请，税务机关核准。全部返还其再投资部分已交纳的企业所得税款；如该项目不足5年撤回的，将依法追回已返还的税款。外资企业生产的出口产品，除国家有特殊规定的以外，免征工商统一税。外资企业生产的内销产品，在开办初期纳税确有困难的，可以申请在一定期限内减免工商统一税。

格尔木昆仑开发区:该开发区位于格尔木市东南工业区内,总面积28平方公里,是青海省唯一的省级经济开发区。该开发区经过3年建设已初具规模,"五通一平"(水、电、路、信、暖)畅通。该开发区地势平坦十分利于经济建设发展。由于开发区内实施了一系列的优惠政策,已吸引了一大批国内外客商入驻开发区内进行了经济建设与投资,有力地促进了格尔木地区经济发展。该开发区已批建项目155项,协议资金5.4亿元,实际到位为2.3亿元;注册企业为200多户,注册资金达2亿多元,形成固定资产投资3.1亿元。东方优质氯化钾厂,晶达科技开发公司,柴达木地矿化工一厂、二厂、昆仑化工厂,维力化工厂,昆仑钢厂等一批资源开发性工业企业相继建成投产,已形成相当规模。国家重点建设项目格尔木炼油厂、格尔木天然气化肥厂、石油新三项配套项目的燃气电站,均在区内建设。

【重点项目介绍】 涩北气田输气工程。涩北气田是我国大型天然气气田之一,是西气东输送工程—涩宁兰供气源。该气田初步探明总储量3000亿立方米以上,现已建成年供气量达10亿立方米规模,涩北气田天然气具有独天得厚的优势,一是品质高,甲烷含量在99%以上,基本不含硫,是优质燃料和化工原料;二是气田丰度高,每平方公里大于10亿立方米;三是埋深浅,气藏一般在500—1700米。具有良好的开发前景。该气田开发已形成规模,生产、集输配套,并建成了以青海省格尔木市、甘肃省敦煌市为输气中心,辐射周边地区的规模型输气管网。现今正式向涩宁兰天然气管道供气,使涩北气田的天然开发利用跃上了一个重要的台阶。

钾肥一、二期工程。察尔汉是我国最大的沉积型内陆盐湖,是我国最大的钾镁盐生产基地,总面积5856平方公里,各类盐矿资源600多亿吨,其中氯化钾储量1.45亿吨,占全国探明储量的97%,该盐湖潜在价值达12万亿元以上,具有十分广阔的开发和利用前景,也是发展我国中西部经济的战略宝地。国家建设的年产20万吨钾肥一期工程于1992年投产,到目前已为国家生产氯化钾200多万吨,实现工业产值近百亿元。国家投资扩建的年产100万吨钾肥二期工程正在建设中。

青海省民和县

【经济与社会发展】 2001年,全县完成国内生产总值5.33亿元,同比增长11%;全社会固定资产投资完成3.57亿元。财政收入2515万元,同比增长24.5%,支出1.71亿元;年末金融机构各项存款余额5.12亿元,同比增长4.5%;各项贷款余额9.2亿元,同比增长0.37%。

2001年,全县城镇居民人均可支配收入4968元,同比增长11.74%;农村居民人均纯收入1449元,增长26.49%。全社会消费品零售总额3.37亿元,同比增长10.1%。社会养老保险覆盖面不断扩大,参加养老保险的单位90家,人数3546人,社会化发放率100%,失业保险人数7239人,享受城市最低保障2326人,全县登记失业率2.6%。

农林牧业坚持"调粮、稳薯、扩麻、抓菜、种药"种植业结构调整思路,不断适应市场发展需求,提高农牧业经济效益。2001年,种植冬小麦3.16万亩,脱毒马铃薯15.2万亩,杂交油菜8万亩,亚麻1万亩,药材0.82万亩,蔬菜0.88万亩。全县粮食总产量0.75亿公斤;油料0.11亿公斤,分别同比增长16%和62.7%。畜牧业生产形势较好,"西繁东育"工程力度加大,全县草食畜存栏24.84万头(匹、只),饲养量39万头(匹、只),出栏率46.51%,商品率43.64%,农业总产值1.89亿元,畜牧业产值0.59亿元。农村经济总收入4.36亿元。林业生产取得新进展,累计完成退耕还林草7万亩,周边荒山造林14万亩。全县的森林覆盖率13.5%。通过天保工程、生态二期、"三北"工程等造林,治理水土流失面积20.43平方公里。坚持开发式扶贫的方针,以以工代赈项目建设、异地扶贫开发、单位定点帮扶、科技扶贫为重点的扶贫综合治理工程进展顺利。2001年共投入以工代赈资金4385万元,扶贫专项贷款7052万元,实施了以交通、人饮为主的基础设施建设和种植、养殖业及工业项目。

工业进一步加大了企业改革、技术改造和结构调整力度,继续推进对国有、集体亏损企业的破产重组,兼并收购,加快建立现代化企业制度步伐,工业增长的质量和效益不断提高。累计完成94家工贸企业改制工作。建材行业保持良好发展态势,集团公司、股份制企业成为工业增长的主导力量,非公有制经济得到发展。2001年乡镇企业完成工业总产值7.86亿元,同比增长13.93%,乡及乡级以上企业盈亏相抵后实现利润316.9万元,增长31.85%。

已完善了县、乡、村三级科技服务网络,拥有各类科技综合服务站116个。现有高级中学1所,完全中学5所,初级中学41所,小学314所,在校中小学生8.2万人;职业技术学校1所,学员1961人。实施"贫三"项目、"国家扶贫教育工程"和财政贴息贷款,加大对中小学教育基础设施投入。2001年全县投入资金1272.8万元,对19所中小学危房进行改造。

广播电视、文化、体育、卫生等各项社会事业进一步发展。广播电视"村村通"工程进一步延伸,新建卫星地面转播站2座,调频广播站3座,有线电视网络覆盖面进一步扩大。投资600多万元对全县29个卫生院设施进行改造,医疗卫生条件进一步改善,就医环境有了好转。计划生育工作继续加强,人口自然增长率为9.7‰。

【投资环境】 民和回族土族自治县位于青海省东陲,素有"青海门户"之称。全县总面积1890平方公里,辖23个乡镇,居住着汉、回、土、藏等14个民族,总人口37.39万人。气候温和,瓜果飘香,素有青海"小江南"之美称。区内物产资源颇为丰富,河湟谷地的粮食、果蔬、南大山旖旎的森林风光,土族民族风情和人文景观,堪称是一块流金溢彩的宝地。有一定储量规模的金、镁、铜、煤、石油、白云岩等矿产资源及水能资源。区内交通便利,具有良好经济发展潜力。

为了加快推动民和县地区经济全面发展,积极创造良好的投资环境,鼓励国外和省内外客户到民和县进行投资建设。对所有经济技术实体除享受国家和青海省规定的有关优惠政策外,还享受民和县的有关优惠政策。1989年,省委、省政府批准确定民和县为民族经济改革试验区,在符合民和县统一规划的前提下,鼓励国内外投资者对城镇基础设施等项目、矿产资源开发项目、资源综合利用和深加工项目、旅游业开发项目、高新技术产业项目及信息技术和咨询服务业等项目进行投资。

在民和县新建的基础产业和基础设施建设项目总投资在2000万元以下,加工项目在1000万元以下,外商和港澳台同胞投资项目在500万美元以下的由民和县民族经济改革试验区管委会审批,并简化审批程序,对各类建设项目实行一次审批。按照国家统一规定征收税率前提下一律实施免征工商税5年。

【投资重点】 根据《民和回族土族自治县国民经济和社会发展"十五"计划纲要》,提出了"农业稳县,工业富县,畜牧立县,三产活县,科技兴县"的发展战略。着重实施河湟沿岸和川官公路沿线"工字型"经济开发战略,以此带动和辐射全县其他地区的发展。在此区域重点建设优质小麦和果品、大棚蔬菜、脱毒洋芋、高杆胡麻、奶牛、肉牛等农产品基地,开发以农产品深加工为主的农业产业化项目;巩固提高冶炼、建材、机械加工等优势产业,促进产业升级;加快川官公路沿线城镇的基础设施建设,形成各具特色的集市贸易和农畜产品交易市场,开发特色旅游资源,加快发展第三产业,推进城乡一体化进程。

宁夏回族自治区彭阳县

【经济与社会发展】 2001年,彭阳县实现国内总产值3.36亿元,工农业总产值3.5亿元,先后被评为全国水利建设先进县、全国造林先进县、全国经济林建设先进县、生态建设先进县和中国名特优经济林仁用杏之乡。

地方工业形成了以果脯、矿泉水、清真食品等为主的绿色保健业，以烤烟、淀粉、饲料、草编、皮毛为主的农副产品加工业，以煤炭、磷肥、硫酸、农膜、产品包装袋(箱)为主的支农建农业和以机砖、石料(灰)、水泥制品建筑施工为主的建筑建材四大工业体系二十多个工业门类，200 多种产品，果脯系列产品、矿泉水、硫酸、麻棉纱等远销区内外，硫酸产量居全区第一。

【投资环境】 彭阳县位于宁夏回族自治区南部六盘山东麓，分别与甘肃省平凉市、环县、镇原县及宁夏回族自治区固原市原州区接壤。面积 2524.8 平方公里，辖 19 个乡镇，162 个行政村，3 个居民委员会，总人口 24.7 万，其中少数民族人口占总人口的 29.5%。彭阳四季分明，光照充足，气候宜人，年平均气温 7.2℃，日照时数 2518 小时，无霜期 155 天，年降雨量 350—550 毫米，属典型的大陆性季风气候。

彭阳县境由红河、茹河、安家川河河谷和孟塬、长城塬、徐夏塬等八个塬区构成，川塬相间、丘陵起伏，地貌多姿，山川秀美，海拔 1248—2641 米，地势西北高，东南低。泾河水系的红河、茹河，安家川河自西向东横穿全境。河谷、塬区土地肥沃，丘陵地带宜林。境内资源丰富，盛产冬小麦、玉米、荞麦、莜麦、胡麻、油葵等，素有“粮仓油盆”之誉。黄芪、党参、银柴胡等中药质量上乘，山杏、仁用杏、苹果、核桃、花椒等干鲜果品久负盛名。山杏、仁用杏种植面积 33 万亩，其中挂果面积 13 万亩，年产鲜杏 1.6 万吨、杏干 1760 吨，杏核 1040 吨、年加工杏仁 300 吨。特产蕨菜出口日本、韩国等东南亚国家和地区。煤炭工业储量 7.2 亿吨，石灰岩地质储量 236 万立方米，砖瓦粘土地质储量 2872 万立方米，石英砂储量 115 万立方米，砂砾石储量 54.3 万立方米，优质锶型天然矿泉水日涌量 4040 立方米。

彭阳投资环境日臻完善，基础设施齐备，309 国道纵穿东西，平(凉)惠(安堡)公路横贯南北，宝中铁路越境而过，形成了东进西出、南来北往的交通网络。城乡公路四通八达，电力充裕，110KVA 电网覆盖全县，广播电视实现县乡联网，程控电话装机三万门，移动通讯网络覆盖城乡，邮政、学校、医疗、保健、文化娱乐、金融保险、饮食服务等设施齐全。

城乡建有综合、农贸等市场，商贸流通活跃。人才、房地产、技术、信息、产权、劳务等社会综合服务功能日趋完善。为实现工业和乡镇企业二次创业，彭阳县在县城南门建立工业园区，西门建立第三产业园区，凡进入园区投资建设者，除享受国家的优惠政策外，还享受地方性优惠政策。

【重点项目介绍】 退耕还林(草)项目：2000 年彭阳县被确定为退耕还林(草)工程试点示范县，2000—2002 年完成退耕还林(草)工程 54.4 万亩，其中，退耕还林(草)29.2 万亩，荒山造林 25.2 万亩，工程覆盖境内安家川流域、大沟流域、小河流域、红河流域、茹河流域，工程涉及 19 个乡(镇)，149 个行政村，受益群众 19935 户。已治理小流域 42 条，治理水土流失面积 600 多平方公里，项目区森林覆盖率提高到 14.9%，林草覆盖度提高到 52.5%。加快了项目区农业产业结构调整，带动了畜牧业发展，增加了农民收入，项目已显现出巨大的生态效益和经济效益。

长城塬引水灌溉兼人畜饮水工程：1998 年工程启动建设，分两部分组成，两期实施，工程总投资 6680 万元，工期 4.5 年。水源工程石头崾岘水库为一期工程，建浆砌石溢流重力坝 1 座，坝高 22.4 米，总库容 1552 万立方米；建输水渠道 2.74 公里，其中渡槽 2 座 180 米，隧道 4 座 1315 米。引水为二期工程，分自流灌溉、扬水灌溉、人畜饮水三个单项工程；建扬水泵站 2 座，净扬程 217.95 米，年扬水总量 544.3 万立方米；引水上塬干渠 2 条 19.9 公里，配套支、斗渠 108 条 78.11 公里，铺设管灌、喷灌管道 15 条 20.7 公里；一、二泵站

35KVA 变电所各一座，人畜饮水泵站一座，净扬程 92.9 米，建设供水干、支管道总长 473 公里，年供水量 48.3 万立方米。工程建成后，可控制灌溉面积 4.16 万亩，干渠沿线灌溉面积 0.8 万亩，自流灌溉 0.86 万亩；可解决 4 个乡、13 个行政村 131 个自然村、2.13 万人和 0.76 万头大家畜、2.1 万只羊（猪）的饮水问题。

挂马沟水源涵养林基地建设项目：该项目是六盘山外围针叶林基地重要组成部分。项目区位于彭阳县西南部，西与固原县河川、开城、大湾、蒿店四乡接壤，内辖川口、古城、新集三乡 31 个自然村，5600 人，是境内红河、茹河两大水系发源地。林区总土地面积 25.16 万亩，其中林地 16 万亩。一、二期工程已完成人工造林 16 万亩，投资 1276 万元；三期工程（2001—2005 年），计划造林面积 8 万亩，投资 1040 万元，截止 2001 年底，完成投资 2316 万元，林区内建有护林点 18 处，防火瞭望塔两座，道路 180 公里，林地四级防护网络健全。项目已产生了明显的综合生态效益，项目区已有 18 条沟道，有了长流水，基本恢复了原始的植被群落，植物种类 113 科 382 属 500 余种，有鹿、豹子、环颈雉等 20 余种野生动物相继来此栖息繁衍，达到了洪水不下山，泥流不出沟治理目的。项目实施已为林区群众脱贫致富创造了有利条件，群众每年靠采集林区蕨菜收入 20 万元以上。

县城基础设施建设项目：主要有城市道路、城市供排水、城市绿化、经济实用性住房。总投资 7624.4 万元，其中兴彭路 1575 万元，路长 2190 米，排水管 3870 米；北环路 896 万元，路长 2400 米；城市供排水 1375 万元，铺设配水管道 2.5 公里，污水管线 5.19 公里，雨水管线 6.74 公里，新建 500 立方米蓄水池 1 座；栖凤山绿化 466.4 万元，建设桃、杏、油松、柏树、云杉五个园区，新增造林面积 500 亩；经济适用性住房 3312 万元，建筑面积 4.7 万平方米。项目实施后，有效地解决改善了县城交通拥挤状况，绿化美化了市容市貌，提升了城市品位，增强了县城综合服务功能，带动了城市二、三产业的发展。

新疆维吾尔自治区克拉玛依市

【经济与社会发展】 2001 年，克拉玛依市实现国内生产总值 167.6 亿元，同比增长 6.2%，其中，第一产业增长 4.1%，第二产业增长 5.5%，第三产业增长 10%。实现农业总产值（现价）1.01 亿元。大农业开发的林纸产业基地工程建设，平整土地 4867 公顷，造原料林 3200 公顷，植树 1900 万株，成活率在 85% 以上；粮食产量 0.12 万吨，同比减少 52%；棉花产量 0.39 万吨。肉牛产业以优质种群扩繁技术推广为主，牲畜总头数 5.36 万头，减少 2.7%，牛肉总产量 0.3 万吨，存栏良种牛 600 余头，牛奶加工及销售增长 35%。乡镇企业营业收入 0.1 亿元，减少 50%。农牧民人均收入 3268 元，减少 344 元。

工业总产值 20.52 亿元，增长 61.45%。生产原油 968.3 万吨，生产天然气 17.6 亿立方米，加工原油 596.9 万吨，汽油、柴油、煤油、润滑油等四大类产品产量 408.6 万吨。石油工程技术服务实现增加值 28 亿元。新增原油生产能力 175 万吨/年，同比增长 3%。四级及以上资质建筑企业完成总产值 61.33 亿元，增长 14.3%。竣工房屋面积 11.6 万平方米，增长 1.95 倍；商品房销售 1.1 亿元，增长 1.2 倍。

全社会固定资产投资额 81.55 亿元，同比下降 7.6%。克拉玛依石化公司沥青基地、蒸馏安全技术改造和催化裂化改造项目均在年内完工，45 万吨/年汽柴油加氢装置已完成初步设计。独山子 22 万吨乙烯改扩建工程完成投资超过 6 亿元。国债资金项目南郊 10 万立方米污水处理厂投产使用；完成了克拉玛依市、10 个居民小区的环境改造工程；克拉玛依区、独山子区、白碱滩区多条城市道路改造工程完工。

完成邮政业务总量 2854.9 万元，同比增长 7%。完成电信业务总量 10729.9 万元，增长 42.3%。完成移动业务总量 18216.8 万元，增长62%。寻呼业务总量597.5万元,增长10.5%。年末全市固定电话用户达13.2万户,移动电话用户超过7万户,每百人拥有量继续位居新疆第一。

实现社会消费品零售总额13.73亿元,同比增长8%。居民消费价格水平上升1.7%;商品零售价格上升2.3%。地方财政各项收入10.26亿元,增长7.4%。地方财政支出10.19亿元,增长4.4%,金融机构各项存款余额140.7亿元,其中居民储蓄存款余额为69.36亿元。年末各项贷款余额30.4亿元。保险机构实现保险费收入20163万元,增长14.7%;赔款金额4522万元,增长65.8%。

科技工作,获自治区级科技成果、科技进步奖共16项,授权专利23项。白碱滩区、独山子区分别被命名为“全国科技工作先进城区”和“自治区科技工作先进城区”。教育事业,现有大中专院校6所,职业中专和聋哑学校各1所,普通中学21所,普通小学29所,幼儿园29所。全年共组织较大规模的群众文化活动及文艺演出和比赛100多场次,举办美术、书法、摄影等展览12期。各类文艺作品及节目在国家和新疆维吾尔自治区举办的比赛中获奖项26个。广播电视,完成了克拉玛依市区60个新村、38000户有线电视网络的改造工作;共采制播发维汉语新闻11000余条,新增电视节目3套。馆藏图书20.1万册,接待读者12.5万人次,开放了“169网上图书中心”。2001年共诊疗病人162.4万人次,病床使用率85.7%。儿童计划免疫苗接种率在95%以上,孕产妇保健和儿童保健管理率均达90%以上。初步形成了以卫生部门为主体的预防、医疗、康复、保健、健康教育、计划生育技术指导一体化的社区卫生服务体系。继续保持了全国卫生城市称号。体育工作,继续深入贯彻落实《全民健身计划纲要》,竞技体育又取得好成绩。在全国残疾人田径、举重锦标赛暨远南残疾人运动会选拔赛上,克拉玛依市运动员获女子铅球F54级第一名。在新疆19个城市环境综合整治定量考核评比中,克拉玛依市连续四年名列第一,被列为全国环保监测重点城市。社会保险基金征缴率达到95%,养老金社会化发放率达100%,失业保险基金收缴率达到93%。

【投资环境】 克拉玛依市地处准噶尔盆地西北,是我国石油及石油化学工业基地之一。全市面积9500平方公里,辖克拉玛依区、独山子区、白碱滩区、乌尔禾区,人口28.43万。克拉玛依市气候属典型的大陆性气候,干燥少雨,春秋季多风,冬夏温差大,无霜期215天。大部分地区为戈壁荒漠,土质差,土壤含碱量高。现有耕地面积1.55万公顷,天然草场10.5万公顷,森林面积2.74万公顷。有3条间歇性河流和艾里克湖,是严重缺水地区。

克拉玛依市处于天山北坡经济带,是新疆扶优扶强、突出重点,首批推出的“优先发展最有优势的地区”之一。优势资源突出,石油、天然气资源极为丰富;石油储量大,油层浅,原油质地优良,可生产多种航天用油、耐低温柴油及高级润滑油和优质沥青等。克拉玛依油田是中国主要油田之一,预测原油地质储量70亿吨,天然气800亿立方米。油气勘探新增探明石油地质储量8511.3万吨,可采储量1902.58万吨;新增探明天然气储量68.8亿立方米,可采储量58.48亿立方米。此外还有天然沥青、煤、石膏、耐火材料及烧制砖瓦和超轻陶粒的黄土、砂石等建设材料。

克拉玛依市土地资源总面积1089万亩,至少有400万亩土地属可耕地;旅游资源十分丰富,境内有著名的自然景观白杨河大峡谷、黑油山,魔鬼城更是举世闻名。引水工程使水资源条件得到改善,为可持续发展提供了重要保障。克拉玛依市交通便捷,217国道横穿克拉玛依市全境,在独山子区北九公里与312国道交汇。克拉玛依市距乌鲁木齐市313公里,飞机航程280公里。克拉玛依机场迁建项目已经国家批准立项。克拉玛依市城市环境空气质量达到国家Ⅱ级标准,城市建设进一步绿化、美化、园林化。国家西部大开发政策、新疆维吾尔自治区关于加快天山北坡经济带发展的税收优惠政策，以及克拉玛依市深化改革、扩大开放、促进发展的优惠政策，为投资者创造了良好的政策环境；克拉玛依市、区两级政府职能部门日益完善、高效的投资服务，为投资者营造了良好的服务环境。

【重点项目介绍】 克拉玛依林纸一体化工程建设项目。该项目规划建设年产100万吨的商品木纸浆厂，并在克拉玛依引水工程流域开发100万亩造纸工业用材林作为制浆厂的原料基地。第一期工程在2005年前建成年产30万吨化机浆厂和40万亩造纸工业用材林，二期70万吨硫酸盐化学浆厂在2010年以前建成，项目总投资102亿元。一期工程主要产品产量为化机浆30万吨/年，杨木51万立方米/年，投资25.6亿元，其中30万吨纸浆投资21.3亿元，40万亩生态用材林投资4.3亿元，吸引投资7.6亿元。投资回收期为7.9年（含建设期、税后），投资利润率14.3%。该项目前期工作已于2001年开始启动，完成投资近2亿元，开发土地7万亩。

克拉玛依魔鬼城旅游开发项目。克拉玛依魔鬼城是驰名中外的旅游胜地，是新疆旅游北线前往喀纳斯的必经旅游景区。随着新疆旅游业的发展，每年来魔鬼城的游客已超过10万人次，专家预测在几年内将达到30万人次。该项目现已具备新疆维吾尔自治区有关部门批准的项目环境评价报告和项目可行性研究报告，水、电、路通，开发条件成熟。项目预计总投资2.9亿元，吸引投资2.6亿元，投资回收期5年。

新疆维吾尔自治区鄯善县

【经济与社会发展】 2001年，鄯善县完成国内生产总值47.7亿元，比上年增长7%。其中，第一产业下降1.25%；第二产业增长7.14%；第三产业增长11.43%。

农业总产值5.31亿元，同比下降9.1%。粮食总产量2.42万吨，棉花0.6万吨，葡萄15.63万吨，瓜类7.95万吨，年末牲畜存栏34.81万头（只），肉类总产0.5万吨。鄯善县是新疆最大的哈密瓜、优质葡萄干和长绒棉生产、出口基地。

鄯善县是新疆"九五"、"十五"重点开发地区，是新疆区域经济最为活跃的县（市）之一。综合经济实力居新疆县级前列，1995年至2001年连续七年跻身于新疆县（市）财政收入首位。建成了以石油化工、有色金属冶炼、无机盐化工、食品、棉纺、酿酒、建筑、建材、矿产采掘等为主的资源型工业体系。工业总产值47.74亿元，生产原油249.3万吨，天然气10.48亿立方米，黄金1.12吨，花岗岩荒料1.98万立方米，花岗岩板材25.11万立方米，铁精粉28.4万吨，铁矿石20.3万吨，硝酸钠0.12万吨，水泥10.7万吨，棉纱0.23万吨。石材工业已成为鄯善县又一支柱产业。

完成全社会固定资产投资15.89亿元，完成的重大项目有：投资2000万元的地质勘探项目；石材加工完成投资1750万元，新增生产规模约20万平方米；文化体育绿色广场工程累计完成3846万元；坎尔其水库累计完成1.1亿元；新修防渗渠110.63公里。新建各类住宅楼7.8万平方米，完成投资5423万元。尤其在重大项目的引进上取得突破，八钢集团投资球团项目，德隆集团三维公司钾盐开发项目已经实施，广汇集团与鄯善县共同建设的投资30亿元的LNG项目也已全面展开，同时，吐哈石油公司为此项目的配套投入也将达到10亿元，拉动县属国民生产总值增长3至4个百分点以上，据初步估计年利税额可达到1.5亿元以上。

实现财政收入2.39亿元，同比增长18.44%；财政支出2.48亿元，同比增长23%；社会消费品零售总额2.64亿元，增长6.9%。总人口23万人，同比增长0.3万人。农牧民人均纯收入2707元；职工年平均工资10270元，同比增长21%。乡镇企业营业收入7.6亿元，同比增长10.1%。

完成邮电业务总量6870万元，同比增长40%。电话拥有量26924部，移动电话20819

部;全年客运周转量2395.32万人/公里。

【投资环境】 鄯善县位于新疆吐鲁番盆地东部,西距吐鲁番90公里,距乌鲁木齐280公里,全县辖5乡5镇1场,面积3.98万平方公里。总人口20.59万人。是新疆第三大油田吐哈石油主产区,列为全国十大矿产资源县之一。该县是中国哈密瓜的故乡,全国水果百强县,全国卫生县城,自治区级精神文明县。

鄯善县属暖温带大陆性干旱气候。冬季干冷,夏季酷热,春季多风,降水极稀,蒸发极盛,热量充足。冬夏、昼夜温差均悬殊,水热同季。水源全部来自北部天山,通过柯柯亚、二堂、坎尔其三条河流,提供地表、地下水,水资源较缺乏,植被稀少。由于受独特地理环境的影响,瓜果品质上乘,是吐鲁番葡萄、哈密瓜的真正故乡。现已探明的矿产品种类50多种,石油储量2.9亿吨,天然气700亿立方米;煤炭普查储量422亿吨;铁矿石普查储量2.4亿吨;黄金普查地质储量50吨;钠硝石192万吨(折纯硝酸钠),系目前世界上发现的仅次于智利国的第二大资源地;鄯善县维权银矿是国家大型银矿体,潜在价值近10亿元;花岗石、大理石矿覆盖地域0.7万平方公里,平均厚度为30米。花岗岩、大理石整体性好、色差小、易开采,是上等的装饰材料。芒硝、膨润土、冰洲石、水晶石等矿藏储量也十分可观。

旅游资源奇特。有《西游记》神话中的火焰山,有浩瀚壮观、独具特色的库木塔格沙漠风景区;中石器时代遗址;唐代柳中城遗址、古塔、赤亭、烽火台,有享誉世界的吐峪沟千佛洞及穆斯林圣地。是离楼兰古城最近的地区。

鄯善县是亚欧大陆桥—兰新铁路进疆第二大站,是全国最大的陆地石油中转站和新疆铁路第二大货运站,312国道横贯全境,机场位于城北7公里,北至木垒、南达库尔勒,是东疆的交通枢纽。

城市基础设施配套完善。城市环境优美,功能配套,集中供热,上下水“三废”处理率均为100%。县、乡、村全部实现电话程控化、传输数字化。全县电力供应已纳入全疆大电网,建成220千伏、110千伏安双回路供电网络。

人才密集,技术信息服务网络完善。有科技机构3所,有中高级职称人员3000多人,专业技术人员1.5万余人。县城内的自治区瓜果研究所是国家级瓜果研究机构。吐哈石油的技术开发实力在西部居前列。

经济开发区功能完备。鄯善县已形成新城经济技术开发区,火车站石油化学工业区、底湖有色金属冶炼工业区、迪坎黑色金属加工区。其中,新城经济技术开发区为吐鲁番地区面积最大、功能最全的集体性经济开发区。

【重点项目介绍】 8万吨甲醇项目。由吐哈油田投资3.2亿元建设,2001年建成投产,目前正投资2亿元进行16万吨扩建。2万吨马来酐项目。由吐哈油田投资1.5亿建设,2002年3月建成投产。LNG项目。由新疆广汇集团投资30亿元,300万立方米/日处理天然气规模,2002年5月开工建设。

硝酸钠(钾)项目。由德隆集团三维公司计划投资7000万元,建设规模5万吨/年的硝酸钠(钾),2002年3月开工建设并部分投产。

30万吨球团项目。由新疆八一钢铁(集团)公司总投资3000万元建设,已完成可研报告,正在筹建中。

石材开发项目。已形成鄯善县汇宇石业、金磊石材为龙头的石材产业群,形成了新疆最大的石材开发加工区和荒料、板材交易市场。

吐峪沟大峡谷旅游景区开发项目。由新疆大西部旅游股份有限公司投资7889万元建设,已完成项目建设规划及环评报告的评估、审批。目前已开工建设。

金沙山旅游景区开发项目。由新疆西域旅游股份有限公司投资4964万元建设,完成项目建议书、环评报告。本风景旅游区的建设,就是在新疆旅游重点开发的五区三线中古文化遗址旅游区内。具有鲜明的地方特色和民族特色。

二塘沟水库。总库容3000万立方米,总投资额17755万元,已完成项目建议书和地勘工作。此项目建成后,改善灌溉面积10万亩,扩大灌溉面积5万亩。

文化体育绿色广场。该项目建设规模359亩,计划投资4200万元,主要建设内容为硬化地面、音乐喷泉、巨型雕塑、树木草坪等。将于2002年7月全面竣工。城市天然气气化工程。计划总投资3400万元,入户5000户,采暖50万平方米。2001年完成主管道10公里,入户3000户。

鄯善县用城市污水进行农业综合开发项目。该项目建设规模为日处理污水16000立方米,开发宜农荒地2万亩。计划投资2350万元。已完成氧化塘一座,沉淀池二座,开发荒地1460亩。废水处理回收,降低单位成本耗水量,是提高水资源综合利用率的一项重要措施。

内蒙古自治区和林格尔县

【经济与社会发展】 "九五"期间,和林格尔县国内生产总值年平均增长42.5%,财政收入年平均增长37%,农民人均纯收入年平均增长33.8%。2001年,全县完成国内生产总值9.78亿元,同比增长50%。其中,第一产业增加值3.48亿元,同比增长6%;第二产业增加值5.1亿元,增长115%;第三产业增加值1.2亿元,增长37%。三次产业结构比重由2000年的50:36:14调整为2001年的36:52:12。完成财政收入9623万元,同比增长85%。城镇居民人均可支配收入3512元,同比增长309元。农民人均纯收入1690元,同比增长5元。

围绕抗旱救灾,进一步强化了水利基础设施建设,采取节水灌溉、调整结构等措施,有效地减少了自然灾害造成的损失,"奶业立县"战略的实施,有力地推动了奶业生产的超常规增长。2001年,全县粮食总产量7.25万吨;6月末牲畜总头数46.36万头(只);奶牛年末存栏总头数2.5万头。造林合格面积19.2万亩;新增有效灌溉面积2.8万亩;新增节水灌溉面积7.25万亩;新增水保治理面积18.46万亩。

工业化进程明显加快,工业经济总量不断扩大,工业园区发展势头迅猛。2001年,全县规模以上工业企业累计完成现价工业总产值9.9亿元,同比增长1.38倍;累计完成工业增加值3.1亿元,同比增长1.38倍;实现税金7114万元,同比增长2.04倍。盛乐经济园区全年入区企业累计产值10亿元,实现税收7000万元,成为全县新的经济增长点和带动农业产业化发展的龙头经济区。

外引内联取得突破性进展,非公有制经济发展迅速;"科教兴县"战略扎实推进,各项社会事业全面发展;社会主义精神文明和民主法制建设步伐进一步加快。全面实行九年制义务教育,大力发展了职业教育,积极培养各类适用人才。医疗卫生事业不断改善,农村三级医疗卫生保健网络已初步形成。

1999年开始创建的盛乐经济园区,三年引进企业17家,协议引进资金21.8亿元人民币,到位资金9.8亿元,现已有11家企业入区建厂,其中7家企业建成并投入生产,已经形成了奶牛、马铃薯、麻黄草、沙棘、柠条、肉食品、旅游多个产业的雏形。其中奶牛饲养量由1999年6000头增加到2001年底的2.58万头,马铃薯种植面积稳定在20万亩左右,麻黄草人工种植面积达5000多亩。形成了百万亩柠条种植大县。总投资超过10亿元的企业有蒙牛乳业公司,超过1亿元的企业有宇航人高技术产业有限公司,超过2000万元的项目有兆君羊绒制品有限公司、绿鑫冷冻食品有限公司、九强机械有限公司等7个,已经培育形成了蒙牛乳业、兆君羊绒、华欧淀粉、振宇稀土等产值上亿元的企业4家。2001年园区上缴税金6254万元,安置了7000多名待业人员。"蒙牛"被列为全国驰名商标,盛乐经济园区被列为自治区级开发区。

【投资环境】 和林格尔县地处内蒙古自治区中部,隶属呼和浩特市所辖,总面积3401平方公里,其中耕地面积11.68万公顷;总人口18.86万,其中农业人口16.54万,占全县总人口的88.73%。

2001年,全县优化投资环境,制定招商引资优惠政策,加大市容市貌整治力度。按照农业产业化、实施工业化、推动城镇化的思路,以改革开放为动力,以调整优化结构为重点,以重点项目为核心,以创建盛乐经济园区为突破口,推进生产力要素向优势区域集中。

以塑造"现代、文明、清洁"的城市形象优化投资环境,围绕"净化、绿化、亮化、美化、畅通"的总目标,强化了城市管理功能,一个文明整洁、具有现代城市气息的小城镇已初步形成。

【重点项目介绍】 日光温室食用菌及蔬菜生产基地项目:建设食用菌温室大棚1500亩,蔬菜大棚1500亩,项目总投资8046.2万元。年产鲜蘑475万公斤,蔬菜1522.5万公斤,销售收入4338.4万元。

优质牧草基地项目:种植香槟草2万亩,饲用玉米4万亩,蛋白草2万亩,油芥草2万亩,项目总投资4109.3万元,项目实施后年实现销售收入8000万元,可为县城内的养殖业提供充足的饲草料。

奶牛育种中心项目:该项目为"蒙牛"奶源基地的配套项目,建成年存栏受体母牛5000头育种场,总投资6400.65万元,项目建成后,年实现销售收入4080万元。

南山百亭公园项目:建成百亭园、生态观光园、盛乐园、民族风情园、宗教文化园、中华钱币园、世界村、塞外民俗园、现代游乐园等,并配套餐饮服务网点。总投资12418.52万元,其中建设工程8982万元,绿化工程2790万元,道路及土方工程455.9万元,给排水工程81.82万元,供电工程108.8万元。

自来水改建工程项目:一期工程在石咀子水库一带布置6眼水源井,泵房及配水管网,二期工程在"和清"公路开发区境内地下水流向布置4眼水源井、泵房及配水管网,项目总投资2473.45万元。

麻黄草基地建设项目:共育苗1250亩,栽植麻黄草5万亩,年产麻黄草4万吨,为盛乐制药有限公司提供生产原料。总投资11398.55万元,项目实施后实现销售收入5200万元。

人参果综合开发工程项目:该项目主要建设有育苗基地、人参果饮料厂、人参果保健品厂。项目总投资48472.2万元,其中固定资产40665万元(含育苗基地固定资产投资18202万元,人参果饮料厂、人参果保健品厂固定资产投资16125万元)。项目建成后,年实现销售收入7.32亿元。

玉米深加工及综合利用工程:引进资金、技术及设备,建成年处理5万吨玉米深加工及综合利用工程。项目总投资12405万元,项目建成后,年实现销售收入18690.2万元。

纸箱包装生产线项目:购置专用设备,建成纸箱生产线,年产3层纸箱1000万平方米,5层纸箱1000万平方米。项目总投资5380万元,其中固定资产3380万元,流动资金2000万元。项目建成达到产后实现销售收入1.7亿元。

左氧氟沙星生产线建设项目:"左氧氟沙星"项目设计年生产能力2吨,实际能力为6吨,片剂胶囊车间年加工6000万片。总投资2000万元。项目实施后年实现销售收入9816.84万元。

内蒙古自治区满洲里市

【经济与社会发展】 2001年,满洲里市实现国内生产总值17.4亿元,同比增长14.5%;财政总收入2.6亿元,同比增长7.8%;其中地方财政收入1.82亿元,同比增长19.9%;社会消费品零售总额8.9亿元,同比增长10.8%;进出口货运量730万吨,同比增长22.7%;进出境人数114万人次,同比增长16%;上缴关税、代征税17亿元。

特色农业渐成规模,完成了口岸苹果批发市场扩建工程,新增恒温库4200平方米。全年出口苹果4.9万吨,创汇895万美元,分别增长22.5%和11.9%,面向俄罗斯市场,走"创汇农业"和"精品农业"的路子,开辟了农产品绿色通道,发展贮藏、加工、包装、运输、销售业务，形成了内地—满洲里—俄罗斯农产品出口体系。

口岸加工业发展迅速，宏丰、凯旋、中楠等木材加工企业落成投产。三元公司投资1026万元、兴发集团投资1000万元分别对扎赉诺尔乳品厂、食品公司冷冻厂实行了兼并改造，形成了以资源为依托，以优势企业嫁接为主体，以优质产品开发为主攻方向的产业化发展模式。全市完成工业总产值4.5亿元，同比增长2.2%。全市有民营经济企业8490户，全年上缴税金7630万元，占全市财政总收入的29.4%，形成了房地产开发、工业加工、外贸出口、特色种养等多产并举、多元发展的良好局面。

2001年全市新增外经外贸企业88家，完成外贸进出口总额19.4亿元，完成边贸进出口总额9.4亿元，增长35.2%，与俄罗斯、蒙古国、日本、新加坡和港澳台等国家及地区形成了贸易、金融、运输、仓储、信息、报关服务和劳务输出综合发展的对外贸易和经济技术合作体系，构建了现汇贸易、旅游贸易、易货贸易、转口贸易并存的国际贸易格局。

创建中国优秀旅游城市工作全面展开，开通了满洲里市至伊尔库斯克、莫斯科、圣彼德堡等多条境外旅游线路，加大资金投入力度进行国门、俄罗斯风情园、达赉湖、东湖区、草原生态旅游等景点景区建设，成功举办冰灯雪景游园会。全年接待旅游人数64.8万人次，边境旅游人数34万人次，同比增长12%。

构筑陆桥合作经济模式，开放水平不断提高。其一，依托呼伦贝尔市经济发展的大市场，充分发挥“窗口”作用，开拓俄罗斯市场；其二，按照“北拓南联、梯度推进、拓展陆海联运、构筑陆桥经济”的战略构想，对外积极开展与毗邻的俄罗斯赤塔等城市的合作，进而向俄罗斯乌兰乌德、伊尔库茨克等腹地拓展；对内突出与环渤海港口城市大连、营口、锦州、秦皇岛建立了友好城市关系，进而向哈尔滨、长春、沈阳等东北中心城市推进，实现了“资源共享、优势互补、产业对接、要素重组、企业协作”，形成了路桥经济一体化的框架；其三，积极开展招商引资，把招商引资作为国际贸易城建设的生命线来抓，制定了优惠政策，努力提高服务水平，建立了“招商、安商、亲商、富商”机制，全年共实施对外经济技术合作项目278个，引进市外资金6.86亿元，外来投资企业完成固定资产投资4.45亿元，招商引资项目新增纳税额1900万元，提供了4000多个就业机会。

【投资环境】　满洲里市位于内蒙古自治区东北部的呼伦贝尔大草原，北、西部与俄罗斯和蒙古国接壤，总面积730.6平方公里，总人口23万。

2001年，满洲里市进一步加强城市基础设施建设，改善满洲里市投资“硬环境”，全年累计完成固定资产投资81453万元(不含铁路系统投资额，下同)，同比增长70.7%。第二水源一期工程、五道街拓宽改造工程顺利完工，疏港公路实现单幅通车，投资4.2亿元的铁路口岸站区扩能改造项目开工，投资3000万元在公路口岸安装了H986钴—60检查系统。全年开工的房地产开发项目12项，完成投资43230万元，同比增长2.428倍，共拆除平房、旧楼房12万平方米，竣工房屋面积43.25万平方米，同比增长99.1%，商品房销售额30044万元，同比增长209.6%。开发规模和开发水平均创历史最好水平。在房屋建设方面力求以欧式、田园风格为主，体现口岸特色，通过招商引资的方式，吸引大连、北京等地的开发商开发建设了俄罗斯风情园、国际商贸中心、俄罗斯步行街等高水平的集居住、娱乐、商业为一体的综合性建筑。房地产开发改变了以往居民住房供不应求的状况，以良好的投资环境吸引外来投资者入驻满洲里市。国际商贸中心和俄罗斯商业步行街等房地产开发项目先后动工，加快了城市改造步伐。装扮城市的“净美绿亮洋”工程取得一定实效，市容市貌发生明显变化。

满洲里市先后制定和完善了口岸疏运、口岸征税、市场培育、房地产开发、扶持企业、特种养殖业和个体私营经济发展等一系列政策措施。建设了满洲里市信息港,信息载体以中文和俄文两种网络语言支持为主,开展网络传输、信息查询、发布广告、介绍产品、推荐客户和制作网页、建设模拟市场、虚拟网站、托管服务器等多功能综合业务服务体系。为了让中国网民用汉语了解俄罗斯的情况,开辟了"走进俄罗斯"汉文网页专栏;为了让俄罗斯的网民能够用俄语浏览网页,了解中国的情况,开辟了"中国之窗"专栏;为了推进满洲里市政府上网工程,反映口岸情况,促进网络经济发展,开辟了"口岸城市满洲里"专栏。着力培养"管理就是服务"的市场经济意识,以提高办事效率为核心,创造更为优越的投资软环境。持续整顿口岸秩序,建立健全口岸窗口服务质量承诺,简化办事程序,提高管理效率,改善服务质量,提高服务水平,深入开展行风测评,全面提高干部和办事人员的综合素质,累计吸引了243家外经贸企业来满洲里市投资。

【重点项目介绍】 满洲里市二水源工程:总投资2.12亿元,该工程分两期建设,一期为新增日供水2万吨,新建取水井7座,输水管网30.29公里,泵站1座;二期工程新设管道107.98公里,建加压泵站5座,高水位池1座,水塔1座;该工程一期完成26.789公里配水管线的安装,已于2001年9月竣工并向市区供水,待二期全部竣工后将彻底改变以往水质差、供水量不足的状况,使居民和城市建设供水基本得到满足。

城市交通项目:铁路立交桥,全长526米,项目总投资5575万元,现进展顺利,已完成工作量300万元,正进行引道挡墙基础施工。民用飞机场正进行开工准备工作,预建飞行区等级为3C,项目总投资16750万元,飞机场的建成将形成口岸立体交通的新格局。疏港公路满扎段,一级公路总长20.3公里,总投资1.08亿元,2001年已单幅通车,二期工程于2002年7月竣工通车,该项目对满洲里市煤炭运输、国防建设、旅游业的发展将起到积极的促进作用。在城市道路方面,2001年以"净、美、绿、亮、洋"为目标,对市政道路进行了新建、拓宽、改造、维修,有力地拉动了满洲里市经济增长。

满洲里市国门景点建设项目:新建15000平方米的广场、停车场、雕塑,进行绿地硬化等,项目总投资500万元,该项目的建成不但能够提升口岸形象,而且为中外客商、游人提供了全新的旅游景点。

广西壮族自治区岑溪市

【经济与社会发展】 2001年,岑溪市完成国内生产总值22.29亿元,同比增长5.05%。其中第一产业增加值10.07亿元,同比增长3.26%;第二产业增加值7.42亿元,同比增长3.99%;第三产业增加值4.8亿元,同比增长10.81%;财政收入15522万元。

农业和农村经济在结构调整中稳步发展,调整2.5万亩水田种植名、特、优、新蔬菜、水果及花卉等品种,加强市内高等级公路沿线3万亩经济作物示范带建设;充分利用山坡、低洼地大力推广种植麻竹,加强速生丰产林基地建设,全年种植速生丰产林5.8万亩;大力发展古典型岑溪"三黄鸡"和推广二元杂、三元杂交猪的养殖和牛品改工作。实现农业总产值20.8亿元,同比增长4.78%。

工业经济效益明显好转,全市实现工业总产值31.76亿元,同比增长3.75%。规模以上工业企业效益明显好转,亏损企业由上年的23个减为20个,亏损额由2000年的2981万元下降到2001年的856万元,下降71.28%;利润总额由2000年的亏损260万元到2001年的盈利1100万元,实现了扭亏增盈的目标。

第三产业稳步增长,全市社会消费品零售总额12.86亿元,同比增长9.54%;公路客运量588万人次,货运量253万吨,客货运量收入12012万元;旅游业总收入1301万元;商品房竣工面积2127平方米;邮电业务总量10356万元。

重点建设工程项目进展顺利,全社会固定资产投资完成2.91亿元。归义镇现代农业实验区、商品粮基地、珠江防护林体系建设、农网改造、岑溪至苍梧县二级公路、水汶至广东信宜市响水段二级公路、商贸城、三威公司岑溪中纤板厂、岑溪220KV输变电工程、县乡公路建设及硬化等续建和新开工建设的重点项目进展顺利。

不断改善投资环境，完善招商引资政策，充分发挥人缘和区位优势，吸引外商投资。2001年批准成立的外向型企业和内联企业32家，合同投资7.82亿元人民币。全年出口总额1422万美元，同比增长44%；实际利用外资1398万美元，同比增长21%，2001年末全市外资企业115家，企业总产值7.2亿元。

人民生活继续改善，市场消费平稳增长，农民人均纯收入1851元，同比增长5.1%。商品零售价格指数为100.99%，居民消费品价格指数为100.32%。金融机构存款余额17.66亿元，同比增长13.85%；城乡居民储蓄存款余额15.98亿元，同比增长12.64%；金融机构贷款余额7.06亿元，同比增长3.61%。

普及九年义务教育工作得到了巩固和提高，体育事业蓬勃发展，2001年9月份成功地举办了市第九届运动会。计划生育工作扎实开展，计划生育率为90.71%，人口自然增长率为7.71‰。环保工作力度加大，矿山污染整治取得成效。救灾救济、助残济困、社会治安综合治理和安全生产工作进一步加强。市区广场周末文化活动活跃。

【投资环境】 岑溪市位于广西东南部，东邻广东罗定市，南靠广东信宜市，西连容县，北接梧州市，是大西南通往粤、港、澳的重要陆路交通枢纽。全市总面积2783平方公里，总人口77.33万人。

1992年岑溪市步入“广西农村经济综合实力十强县”行列，1995年（实现水稻年亩产吨谷）成为广西首批“吨谷县（市）”之一。1996年被国家林业部定为外向型林业改革试验区，1992年以来连续荣获广西壮族自治区“双拥模范县（市）”称号，1994年获“全国民政工作先进县”，1998年获“全国文化工作先进市”等称号。

岑溪市资源丰富。水力资源理论蕴藏量13万千瓦，可开发量7.2万千瓦。现已建成电站总装机容量4.41万千瓦，年发电量2.3亿千瓦时，是“全国农村100个初级电气化达标县”之一。境内蕴藏金、银、铅、锌、钛铁等金属矿和花岗岩、莹石、沸石等30多种非金属矿，花岗岩颜色鲜艳、质地优良，储量达21亿立方米，现已形成全国著名的“岑溪红”品牌。林业资源有宜林山地20.67万公顷，森林覆盖率达71.7%，已建成松脂、玉桂、八角、竹子、水果、薪炭林等六个创汇林业生产基地。古典型岑溪“三黄鸡”以其色、香、味俱佳而闻名中外。岑溪的桂圆肉也以其质优、价廉而赢得国内外市场，成为全国最大的桂圆肉集散地之一。

岑溪的交通、能源、通信等基础设施建设日臻完善。境内有324国道和207国道通过。贯穿境内的高等级公路有：岑溪至广东罗定市的二级公路、岑溪至容县一级公路、岑溪至苍梧县二级公路。岑溪三堡11万伏变电站已竣工投入运行。程控电话、移动电话和无线寻呼系统一应俱全，通讯十分方便。2001年4月，广西壮族自治区在“十五”城镇发展规划中，把岑溪市列为中等城市建设规划。岑溪将进一步加快城市基础设施建设，实施“工业立市、农业稳市、科技兴市、三产富市”的发展战略，市人民政府还制定了一系列关于进一步鼓励外商投资的优惠办法，在土地、水电、资源等方面给予优惠，热诚欢迎国内外投资者到岑溪经商办企业。

【重点项目介绍】 岑溪南渡至水汶二级公路：该项目全长47公里，总投资1.1亿元。岑溪市南环路工程：该项目全长19.14公里，总投资6.98亿元，其中一期投资3.55亿元，该项目起于岑容一级公路入口附近天桥处，终点归义镇大井垌。

岑溪市污水处理工程：该项目建设规模为日处理污水3万吨，总投资7133万元，项目建成后，日处理污水3万吨。岑溪市供水系统扩建工程：该项目建设规模为日供水5万吨，工程总投资4453万元。

洛湛铁路湖南永州至广西岑溪段:该项目经国家计委批准立项,国务院同意建设,通过可研报告评审,完成外业测设工作,争取2002年9月份开工建设,2005年建成通车。岑溪至罗定铁路:该项目全长77.3公里,其中岑溪段41.3公里,总投资9.93亿元。南宁至广州高速公路岑溪至梧州段:该项目全长71公里,总投资16亿元,已经国家计委批准立项,通过可研报告评审,争取2002年底开工建设,2005年建成通车。

广西壮族自治区来宾县

【经济与社会发展】　2001年,来宾县实现国内生产总值48.94亿元,同比增长10.86%,其中第一产业增加值15.92亿元,同比增长8.77%;第二产业增加值19.32亿元,同比增长10.98%;第三产业增加值13.17亿元,同比增长13.1%。财政总收入5.29亿元,同比增长28.5%;农民人均纯收入1835元;社会消费品零售额7.51亿元,同比增长11.5%;固定资产投资6.44亿元,占国内生产总值的13.16%。

全年全县粮食产量36.45万吨,甘蔗产量239.67万吨,肉类产量11.13万吨,机制糖产量18.64万吨,机制纸产量5000吨。外贸出口总额3422万美元,同比增长14.64%。

【投资环境】　来宾县位于广西壮族自治区中部、红水河下游,气候温和,日照充足,土地肥沃。辖17乡7镇,行政区总面积4364平方公里,总人口97万人,聚居有壮、汉、瑶、苗、水、铜、仫佬、京、回、毛南、彝、满、蒙古等13个民族。2001年末,全县耕地总面积9.23万公顷,其中粮食种植面积10万公顷(含复种),甘蔗种植面积3.33万公顷。

来宾县北距广西工业重镇柳州市69公里,南距自治区首府南宁市157公里。湘桂铁路复线经过县城,纵贯境内6个乡镇长达105公里。北上直达北京,南下可达钦州、防城、北海等出海口。桂林至北海高速公路在境内长达78公里,有3个出入口,322国道贯穿县境南北。红水河流经县域11个乡镇长162公里,西可通贵州、云南,东可达广州、香港。境内有便利的陆路、水路交通网络,是连接华南地区、西南地区、华中地区重要的交通枢纽之一,也是大西南的出海通道要冲。

来宾县资源丰富,已探明的矿藏有锰、铁、铝、煤、重晶石、大理石、石膏、滑石、粘土等20多种,具有广阔的开发前景。农业盛产大米、玉米、甘蔗、花生、黄豆、龙眼、柑橙、枇杷、柿子、茶叶等。水力、电力资源丰富,发展工业具有许多优越的条件。

来宾县内有5家糖厂,日榨蔗量1.8万吨,年可压榨甘蔗250万吨,是广西蔗糖生产基地县之一。来宾冶炼厂、八一铁合金厂、来宾电厂是国家、自治区在来宾兴建的大型工业企业,境内还有投资50亿元人民币的中国第一个BOT融资项目—来宾电厂B厂。县城各种基础设施配套,是广西文明县城建设示范县之一。

为了提高对外开放度,扩大招商引资,促进经济的快速发展,来宾县制定了相应的对外开放优惠政策:

外资项目的洽谈工作由来宾县外商投资服务中心具体指导、协助和组织实施,也可与项目单位直接洽谈。

实行政府服务一站制和审批限时制。外资项目的各种审核、批准、登记和办证等手续均由来宾县外商投资服务中心集中办理,并公开办事内容、程序、标准和时限,一个窗口、一个公章对外,一站式服务。

本县依法保护一切外商投资企业的合法权益,切实为外商投资办企业提供良好的经营环境和社会环境。

实行外资企业贡献奖励制和税收、土地使用等优惠政策。

【重点项目介绍】　磨东水厂项目(第一期工程)投资5600万元,第一期工程建设日供水量5万吨;最终规模为日供水量10万吨。广西壮族自治区计委已批复可研究报告。

来宾二桥桥长298米,桥宽28米,桥梁引道长4.75公里,项目投资14155万元,其中桥梁投资4500万元,桥梁引道投资9655万元。委托广西交通规划勘察设计研究院编写的项目可行性研究报告已于2002年5月完成。

污水处理厂总投资3500万元,规模为日处理污水3万吨。已完成可行性研究报告。垃圾处理厂总投资4700万元,规模为日处理垃圾300吨。可行性研究报告的编写已基本完成。

1.5万吨/年造纸改造及配套3600吨/年碱回收工程。主要是利用本地丰富甘蔗渣原料制造全漂泊卫生纸系列、蔗渣浆、文化纸等,市场容量大,前景广阔。该项目属于技术改造项目,已投入资金2680万元人民币,新增5台纸机,2001年已投产3台。

来宾县城北区排水系统建设项目。来宾县已规划成中等城市,在建的建设大道、维林大道,并将建设的北江路、五一路和建政路,需建排水、排污设施。总排水排污管长度为17230米,总投资估算为2672万元人民币。

农副产品批发市场。来宾县主要农副产品有玉米、黄豆、花生、辣椒、番茄、黄瓜、茄子、四季豆、白菜、萝卜等粮食作物和经济作物,盛产龙眼、枇杷、柿子、荔枝等亚热带水果;水产品、畜禽产品丰富。为适应来宾县经济发展,拟建农产品批发市场,占地面积70000平方米,建筑面积101853平方米;总投资9978万元人民币。

山西省阳曲县

【经济与社会发展】 2001年,阳曲县完成国内生产总值5.58亿元,同比增长7.5%,实现财政收入5474万元,同比增长18.22%;完成社会消费品零售总额1.84亿元,同比增长2.1%;城镇居民人均可支配收入4160元,同比增长6.8%;农民人均纯收入920元。

农业结构进一步优化,农村经济全面发展,以市场为导向,大力培育发展草食畜、林果、小杂粮、蔬菜、中药材、乳制品等6个主导产业。通过退耕还林工程、"以工代赈"工程等一系列工程的实施,农村经济呈现出勃勃生机。山西旭光投资有限公司马铃薯颗粒全粉加工厂、山西阿牛食业有限公司、山西三叶特种养殖有限公司、山西康源堂生物科技实业有限公司、太原顺天生物工程有限公司等,一批大型龙头企业迅速崛起,"黄土人家"等一批农业观光旅游项目取得了新突破,加快了农业产业化发展步伐。2001年,全县奶牛存栏2300头,造林5万余亩,植树200万株,水土治理面积3.2万亩,牧草种植面积3万余亩,蔬菜种植面积3.8万亩,全县实现农业总产值20955万元。

工业、乡镇企业稳中有升,市场竞争力逐步提高,围绕工业化目标,加强了企业的技改和潜力产品开发。20万吨焦炉移位大修、30万吨水泥生产线、铝塑复合管生产线、OPP彩膜塑编生产线、宾海炭素生产线、精细木工板生产线等一批项目相继完工投产,东方铝业10万吨电解铝扩产技改、富美燃气锅炉生产线、长顺超低温食品生产线、凯宁高岭土生产线、民升炭素生产线等一批项目加紧建设,促进了结构调整,增加了科技含量。对26户重点企业实行封闭管理,企业各项费用降低,效益不断提高。

"科教兴县"战略稳步实施,以高新技术产业化开发为先导,传统产业的技术改造为基础,与山西农大等科研院所共建科技示范县,不断加快新技术和新品种的推广应用,高科技示范园区有了新突破,全县建起7个高科技示范园区和5个科技示范基地,举办各类培训458期,培训41960人次;进一步深化教育教学改革、全面推进素质教育。全县"两基"工作顺利实施,"普九"任务全面完成。实行教职员工岗位聘任制。新建学校8所,改扩建学校13所。县城的3所学校开通了信息教育网。

积极实施农民健康工程,大力改善卫生实施,强化农村合作医疗。人口自然增长率为

5.66‰,计划生育率为83%。广播电视设施不断完善,全年升级改造有线电视用户1000余户,新发展760户,被评为全省广播电视先进县;人民群众文化生活丰富;全民健身运动蓬勃开展,城镇居民低保工作取得了新的突破,覆盖率达到18%;旅游景点综合开发也取得了新的进展。

【投资环境】 阳曲县是山西省省会太原市的近郊县,地处太原盆地北部边沿,周边与八个县(区)相邻,总面积2063.19平方公里,其中耕地面积54万亩,宜林宜牧面积近60万亩,闲置场地面积3000亩;总人口14.41万,阳曲自然资源丰富,地域优势非常突出,具有良好的发展基础和广阔的发展前景。

阳曲县距省城太原仅17公里,交通十分便利,境内北同蒲铁路复线、大运高速公路及国道108线纵贯南北,乡乡镇镇通油路、村村通机动车,初步形成了四通八达的公路网。县城电信扩容到2万余门,移动电话发展到1.5万余部。农村电网全部改造完毕,有35KVA的变电站两座,110KVA的变电站一座,主变容量达到58MVA。县城918米的自来水备用井已完成。天然气陕气东输"京陕二线"工程途经阳曲并留口,将在2004年投入使用。

为使投资环境进一步趋好,产业结构调整步伐进一步趋快,成立了阳曲县工业领导组、农业产业化领导组、城市化领导组、项目建设协调领导组等四个领导组,为产业化发展提供了组织保证,并先后制定了《关于鼓励外来投资企业若干规定》、《关于进一步鼓励个体私营经济发展的决定》、《关于拍卖"四荒"优惠办法》,《关于开展"环境创优年"活动的实施意见》,等一系列优惠政策,从立项、办证、收费、土地等方面给予投资者全太原市最优惠的政策,从资金支持、协调服务等方面给予投资者最大的便利和倾斜。

进一步改革审批制度,认真贯彻落实太原市《关于深化全市行政审批制度改革的实施意见》精神,结合本县实际,简化办事程序,明确办事期限,推行"窗口"审批制度,实行"阳光作业"。对重点企业进行特别保护,制定了《关于对实施封闭管理优势企业减征行政事业费和规范收费行为的意见通知》、《关于对重点企业实行封闭式管理的通知》,禁止"四乱"行为,为投资者提供了强有力的保护措施。进一步完善法制环境,各级各部门坚持依法治县,严格落实责任制,消除一切干扰因素,依法维护投资单位、施工单位的合法权益。

【重点项目介绍】 2001年,阳曲县37个在建和新建县级重点项目,总投资172658万元,其中工业项目投资124585万元,包括7.5万吨电解铝改造、顺天生物制药、30万吨水泥熟料技改、20万吨焦炉移位,泉鑫镁合金砂扩建、全威建材、富美燃气锅炉、长顺超低温食品,铝塑复合管,宾海炭素,民升炭素、凯宁高岭土,OPP彩膜塑编、精细木工板、万吨马铃薯颗粒全粉、阿牛乳制品、名流配餐食品、三叶乳鸽、太后香小杂粮等19项。农业项目投资8300万元,包括奶源基地建设、山西农大合作项目、优质苗木基地等3项。基础设施建设。投资31173万元,包括退耕还林及生态环境建设、黄土高原水土保持世行贷款二期工程、日元贷款黄河中游防护林带工程、康西线备战路、阪寺山公路、县城坍塌地质灾害治理、县城自来水备用井,县城世纪商厦、农网改造工程、通讯工程、太阳生物园等11项。教育项目投资3200万元,北京科技大学山西实验中学1项。旅游项目投资5400万元,包括悬泉寺文物生态旅游开发区、龙池山庄等2项。

吉林省吉林市

【经济与社会发展】 2001年,吉林市完成国内生产总值452亿元,同比增长12.9%。其中,第一产业增加值70亿元,增长8.9%;第二产业增加值175亿元,增长9.7%;第三产业增加值201亿元,增长9.7%。人均国内生产总值10334元,增长9.5%。一般预算全口径收入36.4亿元,同比增长8.2%;一般预算支出30.5亿元,增长26.7%。

农林牧渔业总产值108亿元(现价,下同),同比增长8.3%。粮食播种面积下降1.7%,经济作物面积增长4%。全年实现农业产值55.6亿元,下降7.3%。粮食产量227.7万吨,下降7.3%。牧业产值46.3亿元,渔业产值4亿元,林业产值2.3亿元。

全年有1586户企业完成了改制,占应改制企业的97.6%。全市规模以上工业企业470户,完成工业增加值94亿元,同比增长4.98%。其中亏损企业150户,亏损面31.9%,上升6个百分点,亏损额18.4亿元,上升1.4倍。全年实现销售收入339亿元,下降1%。市及市以下工业企业全年实现利润3.48亿元,同比增长39.9%。

工业产业结构在发展中调整,全年开发新产品350种,实现新产品产值31.4亿元。民营经济全年实现增加值175亿元,增长26.8%,实缴税金6亿元,增长13.9%,成功地引进了吉林建龙钢铁有限公司、大福源超市等超亿元大项目。全市民营企业集团达到21户。

完成全社会固定资产投资130亿元,同比增长22.9%。其中基本建设投资59.9亿元,更新改造投资29.6亿元,房地产开发投资24.6亿元,其他投资12.4亿元,集体投资3.4亿元。吉林高新技术产业开发区全年实现技工贸总收入270亿元,增长26.8%,引进外资项目23个,到位外资2198.6万美元,有36个投资1000万元以上的产业化和科工贸项目开工建设;吉林经济技术开发区实现技工贸总收入29亿元,完成固定资产投资10.5亿元。

全年实现社会消费品零售总额195亿元,同比增长13.7%。其中城市零售额156亿元,增长15.8%,县及县以下零售额38.8亿元,增长5.7%。全市拥有各类市场313个,市场成交额141.4亿元。完成对外贸易出口15752万美元,下降4.7%;实际利用外资6721万美元,下降16.3%;完成劳务输出5285人,增长3.6%。

完成邮政业务总量1.54亿元,电信业务总量6.27亿元,移动电话业务收入4.83亿元;电话交换机容量103.41万门,电话用户72.77万户,移动电话用户57.5万户;邮电系统注册国际互联网络用户18384户。完成货物周转量759236万公里,旅客发送量406851万人公里。旅游业全年接待海内外旅游者497万人次,增长8.8%,实现旅游业务总收入21亿元。

金融机构人民币存款余额407.7亿元,增加31.5亿元,各项贷款余额388亿元,增加13.7亿元。全年现金收入1051.1亿元,现金支出1086.8亿元,城乡居民储蓄存款余额318.2亿元,增加30.7亿元。全年保费收入4.5亿元,其中财产险收入1.1亿元,人身险收入3.4亿元。财产险赔款金额0.7亿元,人身险给付金额3.8亿元。

全年登记科研成果98项,其中达到国际水平2项,填补国内空白10项,处于国内领先水平的26项,达到国内先进水平42项。共签订各类技术合同1053份,成交额1.56亿元,同比下降8.8%。全市有普通中学252所,在校学生260029人,教师13520人,初中毕业生升学率97%;小学1405所,在校学生347416人,学龄儿童入学率99.95%;幼儿园1683所,在园儿童57064人;有各级特殊教育学校10所,在校学生656人。

全市有各类艺术表演团体8个,艺术表演场所6个,影剧院13个,文化艺术馆(站)87个,公共图书馆10个,总藏书量170万册,博物馆3个,文物藏品16054件。全市有广播电台6座,电视台6座,一千瓦以上电视发射台和转播台7座,电视人口覆盖率达到95.7%。全年出版各类杂志720万册,发行报纸3654万份。

全市有各类医疗卫生机构1480个,其中医疗机构1426所,妇幼保健机构8所,专科防治机构12所,中等医药教育机构7所,医学研究机构1所,其他卫生机构13所。有卫生技术人员22987人,医疗床位17233张。全市举办国际级比赛2项,国家级比赛10项次,举办省、市级比赛51项次、各企事业运动会近3720次,参加人数140万人次。吉林市运动员参加全国比赛获金牌10枚,参加省级比赛32项次,获金牌72枚。

城市供水总量87062万立方米,其中生活用水5896万立方米。液化石油气总量1.9万吨、人工煤气供气总量1279万立方米、天然气供气总量1995万立方米。城市集中供热面积2374万平方米。市区有汽车线路51条,运营线路网632公里,客运总量15213万人次。城市绿化覆盖面积5529公顷,其中建成区4444公顷;园林绿地面积5133公顷,其中建成区3968公顷,公共绿地面积729公顷。

城镇居民人均可支配收入5883元,增长9.7%;农民人均纯收入2700元,增长2.3%。城市人均居住面积9.07平方米,农村人均居住面积18.29平方米。全年省统筹养老保险参保人数280530人,领取养老金的人数113089人,地方统筹养老保险参保人数50968人,参加失业保险人数361016人,有37479人享受最低生活保障补助。

【投资环境】 吉林市是吉林省的第二大城市,面积27120平方公里,辖永吉县和磐石、舒兰、桦甸、蛟河四个县级市,总人口452万。松花江水系在境内的流域面积为2.3万平方公里,域内有松花湖、白山湖、红石湖等大型湖泊,其中松花湖面积550平方公里。森林及野生动植物品种繁多,森林覆盖率57%,野生经济动植物多达1800多种,已开发利用的种类仅占2.2%。矿藏资源丰富,已发现矿藏60余种,其中镍、钼、铁、金、油母页岩等矿藏储量居全国前列。

吉林市现有农业人口200万人,耕地面积38.6万公顷,所辖5个县(市)都是全国产粮大县,绿色优质水稻产量占全省的三分之一。畜牧业和多种经营保持快速发展,鹿、貂、獭、林蛙、蜜蜂、柞蚕、月苋草、食用菌等一大批特色品种久负盛名。吉林市现有工业企业2700多户,其中规模以上工业企业467户,大中型企业115户,拥有国有工业资产830多亿元。吉化公司、吉林化纤集团等企业在全国同行业中占有重要位置。

吉林雾凇与长江三峡、桂林山水、云南石林并称中国四大自然奇观。国家级旅游风景区松花湖距市区仅17公里,还有两个国家级森林公园和一批历史文化遗迹。北大湖滑雪场是国内条件优越,配套设施比较完备的国家雪上运动基地。

【重点项目介绍】 吉林燃料乙醇有限公司60吨变性燃料乙醇项目,中油吉林石化30万吨合成氨项目,中油吉林石化催化裂化装置改造,中油吉林石化乙烯一期挖潜改造项目,中油吉林石化乙烯扩建项目,中油吉林石化ABS增产改造项目,吉林铁合金集团特种铁合金基地改造工程,建龙钢铁有限公司明钢改造一期工程,吉林市经纬钢铁有限公司钢厂改造项目,吉林碳素股份有限公司超高功率石墨电极改造项目,吉林镍业公司精制硫酸镍项目,吉林热电厂基础工程项目,吉林市东关电厂二期扩建项目,吉林市城网改造项目,吉林市农网改造项目,吉林省禾生豆品公司高蛋白学生豆奶粉项目,娃哈哈集团公司吉林纯净水、非常可乐项目,龙鼎集团公司浓缩果蔬汁及果蔬汁饮料项目,吉林纸业公司纸机改造项目,东北虎药业公司蛹虫草菌粉及胶囊项目,吉林省公路机械厂大吨位系列化间歇式沥青混凝土搅拌成套设备,吉林新力热电有限公司建设项目,吉林绕城公路魁元屯至大兰旗一级路,松花湖风景名胜区旅游基础设施建设工程,吉林纸业公司10万吨低定量涂布纸建设改造项目,松花湖现代农业示范园一期工程。

吉林省松原市

【经济与社会发展】 2001年,松原市完成国内生产总值178亿元,完成全社会固定资产投资66.7亿元,全口径财政收入14.1亿元,其中地方财政收入5.4亿元。

农业战胜严重旱灾,实现恢复性增长。粮食总产量452万吨,实现农业增加值60.3亿元,其中牧业增加值24亿元。新打大小机电井1.85万眼,植树造林24万亩,发展生态草9.2万亩。订单农业有较大发展,农业市场化和产业化进程逐步加快。工业经济运行质量不断提高,规模以上工业完成增加值62.2亿元,实现利润18亿元。

城乡市场进一步活跃,财政收入质量、结构进一步提高和优化。社会消费品零售总额达到51亿元,第三产业增加值41.4亿元,金融运行平稳,机构各项存款余额110.3亿元,各项贷款余额182.9亿元。对外开放进一步扩大,利用域外资金33亿元,民营经济稳步发展,固定资产在50万元以上的民营企业发展到242户。松原经济技术开发区建设步伐加快,工业产值和实现税收均比上年增加一倍多。成立了松原农业高新技术开发区,开工建设了一批项目,形成了良好的发展势头。

城市基础设施建设取得较大进展。完成了40多项城市基础设施建设工程,完成投资20多亿元,全年共铺装巷路110条、23.8万平方米,铺设城区排水管线4公里,新建、改造排水泵站4座。城区新增集中供热面积123万平方米。新增城区住宅面积65万平方米、公共绿地4万平方米。完成城区6条文明样板街路建设,新铺人行道彩色方砖7万平方米。建成省内一流的客运中心站,建成建筑面积6.7万平方米的蔬菜批发城,实施电讯传输网、地下光缆等10项通讯设施新建、改造工程,完成松原农业高新技术开发区输变电和通讯工程,完成城区江南9.2公里堤防建设工程,完成明沈公路改造、查干湖旅游公路等项目建设,新建、改建和改造公路总里程419公里。

全年实施市级以上"星火"、"火炬"、"攻关"计划项目20项,中小学校基础设施建设步伐加快,普通高等教育实现突破,建成全日制高等师范院校。卫生事业发展加快,医疗条件不断改善、医疗服务水平进一步提高。人口出生率和自然增长率分别为8.45‰和3.95‰。积极组织实施《全民健身计划纲要》二期工程,群众性体育活动活跃,竞技体育取得较好成绩。广播电视事业发展加快,实施了光缆改造升级工程,实现与省广电光缆主干网联通,对电视台设备进行了数字化改造,开通了有线电视高速多媒体频道。

人民群众生活水平进一步提高,城镇居民人均可支配收入4521元,农村居民人均纯收入2075元,城乡人均居住面积分别达到11和11.5平方米。社会保障覆盖面进一步扩大,国有企业下岗职工基本生活费做到按时足额发放,养老保险费征缴2.6亿元,做到了及时足额拨付和社会化发放。享受最低生活保障的居民8528人。城镇职工基本医疗保险制度改革全面启动,参保人员9.2万人。城镇从业人员51万人。

【投资环境】 建立健全服务承诺制、投诉反馈制、企业评议制和责任追究制。建立投诉举报中心和综合办公大厅,真正做到一个"窗口"对外、"一条龙"服务。强化行政性收费检查监督,严肃查处"三乱"问题。完善执法监督体系,规范执法行为,营造公开、公平、有序的竞争环境。视投资者为"上帝",视纳税人为功臣。对民营企业大户,特别是民营工业大户实行持牌保护,发挥大户企业对民营经济发展的带动作用。

改革行政审批制度。把行政职能转到宏观管理、市场监督和公共事务管理上,对相关政策进行了调整。减少审批事项311项,修改和废止与世贸组织规则不适应的文件29件。开展了行政效能监察,实行政务公开,廉政建设和纠正行业不正之风取得明显成效,政府各部门的办事效率和管理水平有了进一步提高。

【重点项目介绍】 吉粮赛力事达玉米工业有限公司30万吨玉米深加工项目。为中外合资兴建,总投资19亿元。该项目日处理净化玉米1000吨,年加工玉米30万吨,二期工程将扩建到50万吨,主要产品为淀粉、葡萄糖、麦芽糊精及副产品。项目于2001年正式投产,建成后实现销售收入11.5亿元,利税1.6亿元,创汇 4331 万美元。

人参糖肽注射液项目。为国家中医药高新技术产业项目,与大连美罗药业公司合资合作,扩产工程已开工建设。项目建设完成投资33 亿元,新建和改造项目拉动工业经济增长 2 个百分点。

吉林省四平市

【经济与社会发展】 2001 年,四平市实现国内生产总值 179.4 亿元,同比增长 13.6%。其中,第一产业增加值 73.8 亿元,增长 19.1%;第二产业增加值 46.2 亿元,增长 12.3%;第三产业增加值 59.4 亿元,增长 8.1%。人均国内生产总值 5551 元,同比增长 13.4%。

全年实现农业总产值 133 亿元,粮食播种面积 53.9 万公顷,产量 425 万吨。订单农业规模扩大,订单面积 18.1 万公顷。实现畜牧业产值 68 亿元,猪牛羊肉产量 53.7 万吨,禽蛋产量 33.3 万吨,牛奶产量 6.4 万吨,水产品产量 3234 吨。实现林业产值 8043 万元,造林面积 7970 公顷,完成幼林抚育面积 37107 公顷。

全市规模以上工业企业完成增加值 30.1 亿元。其中重工业增加值 17.4 亿元,轻工业增加值 12.7 亿元;国有企业增加值 10 亿元,集体企业增加值 5.8 亿元,股份制企业增加值 2.8 亿元,外商及港澳台企业增加值 5.1 亿元。实现销售收入 89.97 亿元,工业产品销售率 96.7%。建筑业完成增加值 10 亿元,实现利税 3780 万元。全年施工单位工程 550 个,建筑施工面积 92 万平方米,竣工面积 65 万平方米。

全年实现社会消费品零售总额 63.1 亿元。城市零售额 34 亿元,县及县以下零售额 29.1 亿元。实现进出口总额 2860 万美元。其中出口总额 2221 万美元,进口总额 585 万美元。完成一般预算收入 12.1 亿元,支出 15.5 亿元。金融机构各项存款余额为 141.4 亿元,其中城乡居民储蓄存款余额 118.4 亿元。全年税收收入 11.9 亿元。各类保险企业保费收入 2.2 亿元,全年承保金额 138.6 亿元,付赔款 5766 万元。

完成全社会固定资产投资 32.3 亿元。其中国有经济投资 19.3 亿元,城乡居民个人投资 5.2 亿元;基本建设投资 10.3 亿元,更新改造投资 8.7 亿元,全年新开工基本建设和更新改造项目 122 个。

全年旅客发送量 2363 万人,货物发送量 2340 万吨;公路货物周转量 89176 万吨/公里,旅客周转量 86395 万人/公里;公路通车里程 3355.7 公里,营运线路 667 条。完成邮电业务量 4 亿元。其中邮电业务总量 7329 万元,电信业务总量 3.3 亿元。程控电话机容量 39.7 万门,固定电话用户 38.3 万户,移动电话用户 23.7 万户,计算机互连网用户 5.7 万户。

全年申报国家级和省级新产品 5 项,国家级科技型中小企业技术创新基金项目 3 项,省级技术创新基金 4 项,国家级火炬 3 项,获省级科技进步奖 4 项,全市高新技术企业 15 个,创产值 3.9 亿元,利税 0.5 亿元。

全年全市小学在校生 27.9 万人,普通初中在校生 14.1 万人,毕业生 38319 人。特殊教育学校 4 所,在校生 212 人。幼儿园在园幼儿 25297 人;全年高中段招生 70899 人,在校生 18.92 万人。其中普通高中招生 11741 人,在校生 30264 人。中等专业学校在校生 9649 人。

全市有艺术表演团体 6 个,文化艺术馆(站)42 个,图书馆 5 个,博物馆 2 个,文物保护单位 5 个,广播电台 5 座,电视台 5 座。广播人口覆盖率达 98%;电视人口覆盖率达 94%。有卫生机构 584 个,卫生技术人员 15411 人,医院、卫生院 143 个,床位 8289 张。全市体育人口达 130 万人,中小学体育达标率为 90.1%;职工参加体育活动 20 余万人。已连续 12 年被授予全国群众体育先进市称号。全市运动员参加吉林省比赛,获金牌 54 枚、银牌 53 枚、铜牌 39 枚。

全年城镇居民人均可支配收入 4223 元;

人均消费支出3136元；农民人均纯收入2218元。城镇人均居住面积10.5平方米，农村人均居住面积19平方米。社会保障体系进一步完善和健全，参加保险的职工19.8万人，离退休职工社会化发放率97.6%，全年有16452户居民55939人领到了最低生活保障金，累计发放保障金1483万元。

【投资环境】 四平市位于吉林省西南部，辖铁东区、铁西区、公主岭市、双辽市、梨树县、伊通县和辽河农垦管理区，面积1.4万平方公里，市区面积407平方公里，人口330万。

2001年，四平市加大软环境的治理力度，成立了整治软环境办公室，实行改审批制为注册制、服务式管理和为投资者提供最宽松的自由发展环境等三条特殊政策，成立了投资服务中心，坚持一个窗口对外，一切手续从简，一个规定管总，一站式办公的原则。

优惠政策：对生产科技含量高的专利产品以及域外大专院校、企事业单位兴办的高科技企业、建立中试基地、从事新产品研制开发、经有关部门确认批准，前3年缴纳的企业所得税的全部，第4年至第6年缴纳企业所得税的50%，由同级财政专项用于该企业的技术创新的新产品开发。

域外投资企业从事交通、能源等基础设施项目建设，经营期在15年以上的，从开始获利年度起，前5年缴纳的企业所得税全部和第6年至第10年缴纳的企业所得税50%，由同级财政专项用于企业的技术创新。

利用本市废水、废气、废渣等废弃物为主要原料进行生产的企业，可免征所得税5年。新办的域外投资企业，当年安置本市待业人员达企业人员总数60%以上的可免征所得税3年。对盘活本市存量资产、启动“双停”企业的域外投资企业以及对本市现有企业进行“嫁接”改造、联营的企业，经营期在10年以上的从投产获利前5年所得税全部和第6年到第8年的企业所得税的50%，由同级财政专门用于该企业技术创新和新产品开发。

对生产性外商投资企业，实际生产经营期在10年以上的，固定资产投资1000万元以上，从获利起前5年缴纳的企业所得税全部和第6年至第8年缴纳的企业所得税50%，由财政专项用于该企业新产品开发和技术创新。

在收费方面凡市政府文件规定的新开工建设项目收费一律免收；国家和省制定的新开工建设项目收费，生产性项目投资额在1000万元以上的可按应收额的50%收取，其余只收证照费；兴建的各类市场、固定资产投产额在500万元以上，工商管理费在一年内给予适当优惠；域外投资者在第一、第二产业投资2000万元以上，在第三产业基本建设投资1000万元以上的，按市重点项目对待，享受其优惠政策，按市内同行业最低收费标准收取。

投资额在500万元以上的生产性和投资在1000万元以上的基础设施建设的域外投资企业使用土地可享受下列优惠政策：

市内土地出让金按投资额和投资方向，可在同级财政土地出让金地方留成部分中，给予投资者一定优惠；对支付土地出让金确有困难的，可在出让金合同中约定分期交纳，或由当地政府和有关单位将土地出让金作为股金入股，参与企业分红；利用城镇国有存量土地和利用荒山荒地兴办实体的域外投资者，给予一定的优惠；连片开发或规模较大的及对我市经济发展有带动作用的项目，给予更大优惠。土地评估费按审批权限级次评估，属本市评估的评估费和测绘费减半收取。其他行政事业性收费，只收取应收费的10%；土地使用符合使用年限，外商依法取得土地使用权后可转让、出租、抵押、继承或作为合资合作的联营条件。

【重点项目介绍】 四平—白山一级公路，四平、公主岭、梨树污水处理厂等项目开工建设。四平电信枢纽大楼、粮食仓储设施和城网、农网改造等项目进展顺利。

市区旧城改造建筑开发面积110万平方米，改造了英雄大街西段等3条主干路，南河部分河道改造工程高标准完成，热网工程新增供热能力200万平方米。住宅小区综合整治顺利完成，改造责任小区318个，绿化美化成效显著,累计植树1.5万株,栽花390万株。

黑龙江省大庆市

【经济与社会发展】 2001年,全市实现国内生产总值1077.9亿元,同比增长8%,人均国内生产总值达到4.2万元,同比增长7.7%。工业经济运行良好,全市工业实现增加值915.3亿元、利税710.3亿元。财政总收入实现35.7亿元,同比增长8.2%。完成固定资产投资总额200亿元,实现社会消费品零售总额87.98元,同比增长11.6%。外贸进出口总额6300万美元。

大庆油田是中国最大的油田,是世界上为数不多的特大型砂岩油田之一。油田南北长138公里,东西宽73公里,含油面积4103.37平方公里。2001年生产原油5150.2万吨,天然气23.04亿立方米。累计生产原油16.76亿吨,占全国同期总产量的40%以上,上缴各种资金3242.08亿元,创汇494.8亿美元,同时还承担原油价差4190亿元。年产原油5000万吨以上已经26年,创造了世界同类油田开发史上的奇迹。

2001年,大庆拥有各类企业1000多家,生产出一大批有竞争力的名优产品,实现产值187.4亿元。大庆高新技术产业开发区,是全国唯一依托石油、石油化工优势创办的国家级高新技术产业开发区,规划总面积16平方公里,现已建成6.5平方公里,发展企业918家,开发生产出各种高新技术产品近500种,累计实现工业总产值256.7亿元,实现利税34.4亿元。

大庆市相继成立了进出口商品检验局、外汇管理局、中国银行、海关等对外经贸配套机构,形成了比较完整的对外经贸体系。贸易方式更加多样,合作渠道进一步拓宽,许多外商纷纷来大庆投资办厂。到2001年,来自美国、日本、加拿大、澳大利亚、俄罗斯和香港、台湾等国家和地区的客商,以独资、合资、合作等不同方式,在大庆建立起各类企业307家,投资总额为6.5亿美元。

第三产业迅速发展。以商贸流通为代表的传统第三产业稳步发展,“九五”期间建成了汽配城、建材城、农产品交易中心等一批大型专业批发市场,新建、扩建各类小型市场130多处。以旅游、咨询、社区服务为代表的新兴第三产业方兴未艾,增强了城市经济辐射与集聚功能。2001年第三产业实现增加值101.3亿元,同比增长12.3%,拉动GDP增长2个百分点。

大庆市拥有达到国内外先进水平的大型实验设备896台(套),先进的实验室52个,实力强劲的科研院(所)47个,国家和省部级检测中心8个,科技信息网络已进入国际互联网。拥有各类专业技术人员14万多人,其中具有高级技术职称的7500多人,有11人被选为中国工程院院士、国家级设计大师和国家级有特殊贡献的科学管理专家,有186人享受政府特殊津贴。

大庆现有14所大中专院校、17所技工学校、11所职业高中和1200多所普通中小学,形成幼教、普教、职教、高教和成人教育的完整体系,市区实现普及九年义务教育。高考万人升学人数比例,连续多年在黑龙江省名列榜首。国家重点院校大庆石油学院已整体搬迁大庆。正在筹备石油化工研究院、农副产品加工研究所等。

人民生活水平不断提高。截至2001年末,城镇居民人均居住面积14.2平方米,城镇居民人均可支配收入9500元,城镇居民恩格尔系数为30.4%。全市职工平均工资15803元/人,城乡居民储蓄存款余额353.4亿元。

大庆先后被评为全国科教兴市先进市、全国文明小区建设先进市、全国卫生城市、全国双拥模范城市和国家优秀旅游城市。1999年,被中央文明委授予全国创建文明城市工作先进城市的称号。2000年大庆荣膺全国环保模范城,开创了内陆型城市创建环保模范城的先河。

【投资环境】 大庆是一座因油而生,因油而兴的资源型城市，现辖四县和五个行政区，总面积2.1万平方公里，人口250万；市区面积5107平方公里，人口110万。是全国最大石油生产基地和石油化工基地，初步发展成为一座繁荣文明美丽、科技较发达的城市。

大庆是全国城市综合实力50强之一。2000年，在全国地市级以上城市排名中居第七位。人均国内生产总值4.1万元，列全国第二位。40年来，累计向国家和地方财政上缴各种税金2214亿元。

大庆是全国大型的石油化工基地，现有石油化工企业190多家，隶属于中国石油天然气股份有限公司的大庆石化公司、大庆炼化分公司（由林源石油公司与大庆油田化工总厂资产重组而成）是全国大型石化企业，有国家重点建设项目48万吨乙烯和全国最大的年产5万吨聚丙烯酰胺生产装置。形成了集科研、生产、设计、制造和工程建设于一体的化工体系和包括燃料油、润滑油、化纤、化肥、塑料、油田聚合物、表面活性剂、烧碱、甲醇等10多类、160多个品种的生产加工能力。石油化工企业，拥有各类大型生产装置200多台（套），固定资产290多亿元，原油年加工能力1500多万吨。

大庆是黑龙江省商品粮、水产品、畜产品生产基地。现有耕地50万公顷，盛产玉米、水稻、大豆、红高粱等作物，年平均产量22.4亿公斤。还有黄岑、知母、龙胆、防风等各类中草药，总储量超过1亿公斤。“九五”期间全面实施了旱作农业、绿色生态、特色经济等六大工程，畜牧业发展势头强劲，养殖奶牛、肉牛、绵羊超过100万头，畜牧业产值占农村经济的比重逐年提高。培育省级龙头企业5户，市级龙头企业8户，初步形成了10个特色农业生产基地和13条农产品深加工产业链。

已同世界40多个国家和地区建立了密切的合作关系，并且与加拿大卡尔加里市、俄罗斯秋明市等十几个城市结为友好城市。每年出口原油1000多万吨。以石油为原料的石油化工产品在世界市场颇受欢迎，石蜡、乙烯、焦油、混合苯等160多种、200多个牌号的产品远销美国、英国、泰国、香港等10多个国家和地区。粮油食品、土畜产品、纺织品、服装、工艺美术、医药保健品也相继进入国际市场。拉舍尔毛毯、亚麻纱、羊草、白瓜籽等产品销往俄罗斯、日本、韩国、中东等世界各地。大庆是个出口重镇，更是个容量极大的市场。大庆每年固定资产投资近200亿元，有100多亿元的物资需要外购。

大庆市的基础设施齐全完善。全国重要的铁路干线滨洲线、让通线在市内交汇，形成铁路枢纽，25座火车站每天接发的客货列车通往北京、上海等全国各地，哈大高速公路使大庆到哈尔滨只需一个多小时。市内1990多公里公路纵横交错，48条公共交通营运线环绕全城，8排道33公里长世纪大道横穿市区。内河航运除由大连港出海外，还可经由哈尔滨、佳木斯直通俄罗斯边境口岸。距大庆市区100多公里，有哈尔滨、齐齐哈尔两个航空港，大庆飞机场筹建工作进展顺利。全市通讯装机总量55.4万门，形成全方位、立体化现代通信网络。电视采用全向多路微波传输，卫星接收设施180座，电视台（站）60座，全天转播25个频道的电视节目。年供水能力5.3亿吨。除东北电网供电外，还有大庆、龙凤热电厂等自备电厂，年供电量80.7亿千瓦小时。

【重点项目介绍】 大庆市“十五”期间主要任务是完成高科技现代化城市的阶段性目标。主要完成一批重大改扩建项目，包括乙烯由48万吨/年扩建到60万吨/年（最终扩建到100万吨/年）、ABS由5万吨/年扩建到15万吨/年、合成氨由30万吨/年扩建到45万吨/年、尿素由50万吨/年扩建到60万吨/年、腈纶由5.5万吨/年扩建到6.3万吨/年、聚丙烯酰胺由5万吨/年扩建到8万吨/年、甲乙铜由1.2万吨/年扩建到4万吨/年等。新建一批大型石化装置，包括100万吨/年聚丙烯、2万吨/年聚甲醛。200吨/年ST无毒生华剂、10万线/年ADSL宽带数据传输平台、50万千瓦/年稀土永磁电机、1万吨/年改性MC尼龙管材、400吨/年新型中药颗粒饮片、1000万米/年大口径钢骨架复合管材、12万吨/年节能环保清洁燃料、5000套/年力控软件平台、20万吨/年智能远红外电热膜等项目。

黑龙江省牡丹江市

【经济与社会发展】 2001年,牡丹江市实现国内生产总值228.6亿元,同比增长10.1%。其中一、二、三次产业增加值分别完成31.3亿元、98.1亿元和99.2亿元,同比分别增长8.4%、12.1%和8.7%。人均国内生产总值实现8459元,同比增长9.4%。实现对外贸易进出口总额16.1亿美元,同比增长28.1%。对俄边境贸易进出口总额13.5亿美元,同比增长39.7%,对外经济技术合作营业额4290万美元,同比增长11%;直接利用外资1500万美元,同比增长93.8%。

农村经济全面发展。粮豆薯总产量26.8亿斤,同比增长10.7%;农村经济总收入107.3亿元,同比增长5.2%。畜牧业产值(现价)11.3亿元。

工业经济增长质量明显提高。全市规模以上工业企业增加值、销售收入和利税分别实现33.6亿元、105.6亿元和11.8亿元,同比分别增长11.6%、8.1%和21.4%。

固定资产投资规模继续扩大。全社会固定资产投资52.1亿元,同比增长23.1%。其中基本建设投资30.4亿元,更新改造投资7.1亿元,房地产开发投资9.7亿元,同比分别增长21.8%、52.8%和下降0.3%。

非国有经济继续快速发展。全市个体私营企业实现总产值32.5亿元,营业收入127.7亿元,同比增长8.3%和14.8%。乡镇企业增加值、利税总额和上缴税金分别实现36.8亿元、9.6亿元和1.7亿元,同比增长15.2%、14.1%和10.7%。民营科技企业技工贸总收入13.2亿元,上缴税金4200万元,同比增长32%和23.5%。

财政金融运行保持平稳。财政收入17.8亿元,同比增长4.5%,其中地方财政收入9.8亿元,同比增长10.8%。金融机构各项存款余额276亿元,比年初增加19.3亿元;各项贷款余额171.5亿元,比年初增加4.3亿元。

社会事业全面发展。坚持深入实施“科教兴市”战略,高新技术产品产值18亿元,同比增长12.5%;组织实施重点科技项目60项,推广新技术、新成果13项。合并重组了121所中小学和大中专院校;完成市区9所中小学翻扩建和县(市)乡5所中小学危房改造。广电集团与中国网通合资组建了牡丹江网通信息港。积极推进药品采购招投标、卫生监督体制等5项改革。计划生育率98.3%,人口自然增长率4.8‰。体育运动员获得九运会金牌两枚,实现全运会上金牌零的突破,荣获全国群众体育先进市称号。人民生活质量和生活水平明显提高。城镇居民人均可支配收入5171元,农民人均纯收入3073元,同比增长6.6%和6.9%。社会消费品零售总额92.2亿元,同比增长9.2%;城乡集贸成交额53.7亿元,同比增长6.5%;居民消费价格总水平上涨1%。实施解困再就业工程,安置下岗职工2.7万人,再就业率45%。

【投资环境】 牡丹江市位于黑龙江省东南部,北靠三江平原,西接省会哈尔滨市,南邻珲春金三角,东通俄罗斯滨海边区,是沿边口岸群依托的中心城市。全市边境线长204.9公里,市区距边境130公里。辖区内有牡丹江航空口岸,绥芬河、东宁两个国家一类公路口岸和一个铁路口岸,年过货能力700万吨,过客能力200万人次。

牡丹江市自然资源丰富,开发潜力巨大,拥有林业用地3.04万平方公里,占全市总面积的75.1%。其中有林地面积2.9万平方公里,活立木总蓄积量3181万立方米。全市已发现各类矿产87种,已探明具有一定地质储量的41种。已开采的矿种有金、煤等31种。全市共有18科53种野生动物,48科256种鸟类,野生经济植物2000余种,可供开发利用的有百余科1100余种。全市水资源总量90亿立方米。水能资源理论蕴藏量 157.75 万千瓦。

全市境内拥有可开发的旅游景点 450 多处，已具备接待能力的自然、人文景观 230 余处。已初步完善了跨市、跨省和跨国三条旅游线路，形成了镜泊湖、莲花湖、牡丹峰和三道关、绥芬河和东宁、海林横道和双峰以及牡丹江市区等六大旅游区。2000 年通过国家验收，被确定为中国优秀旅游城市。牡丹江已建成大小滑雪场 8 个。2001 年，全市共接待国内外游客 291.5 万人次，同比增长 14.6%；旅游总收入 17 亿元，同比增长 9.8%；实现旅游外汇收入 1.13 亿美元，同比增长 8.9%。

2001 年，全市城乡建设总投资 45 亿元，增长 7%，其中村镇建设投资 15.8 亿元。环城山植树 126 万株，市区新增绿地 24 万平方米。综合整治市区居民小区 44 个，供热并网 25 万平方米，大气总悬浮微粒年日均值控制在每立方米 200 微克以下，环境质量进一步改善。

牡丹江市不断优化经济发展环境，积极为外来投资者营造良好的发展空间，先后出台了全市招商引资优惠政策、外来投资者优惠政策等，并成立了市招商引资办公室，实行一站式服务，把投资者视为上帝，每年都有大批投资者来牡丹江市投资兴业。2001 年，全市共引进域外资金 32.5 亿元。

【重点项目介绍】 桦林 50 万子午胎项目。总投资 45601 万元，建筑工程、设备安装调试、产品试制等工作已经全部完成，投入试生产。机车厂 1 万吨饲料级赖氨酸项目。总投资 2.23 亿元，2001 年动工建设。主厂房土建基础及设备基础的砼浇注工作已基本完成，部分附属用房已实现暖封闭。友博制药厂 4000 万支疏血通注射液项目。总投资 4894 万元，7 项单体工程土建工程已经基本完工，正在进行设备安装。201 国道鸡西至牡丹江段。全长 164 公里，总投资 26.34 亿元，计划 2003 年建成通车。东宁地方铁路项目。总投资 4.92 亿元，计划 2003 年完工。城市污水处理一期工程。总投资 2.52 亿元，预计 2002 年 7 月竣工交付使用。

黑龙江省佳木斯市

【经济与社会发展】 2001 年，佳木斯市全年实现国内生产总值 139.2 亿元，同比增长 13.1%，其中，第一产业 32.8 亿元，第二产业 39.2 亿元，第三产业 67.2 亿元，同比分别增长 13%、12.1% 和 13.8%。

农村经济结构调整成效显著，农民收入大幅增长。全市粮豆薯总产量 250.5 万吨，同比增长 18%。农业总产值 55.9 亿元，同比增长 15%。乡镇企业产值 120 亿元，乡企增加值 35 亿元，同比增长 10.3% 和 10.4%。农民人均纯收入 2907 元，同比增长 11.6%。绿色食品业加快发展。绿色食品基地面积 191.43 万亩，同比增长 47.1%。绿色畜禽饲养量 88.7 万只(头)。全市获得绿色食品标志产品累计 37 个。农业产业化经营水平进一步提高，农产品基地面积 481 万亩，共带动农户 15 万户。“订单农业”取得新突破，全年共签订订单面积 353 万亩，同比增长 6%。

工业生产持续增长，地方工业提前实现整体扭亏。规模以上工业实现产值 52.7 亿元，同比增长 5.6%。实现增加值 10.2 亿元，同比增长 16.3%。其中，地方工业完成 85122 万元，同比增长 15.5%。

固定资产投资继续拉动经济增长，重点建设项目进展顺利。全年完成固定资产投资 30.36 亿元，同比增长 13.7%。其中，基本建设投资完成 21.27 亿元，同比增长 16.4%；更新改造投资完成 3.01 亿元，同比下降 24%；房地产开发投资完成 6.1 亿元，同比增长 35.8%。

消费品市场平稳运行，全年实现社会消费品零售总额 67.2 亿元，同比增长 7.5%。其中，市、县、县以下零售额分别实现 51.3 亿元、8 亿元和 7.9 亿元，同比增长 8.7%、6.7% 和 3.9%。全年居民消费价格指数同比上涨 0.7 个百分点。市场建设继续得到加强。农机大市场、水产大市场、建材大市场、安庆大市场、货运大市场等一批区域性中心市场建设进展顺利。

2001年外贸进出口总额12149.8万美元，同比增长23.1%。其中，进口总额7480.3万美元，同比下降5.7%；出口总额4669.5万美元，同比增长141.5%。对俄贸易依然占据主要地位，完成9878.3万美元，同比增长26.2%，占全市进出口总额的81.3%。

财政收入持续增长，金融运行总体平稳。2001年佳木斯市财政一般预算收入实现53137万元，同比增长12.3%。一般预算支出完成175896万元，同比增长30.9%。金融机构各项存款持续增长，全市金融机构各项存款余额185.3亿元，同比增长13.4%。其中，企业存款余额25.8亿元，同比增长21.3%；城乡储蓄存款余额150.8亿元，同比增长11%。金融机构各项贷款余额214.3亿元，同比增长4.7%。

社会事业全面发展。教育、文化、卫生等基础设施建设进一步加强。全市年末总人口241万人，人口自然增长率为5.6‰。各项劳动和社会保障工作也取得了实质性进展。养老金社会化发放率达到100%；企业职工养老保险实现了市级统筹，启动实施了城镇职工基本医疗保险制度改革。

【投资环境】　佳木斯市地处东北边陲的松花江、黑龙江、乌苏里江汇流之处的三江平原腹地。隔乌苏里江、黑龙江与俄罗斯哈巴罗夫斯克、比罗比詹相望，边境线448公里，为祖国最早迎接太阳升起的地方，有“东方第一城”之美誉。全市总面积3.27万平方公里，辖5区、4县、2个县级市，总人口241万，市区人口82.5万，是黑龙江省东北部经济、金融、科技、交通、文化中心。

佳木斯市属中温带大陆性季风气候，年平均降水量510毫米左右。现有耕地面积844万亩，其中可垦荒地314万亩；林地面积409万亩，森林蓄积量1693万立方米；水域面积200万亩，盛产全国闻名的鲑鱼、鲟鱼、鳇鱼，其鱼籽饮誉欧亚市场；矿产资源十分丰富，有煤炭、石灰石、黄金、大理石等30多种。

佳木斯市为国家重要的商品粮基地和农业综合开发试验区。盛产大豆、水稻、玉米、小麦等粮食作物和烤烟、亚麻、甜菜、蔬菜、瓜果等经济作物。特有的蓝天、碧水、黑土地为绿色食品生产创造了优越的自然环境。工业门类齐全。拥有全国闻名的佳木斯纸业集团有限公司、防爆电机厂、约翰·迪尔佳联收获有限公司、粤海佳凤啤酒有限公司等一大批骨干企业。

旅游风光独特。三江平原冬季一望无垠的冰雪天地可供游人狩猎、滑雪，夏季山青水秀，景色怡人。现已开辟佳木斯至哈巴、比罗比詹、共青城、莫斯科等多条国际旅游线路。赫哲族渔村、亮子河原始森林、三江湿地自然保护区、大力加湖风景区等众多生态景观、人文景观美不胜收。

境内有哈佳、佳鹤、牡佳、佳富四条铁路干线可通往全国各地；公路通车里程2674公里，201、221两条国道横穿境内，三亚至同江国家高等级公路正在建设之中。佳木斯机场已开通至北京、哈尔滨、大连、上海、深圳、三亚、俄罗斯哈巴罗夫斯克等国内、国际航线。C3微波通讯工程已投入使用。

对外开放功能完备。全市拥有5个国家一类口岸和同江至俄罗斯犹太自治州比罗比詹、抚远乌苏镇至俄罗斯卡扎两条国际客货运输通道，10个县(市)、区沿松花江和黑龙江岸布列。客货运输可顺黑龙江直下，经鞑靼海峡驶抵日本、韩国、美国和东南亚各国，形成水、陆、空立体交通网。1991年创建的省级经济技术开发区实行封闭式管理，为客商提供优越的投资和开发条件。

投资环境宽松。佳木斯市人民政府出台了《佳木斯市鼓励外来投资暂行规定》，对外来投资予以资金奖励和政策优惠、政策扶持。

【重点项目介绍】　2001年，佳木斯市共实施重点建设项目15项，项目总投资47亿元，其中，龙江大豆食品公司7500吨无糖速溶豆粉项目,为大豆振兴工程重点项目,已完成投资200万元,形成生产能力3000吨。抚远县鲟鳇鱼养殖。项目总投资3185万元,已完成投资286万元,按计划完成养殖车间、育种大棚的建设,年孵化能力达到1000万尾,孵化鱼苗500万尾。合成材料厂新型改性烟用丝束。建设规模年产3000吨高标改性丝束。

农村电网改造工程,已完成新建输电线路47.02公里,改造输电线路53公里,配电完成10KV线路429.38公里。城市电网改造工程,项目总投资4.6亿元,已完成投资38496万元。富锦风力发电工程,建设规模装机21MVA,项目总投资2.1亿元。松干消险加固工程,建设规模松干堤防加固327.7公里,回水堤70.8公里,总投资6.5亿元。城市防洪工程,总投资1.2亿元。三江平原综合治理工程,治理青龙河、浓鸭河、别拉洪河,总投资2.2亿元。江北水源供水工程,建设规模日供水20万吨,项目总投资2.6亿元。市燃气输配工程,建设规模为煤气、天然气供气10万户,项目总投资1.9亿元。鹤大公路佳—七段,建设规模为一级白色公路135.7公里,二级公路17.09公里,项目投资20.3亿元。粮食仓储建设项目。建设规模为总仓容5.1亿斤,完成投资1.1亿元,工程全部结束并完成预验收。

安徽省芜湖市

【经济与社会发展】 2001年,芜湖市完成国内生产总值218.8亿元,同比增长9.1%。其中第二产业完成增加值68.8亿元,增长38%。实现财政收入29.54亿元,其中地方财政收入12.44亿元,增长15.2%。财政支出15.8亿元,同比增长5.3%。城市居民人均可支配收入6040元,同比增长5.6%;农民人均纯收入2752元,同比增长3.5%。

全年粮食产量67.8万吨,棉花产量8621吨,油料产量9.39万吨,肉类产量6.88万吨,水产品产量8.4万吨,农林牧渔业总产值(1990年不变价)20.77亿元,比上年增长3.5%。特色农业发展加快,三山蔬菜、清水苗木、六郎水产品、九莲蘑菇等一批特色农产品生产基地规模不断扩大。

全市规模以上工业企业完成产值204亿元(1990年不变价),同比增长32%,规模以上工业企业比上年净增32家,达262家,其中销售收入超10亿元的企业4家。工业结构调整成效进一步显现,着力培育的新型建材、汽车及汽车零部件、电子电器三大支柱产业完成产值105亿元(1990年不变价,下同),同比增长60%,对全市工业增长的贡献率80%以上。全市经济效益综合指数1.71倍,同比提高38个百分点。工业品产销率98%,实现利润总额15亿元,同比翻了一番。

全年完成全社会固定资产投资75.81亿元,同比增长2.7%。其中基本建设完成投资34.3亿元,与上年持平;更新改造完成投资11.09亿元,增长24.8%;房地产开发完成投资13.59亿元,增长41.1%。

实现全市社会消费品零售总额74.82亿元,同比增长6%。城市居民消费价格指数为99.8%。市场建设和会展经济有了新的进展,现代物流业开始起步。

全年批准合同利用外资1.56亿美元,同比增长35.7%。实际利用外资0.5亿美元,增长13%。协议引进内资26亿元,增长13%。引进跨国公司和重大项目取得突破,日立公司年产60万台空调、美国利达国际投资公司年产100万台磁电机等项目落户经济技术开发区,美国休斯公司网际网络终端设备、英国乔瑞昂公司诺弟童话世界、荷兰花卉园等一批重大项目正在积极推进。芜湖经济技术开发区加强配套服务设施建设,优化投资环境,一批主要道路和重点服务设施建成。围绕支柱产业的壮大和战略性产业的培育,积极推进重大招商项目洽谈和在建项目建设进度。长江大桥经济开发区园区规划通过省级评审,并被批准为省级综合经济开发区。

继续实施科教兴市战略,传统产业高技术

化、高新技术产业化进程加快。芜湖科创中心被批准为国家级科创中心,科技孵化功能进一步增强,已有49家高新技术企业进区孵化。教育事业快速发展,芜湖职业技术学院被批准为国家重点建设示范技术学院,安徽中医药学校升格为皖南职业学院,安师大田家炳教育书院和原第九中学田家炳教学楼建成并投入使用,安徽机电学院教学楼建设进度加快。卫生事业得到加强。社会保障制度逐步完善。企业离退休人员养老金和国有企业下岗职工基本生活费按时足额发放,社会化发放率达到100%。下岗职工基本生活保障向失业保险工作积极推进。

【投资环境】 芜湖市位于安徽省东南部,地处长江中下游,长江三角洲的边缘,距省会合肥120公里,距江苏省南京市100公里。辖芜湖、繁昌、南陵三县,镜湖、新芜、马塘、鸠江四区。总面积3317平方公里,其中市区230平方公里。人口218万,其中市区人口65万。

芜湖市地貌属长江中下游冲积平原,亚热带湿润季风气候,光照充足,雨量充沛,四季分明。种植业以水稻为主,盛产油菜、棉花等经济作物为主,畜牧业以生猪、家禽饲养为主。水产盛产鱼、虾、蟹、鳖等,以鲥鱼、刀鱼和金盾毛蟹驰名中外。矿产资源有煤、铁、铝、钾、石灰石等。

芜湖市经济地理位置优越,濒江近海,处于沿海开放向内地梯度推进的交汇点,具有向两翼腹地延伸辐射的区位优势。是通往世界名山黄山,佛教圣地九华山和山水画廊太平湖风景区的门户。

芜湖是安徽省皖江开发开放的重点和突破口,1991年全国人大常委会批准芜湖对外籍轮开放;1992年国务院批准芜湖市为沿江开放城市,实行沿海开放城市政策;1993年国务院批准设立芜湖经济技术开发区,实行沿海开放城市经济技术开发区政策。

芜湖是华东地区重要的综合交通枢纽,芜湖长江大桥建成通车,沟通了长江两岸交通,强化了芜湖水陆交通枢纽的地位。铁路:彻底消除了长江阻隔,联通了皖赣、宁铜、宣杭、淮南线。公路:318、205国道在芜湖交汇,合杭高速公路合芜段建成通车,芜宣段2002年基本建成。沿江高速公路芜马段开工建设,芜青段已具备开工条件,近期将开工建设。水运:芜湖港是长江溯江水面上最后一个深水港,朱家桥外贸码头可停靠万吨级远洋货轮,已开通了芜湖至日本、香港等多条航线,还可通过上海周转,直达世界各地。芜湖是安徽现代物流中心,可以为企业提供最便捷、最优惠的运输服务。

城市基础设施日趋完善。“九五”以来,新、改、扩建了50多条城市主要道路,形成了四纵十一横的城市道路框架,建成区面积扩大到68平方公里。建成了中山路步行街、鸠兹广场、吉和广场、九华广场,提高了城市品位。实施了城市防洪工程建设,基本消除了城市水患。城市供水、供电、供气能力进一步增强,日供水能力72.5万吨,供电能力56万千瓦,供气能力10.3万立方米,有3座总量为1.1万立方米储气基地。

开发区和特色工业园区建设进一步加快,芜湖经济技术开发区不断加大基础设施建设力度,累计开发面积已达12平方公里,实现了路、水、电、热、通讯、排水和场地的“六通一平”;芜湖长江大桥综合经济开发区以旅游业为主导,配套建设居住、商贸、高新技术产业,规划面积9.71平方公里;芜湖高新技术产业开发区建设全面启动,绿色食品、旅游商品、机械、电子电器等产业特色明显、投资环境良好、功能完备的县区工业园区建设全面展开,起步区建设实现“五通一平”。

产业基础良好。新型建材、汽车及汽车零部件、电子电器三大支柱产业初具规模。海螺型材已具备15万吨生产能力,近期将达到30万吨。华亚管材已达到6万吨,可耐福纸面石膏板已达到2000万平方米生产能力。上汽集团奇瑞汽车具备15万台发动机,6万辆整车生产能力。近期将达到30万台发动机、20万辆轿车生产能力,吸引了30多家配套企业配套生产。美的空调已形成150万台生产能力。日立空调将形成60万台生产能力。吸引了20多家配套企业配套生产。

投资环境优良,围绕优化投资环境,撤并了行政管理部门,加强制度建设,规范政府行为,清理、规范了行政审批制度和行政事业收费。成立了行政服务中心,为各类投资者提供一站式服务,努力降低行政运行投资成本,提高盈利水平,各开发区积极创建无费区。

【重点项目介绍】 基础设施项目。鸠兹广场、吉和广场、城市道路、凤鸣湖大桥建成;奥林匹克公园、合杭高速芜宣段、芜马高速、垃圾焚烧热电厂正在建设。

农林水项目。移民建镇、江堤除险加固、排水泵站正在建设。

工业项目。美的工业园二期、海螺型材五期、海螺(荻港)水泥厂、实达数码科技园一期等项目建成投产;海螺型材六期、奇瑞汽车二期、日立空调、鑫科工业园、彩色显示器工业园、烟厂"十五"综合技改等一批项目正在建设。

安徽省蚌埠市

【经济与社会发展】 2001年,蚌埠市完成国内生产总值172.36亿元,同比增长8%,其中,第一产业增加值40.5亿元,增长0.3%;第二产业增加值69.18亿元,增长11.8%;第三产业增加值62.68亿元,增长9.3%。财政总收入23.83亿元,增长12.9%。

农业结构调整取得积极进展,粮食产量因灾减产,全年粮食产量158.33万吨,同比下降10.7%,肉类产量18.14万吨,增长6.4%。水产品产量8.64万吨,下降5.7%。养殖业进一步向规模经营、特色养殖方向发展。

全年工业企业完成现价总产值168.1亿元,增长12.8%,其中规模以上工业企业完成现价产值93.7亿元,增长12.6%。工业经济效益有较大改善,全市规模以上工业企业实现利润2.57亿元,增长96.2%。建筑业实现产值21.2亿元,增长24.9%。全市共有高新技术企业27家,高新技术产品26项,高新技术产业技工贸总收入19.9亿元,实现利税3.2亿元。

交通运输仓储邮电通信业实现增加值21.7亿元,增长8.4%;年末城市固定电话用户24.35万户,农村固定电话用户16.76万户;移动电话用户23.68万户;全年实现社会消费品零售额76.06亿元,增长7.5%。

全年全社会固定资产投资55.16亿元,增长14.5%。燕山路拓宽改造等一批城建项目、离子膜烧碱等一批重大技改项目已竣工投运。丰原集团"十五"发展规划已通过专家论证,32万吨燃料酒精项目已获国家批准,乳酸、赖氨酸等项目已开始实施;玻璃信息显示基片、60万吨水泥粉磨站等招商引资项目已开工建设,与中川国际公司合作的碳纤维、与新奥集团合作的城市天然气管网项目可研报告已经国家计委和省计委批准。

对外贸易稳定增长,全年进出口累计完成14661万美元,同比增长20%,其中出口11927万美元,同比增长12%;进口完成2734万美元,同比增长1.44倍。骨干出口企业带动作用明显,丰原集团出口达7046万美元,占全市出口总量的59%。全年新批外商投资企业11家,合同利用外资7633万美元,同比增长94.2%;实际利用外资6306万美元。引进国内资金8亿元。高新区取得长足发展,省级新城综合开发区正成为投资热点。

蚌埠有国家级科研院所7个,地方科研机构91个,各类专业技术人员3万多人。教育事业继续发展,全市中学在校生达21.2万人,"两基"教育取得丰硕成果,高等教育调整步伐加快。文化事业健康发展,文化艺术进一步繁荣,全市电视、广播人口覆盖率均达100%,蚌埠市广电中心完工并交付使用。卫生事业持续发展,预防保健水平显著提高。继续加大环境保护力度,城市环境质量得到了明显改善,废水、废气达标排放收到预期效果,环保基础设施建设进一步加强。污水处理厂及城市污水管网工程加快实施,积极推进城市垃圾无害化处理科研和项目准备工作。

全年人口自然增长率7.65‰,年末户籍总人口340.2万人。城市居民生活水平稳步提高,消费结构有所改变。城镇居民人均可支配收入6160元,同比增长8.6%。城市居民恩格尔系数为42.27%。农民人均纯收入2080元,与上年基本持平。

全年共发放基本养老金3.7亿元,市区离退休人员养老金社会化发放率100%,新增养老保险参保人员8000余人、失业保险参保人员5000余人,城镇职工医疗保险参保人员达18.1万人,市区城镇居民最低生活保障面9.6%,同比提高6.6个百分点。

【投资环境】 蚌埠市因自古盛产河蚌而得名,又称珍珠城。现辖东、中、西、郊、高新技术产业开发区和新城综合开发区六个区和怀远、五河、固镇三县,总面积5197平方公里,总人口337万。市区面积445平方公里,人口80万。

蚌埠具有现代交通区位优势,蚌埠港是千里淮河第一大港,境内有9座淮河大桥飞架南北。蚌埠火车站是京沪线一等客站。从蚌埠乘火车可直达国内3个直辖市、20多个省会城市和10多个沿海城市。蚌埠是即将兴建的京沪高速铁路五大停靠站之一,蚌埠东站是京沪线上华东地区最大的货运列车编组站和最大的集装箱货场,并拓展了铁路海洋联运业务,蚌埠高速公路、国道、省道纵横交错,运输发达便捷。现代化的新机场正在建设中。

蚌埠电讯通信已进入全国先进行列,蚌埠邮电通讯指挥调度中心,是京沪微波通讯干线安徽境内唯一主控站,也是全国国际通讯和国内邮政及长途通讯枢纽之一。国际长途实现了全球通,移动通信网络覆盖城乡,与世界许多国家和地区建立了国际特快专递业务。

蚌埠建有皖北地区最大的枢纽变电所,并与华东电网相连。建有三个规模较大的水厂,能满足工业和生活用水需求,蚌埠供热供气充足。

蚌埠现代化农业科技示范推广园颇具规模。高新技术产业开发区各种基础设施一应俱全,具备了各种项目进区的条件。省级新城综合开发区正成为投资热点。

蚌埠已成为皖北古迹旅游线的中心。有著名的禹王宫、启母石、台桑等古迹,有被宋代大诗人苏轼称为“天下第七泉”的白乳泉,有望淮楼、启王宫、卞和洞。有楚汉相争的决战之处—垓下古战场,有霸王城、韩信点将台、虞姬墓。城东30公里有明代开国皇帝朱元璋的家乡,明皇陵、龙兴寺、中都城等历史遗址保存完好。还有龙子湖、淮河小三峡等多处风景名胜。

蚌埠已与60多个国家和地区建立了经贸关系,与日本、德国、意大利、英国、俄罗斯、巴西、土耳其、美国等国家城市结成友好城市关系和经贸合作伙伴关系,与国内9个城市结成友好城市。一批骨干企业成功上市融资,还有一批企业顺利进入上市辅导期。

蚌埠实行鼓励外来投资政策,把招商引资作为“加快发展,富民强市”的必由之路。市政府实施“提速”工程,开展政风评议,建立了“一站式”服务,推行电子商务和电子政务,项目审批快速简捷,受理办事优质高效,建有宽带信息公众网,形成了规范的金融、贸易、财务、法律服务体系。

【重点项目介绍】 综合病房大楼项目。该工程是安徽省重点工程项目,1998年动工,2001年竣工正式启用。大楼总面积2.17万平方米,总高度72.3米,共16层,其中地上15层,地下一层,总造价近亿元。综合病房大楼功能先进,配有智能化管理系统、净化系统、消防自动报警系统、中央空调、中心供氧、负压吸引等先进设施,手术室可视对讲与教学系统可以完成教学实况转播,实现与护士办公室可视对讲,综合病房大楼共设计算机网络终端380个、语音通讯终端321个、闭路电视终端205个。

蚌埠广电中心项目。该工程建筑面积3.3万平方米,总投资8288万元,是蚌埠市标志性建筑,安徽省科技示范工程。工程于

1998年开工,2001年一期工程落成。中心内部配置了广播、电视制作系统,视音频信号传输系统,计算机系统,通讯网络系统及双回路电力系统、中央空调、消防、安保监控系统,还有广播电视网络传输系统。

蚌埠市朝阳路淮河公路桥项目。该工程是市区与G206、S307等国省道公路衔接线中的重要桥梁;同时为完善蚌埠公路路网布局,带动淮河南、北岸区域经济发展,繁荣蚌埠经济具有重要意义。项目总投资为18567万元。建设规模为全桥长1724.84米,主桥面全宽235米,设计行车速度为60公里/小时。

安徽省宁国市

【经济与社会发展】　2001年,宁国市实现国内生产总值35.39亿元,同比增长7.6%,其中第一产业增加值6.84亿元,增长4.8%;第二产业增加值15.73亿元,增长6.5%;第三产业增加值13.02亿元,增长10.5%。三次产业结构比例由上年的19.9∶45.1∶35,调整为19.2∶44.2∶36.6,人均国内生产总值9357元,人均财政收入737元,县(市)经济运行考核综合指数居全省第一位。

农业结构有所调整,全年粮食产量89264吨,油料产量14945吨,肉类产量27486吨,增长17.8%,禽蛋产量9467吨,增长47%,水产品产量3300吨,增长17%,山羊饲养量5.1万只。当年造林面积1199公顷,其中退耕还林213公顷,幼林抚育作业面积8000公顷。

工业生产稳定增长,全部工业完成产值42.3亿元,增长3.6%,其中规模以上工业企业完成产值23.9亿元,增长8%。6家年产值超亿元的工业企业完成产值16.67亿元,占53家规模以上工业企业的69.8%。规模以上工业企业经济效益综合指数为130.9%,同比提高13.9个百分点,工业品产销率99.03%,提高3.6个百分点,全员劳动生产率35083元,实现销售收入24.31亿元,增长7.1%,实现利润20845万元,增长25.3%。

全年完成固定资产投资60314万元。建筑企业完成增加值1.3亿元,同比增长1.4倍,房屋竣工面积13.8万平方米。交通运输业货物周转量35316万吨公里,客运周转量76983万人公里;全年完成邮电业务收入7959万元,同比增长19.7%,市用、农话、移动电话年末到户数分别为2.41万户、3.91万户、4.55万户,分别增长22%、42.8%和2.7倍。国际互联网拨号上网用户4573户,增长8.4倍。

实现社会消费品零售总额90302万元,同比增长3.1%。其中城市消费品零售额61728万元,增长4.2%,市以下零售额28574万元,增长5%。外贸进出口快速增长,全年完成进出口总额2410万美元,增长68.2%,其中出口1837万美元,增长63.6%。全年实际利用外资420万美元,外商直接投资80万美元。

当年荣获全国科技进步先进县(市)和全国"两基"工作先进地区称号。全市有经省认定的高新技术企业9家,高新技术产品15项,实现国家和省级火炬计划、星火计划10项,省级民营科技企业37家,民营科技企业实现技工贸总收入14亿元。

全市共有各类学校271所,在校学生62189人,其中高中在校学生3907人,初中在校学生9711人,职业中学在校学生3126人,小学在校学生28670人,幼儿园在园人数6628人。小学入学率100%,初中入学率95.7%,保留率98.1%。

全市共放映电影1689场次,观众30.2万人次,公共图书馆藏书4.5万册;《宁国报》全年发行156期,95万份。广播电视人口覆盖率分别达到98%和96%。全市共有卫生机构73个,拥有卫生技术人员1215人,医疗床位1072张。人口自然增长率为1.3‰,计划生育率99.9%。在岗职工年平均工资9310元,同比增长16.4%,农民人均纯收入2506元,增长4.1%,农民人均现金收入2039元,增长12.1%。

全市已建成废水治理措施19套,工业废水排放量395万吨,达标率96.5%;工业废气排放量161.4亿标立方米,达标率99.9%;固体废弃物产生量10.3万吨,综合利用量6万吨。

【投资环境】 宁国市地处皖东南,是全省重点山区县市之一,是安徽省唯一的全国综合实力百强县市。总面积2447平方公里,辖16个乡镇、3个街道办事处,总人口38万。1997年撤县设市。

2001年,宁国市运用营销思想建设良好的投资环境。一是以城镇化为切入点,拓展县域经济发展空间。按照"城市建设市场化,资金筹措多元化,资源利用商品化,基础设施社会化"的总体思路,通过"产权置换、有偿经营"方式出让黄金地段和市政设施经营权,为加快城市基础设施提供资金来源。截至2001年底,外地开发商16家,协议投资7亿元,完成旧城改造8.3万平方米,新增市区面积3.5平方公里。

二是以省级开发区为龙头,加快配套园区建设,为市外企业投资提供优良载体,开发区道路框架基本拉开,土地征用开发全面启动,水、电、通讯等配套设施逐步完善。区内企业110家,其中规模以上企业20家。当年开发区新增企业16家,引进市外资金8000多万元;梅林、山门、狮桥等私营工业园区的招商引资联合舰队初步形成。

三是坚持以作风建设为突破口,营造县域经济发展环境。市直机关开展了机关作风整顿活动,取消收费项目和降低收费标准63项,普遍建立了政务公开制度。建立了行政服务中心,做到"进一个门办好,交规定费办成,在承诺日内办结"。出台了《关于进一步鼓励投资扩大开放的若干规定》和经济园区优惠政策。

【重点项目介绍】 2001年,宁国市重点建设项目总数为47项,其中工农业项目33项,基础设施项目12项。在建项目规模为121488.6万元,完成投资29403万元,项目投资中,争取政策性补助、贴息项目23项,利用外资项目4项。

从项目结构上看,新扩建、技术改造等新项目占项目总数的70.2%。其中在建的重点项目有:宁国双津集团的CPP真空镀铝薄膜、透明镀金属薄膜、激光全息转移纸项目,总投资12781.98万元。宁国绿源人造板公司年产10万立方米中(高)密度纤维板项目,总投资7000万元。青龙湾生态旅游区综合开发项目,总投资2.94亿元。宁国莱恩公司的DSP高效节能双头螺旋泵项目,总投资1.98亿元。宁国天成公司的变频空调IPM项目,总投资4242万元。宁国新世纪天然植物制品公司的葛资源高效利用项目,总投资2500万元。宁国交通局主持的SI04河唐段拓宽改造工程项目,总投资2.3亿元。太阳禽业公司的樱桃谷鸭SM3繁育体系建设及商品鸭加工线项目,总投资2800万元。山里仁公司的"AA"级绿茶深加工和山核桃综合开发及深加工项目,总投资3000万元。天迈公司的大型中空滚塑玩具生产线项目,总投资3500万元,其中利用外国政府贷款280万美元。

建成投产的较大项目有:宁国中鼎股份公司"中鼎工业园综合技改"项目,总投资1.45亿元。宁国市中化司尔特化肥有限公司三期扩建项目,总投资6231万元。宁国市农网改造项目,总投资7661万元。

江西省赣州市

【经济与社会发展】 2001年,赣州市完成国内生产总值282.8亿元,同比增长8%,其中第一产业增加值92.7亿元,增长2%;第二产业85.5亿元,增长11.6%;第三产业104.6亿元,增长10.8%。三次产业结构由上年的34.6:29.4:36调整为32.8:30.2:37。

农业在调减粮食种植面积16.8万亩和部分县(市)遭受洪涝灾害的情况下,粮食总产量244.3万吨。全年发展订单农业88.6万亩,花生、蔬菜、瓜类、烟草、席草等经济作物有较大幅度增长。全年肉类产量45.4万吨,同比增长5.9%,水产品产量15.6万吨,增长5.3%,

水果产量20.8万吨,同比增长4.3%。

完成工业增加值68.6亿元,同比增长14%;工业实现利税7.5亿元,同比增长36.4%,其中利润1.7亿元,增长1.4倍,税金5.8亿元,增长20%,工业产品产销率96%。

完成全社会固定资产投资72亿元,同比增长17%。完成财政收入23.4亿元,地方财政收入16.5亿元,分别增长14.6%和8.9%。金融机构各项存款余额259.9亿元,增加40.3亿元,各项贷款余额175.4亿元,增加9.8亿元。

社会消费品零售总额99.4亿元,同比增长10.3%,居民消费价格总指数100.2;旅游入境人数和国内旅游人数分别出现了19.9%和7.4%的增幅;商品房销售面积64.1万平方米,增长2.2倍;城市化率由上年的20.6%提高到21.5%。

"数字赣州"项目进展顺利。赣州市图书馆已投入使用。通天岩被国家批准为4A级风景区。成功举办了赣州市第一届运动会,市体育中心扩建工程正式动工。城乡电网改造进展顺利,279个乡(镇)91万户农户用电得到改善,用电价格明显下降。再就业工程继续推进,全年安排就业1.6万人。城镇居民人均可支配收入5304元,增长10.2%,农民人均纯收入2113元,增加13元。移动电话用户比上年翻了一番,互联网用户数达到6.5万户,同比增长2.3倍。

【投资环境与利用外资】 赣州市位于江西南部,赣江上游,简称赣南。面积3.9万平方公里,人口807.7万人,辖1区2市15县。赣南是著名的革命老区。毛泽东、周恩来、朱德、刘少奇等老一辈无产阶级革命家和一大批元帅、将军在这里战斗和生活过。

赣州是全国柑桔生产基地,赣南脐橙堪与美国新奇士脐橙媲美,被誉为加入WTO后中国柑桔业的希望,2001年全市脐橙总面积38万亩,总产10万吨。矿产资源丰富,已发现矿产有90余种,其中钨已探明储量居世界第一,稀土探明储量居全国第二。旅游资源丰富,既有瑞金叶坪、沙洲坝等革命遗址群,又有香港饮水之源—东江发源地的安远三百山、古代南北要道之一的大余梅关驿道等风景名胜区,还有八境台、郁孤台、通天岩等人文景观,赣南还是世界客家人聚居中心之一,赣南围屋作为客家民居的三大代表之一,为世人瞩目。

交通、城市基础设施建设进一步加强,赣粤高速公路泰赣段、赣定段、赣龙铁路等重点工程相继开工。2001年完成国、省道公路新建扩建里程142公里,完成县乡水泥(油)路275公里。

2001年赣州市成功参与和举办了珠海、泉州、上海招商引资项目洽谈会和首届赣州脐橙节等四大招商引资活动,对外开放取得新成绩,全年实际利用市外资金31亿元,增长34.5%,实际利用外资1.1亿美元,增长30.2%;全年外贸出口5709万美元。

赣州市对来赣州市投资兴办实业的内、外商和参与赣州市招商引资、开发建设的内外单位和个人,在以下几个方面给予优惠。

审批注册:1. 凡符合国家产业政策、建设和生产条件不需要国家及省综合平衡,出口不涉及配额和许可证,利用外资项目总投资在3000万美元以下的项目,由赣州市自行审批。2. 对外商投资企业实行营业执照预备期制。3. 外商投资项目,在符合土地利用总体规划和用地条件,土地补偿费到位的情况下,经有批准权的机关同意可以边动工边报批。

税收方面:1. 对外商投资企业的产品从赣州口岸直接出运报关出口的,5年内对其产品出口上缴增值税地方留成25%的部分由地方财政奖励企业用于扩大再生产。2. 投资新开果园的,从果树挂果年份起,5年内免征农业特产税;新建景点的,3年内缴纳的营业税的50%和企业所得税的10%由地方财政奖励给纳税人;涉水项目,从建成投产之日起,水资源费减半征收。

土地方面:1. 对投资和纳税额较大的项目以及高新技术项目,可由当地政府办好征地有关手续,无偿提供建设用地,一定年限内只收税不收费。2. 工业园区内实行“无规费”区封闭式管理,用地按征用报批和平整土地的成本计价,不收其他规费。3. 外商投资非行政划拨用地在项目设计设定的建设期可以不计算租金和出让金。4. 外商兼并或合并濒临破产的国有企业,可以继续使用国有划拨土地。

【重点项目介绍】 赣粤高速公路赣定段:主线长126公里,途经赣州市南康、信丰、龙南、定南,项目总投资46亿元,预计2003年建成通车。赣龙铁路建设:赣龙铁路江西段始于京九铁路赣州东站,经赣县站(江口站),沿贡江而上,经于都、会昌、瑞金、过赣闽交界的武夷山区进入福建至龙岩西站与漳龙铁路接轨,新建线路长度290.1公里,其中赣州段132.3公里。设计概算总额63.3亿元,其中赣州段投资24.3亿元,赣龙铁路于2001年12月开工。赣州市图书馆:该项目计划投资1300万元,2001年9月竣工,建筑面积9834.3平方米,有阅览室5个,书库2个,设有多功能报告厅、科技服务和读者市场,馆藏图书资料60至80万册(件)。赣州市章江南岸滨江大道二期工程:该项目计划投资3800万元,2001年12月基本建成。总长7.2公里,宽36米。可抵御五十年一遇的洪水及二十年一遇三小时暴雨的排涝。赣州市垃圾填埋场:该项目计划投资2772万元,2001年12月基本建成,垃圾库容190万立方米,日处理垃圾200吨。寻乌至安远公路,该工程计划投资3500万元,2001年7月竣工,全长31.4公里,其中安远境内6.4公里,寻乌境内25公里。110KV城东变电站:该工程计划投资1200万元,2001年11月交付使用,建成一座110KV变电站,架设一条连接章江南北两岸的110KV线路,在水南新区建成相配套的6条10KV输出线路。赣县梅林大桥:该工程起于323国道(k132—185处),途经赣县百亩蟠,跨贡江,经章贡区沙石镇、市农科所,于瓦屋下穿京九铁路,终于323国道与省道沙小线的叉路口,全长15.5公里。项目总投资1.6亿元。319国道改造兴国、于都、宁都段:该工程总投资501.5万元。公路总长153.1公里,按二级公路技术标准修建。井冈山至瑞金至潭东220KV输变电工程:该工程建设规模为220KV变电站一座,220KV输变电线路315公里,建设期二年,概算总投资为2.3亿元。赣州三水厂:工程包括取水泵房、净水厂、配水管网等项目,总投资1.3亿元。南康二水厂:建设规模为日供水10万吨,总投资1.1亿元。章江新城区一期防洪工程:全长4.4公里,采用堤、路、房和景观相结合的模式,防洪堤和排涝设施按防御五十年一遇洪水和三级堤防的标准设计建设。

江西省婺源县

【经济与社会发展】 2001年全县国内生产总值11.8亿元,同比增长9.5%,财政总收入9051万元,同比增长9%,其中地方财政收入7291万元,农民人均纯收入2224元。

完成全社会固定资产投资2亿元,同比增长19.7%。实现社会消费品零售总额5.5亿元,同比增长9.2%。年末金融机构各项存款余额11.2亿元,同比增长28.1%;城乡居民储蓄存款8.8亿元,同比增长12.1%。2001年6月,中国人民银行把婺源县列为金融工作联系点并进行了农户小额信用贷款试点,全县核发农户信用贷款证4.5万户,核定金额3.3亿元,已贷2.4万户,累计放贷金额1.5亿元。

实现农业增加值3.7亿元,同比增长2.6%。以有机茶为主的有机食品、绿色食品产量大、品质优,茶叶出口创汇能力增强,大鄣山茶农协会成为中国首家国际公平贸易标签组织成员单位和国际有机农业运动联盟会员,农经网络正式建成开通。

完成工业增加值3.9亿元,同比增长9.6%。全县90%以上的国有企业改制基本到位或正在实施,98%的乡镇企业完成改制。全县个体工商户达3982户,新增736户;私营企业达207户,新增107户,从业人员达1.8万人,注册资金1.4亿元,全年上缴税金2215万元,占财政总收入的24.5%,对财政的贡献率比上年提高约2.5个百分点。

江湾村等一批旅游新景区品质得到有效提升。成立了旅行社，建立了旅游网站，改善了旅游要素，规范了旅游管理，顺利创评为国家首批3A级旅游区。全年共接待游客25万人次，同比增长1.94倍。

完善了县城总体规划，编制了县城控制性详细规划；城区新建道路7万平方米，完成建筑面积11.7万平方米；城区建成面积6平方公里，控制区面积43平方公里。全年实施各类科技计划项目26项，其中国家级、省级、市级项目各3项。“两基”成果进一步巩固，中小学网点布局调整稳步实施，社会力量办学取得突破性进展。卫生体制改革力度加大，创建了“省级卫生城”，人口与计划生育执行情况达到预期目标，乡镇撤并工作平稳过渡，社区建设积极推进，荣获全国民政工作先进县称号。“八七”扶贫攻坚目标基本完成。民兵预备役建设稳步发展，圆满完成南京军区地方送兵试点工作。“三五”普法圆满结束，“四五”普法序幕拉开。企事业单位离退休人员基本养老金社会化发放率保持100%。安全生产责任制和各项整治措施进一步强化。加强了社会治安综合治理，整顿规范了市场经济秩序。

【投资环境与利用外资】 婺源县隶属江西省上饶市，位于皖、浙、赣三省交界处，面积2947平方公里，总人口33.3万，其中农业人口28.8万，森林覆盖率达81.5%。

全县现有公路158条，通车总里程1299公里。景白线、溪婺线、王赋线三条主干线与众多乡村公路，构成四通八达的公路运输网络。随着横穿婺源县境的景德镇—衢州铁路和景德镇—常山、景德镇—黄山高等级公路的立项建设，全县的交通将更加便利。婺源的邮政、电讯设施齐全，已全部实现交换程控化、传输数字化。市话自动交换机容量1.1万门，农话自动交换机1.5万门，移动电话网络覆盖全县各乡镇，开通了139、138、137、136、135、130全球漫游业务。

婺源小水电资源十分丰富，理论蓄能总量15.6万千瓦，实际可开发能量5.8万千瓦；全县现有水电站49座，总装机容量3.5万千瓦，年发电量1亿多度，是全国第一批初级农村电气化县，农村电网改造基本完成。

建设、规划了三个工业园区。一是城南私营工业园区，座落在县城所在地（紫阳镇），规划面积162亩，现有入园企业8家；二是生态工业园区，座落在梅林乡，距县城10公里，规划面积1800亩；三是高砂绿色食品工业园区，座落在高砂乡，距县城12公里，规划面积2000亩。目前在规划设计，拟对外招商开发。

2001年，婺源县招商引资成果显著，共签订合作协议项目57个，实施项目51个，实际进资1.1亿元，同比增长1.61倍。出台了《婺源县招商引资优惠办法》、《关于对党政机关及其工作人员损害投资环境行为的处分暂行规定》、《关于对社会各界人士招商引资的奖励办法》、《关于实施开放攻坚战略的决定》等一系列文件，为外商投资兴业提供了良好的政策保障。设立了婺源县经济环境综合服务大厅，成立了婺源县经济发展环境整治领导小组，下设办公室，实行“一站式服务，一个窗口办证（收费）”，做到“收费项目、收费标准、办证程序、收费金额”四公开；实行了首办负责制，并对重大的招商引资项目采取一事一策；成立了“婺源县外来企业投资者协会”，兑现了对纳税大户的重奖办法，公安机关与外商企业建立定期巡访和挂点联系制度，并率先在江西省推行“预培制”和“点警制”；任何部门未经批准不得进入县外客商企业违规检查、收费，积极营造了“亲商、安商、富商”的投资环境。

【重点项目介绍】 婺源县博物馆搬迁项目：拟建文物陈列馆4000平方米，文物库房3500平方米，工作用房2500平方米，配套设施、绿化以及亭廊等建筑，总投资4200万元。

婺源县生态旅游开发项目：项目内容包括生态公益林建设、灵岩洞国家森林公园开发、景区公路及景点设施配套等，总投资约2亿元。

江湾旅游开发项目：建设内容包含古建筑

观光区、绿色休闲区、旅游配套服务等建设，总投资4600万元。

婺源县江铜线公路改造项目：建设规模为江湾—德兴铜矿全长165公里山岭重丘区四级公路改造。工程总投资6918万元。

婺源县山蜡梅系列开发项目：总投资1.1亿元，分两期实施。第一期建设山蜡梅基地2500亩，投资1200万元；第二期建设山蜡梅冲剂、片剂、保健饮料生产线各1条，提取车间扩建1000平方米，仓容扩建5000平方米，投资1亿元。预计项目一期销售收入3050万元，年实现利润545万元；二期建成后年销售收入3亿元，年实现利润4500万元。

“大鄣山”牌AA级绿色食品大米项目：建设无公害水稻基地6万亩，大米加工厂一座，年产优质大米1.1万吨。总投资2632万元。项目建成后；预计年产值6480万元，实现税后利润1000万元。

婺源县大鄣山高技术产业化示范工程项目：包括10万亩大鄣山有机茶高产示范基地、30万头生猪生态养殖基地、5万吨有机肥料厂、6000吨有机茶生产线、技术综合开发中心等建设项目，总投资2亿元。项目建成后，年可实现综合产值7.7亿元，实现税利1.6亿元。

婺源县生态工业园区项目：规划面积2平方公里，基础设施建设投资5000万元。

江西省龙南县

【经济与社会发展】 2001年，全县完成国内生产总值11.9亿元，比上年增长28.4%，其中第一产业增加值4.2亿元，增长4.2%，第二产业增加值4.7亿元，增长93.2%，第三产业增加值3亿元，增长6.5%；全社会固定资产投资总额3.2亿元，同比增长1.909倍；实现社会消费品零售总额3.6亿元，同比增长18.4%；财政总收入1.2亿元，同比增长25%，地方财政收入9254万元，增长19.1%。农民人均纯收入2321元，同比增加51元；城镇居民可支配收入达5380元，同比增长9%。

2001年，全县实现农业产值6.5亿元，同比增长6.6%。发展特色农业，建成了一批规模大、质量高、效益好的特色农业基地，形成百亩以上订单农业基地33个，全县订单农业复种面积4.5万亩，同比增长57.6%；全年订单农产品产量5.8万吨，农民从订单农业中收益增加。

2001年，全县规模以上工业企业实现产值4.3亿元，同比增长83%；非国有企业工业产值在全县工业总产值中所占比重由上年的83.6%增至91.4%，全县工业企业实现总产值15.1亿元，同比增长1.011倍；全县工业用电量1.3亿度，同比增长1.614倍。

个体私营经济得到迅速发展，全县个体工商户、私营企业发展到7481户，从业人员2.9万人，注册资本3.9亿元，分别比上年增长11%、21.1%和28.2%。个体私营经济上缴税收4663.3万元，增长36.7%，占地方财政收入的50.4%。

2001年全县高考录取人数512人，录取率79%，比上年提高21个百分点。龙南县被江西省评为群众体育工作先进县，龙南镇被评为全国群众体育先进集体，龙南县体委被全国体育总局评为全民健身先进单位。

关西新围和杨村燕翼围客家围屋已被正式批准为全国重点文物保护单位，中央电视台《东方时空·直播中国》和《龙行天下》栏目分别对杨村镇乌石围及龙南县客家民风进行了有效的推介。九连山自然保护区旅游资源开发与利用力度加大，正向国家申报“国家级自然保护区”。全年共接待海内外游客22万人天次，同比增长20%。

【投资环境与利用外资】 龙南县位于江西省最南端，为赣粤边陲重镇，素称“江西南大门”，是一座新兴发展的次中心城市。县境处于中纬度偏南地区，属典型亚热带湿润季风气候，年平均气温18.9摄氏度，雨量充沛、光照充足、霜期短。全县面积1641平方公里，总人口30万，其中县城人口8万。境内山川秀丽、风光如画。小武当99座石峰突兀奇峻如戟；九连山自然保护区原始森林旖旎迷人;"玉石仙岩"展示深幽;"土围屋"倾客家古韵,众多奇特迷人的自然和人文景观吸引着海内外游客流连忘返。

龙南县矿产资源丰富,已探明40多个矿种,主要有稀土、钨、煤、石灰石、铁矿石、膨润土等,其中重稀土的储量和质量居世界之首。龙南县是全国对外开放县。已成为内外客商投资兴业、大展之地,连续多年评为江西省招商引资和优化环境先进县。

2001年共引进内联企业166家,项目总投资9亿元,同比增长1.01倍,实际进资7.5亿元,同比增长1.63倍;引进外资项目11个,约签外资1338万美元,实际进资1985.3万美元,同比增长61.6%,外资企业出口创汇982.6万美元,同比增长81.5%。

龙南县高起点、高标准、高速度投资开发建设了县工业园、万德科技园及桃江、东江、里仁、龙南镇等四个乡镇工业小区。总面积1万亩。凡来龙南县投资兴办的企业,除享受国家、省、市制定的优惠政策外,对引进企业,龙南县实行特殊保护政策。凡是外来投资者在县境内投资兴办工业企业和农副产品加工业等,从合同签订之日起,3年内享受"只收税,不收费"的优惠政策(除国家规定的收费项目之外)。外来投资者在工业园区兴办工业企业,凡企业自建厂房且固定资产投资在1000万元人民币以上的,县政府优惠提供企业建厂房用地,并发给土地使用证。

凡县外客商到县城非工业园区投资兴办工业企业的,自建厂房且固定资产投资达2000万元以上的项目,优惠提供企业建厂房用地(不含耕地),并发给土地使用证。对新引进兴办的企业,在县内范围,每个审批、登记部门只收取项目审批证照工本费60元。对来龙南投资置业的客商,县人民政府做出承诺,对其一保平安,二保发展。新办企业县政府指定引进服务单位,在签约、审批、登记、筹建至企业正常生产后进行全过程跟踪服务。对引进企业颁发"一牌二卡"(外引内联企业合法权益保护牌、外引内联企业合法权益保护卡和龙南县外来投资者证),充分保护外来投资者合法权益。严格执行"九不准"规定,未经县委、县政府许可,任何部门、单位和个人不得到外引内联企业进行违规检查、收费。

【重点项目介绍】 赣粤高速公路龙南段:已动工兴建,全长23公里。龙南县里仁(高速公路进出口)至中村南(接广东省连平县)105国道4车道拓宽:即将动工兴建,全长55公里。县自来水厂扩建工程:日产2万吨,即将竣工。石峡山供水工程:日产2万吨,正在建设之中,2002年底即可竣工投产。龙头滩水电站:装机2×1.25万KW、总投资1.2亿元,即将动工兴建。

河南省巩义市

【经济与社会发展】 2001年,巩义市完成国内生产总值111.9亿元,人均国内生产总值14104元,实现财政收入3.6亿元,城镇居民人均可支配收入5616元,农民人均纯收入3424元。

农业结构调整进一步推进,农村经济平稳发展。粮食总产量16.4万吨,肉类总产量1.57万吨,禽蛋产量1.2万吨。各类高效作物种植面积20万亩,新上农业结构调整项目110多个。星神、民生等30家龙头企业带动作用不断增强,农民经纪人和营销组织达1360个。无公害蔬菜、优质杂粮、绿色瓜果等农产品基地逐步形成,奶牛、兔、山羊等畜牧养殖向专业化、规模化方向稳步发展。农业基础设施和生态环境建设取得新进展,农业综合开发顺利完成。通过多方筹措资金,建设屋顶接水工程,缓解了贫困山区吃水困难问题。

用项目促发展,工业经济增长的质量和效益稳步提高。围绕工业结构战略性调整,巩义市大力发展"民营+科技"型经济,经济发展后劲不断增强,传统行业水泥、耐材等技改普遍展开,医药、新型建材等高新技术产业有了较大发展,一批质量效益型的个体私营企业正显示出新的活力。永安、众生、鑫旺、明泰、顺源等一大批新建项目相继建成投产,为巩义市工业经济和效益提高起了积极的推动作用。全年限额以上工业企业实现增加值44.9亿元,乡镇企业完成税金32559万元。

全年完成全社会固定资产投资25.46亿元,同比增长21.6%。在固定资产投资项目中,争取国家、河南省、郑州市投入国债资金和其他专项资金2957万元,农电网改造工程、豫联GMP药品生产线、明泰铝业8万吨高精特薄铝工程等工程顺利完成年度建设任务。工程的实施和建成投产,为巩义市经济社会的持续发展奠定了坚实的基础。

2001年,起草并编制了《关于加快巩义市城镇化进程的意见》和《巩义市"十五"城镇化发展规划》,市区90平方公里总体规划调整正在进行,东区2平方公里详细规划和行政中心的初步设计已经完成,东区四条道路土方工程基本完工,道路框架初步形成。污水处理厂、伊洛河橡胶坝等工程开始建设。18个镇的总体规划已完成编制,5个中心镇基础设施建设有了新进展。

2001年完成财政收入3.61亿元,同比增长11.1%,完成工商税收2.57亿元,比2000年增长11%。金融机构存款金额59.28亿元,比年初增长20.2%,贷款金额47.52亿元,比年初增长2.4%,城乡居民储蓄存款48.47亿元,比年初增长15.8%。旅游业保持良好的发展势头。巩义市两个旅游黄金周期间营业收入分别比2000年同期增长30%和10.3%。

科技教育健康发展,成功召开了民营+科技大会,为企业引进高新技术项目营造良好的氛围。创建产学研基地28家,新增民营科技企业7家,开发高新技术产品30个,全年引进国内外专家150人,企业开通电子商务3000家,通过ISO9000质量体系认证的企业达86家。

教育事业全面发展,巩义市高考上本科线871人,上重点线284人。初中毕业生升学率68.5%。巩义新二中正在积极筹建,中小学危房改造工程加紧实施。文化、卫生、环保、创建、体育、广播电视等各项社会事业都有新的发展,精神文明创建活动蓬勃开展,人口增长得到有效控制。

【投资环境】 巩义市位于中原腹地,南依中岳嵩山,北临九曲黄河,东临省会郑州,西近古都洛阳。全市总面积1041平方公里,人口78万。

巩义市综合经济实力自1992年起连续9年位居河南省各县(市)榜首,是中西部地区唯一的连续三届跻身全国农村综合经济实力百强县(市),和全国财政收入百强县(市)、全国科技实力百强县(市),被国家确定为全国综合改革试点县(市)、乡村城市化试点县(市)和科技进步示范区。

巩义市矿产资源丰富。已探明矿产资源28种,其中有工业价值的21种,已开发利用18种,并且具有分布广、储量大、品位高、易开采的特点,尤以煤、耐火黏土和铝矾土储量居多,分别达8亿吨、10158万吨和6823万吨。

巩义是河南省历史文化名城,文物、旅游资源名胜众多,境内有县(市)级以上文物保护单位103处,其中国家级3处,省级13处、郑州市级11处,库存珍贵文物两万余件。境内有旅游名胜景区7处。

巩义交通便利,310国道、开洛高速公路、陇海铁路横穿东西,南有豫31线、巩(义)—登(封)旅游路,北有巩(义)—温(县)黄河公路大桥,东、西分别临近郑州、洛阳机场。

工业是巩义经济的支柱,乡镇企业起步早、发展快,现已形成了能源、冶金、机械、建材、化工五大支柱产业。其中耐火材料被定为国家耐火材料高新技术开发密集区,电线电缆、净水剂是全国重要的生产基地。近两年通过"煤变电、电变铝、铝再深加工"战略,使铝工业有了长足发展。巩义工业经济规模企业优势明显,其中固定资产超10亿元的企业集团3家,纳税额2000万元以上的企业6家。

为了加快经济发展,巩义市出台了《关于加强项目建设,促进经济发展的意见》、《关于促进个体私营等非公有制经济发展的决定》和《巩义市人民政府进一步鼓励外商投资的办法》,明确提出了一系列优惠政策,吸引外部资金。

【重点项目介绍】 2001年,巩义市重点工程建设项目全部完成的有:市电业局农电网改造工程;豫联能源集团GMP药品生产;河南明泰铝业有限公司8万吨高精特薄铝生产;郑州长铝有色金属公司2万吨铝板、铝薄生产线;回郭镇海绵设备厂铜板、铜薄生产线;郑州顺源铝业有限公司铝板铝薄工程;永通特钢公司连铸连轧设备改造工程;河南鑫旺集团高纯石墨原材料煅烧石油焦工程;鲁庄有色金属合金粉末厂合金粉末工程;北山口热工炉料厂碳素焙烧炉火道墙整体预制件工程;河南赛普公司新型焊剂一期工程;巩义市生态环境建设工程;巩义市农业综合开发工程。

河南省鄢陵县

【经济与社会发展】 2001年,鄢陵县完成国内生产总值37.19亿元,同比增长9.9%。其中第一产业增加值14.8亿元,同比增长6.7%;第二产业增加值13.73亿元,同比增长13.9%;第三产业增加值8.66亿元,同比增长9.4%。

农村经济继续全面发展,全年粮食总产量429123吨,同比增长3.15%。畜牧业产值6.99亿元,同比增长8.5%;肉类产量62307吨,同比增长6%。花卉业已成为一大支柱产业,全县花木资源有400多种,2100个品种;拥有各级、各类花卉场、园、圃、公司520多家,花卉专业村122个,花卉专业户、重点户1.1万户;从业人员10多万人,花工、花商1万余人;全县花卉面积24万亩,年产值8.3亿元,占全县农业总产值的比重32.4%。鄢陵花卉已形成绿化苗木、鲜花切花、盆景盆花、草皮草毯四大系列产品,沿311国道形成了10公里的花卉生产销售长廊。

全年全部工业完成增加值12.12亿元,同比增长12.9%。全年规模以上工业企业实现产品销售产值15.82亿元,同比增长12.9%,产销率96.77%,实现利税总额9683万元。

完成全社会固定资产投资6.64亿元,同比增长10.1%。其中基本建设投资1.56亿元,同比增长29.1%;更新改造投资3205万元,同比下降53.7%。北方花卉集团林木无性系快繁基地、30万亩花木生产基地、县商品粮基地、县节水灌溉、农网改造工程、陈化店镇矿泉水综合开发、金马机电公司汽车防盗器、马栏镇棉短绒生产基地等重点项目都达到预期进度。

全年完成财政一般预算收入5189万元,同比增长11.4%;金融机构各项存款余额15.28亿元,同比增加1.36亿元,增长9.8%,其中城乡居民储蓄存款余额14.11亿元,增长10.1%;各项贷款余额为16.92亿元,增长7.6%;完成社会消费品零售总额6.35亿元,同比增长12%。

科技计划实施顺利,完成省市科技项目24个,科技对经济发展贡献率达到41.2%;教育结构得到进一步优化,素质教育得到加强;人口增长继续得到有效控制,人口自然增长率为6.13‰。城乡居民生活继续改善,农民人均纯收入2699元,同比增长5.2%。在岗职工平均工资5938元,同比增长13%。文化、卫生、体育、广播电视、民政、档案、环保、人防等各项事业都有新的发展。

【投资环境】 鄢陵县位于河南省许昌市东部,隶属许昌市,辖7乡5镇,382个行政村,面积871平方公里,总人口61.6万人,是闻名全国的腊梅之乡。

鄢陵县是国家确定的商品粮生产基地县、优质棉生产基地县、农业综合开发项目县、秸秆养牛示范县、省级可持续发展实验区和国家农业科技园核心区。先后被命名为全国花卉生产示范基地、全国重点花卉市场、中国花木之乡。

鄢陵县区位优势明显,西距京广铁路30余公里,京深高速公路20公里,距郑州国际机场70公里。境内交通发达,311国道、禹(禹州)—郸(郸城)地方铁路横穿东西,1626省道纵贯南北。

鄢陵县基础设施日臻完善,境内公路呈网络分布,在许昌市率先实现村村通公路;电力供应充足,拥有110万伏变电站1座,35千伏变电站6座,村通电率100%,农电入户率98%;邮政、通讯便捷,实现了县、乡、村三级与国内、国际直拨,开通了全球移动通讯、互联网络;城市设施功能完善,道路四通八达,供水充足,园林绿化与环境保护优良,鄢陵宾馆、烟草宾馆、花都庄园等涉外宾馆环境优雅、舒适;在县城311国道两侧,建有2.5平方公里的经济技术开发区,区内水、电、路、通讯设施完备,功能齐全,是国内外客商投资兴业的理想场所。

投资政策优惠,招商引资工作力度不断加大,县委、县政府出台了《鄢陵县招商引资优惠政策及奖励办法》,对投资者在土地、税收等方面予以优惠。凡来鄢陵投资者,可自主选择投资方式、经营范围和经营方式;用地可租可征,租金、征地费将予以最优惠价;经营所需水、电、通讯优先安排,所需贷款在同等条件下优先放贷;对外商投资企业,实行挂牌保护制度,实行一厂一策、一人一策、一事一策、特事特策的优惠政策。

成立了行政服务中心,采取一站式办公,一条龙服务,改过去的分散审批为集中审批,无限时审批为限时承诺审批;串联式审批为并联式审批,分散多地多部门收费为一地窗口收费,为投资者提供方便快捷的服务。

【重点项目介绍】 鄢陵县30万亩花木生产基地。已纳入省"十五"计划,总投资19455万元,建设内容为花木生产、科研开发、市场体系建设、生态旅游、基础设施和附属工程等。项目建成后,年产商品花木5.83亿株,其中苗木4.58亿株,盆景2330万盆,盆花8980万盆,切花11650万枝。预计年平均销售收入11.5亿元,利润1.4亿元。

鄢陵县花卉生态旅游区。建设"花卉长廊"、"中华北国园艺博览园"、"千亩莲池赏荷区"及配套工程。项目建成后,预计年可接待游客30万人次,年均综合收入约4000万元。

鄢陵县花木交易市场。总投资4955万元,占地300亩,总建筑面积37843平方米,主要建设交易房、温室大棚等。项目建成后,年交易额2亿元,销售收入1000万元。

许昌金马机电制造有限公司车辆遥控GSM网无声自动报警防盗系统项目。已由河南省经贸委批准立项,总投资3357万元,年生产车辆摇控GSM网无声自动报警防盗系统30万套。项目完成后,预计实现年销售收入2.25亿元,利润2059万元,税金3960万元。

鄢陵花卉产业化示范园。根据《许昌国家农业科技园区总体规划》,鄢陵县承担花卉产业化示范园(核心区)建设任务,示范园面积1500亩,分为7大功能区:名优花卉新品种引种驯化基地;优质花卉种苗繁育基地;花卉规模化生产展示基地;鲜切花生产基地;腊梅品种资源圃;花卉产业化生产配套建设;花卉生产服务体系建设。项目总投资13180.4万元。

鄢陵县棉短绒加工基地。以马栏镇为中心,形成了棉短绒加工、纺织、油脂加工等产品加工企业256家。马栏镇工业园区建成棉花加工企业190家,2001年创造产值6.6亿元,实现利税3920万元。该园区被河南省确定为第一批乡镇企业农副产品加工示范基地。

鄢陵县彭店机械配件厂中拖离合器总成项目。年产10万台中拖离合器总成,总投资3300万元,年产值5500万元。项目荣获"省科技进步三等奖"、"省科技重点推广项目"。该厂先后被中国农业部授予"质量管理达标企业",国家技术监督局认定为"产品质量—国际质量认定"等荣誉称号。是河南省唯一通过省级鉴定的离合器总成生产厂家。

鄢陵县同舟纺业有限公司五万纱锭扩改项目。同舟纺业占地120亩,生产厂房1.5万平方米,拥有固定资产8000万元,已建成投产三万锭生产规模。该扩改项目设计能力5万锭,总投资8500万元,项目建成后,年实现产值2亿元,利税2900万元。

鄢陵县花都纺织有限公司气流纺技改项目。花都纺织有限公司,拥有固定资产6000万元,3万纱锭生产规模,年产值1亿元,利税560万元。技改1万锭项目,投资1500万元,可新增产值2000万元,利税200万元。

河南省栾川县

【经济与社会发展】 2001年,栾川县国内生产总值突破12亿元,城镇居民人均可支配收入4351元,农村人均可支配收入1730元。农村经济以加快结构调整,实现产业化为主线,大力发展中药材、食用菌、经济林等优势产业和特色品种,已发展成为豫西最大的中药材、食用菌、干果品生产基地。

工业生产发挥资源优势,形成了钼、钨、黄金、铅、锌等矿产品开发及化工、中药、饮料、能源开发等工业生产体系。钼业采选规模2万吨/天,钼制品达20多个品种,产品远销欧美。栾川洛钼集团露采能力,达到8000吨/日;洛钼集团与厦门钨业公司合作的白钨回收示范项目建设顺利。黄金年产量1714千克。

旅游资源得到强力开发,国家级森林公园龙峪湾、地下仙宫鸡冠洞、道教胜地老君山、北国水乡重渡沟等景区,已成为豫西南旅游热线,全年旅游业门票收入890万元,综合效益2亿元,带动第三产业实现增加值4.4亿元。

城乡面貌日新月异,社会保障体系日益完善,广播电视事业进一步发展,农网改造一期工程顺利通过省级验收,电话突破1万门,全年新增城镇住宅面积47268平方米。

【投资环境】 栾川县位于豫西伏牛山区西部,跨黄河、长江两大水系。现辖15个乡镇,人口31万,面积2477平方公里,拥有矿产、林业、中药材土特产、水能、旅游等五大资源优势。

栾川已探明矿产资源有钼、钨、金、银、铅、锌等50余种,其中钼金属探明储量206万吨,居亚洲第一、世界第三,潜在价值1200亿元;白钨金属储量62万吨,居全国第二,潜在价值360亿元;黄金储量60吨以上。水能理论蕴藏量11.78万千瓦,可开发量8.5万千瓦。

栾川动植物资源品种众多,森林覆盖率83.3%;中药材品种有262科1402种,有豫西天然药库之称,其中连翘、党参、大麻、猪苓、萸肉等全国著名,是全国连翘生产基地县,中药材正常年景收购量500万公斤以上。近年来大力推进农业产业化,初步形成了“南菌北药”农业产业化格局,土特产品有香菇、木耳、猴头、板栗、核桃等,其中香菇、木耳年产量2000吨以上。

栾川交通便利,信息通畅,311国道和省道豫19穿境而过,境内38条干支公路总长1690公里,42条通讯光缆、724路高压线使村村实现了“三通”。栾川先后获得了“国家卫生县城”、“全国综合治理工作先进县”等多项荣誉称号。为吸引外资,栾川县设立了招商局,制订了一系列亲商、富商、安商的优惠政策和措施,对外地来投资者在项目审批、征地、工商登记、验资、银行开户等方面提供方便、快捷、优质的服务。

【重点项目介绍】 栾川县老君山生态旅游开发项目。该项目2001年经河南省发展计划委员会批准立项,被确定为中央国债旅游基础设施建设项目,项目区总面积6667公顷,分道教文化、生态旅游、森林游览、野营探险、休闲度假、生活管理6大功能区,总投资1.3亿元,建设周期13年,以“AAAA”风景区标准建设。项目建成后年可接待游客90万人,年门票收入5500万元。该项目现已投入建设资金3000万元,其中,国债资金投入1800万元,完成了老君山山门、景区售票处、停车场、公路建设、道教文化区旅游步道等一批开发工程,道教文化区已经向游客开放。

栾川天然林生态保护工程。该项目由河南省林业设计院规划设计,计划投入国家生态保护专款1.4亿元,项目工期10年。现已投资841万元,该项目生态效益良好,竣工后可保护栾川森林资源278万亩,封山育林16.9万亩,飞播造林5.2万亩,对保护生态环境,发展生态旅游有着明显的推动作用。

洛卢路栾嵩交界至庙子段改造项目。该项目由国家投资1.3亿元,计划改造公路38公里,设计路基宽12米,路面宽9米,建设大桥5座,小桥17座,涵洞89道,开挖土石方290万立方米,按山区重丘二级公路标准建设。现已投入建设资金2830万元,预计2003年底该段公路可全面竣工。投入使用后,洛阳至栾川行车时间可缩短2个多小时,对解决制约栾川县经济发展的交通瓶颈问题起着重要的促进作用。

洛阳君山制约有限公司GMP建设项目。该项目于2000年按照国际制药行业最新标准GMP进行全面改造,经豫经贸[2000]323号文件批复,列为河南省25个产业结构调整重点项目之一。项目区占地面积3.3万平方米,总建筑面积10809平方米,计划投资3200万元,更新生产设备200余台,项目建设完工后可年产片剂6亿片,丸剂150吨,颗粒剂150吨,胶囊剂3亿粒,项目建设单位君山制药公司是洛阳市目前唯一一家按照GMP标准要求生产的中药制药企业。该项目已正式投入生产,达到设计生产能力后年加工中药材6000吨,年创产值1.3亿元,年利税3000万元。

洛钼集团4500吨/日白钨回收项目。该项目于2001年在中国厦门第五届投资贸易洽谈会上与厦门钨业公司签约合作开发,计划总投资5000万元,其中厦门钨业公司投资4000万元。该项目投产后,年产钨精矿2500吨,预计年增加销售收入3800万元,税利1300万元。

栾川县农网改造项目。该项目总投资1.2亿元,计划对全县209个行政村的10千伏以下农网和县城规划区内110KV—400KV电网进行全面改造,并对新建农村遗留工程进行处理。该项目可有效改善栾川基础设施建设的落后局面,提高人民群众生活水平,对县域经济发展基础作用十分明显,现该项目一期工程已经完成,二期工程正在实施之中。

湖北省石首市

【经济与社会发展】 2001年,石首市实现国内生产总值48亿元,比上年增长9.7%;产业结构继续得到改善,一、二、三产业占国民生产总值的比重由2000年的18.3:50.6:30.1调整为19.6:42.9:39.5。

针对农业增产不增收、农民收入增长缓慢和国内纺织业生产开始好转、棉花需求增加等市场情况,石首市继续加大农业生产结构调整力度,扩大棉油等经济作物种植比重。全年粮食总产25万吨、棉花总产1.32万吨,同比增长3.6%;油料总产4.46万吨,同比增长6.2%;林业在国家启动天然林资源保护工程和加大中西部地区退耕还林(草)力度的情况下,呈现出较快发展势头。全年完成造林面积3360公顷。乡镇企业实现总产值50亿元,同比增长12.7%;农民人均纯收入2171元,同比增长4.4%。

财政收入继续增长,全年实现财政收入26453万元,同比增长4.6%。在一批重点项目和国债项目对投资的拉动下,固定资产投资继续保持平稳的增长势头,完成全社会固定资产投资9.8亿元,同比增长13%;社会消费品零售总额19.8亿元,同比增长7.3%;年末金融机构存款余额21.23亿元,同比净增3.6亿元。实现外贸出口3096美元,同比增长2.7%。仅石首楚源集团出口创汇就达2756万美元,名列全省化工行业第一名。

全年完成招商引资项目153个,项目总投资4.3亿元,引进资金3.1亿元,直接利用外资1744.6万美元。对外经济不断发展,截止2001年底,石首市通过"三优"(优惠的政策、优化的环境、优质的服务)政策,已累计引进域外资金20亿元,年自营出口额4000万美元,有10多个国家和地区的客商来石首投资兴业,创办"三资"企业25家。

【投资环境】 石首市位于湖北省南部,江汉平原与洞庭平原结合部,跨江而立于长江"九曲回肠”的荆江河段，以“有石孤立”于城区江边而得名。石首是一座发展中的长江中游港口工业城市，素有“鄂南明珠”之称。总面积1427平方公里，人口63万，辖3个乡、11个镇、2个街道办事处和1个经济开发区，是国务院批准的对外开放城市和长江经济协作区首批城市之一。

石首市历史悠久，人文荟萃，境内完好保存了走马岭等4处古文化遗址和10多处古墓群。石首还是著名的湘鄂西革命根据地，是贺龙等老一辈革命家战斗过的地方，有5.7万英雄儿女为中国革命英勇献身。

石首市不仅是全国重要的商品粮、棉、油、鱼生产基地、亚洲最大的人造林制品加工城、全国最大的活性染料生产基地、国家精细化工产品出口生产基地、全国第二大压电石英晶体器材生产基地和全省重点汽车零部件生产基地；还是国务院批准的全国平原绿化先进县市、全国文化先进县市、全国科技先进县市和全省先进卫生城。

60平方公里的湖北石首天鹅洲经济开发区建有麋鹿、白鳍豚2个国家级自然保护区。吉象森工、楚源化工、致远电子、四联汽配等一批高新技术企业支撑起了石首的工业支柱，形成了精细化工、木业森工、电子材料以及机电为主导的四大高新技术产业。连续十年来，石首市工业经济指标均在湖北省各县市前十位，被评为湖北省工业经济效益先进县市，中央电视台曾以“工业小巨人”为题进行专题报道。

石首市交通便利，投资环境良好。长江横贯石首全境，溯江而上，经沙市、宜昌达重庆；顺流而下，过岳阳、武汉抵上海。石首市现有吞吐量150万吨的主要港口4个和以省道为主要骨架的30条公路运输网，通过这些港口和公路网络，石首市可西通宜昌，北接襄樊，东联武汉，南达长沙、广州。石首现拥有程控电话交换机10万多门，中国移动、中国联通在石首城乡实现无缝隙覆盖，可直通全国和世界各地。拥有220万伏变电站1座，110万伏变电站4座，年供电量3亿瓦时。外事、外资、外经机构健全，进出口货物方便通畅。

【重点项目介绍】 中外合资—湖北吉象人造林制品有限公司森工项目。第一期工程年生产能力为10万立方米中密纤维板生产线项目，总投资6600万美元，其中外方85%，中方15%，生产规模堪称中国之最，设备、工艺、技术属国际领先，自1999年10月该项目正式投产以来，一直产销两旺，有效带动了石首及周边地区植树造林、交通运输、金融服务等10多个行业的发展，还是石首强市富民的重点工程和最大的经济增长点。截止2001年底，该项目已累计实现销售收入5亿元，上缴税金4300万元。为进一步壮大森工产业，2001年该公司又连续投资2000万人民币和1400万美元，分别建成了年产1000万立方米的直接印刷板项目和年产9万立方米薄型中密度纤维板项目及1万立方米的单板生产线，并已投产受益，预计至2002年可新增产值3亿元、税收2500万元。

平垸行洪、移民建镇项目。石首市从1998年开始实施平垸行洪、移民建镇工程。到2001年底，国家共批复石首市四期平垸行洪、移民建镇工程，涉及民垸25个，移民22552户、85590人，行洪面积209平方公里。四期工程总投资概算51870万元，其中国家投资37289.8万元。一、二期工程计划移民11662户，已于2000年底全面完成；完成投资26830万元，其中国家投资18776.8万元。三、四期工程计划移民10890户，已开工8200户，完成投资11800万元，其中国家投资9775万元。与此同时，石首市平垸行洪与移民建镇同步进行，25个双退民垸已实施平垸行洪，6个单退民垸进行了口门建设。第一期移民工作已基本完成；第二期工程应拆房屋17758间，已拆14206间，占计划数的80%；第三、四期工程房屋拆旧工作正在实施之中。石首市平垸行洪、移民建镇工程进展顺利，成效十分显著。扩大了江河蓄洪面积，使沿江广大群众脱离了洪水的威胁。加快了农村小城镇的建设步伐，促进了农村经济的发展。通过平垸行洪、移民建镇,在石首市形成了规模过千户、人口上万人的小城镇8个,规模过200户,人口上千的小集镇15个。移民户安置到小城镇后,促进了农村经济结构的调整,加快了第三产业的发展。改善了移民的居住环境,密切了党群、干群关系。大多数移民住进新村后,住房和生活环境有了明显改善,移民思想情绪比较稳定,对党和政府充满感激之情。

湖北省恩施市

【经济与社会发展】 2001年,恩施市实现国内生产总值29.99亿元(现价,下同),同比增长7%;人均国内生产总值3950元,同比增长6.8%;三次产业结构由上年的34.3:31.1:34.6调整为32.1:31.8:36.1;工农业总产值31.32亿元,同比增长1.13%;全社会固定资产投资6.03亿元,同比增长16.7%;社会消费品零售总额9.13亿元,同比增长10.86%;农民年人均纯收入1495元,城镇居民人均可支配收入5775元;完成财政收入16806万元,同比增长4.9%。

特色农业经济格局初步形成,农业和农村经济稳定发展。到2001年末,全市发展干鲜果37万亩(其中水果面积5.45万亩,产量1.28万吨);用材、生态林31.1万亩,药材25万亩,茶叶7.17万亩(其中无性系良种茶25万亩),产量1953吨。魔芋种植面积5.6万亩,产量8.5万吨;烟叶种植面积12.89万亩,产量1.57万吨;牧业产值54046万元;茶叶、魔芋、中药材的商品率达到98%以上。宏业、大山、华农、希之源、山里星、九洲牧业、芭蕉农贸、峰岚板党等一批农业龙头企业加快发展,产品销售总额超过亿元。

企业改革不断深化,工业经济呈现恢复性增长。到2001年末,全市国有(集体)工商企业改制累计完成134家,占总数的95%。规模以上工业企业累计完成产值6.05亿元,同比增长15.05%;实现利税5134万元,同比增长11.2%。工业实现产品销售收入6.43亿元,同比增长9.61%,产销率96.4%。水电、烟草产业继续发挥支撑作用,化工、建材、机械等产业得到新的发展,富硒绿色食品产业茁壮成长,一批改制企业重现生机与活力,工业经济运行质量和效益明显提高。

第三产业增速加快。一批专业特色市场、商业特色街逐步形成,信息、咨询、法律等现代服务业得到新的发展,房地产开发等消费热点正在形成,以民族风情、生态旅游为特色的旅游经济显现出新的活力,商贸、运输、市政服务等传统服务业得到了有效改造。2001年完成第三产业增加值10.9亿元。

全市已普及九年义务教育,基本扫除青壮年文盲。文化事业繁荣活跃,获得“全国文化先进市”称号。广播电视事业快速发展,广播覆盖率为88%,电视覆盖率为90%,广播电视“村村通”工作获全国表彰。人口自然增长率为3.65‰,城乡预防、保健、医疗网络进一步健全,医疗卫生设施不断改善,有卫生机构235个,从业人员2251人,床位1134张。

【投资环境】 恩施市地处湖北省西南山区中部,是恩施土家族苗族自治州首府所在地,辖3个街道办事处、10个乡、3个镇,面积3972平方公里,其中耕地面积77.72万亩,总人口76.58万人,其中非农业人口15.25万人。全市有18个少数民族,人口占总人口的38.49%,土家族、苗族风情淳厚,民俗完整。

恩施属亚热带季风湿润性气候,冬少严寒,夏无酷暑,地域内气候垂直差异明显;有良好的生态环境,森林覆盖率54.97%,喀斯特地貌发育,境内自然景色秀丽壮观。

恩施素有华中药库、鄂西林海和“天然植物园”之美誉,植物种类共有50科163属369种,经济林树种主要有杜仲、厚朴、茶叶、板栗、柑桔、柚子、核桃、漆树、银杏、猕猴桃等,用材林树种主要有杉木、马尾松、水杉、黄山松、马挂木、意大利白杨、枫香、栎类,另有光叶珙桐、金钱松、银鹊树、三尖杉等国家重点保护的珍稀树种；药用植物品种2600多种，可供牲畜食用的牧草117种，还有优质烤烟、白肋烟等植物。有飞禽类27种，兽类27种，爬虫类20种，鳞类40余种。

已发现矿产43种，占全省矿产种类的39.8%。已探明具有D级以上储量的矿产10种，产地18处。其中硒资源蕴藏量位居全国首位，全市富硒地层占总面积的73%，硒含量均值198ppm，最高达7188ppm，拥有世界罕见的独立硒矿床，被称为“中国硒都”。可供工业开采的矿产主要有黄铁矿、耐火粘土、菊花石、石灰岩、白云岩、无烟煤等。

全市有大小溪流30余条，其中流域面积在100平方公里以上的河流12条，清江是境内最大干流。全市地表水经流量37.34亿立方米，天然落差38—685米，水能资源理论蕴藏量62万千瓦，近期可开发量53.3万千瓦。

恩施市现有旅游景区(点)21个，主要有梭布垭石林、清江闯滩、龙麟宫、落仙洞、铜盆水森林公园、大山顶高山草场、车坝水库、大龙潭、龙洞等，各旅游景点辅之以土家苗家风情和民族历史文化，构成了亮丽的旅游风景。现有三星级宾馆一家(清江大厦)，二星级宾馆两家(硒都大厦、鄂西宾馆)，有不同规模和接待能力的宾馆、饭店25家，有众多的独具土苗特色的风味餐馆。

318、209国道贯穿市境东西南北，另有省道1条46公里，县道10条总长520公里，实现了100%的乡镇和95%的村通公路，全市公路通车里程1982公里。开通客运线路50条，远至广州、深圳等沿海地区，近通相邻所有县市。有民用机场一个，开通了武汉、宜昌、重庆等城市的民航线路。随着国家西部大开发战略的实施，沪蓉高速公路、宜万铁路将经过恩施，清江流域梯级开发完成后，300吨级的船舶将可从长江直达恩施，许家坪机场扩建将实现中小机型向大中机型航运过渡，交通运输对恩施经济社会发展的“瓶径”制约将从根本上得到解决。

通讯网络覆盖全市所有乡镇，实现了与全国的联网；完成了储蓄计算机系统建设，逐步实现储蓄业务的通存通兑；“政府上网工程”、“企业上网工程”、“电子商务”等逐步应用。2001年末全市固定电话用户达到4.42万户，移动电话用户4.76万户，国际互联网用户1237户。全市已兴建各类水利工程8500余处，有效灌溉面积23.8万亩，其中水库34座，总库容1723万立方米。解决农村饮水困难15.54万人，占农村饮水困难人口23.51万人的66.1%。

恩施城区自来水日生产能力10.6万立方米，能充分满足城市的生产生活需要。全市已建成中小型水电站71座，总装机容量8.1万千瓦，年发电量24929.9万千瓦时。马尾沟一级水电站、姚家坪水电站、老渡口电站等一大批中型水电站正在规划建设，全市已完成电网改造一期工程。

恩施市委、市政府出台了《关于进一步改善投资软环境的决定》，从规范部门收费和检查行为，切实减轻投资商负担；完善有关机构和制度，提高办事效率和服务水平；放活相关政策，为投资商营造宽松发展环境；加强对投资商合法权益保护；加大督办力度，确保各项措施落实等5个方面做出了明确而具体的规定。

【重点项目介绍】 恩施大龙潭水电站，总投资38374万元，总库容5200万立方米，装机容量3×1万千瓦，2002年8月主体工程正式开工，2004年底工程竣工。工程建成后，年均发电量可达1.36亿千瓦时。209国道恩施至九道水段35公里改扩建工程，总投资4375万元。恩施市污水处理厂，总投资15800万元，建设规模为日处理污水6万吨。恩施市西区排水(污)工程，总投资13000万元，建设规模为铺设污水管道47公里。恩施城区防洪工程，总投资6891万元，建设规模为提高防洪标准达20年一遇。梭布垭景区，总投资2511万元，已完成投资500万元。姚家坪水电站，预计总投资140700万元，总库容4.01亿立方米，装机容量19万千瓦，年发电量6.26亿千瓦时。

湖北省谷城县

【经济与社会发展】 2001年,谷城县完成国内生产总值(2000年不变价)22.03亿元,同比增长7.9%。其中,第一产业增加值7.7亿元,增长4%;第二产业增加值7.52亿元,增长10.7%;第三产业增加值6.74亿元,增长9.7%。自营出口461万美元,同比增长51.6%,综合经济实力居湖北省山区县(市)前列。

农业经济通过创新组织形式,发展公司制农业企业32家,促进了小生产与千变万化大市场的对接,推进了农业战略性调整,提高了农业产业化经营水平。粮食作物与经济作物种植比例调整到4:6。农村居民人均可支配收入2108元,同比增长93元。2001年,谷城县被国家林业部命名为“中国茶叶之乡”,被湖北省科技厅确定为全省地道中药材—黄姜规范化种植示范基地。

工业经济以发展高新技术产业为重点,加快了高新技术产业化和传统产业高新化进程,省级高新技术企业发展到3家,拥有自主知识产权的科技型企业发展到10家,启动高新技术项目6个。2001年,高新技术产业实现增加值1.1亿元,同比增长83.4%,占工业经济比重达34.4%。规模以上工业企业完成利润3325万元,同比增长15.2%。

第三产业以旅游业为龙头,发展加快。2001年,谷城县以建设“生态之乡”和“度假天堂”为目标,建成旅游项目23个,投资1778万元,突出了谷城旅游特色,拉动了旅游经济发展,全年接待游客和旅游收入分别增长28%和19%。

全年完成固定资产投资4.87亿元,同比增长6.4%。其中乡以上工业企业实施技术改造项目64个,完成投资1.16亿元,有11个项目竣工投产;农业、林业、交通以及水电开发、农村电网改造等一批基础设施项目进展顺利。

完成财政收入1.61亿元,同比增长10.1%,实现收支平衡。金融运行实现了由贷差向存差的历史性转变,4家国有商业银行中有3家实现盈利。中小企业资信担保公司正式运营,为重点企业担保贷款1050万元,有力地支持了支柱产业和骨干企业发展。

全年落实科技贷款4500多万元,实施国家和省级科技开发项目6个;基础教育水平进一步提高,再度被评为全国“两基”工作先进地区。环境保护措施有力,污染严重的企业得到有效治理。土地管理进一步加强,小城镇建设水平进一步提高,扶贫济困、扶残助残、医疗卫生等社会保障事业以及文化体育、广播电视等各项事业都有新的发展。

【投资环境】 谷城县位于湖北省西北部,秦巴山系荆山山脉以东,汉江中游西岸,东邻名城襄樊、西偎车城十堰,面积2553平方公里,总人口56万。207国道、襄渝铁路、银汉(银川—武汉)高速公路穿境而过,老河口机场、襄樊机场近在咫尺,形成了沟通东西南北的立体交通网络。

谷城县自然资源丰富。以汉江、南河、北河三大水源为主体的水能蕴藏量36.1万千瓦,可供开发量27.2万千瓦。物种资源丰富,有珍稀植物18种,盛产激素类药物原料黄姜。生态环境优越,森林覆盖率达67.5%。旅游景观独特,建有两个国家森林公园,一个国家级风景名胜区,一个省级旅游度假区。

谷城县工业有全国最大的汽车前轴生产与合金铅出口企业,全国第二大汽车转向节和汽车蓄电池生产企业,经济效益位居湖北省纺织行业前列的纺织工业基地,以及鄂西北最大的激素原料生产基地。茶叶、蔬菜、食用菌、黄姜、花椒等五大特色农业产业初具规模。

谷城县正在建设民营科技园、台商工业园,创建国家节能与环保产业基地县。谷城县完善的基础设施,良好科教基础,井然有序的治安环境以及优惠的政策措施,是投资创业的理想之地。

【重点项目介绍】 谷城县青山水电站建设项

目。该工程坝址位于谷城县南河流域下游，已经湖北省水利水电勘测设计院完成《青山水利水电枢纽工程项目建议书》，湖北省计委正式批准立项。电站设计总装机三台 2.25 万千瓦，电站建成后，年发电量 7904 万千瓦时，年收入 4760 万元。可灌溉农田 8.5 万亩，开发水产养殖水面 450 亩，并能开发城镇供水和旅游项目。投资利润率为 12%，预计总投资 2.3 亿元。

谷城县白水峪水电站转让经营权项目。位于汉江最大支流南河中游的湖北省谷城县南河镇。水库库容 1.48 亿立方米，电站装机容量 5 万千瓦，年发电量 2 亿千瓦时。电站由湖北省电网统一调度，项目于 1992 年 12 月开工建设，1999 年 8 月全部建成投产。总投资 4.6 亿。执行上网电价（含税）0.47 元/千瓦时。合作方式为转让全部或部分电站经营权。

谷城县庙子头电站旅游度假区项目。庙子头旅游度假区总规划面积 150 公顷，主要开发枢纽游览区、生态园、旅游度假村、游乐园和水上养殖项目，项目总投资约 860 万元。

谷城县城关镇三水厂项目。该项目已由中国市政工程中南设计院设计，并完成可行性研究报告。湖北省计委已批准项目建议书。项目预计总投资 4840 万元，年销售收入 1303 万元。

年产 100 万只新型高能密封蓄电池技术改造项目。湖北骆驼蓄电池有限公司自主开发研制的新型高能密封蓄电池，获国家重点新产品称号，已列入国家星火计划和《国家高新技术产品目录》及国家科技成果推广计划。项目预计投资 5200 万元，建设期 2 年，达产后可实现销售收入 29260 万元，新增销售收入 1.54 亿元，新增税金 994 万元，新增利润 2400 万元。

薤山欧式别墅群修复工程项目。现已建成省级旅游度假区。区内欧式别墅群是清末八国传教士修建，蕴含中西合璧的建筑风格和传教士文化，具有很高的考证价值，是独具特色的人文景观。进一步开发的重点是对 57 幢西洋别墅进行修复，完善配套设施。项目总投资 1000 万元，项目建成后，日接待能力可达 1000 人，年利润 300 万元。

谷城县黄姜组培快繁生产基地建设项目。黄姜是生物制药代替 PPA 的纯天然中药和激素类药物原料。谷城县盛产黄姜，已建立了组培室和 3000 亩种姜基地，40000 亩商品姜基地，并有 6 家企业进行深加工生产，产业化链条已形成。项目任务主要是扩大装修生物组培中心实验楼，配套完善仪器设备，建立 8000 亩种姜生产基地及 10 万亩商品姜基地。年可生产组培姜种 9600 吨，销售收入 2112 万元，可产商品姜 30 万吨，并能帮助项目区农民增加收入 1.5 亿元。项目预计总投资 2510 万元。

湖南省湘乡市

【经济与社会发展】 2001 年，湘乡市实现国内生产总值 48.7 亿元，其中第一、二、三产业增加值分别为 12.87 亿元、20.77 亿元和 15.07 亿元，产业结构进一步优化。全年全社会固定资产投资 12.26 亿元，社会消费品零售总额 15.46 亿元。

2001 年实现农业总产值 20.41 亿元，粮食总产量 51.52 万吨，经济作物总产值 2.7 亿元；年饲养牲猪 259.7 万头，年出栏肉猪 152 万头，农民人均可支配收入 2608 元。农业产业结构调整步伐加快，使湘乡不仅稳居全国粮猪百强县市行列，且正逐步实现由农业大市向农业强市转变。生猪产业链、粮食产业链、林业综合开发产业链和蔬菜产业链的形成，蛋品市场的发展及中南地区最大的皮革市场的崛起，为湘乡农业带来了巨大的活力。

2001 年，湘乡市实现工业总产值 62.6 亿元，59 家规模以上工业企业完成工业总产值 23.16 亿元，22 家国家四级及以上资质建筑企业完成建筑业总产值 10.12 亿元。韶峰水泥集团、湖南铁合金厂、湘乡铝厂和湘乡化工厂等中央、省、市属企业完成了国有大中型企业改制和技改而焕发出生机和活力;湘乡啤酒厂、湘乡水泥制造有限公司、湘乡面粉厂、湘乡酒厂、湘乡机械厂、怀其制革厂、强力制革厂等市属或乡镇企业成长为明星企业。

全年实现财政总收入2.03亿元,财政支出2.68亿元。金融机构年末各项存款余额33.11亿元,其中居民储蓄存款26.76亿元,各项贷款余额19.64亿元。

【投资环境】 湘乡市地处湘中丘陵、湘江之滨,是长株潭城市群的重要卫星县市,自湘入粤、桂、黔的重要通道。总面积2004平方公里,耕地43.38万公顷,人口90万。1986年经国务院批准撤县建市,辖于湘潭市,现辖5乡13镇4个城区办事处。

湘乡风景秀丽,土地肥沃,资源丰富,名胜古迹甚多。建于北宋的云门寺内,高达11米的千手千眼镀金观音塑像,世所罕见;汉白玉十八罗汉栩栩如生;文庙、伏虎井、褚公祠、状元塔、宋窑遗址等20多处古迹使人怀古思幽。东台山国家森林公园、湖南水府旅游区风光旖旎,令人流连忘返;丰富的旅游资源使湘乡与韶山、南岳连成一条得天独厚的旅游热线。境内还有"棋梓灰岩"、含锌天然矿泉水、白云石、锰、石膏、滑石等30多种优质矿产。

湘乡距长沙黄花国际机场90公里。湘黔铁路、320国道、湘柘公路等国、省道和境内许多市、乡公路织就四通八达的交通网,所有的行政村和80%的村民组通公路。新建了娄湘高等级公路;湘黔铁路改建复线并实现电气化;上瑞高速公路(湘潭—邵阳段)、洛湛铁路(益阳—永州段)路基基本拉通成型,即将竣工通车;龙洞森林专用机场开工建设。全市程控电话装机容量12万门,2001年全市已开通固定电话6万多门,移动电话1万多户,因特网用户1500多家。实现了信息网络与国内乃至世界各地联网并轨。市内有220千伏变电站1座,110千伏变电站3座,35千伏变电站6座,境内国家电网与地方电网并存,电力供应十分充足。市区建有两个自来水厂,全市日供水能力达24万吨。

全市拥有700多所中小学校,每年有近2000名湘乡学子考入高等院校;全市拥有3个较大规模的科研机构和24个专业学会,2000名科技人才获得500多项国家、省、市级科技成果;市博物馆、图书馆、文化馆及20个影剧院、100多个村级图书室、10个乡镇图书馆、《湘乡报》、有线电视网和电视微波系统等,为人民提供丰富多彩的精神文化生活;近200个城乡卫生机构为人民健康提供可靠的保障。

湘乡市委、市政府制订出台了《关于鼓励外商投资的若干规定》和《关于进一步改善投资环境的若干规定》等一系列文件,成立了招商合作局,从鼓励投资产业与投资方式、税收、土地、矿产资源开发、金融信贷、人才引进、招商引资奖励、投资服务等方面制定了十分优惠的政策。所有外来投资项目由市招商局实行"一站式审批、一门式收费",2001年全市招商引资2.5亿元,其中引进境外资金580万美元。

【重点项目介绍】 湘乡二大桥。全长363米,桥宽26米,接线道路宽45米,长1043米,总投资5676万元,是湘乡连接韶山、南岳两个国家级著名风景名胜区的宁(乡)衡(山)高等级旅游公路上的重点工程。项目初步设计已完成并经省建设厅批复。湘乡市政府已成立了大桥建设开发指挥部,并投资510万元前期资金。

湖南水府旅游区。位于韶山、南岳、湄江三大旅游区中心地段,距市内30公里的水府旅游区是湖南省"十五"重点旅游开发项目。湘黔铁路在区内设站,上瑞高速公路在区内设有两处出口,交通非常便利。景区资源丰富,有一级景点5个,二级景点9个,三级景点5个。30多个大小岛屿,如珍珠般洒落在湖面,岛上植被条件好,白鹭栖息于岛上,碧水环绕,宛如人间仙境。天然溶洞群拥有18个主洞、48个分洞,洞内有暗河,各种石柱、石笋、石人、石佛、石瀑千姿百态。水府旅游区有效水面44.3平方公里,总蓄水量5.6亿立方米。现定位为省级旅游开发区,第一期已投入开发资金2000多万元。

云门寺广场。该项目是依托千年古刹云门寺,集旅游、休闲、商贸于一体的城市中心广场,规划面积5万平方米。

皮革工业园。湘乡原有制革厂20家,皮革深加工厂9家,相关企业6家,生产能力年加工猪皮1200万张,皮服25万件(套),皮手套50万双,从业人员5500人,产品远销欧美、俄罗斯。为了满足加入WTO后日益扩大的市场需求,引导企业走集约高效、集中治污和精深加工的道路,建设皮革工业园,规划2平方公里,2002年完成第一期工程30公顷。建设期限5年,分三期建成。

湖南省望城县

【经济与社会发展】 望城县是湖南省会长沙的近郊县,全县总面积1361平方公里,总人口70余万人。2001年实现国内生产总值54.9亿元,增长10.4%,其中第一产业增加值12.6亿元,增长5%;第二产业增加值23.8亿元,增长10.4%;第三产业增加值18.5亿元,增长14.5%。一、二、三次产业的比重为22.9:43.4:33.7。

2001年完成农林牧渔业总产值19.67亿元,增长5%,其中农业产值9.36亿元,增长4.2%;林业产值0.48亿元,增长3.5%;牧业产值8.33亿元,增长4.5%;渔业产值1.23亿元,增长13.9%。农业结构进一步优化,粮食播种面积107.06万亩,减少6.88万亩,其中优质稻53.19万亩,增长60.2%;经济作物播种面积25.71万亩,增长17.7%;牲猪良种率进一步提高,出栏良种猪38.8万头,占出栏牲猪的34.3%;新发展奶牛500头,产奶205吨。

2001年完成工业总产值57.4亿元,增长7.6%,其中规模以上工业完成19.3亿元,增长15.3%;规模以下工业完成38.1亿元,增长3.6%。规模以上工业企业56家,增加6家,其中亏损企业22家,亏损面39.3%;规模以上工业完成销售收入17亿元,增长13.9%;实现利润1.05亿元,增长10.4%。

2001年实现财政总收入2.6亿元,增长23.7%,其中地方财政收入1.87亿元,增长33%。年末金融机构各项存款余额25.29亿元、贷款余额15.46亿元,扣除划转因素,分别增长11.7%、3.3%。保险企业完成保费收入3850万元,增长21%,各项赔付支出1229万元,增长26%。

2001年完成全社会固定资产投资17.3亿元,增长30.3%,其中国有单位基本建设投资2.46亿元,增长19.2%;更新改造投资2.28亿元,增长15倍;集体单位投资1.67亿元,增长14.8%;城镇工矿区私人建房投资1.04亿元,增长1.3%;农村个体投资4.58亿元,下降2.7%;跨区工程投资4.79亿元,增长39.7%。

2001年实现社会消费品零售总额13.78亿元,增长8%,其中批发零售贸易业9.76亿元,增长9.1%;餐饮业1.02亿元,增长7.4%。

2001年协议引进外资1607万美元,实际到位外资2110万美元,到位市外境内资金9.06亿元。中联重科、坤源塑化等一批投资额大、前景好的项目落户望城县。全县完成外贸出口交货值5.2亿元,增长15%。

继续保持首批国家科技先进县称号,成功申报并拥有了全省唯一的国家级农业科技园区"湖南望城国家农业科技园区"。九年制义务教育进一步加强,被评为全省"双基"验收先进县;普高工程继续推进,成人职业教育处于全省领先水平。全年计划生育率达99.04%,粉尘治理力度和机动车尾气检测力度加大,县城大气环境质量达到国家二级标准。成功举办了纪念郭亮诞辰100周年大型文化活动和全县春季马路赛等群众体育活动,丰富了人民群众的文化体育生活。

2001年农民人均纯收入3148元,增长7%;国有经济单位人均工资9361元,集体单位人均工资5062元,其他经济单位人均工资

11337元。年末百户农民拥有电视机112台、洗衣机41台、摩托车19辆、电话机39部、移动电话9台、寻呼机11台、影碟机11台。

【投资环境】　望城县属京广经济走廊和长江经济带的大十字交汇区域,是我国东西部的中间过渡地带,具有承东启西、连结南北的良好区位条件。319国道、长常高速公路横跨县境,省道长湘公路纵贯县域东部,长沙市三环线经过县境内5个乡镇,雷高公路、雷锋大道及高乔大道等将过境的省、国道和高速公路连通成网。由县城至长沙市政府18公里,至黄花机场38公里;京广铁路、石长铁路跨境而过,其中石长铁路在县城设有客货站;湘江流经县境58公里,在县城设有千吨级码头。建有日供水15万吨的自来水厂,能够充分保证工作、生活用水的需要。建有220KV变电站1座,110KV变电站4座,35KV变电站5座,电力供应充足。电话、移动通讯、无线寻呼、国际互联网等现代通信网络已经形成,可提供各种类型、多种用途的通信服务。

建立了政务公开投资服务中心,为各企业提供洽谈、投资审批时的“一条龙服务”;建设过程中的“全方位服务”;企业开工投产后的“经常性服务。”成立了望城县优化经济发展环境办公室,受理各类举报,协调、处理企业在投资、建设、生产经营和生活中反映的环境问题。

望城县是伟大的共产主义战士雷锋的故乡,民风淳朴,社会稳定,是全国“社会治安综合治理先进县”、“村民自治模范县”。望城已拥有了一个国家级开发区(湖南望城国家农业科技园区)和两个省级开发区(湖南省高科技食品工业基地、湖南台商投资区),发展潜力巨大,已有一大批企业落户园区。如旺旺集团、派派食品公司、坤源塑化公司等。

【重点项目介绍】　湖南省高科技食品工业基地。是经湖南省人民政府批准的省级开发区,已纳入长沙(国家)高新技术产业开发区。基地规划面积5平方公里,有粮食及农副产品深加工区,畜禽制品加工区,保健食品和现代生物工程食品生产区,果蔬加工区和乳品、水产品加工区五个功能区。

湖南省台商投资区。是经湖南省人民政府批准的省级开发区。该区总规划面积5平方公里,致力于吸引以台资为主的技术含量高、经营理念先进的企业入园兴业,努力打造具有较大影响的台商集中区和台资示范区。目前,已落户该区的有富虹锌业公司、坤源塑化公司、海天电子公司等20余家企业。

湖南望城国家农业科技园区。是经科技部批准建立的首批21个国家级农业科技园区之一,是湖南省唯一的国家级农业科技园区,其核心区包括3个乡镇的22个村,面积1.3万亩。核心区又分为优质种苗产业区、农副产品加工区、优质高产奶牛区、无公害蔬菜区、无公害优质稻区和一个综合服务中心,计划总投资24.1亿元。已投资近11亿元,建成了优质果茶良种繁育基地1100亩,引进了光阳米业公司,宾佳乐食品公司等16家企业。

长沙含浦科教产业园。是以教育事业为主、科技产业为辅的综合性园区,总规划面积6平方公里,有高教区、高科技产业区、休闲别墅区、生活居住区和商务服务区五个功能区,总投资约12亿元。已落户该园的有南方大学等10余家单位。

金星大道。是长沙市的一条城市快速主干道,全长15.559公里,其中望城段长8.589公里,路幅宽46米,控制86米,路面为水泥砼路面,总投资约21130万元。

雷锋纪念馆扩建工程。拟新征山地60亩,扩建三个功能区,即中华美德展区、新时代学雷锋展区和青少年夏令营基地,总投资4200万元。项目建成后,雷锋纪念馆的占地规模将扩展到110亩。

铜官窑遗址的保护与开发。分七个功能区建设,即主入口区、家庭手工作坊展示区、文化断层展示区、古窑窑址展示区、古渡口游览休闲区、文物展示与考古研究区和后勤管理区,总投资约9693万元。

湖南省株洲县

【经济与社会发展】 2001年，株洲县全年完成国内生产总值24.92亿元，同比增长9%。一、二、三次产业的比重为27:35:38。完成农业总产值10.64亿元，增长3.2%，农村人均可支配收入2725元。农业结构调整取得新的进展。优质稻、无公害蔬菜、瓜果种植面积呈规模化发展。畜牧水产业稳定发展，农业综合开发进展顺利。

2001年，全县完成工业总产值23亿元，其中规模以上工业总产值增长27.5%，株洲时代电工厂、湖南南方方明机械制造有限公司、株洲华伦纸厂等一批上规模企业的成功引进和优先发展，成为工业经济增长的新亮点。

2001年株洲县全社会固定资产投资完成3.35亿元，同比增长30.4%。在能源、交通、通信、水利、农业综合开发等方面相继启动和建成了一批重点项目。

城镇建设加速发展，县城提质扩容全面启动。在县城渌口高标准改造了2.9公里的文明示范街，新建了伏波公园、向阳广场、农贸市场等一批基础设施，精品购物、特色餐饮、农家休闲正朝着规模化、特色化方向发展，商品流通和居民消费日趋活跃，全年实现社会消费品零售总额8.32亿元，增长6.4%。继续坚持开放兴县战略，建立和完善招商引资项目库，实施政府上网工程，2001年株洲县先后在北京市、广东省东莞市及县城渌口举办了一系列投资说明和信息发布会，共引进各类域外投资项目58个。

社会事业得到全面发展。积极推进行政审批制度改革，完善政务服务中心，提高了政府服务质量和效率。科技进步对经济增长的贡献率达到49.5%，顺利通过国家科技先进县的考核。社会保障体系逐步完善，2001年全县企业离退休人员养老金实现足额和社会化发放。

教育巩固了“普九”成果，教育资源整合和教师队伍建设取得良好成效，为大专院校输送人才1220人。城乡群众文化生活日趋活跃，获全国群体工作先进单位称号。计划生育工作力度加大，连续获湖南省计育工作先进县称号。卫生、广电等各项社会事业都取得了新的成绩。

【投资环境】 株洲县位于湖南省中部偏东，居长沙、株洲、湘潭经济一体化城市群南缘，紧邻株洲市区，总面积1381平方公里，辖21个乡镇，人口44.4万。属亚热带季风性湿润气候，年平均气温17.6℃，降水量1367毫米，无霜期286天，年日照1626小时。县域内森林、矿产、水能各类自然资源丰富，百里湘江两岸景观闻名遐迩，恬淡宁静的大京风景区、古朴典雅的空灵寺、饮誉国内外的朱亭人工林海等旅游资源的开发，使株洲县成为长沙、株洲、湘潭城市群的后花园。

株洲县交通网络四通八达。京广铁路、京珠高速公路、百里湘江纵贯南北，浙赣铁路复线、320国道连通东西。县城至长沙黄花国际机场有98公里高等级公路相连，交通十分便利，属典型的城郊型县，因其独特的区位优势和良好的人文环境，正成为国内外客商投资的热点。

株洲县紧靠湖南省中心城市群，基础设施完备，国家重点项目装机容量14万千瓦的湘江航电枢纽工程开工建设，湘江千吨级航道上至衡阳，下出长江入东海。通讯网络覆盖全县，可与世界各地即时进行信息交换。4个11—22万千伏输变电站，5个35千伏变电站，电力供应充裕。县城自来水日供水5万吨。

株洲县渌口经济开发区为省级经济开发区，规划面积6平方公里，区内已经完成四通一平，是县域主要工业园区，已形成机械制造、食品加工、机电、电瓷、电子通讯、化工、冶金等产业群，大京、空洲旅游风景区，三门、淦田、白关经济小区为卫星城镇工业园区，广泛吸纳国内外客商投资兴业。

为优化投资软环境，对一切外来投资实行“一个窗口服务”，2001年成立了株洲县政务服务中心,帮助外来投资快捷办理各类手续,提供投资保障,实施“税外费公开卡”制度,严格监控开发区“无费管理”,定期邀请社会及外来投资商对执法管理及服务部门进行评议,及时为企业排忧解难。为企业提供优质高效的社会化公共服务和稳定有序的周边环境。

【重点项目介绍】　湘江株洲航电枢纽工程。由国家重点项目静态投资19.7亿元,于2001年开始启动,在完成大坝施工设计等相关手续后,2001年9月建成了工程联络线的铁路跨线桥,并开始了湘江左右岸施工码头的建设。为配套株洲航电枢纽工程建设及县城规划发展,株洲县委托湖南省交通规划勘察设计院对总投资7183万元的县城至株洲航电枢纽联络线工程进行了可行性研究,并进入了评审报批。

争取中央、省市预算内和国债等各类投资补助4434.5万元,涉及30个项目,重点分布在基础设施、农业、林业、电力、水利、教育、卫生等领域。国家大型优质专用稻基地建设株洲县项目区三年总投资1730万元。渌口粮库纳入国家粮库建设计划,新增仓容2.5万吨,总投资1375万元。农村电网改造争取国家建设资金700万元。龙潭水库病险保安工程608万元。县城自来水扩建工程纳入湖南省股份制改造试点县项目,总投资4200万元。利用长株潭经济一体化建设机遇,成功争取到湘江生态经济带项目延伸到株洲县空洲岛株洲航电枢纽工程坝址。

2001年,株洲县继续加大工业项目引进和创新扶强,湖南南方方明机械制造有限公司利用石墨—铝硅活塞新材料项目于2000年8月获得600万元省高新技术产业化引导资金的有利条件,成功引进来自长沙方明活塞环厂的合作投资,使生产经营规模迅速做大做强,与县内南豹实业、江南工贸一举问鼎全省民营经济500强。株洲华伦纸厂买断原国有纸厂的破产资产,另辟蹊径开发鞭炮烟花用纸,半年试车成功。农业方面注重公司加农户生态种养项目的引进,白关华意生态科技园引进国外良种猪、羊等种苗工程,促进了养殖业的快速发展。教育方面有台商兴办的潇湘双语实验学校,5年建设总投资7500万元,2001年元月启动建设,9月即开始招生就读,先进的办学理念,一流的教学生活设施,优美的校园环境,为培养学生成为全方位的高素质人才,为株洲县利用外资向各行业发展提供了有益的平台。

新疆生产建设兵团农一师

【经济与社会发展】　2001年农一师实现国内生产总值24.09亿元(当年价,下同),比上年增长9.5%(2000年价,下同)。其中,第一产业增加值11.48亿元,增长3.3%;第二产业增加值5.72亿元,增长12.6%;第三产业增加值6.89亿元,增长20.5%。实现利润8010万元;职均收入9060元,同比增长5.7%。

全年农作物播种面积190.05万亩。其中:棉花播种144.6万亩,较上年增长10%。总产17.6万吨;粮食播种34.2万亩,总产量12.8万吨;牲畜年终存栏头数36.5万头(只),增长0.5%。肉类总产11354吨,增长0.9%。植树造林建园力度大,成效好,全年植树造林2.24万亩,增长9.3%。水果总产量36554吨,水产品产量765吨,增长17.3%。水稻小麦,香梨和苹果及鹿茸,羊毛等大宗畜产品弛名中外。

实现工业增加值3.89亿元,增长5.6%。工业产品优势主要有原煤、棉纱、水泥、硫酸、磷肥、地膜、甘草膏、提花毛毯等,主要产品产量比上年增加的有:磷肥、硫酸、塑料制品、面粉、大米、饲料原煤、发电等产品;产量减少的产品有:盐酸、食用油、轧花、棉纱等。

建筑业实现建筑业增加值1.84亿元,增长32%。全年完成房屋施工面积73.3万平方米,竣工面积69.8万平方米,分别增长15.2%和17%。

第三产业以改革为突破口,在经营体制、经营方式、企业管理、进出口规模等方面加大了工作力度,全行业实现盈利。社会消费品零售总额4.65亿元,与上年基本持平;批发零售贸易销售总额17.27亿元。完成运输周转量31659万吨公里,运输公司虽然运输周转量比去年有所下降,但在经营上实现了多年来的首次盈利。乡镇企业实现总产值5.86亿元。

固定资产投资完成7.97亿元,下降1.1%。其中基本建设投资5.62亿元,更新改造投资1.91亿元,其他投资0.43亿元。投资新增加固定资产7.48亿元。

【投资环境】 农一师位于新疆阿克苏地区境内,耕地面积142.9千公顷,是绿洲灌溉农业,拥有六条河流五座大中型调节水库,总库容5.17亿立方米,现有各种引水渠道7157公里,年均引水27亿立方米,引水能为220秒立方米,灌溉能力16万公顷。其中、小型水电站12座,总装机容量3.1万千瓦,电网已覆盖全师各角落。全师农业生产机械化程度达88%以上,基本实现了集约化生产。规模2.8万公顷牧草场,给畜牧业提供了良好的发展条件。辖区内有石油、原煤、石英石、石英砂、磷矿石、芒硝、盐、陶土等矿藏资源;有甘草、胡杨、芦苇、罗布麻、雪莲、红花、党参等野生药用植物资源;有野骆驼、马鹿、黄羊、牦牛等野生动物资源,综合利用的前景十分可观。

农一师有全国唯一的长绒棉育种中心和良种繁育基地,还有新疆最大的棉花种籽加工厂;中国的长绒棉就诞生在农一师塔里木;有为精准农业施肥技术配套的专用复合肥厂;气吸式精量播种机和地膜播种机、塑料厂生产的农用薄膜能够满足农业生产和节水灌溉以及建筑安装生产的需要;彩色棉、生态棉在这里落户,苹果、香梨和灰枣评为全国金奖,远销港澳、东南亚和加拿大,水泥获全国金奖,并顺利通过ISO9002质量体系认证;甘草制品产量全国名列前茅。新农开发股份有限责任公司是农一师第一家上市公司。

垦区内交通运输极为方便,货运、客运从铁路、航空、公路都可通往各地,形成立体的运输网。辖区内公路1800多公里,连接着各农牧团场和企事业单位,交通便利。数字通讯及光缆覆盖全地区,通全球。形成了城乡一体化的较为先进的本地电话服务网,现装机总容量7.6万门,全国公众数据通信网等先进通讯手段已被运用。

中央批准阿拉尔建市。拟建的阿拉尔市位于阿克苏地区中南部,塔里木河上游,是农一师阿拉尔垦区所在地,行政区划面积约4000平方公里,并拥有著名的塔里木农业大学。经过近半个多世纪的开发建设,阿拉尔垦区的经济和社会有了较快的发展,城区的基础设施建设初具规模,有较为完善健全的社会保障和服务体系。垦区内有新疆最大的野生灌木林376万亩,其中:胡杨林60多万亩,还有极其丰富的沙漠风光资源。西部大开发战略的实施,塔里木河流域治理的进行,阿拉尔市的成立,将给农一师的发展带来难得的历史机遇。

【重点项目介绍】 公路建设:新建公路里程2611公里,总投资26亿。主要项目有:阿拉尔至夏合勒克镇道路改扩、塔里木河流域综合治理农一师垦区生态林工程公路建设项目、阿拉尔至图木舒克公路、阿拉尔至沙河镇公路、南拦公路、团场路网建设项目等;阿拉尔市城市建设:总投资24亿元,主要建设热电厂、排水工程一期、供暖工程一期、垃圾处理厂、输变电线路、生态绿化、供水工程一期、天然气供气工程一期、城市道路、市政建设、城市防洪工程、电视台建设、青少年活动中心等;基础设施建设:总投资11亿元,主要进行水库改造工程、高新节水项目60万亩、灌区续建配套与节水改造、干渠防渗改造、阿拉尔国家粮食储备库、大米储备加工基地等建设项目;生态环境建设:总投资7.8亿元,实施退耕还林还草复合生态及天然胡扬防风林封育工程3.1万亩、天然胡扬林及沙漠植被封育70万亩、塔里木垦区高新生态绿色农业科技示范园50万亩草场改良及养畜、塔里木灌区生态防洪建设胡扬林4000亩护岸及旅游设施等;产业结构调整及特色经济:总投资22亿元,实施阿拉尔市棉纺织厂10万锭长绒纱、10万环锭600台织布机纺织厂、五万锭长绒棉纺织厂、万头优质肉牛生产基地、万头鹿及鹿制品生产建设项目、畜产品肉类综合加工厂和冷藏贮运、荒漠温室大棚栽培示范、棉仁蛋白及生物肥加工、5万吨酵母菌生物复合肥厂、20万亩名特优生态经济林果品基地、种苗繁育基地等建设项目。

新疆生产建设兵团农八师

【经济与社会发展】 2001年农八师石河子市紧紧抓住国家实施西部大开发战略和扩大内需政策的历史机遇,认真贯彻兵团党委提出的"发展壮大兵团,致富职工群众"的总体要求和师市党委的部署安排,以"兴团、富民、强师市"和"做大做强石河子垦区为重点",紧紧围绕经济建设,开拓进取,扎实工作,在各种困难面前,特别是农业遭受了特大自然灾害的情况下,齐心协力,实现了国民经济的较快发展和社会事业的全面进步。

2001年,师市国民经济继续保持较快增长。师市"十五"计划确定的"43411"(实施4个100万工程:100万亩节水灌溉、100万亩单产皮棉150公斤优质棉基地、100万头牲畜存栏、100万亩苠苠草基地;做大3个园区:国家级经济技术开发区、国家级农业科技园区、石河子生态工业造纸园区;做强4大集团:天业塑化、天宏纸业、天富电力、银力纺织;开发建设1个新区,职工人均收入1万元以上)工程正式启动,经济结构调整成效显著,国有企业改革进一步深入,投资力度加大,城镇基础设施及环境建设得到加强,城镇人民生活质量不断提高,国家级经济技术开发区发展势头强劲。师市完成国内生产总值45.22亿元,增长8.6%;其中,第一产业增加值9.6亿元,下降22.7%;第二产业增加值17.56亿元,增长21.1%;其中,工业13.5亿元,增长17.3%;建筑业4.06亿元,增长36.1%;第三产业增加值18.06亿元,增长30.9%;全社会固定资产投资23.01亿元,增长15%;社会消费品零售总额17.32亿元,增长18%;外贸进出口总额3969万美元;在岗职工年平均货币工资7021元;人均国内生产总值8428元,全社会劳动生产率26590元/人。

【投资环境】 石河子垦区(兵团农八师石河子市)地处自治区重点发展的天山北坡经济带中段,面积7529平方公里,其中耕地273万亩、宜农荒地603万亩、牧草地101万亩,人口60万人,其中市区29万人,由18个农牧团场和石河子市组成。石河子市为自治区直辖市,行政区域460平方公里,东距自治区首府乌鲁木齐150公里,西距霍尔果斯口岸500公里、阿拉山口330公里。

石河子市是自治区最早对外开放的城市之一,是联合国"人类环境改善良好范例城市"、中国首届"人居环境奖"城市、全国"双拥模范城"、"卫生城市"、"园林城市"、自治区"文明城市"。城市功能齐全,商贸市场星罗棋布,小区建设规范,环卫设施配套,绿化覆盖率40.5%,人均公共绿地6.2平方米。

农业:石河子垦区系典型的灌溉农业,水土光热资源丰富,宜农宜林宜草宜牧。经过五十年的发展,现代化农业已初具规模,形成了规模化经营和机械化程度较高的大农业优势,是自治区、兵团棉花、粮食、油料重要生产基地,其中"银力"牌棉花享誉国内外,"军垦型"美利奴细毛羊美名远扬,并盛产闻名遐迩的优质瓜果。拥有一个国家级农业高新技术园区和一个国家级生态工业造纸园区,农业节水灌溉技术园内领先,达世界先进水平。

工业:依托大农业优势,形成了门类较为齐全的现代化工业体系,是自治区、兵团重要的轻纺、食品、化工工业基地。并有天业塑化、天宏纸业、天富电力三家上市公司,节水器材城、纺织工业城、绿色食品工业园的建设,正在构筑石河子新的工业框架。

商贸流通:商品市场日益繁荣兴旺,对外贸易不断扩大。一批大中型专业批发市场相继建成使用,区域高位牵引力凸现,将发展成为北疆最大的商品集散地。

交通电信：交通发达便利，亚欧大陆桥之北疆铁路、乌奎高速公路和312国道贯穿市区南北两侧，垦区41条公路通达各农牧团场。邮电通信事业快速发展，通信保障能力不断增强。城乡居民电话普及率22.5%，市话普及率29.1%。

科技教育：拥有国家重点建设的石河子大学、新疆农垦科学院等39个科研机构和3.12万名各类专业技术人员，每百人有专业技术人员5.19名。现有各类院校107所，已形成多层次、多类型、多形式的教育体系。

旅游服务：石河子汇集着众多独具军垦文化特色的景点。军垦第一楼、军垦第一犁、军垦第一井、军垦博物馆、周总理纪念碑、艾青诗歌馆以及独特的雪山风光、城市园林、湖光草原、沙漠奇观、现代农业等自然景观，年接待国内外游客100万人以上。设有会计、审计、法律、工程、建筑、科技、信息、房地产等中介咨询机构。

政策措施：为加快改革开放的步伐、适应加入世贸后的新形势，鼓励外来投资，制定出台了《农八师石河子市招商引资优惠政策规定》、《农八师石河子市加快非公有制经济发展实施办法》、《石河子经济技术开发区鼓励投资优惠政策及实施办法》和《新疆生产建设兵团石河子农业科技园区若干政策(试行)》等优惠政策；成立了国有资产管理委员会、国有资产经营公司、城建投资经营公司及私有经济贷款担保公司；清理废止了不符合发展社会主义市场经济、对外开放及世贸规则的规章制度，减少了政府审批事项、调整规范了办事程序，明确了政府职能，办事效率和服务质量进一步提高。

【重点项目介绍】　2001年，农八师实施项目81个，完成项目50个，在建项目31个。

农、林、水利方面：实施了17万亩膜下滴灌工程。下野地国家级农作物原种场建设，蘑菇湖水库除险加固工程，玛河西岸防洪堤工程，巴音沟河渠首东闸后导流堤工程，融合渠防渗改建工程，135团、136团生态综合治理一期工程等项目25个，完成投资1.96万元。

工业方面：实施了汇昌公司6万吨精炼油项目，天业1万吨塑料废品回收项目，天业2万吨节水器材项目，18个农牧团场农网改造一期工程，中发公司年产5万吨(新增2万吨)聚氯乙稀扩建项目，银河纺织有限公司5万锭棉纺项目，龙元乳业项目，科赛生物工程有限公司棉仁蛋白生产等新建和技改项目25个，完成14个，完成投资5.1亿元。

城市基础设施方面：实施了自来水二期工程，3号热力站扩建工程，26号供热站二期扩建工程，东热电厂二期工程，天然气工程等项目12个，完成投资5600万元。

社会事业方面：实施了北湖风景旅游区第二期基础设施建设项目，136团学校危房改造工程及148团职业中学项目，141团医院门诊楼项目，农八师劳教所建设项目，石河子市法院审判楼工程等项目9个，完成总投资3841万元。

商贸流通方面：实施了蔬菜瓜果批发市场一期工程，农机批发市场建设等项目3个，完成投资3554万元。

专题研究篇

熟悉WTO规则 发挥优势 加快西部发展

21世纪伊始中国加入了世界贸易组织。党中央、国务院的重大决定为我国经济发展提供了巨大的机遇，同时也面临着比较严峻的挑战。对西部地区来说，如何抓住机遇，应对挑战，加快发展，关键在于转变观念，熟悉WTO规则，发挥比较优势，扎扎实实地做好工作，提高自身的国际竞争力。

一、加入WTO为西部大开发提供了良好的发展机遇

加入世界贸易组织是党中央、国务院适应经济全球化潮流做出的重大战略决策，标志着我国对外开放进入了一个新阶段。

“九五”期间，我国社会主义市场经济体制初步建立，市场机制在配置资源中日益明显地发挥基础性作用，经济发展的体制环境发生了重大变化；全方位对外开放格局基本形成，开放型经济迅速发展。我们已经实现了现代化建设的前两步战略目标，经济和社会全面发展，人民生活总体上达到了小康水平，开始实施第三步战略目标。这一伟大的成就成为中华民族发展史上一个新的里程碑。

《中共中央关于制定国民经济和社会发展第十个五年计划的建议》指出：今后五年到十年是我国经济和社会发展的重要时期，是进行经济结构战略性调整的重要时期。

西部大开发是根据邓小平同志两个大局的思想提出的一项艰巨的历史任务，具有重大的经济意义和政治意义。实施西部大开发战略，加快中西部地区发展，关系经济发展、民族团结、社会稳定，关系地区协调发展和最终实现共同富裕，是实现第三步战略目标的重大举措。

加入世贸组织为我国深化经济体制改革和西部大开发注入了新的动力。加入WTO是一把双刃剑。抓住了机遇就可获得长足的发展。反之可能是雪上加霜，在激烈的竞争中处于被动的尴尬境地。由于加入了世界贸易组织，我国在获得加快发展的良好机遇的同时，也要面对激烈的国际竞争。我们既要抓住机遇，主动参与国际经济技术合作与交流，加快发展，又要变压力为动力，就必须改革现行的与国际通行的规则不相适应的管理体制、激励机制与约束机制，同时要求我们加快经济发展和体制改革的步伐。

加入世界贸易组织为我国经济大发展和深化经济体制改革提供了良好的机遇，也为西部地区大发展提供了良好的机遇。首先，加入世界贸易组织有利于我国拓展经济发展空间。加入世界贸易组织标志着我国将在更大的范围内和更深的层次上参与世界经济发展与交流，可以更好地利用国际国内两个市场、两种资源，为我国经济发展提供更为雄厚的物质基础。这是因为：加入世界贸易组织，我国可以享受世界贸易组织所有成员国提供的最惠国待遇；可以享受世界贸易组织所有成员国提供的国民待遇；可以直接参与多边贸易新规则的制定和原有规则的修订，充分发挥我国在国际政治、经济事务中的作用，维护我国的正当权益，分享世界经济贸易发展带来的好处。我国可以获得稳定、透明、可预见的多边贸易机制的保障。加入世贸组织之后，我国具有了更充分、便利的条件和发展空间，优化组合国内国际两个市场、两种资源，加之发展经济的体制环境趋于完善，所有这些因素共同作用的结果，必将促进我国经济持续、快速、健康发展。

借助于加入世贸组织的时机，我国将进一步推进全方位、多层次、宽领域的对外开放，发展开放型经济。我国将进一步改善投资环境，扩大利用外资，提高利用外资的质量；我国将更好地实施以质取胜和市场多元化战略，积极参与多边贸易体系，加强地区经济合作，促进国际经济技术合作与交流；我国将继续实施

"走出去"战略,积极开拓国际市场;我国将继续实施西部大开发战略,积极创造条件,吸引外商到西部地区投资。

二、世界贸易组织运行机制对西部大开发的新要求

(一)世界贸易组织运行机制对我国完善市场经济体制的新要求

世界贸易组织是致力于监督世界贸易和使世界贸易自由化的国际组织,其核心是《WTO协定》,基本职能是实施《WTO协定》、组织多边贸易谈判,以及解决成员间可能产生的贸易争端和审议各成员的贸易政策。

加入世界贸易组织后,我国在享受各种权利的同时还必须遵守其运行的规则,承担相应的义务,兑现自己的承诺。为实现这些要求,我国经济发展和管理的方式、方法必须做出相应的调整。我国管理、调控经济的能力,企业的竞争力随之将面临比较严峻的考验。甚至我国的经济安全都将在一定程度上受到威胁。对此必须有充分的思想准备和比较完备的应对措施。

加入世贸组织要求我国遵守非歧视性原则(包括最惠国原则和国民待遇原则)、互惠原则、市场准入原则、公平竞争原则。这就对我国现行经济管理体制提出了一系列新的要求。从总体上说,加入世贸要求我们按市场经济的一般规律,调整和完善社会主义市场经济的行为规范和法律体系,依法办事,转变政府职能,建立和完善全国统一、公平竞争、规范有序的市场体系,为经济发展创造良好的体制环境。具体来讲,加入世界贸易组织对我国现行经济管理体制产生了如下一些新的要求:

1. 遵守非歧视性原则。对进入我国市场的货物和投资者给予国民待遇。为此我们必须调整法律、法规,对国内外投资企业一律实行国民待遇。

2. 降低关税。在3—5年内,我国关税总水平将从2000年的15.6%逐步下降到10%左右。为此我们需要尽快建立一整套可靠的信息、监管机制,发挥关税的保障和调节职能作用。

3. 逐步放开服务贸易。我国将有步骤地开放电信、银行、保险、证券、分销等服务领域。为此我们需要尽快熟悉新的业务、建立有效的运转监管体制。

4. 修改、完善现行的相关法律法规,废除和停止实施与世贸组织规则相抵触的法律法规和规章,及时建立一批新的法律法规。

5. 增强法律法规和利用外资政策的透明度。

6. 调整利用外资的政策和措施。

(二)西部地区发展与现行经济体制面临的挑战

我国虽然初步建立了市场经济体制,但完善市场经济体制的任务仍然任重道远。西部地区尤其如此。面对世界贸易组织运作机制的要求,我国西部地区发展和经济管理体制方面依然存在着许多不相适应的地方,比较突出的有:

1. 市场体系不完善,市场对资源配置的基础性作用未得到充分发挥。地区、行业、部门间相互封锁、分割的现象依然存在。市场运作规则不健全,一些法律法规不符合世界贸易组织规则,经济运行和管理中有法不依、执法不严的现象比较严重,许多法律法规尚未建立。

2. 国有企业改革滞后,企业的市场主体地位没有完全确立起来。企业内部法人治理机构不合理,管理水平较低。

3. 政府职能定位不准确。当前政府职能定位不清,缺位、越位的现象并存,有法不依、机构重叠臃肿等现象与市场经济发展的要求不相适应。

4. 对外经济管理体制不完善。目前我国现行的对外经济管理体制与世界贸易组织运行机制的要求仍存在许多不相适应的情况。在市场准入、国民待遇、公平竞争、政策透明等方面急需做出调整。对外经济贸易活动多头管理,缺乏协调,缺乏一个灵活、统一、高效的国际贸易反应机制,缺乏解决国际贸易纠纷的应对机制。不解决这些问题,就难以实施贸易多元化战略,难以迅速提高我国的国际竞争力。

5. 基础设施落后。由于历史和自然环境的原因,西部地区的交通、通信、公共设施比较落后。改变这种状态需要时间。

6. 生态环境恶化的趋势未得到有效遏止。

7. 科技和教育发展缓慢。教育与生产、科技与生产存在着相互脱节的现象。由于家庭支付能力的限制,普及教育的难度还比较大。

三、发挥比较优势,主动参与世界经济技术合作与交流

西部大开发要在加入 WTO 的背景下取得长足的发展,就要着眼于世界市场,主动参与世界经济技术合作与交流。在当前需要尽快了解、熟悉 WTO 的运作规则、法律法规和世界通行规则。就要结合自身优势,充分利用 WTO 的有利条款和规则,避让风险。

西部地区经济管理部门与产业界,一方面要从宏观层面了解中国加入 WTO 后政策、体制、法规的重要调整与变化。另一方面要从微观层面了解自身的比较优势,了解外资加入西部市场的动态、趋势与市场策略。

近年来,西部大开发的政策环境、体制环境、法制环境均发生了巨大的变化。西部地区的经济环境大为改善。党中央、国务院高度重视西部大开发战略的实施,颁布了一系列政策措施,包括:加大建设资金投入力度、优先安排建设项目、加大财政转移支付力度、加大金融信贷支持、大力改善投资软环境、实行税收优惠政策、实行土地使用优惠政策、实行矿山资源优惠政策、运用价格和收费机制进行调节、扩大外商投资领域、拓宽利用外资渠道、放宽利用外资有关条件、大力发展对外经济贸易、推进地区协作与对口支援、吸引和用好人才、发挥科技主导作用、增加教育投入、加强文化卫生社会事业等一系列政策措施。西部地区应该抓住这千载难逢的历史机遇,利用好这些政策。但这还是远远不够的,还必须加大改革的力度,以适应国内市场经济发展和经济全球化的大趋势。从自身来讲,西部大开发要实现跨越式发展,要实现经济结构的合理调整与升级,归根到底要靠改革。

“十五”期间乃至以后一段时期内,西部大开发的重点是基础设施建设、生态环境保护、发展科技教育。在今后一段时期内,需要做好以下几方面的工作:

(一)统筹规划,加强基础设施建设

根据量力而行、统筹规划、科学论证、突出重点、分步实施的原则,加快西部地区基础设施建设。重点是抓好一批交通、水利、通信、电网及城市基础设施等重大工程。特别是要抓好“西气东输”、“西电东送”工程。

(二)因地制宜,加强生态建设

要认真落实中央关于退耕还林还草、江河之源生态保护、天然林资源保护及其他生态建设工程的政策。一要不折不扣地落实“退耕还林(草)、封山绿化、以粮代赈、个体承包”的政策措施。二要坚持“全面规划、分步实施、突出重点、先易后难、先行试点、稳步推进”的原则,不搞一刀切,因地制宜,按照不同的地理环境和气候条件,确定相应的目标和任务。争取在“十五”期间取得突破性的进展。

(三)加快科技体制建设,大力开发人才资源

应对加入世贸的挑战,我国只有拥有强大的科技力量,才能在激烈的竞争中立于不败之地。为此当务之急的是要尽快培养一支宏大的、高素质的人才队伍。

体制创新是科技进步和创新的保证。深化科技体制改革既要符合市场经济规律的要求,又要符合科技发展规律的要求。为此一要克服科技与经济脱节的问题,优化科技资源配置,加强技术集成;二要推进国家创新体系建设,促进企业成为技术进步和创新的主体;三要加强产学研结合,鼓励应用开发型科研院所进入企业或改制为企业;四是建立服务功能社会化、网络化的科技中介服务体系,建立风险投资机制,发展资本市场,支持高新技术产业

化;五是完善促进科技创新的政策环境;六是扩大国际科学技术交流和合作,鼓励外资企业在全国设立研究开发机构,支持我国科技企业到国外进行研究开发,促进资源和信息共享;七是加强科普工作。

发展教育事业是培养高素质人才的重要途径。面对进入世界贸易组织后激烈的人才竞争和争夺,发展教育事业、大力开发人才资源是一项十分急迫的任务。在今后五到十年内应采取如下的措施:一是加强制度创新,充分调动和发挥社会各方面办学积极性,促进教育的多样化发展;二是加快教育现代化步伐,努力建立终身教育体系;三是围绕发展高新技术产业,加大教育结构调整的力度;四是逐步建立有利于人才合理流动的市场体系;五是采取多种措施吸引和聘用海外高级人才。

(四)大力推进结构调整与升级

要实现国民经济持续快速健康发展,必须对经济结构进行战略性调整。推进结构调整的主要任务是:一是要调整产业结构,全面提高农业、工业、服务业的水平和效益,加快工业化建设步伐,大力推进国民经济和社会信息化;二是要调整地区经济结构,合理调整生产力布局,促进地区经济协调发展;三是要调整城乡结构,逐步推进城镇化,努力实现城乡经济良性互动;四是加强基础设施建设,调整资源战略。

社会生产力水平的多层次性和所有制结构的多样性,是我国社会主义初级阶段的重要特征。公有制为主体、多种所有制经济共同发展是我国的基本经济制度,非公有制经济是社会主义市场经济的重要组成部分。要适合社会生产力发展的要求,继续调整和完善所有制结构。要为各类企业发展创造平等竞争的环境,支持、鼓励和引导私营经济、个体企业尤其是科技型中小企业健康发展。

(五)深化国有企业改革,提高市场竞争力

企业是市场的主体。要在更大的范围、更广的领域、更高的层次参与国际经济技术合作与交流,应对更加激烈的竞争,就必须有一大批具有知识产权的有强大竞争力的企业和企业集团。为此必须进一步加大国有企业改革的力度。国有企业改革是经济体制改革的中心环节。政府要为企业创造良好的体制环境。通过国有企业改革,逐步建立产权清晰、权责明确、政企分开、管理科学的现代企业制度。健全企业法人治理结构,使企业真正成为市场竞争的主体。按照建立现代企业制度的要求加快企业股份制改造。

进一步推进国有资产管理、监督和运营体制改革,使国有资本出资人切实到位。

深化企业内部改革,健全责权统一、运转协调、有效制衡的公司法人治理结构。

加快电力、电信、民航、铁路等垄断行业管理体制改革,引入竞争机制,建立现代监管体制。

加快国有企业的分配制度改革。建立和完善国有企业经营者的激励和约束机制,理顺分配关系。积极推进企业人事管理制度改革。

继续推进国有企业的战略性改组,培养和发展一批拥有自主知识产权、核心能力强、有较强国际竞争力的大公司和企业集团。

(六)大力调整农业经济结构,增强农业的国际竞争力

农业、农村、农民问题涉及国民经济发展的全局。由于国际农产品加入国内市场,必将引发国内农产品市场竞争的加剧。由于农业集约化程度的提高,我国农产品销售、农民就业、提高农民收入等问题必将日益突出。为此,根本的出路在于深化农村经济体制改革。我国农村改革二十年的经验表明,深化农村改革是保护和调动农民积极性的根本措施。改革的重点是推进农村经济的市场化进程。当前的主要任务是:

加快农村土地制度法制化建设,长期稳定以家庭承包经营为基础、统分结合的双层经营体制。

在认真总结试点经验的基础上,稳步推进农村税费改革,减轻农民负担。

紧紧围绕农村经济结构的调整,提高农产

品的科技含量,大力推进农业产业化。

加快农村社会化服务体系建设。深化农产品流通体制市场取向的改革,发展农产品销售、储运、保鲜等产业,发挥各类中介组织在搞活农产品流通中的积极作用。充分利用世界贸易组织规则允许的“绿箱”政策,加强农业科研、技术推广、病虫害防治和市场信息服务工作。

继续深化农村供销社改革,把农业产业化经营作为推进农业现代化的重要途径,鼓励、支持农产品加工和销售企业带动农户进入市场,形成利益共享、风险共担的组织形式和经营机制。

改革农村金融体制,改善金融服务,增加对农业的信贷投放,充分发挥农村信用社支持农户生产经营的作用。

积极推进乡镇企业的发展,推进乡镇企业的制度创新、结构创新、技术创新、管理创新,建立现代企业制度。乡镇企业的改革与发展,要与农业结构调整、农业产业化经营相结合,也要积极面向大企业提供配套服务。

充分利用世界贸易组织各成员国非歧视性待遇的规定扩大农产品的出口。

完善粮食收购保护价、粮食储备和风险基金制度。鼓励粮食、棉花流通企业的兼并、联合,增强抗御风险的能力。

积极稳妥、因地制宜发展小城镇,把小城镇的发展同乡镇企业的改造提高结合起来,以城镇化促进农村剩余劳动力的转移,实现城乡劳动力的合理配置。

(七)深化财政、金融、税收体制改革

积极推进财政预算制度改革,优化财政支出结构,完善财政转移支付制度。严格财政监督管理,逐步建立适应社会主义市场经济要求的公共财政框架。

深化金融体制改革,完善金融组织体系、市场体系、监管体系和调控体系。按照现代银行制度的要求对国有独资商业银行进行综合改革。完善和发挥政策性银行功能。加快国有独资商业银行的市场化进程。对国有商业银行进行股份制改造,完善内部治理结构。建立国有商业银行资本金正常补充机制,逐步降低四大国有独资商业银行的不良资产比例。改进金融服务,全面增强我国金融企业的竞争能力。

强化金融监管,防范和化解金融风险,提高金融资产质量。保持国际收支基本平衡。

提高货币政策调控和金融监管水平,为内资银行发展创造一个公平的竞争环境和适度宽松的发展环境。

发展中小金融机构,加快城乡信用社改革步伐

稳步推进利率市场化改革,进一步完善汇率形成机制。完善以市场供求为基础的、有管理的浮动汇率制度。

逐步取消外资银行的“超国民待遇”。在所得税税率、外汇存贷款利率、业务收费费率、外汇资金的融通渠道、资金拆借期限等方面对外资银行逐步实行国民待遇。

(八)推进社会保障体系建设

完善的社会保障制度是社会主义市场经济体制的重要支柱,关系改革、开放、发展的全局。在加入世界贸易组织后,我国一部分企业由于市场观念落后、技术水平低、成本高、经营不善等原因可能遭遇破产,导致失业人员增加。此外经济结构的调整也不可避免地增加就业的压力。随着服务业对外开放,特别是保险业准入领域的放宽,外资进入国内保险业的规模、力度明显加大,也势必给国内保险业带来巨大的冲击。这就要求我们有一个相对完善的社会保障体系。加快社会保障体系建设已经到了刻不容缓的地步。

适应加入世贸的要求,我们的目标是尽快形成独立于企业事业单位之外、资金来源多元化、保障制度规范化、管理服务社会化的社会保障体系。

在当前和今后一段时间内,完善社会保障制度改革的主要任务是:

1. 完善保障体系的法律法规建设。按照国际通行规则和我国的实际情况,加快社会保

障立法,如修改完善《保险法》。

2. 建立可靠、稳定的社会保障基金的筹措机制和有效运营、严格管理的机制。

3. 坚持和完善社会统筹与个人账户相结合的城镇职工基本养老保险制度。推进城镇职工基本医疗保险制度和医药卫生体制改革。

4. 进一步完善失业保险制度。加强和完善城市居民最低生活保障制度。

5. 积极发展社会福利、社会救济、优抚安置和社会互助等社会保障事业。

(九)推进流通体制和外贸体制改革,努力开拓国际新市场

加入世界贸易组织之后,我国将较大幅度地开放国内市场,将有更多的外国企业、资金和廉价的商品进入我国市场。我国也将有越来越多的企业走出国门,进入国际市场。为迎接挑战、趋利弊害,促进发展,需要建立一个完善的有效运转的流通体制和外贸体制。当前和今后一个时期内需要做好如下几项工作:

1. 抓紧研究制定分销领域的法律法规以及分销业的规划、标准。

2. 大力发展连锁经营、代理配送、电子商务、特许经营等新的商业经营形式,提高分销业的技术含量及现代化程度,扩大经营规模,增强市场竞争力。

3. 改革内外贸分割和工商分离的经营管理体制与批发体制。发展工商一体化的企业集团和现代物流业,进一步减少流通环节,降低流通成本,提高流通效率。

4. 积极实施"走出去"的战略。实施"走出去"的战略是我国积极参与国际经济技术合作与交流、开拓国际市场、利用国际资源、发展国民经济的必然。为此,一要制定和规范国内企业到境外投资的监管制试,加强我国在境外企业的管理和投资业务的协调;二是要采取各种方式鼓励能够发挥比较优势的企业到海外投资、兴办企业,扩大经济技术合作的领域、途径和方式;三是要在竞争中形成一批具有实力的跨国公司。

5. 按照国民待遇原则统一内外资企业所得税。取消外资企业享受的税收优惠,使各类企业在公平税负的条件下进行竞争。

(十)完善开放的市场体系

《中共中央关于制定国民经济和社会发展第十个五年计划的建议》指出:"进一步开放市场,建立和完善全国统一、公平竞争、规范有序的市场体系"。目前我国的市场体系尚不完善。加入世界贸易组织后,我国市场增加了许多新的因素,市场行为主体和运作规则即将发生和将要发生一系列的重大变化。完善市场体系的任务繁重而又紧迫。在今后一段时期内我们的主要任务是:

1. 打破部门、行业垄断和地区封锁,鼓励市场竞争。

2. 发展商品市场,重点培育和发展要素市场,促进生产要素的合理流动。

3. 规范和发展证券市场,培育和发展机构投资者。完善证券市场的法制环境,加强对证券市场秩序的监管。

4. 扩大市场开放,特别是扩大服务市场的开放。兑现我国对世界贸易组织的承诺,将在3—5年内有步骤地开放银行、保险、电信、外贸、内贸、旅游等领域。

5. 进一步放开价格,发挥市场在资源配置和结构调整中的基础性作用。

6. 整顿和规范市场秩序。加强立法和执法监督。废止、修改与世界贸易组织规则相抵触的法律法规,新建立与世界贸易组织规则相适应、符合我国实际情况的法律法规。如认真执行《中华人民共和国反倾销条例》、《中华人民共和国反补贴条例》、《中华人民共和国保障措施条例》,抓紧制定《反垄断法》,完善《价格法》等。

(十一)发展现代服务业

加入世界贸易组织之后我国服务业对外开放的力度将有大幅度的提高。发展现代服务业,包括信息、金融、保险、证券、分销、会计、咨询、法律服务、旅游、运输、医疗等行业,对促进国民经济持续快速健康发展,对扩大就业渠道、缓解就业压力,对应对加入世界贸易组织

带来的挑战，对提高居民生活水平和质量具有重要作用。

发展现代服务业，一要转变陈旧观念，提高对服务业促进经济发展重要性的认识。二是加快体制改革步伐，打破政企不分、企事不分的局面。要加快服务业市场化、社会化步伐。打破服务行业中的垄断经营，放宽市场准入，引进竞争机制，鼓励企业优化重组。实现中介机构与行政部门脱钩和改制。加快企事业、机关单位服务社会化。积极推进流通体制改革，增强流通企业活力。三要加大投入，广泛应用现代化的经营方式和技术手段。四要规范发展中介服务组织。中介组织要与原行政机构脱钩，加强中介机构的资格认定、行业自律和法律监督。发挥中介组织在应对国际贸易纠纷、保护我国企业正当权益的积极作用。

(十二)加强法制建设

发展国际经济技术合作与交流需要加强法制建设。适应我国现代化建设和世界贸易组织运作机制的要求，我国加强法制建设需要着重做好以下几个方面的工作：

1. 规范市场经济条件下的财产关系、信用关系、契约关系，维护市场秩序，保护公平竞争。

2. 推进政府工作法制化，从严治政，依法行政。完善公务员制度。加快推行执法责任制、评议考核制，提高行政执法水平。

3. 推进司法改革，完善司法保障，强化司法监督，依法独立行使审判权和检查权，公正司法。健全依法行使权力的制约机制，加强对权力运行的监督，使廉政建设法制化。

4. 提高立法质量和科学性，加强立法的统一性，杜绝立法中强化部门利益的现象。

(十三)转变政府职能，推进行政审批制度改革

随着我国现代化建设的发展、经济体制改革的不断深入以及适应世界贸易组织规则的要求，转变政府职能的工作日益迫切。当前需要做好以下几个方面的工作：

1. 按照社会主义市场经济的要求搞好政府职能定位，实现政企分开，减少对微观经济活动的直接干预，充分发挥市场配置资源的基础性作用。

2. 认真研究、熟悉世界贸易组织的规则，应用符合世界贸易组织规则的调控方式和手段，不断改进我国宏观调控。积极推进行政管理体制改革，促进政府工作方式的改变。

3. 积极推进行政审批制度改革。提高行政审批工作的透明度，最大限度减少行政性审批，简化审批程序。对保留的审批事项，要建立结构合理、管理科学、程序严密、制约有效的管理制度。

4. 按照政事分开、政企分开的原则，积极推进教育、科研、文化、新闻出版、卫生、城市公用、机关后勤等事业单位改革的步伐。注意发挥商会、行业协会等中介组织的作用。

5. 精简机构。坚持精简、统一、效能的原则，杜绝交叉管理、推诿扯皮，改进工作作风，提高工作效率。改变多层执法、多头执法的混乱状态，提高行政执法的统一性和公平性。

6. 按照“谁投资、谁决策、谁受益、谁承担风险”的原则，加快投融资体制改革。尽快实现企业投资的一般竞争项目，由审批制向登记备案制过渡。

(国务院体改办　牛根颖)

尽快修建临哈公路和铁路构筑北京至乌鲁木齐的快速通道

一、关于建设京乌快速通道的构想

新疆国土面积166万平方公里，自然资源十分丰富，是我国西部最具开发潜力的地区之一。然而，至今为止，从首都北京到新疆首府

城市乌鲁木齐还缺乏一条便捷的陆上快速通道。从铁路运输上看,目前主要有两条线路可选:一是通过京广、陇海和兰新线,即北京、郑州、兰州、乌鲁木齐,全长3774公里;二是通过京包、包兰、兰新线,即北京、包头、兰州、乌鲁木齐,全长3705公里。

从公路运输上看,主要有三条运输线路可选:一是经由郑州线,即北京、石家庄、郑州、西安、兰州、哈密、乌鲁木齐,全长4017公里;二是经由太原线,即北京、太原、西安、兰州、哈密、乌鲁木齐,全长4079公里;三是经由银川线,即北京、大同、银川、兰州、哈密、乌鲁木齐,全长4020公里。

因此,无论是走铁路还是走公路,都要绕道兰州,向南走一个近似半园形的路径,线路长,耗时多,严重浪费运力。如果在充分利用现有线路的基础上,修建内蒙古临河至新疆哈密的公路和铁路,将可以大大缩短运输里程,从而构筑一条从首都北京到新疆首府城市乌鲁木齐最便捷的快速通道,从而把我国西北广大边疆地区与华北、东北地区有机地连接起来。

构想中的京乌快速通道包括京乌最捷公路通道和京乌铁路通道两部分。京乌最捷公路通道始于北京,沿国道110线经张家口、集宁、呼和浩特、包头、临河,向西穿越杭锦后旗、乌力吉、额济纳旗、酒泉航天城基地、明水、哈密,至终点乌鲁木齐,全长2750公里,比现有三条线路缩短1267—1329公里。最捷公路的西段乌鲁木齐至哈密段约600公里,东段临河至北京段约940公里,均是国道主干线的规划建设路段,并已在实施。只有中段临河至哈密段约1200公里需要新建。

构想中的京乌铁路通道始于北京,沿现有京包、包兰线到达包头、临河,再经由新建的临哈线到达哈密,然后转兰新线到达乌鲁木齐。其中,临河至哈密铁路东起包兰铁路临河以西的稽亥站,向西途径内蒙古巴彦淖尔盟临河市的三道桥镇、阿拉善盟的乌力吉苏木、温图高勒苏木、额济纳旗,甘肃省酒泉地区肃北蒙古族自治县的马鬃山镇、明水乡,最后经新疆哈密市的骆驼圈子镇,在哈密以东的红光车站接入兰新铁路,线路全长1289.05公里。该通道的建成,将比现行绕道兰州缩短运输距离500公里左右。

二、建设京乌快速通道的重要意义

尽快修建临哈公路和铁路,构筑北京至乌鲁木齐的快速通道,对于加快西部地区开发,发展边疆民族地区经济,改善路网结构,加强民族团结以及巩固国防都具有十分重要的意义。

一是有利于促进国家西部大开发战略的实施。实施西部大开发,基础设施建设必须先行。尽快修建临哈公路和铁路,构筑京乌快速通道,将有利于促进新、甘、蒙三省区的资源开发,改善和优化地区投资环境。新疆是我国重要的石油资源后备地区,该通道的建设将为东北、华北地区石油企业人员进疆进行石油勘探、开发,以及新疆石油、天然气的向外输出提供便利条件,也为今后我国利用哈萨克斯坦共和国的油气资源创造了条件。同时,临哈线沿线经过的北部荒漠,也是我国"三北防护林"和生态环境建设的重点地区,该线路的建设将有利于依托公路和铁路,对荒漠区实施辐射绿化和环保工程。

二是有利于进一步扩大西北地区的对外开放。临哈公路和铁路建成后,将成为我国西北通往华北、东北地区的最便捷通道,对于扩大西北地区的对外开放具有重要战略意义。首先,该线路的建成,将可以在原陇海—兰新线的基础上,在我国境内开辟一条联结亚欧大陆的新通道,即新亚欧大陆桥;其次,可以利用天津港、京塘港等北方港口群,为北部沿海鲜活海产品进入新疆、内蒙古西部,以及新疆特色鲜果等供应华北、东北及出口日、韩等国提供便利条件;第三,有利于依托新疆边境口岸,扩大向中亚地区的对外开放,刺激东北、华北等地货物向中亚诸国出口;第四,有利于扩大策克、马鬃山等沿线现有口岸的对外开放,增强其对外运输能力,降低运输成本。

三是可以进一步改善我国西部地区的路网结构。我国西部铁路网比较薄弱,新疆与内地联系的铁路仅有兰新线一条,呈千里一线牵的状况。新疆与内地联系较好的公路也只有312国道一条,312国道的星星峡地段又是战略要冲,一旦有事,铁路和公路将受到严重威胁。临哈公路和铁路建成后,新疆地区可以各增加一条新的运输通道,对于改善路网结构,优化路网布局将具有重要意义。特别是,临哈铁路的修建,将把新疆和华北、东北地区直接联系起来,大大缩短上述地区之间的运输距离;而且还可以对兰新线哈密以西去华北、东北的货流起到分流作用,减轻兰新线哈密至武威、包兰线临河至干塘段的运输压力,并缓解武威南编组站和兰州枢纽的压力,从而具有重要的路网意义。

四是有利于促进沿线边疆少数民族地区的发展。临哈公路和铁路沿线经过哈密市、肃北县、额济纳旗、阿拉善左旗、阿拉善右旗、磴口县、杭锦后旗、临河市,这些地区大多为边疆少数民族地区,区内能源、矿产和旅游资源丰富,品种繁多,但由于交通不便或者运输成本太高,大都未得到开发。本线路打通后,将对这一地区的资源开发和经济发展起到重要的推动作用。同时,临哈沿线地区大多是三省区扶贫攻坚的重点地区,本线路的建成将有利于促进沿线地区的扶贫开发,为农牧民脱贫致富创造有利条件。

五是对于巩固国防和边境稳定具有重要意义。新疆是较为敏感的边疆省区,国内外民族分裂势力的活动并未消除。特别是"9.11"事件后,美国及其盟国在反国际恐怖主义的军事行动中,直接把其势力范围扩展到阿富汗及中亚地区,这将对我国西北边境的稳定和国防安全构成一定威胁。因此,尽快修建临哈公路和铁路,构筑一条联结新疆与祖国内陆腹地最便捷的快速通道,将具有十分重要的政治和军事意义。此外,临哈铁路经过额济纳并与清赛军专线联轨,临哈公路也可以考虑在航天发射基地的适当位置布线,这样将可以依托铁路和公路对基地建设、构件运输及科研人员往来提供便利,从而减少航天工程成本,刺激航天事业的快速发展。

三、加快京乌通道建设的政策建议

1.尽快修建临哈公路,打通京乌快速通道。临河至哈密公路是北京至乌鲁木齐"最捷公路"的重要组成部分,从跨经济区和跨战区的战略意义上看,中央应把该公路建设列为国家西部大开发规划,并争取在"十五"期间尽快开工建设。同时,鉴于京乌最捷公路是横贯我国东西,且副射西北、华北、东北的广大区域,连接北部沿海港口和西北口岸的又一条重要通道,建议将该公路列入国家的国道主干线公路之内。

2.中央财政对临哈公路的建设要给予支持。临哈公路全长约1200公里,按二级公路标准设计,每公里投资大约300万元,总投资约36亿元。这一投资总量虽然不大,但由于该线路属于国土开发线路,具有重要的政治和军事意义,加上沿线地区属于边疆少数民族地区,经济发展水平较低,地方财政能力有限,因此,中央财政应给予大力支持。可以初步考虑,该线路由中央(交通部或国债资金)投资30%—40%,其余部分由新疆、甘肃、内蒙古三省区财政和使用商业资金来解决。

3.加紧对临河至哈密铁路的前期论证工作。中央应组织有关部门和科研单位,加强对临河至哈密铁路的前期论证研究,尽快搞好项目可行性研究和线路方案论证,以争取项目建设的主动。同时,国家要把该铁路列入国家西部大开发长期规划,争取在"十一五"到"十二五"期间开工建设,以逐步完善西北地区的铁路网络,使本线与兰新铁路、规划中的青新铁路共同负担我国西北地区与内地物资和人员交流的任务。

(社科院西部发展研究中心　魏后凯)

以长江经济带为依托促进西部大开发

长江经济带是以长江黄金水道为纽带,以沿江大中城市和产业群为依托的一条横贯东西、连接南北的综合产业带。长江经济带因其拥有通江达海的区位优势和农业发达、工业基础雄厚、技术水平较高的经济优势,成为我国新世纪发展的重要区域。长江流域资源富集、经济集聚、人口和城市集中,横跨我国东、中、西三大经济地带,是我国经济发展的一级轴线和东西经济大动脉,是西部大开发的重要依托。

一、西部大开发对长江经济带发展具有重要拉动作用

长江干流绵延3000多公里,包括上海、江苏、浙江、安徽、江西、湖北、湖南、重庆、四川七省二市。国土面积147.53平方公里,占全国的15.4%,跨越了我国自然地貌上西高东低的山岳、丘陵、平原地区和经济发展水平上东高西低的东中西三大地带,因而在资源分布上呈现出极大的差异性,在经济发展和产业布局上又呈现出巨大的不平衡性。有水能、矿产、森林、土地资源丰饶的长江上中游地区,也有自然资源相对匮乏、但人力、技术、资金、信息资源丰厚的下游地区。有产业密集、技术先进、工业化、城市化水平相当高的长江三角洲地区,也有经济技术发展相对滞后的西部省区。从增长速度来看,东部与中西部增长速度的差距,“六五”期间为0.4个百分点,“七五”扩大到1.3个百分点,“八五”达到4.9个百分点,从人均国内生产总值来看,1978年东部是中西部的1.6倍,1995年达1.99倍。

经济发展的巨大差异制约了长江经济一体化的迅速形成,中上游地区虽有丰富的资源,但开发能力弱,交通基础设施建设长期滞后,“黄金水道”优势的水运潜力远未挖掘出来,其干流货运量仅相当于一条复线铁路的年通过能力,还有80%以上的运输潜力未被挖掘出来。美国密西西比河流流量只及长江的一半,年运量却超出长江9倍。

国家实施西部大开发战略将对长江经济带的发展起到重要的拉动作用。

一是长江中上游的基础设施建设将大幅度加快。基础设施建设是西部大开发的重点,因此,可加强沿江地区铁路、公路的通达性,迅速形成比较合理的交通运输体系。

二是长江中上游地区的资源开发尤其是水能资源的开发将对中下游地区的产业发展和城市发展提供有力的支持。长江流域水能资源极为丰富,可装机容量1.97亿千瓦,占全国可开发电量的53.4%,相当于美国、加拿大、日本三国的总和。其中金沙江可建18个梯级电站,总装机5700万千瓦;雅砻江可建21个梯级电站,总装机2265万千瓦;大渡河可建16个梯级电站,总装机1805.5万千瓦;乌江可建11个梯级电站,总装机867.5万千瓦。长江干流可建5个梯级电站,包括葛洲坝和三峡工程,加上清江流域的水布垭、隔河岩、高坝洲电站,总装机2831.6万千瓦。再加上煤炭资源的开发和发电站的建设,可充分发挥“水火共济”的优势,“西电东送”,给沿江各城市提供廉价和清洁的动力,提高下游地区经济的国际市场竞争力。

三是通过西部大开发,西部地区的投资环境将得到根本改善。大开发必然大开放,在开放条件下,自然资源、人力资源和资金受利益驱动,以市场取向为主,进行双向互动,形成大开放、大开发、大流动的大趋势。不仅将会使长江流域上、中、下游地区的三大资源产生大流动,还可以其丰富的资源、广阔的市场吸引国外资本、技术与人才向长江流域集聚,形成内外交流大格局。

四是西部地区尤其是长江上游地区的基础设施建设和水电工程的建设,将大幅度扩大

对下游地区的市场需求，拓展下游发达地区的市场空间。我国已告别了“短缺经济”，进入剩余经济阶段，市场需求成为拉动经济发展的动力。地区经济差距的扩大抑制了西部地区市场的扩大，同时对东部地区的经济发展产生了重要影响。长江中上游地区投资的扩大，将增加对设备、原材料、技术的需求。随着西部地区居民收入的提高，将增加日用消费品及其他轻工业产品的需求。同时也会扩大长江航道的运量，提高长江航运的经济效益。

二、长江经济带是西部大开发的重要依托

流域经济是世界经济发展史上所证明最典型、最富活力的区域经济，它培植了具有特色的产业，也孕育了作为载体的城市。美国的密西西比河和五大湖区域，德国的莱茵河流域，英国的泰晤士河流域，法国的赛纳河流域以及俄罗斯的伏尔加河流域，都是这些国家产业最集中、城市最发达的地区，上下游之间在产业演进方面相互影响、相互促进，形成了较为密切的关系。长江经济带现已成为可与沿海地区并驾齐驱的开发轴线。如一条纽带，连着上游和下游，象一只扁担，挑着东部和西部，将东、中、西三大地带连接起来，长江流域一体化的形成，将对西部大开发起到巨大的推动作用。

（一）长江三角洲地区对长江中上游地区将起到巨大的辐射和带动作用

长江三角洲地区尤其是上海，经过20世纪后20年的大力发展，成为长江经济带以及中国经济的龙头，在改革开放和体制创新方面走在全国的前列，对国际资金技术和人才产生了较强的吸引力，借助于长江经济带，可形成以长江为主轴线的国际资金、技术和人才流通的大通道，推进西部地区更加广泛地参与国际竞争与合作。长江三角洲地区具有资金、技术和管理三个方面的优势，应在坚持市场化原则的前提下，动员企业和企业家到西部地区开发电力资源和其他矿产资源。西部地区具有能源、矿产资源、土地资源和劳动力资源方面的巨大优势，如和东部的资金、技术和管理三大优势相结合，必将产生巨大的经济效益。在促进西部经济发展的同时，也为东部投资者带来可观的利润。

（二）中下游地区对上游地区的支持责无旁贷

西部地区是我们国家生态安全的重要屏障。第一，西部地区是我国重要的“水源地”和“上风向”，对于保障全国的生态环境安全至关重要。西部地区水土流失面积和土地荒漠化面积占到全国的80%和90%。我国7大流域中，长江、黄河和珠江均发源于西部，长江、黄河源头区域集水量分别占全流域的1/4和1/2。上游地区的生态恶化直接危及中下游的环境安全，特别是严重的水土流失，使中下游河道、湖泊淤积，悬河、悬湖增多，调蓄能力降低，对中下游两岸的发展构成重大威胁；上游水生态平衡失调，江河断流，直接影响了下游特别是东部地区的工农业生产和人民生活；同时，生态恶化使强沙尘暴频繁发生，并呈加剧趋势，西北成为我国华北许多地区甚至是东南沿海地区的重要风沙源。因此，西部生态不改善，我国一些重大的生态灾害的隐患就难以消除，国家的环境安全得不到保障，可持续发展也就无从谈起。第二，西部的生物多样性保护关系着国家的生物安全和子孙后代的发展。到1999年底，全国各级各类自然保护区1146个，其中西部地区486个，占全国的42.4%；全国各级各类自然保护区面积8815.24万公顷，其中西部地区7401.5万公顷，占全国的83.9%。我国11个物种丰富、特有物种数量多的陆地生物多样性关键区，有7个位于西部、1个位于中、西部接壤地区，它们对未来医药卫生、工农业发展及生物技术开发，具有十分重要的意义。

长江生态日益恶化已成为人们为之担忧的问题。尤其是长江上游，植被破坏严重，森林减少，人们迫于生计，滥砍乱伐仍在继续，水土大量流失，长江已经变成第二条黄河。西部大开发的一个重要任务就是生态环境建设，一个重要措施就是禁止森林采伐和退耕还林还草。长江流域耕地资源短缺,退耕还林将严重影响上游地区人们的生活,可以说,上游地区的人民为中下游地区做出了牺牲,因此,中下游地区的政府和人民应伸出援助之手。一是要拿出一部分资金支持西部的生态环境保护工程建设。二是更多地吸纳上游地区的富余劳动力到东部地区就业,这是解决上游生态环境破坏的治本之策。三是通过多种途径支持西部地区的经济发展。经济发展了,更多的人进入城市,留在当地的人温饱问题解决了,生活水平提高了,对森林的砍伐和植被破坏才会停止。

(三)以互惠互利为基础,广泛开展经济技术协作

经济技术协作对于长江经济带的建设有重要的促进作用。由于沿江上游、中游和下游地区要素禀赋、经济发展水平和产业结构存在较大差异,有一定的互补性,为开展垂直型的分工协作提供了可能。长江三角洲的资金、技术、人才、管理、品牌优势与中上游地区的资源、存量资产、低成本的劳动力、市场优势结合起来,聚合为新的优势,而且这种以互惠互利为基础的协作是一种"双赢"的合作方式,对合作各方都有利。沪蓉合作、沪渝合作、沪汉合作等进展良好;长江三角洲地区与中上游地区的合作正全面推进,杭州娃哈哈集团在四川的广元、重庆的涪陵以及湖北的宜昌合资办厂取得显著成效,既实现了本企业的低成本扩张,又有效地带动了中西部地区经济的发展。

经济技术协作对于西部大开发至关重要。一方面西部各省区应进一步加强相互之间的联合协作,巩固和完善现有的西南六省区市七方经济协调会、沿黄经济协调会等区域协作体系,并积极建立新的协作网络;此外,努力为企业之间的协作创造有利条件。另一方面,大力开展形式多样的东西合作,包括立足开发资源的合作,依托名牌产品的合作,围绕专业化分工的合作,借助技术和管理的合作,扩大对外开放的合作;此外,还应拓展新的合作领域,东部地区的企业可到西部投资开发农业、林业、旅游、交通、通信等,联合举办批销中心或专业批发市场、连锁店、配送中心等,还可偿试多种方式的科技合作和人才交流。

西部各级政府应努力为开展经济技术创造良好的环境。一要建立完善的保护机制。西部要以"不求所有,但求所在"的胸襟和气度,打开大门,创造良好的投资环境,欢迎东部的投资者。要制定稳定性和权威性的政策和法规,对外地投资企业与本地企业一视同仁,为外来投资者提供必要的便利,并切实维护和保障它们的合法权益。二要建立有效的推动机制。各地应对东西合作活动给予更多的扶持和鼓励,通过财政、税收、金融等手段,偿试各种方式,帮助合作企业解决实际困难。三要真正做到互惠互利,提高合作各方的积极性。四是建立良好的服务机制。东西部地区的政府部门都要增强服务意识,改进工作方式和工作方法,加强对东西合作活动的宏观指导和规范管理,特别要做好市场分析、项目选择、政策引导以及合作项目的跟踪检查等工作,杜绝形式主义,求真务实,推动东西合作深入持久地开展下去。

(国家计委国土开发与地区经济研究所 肖金成)

以工业化为突破口

加快构筑特色经济体系　实现富民强省目标

一、未来五年青海发展的重点

1998年以来,在国家扩大内需政策和西部大开发战略的有力推动下,青海经济进入了一个新的发展阶段,固定资产投资呈现强劲增

长态势，国有企业改革取得实质性进展，脱困目标基本实现，全省特色经济体系正在加快构筑。总体上看，青海经济发展仍然处于工业化初期，自然条件差，基础薄弱，总量小，自我发展能力不足，这是最基本的省情；全省小康目标尚未实现，农村牧区还有较多的贫困人口，城镇低收入群体在扩大，扶贫攻坚任务仍然繁重；生态环境恶化趋势尚未得到有效遏制，面临着发展经济和保护生态的双重任务；加入WTO后，在短期内使一些产业和行业面临着冲击和挑战，整体竞争能力弱等因素，因此，构筑富有竞争力的特色经济体系的任务更加迫在眉睫。从这些方面考虑，我认为，未来五年青海省的发展任务概括起来就是，“发展特色经济，保护源头生态，加速两化进程，建设小康社会”。而其核心就是加速工业化进程，以工业化带动城镇化，以城镇化促进工业化，争取到2010年或稍长一段时间，使青海由工业化初期进入工业化中期。

二、加快构筑特色经济工业体系

“九五”以来，由于市场环境变化和国家政策调整，青海经济建设的重点放在基础设施和生态环境建设上，新上的大中型工业项目较少，工业化进程不快，在很大程序上影响了经济发展后劲和小康社会的建设进度。富民靠工业，强省也靠工业，经济起飞更要靠工业。尤其是在工业化初期，我们应旗帜鲜明地提出加速青海工业化进程的口号。这样才能吸纳大量转移的农村剩余劳动力，最有效地提高农民收入，缓解农村人多地少的矛盾；才能最有效地解决日益突出的城镇就业压力，维护社会稳定。只有加速工业化，才能为服务业的发展提供强有力的支撑。

加快构筑特色经济工业体系，提高市场竞争能力是加速全省工业化进程的主要途径。“十五”计划确定，青海今后一段时间发展特色经济的方向，是在加大存量资产改组、改造力度，引导存量资产向特色产业、特色产品集中配置的同时，全力以赴地推进具有资源优势和竞争优势的五大物色产业链，即盐湖产业链，电力高耗高产业链、油气开采和油气化工产业链、生物资源开发利用产业链和旅游经济产业链。我们要按照这个要求，加快构筑特色经济工业体系。

第一，要以现有骨干企业为主体，继续发展壮大支柱产业。盐湖工业。要积极应对加入WTO对钾肥工业带来的冲击和挑战，在进一步做好“四统一”工作的基础上，淘汰落后生产能力，治理“小、散、乱”。加快青海钾肥100万吨工程建设进度，提高集约化水平，降低生产成本，统一钾肥品牌，增强竞争能力。要以发展镁系列产品和盐湖提锂为突破口，加快盐湖资源的综合开发利用，依托民镁公司、盐湖集团、西部化工、盐湖所等骨干企业和科研单位，重点发展脱水光卤石、无水氯化镁及镁合金系列产品和锂系列产品。要加快青海天然气、盐化项目工作进度，实现盐湖化工与天然气化工、有色金属、电力工业的产业融合，形成项目链，实现优势互补，发挥整体效益。同时要着手开发马海湖、东西台吉乃尔湖和大风山等矿床，扩大盐湖资源开发领域和规模，把青海建成全国钾肥基地和镁基地。

电力、高耗电工业。要抓紧公伯峡、尼那、直岗拉卡等电站建设步伐。大力支持黄河上游水电公司加快开发拉西瓦等大中型小电站，积极推动出省高等级电网建设，以尽快实现“西电东送”。要在继续发展铝、镁、铅、锌及系列产品的同时，以西部矿业为依托，加大铜资源的勘探、开采、冶炼和深加工，争取使铜工业成为我省工业的一个新增长点。要结合电力体制改革，疏导好电力工业和高耗电工业的电价矛盾，以资产融合、专线直供(电)、借网直供、联建电厂等多种联营方式，争取在较短时间内，使全省铝电、镁电联营有较大突破，实现电力工业与高耗电工业的“双赢”。要加快现有地方中小型高耗电企业的技术改造、资产重组等方式扩大高耗电产品的规模，原则上不再布新点。

石油天然气工业。要进一步加大石油、天然气勘探力度，争取2005年左右探明石油储量4亿吨、天然气7500亿立方米(到2010年达到1万亿立方米),尽快使青海成为“西气东输”的主力气源之一。同时,以气为主,油气并举,积极发展下游产品,延伸产业链。

第二,加大技术改造力度,提升优势工业的竞争能力。本省医药、建材、冶金、农畜产品加工等优势工业已具备一定的发展基础,目前存在的问题主要是规模不经济、技术水平低,“小、散、乱”问题比较突出等。今后的发展,一是要加速国有经济在这些领域的退出步伐,少数骨干企业要尽快实现股权多元化,多数中小型企业要尽快实现国有资本的完全退出,鼓励民营经济全面进入,增强发展活力;二是要加大技术改造力度,以先进或适用技术以及现代信息技术改造这些产业,提高产业技术水平和产品档次。三是要通过市场、经济和行政手段,对这些产业扶优限劣,防止低水平重复建设,扶持优势企业壮大规模,提高产业和产品集中度。

第三,加快发展高新技术产业。发展高新技术,实现产业化是加速工业化进程的关键。要以盐湖资源的综合利用、轻金属新材料和重托工程制品为突破口,加快适用高新技术的引进、委托开发和自主开发力度,加速科技成果转化进程。积极利用高新技术改造传统产业,提升产业技术水平。尽快实现一些高新技术的产业化和一些产业的高新技术化。

三、加快工业化和城镇化相结合发展步伐

工业化是城镇化的前提和动力,城镇发展没有产业依托最终很可能是空城和虚镇;而城镇化是工业化运行和发展的必要条件,城镇化的外部经济效益、规模经济效益、市场效益、人口聚集效应都是工业经进一步发展不可缺少的基础条件。城镇发展要注重产业依托,注重对地区经济发展的推动作用,特别是要搞好工业发展布局,把工业化和城镇化结合起来。一是要按照发挥集聚效益,合理分工,集中控制污染的原则对工业生产力进行集中布局。从本省实际出发,重点发展一个区域、二大走廊,三个园区。一个区域即以盐湖化工、石油天然气、有色金属为主的柴达木资源开发区;二大走廊即黄河上游以水电工业为龙头的无污染工业走廊、湟水谷地耗电工业和农畜产品加工工业走廊;三个园区即西宁经济技术开发区,重点发展新型材料,高原动植物精深加工;高原生物科技示范区,重点发展中藏药、生化药、保健品、绿色食品等产业;甘河滩工业园区,重点发展有色金属、高耗电和建材工业。二是要以新城区开发和住宅小区建设为依托,尽快提高西宁和格尔木的城市承载能力,力争5年内使两市的人口规模增加40—50万人。三是按照突出特色,强化功能,集聚人口,繁荣经济的原则,选择有限目标,重点突破,加强新兴小城市和小城镇的规划和建设。城镇布局要沿河湟流域和青藏铁路、109国道沿线展开。西部地区,尤其是青南地区,重点要放在州府及部分县府所在地的基础设施改善上,原则上不铺新点。四是要搞好农村中心村建设,新批宅基地要严格集中、新房建设要统一规划,逐步实现农村居民的集中居住,以方便水、电、路等设施的解决和农村社会事业的发展,缩小城乡在生活、生产环境上的差距。

四、处理好工业化、城镇化进程中的几个重要关系

(一)正确处理好工业化、城镇化与环保关系。青海的区位和生态特点决定了青海在全国生态环境保护中的重要性和不可替代性,在推进工业化、城镇化过程中一定要高度重视生态环境的保护和治理,另一方面,经济发展要以土地、矿产、水等资源为基础和保障,如果在开发中不注意保护,也难以保持经济可持续发展。但是也不能一味强调保护生态而过多牺牲经济发展,只有经济发展了,才能真正提高人民群众的物质文化生活水平,实现富民强省,也才能承受生态环境保护和治理。工业化、城镇化与生态环境建设长远目标是一致的,我们要兼顾短期与长远,局间与全局,妥善处理二者之间的关系。

由于青海地域辽阔和人口分布不均衡,以

及资金、技术力量有限，在生态环境保护和治理上不能面面俱到。应遵循“面上保护，点上治理”的原则。加强“三江源”核心区、黑河流域治理和保护，一方面要通过退耕休牧等手段逐步减少草原承载压力，恢复天然林草植被和水土涵养功能；另一方面要严格限制这些区域内工业尤其是污染型工业的发展，条件成熟时，还要考虑适当迁出人口，点治理，就是针对人口和工业分布相对比较集中，污染比较严重以及与人民生活关系密切的地区（如湟水流域）集中力量重点治理。同时，今后在工业发展上要按照集中布局的原则，主要依托现有工矿区。不再扩面。对现在基本没有工业污染的黄河、大通河流域，要明确不发展污染项目。

（二）正确处理好工业化、城镇化与基础设施建设的关系。基础设施是工业化、城镇化的重要基础和保障，但也要与经济发展水平和财力相适应，量力而行，适当超前，围绕工业化、城镇化的重点进行零星建设。今后几年，除继续搞好交通运输，城镇基础设施建设外，要把水利设施和信息网络建设话更加突出的位置。

交通设施：公路主要在加快国省道干线公路、通州县油路建设、提高等级的基础上，围绕工业和城镇布局，着力构筑连接城镇。重要工矿区的公路网络体系。采取以政府补贴、农民投劳的方式，抓好东部地区乡村公路建设，为搞活农畜产品流通，发展农村经济创造条件。铁路主要抓住青藏铁路格拉段建设机遇，合力全力推进兰青铁路、青藏铁路西格段电气化改造，进一步提高运输能力和速度，充分发挥好铁路大动脉对青海经济的带动作用。民航主要加快西宁、格尔木机场改扩建进度，开工建设巴塘等支线机场，构筑省内支线航空网络。

水利设施工程：一是积极推进“引大济湟”工程的实施，尽快开工建设石头峡水利枢纽及调水总干渠，解决湟水流域工业、城市缺水和农业灌溉问题；二是结合黄河上游水电站建设，尽快建设李家峡、公伯峡等灌区工程，为发展黄河谷地绿色生态农业提供保障；三是着眼长远，积极推进“南水北调”西线工程前期工作进度，改善黄河流域水资源现状。

信息网络：加强对信息事业发展的统筹规划，加快电子政府建设步伐，着力构筑电子政务信息平台。加速企业生产、经营管理的信息化进程，稳妥有序地开展电子商务，全面推进学校信息网工程和互联网入户工程建设，以信息化推动工业化和城镇化，提高国民经济的信息化水平。

（三）理顺工业与农业协调发展的关系：正确处理好农业和工业的关系，使之互相促进、协调发展是关系国民经济发展全局的大问题。青海省农业经济的比较优势在于畜牧业，因此，今后要把发展畜牧业放在更加突出的位置，强化青海在全国农业分工中草食型畜牧业大省的地位，以发展天然绿色牛羊肉及加工制品为突破口，推动全省畜牧业向专业化、集约化方向发展。在全省范围内，打破农区、牧区界限，按照因地制宜的原则，细化畜牧业生产布局。青南地区，要按照控制数量，提高质量的原则，重点发展以青藏高原特有的耗牛和藏羊为主的天然生态畜产品；环湖地区，主要是发展现代化畜牧业，建成以羔羊肉、犊牛肉和种畜繁育等为主的畜产品基地。河湟地区主要抓好自繁育和西繁东育，推动舍饲养殖向规模化、专业化发展，建成以育肥牛羊肉和奶制品为主的畜产品基地。同时，要大力发展草产业，青南和环湖牧区要结合草原“四配套”建设，搞好围栏草场和人工种草，河湟地区要结合退耕还林草和“四荒地开发”，扩大豆类饲草种植面积，提高发展草食畜牧业的饲草保障能力。要加强畜群畜种结构调整和畜种改良、品种选育、驯化工作，提高畜产品质量。为了适应加入WTO和国内外追求绿色产品潮流，还要加强卫生检疫工作，积极在青南、环湖、黄河谷地等无环境污染地区申请并建立若干畜产品无疫病生产区，大打青藏高原无污染天然绿色畜产品品牌。种植业发展要根据粮食流通体制改革的新情况和我省粮食品质较差的特点，以保证农民自食自用为前提，大力调减麦类作物种植面积，按照比较优势，集中力量发展名特优和绿色农产品，提高土地产出效益。要逐步改变小规模、分散化的生产经营现状，集中连片，推动种植业进一步向商品化、区域化、专业化、集约化方向发展。针对湟水流域工业污染比较严重的现状，要适当将无公害产品种植和冷水鱼类养殖向黄河流域倾斜。要研究如何发挥好本省独特地理环境、高原气候和已有的技术优势，加快发展脱毒马铃薯种薯、双低杂交油菜、球根花卉等作物制种业，使青海成为全国的制种基地。同时，要研究扩大本省污染小、组份含量高、生物活性强的黄芪、大黄、花锚、秦艽等中藏药材的生产规模问题，积极向国家申请成为国家的种植基地，为青海乃至全国中藏药业的发展提供优良资源保障。

加快构筑本省特色工业体系，推进工业化、城镇化进程，把发展高原生态农牧业和发展农畜产品加工业、中藏药材加工业结合起来。在大力发展盐湖产业链、电力高耗电产业链、油气产业链的同时，加快构筑生物资源开发利用产业链。采用公司+农户、工厂带基地等多种形式，把种养连接起来，把产供销连接起来，推进高原生态农牧业和家农畜产品加工业、医药工业的共同发展，使之成为全省国民经济的重要增长点。

(四)正确处理好工业化、城镇化与地区经济发展的关系：青海地域辽阔，各地自然条件、经济和人口密度差别较大，工业化、城镇化不宜在全省全面展开，要点线结合，重点突破，稳步推进。

地区经济发展要按照区域的比较优势和竞争优势，兼顾公平与效率，实行分类指导。各地要充分考虑要素禀赋和现有基础，合理确定地区发展的方向和目标。要按照“十五”计划提出的东部综合经济区、柴达木资源开发区和三江源生态经济区的战略布局，发展各具特色的区域经济。从全省来讲，要突出重点，在加快以西宁为中心的湟水河流域和以柴达木为中心的柴达木资源开发区建设的同时，建议省上根据黄河上游水电站建设进程加快的新形势，把加快黄河青海段开发放到更加重要位置，以水电工业为龙头，加快发展旅游业、绿色生态农产品、冷水鱼类养殖和无污染工业，配套规划建设沿黄公路和新兴城镇，争取在不太长时间内，使其成为全省重要新的经济增长地区。

城镇发展要与地区发展相协调，按照科学规划、合理布局、分类指导、突出重点、有序推进的原则，在加快发展西宁、格尔木两个中心城市的同时，积极发展新兴城市和小城镇，形成以城带镇、以镇带村、整体协调发展的格局。

(青海省发展计划委员会主任　罗朝阳)

宁南山区以工代赈扶贫历程及其发展研究

宁夏南部山区包括固原地区的西吉、海原、固原、隆德、泾源、彭阳和吴忠市的盐池、同心8个贫困县及中卫、灵武的山区部分乡(镇)。总面积3.53万平方公里，人口213万，其中回族130万，分别占自治区总人口和回族人口的38%和54%。从地域分布看，地跨黄土高原土石山区、丘陵区和干旱风沙区，自然灾害频繁，干旱最为突出，生态十分脆弱，人口与生态环境严重失衡，经济基础薄弱，文化教育落后。1982年农民人均有粮仅88公斤，人均纯收入126元，是全国有名的老少边穷地区之一。从1984年国家实行以工代赈扶贫开始，经过近20年扶持开发，取得了巨大的成就。但受自然地理条件的制约，经济发展水平仍然落后。

一、以工代赈扶贫工作的成就与经验

(一)扶贫历程简要回顾

我国的以工代赈，是要求贫困地区群众通过参加必要的社会公共工程的建设而获得赈济物资或资金的一种特殊救济方式，这种方式,在宁南贫困落后地区是一种十分有效的手段。一方面通过实物和资金的投入,加快了贫困地区基础设施的改善;另一方面使这里的农民通过投劳来获得赈济,大大缓解贫困状况。

从1984年国家利用粮、棉、布以工代赈开始至今,国家下达以工代赈的投资,共分为7批。第一批是1984年至1987年,使用粮、棉、布以工代赈,重点是建设农村道路和小型水利工程。使没有通公路的乡村通了公路,也使贫困地区的老百姓获得了粮食、棉花和布,缓解了困绕贫困地区群众吃穿的问题。第二批是1989年至1991年,利用中低档工业品以工代赈,重点是修通断头路、联网路和资源开发路,解决人畜饮水、实行山、水、田、林、路综合治理,为贫困地区生产、生活条件改善,环境的全面治理拉开了帷幕,也吹响了大规模进行扶贫开发的号角。1991年至1995年,先后安排第三、四、五批以工代赈。国家继续实行粮食以工代赈,其重点是改善粮食生产条件,进行大规模基本农田建设和小型水利、人畜引水、造林和草场建设,以基本农田建设为重点的改土治水,有效遏制了水土流失,提高了山坡地的粮食单产,增强了粮食自给能力,使滴水贵如油的缺水地区人畜饮水得到明显改观。从1993年至2000年,国家下达第六、七批工业品以工代赈计划和增加以工代赈规模以来,进行了大规模的农田水利、基本农田、流域治理、人畜饮水、造林种果、草场建设、交通通讯等项建设,贫困地区生产、生活基础设施建设有了巨大的改变。

以工代赈从开始至今,重点都投向了贫困地区基础设施的建设,特别是生产、吃饭、行路、生态环境治理、农民增收,以提高贫困地区自身发展能力来开发建设。实施了"生命工程"、农田建设、水利工程、公路工程、移民开发、流域治理、水源涵养林、农村通讯工程等一系列项目建设。累计投入以工代赈资金104402万元,并与其他扶贫资金形成合力,为促进贫困地区资源开发和脱贫致富提供有力的资金保障,使农村、农业基本生产条件、农民基本生活条件得到了极大改善,促进了扶贫方式由"输血"到"造血"的转变,实现了"治标"与"治本",外部推动和自力更生的有机结合。

(二)主要成效

近五年南部山区国内生产总值年均增长12%,贫困人口下降到52.7万人,贫困面积由70%下降到25%(含返贫10%);在大旱的2000年,农民人均纯收入仍达987元,比1993年增长67%;人均有粮305公斤,比1993年增长35%。城镇化率达13%,人口自然增长率控制在15‰以内,83%的地区普及了初等教育,九年义务教育和职业培训全面推广,文化卫生事业发展很快,农民商品意识,科技文化素质有了很大提高。

农业抗御自然灾害的能力逐步增强。先后兴建了固海、盐环、"1236"等扶贫扬黄灌溉工程,以及固原东山坡、彭阳长城源引水工程等130多处大中小型水利工程,开发水浇地80万亩,修建旱作"三田"320万亩,山区正常年景粮食产量稳定在5-6亿公斤。人畜饮水工程效益显著,共建成人畜饮水工程68处,打水窖39.2万眼,解决了57万人和100多万头羊畜的饮水困难。

对外交通条件大大改善,有力促进了贫困地区的资源开发,带动了市场经济的发展。共修建了扶贫公路3431公里,建成高压农电线路8504公里,低压农电线路6831公里,实现了乡乡通等级公路,行政村村村通电、通路、通广播电视的目标。农村文化、教育、卫生、科技推广体系和设施得到进一步加强。

生态环境退化的趋势得到初步遏制,先后实施了退耕还林还草、六盘山水源涵养林工程、沙化土地治理工程和小流域综合治理等工程,南部山区的生态环境有了一定程度的恢复,到2000年底综合治理小流域496条,累计治理水土流失面积9826平方公里,治理土地沙化面积1793平方公里。

按照自治区确定的"以川济山、山川共济"的扶贫方针,1984年至今,已易地安置农民35万人。同时,以工代赈直接提高了贫困地区的农民人均纯收入,一些农村剩余劳动力得到了充分的利用,每年劳务输出50万人次,劳务收入约5亿元。对于缓解南部山区人口压力,加速实现基本解决温饱目标起到了重要作用。

(三)主要经验总结

1. 坚持开发式扶贫的方针,是脱贫致富的根本出路。注重以市场为导向、开发当地资源,通过发展生产力,培育贫困农户自我积累、自我发展的能力,从而使扶贫工作显示出前所未有的强大动力。

2. 大力改善农业基本生产和生态环境,是扶贫"开发"的治本措施。以基本农田建设为中心,坚持流域治理和生态建设,充分开发利用当地水资源,建设引扬和库井灌区,使提高粮食生产能力有了稳定基础。

3. 实施易地移民开发,是扶贫工作战略选择。宁夏创立了多种移民开发的形式,有以隆湖、芦草洼为代表的城郊型移民吊庄;以大战场、马家梁为代表的农业移民吊庄;以华西村、闽宁村为代表的东西合作移民吊庄。这些吊庄从建设伊始就按基础建设、村镇规划、土地开发、产业经营同步推进,既减轻了农业人口生态压力,又促进了新区的开发建设。

4. 加强区域经济发展是扶贫开发的有效办法。多年来一直把基础设施建设、培育主导产业、建设农产品基地和扶贫到村到户相结合作为主要措施来抓,推动了区域经济的发展。通过脱毒薯种植和地膜玉米为主的温饱工程,不仅为淀粉加工龙头企业提供了充足的原料,也使广大贫困农户从中受益。

5. 全社会动员合力扶贫攻坚,是扶贫的有效方式。自治区党政机关、企事业单位、川区各市县对贫困县始终给予了大力支持援助,形成了扶贫开发的合力。福建省拿出专项资金支持南部山区修农田、打井窖、建学校,对口市县也积极开展合作,取得了良好的扶贫效益。

(四)存在的主要问题

1. 旱灾频繁和过快增长的人口压力,是南部山区反贫困的最大障碍,尤其是对以工代赈致力于解决人畜饮水和抵御干旱而言,任务仍然十分繁重。南部山区15度以上坡耕地670万亩,占耕地的42%;建国至今人口增长了5倍多,出生率、自然增长率位居全国前列,对水土资源和生态环境造成了极大压力,饮水困难仍然困扰相当部分贫困地区,水质差的问题还很突出,这种状况在短时期内难以改变。

2. 南部山区自然条件严酷,经济基础十分薄弱,从根本上改善群众生产生活条件和实现脱贫致富,需要巨额资金。现每年用于南部山区以工代赈扶贫投入的资金达到1亿元,但与巨额的资金需求之间,矛盾仍然十分突出。

3. 多年来,以工代赈扶贫投入的重点在改善群众生产生活的水利、基本农田、农村道路、人畜饮水、小流域治理等方面。这样做是科学合理的,效益也十分显著,但由于以工代赈扶贫投资领域的特殊性,致使其在扶贫开发中的作用,产生了一定的局限性。实事求是分析,那些有利于促进和实现脱贫致富的其他领域,都应成为以工代赈扶贫投资的对象和范围。特别是那些在脱贫致富过程中群众急需解决的问题和要办的事,更应成为以工代赈发挥作用的对象。因此,在有效保证投资重点的基础上,以工代赈需要在更宽的领域中发挥其应有的作用。

4. 以工代赈扶贫在投入方式中,一直沿袭传统做法,即无偿划拨,以工代赈扶贫实质上就是给钱给物。这样的投入方式,势必影响到其作用和效益的最大化。新的历史时期,以工代赈扶贫在投入方式上,有待于在某些领域引入市场机制,谋求有效的新的投入方式,使以工代赈扶贫发挥更大效益。

二、新时期以工代赈扶贫的基本思路

经过近20年的努力,宁南山区的扶贫开发取得了显著成效。但这只是一个阶段性的成果,尚未解决温饱的人口,绝大多数分布在半干旱黄土丘陵区、半阴湿土石山区和干旱风沙区,有些已是一方水土养活不了一方人的地方。面对这些贫困地区的严酷现实,真正摆脱贫困、稳定解决温饱并逐步走向富裕,还需要长期的奋斗历程，需要足够的资金保障。

新时期以工代赈扶贫工作的指导思想是：以贯彻“三个代表”重要思想为主要内容，以加快发展为主题总揽全局，最终实现脱贫致富的总目标。同时，要以改善生产、生活条件为重点，不断拓展以工代赈扶贫的新领域、新范围，为南部山区脱贫致富做出新的更大贡献。为此，要坚持以下基本原则：

继续坚持开发式扶贫。进一步调动贫困地区广大干部群众脱贫致富的积极性，努力改善生产条件，依靠科技进步，合理开发当地资源，积极发展商品生产，不断增加自身积累，提高自我发展的能力。

继续坚持开放式扶贫。创造全方位、多层次、宽领域的对内对外开放的良好环境，加强同国际组织、国外企业的联系与合作，吸引区外企业和个人参与扶贫开发，扩大引进和利用外资的范围。

继续坚持可持续发展扶贫方式。扶贫开发必须与资源保护、生态建设、计划生育相结合，严格控制人口数量过快增长，实现人口、资源和环境的良性循环，提高贫困地区可持续发展的能力。

继续坚持全社会共同参与扶贫。要继续动员组织社会各界更广泛地参与扶贫开发，坚持党政机关、企事业单位定点联系帮扶制度，把东西协作对口扶贫工作搞得更有成效。

坚持区域经济开发式扶贫。大力扶持山区龙头企业，增强地方经济实力。在巩固扶贫成果，增加贫困人口经济收入的同时，采取综合治理的方式，既要支持贫困乡村基本农田、水利、交通、电力等基础设施建设，注重提高贫困人口生活质量，促进与之密切相关的科教文卫等各项社会事业全面进步。

根据上述指导思想和基本原则，新时期以工代赈扶贫的基本思路可以概括为：1. 围绕一个目标，即以工代赈扶贫要紧紧围绕实现脱贫致富这一根本目标来展开。2. 实行“双管齐下”，即以工代赈扶贫在投向上，既要重点保障致力于改善生产生活条件，同时要不断拓宽新的领域和范围，促进以工代赈扶贫作用的更大发挥。3. 注重一个“创新”，即社会主义市场经济条件下以工代赈扶贫方式的创新。

（一）继续改善生产生活条件

以工代赈是一项投资小、见效大的扶贫方式，它的重点是县乡道路、人畜饮水、小型农田水利和基本农田等基础设施建设，因地制宜开发小流域治理、草场建设和发展林果。它是从改善基本条件入手，促进贫困地区经济发展和农民脱贫致富的重要措施，并使群众参加工程建设而得到一定的劳动报酬。扶贫开发实践证明，搞好水、电、路基本农田和农田水利设施建设是贫困地区稳定解决温饱走向富裕的基础条件。

1. 继续支持“生命工程”的建设。宁南山区人畜饮水困难，是影响当地经济和社会稳定的一个重要因素。多年来各级政府投入了大量的人力、物力、财力，建成了一大批饮水设施，使这里的饮水困难大大缓解。但是由于持续多年的干旱，干旱带雨线南移100多公里，使分布在海原中北部、固原东西部、西吉西部、彭阳中北部、盐池南部、同心东西部和中卫、灵武二县山区群众饮水仍然十分困难，政府组织无偿送水年年都有，群众几十里外运一吨水费用高达40多元，使本来就很贫困的农民负担更加沉重。解决这里的人畜饮水问题是解决生存的首要问题。因此要继续进行打井窖、引水、新建水源，在有条件的地方进行小流域拦洪蓄水等多种措施，以缓解缺水困难。特别在投资少、易管护的一家一户的打窖上，要把立足放在大旱之年能基本解决人畜饮水的需求上，同时要配以建设有效的集水场。在筹资上，仍要国家投入和农民投劳相结合，力争在3—5年内，解决这里急需解决的50万人、100万头羊畜的饮水困难。在引水工程新水源地建成项目的管理运营中，要区别对待，一些工程项目的管理，要引入经济手段管理，实行个人承包经营。

2. 继续大力支持生态建设，改善贫困地区的生存环境。宁南山区的自然环境十分脆弱,造成这种状况的原因有认识管理问题,也有经济基础薄弱无力预防问题。无情的现实告诉我们,保护这里的生态环境已刻不容缓。

多年来的兴水改土综合治理,取得了明显的效果,但由于人口增长与资源环境承载能力的失衡,以干旱为主的频繁灾害,滥垦、滥牧的生产活动,在很大程度上抵消了一些项目建设的生态效益,因此要采取综合的措施,加大预防力度,大力开展生态环境的建设。

南部山区黄土丘陵地区,要以退耕还林(草),恢复和增加植被,修建水平梯田,解决农村能源为重点,以大流域为骨干、小流域为单元,突出重点项目区和重点治理内容,实行集中连片治理。要因地制宜,采取乔灌草相结合,封育相结合,多林种多树种相结合,控制水土流失面积。高度重视天然林保护,继续支持六盘山及其外围水源涵养林扩建,使这项在固原地区和周围广阔地域环境有着十分重要的影响,对黄河中游水土保持、水源涵养起到重要作用的重点生态工程,在10年内扩大100万亩。

中部沙化地区,以对现有林草植被的保护和改良草场为主,采取人工种草,围栏封育,合理轮牧等措施,保护草场植被,控制沙漠化面积。10年内力争实现沙化治理450万亩。要把项目实施与脱贫致富相结合、与产业结构调整相结合,巩固与市场接轨的草畜和林果业,以稳定的解决农民收入,巩固生态建设的成果,同时必须牢固树立生态第一位的思想,不能把生态建设建立在谋取经济效益的基础上,在没有条件的地方,更要注重生态效益。

3.继续支持农田水利工程建设,改善贫困地区的生产条件。宁南山区是一个水资源相当匮乏的地区,有限的降雨且时空分布不均,干旱、雨洪危害并存、水土流失严重,治理难度大。由于历史原因,水利建设相对投入不足,现有的水库绝大多数是六、七十年代修建的,病险水库多,灌溉、供水等功能弱化。随着人口的增长,干旱频率加重,这里的水资源供需矛盾将愈加突出,缺水将是今后很长一个时期严重影响经济发展,生活改善,生态环境建设和社会安定的重要因素。因此,要继续加强以农田水利为重点的农业基础建设,加快农业生产条件的改善步伐。

农田建设要继续把重点放在山坡退耕地以外建设上,坚持高标准,实现人均3亩目标,水利建设要坚持开源与节流并举,在积极开发水资源的同时,把节水放在优先地位,提高水资源利用率。近期要继续完成宁夏扬黄灌溉工程、盐环扬黄专用工程、固原东山坡引水和彭阳长城塬引水等扶贫骨干工程,远期争取黄河大柳树水利枢纽工程开工建设,争取建设海原兴仁扬水,隆德桃山引水等扶贫工程。要全面改造山区病险水库,在有条件的地区新建一批水库和塘坝,大力推广旱作农业节水技术。使渠系节水与田间节水相结合。在工程建设上要以先进的技术改造传统灌溉方式,实行先进的农业和作物结构调整技术节水,加大管理和改革力度,利用价格杠杆的作用促进节水。按照先易后难原则,在有筹资能力、管理能力的清水河谷平原、西吉葫芦河、隆德堡、彭阳城阳、海原的关桥和红寺堡、盐环定等库、井、扬黄灌区,采取以工代赈补助和受益群众自筹的方法,大力推行节水灌溉。农田水利建设是今后我区以工代赈的重中之重,必须加大投资力度。

4.继续支持道路的建设,改善贫困地区的对外交通条件。通过“八七”扶贫攻坚计划的实施,宁南山区的交通有了很大发展,农村行路难,公路等级低的状况明显改善,但通达的深度和公路的档次仍然较低,需要继续加大扶持的力度。在交通建设上,一要处理好主(干线)与辅(支线)的关系,以扶贫主干线为重点,加快建设步伐并提高等级。二要处理好纵与横的关系,在纵线看,贫困地区的南北大通道的框架已基本形成。在横线的建设上,重点应放在贫困地区中心集镇人口密集区、物资集散地与纵向干线的勾通上,完成横穿宁南地区的盐兴公路建设,同时,打通连接海原和固原10个集镇20万人受益的又一条横线—海原石砚至固原寨科公路。三是要处理好经济人口密集区与偏远山区的关系。“十五”期间，高质量地实现乡乡通油路，村村通等级公路。在实施村村通工程中，特别要注意把着力点真正放在提高公路的档次上，配套设施要一次到位，防止反复补修，造成资金的浪费。2002年计划投入2000万元，专门用于贫困地区以工代赈乡村道路建设。

（二）围绕脱贫致富目标，不断拓展以工代赈扶贫新领域

新的历史时期，以工代赈扶贫除了继续支持贫困地区改善生产生活条件外，还需要根据脱贫致富的目标要求，结合实际条件，不断拓展新领域，尤其是那些能够投资少，见效快且能较快增加农民收人的产业以及贫困地区急需解决的问题，以工代赈方面应予以支持。

1. 支持易地移民开发，拓宽脱贫和发展的空间。易地移民，是环境特别恶劣地区群众彻底摆脱贫困重要措施，是解决一方水土养活不了一方人的希望之路，也是改变这些地区生态环境的迫切需要，这方面已经形成了共识。多年来，政府投巨资进行移民开发，收到了显著的社会和经济效益，绝大多数老百姓从故土难离的感情中解脱出来，从逼着迁到抢着搬，已经迁移的农户大多数摆脱贫困奔向小康，文化教育程度明显提高。移民后，也使原地减少了人口压力，增大了生存空间，减轻生态的破坏。近年来，以工代赈逐步投向了易地搬迁的基础设施建设，收到了明显成效。“十五”及今后更长的一个时期，要加大力度，支持向红寺堡、盐环、固海等扬黄灌区搬迁移民，重点将分布在高寒土石山区生存条件困难的人及水库淹没区和主要水源涵养林区的农民进行搬迁，解决这里的农民脱贫，加快这里的生态恢复步伐。移民搬迁中，重点建设好水电路、科教文卫等基础设施和小城镇建设，规划配套建设好农业产业化基地，扶持好龙头企业，使他们搬得出，稳得住，富得快。严防环境污染，特别是搞好节水配套设施，把节水治污放到新开发地区可持续发展的战略高度来管理。

2. 扶持龙头企业，发展商品基地，稳定增加农民收入。农业实行产业化经营，是优化农村产业结构，提高农业整体素质和效益，增加农民收入的重要途径，关系经济和社会发展战略的全局。贫困地区农业产业化经营，主要是围绕当地的农业资源为原料进行初加工，对农业增值和农民增收产生了明确成效。但目前还没有形成生产、收购、加工、销售各环节的利益紧密联系在一起产业化机制，层次和水平都比较低。为此以工代赈扶贫要围绕市场，大力扶持发展龙头企业，以龙头企业带动产品生产基地的发展，提升农村经济档次，增加农民收入，宁南山区有丰富的马铃薯、畜产品。小杂粮、亚麻油料和苜蓿，还有胡萝卜、蜂产品、中药材、桑蚕、果品等优质农产品。多年来，围绕这些农产品的开发，建起了粮油加工、淀粉加工、皮革肉类加工、造纸、蜂产品、草业开发等一些农副产品开发与加工龙头企业。贫困地区农业产业化开发经营，无疑对贫困地区的经济增长，农民增收有着举足轻重的作用。按照市场经济的办法，什么样的企业为龙头企业，应该由市场选择，企业就在优胜劣汰的竞争中生存。但是在贫困地区，自身的力量很难发展起来，一些很好的农产品由于缺乏资金而迟迟不能开发。因此，对龙头企业已经初具规模的马铃薯、畜产品、造纸、草业开发和已经成熟的胡萝卜汁生产项目，以工代赈扶贫在项目安排上要大力扶持，对桑蚕、蜂产品、中药材、小杂粮要积极培育。以工代赈资金可选准若干项目，从基地到龙头能以资本金方式或有偿使用的方式，给予系统扶持。在生产基地建设上以工代赈资金要注重从良种繁育，科学技术方面给予支持。

根据固原地区近些年的农产品生产基地发展看，基地发展受龙头企业影响很大，许多特优农产品基地发展很慢。因此，根据交通位置的优势，很有必要在固原市扶持建立一个大型农产品综合批发龙头市场，吞吐这里的农牧产品，加快产品生产基地的发展，稳定农民收入的来源渠道。在这方面，以工代赈资金予重

点支持。

3.扶持开发旅游业,带动三产的全面发展。六盘山旅游山区已经国家批准作为旅游扶贫试验区进行开发,从1999年开始已经投资进行了以道路为主的基础设施建设,我们要利用这一机遇,坚持旅游开发与扶贫紧密结合,发展第三产业,增加贫困人口的收入和就业机会。以工代赈应在旅游产品的开发方面给以扶持,同时,应结合农村基础设施建设,对旅游设施建设给以扶持,以加大开发的力度,使其尽快形成当地拉动第三产发展的一项重要产业。支持农村中心集镇的建设,发挥其对农村经济幅射拉动作用。农村集镇,是城乡的结合部,也是农村一定区域行政、经济、文化、科技、信息、商业服务中心。宁南南区集镇发展从全局看,基本形成了以县城为中心串连于铁路、公路干线,勾通边远山区和省际边贸集镇市场的基本框架。从作用看,在农村经济由过去单一封闭、自给自足、简单生活、生产资料交换和向开放型多样化的商品经济过渡中,在支柱产业的建立和乡镇企业的发展中,大量农产品进入流通领域、农村剩余劳动力转移及技能培训中,以及农民应用市场力量来发展经济观念转变中等方面,集镇这个“集体”一直发挥着导向、示范、促进和桥梁纽带作用。可以说它在经济发展各阶段中都起着很大作用。在市场经济发展的今天,特别在宁南山区山大沟深、地形破碎、交通不便这种特殊地域的情况下,集镇建设对经济发展具有重大作用。它在营造农业产业的优势,为农业产业化延伸创造了条件。它上连国内外市场,下连千家万户的农副产品集散地,孕育了一大批农副产品市场和龙头产业。它为较好解决农村剩余劳动力带来希望,为一部分走出去的农民提供了新的就业途径和积累资金的场地。因此,应以县城建设为龙头,立足于贫困地区中心集镇的改扩建,建成交通便利的四周辐射,结构协调,各具特色,布局合理的农村集镇。以工代赈扶贫资金要在通讯、交通、供水、供电等基础设施等硬环境建设方面继续给以支持,突出个体私营经济为主体,二、三产业增长这个主题,培育集镇市场,发挥它在科学技术。文化、流通、信息交流以至于市场经济观念转变中的作用,发挥其对农村经济发展中的辐射拉动力。

4.支持科技扶贫和劳动资源开发,增强贫困地区经济发展后劲。由于贫困地区劳动者的文化落后、素质低下,整体劳动生产率低、经济效益差,长期形成一种高投入、低产出、高消耗、低效益的经济发展态势,经济发展缺乏后劲。因此在新时期,要加快贫困地区科技成果向现实生产力的转化。重点引进选育和推广动植物新品种,大力推广农作物优良品种。对“两高一优”农业综合栽培技术推广、各类保护地栽培技术推广应用、节水农业技术、高标准农田、生态环境的保护、营林造林技术、高产优良果园建设、畜牧业优质高效养殖、农村能源综合开发技术和设施农业技术等,以工代赈扶贫要进一步加大必要的投入扶持。尤其对固原上黄村、西吉黄家二岔、盐池沙边子等黄土高原水土流失区结构调整、生态治理科研基地经验,要建立示范推广区,加大推广。劳务输出,就目前而言,对改变观念、增长知识、接受技术培训、增加收入有很现实的作用。出去一个劳力,养活一家,在消费水平还比较低的贫困地区农村,已是事实。从长远看,它对拓宽发展空间,提高劳动者素质、增强经济竞争力有着不可抵估的作用。应把它作为培养提高劳动者素质,改变现状结构的一种新途径,长期坚持下去,为山区富余劳动力提供更广阔的发展空间。随着东西部广泛的合作,应当充分的利用劳动力资源丰富廉价的优势,把注意力瞄准东部发达地区。同时,针对贫困地区劳务输出,苦力多,档次低的现状,坚持有计划的超前培训,提高劳务人员的职业技能。只有这样,才能提升劳务输出档次,增强劳务市场的竞争能力。今后,以工代赈可给予资金方面支持。

5.扶持农村教育卫生事业,提高贫困地区的人口素质。劳动力受教育程序低,是导致农村贫困的因素之一,贫困地区特别是边远山区卫生状况极差，缺医少药、因病致贫的现象比较普遍。因此，巩固提高扶贫成果，必须着力提高劳动力受教育程度，必须提高贫困地区基层卫生服务水平，提高劳动者的身体素质。这就要大力发展农村教育和提高医疗服务水平。近些年来，农村这两个方面的投入渠道增多，投入增大，但由于种种原因，基础设施改造仍滞后，培训的经费几乎没有，以工代赈在这方面可给予适当扶持。特别在有条件的学校，不分城乡，对贫困学生上学的产业开发项目，应予以资助。

（三）积极探索以工代赈扶贫的新方式

传统的以工代赈扶贫方式较为简单，基本上就是给钱给物。这种方式存在的主要问题是，资金使用的效益最大化难以有效保障。为此，在新的历史时期，需要根据市场经济的内在要求，探索以工代赈扶贫的新方式。我们认为，在我区今后的以工代赈扶贫工作中，应分析研究以下几个问题：

1. 不断提高项目安排的科学性。要使有限的以工代赈扶贫资金发挥应有的作用，实现效益最大化目标，项目安排是前提条件。因此一是要把好项目论证关。对所提出的项目，一定要组织专家论证和审查，广泛征求基层人员及工程技术人员意见，反复进行可行性分析论证；二是建立以工代赈扶贫项目库，做好项目储备工作。项目选择要先行，建立必要的项目库储备。对项目建设，要分轻重缓急，在年度计划中安排下达。

2. 不断提升项目管理水平。重点需要采取两项措施：一是建立以工代赈扶贫项目法人责任制，把项目建设与管理的责任落实到人，并制定相应的奖惩制度。二是部分项目尤其是经营性项目，工程建设中可实行一定范围的招投标，以达到效益最大化的效果，此外，要加强建设项目的监督检查。定期或不定期地组织力量，对在建项目进行全方位和全程检查，发现问题，及时纠正。

3. 引入市场调节机制。将以工代赈扶贫资金分为两类：一类是公益性资金，主要用于基础设施及社会事业建设项目。一类是经营性资金，主要用于产业化项目。对于公益性资金，部分项目可尝试采用招投标办法，进行竞争，以便有效降低项目建设成本。当然，其中要考虑到带动和促进当地经济社会发展，增加就业和当地农民劳务收入，对当地的施工单位竞标给予一定的倾斜。对于经营性资金，可尝试有偿使用。政府以工代赈扶贫资金可以股份形式进入产业化项目，作为股权参与分享产业化项目经营收益。可将这部分收益回收后用于再投入，谋求以工代赈扶贫资金滚动使用。

（马明　王兴德　黄金库　仇旭辉）

关于兵团“十五”工业结构调整的思考

50年来，兵团工业逐步形成了纺织、食品、轻工、机械、化工、节水器材、建材、电力、煤炭等门类较为齐全的工业体系，培育了新天、天业等实力较强的企业。“九五”期间，兵团工业保持了一定增长，年均增长6.9%。一批长期亏损、产品无市场、扭亏无望的企业相继退出了市场。但是，摆在我们面前的一个不容忽视的问题是，工业增加值占GDP的比重已由1980年的32%，下降到“九五”末的18%（全国平均水平是44%），工业增加值太少，内部结构很不合理。因此，产业结构调整是当前兵团经济工作的重中之重，尤其要尽快做大做强工业，才能逐步提高兵团的综合实力。近期，要紧紧抓住西部大开发的历史机遇和新建四个市的有利时机，加速调整工业结构，合理布局工业经济，着力培育企业集团和龙头企业。

一、工业结构调整的必要性和紧迫性

（一）工业结构现状

“九五”期间,通过认真落实国家增资减债、优化资本结构和限产压锭等政策,着手从战略上调整国有经济布局和改组国有企业。通过实施“五个一批”,扭转了连续五年的亏损局面,2000年完成工业增加值33.3亿元,独立核算工业企业实现利润2.56亿元,主要工业品产量比“八五”有较大幅度增长。列入国家三年脱困目标的28户大中型企业,有21户实现脱困,脱困面达到75%。但发展中也存在一些问题:

1. 工业产品结构雷同。大部分师都是以“一瓶酒、一袋面、一桶油”为主的产品格局。产品也大都属同一档次,在同一市场上竞争,没有形成产品的特色优势和规模优势。

2. 产品科技含量少、附加值低。兵团工业大都是以农副产品初加工为主,高新科技含量少、传统产品多、新产品少,产品附加值普遍较低。

3. 企业组织结构不合理。企业生产规模小,集中度低,缺乏市场竞争力和抗风险能力。

4. 所有制结构单一。工业企业中国有及国有控股企业所占份额高达75%左右,体制单一,机制不活,企业经济效益普遍不高。

5. 企业集团运作不规范。近年来组建了一些企业集团,但从运行质量上看,很不理想,主要原因是集团没有形成以资产为纽带的利益机制,没有真正建立起现代企业制度。没有打破师与师、师与团之间的界限,因而未能发挥出集团的优势。

(二)工业结构调整的必要性

1. 是适应加入世界贸易组织的需要。加入世界贸易组织既是机遇,又是挑战。只有以提高国际竞争力为核心,加快工业结构调整,才能适应需要。

2. 是“发展壮大兵团、致富职工群众”的需要。要实现兵团党委提出的“发展壮大兵团、致富职工群众”的工作目标,必须通过结构调整,加快工业发展,实现经济的超常规、跨越式发展。

3. 是转移农业富余劳动力的有效途径。随着喷滴灌、机采棉等先进技术在农业广泛应用,将有大量的农业工人从大田中转移出来。工业的发展,既可吸收大量劳动力,又会带动第三产业发展,增加更多的就业机会。

4. 是实现经济增长方式转变的需要。当前兵团仍是以外延式粗放型为主的经济,劳动生产率低,资源消耗大。要实现经济增长方式的转变,必须通过结构调整,大力发展科技,提高工业经济的质量和效益。

(三)工业结构调整的紧迫性

兵团工业正面临国际、国内两个市场的严峻挑战。国际上,各国为争夺市场,提高本国竞争地位,大力推进产业结构的新调整,在世界范围内实施新一轮的产业重组和企业重组。在国内,商品短缺时代已经过去,经济发展受市场约束越来越明显。谁能适应市场和占领市场,谁就能发展。因此,如何加快调整兵团的工业结构,是一项十分紧迫的任务。

二、结构调整的原则和目标

(一)调整的原则

1. 市场导向原则。产品结构调整和新产品开发、新技术应用,都要符合国内外市场需要,努力提供适销对路产品。

2. 企业主体原则。在市场经济条件下,结构调整的主体只能是企业。企业不能等、靠、要。企业必须深化改革,加快结构调整,加强内部管理,不断增强以产品和服务为主的核心竞争力。

3. 科技创新原则。运用高新技术和先进适用技术改造传统工业,积极培育知名企业和名牌产品,推动产业升级和结构优化。

4. 产业化原则。扬长避短,以资源、地域和人才优势,走农业产业化道路,培育具有市场开拓能力、能实施优势转换的龙头企业,带动产业链形成和产业化经营。

5. 重点突破的原则。贯彻“突出重点,重点突破;体现特色,特色增效”方针,充分发挥各自的资源、区位、人才优势,发展特色经济,培育特色产业,开发特色产品。

(二)调整的目标

1."十五"末,工业增加值确保完成60亿元,力争实现66亿元,比"九五"末增加27—33亿元,年均增长速度保持在12.5%—15%,工业增加值占GDP比重由18%上升到22%—24%左右。五年完成固定资产投资80亿元,比"九五"增长33%。

2."十五"末,主要工业品生产能力达到:棉纱14万吨,棉布2亿米;蕃茄酱30万吨,优质白酒8万吨,高档葡萄酒8万吨,液态奶及奶制品20万吨,果蔬饮料5万吨;水泥400万吨;节水灌溉器材16万吨(服务面积600万亩);发电装机容量65万千瓦,原煤450万吨。

3.2005年,国有及国有控股企业实现综合利润6亿元。

三、工业结构调整的方法和步骤

(一)产品结构调整

继续以强纺织、精食品、拓建材、大力发展农用节水器材四大支柱产业为发展方向,由兵团经贸委、计委共同研究提出"十五"期间产品分类指导目录,以便兵团采取分类指导的策略。

1.鼓励发展类产品。即市场需求旺盛或潜力巨大,对支持和带动产业结构升级具有重要作用,兵团能加快发展的产品。如:节水器材、蕃茄酱及系列产品、优质葡萄酒、果蔬饮料、乳制品、差别化功能化纤维、高档纺织面料、肉制品、饲料、机制纸、节水灌溉专用复合肥等11类产品。

2.稳定发展类产品。已发展到一定的生产规模,有市场前景,在一定时期内还需要发展的产品。如:农用地膜、水泥、电力、白酒、植物油、机制糖、优质大米、棉纱、棉布、焦炭、农业机械等11类产品。

3.储备类产品。有丰富资源和一定发展潜力,今后可以得到发展的产品。如:膨润土、鹿茸及其制品、甘草系列产品、天然香精、香料(薰衣草、薄荷油、玫瑰油)、新型墙体材料、煤化工等5类产品。

4.限制、淘汰禁止类产品。限制类产品,主要是指技术落后,没有市场前景的产品。淘汰类产品是指不符合国家产业政策,工艺落后、高能耗、物耗类产品。如:小榨油、小火电、小煤矿、小造纸、小节水厂等。

(二)企业组织结构调整

做强做大一批大公司和企业集团,是提高工业竞争力的关键。通过鼓励企业开展资产和业务重组,实现以企业为主体的兼并、联合及存量资产的整合重组,突出大公司和企业集团的主业优势。加快中小企业的改制步伐,搞活企业内部机制,促使其向"专、特、精、新"方向发展。组织结构的调整分为以下五个层次:

第一层次:培育和发展三个工业"航空母舰"。做大做强天业节水器材、新天葡萄酒、中基蕃茄酱。培育天业、新天和中基三个拥有自主知识产权、核心能力强、能面向国际国内两个市场的大型企业集团,成为兵团工业的三个"航空母舰"。

第二层次:做大6个大型企业。伊力特、天宏纸业、青松建化、天富电力、银河棉纺、芳婷针织等六家企业已形成一定规模,经过上市、改制、资产重组,能在3年—5年内成为西部地区和区内的大型工业企业。

第三层次:培育7家农业产业化龙头企业。一师新农开发要利用其长绒棉资源优势,通过兼并、收购师属棉纺企业,成为以生产高支纱为主的阿拉尔纺织工业城的主导力量。二师冠农股份、三师甘草股份、五师赛里木股份、六师方兴科农、十三师红星果业及天康牧业股份等6户企业,加快建立现代企业制度,完善法人治理结构,争取上市,以推进农业、畜牧业、林果业产业化发展。

第四层次:扶持8户重点企业。农垦乳业、大黄山焦炭、天纶化纤、南岗建材、膨润土、华世丹药业、赛里木油脂及石棉矿等8户企业,其产品在疆内已有一定的知名度,也符合国家产业政策,通过兵师两级集中扶持,"十五"期间能成为兵团相关行业的排头兵。

第五层次:积极支持中小企业健康发展。完善中小企业信用担保体系,加快建立为中小企业提供信息咨询、技术支持、人才培训等社会服务体系,为中小企业的发展提供宽松的环境。放开搞活中小企业,鼓励其创造名牌产品,对白杨酒业、新安酒业、沙驼熏醋、昆仑雪蟹、五家渠油毡、大豆卵磷脂、103团硅镁超轻内墙板等企业要积极支持。

(三)企业所有制结构的调整

通过不断调整和完善所有制结构,一要制订政策鼓励外资参与国企的改制,增强企业的活力,加速企业的技术升级。二要积极吸引区内外民营资本、私人资本参与国企的改革,降低国有经济比重,实现股权多元化。

(四)工业经济布局的调整

一是以石河子国家级经济技术开发区和北屯、五家渠、阿拉尔、图木舒克四个新建市为工业投资重点,初步形成五个工业化城市。二是根据自治区党委"优先发展天山北坡经济带"的战略部署,充分发挥这一地区经济实力相对较强、科技水平较高、交通便利、通信发达等有利条件,发展食品、纺织、农用机械等支柱工业,推进工业化进程。三是要重点抓好五个工业园区建设:即天业节水工业园、中基公司高新工业园、新天生态科技园、石河子开发区轻纺城、阿拉尔工业园。

四、工业结构调整的政策和措施

(一)加强组织领导。成立由兵团主管工业的副司令员为组长,兵团经贸委、计委、财务局、体改委、国有资产经营公司等部门为成员的工业结构调整领导小组,负责组织实施工业结构调整的方案。

(二)深化国有企业改革。以改革促发展,以发展促改革。以建立现代企业制度为目标,加快工交建商企业改革步伐,通过改组改造、资产重组、规范上市、中外合资等多种形式,逐步改革为多方持股的有限责任公司或股份有限公司。

(三)保证兵团"十五"工业结构调整必要的资金投入。对于兵团"十五"期间工业结构调整所需80亿元资金,建议多渠道筹集,支持资金要改变以往分散使用的方式,每年集中起来支持二、三个重点项目,要做到扶持一个,成功一个,做大一个。要利用兵团成立国有资产经营公司的有利时机,将支持资金变已往无偿使用为股份投入,由资产经营公司进行管理,将取得的收益逐年投向其他需扶持的企业。

(四)建立企业家队伍。企业家是保证结构调整深入推进的重要因素。兵团要采取切实可行的措施,出台相关的人才流动办法,千方百计地引导优秀企业家到重点企业中去。

(五)加强对上市公司的指导。兵团已有7家上市公司,天富电力也即将上市。兵师两级要加强对企业行为的指导,上市公司要按《公司法》规范运作,充分发挥出上市公司的资金、技术和人才的优势,把企业做大做强。

(六)扶持大型企业和企业集团的政策。对于3个"航空母舰"、6个大型企业、7家龙头企业和8户重点企业,兵师两级应在产业政策、技术创新、授权经营、企业集团上市和多渠道融资、分离分流、税收征管、企业用地、项目审批、资产重组等方面,实行特事特办,给予优惠政策,切实搞好服务,使企业自主快速健康成长。

(陈献政　王志耕等)

新疆特色农业发展思路与对策

发展特色农业,是以充分发挥特色资源优势、生产优势和规模优势为基础,以高品质、高效益和持续发展为核心,以科技支撑和产业支撑为保障,以提高市场竞争力和占有率为目标的新型农业发展模式。资源特色、产品特色、产业特色和市场特色是构成广义特色农业中"特色"的基本内涵,其中资源是基础,市场是关键。同时,特色农业具有鲜明的时段性、相对性和动态性特征,主要表现为:不同时期的市场需求反映出对不同特色农产品的需求,从而对特色农业提出新的要求和内容。特色农业的发展是农业和农村经济进入新的历史时期以后,农业生产对于市场新变化做出的适应性调整。因此,特色农业发展具有动态变化性、辐射带动性、规模效益性、竞争主动性、技术创新性和产品增值性的显著特点,并且能够依托资源和产品的特殊性、稀缺性和比较优势,以及先进的生产加工技术、群体规模效应和产业化经营而具备极强的市场竞争力与应变能力。所以,特色农业将是一个发展势头强劲、绿色和高效的新兴朝阳产业。新疆发展特色农产业,不论自然资源还是市场都有巨大的潜力和广阔的发展前景,正面临着一个大发展的历史机遇。

一、新疆特色农业发展的现状及优势

(一)新疆特色农业发展现状

新疆水土光热等自然资源极其丰富,十分有利于不同类型农作物的生长和畜产品的生产,致使农业成为新疆国民经济的基础产业和支柱产业。新疆的作物栽培和畜种养殖历史悠久,可种植作物种类繁多,其中仅具有市场开拓潜力和突出的优势特色农产品资源就达几十种之多。特色农产品资源的开发利用,为新疆经济发展做出了重大贡献。新疆已经基本形成了特色农业的基本框架,棉花产业、红色产业和特色林果园艺业等产业已经建立。棉花通过"九五"国家特大型商品棉基地建设,已经形成1500万亩、150万吨的生产规模和能力,成为我国最大的产棉区,不但为国家棉纺工业健康发展和参与国际市场竞争提供了强有力的原棉支撑,而且促进和带动了新疆农业与农村经济的发展和农民收入的提高,显现出强大的规模优势和产业发展优势。"九五"期间,新疆累计生产棉花640万吨左右,产生直接经济效益500亿元以上,农民人均收入中棉花收入占到50%左右,棉区农民人均收入中棉花收入占到70%以上。全区以果树为主的经济林面积达到350万亩,形成了一批有规模的名优特色干鲜果品基地。以番茄、枸杞等产品为代表的红色产业发展已经起步,且生产规模达到了一定的生产水平。特色农业建设,为新疆农业产业结构优化和农村经济可持续发展,做出了应有的贡献。但是,新疆特色农业发展相对市场经济的发展和国内外市场需求,表现为多数产品开发和生产规模较小,深度加工增值力度不够,精品、品牌和名牌意识薄弱,产业化发展滞后,特色农产品及加工品的科技含量低,特色产业整体缺乏市场竞争力,难于适应市场供求变化的需要。新疆特色农业整体发展缓慢,难以充分发挥其带动农业和农村经济实现跨跃式发展的需要。

(二)新疆特色农业发展的优势

由于新疆独特的自然资源条件和地理位置,使新疆具有大力发展特色农业的巨大潜力和优势。主要是:

1. 发展特色农业的资源优势明显

新疆总面积占全国的1/6,生态区类型多样,具备大力发展特色农产品生产的资源条件。首先,水土光热资源丰富,组合条件优越,新疆人均耕地面积2.9亩,是全国平均水平的近两倍,拥有可利用荒地1.47亿亩,可利用草地7.5亿亩,是我国重要的农牧业后备资源战略储备基地,农业生产气候资源优越,太阳总辐射量大,日照时间长,昼夜温差大,无霜期长。有利于不同作物生长发育和营养积累,许多同类作物相同品种的生产对照显示,在新疆种植则品质、产量突出。新疆特色农产品品种资源极其丰富,可依据市场需求发展多种特色农产品生产,有数量、质量居全国第一的中国美利奴羊和新疆细毛羊,有产奶肉居全国前列的黑白花牛、西门塔尔牛和新疆褐牛;是世界果树和甜瓜的起源中心之一,吐鲁番的无核葡萄、哈密瓜和伽师瓜、库尔勒香梨、库车杏、和田核桃、叶城石榴、阿图什无花果、沙车巴旦杏等,都是驰名中外的珍贵品种;一些并非新疆原产的果、蔬品种,在新疆优越的自然条件下,种植品质比原产地还好,如红花、枸杞、红枣、酸梅、草莓、苹果和番茄等。新疆棉花更是素以色泽好、纤维长、含杂少、品级高著称,品质居全国领先地位,尤其是长绒棉是我国唯一的生产基地。目前新疆特色农业生产规模已达到2000万亩以上,细毛羊存栏850万只,牛羊肉产量59.7万吨,果品产量140万吨。

2.特色农产品具有参与国际市场竞争和占领国内市场的明显优势

新疆特色农产品产量高、品质优、多类型、无污染的特点显著,倍受国内外消费者的青睐,并为新疆发展特色农业,直接参与国际市场竞争,占领国内市场奠定了坚实基础。面对国内外市场趋向多需求、多层次和多样性的质量型消费结构,无论从特色农产品竞争力还是市场开拓条件,新疆都具有参与国际市场竞争,占领国内市场的强大优势。

伴随国内外农产品市场和农业产业结构调整的新形势,新疆特色农业已经起步,并具雏形。新疆棉花产量和播种面积均占到全国的1/3以上,1999年—2000年度棉花出口35万吨,占全国出口量的100%,对全国乃至世界的棉花市场都具有影响作用。特色瓜果园艺生产迅速扩大,品质不断优化,每年有50万吨特色瓜果产品外调出疆,畅销国内外,经济效益也明显提高,以加工番茄、胡萝卜汁、石榴汁(酒)、枸杞和红花为主要内容的红色产业异军突起,成为新疆特色农业发展新的增长点,以珍禽和珍稀水产为代表的特种养殖也在蓬勃发展。新疆在大力发展特色农产品的同时,围绕主要的特色农产品开拓市场,加快了农业龙头加工业发展,生产加工与开拓市场的能力逐渐增强。

3.具备发展特色农业的技术支持优势

由于新疆干旱半干旱绿洲的生态条件、农业生产环境、种植种类和品种与内地差异性明显,特色农产品生产和加工技术开发,以及悠久的种植历史,新疆形成了独特农业生产的资源有效开发利用和生产技术储备,使得新疆发展特色农业具有品种、生产模式和加工等方面的技术支撑。新疆已相继育出一批产量高、品质优、抗逆性强的棉花、哈密瓜、库尔勒香梨、加工番茄等特色农作物品种。特别是优势特色产业棉花,已选育出一批丰产性好、抗病性强、纤维品质优良的早熟陆地棉新品系和一批绒长在32mm以上的优质中长绒陆地棉、彩色棉以及适应于机械采收的优质棉新品种(系);哈密瓜已育出适应不同生长条件、不同成熟期的优质、高产的一系列品种。同时,根据不同特色农产品的生长发育特性,研究出了不同的栽培技术模式应用于生产,如棉花矮、密、早、高丰产栽培技术,库尔勒香梨、葡萄和红花等高产优质栽培技术。另外,结合特色农产品深度开发的加工技术也得到快速发展,如葡萄保鲜、制干技术、红花系列产品生产加工技术、哈密瓜脯、杏脯加工技术等。由此表明,新疆已具备大规模发展特色农业的能力和技术支撑。

4.具有发展特色农业的政策保障优势

随着我国加入WTO和西部大开发战略的实施,发展特色农业已经成为新疆调整农业产业结构的必然选择。国家十分重视特色农业的发展,出台了一系列鼓励发展特色农业、加速调整农业结构的相关政策。中央从2001年开始,每年发行500亿元的西部开发债券,专项用于西部大开发建设,国家各部委也都制定了相应的扶持措施,形成了国家扶持和多方面、多层次投入的合力。新疆是西部大开发的重点,发展特色经济又是西部大开发的五项重点任务之一。新疆也先后出台了鼓励外商投资和招商引资的有关政策措施,并在《新疆维吾尔自治区国民经济和社会发展第十个五年计划纲要》中,把特色农业作为发展重点,提出了相关的配套政策。从而为新疆加快特色农业发展,提供了强大的政策保障。

二、新疆发展特色农业的必要性

1.发展特色农业是参与国内外市场竞争的需要

新疆农业发展已经进入新的历史阶段,农产品供应由短缺转为总量基本平衡,且丰年有余,农产品市场由卖方市场转为买方市场,农产品消费也由以量的需求为主转变为对质量和特色的需求为主,市场成为农产品生产的先决条件,如果没有特色,就没有市场,就会造成新的过剩和积压,就会影响生产者的经济效益。尤其是近年来，全球经济一体化步伐加快，国际竞争日趋激烈，只有特色经济才能有更强的市场竞争力。

2. 发展特色农业是迎接入世挑战，实施西部大开发战略的需要

伴随入世，国内外农产品市场竞争日趋激烈，新疆农业也面临入世的挑战，同时国家提出实施西部大开发战略，进行结构调整成为实施西部大开发战略的主题之一。1999 年，江泽民总书记在有关加快西部地区和民族经济发展的讲话中，多次强调要充分发挥优势，适应市场变化，发展各具特色的经济。在党的十五届五中全会上，中央把发展特色经济作为西部大开发的主要内容之一。新疆是我国西部的重要省区，应该成为 21 世纪我国经济增长的重要支点，要加快新疆经济的发展，就必须要着力发展新疆的特色农业。

3. 发展特色农业是调整农业结构的需要

新疆农业发展已经进入以质量、效益为中心，以结构调整为核心的发展时期。必须突破以粮棉为主的单一性的结构模式，以市场为导向，以特色资源为基础，大力发展具有竞争力的特色产业，加快实施特色农业发展战略。要从各地的特色优势出发，突出重点，调整结构，集中精力发展具有资源优势、特色明显、发展潜力巨大、市场前景广阔的特色农产品。

4. 发展特色农业是实现资源优势向产业优势、经济优势转换的需要

新疆自然环境和生态类型多样，孕育着多样性的生物品种资源，是全国最具特色的、农业资源十分丰富的大农业省区。但是新疆许多特色农产品有优无势，资源优势未能真正有效地转换成产业优势和经济优势，制约了农业和农村经济的进一步发展。因此，只有依据市场需求变化尽快发挥资源优势，集中力量建设和培育特色农业，提高产品质量，扩大生产规模，实行产业化经营，积极参与市场竞争，才能真正实现资源优势向经济优势的转换，从而有效地促进新疆农业和农村经济健康持续的发展，逐渐缩小与东部沿海省区的差距。

5. 发展特色农业是提高农牧民收入和实现脱贫致富的需要

新疆农民收入低，与全国平均水平差距大。一方面，由于国内外农产品市场的结构性变化，大宗农产品需求下降，新疆农产品卖难问题突出，另一方面，新疆远离我国中心消费市场，农业生产成本较高，新疆需开发具有竞争优势的精品。因此，在农产品短缺时代基本结束之后，依靠传统农产品的生产和加工来提高农民收入的空间已经越来越小。面对新形势，只有面向市场，顺应消费需求多元化的发展趋势，生产具有附加值高的名、优、特农产品，实行产业化经营，大幅度增加农业整体效益，才能保证农民收入水平不断提高和脱贫致富。

6. 发展特色农业是实现农业和农村经济可持续发展的需要

农业生产对资源具有很强的依赖性，资源开发利用不可能是无限制的，过度开发和低水平的利用会造成资源的浪费乃至枯竭，对农药化肥的过量使用、农膜的残留、不合理的灌溉以及工业污染，会引起农业生产环境的破坏，导致严重影响农业的持续发展。特色农业生产必须是在新的条件下，采用先进的生产技术，以生态环境的保护为前提，以农业资源的合理利用为基础，坚持无公害生产，减少资源破坏和浪费，追求生态效益与经济效益的融合为目标的农业发展模式。

三、新疆特色农业发展的总体思路、发展方向和区域布局

（一）新疆特色农业发展的总体思路

利用国家实施西部大开发战略和农业产业结构调整的历史机遇，坚持“因地制宜，突出重点，扶优扶强，注重效益，规模开发”的指导方针，以国内外市场需求为导向，充分依靠科技进步，发挥新疆自然资源优势和区域特色生产优势，以培育各具特色的农产品产业和提高特色农产品品质为突破口，以提高市场竞争力与应变能力为核心，以提高农牧民收入和实现农业与农村经济的可持续发展为目标，通过优

质棉基地建设、特色林果园艺基地建设和优质畜产品基地等特色农业基地建设及产业化发展,在政府宏观调控的基础上,加强生产、流通、企业、科研、服务之间的联合,使新疆特色农业真正发展成为集规模效益性、辐射带动性、技术创新性、竞争主动性和产品增值性于一体的新兴朝阳产业和新的经济增长点,促进新疆经济的跨越式发展。

(二)新疆特色农业产业发展方向与区域布局

1. 优质棉产业

棉花是新疆农业的第一大特色,新疆具有发展优质、多类型棉花得天独厚的环境条件,是我国唯一的长绒棉产区,棉花素以色泽洁白、纤维长、品质优、成本低、经济产值高而著称。新疆棉产业发展方向是:以市场为导向,以建设全国最大的优质棉基地为目标,以提高品质和发展多类型棉为突破口,以产业化发展和转换流通体制为保证,坚持"依靠科技,主攻品种,调整结构,改进质量,降低成本,发展产业,提高效益"的指导方针和"稳定高效优质棉区,彻底退出低产风险棉区"的原则,提高市场竞争力和应变能力,重点发展优质中、长绒陆地棉,积极发展超级长绒棉,保证新疆棉花1500万亩和150万吨以上的生产能力,以优质、低价参与国际、国内市场竞争。

2. 特色林果与园艺业

新疆名优特瓜果资源十分丰富,生产生态条件极为优越,特别是南疆与美国、中西亚独联体五国、土耳其、伊朗等地并列为世界六大优势果品生产区,是我国特色瓜果产业区之一。

新疆特色林果园艺业的发展方向是:依据国内外市场多层次、多样化的需求,依靠科技进步,因地制宜,坚持"主攻品质,突出特色,扩大规模,加工增值,提高效益"的指导方针,重点发挥库尔勒香梨、哈密瓜、葡萄、皮牙曼石榴、优质杏、薄皮核桃等名优特产品生产,加速优质苗木种子基地建设,提高特色林果园艺产品的质量、规模和效益,形成多类型、多品种、高质量、系列化的优势、特色林果园艺产品,加快林果园艺业产业化进程,使特色林果园艺业成为新疆农村经济发展新的增长点和提高农民收入水平、实现脱贫致富的主要途径之一。

3. 优质畜牧业

草地和饲草料资源丰富、畜种和畜产品质量优良是新疆发展畜牧业的最大优势,从具体产品来讲,最具优势的是细羊毛、乳制品和牛羊肉。细羊毛是最具市场潜力的畜产品,目前国内毛纺工业所用的2/3的原毛需要进口,新疆细羊毛质量已经达到或接近世界最好的澳毛的质量水平,价格也具有竞争优势,发展前景看好。因此新疆优质畜牧业发展要面向市场,充分依靠自身优势,以科技为支撑,以树立品牌、名牌产品为突破口,以提高畜产品质量和效益为核心,以扩大规模,实行产业化发展为目标,坚持草原畜牧业、农区畜牧业和城郊畜牧业并举,重点发展农区畜牧业的方针,以细羊毛和乳制品为重点,大力繁育和推广优良畜种、草种,推广普及养殖技术,不断提高养殖管理水平,建立现代畜牧业生产体系。广大农区和城市郊区要坚定不移地走农牧结合,产业化、优质化、规模化的发展路子,抓好细毛羊和山羊绒基地、肉牛和肉羊基地、乳制品基地和特色养殖基地建设的同时,采取分散经营与规模化经营相结合的途径,培植和发展一批现代化畜牧业龙头企业和养殖业大户,形成特色畜产品产业链,同时要大力发展特色珍禽水产养殖业,使畜牧业发展壮大成为新疆特色农业建设和促进农牧民增收的支柱产业。

4. 红色产业

红色产业已经成为新疆特色农业发展新的经济增长点。独特的水土光热条件,使新疆成为番茄、石榴、红花、胡萝卜、枸杞等最佳种植区域之一,而且品质优良。新疆生产的胡萝卜富含蛋白质、庶糖、葡萄糖、抗坏血酸、胡萝卜素、核黄素、果胶酸脂以及钾、钙、磷、铁、无机盐等,营养也很丰富,保键药用价值极高,素有"小人参"之美誉。红色产品的产量在全国已经占有一定的比重,枸杞产量占全国的一半,红花产量占到全国的80%,番茄加工生产能力已经占到全国的90%。大型企业积极参与红色产业生产经营，相继开发出一大批高附加值红色产品，而且市场十分畅销，开展红色产业的潜力巨大。

红色产业的发展应以蕃茄、红花、枸杞、胡萝卜、石榴等具有开发前景的品种为主，要加大基地建设力度，依靠科技提高产品档次，适度扩大种植面积，形成稳定的生产能力，增强市场竞争力，力争尽快把红色产业做大做强，在组建大型的红色产业集团的基础上，依托龙头产业，建成中国最大的红色产品加工和出口基地。

5. 中药材业

新疆拥有丰富而独特的中药材资源，如麻黄、雪莲、甘草、大芸、一枝蒿、板蓝根、马鹿等。但由于开发水平低、规模小，中药材有很大的开发潜力。国内外对中医的价值越来越重视，中医药业将有更大的发展，中药材的合理开发与种植，将是新疆部分地区农牧民增加收入的又一有效途径。

中药材业的发展方向是：要因地制宜，大力挖掘特色资源，加快中药材开发生产和产业化，尽快建立具有一定规模的中药材人工生产基地，走区域化布局、专业化生产、产业化经营的路子，重点发展麻黄、甘草、肉丛蓉、贝母、鹿茸等。

6. 特色经济小作物

新疆拥有花芸豆、鹰嘴豆、啤酒大麦、啤酒花、香料烟、罗布麻等特色产品生产加工的条件和优势，且在国内外市场上消费需求旺盛，开发潜力巨大。目前世界对花芸豆的需求量越来越大，每年约需20万吨，我国每年出口量只有1万吨。新疆阿勒泰地区生产花芸豆的质量，在国内属于领先水平，全部用于出口，经济效益明显。新疆是全国少有的能够生产优质啤酒大麦的省区，具有参与国际市场竞争的潜力。同时，啤酒花、罗布麻、香料烟等特色农产品在国内市场具有竞争优势，形成产业的前景好。因此新疆特色经济小作物的发展方向，应以国际市场和国内精品市场为目标，注重质量和效益，依靠科技，充分发挥区域资源优势，加大优良品种、先进栽培技术应用，人工扩大种植规模，提高产品加工水平，逐步形成产业化，进一步增强市场竞争力。

四、新疆特色农业发展的对策与建议

1. 调整结构，突出重点，制定特色农业发展规划

新疆发展特色农业，应采用适合于广义特色农业内容的开发模式，从资源特色入手，发挥产品特色，启动产业特色，占领特色农产品市场，带动新疆农业和农村经济的大发展，提高农民收入。制定新疆特色农业发展规划，有目的、有计划、有步骤地发展新疆特色农业产业。

2. 制定鼓励发展特色农业的相关政策，调动多层次、多渠道投入的积极性

新疆必须依据特色农业发展的特点和要求，建立多层次，多渠道的投入机制，积极吸引国内外资金、先进技术，鼓励民营企业和广大农牧民参与特色农业开发，使民营企业和农牧民直接投身于特色农业建设之中，形成各具优势的特色农产品生产基地和产业发展基地，以此带动区域经济的快速发展和农牧民收入水平的提高。同时，制定和完善鼓励发展特色农业的土地使用、工商税收等方面的相关优惠政策，稳定以家庭承包经营为基础的双层经营体制，放活农村“四荒”使用权，长期稳定农村土地、草地承包关系，大力扶持和引导特色农业产业发展。

3. 提高质量和效益观念，依靠技术创新，加快特色农业产业化的发展

必须牢固树立依靠科技发展特色农业的观念，在现有资源和技术储备基础上，通过积极选育和多渠道引进、研究和推广，加大特色农产品品（畜）种改良和更新力度，提高良（畜）种覆盖率。提供科技支撑的重点，应放到特色产品的优质高效种养技术、特色农产品精加工与综合利用技术、特色农产品的贮藏、保鲜、包装技术以及与特色农作物种植配套的节水灌溉技术等。加快建立特色农业科技创新体系和技术转化体系，按特色产品产业组织科技力量进行攻关，加强特色农业生物技术、信息技

术、工程技术等高新技术的推广应用。同时，大力开展农牧民科技教育，充分利用农业广播电视教育、“绿色证书工程”等多种形式，普及实用技术。为发展特色农业，提高特色农产品质量和效益提供技术和支撑。

4. 建立适应市场的新机制，树立闯市场的竞争观念

健全的特色农产品流通体制和市场开拓的新机制，是特色农业获得大发展的重要保证。为此，必须加快农产品流通体制改革，各级政府要在充分尊重经营自主权的基础上，从资金、信息及政策等方面帮助农牧民开拓市场，树立依靠质量、规模、精品闯市场的竞争新观念，引导特色农业发展走向市场。同时，拓宽农产品流通渠道，支持和逐步发展各种营销组织和中介组织，参与特色农产品流通，降低流通费用，树立优质名牌农产品的形象，发展和保护特色品牌，提高产品的市场竞争力，并有计划的完善和建立各类特色农产品专业市场和区域批发市场，逐步形成有形市场流通与无形市场交易的现代化流通环境，保证特色农产品直接进入市场，将特色资源优势转化成产业优势和经济优势。

5. 大力培育龙头企业，带动小城镇建设，推动农业和农村经济大发展

发展新疆特色农业时一定要把农业特色产品产业化，可通过财政、金融、外贸、税收和上市融资等政策，扶持50家特色产业龙头企业，其中支持10家龙头企业上市，在步骤上，优先支持天山北坡特色农业龙头企业，促其成为应用高新技术创建拥有竞争优势的企业集团，提高管理水平，带动基地向优质化、规模化方向发展。同时打破部门、行业垄断和地区分割的局面，支持有实力的企业兼并、重组弱势企业，实现龙头企业的低成本扩张，并建立利益共享、风险共担的协调机制，引导龙头企业通过预付定金、利润返还、保护价收购、实施系列化服务等形式，保护基地和农民的利益，从而全面推进特色产品产业化经营，增强特色农业经济实力，并依托特色农业经济发展，带动小城镇建设。

6. 建立开放型农产品对外贸易体系，建成重要的特色农产品出口基地

新疆具有扩大开放的地缘优势，要充分发挥边境口岸作用，深化和加快农业外贸体制改革，将特色农产品生产和经营有机结合起来，形成生产经营一体化的大经贸经营体制，外引内联，东联西出，积极引进国外资本、技术和管理经验，积极调整农产品对外贸易结构，重点扩大特色农产品及其深加工产品的流通和交易，提高市场占有率，把新疆建成重要的特色农产品出口基地，形成多层次、全方位开放型的特色农业经济。

7. 加强技术和信息服务体系建设，为特色农业发展提供支撑和保障

必须尽快建立完善、有效的特色农产品技术和信息服务体系，大力加强对不同特色农产品的生产、加工、储藏、保鲜等技术服务和生产信息、技术信息、市场信息服务，才能保证和促进特色农业的健康发展。建议由自治区农业厅、畜牧厅、林业厅、供销社以及经贸、工商、气象等部门，在原有农业技术推广和信息服务体系的基础上，进一步建立健全特色农产品的生产、加工、流通、销售技术和信息服务推广系统和网络，为新疆特色农业的大发展提供技术和信息保障。

(新疆维吾尔族自治区发展计划委员会副主任　刘晏良)

云南省农民增收问题分析

“九五”以来，云南省的农民人均纯收入仅保持了年均3.43%的增长速度，存在着一些不容忽视的问题：(1)收入偏低。2000年，全省农民人均纯收入1488元，比全国平均水平

低768元，居全国第27位。(2)增幅下滑。1996、1997、1998年的增幅分别比上年下滑8.14、5.86、10.04个百分点，1999年比1998年增长2.8个百分点，但2000年又比上年降0.16个百分点。(3)城乡居民收入差距拉大。1995年，全省农民人均纯收入与城镇居民人均生活费收入之比为1:4.02，到2000年扩大为1:4.28。(4)农民之间的收入差距也在拉大。1995年、2000年全省民族自治地方农民人均纯收入分别为887元、1370元，分别比非民族自治地方低140元和291元。(5)贫困人口多。2000年底，全省绝对贫困人口有295万，占全省农村人口的9.1%，比全国高6.1个百分点。

农民收入下滑已对国民经济形势产生不利影响。首先是影响农民生活质量的改善和全省小康的实现。根据省委办公厅和省政府办公厅确定的，到2000年全省农民实现小康、年人均纯收入不少于1100元(1990年价格)的标准，按现价计算人均纯收入必须达到1870元以上，现在的实现程度仅79.5%。其次是影响再生产投入和农业的稳定发展。2000年，农民的生产性投入下降3.67%。再次是影响扩大国内需求和开拓农村市场。2000年，全省城乡居民储蓄余额200.72亿元，而占全省人口84.52%的农民储蓄只占17.63%。

"九五"以来，影响云南省农民增收的主要因素是：(1)受宏观经济形势影响，农产品需求市场不旺，价格持续下滑。(2)连续3年的烤烟"双控"对农民增收产生影响。(3)近年来农产品及其加工品出口持续下滑。2000年，全省农产品及其加工品出口总额比1999年下降了10.69%。(4)农产品结构不合理，质量不高。(5)来自非农行业的收入减少，农村富余劳动力转移速度减缓，乡镇企业对农民收入的贡献力有所减弱。(6)自然灾害频繁发生。近几年来，全省每年因灾害造成的损失达75亿元以上。(7)剩余的贫困人口贫困程度深，改善的条件差。在当前未解决温饱的贫困人口中，有220多万分散居住在深山区、边境一线和少数民族地区，由于交通闭塞，资源匮乏，自然与生产生活条件恶劣，加大了农民增收的难度。

为此当前要重点加强以下几个方面的工作：

第一，突出特色，发展优质、高产、高效农业。一是在保证粮食、油料等主要农产品稳定增长的基础上，以市场为导向，以提高效益为中心，以特色农业为先导，调整和优化产业区域布局，优化品种及品质结构，加大科技投入，全面提高农产品质量；二是因地制宜，充分发挥本省生物资源丰富的优势，积极开展多种经营，大力开发名特优新产品，努力培育具有地方特色和民族特色的区域性经济支柱；三是加大畜牧业发展力度，促进农产品转化增值。四是积极推广农产品加工、贮藏、保鲜等技术，使农业产业从产中向产前和产后延伸，实现产供销一体化，增加农业后续效益。

第二，抓住关键，继续推进科教兴农战略。要继续办好农村职业教育和技术培训，加大"扫盲"工作力度。积极引导农民转变观念，努力提高接受新知识、运用新技术开拓市场的能力，大力推广先进实用科学技术，提高良种覆盖率和农业科技对农业增长的贡献率。加强农业科技推广体系建设，稳定和优化农村科技人员队伍，加快乡土人才培养，逐步引进市场机制和人才激励机制，促进科技成果转化。加快建立以企业、个人等社会投资为主、政府引导补充多渠道、多层次的农业科技投入体制，不断增加对农业科技开发的投入，努力提高农民增收中的科技含量。

第三，夯实基础，加强农业基础设施建设。要利用国家扩大内需，实施积极财政政策和西部大开发的难得机遇，调整宏观政策倾向，加强以水利为重点的农业基础设施建设，以退耕还林为重点的生态环境建设，继续搞好农业综合开发。在抓好国家实施的重大工程项目的基础上，应加强对农民增收有直接影响的防洪减灾、水土保持、人畜饮水、节水灌溉等水利建设，进一步夯实农民增收的根基。

第四,注重实效,加快发展乡镇企业和小城镇。主要加强以下工作:以区位优势、产业优势、资源条件和人口规模等为基础,合理布局,科学规划,注重实效,杜绝盲目发展。在坚持严格小城镇规划、保持农业用地总量动态平衡的前提下,引导和鼓励企业向小城镇合理集中,充分发挥小城镇的聚集效应,吸纳更多的农村富余劳动力。加快以明晰企业产权为核心的乡镇企业改革,促进企业生产要素流动,降低进入小城镇的"门坎"。加快制定促进小城镇发展的政策措施,正确处理进城务工经商农民与承包地和宅基地的关系,稳定农民对土地承包期30年不变的政策,鼓励其有偿转让承包地使用权。积极创造条件,大力发展边疆民族贫困地区的乡镇企业,特别是个体私营经济的发展,降低农业人口对土地的依附程度。

第五,突出重点,进一步加大扶贫工作力度。今后的扶贫重点是:将特困民族如佤族、基诺族、怒族、独龙族、德昂族和拉祜族及特困地区如民族地区、边境地区、革命老区和自然条件恶劣的高寒山区、石山区、干热河谷地区作为扶贫攻坚对象。坚持开发式扶贫,把扶贫开发项目规划到村、到户,切实做到扶贫对象认定到户、项目规划到户、资金落实到户、经济实体惠及到户。坚持和完善扶贫工作责任制,党政一把手负总责,具体措施责任到人,一级抓一级,层层抓落实,确保贫困人口稳定脱贫。

第六,抓住时机,加快农村税费改革,切实减轻农民负担。加快农村税费立法步伐,强化依法管理税、依法遏止乱收费、依法维护农民合法权益,把农民负担管理工作纳入法制化的轨道,从制度上确保农民增收,保护和调动农民的积极性。

第七,提高认识,增强为农民增收的责任感和服务意识。各级领导干部对此要有一个清醒的认识,要消除畏难情绪,增强紧迫感和责任感,紧紧抓住新一轮科技革命、推进城市化和西部大开发的历史机遇,加快农业和农村经济结构调整的步伐。转变工作作风,深入实际,加强调查研究,努力实践"三个代表"重要思想,抓落实,重实效。要强化政策引导、信息服务、技术示范、金融支持等方面的服务,积极为农民增收创造更加有利的条件。

(中共云南省委政策研究室　陶　忠)

调整思路　加快中西部发展

加入WTO之后,在国内外市场竞争日趋一体化的情况下,我国中西部与东部地区的发展差距将会进一步扩大。面对新的形势,中西部地区为了加快发展,应当从以下几个主要方面调整发展思路:

第一,调整产业发展思路

首先,必须立足比较优势选择产业发展方向。在加入WTO等新的形势下,比较优势的确认不再像短缺经济年代那样,有什么资源就有什么优势,也不再像计划经济年代那样,局限于条条块块来看待比较优势。相反,今后要以全球市场的视野,并从动态中来分析和确认比较优势。而且,究竟是不是比较优势,归根到底要看各种要素的投入产出率。对于竞争性行业来说,投入产出最综合的指标是资金的盈利率。只有当资金盈利率能在较长时间内保持国内乃至世界同行业的先进水平甚至领先水平,那才算真正拥有比较优势。如果选择这样的产业,那么无论它是高新产业还是传统产业,无论它是二产、三产还是一产,无论它是资金密集、技术密集还是劳动密集型产业,也无论它地处东部还是地处中西部,都将是优势产业。

其次,必须加快形成主导产业。一个省区,尤其是一个市、县,无论是农业、工业还是服务业,真正在全国乃至世界拥有比较优势的领域决不会很多。应当坚决摒弃计划经济下盲目追求门类齐全、自成体系的思路,转变经济增长方式，也就是要改变门类多、规模小、重复建设、结构雷同一类弊端，把各种要素集中投入真正能形成优势的产业领域。中西部省区的经济规模一般都不大，更应当有所取舍，收拢拳头，尽快培植若干个，哪怕一两个主导产业，在此基础上形成龙头企业和拳头产品。

再次，要形成开放式的产业链。立足优势培植主导产业还不够，还要尽可能使主导产业融入全国性乃至国际性的分工体系之中。既要消除门类多而全，也要避免门类少而全。即使是主导产业，也不能动辄填平补齐，成龙配套，包罗万象地什么都搞。合理的选择是，哪些环节有优势就主攻哪些环节，没有优势的环节就依托更大范围的协作体系来解决。

第二，调整企业发展思路

经济全球化和我国加入 WTO，导致国内市场竞争国际化，国际竞争国内化。这种局面从根本上改变了我国企业的经营环境，因而必须尽快调整企业发展思路。

首先，企业要增强集团竞争意识。市场经济是社会化大生产，但社会化的程度和范围是随着市场经济的发展而不断升级的：单个企业之间在较小的区域范围内展开竞争，这是市场经济初级阶段的特征；单个企业加上相互之间的松散协作，在较大的区域展开竞争，这是市场经济中级阶段的特征。由一批相关企业组合成比较紧密、比较稳定的企业集团，并在全国直至全球范围内展开竞争，这才是市场经济高级阶段即现代市场经济的特征。当今市场竞争要求不论是大企业还是中小企业，都要尽可能成为某个企业集团中的一员：可以是某项大型的生产分工体系中的一员，可以是某个产学研或供产销链条中的一员，也可以是某个连锁流通组织或物流配送体系中的一员。相反，一个企业特别是中西部的中小企业，一旦成为单枪匹马的散兵游勇，那就会面临极大的市场风险而难以生存。

其次，企业要增强对于市场经济高流动性的适应能力。自然经济和计划经济都属于高稳定性经济。而市场经济是高流动性经济：产品在流动，设备、技术、资金、人员等要素和产权在流动，甚至企业本身——总部及分支机构也经常迁移变动。正是这种流动性孕育了市场经济强大的生命力。也正是这种流动性促进了经济的全球化。加入 WTO 之后，这种流动性将迅速增强，而中西部企业还面临着要素资源流向东部沿海甚至海外的压力。为此，企业应当尽快提高以下几种能力：一是商品流通能力和市场应变能力；二是要素、产权的吞吐能力和企业的重组能力，特别是与外商优势企业合资合作的能力；三是提高企业对其经营方向、经营方式，以至对其总部或分支机构在选址、配置以至迁移等方面的决策能力。

再次，企业经营管理的着力点要转到增强核心竞争力方面来。企业核心竞争力包括两个互相联系的方面：一是技术创新能力，即企业通过科技开发或其他途径获得自主专利，借以推出技术领先的产品，能据有制定这一行业或产品标准的主导权。二是市场控制能力，即企业精于要素的整合、品牌的塑造、销售网络的构筑，从而在一定程度上左右市场及价格的变动。如果说单个的中小企业很难拥有这样的核心竞争力，那么一个大型企业或集团企业就必须尽快达到这一水平，才能在与国际一流强手的竞争中立于不败之地。对于中西部企业来说，核心竞争力的培养，关键是人才，所以要特别重视人才的培养和引进。

第三，调整城市发展思路

市场经济的发展和日益融入世界经济体系，将加快我国城市的发展和城市化进程，也将进一步凸显城市作为区域经济中心的地位和作用。原因主要是：

首先，城市是外商投资的主选之地。外商来华一般不会选择到乡村投资。事实上，除了那些乡镇与城市已连成一片的部分沿海发达地区外，现有外资企业大都分布在城市。加入 WTO 之后，我国服务业市场将全面开放。但服务业尤其是新兴服务行业，基本属于城市产业。在发达国家，即使是涉农服务行业，其机构和人员也大都在城市。外商投资服务业，当然主选城市。

其次,城市特别是大城市,是多数商品、要素和企业流动的归宿。前面说过,市场经济是流动性经济。商品、要素、企业的流动是市场经济结构调整的实现方式。而流动的方向又是逐步地从乡村流向城市。所以说,随着商品、要素、企业的流动,经济重心不断的由乡村向城市转移,这是市场经济发展以及结构调整的客观趋势,也是城市化的根本动因。我国市场经济的加速流动,强化了经济重心从乡村向城市转移的趋势。

再次,今后若干年,我国将会出现一个企业重新选择城市的浪潮。在加入 WTO 的冲击和深化税收、人事、社会保障体制等项改革的推动下,我国现有企业将进一步摆脱条条块块的行政束缚,重新选择更适合其生存发展的城市。大致有以下几种情况:一是为数不少的乡镇企业向城市迁移,包括从原有企业抽出资本转到城市再创业。二是部分原在城市的企业选择其他城市设立分支机构,以扩展经营业务,或者选择其他城市合适的相关企业开展重组联合。三是将企业的核心部分以至企业总部从中、小城市或边远城市迁到层次更高、区位更好、环境更佳、更利于企业长远发展的中心大城市。

鉴于上述情况,中西部地区理应进一步明晰城市发展思路。要点有:

首先,解放思想,大力推进城市化。事实表明,城市化与工业化相伴相成。工业化促进城市化,城市化又反过来推动工业化。加速城市化,一是有助于扩大消费需求和投资需求,二是能够促进一、二、三次产业的全面发展,三是有利于从总体上提高经济增长的质量。因此,凡是城市化水平高的地区,经济发展水平一般也较高。为了说明问题,不妨将我国东中西部 2000 年的情况比较如下:

	东　部	中　部	西　部
城市化水平(%)	46.1	33.0	31.4
一二三产之比	11.4:49.2:39.4	19.2:46.2:34.6	22.3:41.5:36.2
人均 GDP(元)	11335	5892	5120
乡村人口人均农业增加值(元)	2398	1714	1664

从上表可知,我国东部 11 个省市人口的城市化率比中西部 20 个省市区高十几个百分点;东部地区的二、三产业比重也都比中西部约低一半,但东部乡村人口每人平均的一产增加值比中西部高出许多。从总体上看,东部地区由于城市化水平较高,其产业发展水平也明显高于中西部。

其次,要实行科学的指导方针。一是要积极发展现有城市,特别是大中城市,在扩展其规模的同时,注重完善城市功能。二是相对集中地建设一批重点镇,并且尽快的使之达到五万人左右的小城市水平。在小城镇建设上,一定要抵制"农村城镇化"之类的误导,下决心消除小城镇建设"多、散、小、空、弱"(即小城镇数量过多,布局相当分散,人口和经济规模太小、产业较空、功能薄弱)的现状。

再次,政府加强引导,破除条块分割,依靠市场纽带,推进城市的群体化发展。即相近和相关的若干个城市,在深化分工和优势互补的基础上,依靠产业链形成城市群体或称城市经济圈,求得共同发展。与企业的集团化一样,城市的群体化,也是现代市场经济发展的趋势之一。对于中西部地区来说,城市群体化也是避免城市陷入边缘化境地,能够保持城市生机和活力的有效途径。

第四,调整地区发展思路

国内外新的形势将有力地促进全国各地经济的发展和居民收入的提高。但另一方面,在一定时期内,也将进一步拉大各地,特别是中西部与东部地区经济发展和居民收入的差距。面对这样的态势,在地区发展思路方面也应做出合理的调整:

首先,要正确地看待地区之间的差距。第一点,差距是规律的产物,永远存在。地区差距的产生,原因之一是自然条件,如自然资源、生态状况和区位条件等。原因之二在于市场经济是一种非均衡经济，只要实行市场经济，发展就不可能齐头并进，原有的差距消失了，新的差距还会产生。第二点，我们现在的差距是市场经济发展过程中的差距，在某种意义上可以说是体制转换的结果，是改革的成果。就像爬山，原来大家都呆在山脚下，自然没有什么差距。改革开放犹如一声令下，大家向市场经济高峰攀登，各显其能，自然是有人动作快，有人动作慢。经过一段时间，尽管爬得最慢的人也上了坡，但有人爬得较高，有人更高，差距也就产生了。可以说，有发展才有差距，差距是市场经济发展的结果。在其他条件大体不变的情况下，发展越快往往差距越大。

其次，要合理地处置地区之间的差距。第一点，要区分经济增长方面的差距与社会进步方面的差距。经济增长主要指 GDP 的增长速度、总量规模及人均水平。社会进步主要指居民的生活改善、社会保障和教育、卫生、科技、文化事业的水平，还有社会治安、生态维护等方面的状况等。不同的差距要用不同的对策来处理。第二点，在一般情况下，要控制社会进步方面差距的扩大，并争取逐步缩小。为此，政府特别是中央政府要承担更多的责任，要发挥财政转移支付这类杠杆的作用。反过来，政府财政及社会捐助的资金也应限于资助控制人口、基础教育、社会保障、维护生态等领域，一般不要用于非公益性的项目投资。第三点，对于经济增长方面的差距，一方面要发挥各地比较优势，培育具有明显特色的主导产业，在国内外市场争得一席之地。另一方面，要坚决避免盲目发展资源开发及加工工业，从而导致重复建设、结构趋同、过度竞争、环境污染等等。第四点，缩小地区间人均 GDP 和人均收入的差距，既要做加法又要做减法。加法是发展经济，增加 GDP 和收入总量以增大分子值。减法就是控制或减少当地人口，以减小分母值。尤其是中西部某些自然、区位等客观条件较差的地区，要在发展教育事业提高居民素质的基础上，鼓励劳动者向发达地区、向大中城市转移。这要成为一项国策。

再次，向沿海发达地区靠拢，加速区域经济一体化进程。市场经济的结构调整是在两个主要方面展开的：一是产业结构，二是地区结构。地区结构的调整又存在两种客观趋势：一是经济及人口的重心逐步地由乡村向城市转移，二是经济及人口的重心逐步地由内地向沿海转移。加入 WTO 和经济全球化都是加速我国地区经济结构调整的催化剂。面对这样的局面，中西部地区明智的选择就是加速与沿海地区经济的一体化进程。从大处看、从长远看，国内地区之间的经济一体化，与企业的集团化、城市的群体化，国与国之间的区域化，共同构成经济全球化的实现形式。可以说，没有这四个"化"，就没有全球化。WTO 将为加速这些"化"推波助澜。中西部地区也只有顺应这一潮流，才能有效地解决地区发展以及发展差距问题。

（安徽省经济研究所所长　王傲兰）

西部开发宜走中西部联动发展初探

实施西部大开发战略，走中西部联动发展之路，既是社会主义本质需要，也是国家经济发展的内在要求，对我国逐步实现各族人民共同富裕具有重大意义。

一、中西部联动发展的必要性

第一，既是社会主义本质的需要，也是中西部经济发展的客观要求。我国西部地区幅员辽阔，资源丰富，陆地面积占全国的 71%，大陆海岸线长 1595 公里，约占全国海岸线的 10%，1999 年末总人口约 3.65 亿，占全国人口的 29%。我国的水能、天然气、煤炭资源主要分布在西部地区。但由于历史的原因，西部地区经济欠发达。社会商品零售额仅占全国的13%,城镇居民人均收入比全国平均水平低20%,农民人均纯收入比全国平均水平低40%。加快西部地区经济发展,逐步缩小地区间的发展差距,最终实现西部地区的普遍繁荣与人民共同富裕,既是社会主义本质的需要,也是国家经济发展的内在要求。

中部地区国土面积约占全国的17%,人口约占全国33%,经济总量(GDP)约占全国26%。在加快西部大开发的同时,也要加大中部地区的开发力度,使之成为承东启西连接南北的交通枢纽,成为东西两大经济区域的连接带。这是因为:加快西部开发的主要措施之一,就是加快基础设施建设。而以公路建设为重点,加强铁路、机场、天然气管干线建设,开发水资源、实现西电东送、西气东输等。除了机场外,客观上都离不开中部地区地缘上承东启西的作用。离开了中部,西部与东部的交往就比较困难。中西部开发宜走联动发展之路,联动发展是中西部经济共同发展的客观要求。

第二,是实施西部大开发的重要物质保证。中部具有丰富的农业和矿产资源优势,是加快西部开发重要的物质保证。中部地区是我国重要的农副产品、能源、原材料及主要初级产品的生产和输出基地,据不完全统计,每年净调出商品粮超过600万吨,商品棉超过100万吨,以及相当数量的肉、禽、蛋等。区域内矿种较好,资源丰度优于东部地区,资源密度高于西部地区。1999年原煤产量占全国的50%,原油占41%,发电量占31%,生铁、钢材、水泥产量分别占36%、26%、29%。但是,由于中部地区经济发展仍比较脆弱,如果在开发西部的同时,不考虑与中部联动开发,就难以保证西部地区开发所需粮食及其他物资的有力支撑。

第三,是全国奔小康实现经济发展战略目标的需要。在改革开放之初,东部与中部地区相比,并没有太大优势,但我国实行的东部优先发展战略,国家在投资、金融、财税和对外开放等政策上明显向东部倾斜,才使中部失去发展先机。目前,中部地区的宏观经济政策良好,中部地区每亿元投资创造的GDP达3.87亿元,比东部地区(2.93亿元)高出0.94亿元,每亿元投资创造的财政收入0.34亿元,比东部地区(0.29亿元)高出0.05亿元。如果我们在加大西部开发建设同时,不适度考虑中部地区的利益,中部地区又将再一次失去发展良机。这对区位优势、市场程度、经济基础、投资环境等明显优于西部的中部来说,有失公平。不论是从"效率优先"还是从"兼顾公平"考虑,宜走中西部联动发展之路。这是因为:没有中部地区的繁荣就谈不上全国的共同繁荣,没有中部地区的小康就谈不上全国的小康。

第四,实行中西部地区经济联动开发,是增强民族团结,实现我国各民族共同富裕的需要。我国的55个少数民族大部分聚住在中部地区和西部地区,加快中西部地区的联动开发,可以促进该地区经济协调发展,对巩固国防和社会安定有重大现实意义。

二、加快中西部地区经济联动开发的设想

1. 在实施西部大开发战略中,应采用中西部联动开发的战略措施。从经济学的角度看,随着东部地区经济发展水平的不断提高,资金的边际效用递减,劳动力和土地等生产要素的价格上升,将迫使东部地区加快实行产业结构升级或调整,转移那些不具备比较优势的产业。而中部接近东部,具有承接和选择这种转移的基础和条件,应很好利用,使之成为中部发展的新的经济增长点。同时,中部应从中央加快西部基础设施、生态环境保护和建设、矿产资源开发等有利时机,从自己的优越地理位置、产品优势出发,抢占西部大开发产生的内需市场空间,拉动中部地区经济增长。

西部地区,则应根据全球经济一体化和中国市场经济发展趋势,在国家总体规划指导下,从自己的资源条件、经济基础等实际情况出发,制定出资源开发和基础设施建设规则。在规划中,应抓住生态建设和环境保护这个根本点和切入点,抓住水资源开发利用及交通、通讯这个核心问题。应看到中部与西部竞争造成的不利影响，更应看到中西部的优势互补。在实施跨省、区铁路公路干线、天然气管干线等项目建设时，应考虑如何经过中部通往东部，考虑如何中西部联动开发，建成西部通江达海的综合运输体系。促进西部与东部地区及周边国家的联系、交往，在促进西部地区经济发展的同时拉动中部经济的发展。

2. 加快中西部联动开发，关键是要解放思想、开放市场。解放思想、开放市场对促进中西部联动开发极为重要。解放思想就是要转变观念，引进新思路、新办法、新机制，不能再沿用传统体制和发展模式。在开发思路上，由过去主要开发自然资源转变为开发自然资源和保护环境相结合，由开发自然资源与开发科教、信息、市场、人才等多种资源相结合。在人才开发上，把引进高素质人才及加强本地人才的利用与培养结合起来，努力创造一个人才脱颖而出的体制和政策环境。

开放市场就是要抓住中国已将加入世贸组织这个机遇，以更加积极的姿态走向世界，建立全方位、多层次、宽领域的对外开放格局，提高对外开放的质量和水平。要根据比较优势的原则，充分利用国内国外两个市场、两种资源，优化资源配置，推动中西部地区经济的快速发展。

3. 中央要加大对中西部的支持力度。中央在实施西部大开发战略中，重点是加快西部大开发，但也要适度加大对中部地区的支持。包括扩大中央对西部地区的税收返还和财政转移支付，提高国家政策性贷款用于西部地区的比重，引导外资更多地投向西部地区，提高国际金融组织和外国政府贷款用于西部的比重等，也要适当考虑中部地区发展需要。目前，中央在外商投资税收政策方面，已经给中部地区享受西部地区优惠政策。建议中央在投资、金融、财政等方面也给予中部地区适度的支持。促进中西部地区的联动发展。

4. 允许中西部地区试行更加开放的政策。一是允许中西部城市设立基础设施建设彩票，选择对社会影响大的公益事业如体育场所、文化活动中心等发售彩票，筹集建设资金。这方面可先在中部大城市进行试行，取得经验，然后在西部大中城市中实行。二是放宽对中西部地方企业发行债券规模的限制。三是尽快在中西部设立产业投资基金。四是制定政策，鼓励东部地区人才参与中西部地区经济开发，并保留他们在东部的户口，使他们来去自由，吸引更多的人才和资金。五是批准西部在边境建立自由贸易区，实施更加优惠的贸易、投资和税收政策，为中国——东盟自由贸易区的建立提供实验。

5. 适当保护资源性产品价格，增强中西部地区的自我发展能力。由于历史原因，长期以来资源性产品的价格严重背离价值，价格普遍偏低，造成了拥有大量资源性产品的中西部地区与主要从事生产性加工产品的东部在商品竞争中处于极为不利地位，限制了中西部地区的自我发展能力。目前，在告别短缺经济，资源性产品出现卖方市场，资源性产品不再具备明显优势情况下，应适当保护水、电力、煤炭、原油等价格，以增强自然资源丰富地区的自我发展能力。

6. 加强东部地区对中西部地区的支援。进一步加强东部地区与中西部地区的经济技术合作，实行对口支援，联合发展交通、通讯、能源、原材料等重要基础设施和基础产业建设，推动企业跨地区联合、控股、合并、兼并等，充分利用东部的资金、技术和地理优势，为西部开发提供融资、市场、人才培训等服务与合作，进行生产要素大范围的优化组合，促进中西部地区的资源优势逐步变为经济优势。

7. 建议中央进一步加大对广西的支持力度。广西是我国少数民族人口最多(1830 多万)的省、区，是大西南出海通道的必经之地。但由于解放后长期处于战争前沿阵地，国家投入较少，经济欠发达。建议国家在西部大开发规划中，进一步加大对广西基础设施建设项目投资的支持力度。在交通建设方面，继续配套和完善大西南出海通道建设，修建高等级跨省区公路及扩建钦州、北海、防城港等出海港口。使广西成为整个西部进入东南亚各国的门户和成为联系粤、港、澳、台等经济发达地区的桥梁和纽带。在西电东送方面,加大对广西龙滩电站(总装机容量540万千瓦)及百色水利枢纽项目的支持,促使他们早日发挥发电、防洪、通航、生态环境保护作用。因为这几个大项目的建设,不仅对红水河梯级开发实现西电东送、对广西的扶贫开发及经济发展有重大推动作用,而且对珠江流域的广西桂平市、梧州市及广东的肇庆、佛山、江门等沿江经济发达地区的防洪减灾产生巨大的社会效益和经济效益。实际上也促进东、西部经济的联动发展。

8. 抓紧制定法规。西部开发是一个长期的、浩大的、复杂的系统工程,它包括经济、文化、科技、教育、生态环境保护等方面。要使西部大开发做到科学、有序、有效,必须有规范的法制作保障,一方面要创造良好的法制环境,规范不合法的开发行为,另一方面要运用法律手段维护开发者的合法权益。但目前我国这方面法律比较滞后。早在1989年,九三学社中央委员会主席周培源提出"关于建立长江上游生态保护和资源开发区的研究意见"得到国家计委的高度重视,并经国务院领导批示印发国务院有关部委,请他们在制定"八五"计划时予以考虑。但十年来我国第一大河长江的生态环境仍不容乐观,长江中上游森林覆盖率下降、泥沙含量增加、水质恶化、物种受到严重威胁的状况没有根本改观。究其原因,关键是没有良好投资机制及强有力的法律作保障。目前,国家进一步明确将长江中上游生态环境保护列为西部大开发项目,位于长江中上游西部地区的西藏、四川、云南、贵州、重庆及中部地区的湖北、湖南、安徽等省区,如何联动开发,如何集中财力、物力,如何更好地利用外资,有许多事情要做,有不少关系要协调,这就要求有法律、法规作保障。如果我国目前不便出台《西部开发投资法》,可先制定《西部开发投资条例》试行,经过一段时间实践检验,修改、补充、完善后再以法律形式颁布施行。为了推动中西部联动开发,在制定《西部开发投资条例》或《西部开发投资法》时,应有"中部地区参照执行"或"在西部大开发中,中央也要给予中部地区适当支持"等这方面内容,并在实际工作中予以执行。

总之,加快西部大开发,走中西部联动发展之路,利大于弊,我们应很好研究,尽快决策。

(广西钦州市发展计划委员会　韦明国)

贫困县主导产业的选择与培育

——广西扶绥县发展蔗糖主导产业的实践与思考

贫困县的经济发展是当前县域经济发展的突出问题。贫困县经济发展的滞后,影响着地区的稳定和基层政权的巩固。中央实施的西部大开发决策是解决这些问题的英明之举。贫困县的脱贫需要中央给予政策的支持和沿海发达地区的支援。但是,外因是变化的条件,内因是变化的根据。外部的支持要通过内部的努力才能取得效果。因此,在中央和沿海地区支持的同时,贫困县要立足于自己的资源优势,发扬自力更生,艰苦创业的精神,坚持解放思想,实事求是,选择适合自己的发展路子,实现脱贫致富的目的。选择和培育贫困县的主导产业是实现这个目标的重要途径。无论是自然资源还是社会资源,贫困县与其他县相比都有较大的差距,特别是在基础设施、资金、技术等方面都面临着普遍的约束。因此,我们要从这些实际情况出发,确定贫困县主导产业的基本要求和目标。贫困县的主导产业除了能满足“国民经济中发展速度较快，能带动其他产业发展”的条件外，还应该满足以下几方面的要求：一是能使本地资源得到最佳的配置；二是对本地的财政收入贡献率最大；三是经济发展的后劲较足，能促进经济的可持续发展。只有这样，才能最大的发挥当地资源的优势，有利于调动各方发展和培植主导产业的积极性，迅速形成自己的主导产业。依据这样的思路，广西扶绥县用十年左右的时间把蔗糖业培育成自己的主导产业，取得了较好的效果。扶绥县地处广西的西南部，全县总人口 41 万人，农业耕作面积 140 多万亩，是广西 49 个贫困县之一。目前，全县甘蔗种植面积近 50 万亩，2001/2002 年榨季全县甘蔗入厂总量达 288 万吨，以县为单位，甘蔗总产列全国第三位。每年农民和县财政收入直接来自蔗糖业的都在 50% 以上，全县农民人均纯收入和财政收入也分别从 1985 年的 267 元、1053 万元提高到去年的 2695 元、1.97 亿元(注：农民人均纯收入按农经口径计算)。

从目前的情况来看，蔗糖主导产业的形成对扶绥这个贫困县来说，如下几方面的作用是明显的：

一是有效地解决了资金的问题。蔗糖业每年给财政带来一亿元左右的税收，在保证干部工资按时发放的同时，每年还可以安排部分资金投入基础建设。农民每年也从种蔗中得到 4 亿元左右的收入，生活、生产的资金有了保证。

二是进一步加强了基础设施的建设。1990 年全县乡村公路 270 公里，去年达到 545 公里，全县 128 个村实现了村村通汽车、村村通电。

三是带动了农业生产方式的转变。良种推广、科学管理、电脑农业等一些先进技术越来越为广大农民所接受，提高了农业生产的效益。

四是促进了农民观念的转变。农民的商品意识、市场意识、对外开放意识得到进一步的提高。

按照选择主导产业的基本要求，结合实际选择主导产业是其前提条件，培育主导产业，振兴经济实现脱贫是其根本目的。为此，我想应该做到以下“五个必须”：

第一，必须正确理解和处理好市场与资源的关系。市场是资源优势发挥的前提和动力，资源优势的发挥是适应市场需求的基础。要努力实现两者的有机结合，要用开放、发展的观点来分析、认识市场的需求，把国内市场和国外市场，现实的市场和潜在的市场结合起来分析。我们在分析蔗糖市场需求的时候，把国内市场以及入关后外糖冲击的因素统筹考虑。从当前糖业的市场和随着生活水平提高人们对糖的需求增加，以及国家对糖精等甜味品的限产后让出的市场份额等方面来考虑市场的因素。另外，我们还要以辩证的方法认识和发挥资源的优势。资源的优势是客观的，又是相对的，某些资源对一个产业可能是不利因素，但对另一个产业却又是有利的因素。例如，左江河谷每年的春旱和秋旱对该地区的水稻、玉米的生产制约很大，但同等条件下，却有利于甘蔗的生长、有利于甘蔗糖分的提高，因此，我们要善于从产业的特点选择资源优势的突破口，从本地的实际出发，切忌好高骛远，善于从多个比较优势产业中选择最优，并把它培育成主导产业。

第二，必须重视培育主导产业的龙头企业。农业生产目前存在的单家独户的经营方式，规模小、效益低、客观上造成了在市场竞争中农民处在一个相对弱势的地位，龙头企业在连结市场与农民的产业链，发展主导产业上有着不可替代的作用。扶绥县政府在 80 年代后期先后贷款两亿多元建成两家日榨 5000 吨的左右的糖厂，能够自我消化本县的原料蔗。随着原料蔗的增加，我们又通过技改提高糖厂的压榨能力，目前全县日榨甘蔗能力达 1.4 万吨，提高了企业的生产能力和规模效益。十多年来，我们投入 5000 多万元的用于蔗区道路的建设与维修、解决了甘蔗运输难的问题。每年都安排 200 万元左右的资金为农民推广良种提供贷款贴息,通过采取优惠的政策、加强了龙头企业的基础建设。

第三,必须统筹兼顾主导产业链上各组成主体的利益关系。主导产业的选择必须对农民、企业、财政三方都要有利可图,才能调动各方对培育主导产业的积极性,忽视任何一方,对主导产业的培育都会不利。财政的利益通过税收来实现,所以,政府的主要工作应放在调节企业与农民的利益关系上。近几年来,我们采取的甘蔗价与糖价联动方法,给农民一个保护价,当糖价高于联动基数时,每吨糖价提高100元,给农民的蔗价加价5元;当糖价低于基准价时,则按保护价付给农民,保护农民种蔗的积极性。我们还通过农民与企业签订生产合同的办法,以契约的方式保持企业与农民一种稳定的合作伙伴关系。

第四,必须不断发扬创新精神,把主导产业做强做大。主导产业形成不是一步到位的,它需要一个培育过程。随着市场条件的不断变化,特别是加入世贸以后,市场的变数更多,我们必须从观念、体制、科技等方面不断创新,注入新的活力,主导产业才能保持其优势地位。大家都关心入世后国外糖对市场的冲击。的确,由于国内蔗糖生产规模较小、科技含量低、成本高,与国外糖的竞争处在相对不利的地位。根据中国入关后所承诺的税率水平,国外的原糖进口后,考虑到精炼糖的加工及国内的运输等因素,其吨糖成本在2300元左右。我们必须盯着这个目标,想办法降低成本,提高市场的竞争力。这几年,我们所采取的一系列创新措施已初步收到良好的效果。我们按现代企业制度要求,引进外资嫁接,完成了两个国有制糖企业的改制,实现了经营体制的创新。我们通过不断的技改,扩大了糖厂的生产规模、提高了综合利用率,目前两个制糖企业的压榨能力都在7000吨左右,其规模已接近世界产糖大国的水平。我们通过推广国家863农业信息技术在甘蔗生产上应用,大大降低了生产的成本,提高了种蔗的效益。去年我们实施项目面积11.4万亩,平均单产达6.7吨,比常规生产增产1.8吨/亩,这个单产水平接近了产糖大国的水平。下一步,我们将围绕甘蔗的深加工和综合利用等方面,加大力度把产业链拉长,巩固和壮大主导产业。

第五,必须优化主导产业发展的外部环境。良好的环境是促进主导产业发展的催化剂,是不可或缺的条件,紧张的外部环境可导致主导产业发展缓慢。在培育主导产业发展中,首先要提供政策支持。一是我们抢抓机遇,充分利用国家这几年实行的白糖收贮政策,避免了制糖生产的大起大落;国家对糖精生产的限制,也为制糖业留出了更多的市场空间,这些产业政策促进了我县主导产业的发展。二是结合扶绥县的实际,我们制定了一系列相关政策。这几年,以提高农民种蔗科技含量为中心,实施"甘蔗种植良种化、管理智能化、耕作机械化"为主要内容的"三化"工程,各级政府在人、财、物等方面给予重点支持。其次要提供人才支持。在发展甘蔗生产中,我们依托广西科技信息网和广西农大、农科院、科技厅等专家、教授,组织科技人员深入农户,深入田间,指导农民科技种蔗。再次,要提供舆论支持。通过舆论对发展主导产业的重要性、优惠政策,奖罚措施以及在发展主导产业中先进典型的表彰奖励,对消极行为的批评或制裁,使各方面形成共识,上下互动,营造良好舆论环境,充分调动了各方参与支持主导产业发展的积极性。

(中共广西扶绥县　县委书记　李明凤)

把握历史机遇　建设美好长宁

长宁县位于四川盆地南缘,始建于唐初,因民族和睦相处,长久安宁而得此县名。全县幅员面积975平方公里，辖11镇9乡，人口42万。长宁县先后荣获全国粮食生产先进县、楠竹基地县、农业产业化示范县、山区综合开发示范县、生态农业示范县、科技工作先进县、造林绿化“百佳县”等殊荣。

长宁县资源富集，竹类资源优势突出，全县拥有竹林面积32万亩，竹类品种近400个，享有“竹的海洋，竹的王国”之美誉。旅游资源得天独厚。县境内的蜀南竹海方圆120平方公里，是国内唯一集山水、溶洞、湖泊、瀑布于一体，兼有历史悠久的人文景观的最大的原始“绿竹公园”，是四川省竹类生态自然保护区、世界生物圈保护区网络成员。长宁县农业生物资源丰富。全县拥有以优质脐橙、优质梨、优质板栗、优质枇杷为主的优质果品面积10万余亩，系长江上游优质果品基地县。长宁县矿产资源储量大。县内探明可供开发的矿产资源达18种之多，其中高品位岩盐储量达100多亿吨，被誉为“盐都之二”；白云石储量达100亿吨，天然气储量100多亿立方米，高品位的石灰石难以计量。

长宁县区位极佳，基础超前。地处长江一级中心城市宜宾市的腹心地带，是宜宾通往滇黔的重要通道。县内交通便捷，初步形成了县、乡、村三级公路网络，通往县外和县境内的干线公路均为水泥公路或柏油公路，北上成都，东去重庆均只需3小时左右。全县通讯网络健全，移动通讯、传呼覆盖全县各乡镇，光纤程控电话已通大部分。电力设施完善，建有220kv、110kv输变电站各一座，农村电网改造快速推进，城乡一体化电力网络已基本形成。城镇建设扎实推进，功能日臻完善。

近些年来，长宁县紧紧抓住西部大开发的历史性机遇，坚持“旅游兴县、特色富县”发展战略；坚持“发展抓环境，经济创特色，振兴靠科技，开放强实力，稳定促繁荣”的发展思路，以加快发展，产业升级为主调，以经济结构战略性调整为主线，以改革开放和科技进步为动力，以提高人民生活水平为根本出发点，解放思想，发挥优势，保持了县域经济的持续、快速、健康发展。2001年，全县国内生产总值16.07亿元，比上年增长13.1%；全社会固定资产投资完成2.45亿元，同比增长32.4%；全社会消费品零售总额为7.03亿元，同比增长19%；实现财政总收入8160万元，同比增长8.5%。城乡居民生活进一步提高，农民人均纯收入2459元，比上年增加102元；城镇居民人均可支配收入5558元，同比增长11.2%。与此同时，全县教育、文化、卫生、科技等社会事业健康发展，社会保持稳定。

实施西部大开发，长宁占有天时、地利、人和之优势，“十五”期间，长宁县坚持县域经济发展战略、思路和重点，解放思想，真抓实干，努力实现经济和社会发展新跨越，把长宁建成“环境优美、经济繁荣、民富县强、社会文明”的生态旅游经济大县。为此，要在以下几个方面下功夫。

一、坚持对经济结构进行战略性调整，促进产业升级。一是大力优化产业结构。按照加强一产业，提高二产业，发展三产业，以市场为导向，效益为中心，体制创新为依托，科技进步为支撑，全面提高工业、农业、服务业的水平和效益，走优质高效的路子。二是大力调整城乡结构。按照“合理布局、科学规划、规模适度、注重实效”的原则，以县城建设为中心，以乡镇集镇建设为重点，辐射中心村的发展；不断完善城镇功能，逐步形成合理的城镇网络体系，提高城镇化水平。到“十五”期末，全县城市化水平达到25%以上。三是大力调整所有制结构。积极鼓励和引导非公有制经济向农业、加工业、农产品运销等方面扩展，引导个体工商户和私营企业由小家庭作坊式经营向社会化的规模经营转变，不断提高私营企业的科技水平，推动非公有制经济的生产经营上档次、上水平。

二、以农民增收为核心，加速建设社会主义新农村。继续把发展农村经济，增加农民收入作为一项基础工程来抓。要着力优化农产品质量，积极发展有市场竞争力的名优特新产品；大力优化农产品结构，加快优质农产品基地及畜禽基地建设;大力推广农业新技术,促进传统农业向现代农业转变;积极探索和发展多种形式的产业化经营模式,大力推进农业产业化进程。突出“一村三户”(文明新村、专业大户、美好家园户、相对贫困户)建设,继续改善农业生产条件,努力提高农民生活质量,实现宽裕型小康。

三、加强优势资源开发,积极培育优势产业。(一)大力开发旅游资源,加快发展旅游产业。要依托蜀南竹海,依法保护好竹资源,确保旅游资源永续利用;搞好“世纪竹园”、“竹海温泉”等重点景区景点开发;抓好竹海景区道路、游人中心、宾馆饭店等基础设施和配套设施建设;大力发展规范化、多元化的国际国内旅行社,加强旅游队伍建设,不断提高旅游管理水平和服务质量;大力开发独具竹海特色的旅游商品,提高旅游经济效益。(二)大力开发竹类资源,加快发展竹类产业。继续抓好竹林基地建设,重点发展苦竹、绵竹、杂交竹等品种,到2005年,全县竹林面积发展到35万亩以上。要加大对竹类资源的开发力度,培育和壮大竹类加工龙头企业,重点搞好竹浆牛皮纸、高档竹地板、竹塑胶模板等产品的生产,不断开发竹工艺新品种,切实搞好竹笋系列食品加工。力争到2010年,竹类加工业总值达6亿元以上,使竹类产业成为县域经济的重要支柱产业。(三)大力开发优质农产品资源,加快发展绿色食品。积极发展以竹笋、竹荪、柑桔、蔬菜等为重点的绿色食品加工业,结合实施退耕还林还草工程建设,加强畜禽基地建设,大力发展畜禽加工业。努力实施名牌战略,形成独具长宁特色的绿色食品产业。(四)充分发挥现有优势,加快发展包装建材业。要加大力度,开发高档次的玻璃包装和玻璃工艺制品,大力开发纸板、竹板等包装产品,巩固发展以水泥为主的建材工业。

四、加强生态环境建设,走可持续发展道路。切实抓好10万亩退耕还林工程和“百里绿色长廊”建设,综合治理水土流失,把长宁建成长江上游重要的生态屏障。要切实抓好工业污染源的综合治理,严禁新的工业污染源。要抓好城镇生活垃圾和生活污水的处理,实现城市生活垃圾和生活污水处理无害化。

五、切实抓好基础设施建设,不断优化发展环境。把基础设施建设作为大开发的基础,要加快城乡集镇建设。坚持“小城镇、大战略”的方针,搞好城镇发展体系规划;加快城镇基础设施建设,不断完善城镇功能;制定优惠政策,鼓励农民进城经商办企业,加快推进城乡一体化进程。要加快县、乡(镇)、村三级公路建设。积极配合宜宾市抓好宜长快速通道的建设,大力建设村道,加强县、乡(镇)公路的改造,不断提高县内公路的等级,形成县、乡、村三级畅通、快速、发达的公路交通网络,为发展县域经济和改善人民生活提供便捷的交通条件。要加快水利基础设施建设。搞好小集镇、中心村的供水设施建设,加强病害水库整治和渠系堰配套工程建设。力争2005年,全县有效灌面达80%以上。要加快农村电网改造与建设,力争2003年完成农网改造工程,实现城乡同网同价。

六、大力加强人才工程建设,加快科技创新步伐。实施西部大开发,实现发展新跨越,人才、科技是关键。要继续巩固“普九”成果,全面抓好素质教育,加强学校设施建设,大力发展高中阶段教育。努力营造尊重知识、尊重人才的社会环境和优秀人才脱颖而出、人尽其才、才尽其用的用人环境。要加大科技成果的推广力度,狠抓企业技术改造,用现代技术改造传统产业,促进产业升级,提高科技含量。

七、进一步深化改革,努力扩大对内对外开放。坚持改革增活力。继续深化农村改革,稳定和完善家庭联产承包责任制,鼓励农村土地流转,适度向经营大户集中。进一步深化企业改革,完善企业法人治理结构。增强开放意识,抓住西部大开发“外资西移,内资西进”的有利时机,敞开县门,创造更加优良的环境,提供更加优质的服务,全方位、多层次、多渠道地招商引资,吸引更多的外来投资和社会投资,不断提高招商引资实效,促进县域经济快速发展。

(四川省长宁县　县长　李发存)

打造生态经济品牌

——南江县域经济发展的市场选择

随着市场经济深入发展,经济全球化进程不断加快,西部大开发战略迅速实施,县域经济将在更大范围和更深程度上参与市场竞争。南江作为西部地区的山区农业大县,传统的发展观念、领导方式和经济发展模式,将在入世的冲击下更难以应对市场的挑战。而必须直面经济发展的新一轮市场选择,重新审视发展优势,调整发展思路,创新发展模式,运用企业(城市)经营理念经营南江(县域经济),进而取得南江县域经济的市场立足之地和加快发展的主动权。

一、跳出南江看优势——生态资源得天独厚

当前,南江经济发展的资源导向特征明显,经济基础脆弱,生产力水平低下,市场竞争能力不强。主要表现在:农业产值比重过大,农民生产组织化程度低,农副产品有品牌无规模或有规模无品牌,商品化率、市场占有率低;工业以矿产资源原材料加工为主,资源配置分散,技术装备落后,开发效益低下,与农业的关联度低;第三产业经营档次低,消费水平低,缺乏主导产业带动;且资金、技术、人才等生产要素逆向流动。由此可见,在市场经济转轨的大格局中,我们曾经关起门来自诩的资源和产业优势,对挑战市场竞争,促进经济跨越式发展而言,并不具有优势或难以形成优势。与之相反,站在市场潮头看南江,从国家西部开发、可持续发展战略和人们对绿色、安全、健康经济产品的市场供给需求等趋势来看,南江拥有其他地区不可复制、难以超越的生态资源优势:全县森林覆盖率达49.5%,分别超出全国、全省32.9和25个百分点;有原始森林50多万亩,国家保护动物25种,特有的"巴山水青杠"被誉为"植物活化石",大坝林区被中外专家称为"四川盆地北缘山地的重要生物基因库",幅员达250平方公里光雾山生态旅游区将获准为国家级风景区。因为有此优良的生态条件和独特的生态环境,成就了南江一大批农副土特产品为国家级品牌,茶叶"云顶茗兰"、"云顶绿茶"获国家级"AA"绿色食品标志认证,"翡翠米"获国家A级绿色食品标志,南江黄羊为"国内肉用性能最好"的山羊品种,"秦源雪"含硒矿泉水通过省级鉴定,还有香菇、蕨菜等土特产品远销日本、美国;才获得了全国中药材基地县、全国金银花标准化栽培示范县、中国核桃之乡、我国经济林建设先进县等名牌称号。综上所述,将南江独特的生态资源优势加快转化为生态经济优势,无疑成为南江县域经济发展的市场选择,选择生态经济建设,就是选择了南江可持续发展未来。

二、换个思路定出路——加强生态经济建设

国家的西部开发战略,客观上也是对全国区域经济规划的重要调整和对西部区域经济功能的重新定位,从而规定西部区域产业发展的方向和类型。南江作为西部区域的山区贫困县,在自身资源优势、国家产业政策和市场潜在需求的结合点上,经济发展方向必然定位在生态经济建设上。就是将生态经济思想贯穿于县域经济发展的始终,充分运用现代科学技术,大力实施生态资源建设工程,开发有比较优势的生态资源和市场竞争力强的绿色产品,构建生态农业、生态工业、生态旅游、生态城镇的生态经济框架,最终建成长江上游生态经济强县,实现从资源型经济向生态型经济转变。

生态农业经济。生态农业是整个生态经济建设的基础。发展生态农业经济,生产具有

市场竞争力的绿色产品,是农业优化结构真正走向市场,提高经济效益的捷径。如果没有良好的生态环境作为保证,无法适应市场的营养和安全需要,农副产品就没有市场竞争力,就达不到让农民增收的目的。而逐步形成生态农业经济的开发模式,实现南江农业可持续发展,重点要加强四项建设:一是农业生态环境建设。加快水土流失治理,实施退耕还林和坡改梯工程,提高地表覆盖率,节约土地和水资源,为生产无公害特色农产品提供先决条件。二是运用生态农业新技术。如培肥地力、节水保水的工程技术,农业标准化种植、养殖技术,立体农业、沼气利用技术等。三是实行农林牧渔综合发展,林果、草牧、粮农发展有机结合,分类经营,持续利用生态资源。四是生态农业基地建设。大力实施乡镇“万只南江黄羊”、“万亩优质茶”、“万亩优质稻”、“万亩金银花”、“万亩核桃林”的农业基地万字工程建设,建成优质粮油基地、有机茶叶基地、中药材基地、林果业基地、草食牲畜基地和无公害生猪、家禽基地。

生态工业经济。在注重保护生态环境和优化资源配置的前提下,积极实施生物工程,大力调整工业结构,构建低能耗、低污染、高产出、高效益的工业经济系统。一是全面关停环境污染严重、加工技术落后、设备陈旧、高耗低效、附加值低的原材料工业,如小煤窑、小石材、小铁矿,因为它们不可能从资源开发中积累生态资源保护和生态环境改善所必须的资金。二是大力发展以农副产品为原料的绿色食品加工业。以南江黄羊开发有限公司为龙头,促成与外企的合作,加快南江黄羊的选育、扩繁和精深加工,带动全县畜禽业发展;以南江巴山植化厂为龙头,引进地奥、三九等优势企业,深度开发金银花系列产品,带动全县中药材综合开发;以县土产公司为龙头,搞好以核桃为主的干果和香菇的精深加工,带动全县农副产品开发;以长赤翡翠米业有限公司为龙头,搞好优质米加工;以油脂有限公司为龙头,搞好高烹油、色拉油加工;以元顶子茶场为龙头,实施农垦振兴计划,狠抓茶叶精深加工扩能。三是把传统优势矿产资源加工企业做大做强。以矿产资源开发的环境保护和恢复作为市场化配置资源的基本条件,按生态建设要求和市场需求进行可持续性开发,实行初级产品开发和深加工相结合,加强冶金、水泥、石材企业技术改造,支持冶金矿山集团公司等优势企业通过兼并、收购等办法低成本扩张。四是积极发展高新技术产业。大力开发霞石系列产品、高档建筑装璜材料、超微细重质碳酸氢钙、高效复合肥及含硒矿泉水,促进高新技术产业发展。

生态城镇系统。围绕山水生态旅游城镇目标,以县城为中心,乡镇为补充,沿河沿路生态走廊为纽带,系统整治、保护、开发,促进城乡生态环境建设一体化,建设人、自然、建筑和谐相融的城镇系统。一是从改善城镇环境出发,加大垃圾、粉尘、噪声、污水等城镇公害治理力度。县城中心区不再扩建、新建工厂企业,对混杂在居住区内的工厂分别采取限、转、并、迁、关的办法治理污染。在3—5年内,建成地下污水管网及处理系统,搞好垃圾清运及无害化处理,推广电能、天然气为主的绿色能源,发展低污染的绿色交通系统。二是从加快城镇绿化出发,营造浓厚的城镇生态氛围。针对县城和乡镇城镇沿河沿路布点的特点,高标准、高起点建设城镇绿化系统。其中县城构建以大堂生态广场为绿心,以城市干道和河流及其延长线为绿轴,以周边山头组成生态圈,构成点、线、面结合,“城在绿中,绿在城中”的格局,使城市覆盖率、绿化率达到60%以上,发挥改善气候条件、净化空气等维护环境的关键作用。三是从提升城镇品位出发,着力塑造独具特色的山水生态城镇形象。利用依山傍水的自然生态优势,规划超前,依山造势,顺势而建,近两年加快县城生态广场、入城干道、滨河路、低水坝等基础设施建设。旧城拆高建低,拆密留疏,严格密积管制,凸显巴山建筑风格,发展生态型住宅小区。

生态旅游经济。南江光雾山生态旅游区

地处秦巴山区川陕两省交界之地，是北方人文景观与南方自然生态景观应接的一个入口，旅游开发的基本定位是充分利用巴山风情和生态旅游特色，发展生态观光（渡假）旅游，发展旅游产业，培育成带动南江经济发展的新的经济增长点。一是打造生态旅游品牌。争取光雾山申报国家级风景区尽快获准通过，并通过各种宣传形式，推介南江生态旅游产品。二是包装旅游景区特色。寻求旅游与健康的最佳结合，整体包装光雾山独特的生态旅游资源，突出健康旅游产品特色。提炼景区特色，泰山天下雄，华山天下险，峨眉天下秀，而光雾最美是秋色，积极筹办首届“中国南江光雾山红叶节”。三是借势借力高起点开发。抓住西部大开发的历史机遇，积极争取中央财政专项资金，加快景区基础设施建设。加大旅游项目包装招商力度，引进国内外资金，遵守国际化和WTO规则，高品位、高档次实施景区开发和服务设施建设，突破旅游产业发展的资金“瓶颈”制约。四是保护自然生态环境。加大景区环境保护力度，严格开发建设行为管理，实现生态旅游资源的永续利用。

三、适应市场创特色——打造生态经济品牌

从创建绿色产业基地，加强生态经济建设，到最终打造生态经济品牌，都必须是在南江环境有效保护、资源持续开发利用的前提下进行，必须引入企业经营理念，适应市场经济需求，必须克服求全趋同，善于在差别性上做文章，形成自己的特色，从而达到增强南江县域经济的市场竞争力，实现经济可持续发展的目的。

（一）实施五大生态建设工程，建立县域经济大生态区。按照生态农业、生态工业、生态城镇、生态旅游建设的基本要求，把生态保护和建设作为生态经济发展的基础和切入点来抓，使培植财源、调整结构、发展产业化与生态建设结合起来，使县域经济发展有机地融于生态建设之中。一是实施以大中型水利设施建设为重点的生态雨水集流工程。因地制宜，大中小微并举，突出发展骨干水利设施，五年内争取新建大型水库1座、中型水库1座，建成一批小型水利工程，使有效蓄水由目前5700万方增至1.8亿方，切实增强水资源调节能力。二是实施以“天保”和退耕还林为重点的林业生态工程。封山育林，绿化造林，管护好20万公顷天然林，新植1万公顷生态林，退耕还林12万亩，严禁野生动植物的捕猎采集行为，以此保护资源、涵养水源、美化环境、培植财源。力争到2005年，全县森林覆盖率达到55%，绿化率超过60%。三是实施以无公害化种植和养殖为重点的农田生态建设工程。参照国内外先进标准，制定实施南江特色农产品的技术指标体系和生产标准，禁施不符合绿色食品要求的高毒、高残留农药，改善农田土壤质量和灌溉条件，保护自然生态食物链，逐步形成完整健康的农田生态系统。四是实施以自然资源保护与合理开发特色为重点的生态旅游工程。根据南江旅游资源“山雄水险洞奇林幽秋色最美”的特色，科学规划旅游设施建设，合理设置旅游线路和旅游活动，着力保护生态原貌，避免对环境的破坏和污染，使人与自然和谐相处，旅游设施与天然风光自然交融，防止旅游生态资源的短期性无序利用和破坏性开发。五是实施以县城为重点的沿河沿路生态走廊建设相联系的城镇生态建设工程。突出抓好引绿入城，科学规划，突出特色，立体绿化，把园林绿化、街道绿化、院内绿化、房顶绿化和城周绿化结合起来，辅之以盆景、花卉的培植，使人均绿化面积达到4平方米。同时，沿路建成常青林荫道，沿河培植竹林带、垂柳带，形成连接城镇的绿色走廊。

（二）严格质量技术标准，生产高附加值的绿色产品。一是县一级成立专门的质量监测机构，建立和完善绿色产品的质量标准和监控体系，加强农业基地产前、产中、产后全过程的标准化管理与控制，把传统的种养技术和先进的无公害生产工艺结合起来，推行标准化生产和市场准入质量认证。二是提高绿色产品生产和开发的科技含量。按“优势互补，利益共

享”的原则,采取技术转让、共建实体等形式加强与科研机构、大专院校合作,搞好科技攻关和成果转化,加快实现无公害化生产、无公害化加工、无公害化包装。三是积极申报一批绿色产业基地和绿色食品品牌。力争南江申报批准为“全国无公害农业基地县”,并积极申报含硒矿泉水、植物油、魔芋、金银花的绿色食品认证,争取光雾山生态旅游区列为国家级风景名胜区。四是以品牌带动生产,提高农民生产组织化程度,建设标准化、规模化原料基地,尽快把南江黄羊、茶叶、金银花、优质米、矿泉水等绿色产品的总量扩大。

(三)创新生态产品发展机制,壮大绿色产业规模。一是健全投入机制。采取“争取国家资金、用活银行资金、吸引外地资金、启动民间资金”等四条腿走路的办法,拓宽投资渠道,突出投入重点,加大投入力度。尤其要善于运用市场法则,大力招商引资和推行业主开发,把依赖政府投入转向主要依靠社会投入。要利用南江独特的资源优势、品牌优势,对农业特色产品、绿色产业园区、农副产品精深加工、旅游资源开发等项目进行整体包装,对外招商,引进资金、技术、人才、信息、管理和市场,推进生态经济建设。要鼓励业主投入建基地、办企业,通过业主的市场化运作,把绿色产品的生产、加工和流通各环节联结成经济共同体和利益共同体。二是创新企业运作机制。立足产业发展现状和要求,着力培植和引进几家科技含量高、市场竞争力强的农副产品加工、流通龙头企业,改变贱卖原材料的状况,延长产业链条,大幅度增加绿色食品的附加值,充分发挥龙头企业对基地、农户和产业的带动作用,形成“以工补农,以工哺牧,相互促进,共同发展”的格局,把过去扶持农业发展的很多政府行为真正转化为企业行为和市场行为,达到“扶持一个龙头,拉动一个产业,带活一方经济,富裕一方百姓”的目的。三是完善政府扶持机制。政府制定实施支持生态经济发展的优惠政策,集中资金,重点扶持生态经济主导产业、龙头企业和重点基地,促进经济结构优化和绿色产业的迅速成长。

(四)着力塑造南江生态形象,整体推介南江经济特色。一是高起点策划包装和宣传推介南江。以打造南江生态经济品牌为主题,以南江优良的生态条件和独特的生态环境、已经获得国家绿色食品标志认证的农业特色产品、县域生态经济框架和大生态区为主体,整体策划、包装、宣传、推介南江生态经济特色,塑造南江绿色环境、绿色旅游、绿色消费的绿色品牌形象。要形成强有力的宣传攻势,采取制作宣传画册、光盘等宣传品,实施重要媒体宣传、广告标牌宣传、网络宣传、公交车宣传,举办新闻发布会、产品推介会,发送宣传资料、邀请代表考察、评选形象大使等多种办法,大力倡导绿色消费,提高南江绿色产品的知名度和美誉度。二是实施集团营销策略,破解产品销售难题。根据目前南江绿色食品品牌多、规模小的实际,率先把多品种的农副土特产品“一揽子”直销到“大学校、大企业、大军区”等消费集团,订单销售,建立稳定的贸易关系,使南江成为大城市消费集团的绿色食品供给基地。围绕此目标,组织专门队伍进行市场调查,研究消费结构,积极引进县外大企业参与,组建1—2家跨行业、宽领域的大型综合流通企业,形成以“订单”供货为主体、场镇收购为补充,一头联结生产基地和加工企业,一头连着群体消费市场的营销网络,并使企业触角逐步向生产、加工延伸。加强旅游促销,利用川陕交界的区位优势,加强与大型旅游社团合作,立足汉中市场,拓展西安、成都市场,通过品牌争取和打造精品线路,逐步融入全省、全国旅游大通道、大循环,逐步使南江县旅游业从接待散客为主向接待旅游团体为主转变,从观光旅游为主向观光、渡假旅游结合转变,从单景区单线路旅游向多景区多线路旅游转变,以此提升旅游业级次和产业带动能力。

(四川省南江县　县长　刘谦祥)

实施西部大开发 实现陶乐大发展

实施西部大开发战略，对于地域偏僻、经济文化较为落后的陶乐县来讲，是一次千载难逢的历史机遇，将有利于开发利用现有资源，调整经济结构，改善生态环境，加快发展步伐。

一、实施西部大开发面临的机遇、形势和具备的条件、发展基础

（一）机遇有利。一是随着西部大开发战略的深入实施，国内外资金、人才和技术必将向西部聚集，国家将在基础设施建设、生态环境建设、产业结构调整、科技教育发展等方面向西部倾斜，这方面的支持越来越多，越来越大；二是中国加入WTO后，总体上机遇大于挑战，有利于改革和发展，经济发展的外部环境将进一步改善，对外开放的广度和深度进一步拓宽。

（二）形势良好。从国际形势看，发展仍是时代的主题，全球性经济结构的调整既为经济的发展拓宽了空间，又为经济的快速发展提供了动力；从国内形势看，中央继续实施积极的财政政策，固定资产投资力度进一步加大，市场有效需求趋旺；从县内外形势看，面对全国掀起的新一轮发展高潮，各县区都在抢抓机遇，奋起直追，全县干部群众都有加快发展的强烈愿望。

（三）资源丰富。全县在册耕地面积12.9万亩，人均5.8亩，现有沙荒地86万亩，其中可垦地有26万亩；全县拥有86万亩天然草场，年产饲草及各类农作物秸杆5.5万吨，人均畜牧资源在全国名列前茅，发展养羊和草产业具有极其明显的资源优势。陶乐县盛产小麦、玉米和各种经济作物，生产食用植物有沙葱、沙芥、苦苦菜、发菜，药用植物有甘草、麻黄、柴胡、锁阳、苦豆子等，都具有较高的开发价值；黄河纵贯陶乐全境93公里，扬黄灌溉条件非常便利；旅游方面主要有明长城、兵沟、汉墓群、马兰花大草原、水洞沟文化遗址、黄河大峡谷等多处旅游景点，特色旅游已成为陶乐县新的经济增长点；制种资源；陶乐县东靠沙漠，西濒黄河，为发展制种业形成了天然隔离屏障，而且日照充足，年有效积温3303℃，全年无霜期为162天，具有发展制种业良好的气候环境。

（四）基础坚实。具有一定的基础设施条件。203省道、陶平公路、黄河浮桥以及县乡村公路构成了畅通便捷的交通网络；乡村“四通”工程初具规模，农村基本实现小康，正在向宽裕型小康迈进；全县已形成了以县城为中心、乡镇农贸市场为集散地的流通网络，有力带动了农村经济的发展；按照基础设施建设适度超前的策略，集中力量实施了东治沙、西治河、中治碱的相关项目、工程，有力地缓解了全县经济发展的“瓶颈”制约。

到2001年底，全县国内生产总值达到1.275亿元，年均增长8.8%，人均国内生产总值达到4156万元；一、二、三、产业结构由1996年的57:16:27发展到2001年的48.6:18.5:32.9；地方财政收入454万元，年均增长17.55%，农业总产值达到17.55，农业总产值达到1.46亿元，年均增长6.6%。

综上所述，陶乐县当前面临着加快发展的有利机遇和良好形势，也具有丰富的资源优势和发展的坚实基础，只要认真研究西部大开发的思路和走势，扬长避短，灵活运用，抢先行动，超常发展，就一定能实现全县经济与社会的大发展。

二、实施西部大开发的对策措施

（一）在调整优化经济结构上有新突破。

本着“强化提高第一产业，积极发展第二产业，大力扩张第三产业”的基本思路，以增强产业竞争力为目的，运用市场机制和政府行为两种手段，促进第三产业优化升级，带动经济结构全面优化提高，提高市场竞争能力。一要调整区域种植结构。充分发挥区域比较优势,必须把不宜种粮的土地退耕还林还草,发展以牛羊为主的草食型、节粮型畜牧业,使畜牧业总产值占农业总产值的50%以上。对宜粮的耕地要加强农田水利建设,积极扩大饲草、高价值经济作物的种植面积,实现优质高产。二要调整农产品品种、品质结构。提高农产品的优质率和优质农产品的产出率,加大"种子"工程的建设力度,加速农业实用技术的推广。三要调整农业经营方式。通过发展"合同农业"、"订单农业",逐步做到以销促产,提高经济效益。四要调整优化工业经济结构。继续深化对县煤矿、农业机械厂、粮食、供销等企业的改制,为其创造良好的运行机制。依托农副产品优势,积极组建辐射能力强,优势明显的龙头企业,促使产业升级。以建设"宁夏体育公园"为契机,抓好红墩子地区的基础设施和工业园区的建设,力争新上一批工业项目,使工业经济在全县国民经济中的比重有所增长。五要调整第三产业结构。首先,把旅游业作为第三产业结构调整的突破口来着力培养,坚持旅游资源开发和保护相结合,坚持政府主导与依靠社会力量办旅游相结合,大力开发特色旅游项目,构筑旅游大产业。到2005年,旅游收入在第三产业中的比重达到15%,把旅游业培育成为全县国民经济的支柱产业;其次,广泛吸引客商投资,参与优势产业、基础设施、旅游业发展、农业开发等建设,千方百计激活民间各类投资,努力营造一个有利于非公有制经济快速发展的良好环境,力争到2006年全县非公有制经济在国民经济中的比重达到38%以上;第三积极发展住房、信息、社区服务等新兴领域,加快培育各类市场,促进第三产业快速发展。

(二)在基础设施建设上有新突破。

根据陶乐县情,在今后相当长的时期内,要继续坚持基础设施建设适度超前和争项目、引资金的战略,逐步改善滞后的基础设施建设面貌。一是实施好"四通工程"。坚持建设高标准、高起点、开放式的大交通思想,争取黄河大桥、陶(乐)鄂(托克前旗)公路开工建设,加快乡村道路建设步伐,到2006年,全县有60%以上的乡村主干公路达到四级柏油路建设;加快城乡电网改造,早日实现城乡同网同价;抓好边远村队人畜饮水问题的解决,尤其是实施好南部月牙湖地区的人畜饮水工程,彻底解决这一地区8000多人及畜禽的饮水问题;进一步扩大通信网络,抓好通电话、通广播电视、通信息工程,提高入户率。二是推进小城镇建设进程。重点抓好以县城为中心,红墩子、二道墩、高仁镇、红崖子为纽带的城镇化体系建设,并主动与县外大型市场连接,形成开放式的市场格局。集中建设一批功能齐全、环境优美、各具特色的小城镇,发挥城镇的集聚效益和经济带动作用。三是增强城市综合服务功能。多渠道融资,加快县城道路、供排水、供热、环卫、绿化、住宅等基础设施建设,把陶乐建成规模适度、规划科学、设施配套、功能齐全、独具特色的新型城市。四是加快科技、教育、旅游、文化基础设施建设,特别是要加快旅游基础设施建设,提升旅游业新形象。

(三)在构筑对外开放格局上有新突破。

随着西部大开发的深入实施,对外开放从内涵到外延又有了新的要求,特别是在经济全球化加速推进,中国加入WTO后的新形势下,陶乐县要在今后的发展中取得新成就,就必须在更高层次上和更高水平上进一步扩大对外开放,把握对外开放的主动权。一是不断优化政策环境。用足用活中央及区市的各项优惠政策,落实好县政府关于实施西部大开发引进人才、资金、技术的各项政策,保护投资商的利益,不断加大招商引资的力度;二是不断优化服务环境。简化审批手续,公开办事程序,规范收费行为,提高办事效率;三是不断优化投资环境。加快城市基础设施等硬件建设,营造良好的投资环境。尽快打开陶乐对外开放局面。

(四)在生态环境建设上有新突破。

利用国家加大生态治理的有利时机,按照"东治沙、西治河、中治碱"的生态建设思路,积极争取生态治理项目，使陶乐的生态环境逐步得到改善，比较资源优势得到更好的开发和利用。东治沙：用5年时间，通过各种途径封育治理80万亩沙化草原，大力发展沙生产业，增加经济收入。西治河：以治理水土流失为中心，修建护岸码头，从2000年开始营造5万亩黄河护岸林，遏制黄河塌岸。中治碱：大搞农业综合开发，改土治碱，到2006年全县耕地基本采用暗管和明沟排水，80%的耕地形成小畦。用5年时间建成南部防风固沙林带、中部农田林网带、西部黄河护岸林三大绿色长廊，从根本上改变陶乐脆弱的生态环境。

（五）在落实“科教兴县”战略上有新突破。

首先，全面发展基础教育和专业教育。提高高中教育和职业教育普及率，提高全体公民获取、吸收、交流、应用各种知识的能力；其次，加快科技成果的推广应用，重点推广优质、高效、低耗农业，大幅度提高科技在农业发展中的贡献率；第三，加大信息化的普及和推广力度，提升信息化发展水平，推进信息化带动产业化的进程，进一步完善信息网络服务职能和信息服务体系，为建设“数字陶乐”做好准备；第四，营造培养，使用人才的优良环境。实施西部大开发，人才是最为关键的因素，必须重视对县内人才的培养、选拔、科学管理。用更加优惠的政策，稳定当地人才，吸引外地人才参与陶乐的建设。通过切实有效的努力，创造一个尊重知识、尊重人才、吸引人才、使用人才、人尽其才、才尽其用的良好政治环境和社会环境，为实施西部大开发，陶乐大发展提供人才保证和智力支持。

（中共宁夏回族自治区陶乐县 县委书记 王 静）

统计资料篇

2001年三大地带国内生产总值综合分析表

地区	国内生产总值(亿元)		占全国比重(%)		占全国比重位次		同比增长速度(%)		增长速度位次		增长幅度	
	2001年	2000年	2001年	2000年	2001年	2000年	2001年	2000年	2001年	2000年	±百分点	位次
东部地区	63450.12	57739.72	59.61	59.40	1	1	9.80	10.26	1	1	-0.46	3
北京	2817.57	2478.76	2.65	2.55	15	15	11.0	11.0	3	1	0.0	17
天津	1826.67	1639.36	1.72	1.69	21	22	12.0	10.8	1	3	1.2	2
河北	5577.73	5088.96	5.24	5.24	6	6	8.7	9.5	25	10	-0.8	29
辽宁	5033.08	4669.06	4.73	4.80	7	7	9.0	8.9	18	20	0.1	14
上海	4950.84	4551.15	4.65	4.68	8	8	10.2	10.8	5	3	-0.6	28
江苏	9514.60	8582.73	8.94	8.83	2	2	10.2	10.6	5	6	-0.4	23
浙江	6700.00	6036.34	'6'.29	6.21	4	4	10.5	11.0	4	1	-0.5	25
福建	4258.37	3920.07	4.00	4.03	11	11	9.0	9.5	18	10	-0.5	25
山东	9438.31	8542.44	8.87	8.79	3	3	10.1	10.5	7	7	-0.4	23
广东	10556.47	9662.23	9.92	9.94	1	1	9.5	10.8	10	3	-1.3	30
广西	2231.19	2050.14	2.10	2.11	16	16	8.2	7.3	28	30	0.9	4
海南	545.29	518.48	0.51	0.53	28	28	8.9	8.8	22	21	0.1	14
中部地区	28667.82	26266.18	26.93	27.02	2	2	9.02	8.85	2	2	0.18	1
山西	1774.60	1643.81	1.67	1.69	22	21	8.3	7.8	27	29	0.5	7
内蒙古	1545.49	1401.01	1.45	1.44	24	24	9.6	9.7	9	9	-0.1	19
吉林	2032.48	1821.19	1.91	1.87	19	19	9.3	9.2	12	15	0.1	12
黑龙江	3561.00	3253.00	3.35	3.35	13	13	9.3	8.2	12	26	1.1	3
安徽	3290.11	3038.24	3.09	3.13	14	14	8.6	8.3	26	25	0.3	9
江西	2173.84	2003.07	2.04	2.06	17	17	8.8	8.0	23	28	0.8	5
河南	5645.02	5137.66	5.30	5.29	5	5	9.1	9.4	15	12	-0.3	22
湖北	4662.28	4276.32	4.38	4.40	9	9	9.1	9.3	15	14	-0.2	21
湖南	3983.00	3691.88	3.74	3.80	12	12	9.0	9.0	18	16	0.0	17
西部地区	14329.66	13203.47	13.46	13.58	3	3	8.71	8.55	3	3	0.16	2
重庆	1749.75	1589.34	1.64	1.63	23	23	9.0	8.5	18	24	0.5	8
四川	4421.76	4010.25	4.15	4.13	10	10	9.2	9.0	14	16	0.2	11
贵州	1082.19	993.53	1.02	1.02	26	26	8.8	8.7	23	22	0.1	12
云南	2077.47	1955.09	1.95	2.01	18	18	6.5	7.1	30	31	-0.6	27
西藏		117.46		0.12		31		9.4		12		
陕西	1841.24	1660.92	1.73	1.71	20	20	9.1	9.0	15	16	0.1	14
甘肃	1074.85	983.36	1.01	1.01	27	27	9.4	8.7	11	22	0.7	6
青海	300.83	263.59	0.28	0.27	29	30	12.0	9.0	1	16	3.0	1
宁夏	298.10	265.57	0.28	0.27	30	29	10.1	9.8	7	8	0.3	9
新疆	1483.47	1364.36	1.39	1.40	25	25	8.0	8.2	29	26	-0.2	20
全国合计	106447.60	97209.37	100.00	100.00			9.44	9.64			-0.20	

注:1. 本表绝对数按当年价格计算,增长速度按可比价格计算。2. 三大地带增长速度计算采用加权平均法。3. 全国合计为各地区之和。

2001年三大地带第一产业增加值综合分析表

地区	第一产业(亿元)		占全国比重(%)		占全国比重位次		同比增长速度(%)		增长速度位次		增长幅度	
	2001年	2000年	2001年	2000年	2001年	2000年	2001年	2000年	2001年	2000年	±百分点	位次
东部地区	7271.36	6914.48	46.95	46.58	1	1	4.45	3.23	1	2	1.23	1
北京	93.00	89.97	0.60	0.61	26	26	4.5	4.0	11	10	0.5	14
天津	78.56	73.54	0.51	0.50	28	28	6.3	3.7	5	14	2.6	8
河北	914.11	824.55	5.90	5.55	6	6	5.3	5.1	9	5	0.2	17
辽宁	545.00	503.44	3.52	3.39	13	13	6.7	-1.6	4	27	8.3	3
上海	85.50	83.20	0.55	0.56	27	27	3.0	3.4	21	16	-0.4	20
江苏	1088.35	1031.17	7.03	6.95	3	3	4.5	3.9	11	11	0.6	13
浙江	690.00	664.16	4.45	4.47	10	9	4.1	4.5	15	7	-0.4	21
福建	652.40	640.57	4.21	4.32	11	11	3.5	2.6	19	18	0.9	11
山东	1359.49	1268.57	8.78	8.55	1	1	4.2	3.8	13	13	0.4	15
广东	1008.46	1000.06	6.51	6.74	4	4	2.7	2.4	23	21	0.3	16
广西	556.21	538.69	3.59	3.63	12	12	4.2	0.2	13	26	4.0	7
海南	200.28	196.56	1.29	1.32	24	23	9.7	10.2	1	2	-0.5	22
中部地区	5352.51	5112.52	34.56	34.44	2	2	3.90	2.86	2	3	1.04	2
山西	160.40	179.86	1.04	1.21	25	25	-8.6	10.7	30	1	-19.3	30
内蒙古	361.32	350.80	2.33	2.36	18	18	2.0	2.6	28	18	-0.6	23
吉林	409.60	398.73	2.64	2.69	16	16	4.6	-3.0	10	29	7.6	5
黑龙江	408.86	357.00	2.64	2.40	17	17	8.0	-3.2	2	30	11.2	1
安徽	754.16	732.19	4.87	4.93	8	8	3.3	1.2	20	25	2.1	9
江西	506.00	485.14	3.27	3.27	14	14	4.1	6.8	15	3	-2.7	29
河南	1234.00	1161.58	7.97	7.83	2	2	5.5	4.5	7	7	1.0	10
湖北	692.17	662.30	4.47	4.46	9	10	2.5	2.5	24	20	0.0	19
湖南	826.00	784.92	5.33	5.29	7	7	4.0	3.9	17	11	0.1	18
西部地区	2864.96	2817.29	18.50	18.98	3	3	3.02	3.47	3	1	-0.45	3
重庆	293.00	283.00	1.89	1.91	19	20	2.2	1.5	27	23	0.7	12
四川	981.68	945.58	6.34	6.37	5	5	2.4	3.3	26	27	-0.9	24
贵州	274.26	270.99	1.77	1.83	22	22	1.1	3.6	29	15	-2.5	28
云南	450.54	436.26	2.91	2.94	15	15	3.9	5.7	18	4	-1.8	25
西藏		36.32		0.24		31		2.1		22		
陕西	280.52	279.12	1.81	1.88	21	21	2.5	4.5	24	7	-2.0	26
甘肃	207.00	193.36	1.34	1.30	23	24	7.5	1.5	3	23	6.0	6
青海	41.10	38.53	0.27	0.26	30	30	5.4	-4.0	8	31	9.4	2
宁夏	49.50	45.95	0.32	0.31	29	29	6.3	-2.0	5	28	8.3	3
新疆	287.36	288.18	1.86	1.94	20	19	2.8	4.8	22	6	-2.0	26
全国合计	15488.83	14844.29	100.00	100.00			4.00	3.15			0.85	

注:1.本表绝对数按当年价格计算,增长速度按可比价格计算。2.三大地带增长速度计算采用加权平均法。3.全国合计为各地区之和。

2001 年三大地带第二产业增加值综合分析表

地区	第二产业（亿元）		占全国比重（%）		占全国比重位次		同比增长速度（%）		增长速度位次		增长幅度	
	2001 年	2000 年	2001 年	2000 年	2001 年	2000 年	2001 年	2000 年	2001 年	2000 年	± 百分点	位次
东部地区	30640.97	28125.84	61.53	61.43	1	1	10.51	11.28	1	1	－0.77	3
北京	1063.72	943.51	2.14	2.06	15	15	12.8	11.4	2	12	1.4	5
天津	891.51	820.17	1.79	1.79	17	18	12.7	11.5	3	10	1.2	8
河北	2744.31	2559.96	5.51	5.59	5	5	8.4	10.1	27	21	－1.7	26
辽宁	2444.24	2344.40	4.91	5.12	7	7	7.7	10.7	29	17	－3.0	29
上海	2355.53	2163.68	4.73	4.73	8	8	12.0	9.8	6	23	2.2	4
江苏	4913.69	4435.89	9.87	9.69	2	2	11.1	11.6	12	9	－0.5	16
浙江	3440.00	3183.47	6.91	6.95	4	4	11.0	11.7	13	6	－0.7	21
福建	1904.21	1711.16	3.82	3.74	11	11	10.7	11.2	15	13	－0.5	16
山东	4654.51	4244.40	9.35	9.27	3	3	11.3	12.4	10	4	－1.1	24
广东	5301.94	4868.75	10.65	10.63	1	1	10.2	11.7	19	6	－1.5	25
广西	816.89	748.00	1.64	1.63	20	20	8.0	9.0	28	26	－1.0	23
海南	110.42	102.45	0.22	0.22	30	30	8.7	7.5	26	29	1.2	8
中部地区	13167.29	12049.11	26.44	26.32	2	2	10.34	10.50	2	2	－0.16	2
山西	917.20	827.59	1.84	1.81	16	17	10.3	7.9	17	28	2.4	3
内蒙古	624.44	556.28	1.25	1.22	25	25	12.0	12.1	6	5	－0.1	15
吉林	880.84	800.28	1.77	1.75	18	19	10.8	13.4	14	3	－2.6	28
黑龙江	1998.74	1868.55	4.01	4.08	10	10	9.8	9.8	24	23	0.0	14
安徽	1415.24	1296.31	2.84	2.83	14	14	10.4	9.9	16	22	0.5	11
江西	784.84	700.76	1.58	1.53	22	22	12.4	6.7	4	30	5.7	1
河南	2662.33	2413.78	5.35	5.27	6	6	9.9	11.7	23	6	－1.8	27
湖北	2313.66	2123.70	4.65	4.64	9	9	10.2	10.8	19	15	－0.6	20
湖南	1570.00	1461.86	3.15	3.19	13	13	10.0	10.6	22	18	－0.6	19
西部地区	5990.07	5608.96	12.03	12.25	3	3	10.32	9.83	3	3	0.49	1
重庆	726.64	657.51	1.46	1.44	23	23	11.8	10.5	8	19	1.3	6
四川	1756.86	1700.49	3.53	3.71	12	12	12.3	11.1	5	14	1.2	7
贵州	421.64	387.85	0.85	0.85	27	27	11.4	10.3	9	20	1.1	10
云南	880.54	843.24	1.77	1.84	19	16	4.8	5.7	30	31	－0.9	22
西藏		27.21		0.06		31		14.1		2		
陕西	815.69	731.90	1.64	1.60	21	21	10.1	9.7	21	25	0.4	12
甘肃	482.53	439.88	0.97	0.96	26	26	10.3	10.8	17	15	－0.5	16
青海	132.61	114.00	0.27	0.25	29	29	15.4	11.5	1	10	3.9	2
宁夏	134.80	120.04	0.27	0.26	28	28	11.3	14.5	10	1	－3.2	30
新疆	638.76	586.84	1.28	1.28	24	24	9.1	9.0	25	26	0.1	13
全国合计	49798.33	45783.91	100.00	100.00			10.44	10.90			－0.46	

注：1. 本表绝对数按当年价格计算，增长速度按可比价格计算。2. 三大地带增长速度计算采用加权平均法。3. 全国合计为各地区之和。

2001年三大地带第三产业增加值综合分析表

地区	第三产业(亿元)		占全国比重(%)		占全国比重位次		同比增长速度(%)		增长速度位次		增长幅度	
	2001年	2000年	2001年	2000年	2001年	2000年	2001年	2000年	2001年	2000年	±百分点	位次
东部地区	25537.79	22699.40	62.04	62.05	1	1	10.50	11.11	1	1	-0.62	3
北京	1660.85	1445.28	4.04	3.95	11	11	10.2	11.1	20	11	-0.9	25
天津	856.60	745.65	2.08	2.04	18	18	11.7	10.5	4	14	1.2	4
河北	1919.31	1704.45	4.66	4.66	7	7	10.7	10.4	8	16	0.3	9
辽宁	2043.84	1821.22	4.97	4.98	6	6	11.2	9.6	5	26	1.6	2
上海	2509.81	2304.27	6.10	6.30	5	4	8.7	12.9	28	1	-4.2	30
江苏	3512.56	3115.67	8.53	8.52	2	2	10.7	11.2	8	10	-0.5	20
浙江	2570.00	2188.71	6.24	5.98	4	5	11.9	11.9	3	3	0.0	13
福建	1701.76	1568.34	4.13	4.29	9	8	9.3	10.2	25	23	-0.9	24
山东	3424.31	3029.47	8.32	8.28	3	3	10.7	10.3	8	18	0.4	8
广东	4246.07	3793.42	10.32	10.37	1	1	10.3	11.8	17	4	-1.5	27
广西	858.09	763.45	2.08	2.09	17	17	11.1	11.5	6	8	-0.4	19
海南	234.59	219.47	0.57	0.60	28	28	8.3	8.2	30	30	0.1	12
中部地区	10148.02	9104.54	24.65	24.89	2	2	10.10	10.33	3	2	-0.23	2
山西	697.00	636.36	1.69	1.74	23	22	10.5	6.7	12	31	3.8	1
内蒙古	559.73	493.93	1.36	1.35	24	24	12.1	11.8	1	4	0.3	9
吉林	742.04	622.18	1.80	1.70	21	23	10.3	11.7	17	7	-1.4	26
黑龙江	1153.40	1027.45	2.80	2.81	14	14	8.8	11.8	27	4	-3.0	29
安徽	1120.71	1009.73	2.72	2.76	15	15	10.1	10.3	22	18	-0.2	18
江西	883.00	817.17	2.15	2.23	16	16	8.4	10.4	29	16	-2.0	28
河南	1748.69	1562.30	4.25	4.27	8	9	10.3	9.3	17	29	1.0	5
湖北	1656.45	1490.32	4.02	4.07	12	10	10.4	10.6	15	12	-0.2	16
湖南	1587.00	1445.10	3.86	3.95	13	12	10.5	10.6	12	12	-0.1	15
西部地区	5474.63	4777.22	13.30	13.06	3	3	10.20	10.09	2	3	0.11	1
重庆	730.11	648.83	1.77	1.77	22	21	9.0	9.5	26	28	-0.5	20
四川	1683.22	1364.18	4.09	3.73	10	13	10.2	10.2	20	23	0.0	13
贵州	386.29	334.69	0.94	0.91	26	27	12.1	10.5	1	14	1.6	2
云南	746.39	675.59	1.81	1.85	19	19	10.4	9.7	15	25	0.7	6
西藏		53.93		0.15		31		12.9		1		
陕西	745.03	649.90	1.81	1.78	20	20	10.8	10.3	7	18	0.5	7
甘肃	385.32	350.12	0.94	0.96	27	26	9.4	9.6	24	26	-0.2	16
青海	127.12	111.06	0.31	0.30	29	29	10.7	11.3	8	9	-0.6	23
宁夏	113.80	99.58	0.28	0.27	30	30	10.5	10.3	12	18	0.2	11
新疆	557.35	489.34	1.35	1.34	25	25	9.8	10.3	23	18	-0.5	20
全国合计	41160.44	36581.16	100.00	100.00			10.36	10.79			-0.24	

注:1. 本表绝对数按当年价格计算,增长速度按可比价格计算。2. 三大地带增长速度计算采用加权平均法。3. 全国合计为各地区之和。

2001年三大地带工业增加值综合分析表

地区	工业增加值(亿元)		占全国比重(%)		占全国比重位次		同比增长速度(%)		增长速度位次		增长速度增幅	
	2001年	2000年	2001年	2000年	2001年	2000年	2001年	2000年	2001年	2000年	±百分点	位次
东部地区	18255.60	16357.60	65.53	64.84	1	1	12.81	14.56	1	1	-1.75	3
北京	817.2	690.5	2.93	2.74	11	12	13.8	16.7	4	2	-2.9	26
天津	689.6	608.3	2.48	2.41	14	14	13.0	14.9	6	5	-1.9	21
河北	1215.9	1102.5	4.36	4.37	9	9	10.6	12.7	21	14	-2.1	22
辽宁	1236.7	1150.8	4.44	4.56	8	8	10.6	14.1	21	9	-3.5	29
上海	1924.3	1826.2	6.91	7.24	4	4	14.9	11.1	2	19	3.8	1
江苏	2920.7	2559.1	10.48	10.14	2	2	12.0	14.8	12	6	-2.8	25
浙江	1781.2	1522.1	6.39	6.03	5	5	12.5	17.5	11	1	-5.0	30
福建	813.6	731.2	2.92	2.90	12	11	11.8	12.9	13	13	-1.1	17
山东	2908.4	2524.3	10.44	10.01	3	3	14.8	14.6	3	8	0.2	11
广东	3553.8	3276.0	12.76	12.99	1	1	12.8	16.1	9	3	-3.3	28
广西	339.1	316.4	1.22	1.25	22	22	8.6	9.5	28	27	-0.9	16
海南	55.1	50.2	0.20	0.20	30	30	11.5	10.9	16	20	0.6	8
中部地区	6429.00	6035.50	23.08	23.92	2	2	11.78	12.06	2	2	-0.28	1
山西	490.2	445.1	1.76	1.76	19	19	10.8	9.7	20	26	1.1	5
内蒙古	307.2	279.5	1.10	1.11	24	24	12.9	15.8	8	4	-2.9	27
吉林	557.3	498.9	2.00	1.98	16	18	15.1	13.8	1	10	1.3	3
黑龙江	1253.5	1254.8	4.50	4.97	7	6	10.6	11.8	21	16	-1.2	18
安徽	550.1	547.6	1.97	2.17	18	15	11.6	11.4	15	18	0.2	13
江西	286.0	269.6	1.03	1.07	26	25	10.9	10.5	19	22	0.4	9
河南	1270.0	1154.4	4.56	4.58	6	7	10.0	11.6	24	17	-1.6	19
湖北	1096.8	1038.2	3.94	4.12	10	10	12.8	12.0	9	15	0.8	6
湖南	617.9	547.4	2.22	2.17	15	16	13.8	13.6	4	11	0.2	11
西部地区	3171.80	2835.20	11.39	11.24	3	3	9.63	10.17	3	3	-0.53	2
四川	776.1	679.2	2.79	2.69	13	13	13.0	13.5	6	12	-0.5	15
贵州	235.9	216.8	0.85	0.86	27	27	9.8	9.9	25	24	-0.1	14
云南	553.3	524.9	1.99	2.08	17	17	3.9	6.4	31	31	-2.5	23
西藏	9.5	9.2	0.03	0.04	31	31	5.8	8.6	30	30	-2.8	24
重庆	333.0	287.5	1.20	1.14	23	23	11.7	10.9	14	20	0.8	7
陕西	455.0	399.7	1.63	1.58	20	20	9.7	9.3	26	28	0.4	10
甘肃	296.5	232.3	1.06	0.92	25	26	11.5	10.2	16	23	1.3	2
青海	71.6	65.0	0.26	0.26	29	29	11.2	9.9	18	24	1.3	3
宁夏	82.6	73.1	0.30	0.29	28	28	9.2	14.7	27	7	-5.5	31
新疆	358.3	347.5	1.29	1.38	21	21	7.4	9.0	29	29	-1.6	19
全国合计	27856.40	25228.30	100.00	100.00			12.21	13.47			-1.26	

注:1. 工业增加值按现行价格计算,增长速度按可比价格计算。2. 三大地带增长速度计算采用加权平均法。

2001年三大地带工业产品销售率综合分析表

地区	产品销售率(%)		产品销售率位次		销售率增减幅度	
	2001年	2000年	2001年	2000年	±百分点	位次
东部地区	97.67	97.54	2	2	0.14	1
北京	100.10	98.29	1	9	1.81	1
天津	98.45	98.51	7	6	-0.06	17
河北	98.10	97.80	8	16	0.30	8
辽宁	97.35	97.63	16	20	-0.28	21
上海	98.83	98.67	6	5	0.16	10
江苏	97.14	97.08	20	24	0.06	11
浙江	97.07	97.03	21	25	0.04	13
福建	97.29	97.40	18	22	-0.11	19
山东	97.77	97.74	13	19	0.03	14
广东	97.33	97.10	17	23	0.23	9
广西	96.93	97.83	27	14	-0.90	27
海南	95.03	94.61	30	30	0.42	6
中部地区	97.79	98.15	1	1	-0.36	2
山西	96.94	96.89	25	27	0.05	12
内蒙古	97.87	98.49	12	7	-0.62	25
吉林	96.94	98.09	26	11	-1.15	28
黑龙江	97.67	99.03	15	1	-1.36	29
安徽	98.00	98.14	10	10	-0.14	20
江西	97.26	97.82	19	15	-0.56	24
河南	97.89	97.97	11	13	-0.08	18
湖北	97.73	97.78	14	17	-0.05	16
湖南	99.33	98.92	3	2	0.41	7
西部地区	95.90	96.33	3	3	-0.43	3
重庆	98.04	98.48	9	8	-0.44	22
四川	95.10	95.86	29	28	-0.76	26
贵州	99.65	98.74	2	3	0.91	4
云南	88.32	91.31	31	31	-2.99	31
西藏	99.16	98.74	4	3	0.42	5
陕西	96.98	97.42	23	21	-0.44	23
甘肃	96.99	95.64	22	29	1.35	2
青海	96.08	97.78	28	17	-1.70	30
宁夏	96.98	97.01	24	26	-0.03	15
新疆	99.01	97.98	5	12	1.03	3
全国合计	97.72	97.68			0.04	

注:1. 工业增加值按现行价格计算,增长速度按可比价格计算。2. 三大地带增长速度计算采用加权平均法。

2001年三大地带固定资产投资综合分析表

地区	固定资产投资(亿元)		占全国比重(%)		占全国比重位次		同比增长速度(%)		增长速度位次		增长幅度	
	2001年	2000年	2001年	2000年	2001年	2000年	2001年	2000年	2001年	2000年	±百分点	位次
东部地区	15883.33	14015.14	59.04	59.92	1	1	13.30	8.30	3	3	5.00	1
北京	1410.32	1186.28	5.24	5.07	6	6	18.9	11.9	13	17	7	12
天津	612.49	526.22	2.28	2.25	17	17	16.4	6.2	15	24	10.2	6
河北	1085.36	1047.79	4.03	4.48	10	7	3.6	2.9	30	28	0.7	21
辽宁	1166.57	1028.16	4.34	4.40	8	8	13.5	13.6	22	14	-0.1	24
上海	1793.57	1678.76	6.67	7.18	5	2	6.8	-0.6	29	31	7.4	11
江苏	1836.99	1645.27	6.83	7.03	3	3	11.7	3.6	25	26	8.1	10
浙江	1879.07	1444.55	6.98	6.18	2	5	30.1	20.1	3	5	10.0	7
福建	881.65	810.46	3.28	3.46	12	12	8.8	2.0	28	29	6.8	13
山东	1800.95	1563.89	6.69	6.69	4	4	15.2	19.1	17	6	-3.9	29
广东	2786.03	2535.72	10.36	10.84	1	1	9.9	7.9	27	22	2.0	19
广西	458.43	397.73	1.70	1.70	23	23	15.3	6.6	16	23	8.7	9
海南	171.90	150.31	0.64	0.64	29	28	14.4	-0.3	20	30	14.7	3
中部地区	6316.44	5432.39	23.48	23.23	2	2	16.30	13.80	2	2	2.50	3
山西	549.81	456.52	2.04	1.95	21	22	20.4	10.5	8	19	9.9	8
内蒙古	418.32	347.25	1.55	1.48	24	24	20.5	30.9	7	1	-10.4	30
吉林	580.18	484.93	2.16	2.07	19	20	19.6	17.6	10	8	2.0	19
黑龙江	845.46	740.71	3.14	3.17	13	13	14.1	9.8	21	20	4.3	15
安徽	659.40	573.83	2.45	2.45	15	15	14.9	18.5	19	7	-3.6	28
江西	415.42	321.93	1.54	1.38	25	26	29.0	12.0	4	16	17.0	2
河南	977.33	884.63	3.63	3.78	11	11	10.5	13.2	26	15	-2.7	27
湖北	1108.43	988.19	4.12	4.22	9	10	12.2	8.3	24	21	3.9	16
湖南	762.09	634.40	2.83	2.71	14	14	20.1	17.4	9	9	2.7	18
西部地区	4704.24	3942.57	17.49	16.86	3	3	19.30	14.40	1	1	4.90	2
重庆	568.51	458.54	2.11	1.96	20	21	24.0	11.4	5	18	12.6	4
四川	1169.37	1016.36	4.35	4.35	7	9	15.1	14.7	18	12	0.4	22
贵州	413.40	288.28	1.54	1.23	26	27	13.1	29.7	23	2	-16.6	31
云南	513.64	504.05	1.91	2.15	22	19	1.9	3.2	31	27	-1.3	26
西藏	85.00	48.55	0.32	0.21	31	31	75.1	4.9	1	25	70.2	1
陕西	632.26	529.09	2.35	2.26	16	16	19.5	16.2	11	11	3.3	17
甘肃	383.58	322.06	1.43	1.38	27	25	19.1	13.7	12	13	5.4	14
青海	178.03	131.90	0.66	0.56	28	29	35.0	22.6	2	4	12.4	5
宁夏	151.90	123.88	0.56	0.53	30	30	22.6	22.8	6	3	-0.2	25
新疆	608.55	519.86	2.26	2.22	18	18	17.1	17.0	14	10	0.1	23
全国合计	26904.01	23390.10	100.00	100.00			15.02	10.60			4.42	

注:1. 固定资产投资额不包括城乡集体和个人投资。2. 三大地带增长速度直接采用国家统计局投资快报数。3. 全国合计为各地区之和。

2001年三大地带基本建设投资综合分析表

地区	基本建设投资(亿元)		占全国比重(%)		占全国比重位次		同比增长速度(%)		增长速度位次		增长幅度	
	2001年	2000年	2001年	2000年	2001年	2000年	2001年	2000年	2001年	2000年	±百分点	位次
东部地区	7143.62	6713.48	52.29	54.20	1	1	6.40	2.20	1	1	4.20	3
北京	387.28	446.98	2.83	3.61	14	11	-13.1	3.3	31	26	-16.4	30
天津	309.38	280.36	2.26	2.26	21	19	10.3	6.8	18	20	3.5	19
河北	591.77	624.35	4.33	5.04	9	7	-5.2	4.7	30	24	-9.9	28
辽宁	490.80	451.33	3.59	3.64	10	10	8.7	7.1	20	19	1.6	20
上海	710.53	703.81	5.20	5.68	5	5	1.0	-13.5	28	31	14.5	5
江苏	838.00	751.37	6.13	6.07	4	4	11.5	6.0	16	22	5.5	16
浙江	979.37	791.83	7.17	6.39	2	2	23.7	18.5	5	5	5.2	17
福建	341.72	333.11	2.50	2.69	17	15	2.6	-5.7	26	29	8.3	12
山东	848.92	784.10	6.21	6.33	3	3	8.3	11.3	22	15	-3.0	22
广东	1201.35	1151.47	8.79	9.30	1	1	1.3	-5.1	27	28	6.4	15
广西	307.55	267.81	2.25	2.16	22	22	11.8	3.1	15	27	8.7	10
海南	136.95	126.96	1.00	1.03	28	28	7.9	-7.4	23	30	15.3	4
中部地区	3707.91	3235.00	27.14	26.12	2	2	14.60	12.50	2	2	22.10	2
山西	325.91	276.53	2.39	2.23	18	20	17.9	4.6	11	25	13.3	7
内蒙古	268.82	232.53	1.97	1.88	23	23	15.6	39.3	14	1	-23.7	31
吉林	317.81	274.54	2.33	2.22	20	21	15.8	20.8	13	4	-5.0	24
黑龙江	481.68	382.53	3.53	3.09	11	12	25.9	12.4	4	9	13.5	6
安徽	347.75	318.01	2.55	2.57	16	17	9.1	17.3	19	6	-8.2	27
江西	234.98	193.95	1.72	1.57	25	26	21.2	12.0	7	11	9.2	9
河南	633.38	594.82	4.64	4.80	8	8	6.5	9.0	24	16	-2.5	21
湖北	657.20	594.44	4.81	4.80	7	9	10.6	6.6	17	21	4.0	18
湖南	440.38	367.65	3.22	2.97	12	14	19.8	11.9	10	13	7.9	14
西部地区	2811.29	2437.71	20.58	19.68	3	3	15.30	13.30	3	3	2.00	1
四川	696.05	640.80	5.09	5.17	6	6	8.6	16.3	21	7	-7.7	25
贵州	230.88	146.55	1.69	1.18	27	27	57.5	16.2	2	8	41.3	2
云南	320.96	331.75	2.35	2.68	19	16	-3.3	12.4	29	9	-15.7	29
西藏	75.28	44.99	0.55	0.36	31	31	67.3	5.8	1	23	61.5	1
重庆	258.48	215.47	1.89	1.74	24	24	20.0	11.4	8	14	8.6	11
陕西	372.68	301.96	2.73	2.44	15	18	23.4	8.0	6	17	15.4	3
甘肃	232.11	199.81	1.70	1.61	26	25	16.2	8.0	12	17	8.2	13
青海	133.79	97.59	0.98	0.79	29	29	37.1	26.9	3	2	10.2	8
宁夏	102.08	85.04	0.75	0.69	30	30	20.0	23.5	8	3	-3.5	23
新疆	388.98	373.75	2.85	3.02	13	13	4.1	12.0	25	11	-7.9	26
全国合计	13662.82	12386.19	100.00	100.00			10.31	7.15			3.16	

注:1. 基本建设投资额不包括城乡集体和个人投资。2. 三大地带增长速度直接采用国家统计局投资快报数。3. 全国合计为各地区之和。

2001 年三大地带更新改造投资综合分析表

地区	更新改造投资(亿元)		占全国比重(%)		占全国比重位次		同比增长速度(%)		增长速度位次		增长幅度	
	2001 年	2000 年	2001 年	2000 年	2001 年	2000 年	2001 年	2000 年	2001 年	2000 年	±百分点	位次
东部地区	3451.85	2959.89	58.80	58.58	1	1	16.60	12.10	2	3	4.50	
北京	186.51	185.94	3.18	3.68	14	10	0.3	6.1	30	25	-5.8	22
天津	141.85	111.93	2.42	2.22	17	18	26.7	7.0	9	24	19.7	5
河北	339.59	305.92	5.78	6.05	5	5	11.0	-5.9	26	30	16.9	6
辽宁	329.87	284.22	5.62	5.62	6	6	16.1	9.0	17	21	7.1	11
上海	432.03	401.99	7.36	7.96	3	2	7.5	10.0	28	20	-2.5	19
江苏	402.15	339.36	6.85	6.72	4	4	18.5	14.0	13	18	4.5	13
浙江	319.06	240.69	5.43	4.76	7	8	32.6	17.5	5	15	15.1	7
福建	201.70	176.48	3.44	3.49	10	12	14.3	2.3	19	27	12.0	8
山东	517.67	390.18	8.82	7.72	1	3	32.7	29.1	4	7	3.6	14
广东	480.79	432.75	8.19	8.56	2	1	11.1	22.1	25	12	-11.0	25
广西	86.60	80.21	1.48	1.59	26	23	8.0	14.4	27	17	-6.4	23
海南	14.03	10.22	0.24	0.20	30	30	37.1	51.9	2	3	-14.8	27
中部地区	1512.08	1328.29	25.76	26.29	2	2	13.80	23.50	3	1	-9.70	
山西	145.16	110.84	2.47	2.19	16	19	31.0	29.2	6	6	1.8	16
内蒙古	69.58	59.64	1.19	1.18	27	27	16.7	7.5	15	23	9.2	10
吉林	127.40	114.28	2.17	2.26	19	17	11.5	15.0	24	16	-3.5	20
黑龙江	201.92	230.31	3.44	4.56	9	9	-12.3	57.2	31	1	-69.5	31
安徽	185.33	152.83	3.16	3.02	15	15	21.3	21.7	11	13	-0.4	18
江西	103.13	75.05	1.76	1.49	23	25	37.1	8.2	2	22	28.9	3
河南	198.53	163.36	3.38	3.23	11	14	21.5	26.2	10	9	-4.7	21
湖北	282.74	245.16	4.82	4.85	8	7	15.3	10.3	18	19	5.0	12
湖南	198.29	176.82	3.38	3.50	12	11	12.1	24.7	23	10	-12.6	26
西部地区	906.86	764.94	15.45	15.14	3	3	18.60	16.70	1	2	1.90	
重庆	105.61	89.91	1.80	1.78	22	20	17.5	-3.7	14	29	21.2	4
四川	196.35	173.92	3.34	3.44	13	13	12.9	3.5	22	26	9.4	9
贵州	102.68	88.03	1.75	1.74	24	22	16.6	33.7	16	5	-17.1	28
云南	97.03	74.62	1.65	1.48	25	26	30.0	-10.2	7	31	40.2	2
西藏	5.52	2.90	0.09	0.06	31	31	90.3	0.1	1	28	90.2	1
陕西	133.08	132.05	2.27	2.61	18	16	0.8	55.4	29	2	-54.6	30
甘肃	112.09	88.35	1.91	1.75	20	21	26.9	27.2	8	8	-0.3	17
青海	20.65	17.06	0.35	0.34	29	29	21.0	18.8	12	14	2.2	15
宁夏	25.28	22.19	0.43	0.44	28	28	13.9	24.6	20	11	-10.7	24
新疆	108.57	75.91	1.85	1.50	21	24	13.0	36.1	21	4	-23.1	29
全国合计	5870.79	5053.12	100.00	100.00			16.18	14.82			1.36	

注:1. 更新改造投资额不包括城乡集体和个人投资。2. 三大地带增长速度直接采用国家统计局投资快报数。3. 全国合计为各地区之和。

2001年三大地带社会消费品零售总额综合分析表

地区	社会消费品零售总额(亿元)		占全国比重(%)		占全国比重位次		同比增长速度(%)		增长速度位次		增长幅度(%)
	2001年	2000年	2001年	2000年	2001年	2000年	2001年	2000年	2001年	2000年	
东部地区	23498.30	21288.90	59.81	59.70	1	1	10.40	10.05	1	1	0.35
北京	1593.5	1443.3	4.06	4.05	11	11	10.4	9.9	10	14	0.5
天津	832.7	736.6	2.12	2.07	18	18	13.0	12.1	2	2	0.9
河北	1778.3	1613.9	4.53	4.53	9	9	10.2	10.6	13	8	-0.4
辽宁	2034.9	1847.6	5.18	5.18	5	5	10.1	8.9	15	21	1.2
上海	1861.3	1722.3	4.74	4.83	8	8	8.1	8.3	30	25	-0.2
江苏	2869.0	2604.1	7.30	7.30	2	2	10.2	8.8	13	22	1.4
浙江	2555.5	2298.8	6.50	6.45	4	4	11.2	10.7	4	5	0.5
福建	1499.5	1372.8	3.82	3.85	13	12	9.2	10.2	22	11	-1.0
山东	2834.9	2545.9	7.22	7.14	3	3	11.4	10.2	3	11	1.2
广东	4515.3	4071.9	11.49	11.42	1	1	10.9	11.4	7	3	-0.5
广西	935.9	859.2	2.38	2.41	16	16	8.9	8.6	24	23	0.3
海南	187.5	172.5	0.48	0.48	28	28	8.7	9.4	25	16	-0.7
中部地区	10687.00	9718.00	27.20	27.25	2	2	9.99	9.65	2	2	0.34
山西	677.9	629.1	1.73	1.76	21	21	7.8	7.2	31	31	0.6
内蒙古	537.3	484.0	1.37	1.36	24	24	11.0	10.7	6	5	0.3
吉林	900.7	810.9	2.29	2.27	17	17	11.1	10.5	5	10	0.6
黑龙江	1198.9	1094.0	3.05	3.07	14	14	9.6	7.7	19	29	1.9
安徽	1142.8	1054.3	2.91	2.96	15	15	8.4	7.7	28	29	0.7
江西	763.3	704.9	1.94	1.98	19	19	8.3	8.4	29	24	-0.1
河南	1979.8	1786.7	5.04	5.01	6	7	10.8	10.6	8	8	0.2
湖北	1975.2	1789.4	5.03	5.02	7	6	10.4	10.7	10	5	-0.3
湖南	1511.1	1364.7	3.85	3.83	12	13	10.7	11.0	9	4	-0.3
西部地区	5103.60	4654.00	12.99	13.05	3	3	9.68	9.17	3	3	0.51
重庆	699.3	643.4	1.78	1.80	20	20	8.7	7.9	25	27	0.8
四川	1680.4	1523.7	4.28	4.27	10	10	10.3	10.2	12	11	0.1
贵州	378.0	343.7	0.96	0.96	27	27	10.0	9.5	17	15	0.5
云南	640.8	583.2	1.63	1.64	23	23	9.9	8.2	18	26	1.7
西藏	49.0	42.9	0.12	0.12	31	31	14.2	13.2	1	1	1.0
陕西	665.1	607.6	1.69	1.70	22	22	9.5	9.1	21	19	0.4
甘肃	395.4	362.7	1.01	1.02	26	26	9.0	9.4	23	16	-0.4
青海	90.4	82.1	0.23	0.23	30	30	10.1	9.2	15	18	0.9
宁夏	98.9	90.2	0.25	0.25	29	29	9.6	9.1	19	19	0.5
新疆	406.3	374.5	1.03	1.05	25	25	8.5	7.8	27	28	0.7
全国合计	39288.90	35660.90	100.00	100.00			10.19	9.83			0.37

注:1. 三大地带增长速度计算采用加权平均法。2. 全国合计为各地区之和。

2001年三大地带进出口总额综合分析表

地区	进出口总额(亿美元)		占全国比重(%)		占全国比重位次		同比增长速度(%)		增长速度位次		增长幅度	
	2001年	2000年	2001年	2000年	2001年	2000年	2001年	2000年	2001年	2000年	±百分点	位次
东部地区	4719.23	4388.54	92.58	92.53	1	1	7.80	32.96	2	2	-25.16	2
北京	515.41	496.22	10.11	10.46	3	3	3.9	44.4	22	6	-40.5	28
天津	181.72	171.54	3.56	3.62	9	9	5.9	36.1	20	13	-30.2	23
河北	57.37	52.39	1.13	1.10	10	10	9.5	14.3	17	26	-4.8	6
辽宁	198.07	190.31	3.89	4.01	8	8	4.1	38.7	21	10	-34.6	27
上海	608.93	547.08	11.95	11.53	2	2	11.3	41.7	12	7	-30.4	24
江苏	513.51	456.36	10.07	9.62	4	4	12.5	46.0	11	5	-33.5	25
浙江	327.99	278.33	6.43	5.87	5	5	17.8	52.0	8	2	-34.2	26
福建	226.30	212.20	4.44	4.47	7	7	6.6	20.5	19	21	-13.9	11
山东	289.54	249.90	5.68	5.27	6	6	15.9	36.8	9	12	-20.9	17
广东	1764.95	1700.99	34.62	35.86	1	1	3.8	21.2	23	20	-17.4	12
广西	17.97	20.34	0.35	0.43	23	21	-11.6	16.1	28	25	-27.7	21
海南	17.47	12.88	0.34	0.27	25	26	35.7	5.8	2	29	29.9	1
中部地区	248.35	229.31	4.87	4.83	2	2	9.93	35.61	1	1	-25.68	3
山西	19.41	17.64	0.38	0.37	21	24	10.0	37.0	14	11	-27.0	20
内蒙古	20.35	26.22	0.40	0.55	19	14	-22.4	102.6	30	1	-125.0	31
吉林	32.07	25.70	0.63	0.54	14	15	24.8	16.2	4	24	8.6	3
黑龙江	33.84	29.86	0.66	0.63	13	13	13.3	35.8	10	14	-22.5	18
安徽	36.20	33.47	0.71	0.71	11	11	8.2	26.4	18	18	-18.2	13
江西	15.31	16.24	0.30	0.34	26	25	-5.7	23.6	27	19	-29.3	22
河南	27.82	22.83	0.55	0.48	16	18	21.9	30.5	5	15	-8.6	8
湖北	35.77	32.23	0.70	0.68	12	12	11.0	20.4	13	23	-9.4	9
湖南	27.58	25.12	0.54	0.53	17	17	9.8	28.5	15	16	-18.7	14
西部地区	130.11	125.11	2.55	2.64	3	3	6.69	19.72	3	3	-13.03	1
重庆	18.34	17.86	0.36	0.38	22	23	2.7	47.7	24	4	-45.0	29
四川	30.99	25.45	0.61	0.54	15	16	21.8	3.1	6	30	18.7	2
贵州	6.46	6.60	0.13	0.14	28	27	-2.1	20.5	25	21	-22.6	19
云南	19.89	18.13	0.39	0.38	20	22	9.7	9.2	16	27	0.5	4
西藏	0.93	1.30	0.02	0.03	31	31	-28.7	-21.7	31	31	-7.0	7
陕西	20.62	21.40	0.40	0.45	18	20	-3.6	6.7	26	28	-10.3	10
甘肃	7.79	5.70	0.15	0.12	27	28	36.8	40.2	1	8	-3.4	5
青海	2.05	1.60	0.04	0.03	30	30	28.3	48.1	3	3	-19.8	16
宁夏	5.33	4.43	0.10	0.09	29	29	20.3	39.3	7	9	-19.0	15
新疆	17.71	22.64	0.35	0.48	24	19	-21.8	28.2	29	17	-50.0	30
全国合计	5097.69	4742.96	100.00	100.00			7.87	32.73			-24.86	

注:1. 进出口总额为商品经营单位所在地。2. 三大地带增长速度计算采用加权平均法。3. 全国合计为各地区之和。

2001年三大地带出口总额综合分析表

地区	出口总额(亿美元)		占全国比重(%)		占全国比重位次		同比增长速度(%)		增长速度位次		增长幅度	
	2001年	2000年	2001年	2000年	2001年	2000年	2001年	2000年	2001年	2000年	±百分点	位次
东部地区	2452.23	2283.68	92.14	91.64	1	1	7.70	28.37	1	3	-20.66	1
北京	117.87	119.68	4.43	4.80	7	7	-1.5	20.8	24	23	-22.3	13
天津	94.92	86.26	3.57	3.46	9	9	10.0	36.2	12	7	-26.2	18
河北	39.56	37.10	1.49	1.49	10	10	6.6	18.8	16	25	-12.2	6
辽宁	110.08	108.56	4.14	4.36	8	8	1.4	32.4	21	11	-31.0	22
上海	276.24	253.52	10.38	10.17	3	3	9.0	34.9	13	8	-25.9	17
江苏	288.74	257.67	10.85	10.34	2	2	12.1	40.8	9	6	-28.7	20
浙江	229.76	194.44	8.63	7.80	4	4	18.2	51.1	3	4	-32.9	23
福建	139.26	129.06	5.23	5.18	6	6	7.9	24.7	14	20	-16.8	9
山东	181.21	155.29	6.81	6.23	5	5	16.7	34.1	4	9	-17.4	11
广东	954.26	919.18	35.85	36.88	1	1	3.8	18.3	20	26	-14.5	7
广西	12.35	14.89	0.46	0.60	20	15	-17.0	19.6	28	24	-36.6	25
海南	7.98	8.03	0.30	0.32	24	26	-0.6	7.4	23	31	-8.0	4
中部地区	137.45	133.69	5.16	5.36	2	2	4.84	37.06	2	1	-32.22	3
山西	14.68	12.37	0.55	0.50	17	20	18.7	47.3	2	5	-28.6	19
内蒙古	6.27	9.70	0.24	0.39	26	25	-35.4	81.5	30	2	-116.9	31
吉林	14.62	12.57	0.55	0.50	18	19	16.3	23.4	5	21	-7.1	2
黑龙江	16.12	14.51	0.61	0.58	15	16	11.1	51.6	10	3	-40.5	26
安徽	22.82	21.72	0.86	0.87	11	11	5.1	29.6	19	16	-24.5	15
江西	10.39	11.97	0.39	0.48	23	22	-13.2	32.1	26	13	-45.3	27
河南	17.05	14.96	0.64	0.60	14	14	14.0	32.7	7	10	-18.7	12
湖北	17.97	19.36	0.68	0.78	12	12	-7.2	28.0	25	19	-35.2	24
湖南	17.53	16.53	0.66	0.66	13	13	6.1	28.9	17	18	-22.8	14
西部地区	71.87	74.67	2.70	3.00	3	3	0.87	30.30	3	2	-29.44	2
重庆	11.03	9.96	0.41	0.40	22	24	10.7	103	11	1	-92.3	30
四川	15.83	13.94	0.59	0.56	16	17	13.5	22.5	8	22	-9.0	5
贵州	4.22	4.21	0.16	0.17	28	27	0.3	17.6	22	27	-17.3	10
云南	12.44	11.75	0.47	0.47	19	23	5.9	13.6	18	30	-7.7	3
西藏	0.82	1.13	0.03	0.05	31	30	-27.3	31.4	29	14	-58.7	28
陕西	11.08	13.10	0.42	0.53	21	18	-15.4	13.8	27	29	-29.2	21
甘肃	4.76	4.15	0.18	0.17	27	28	14.8	30.9	6	15	-16.1	8
青海	1.49	1.12	0.06	0.04	30	31	33.1	29	1	17	4.1	1
宁夏	3.52	3.27	0.13	0.13	29	29	7.5	32.2	15	12	-24.7	16
新疆	6.68	12.04	0.25	0.48	25	21	-44.5	17.2	31	28	-61.7	29
全国合计	2661.55	2492.04	100.00	100.00			7.37	28.89			-21.52	

注:1. 出口总额为商品经营单位所在地。2. 三大地带增长速度计算采用加权平均法。3. 全国合计为各地区之和。

2001 年三大地带进口总额综合分析表

地区	进口总额(亿美元)		占全国比重(%)		占全国比重位次		同比增长速度(%)		增长速度位次		增长幅度	
	2001 年	2000 年	2001 年	2000 年	2001 年	2000 年	2001 年	2000 年	2001 年	2000 年	±百分点	位次
东部地区	2267.00	2104.88	93.06	93.51	1	1	8.07	38.61	3	1	-30.54	3
北京	397.54	376.54	16.32	16.73	2	2	5.6	54.0	21	6	-48.4	29
天津	86.80	85.28	3.56	3.79	9	6	1.8	36.0	26	12	-34.2	23
河北	17.82	15.29	0.73	0.68	10	12	16.6	4.6	12	25	12.0	9
辽宁	87.99	81.75	3.61	3.63	7	9	7.6	48.2	20	8	-40.6	28
上海	332.69	293.56	13.66	13.04	3	3	13.3	48.1	18	9	-34.8	24
江苏	224.77	198.70	9.23	8.83	4	4	13.1	53.4	19	7	-40.3	27
浙江	98.22	83.90	4.03	3.73	6	7	17.1	54.4	8	5	-37.3	25
福建	87.04	83.14	3.57	3.69	8	8	4.7	14.4	22	20	-9.7	16
山东	108.33	94.61	4.45	4.20	5	5	14.5	41.4	16	11	-26.9	20
广东	810.69	781.81	33.28	34.73	1	1	3.7	24.8	24	16	-21.1	19
广西	5.62	5.45	0.23	0.24	24	23	3.1	7.6	25	24	-4.5	12
海南	9.49	4.85	0.39	0.22	21	25	95.7	3.2	1	27	92.5	1
中部地区	110.90	95.65	4.55	4.25	2	2	18.92	35.31	2	2	-16.39	2
山西	4.73	5.28	0.19	0.23	26	24	-10.4	17.8	29	19	-28.2	21
内蒙古	14.08	16.52	0.58	0.73	15	10	-14.8	117.5	30	2	-132.3	31
吉林	17.45	13.14	0.72	0.58	13	13	32.9	10.1	6	22	22.8	5
黑龙江	17.72	15.35	0.73	0.68	12	11	15.4	23.7	13	17	-8.3	15
安徽	13.38	11.75	0.55	0.52	16	15	13.9	20.8	17	18	-6.9	13
江西	4.92	4.27	0.20	0.19	25	26	15.3	4.6	14	25	10.7	10
河南	10.77	7.87	0.44	0.35	18	21	36.8	26.6	5	14	10.2	11
湖北	17.80	12.87	0.73	0.57	11	14	38.3	10.5	4	21	27.8	4
湖南	10.05	8.60	0.41	0.38	19	18	16.9	27.6	9	13	-10.7	17
西部地区	58.25	50.44	2.39	2.24	3	3	19.29	13.32	1	3	5.96	1
重庆	7.31	7.90	0.30	0.35	23	20	-7.5	10.0	28	23	-17.5	18
四川	15.16	11.51	0.62	0.51	14	16	31.8	-13.5	7	30	45.3	2
贵州	2.25	2.39	0.09	0.11	28	27	-6.2	26.1	27	15	-32.3	22
云南	7.45	6.38	0.31	0.28	22	22	16.8	1.9	10	28	14.9	8
西藏	0.11	0.17	0.00	0.01	31	31	-37.9	-78.8	31	31	40.9	3
陕西	9.54	8.30	0.39	0.37	20	19	14.9	-2.9	15	29	17.8	7
甘肃	3.03	1.55	0.12	0.07	27	28	95.7	73.2	1	3	22.5	6
青海	0.56	0.48	0.02	0.02	30	30	16.8	127.4	10	1	-110.6	30
宁夏	1.81	1.16	0.07	0.05	29	29	56.6	64.3	3	4	-7.7	14
新疆	11.03	10.60	0.45	0.47	17	17	4.1	43.6	23	10	-39.5	26
全国合计	2436.15	2250.97	100.00	100.00			8.83	37.90			-29.07	

注:1. 进口总额为商品经营单位所在地。2. 三大地带增长速度计算采用加权平均法。3. 全国合计为各地区之和。
(统计资料篇内容均选自《中国地区经济发展年度报告》·2002·中国财政经济出版社出版)

彩色图片

四川省自贡市

市委书记唐坚（左一）、市长罗林书（中）在建设工地指导工作

市计委领导班子在研究大城市建设规划

自贡市位于四川盆地南部，沱江支流釜溪河畔，全市辖自流井、贡井、大安、沿滩和荣县、富顺四区两县，幅员面积4373平方公里，人口315万。自贡市1939年建市，素以“千年盐都”、“南国灯城”、“恐龙之乡”名扬中外。20世纪80年代以来，相继被确定为国家历史文化名城、对外开放城市、省级风景名胜区、全国卫生城市、省级文明城市，成为川南的一颗耀眼明珠。“十五”时期，自贡市委、市政府确定了以“大化工、大化纤、大城市、大学园、大旅游”五大工程为核心，把自贡建成结构合理的工业城市和独具特色的文化旅游名城的发展战略和奋斗目标。

川南明珠——自贡新区

晨光化工研究院

晨光化工研究院是中国西部唯一一家从事有机氟、有机硅、环氧树脂、新型工程塑料、特种树脂及各种粘结剂、医用高分子药品与材料、塑料成型加工、专用塑料机械、化工设备与防腐等方面的技术开发、应用研究和生产的科技先导型企业。

四川聚酯股份有限公司

四川聚酯股份有限公司是国家在西南地区唯一的聚酯生产企业和化纤原料生产基地。

甲烷氯化物生产基地——自贡鸿鹤化工股份有限公司生产区

结构调整的重大项目——四川聚酯公司与韩国株式会社汇维仕合资建设的22万吨/年涤纶短纤工程已正式签约。该项目的建成，将极大地促进西部地区化纤纺织业的发展。

自贡鸿鹤化工股份有限公司

自贡鸿鹤化工股份有限公司是中国著名的纯碱和氯碱生产企业、甲烷氯化物生产基地、合成法小苏打生产企业，产品畅销国内20多个省市及东南亚、中亚、大洋洲等20多个国家和地区。

四川省自贡市

四川省自贡市

▲ 自贡国际恐龙灯会吸引四海宾朋

▲ 自贡大学园区规划图

自贡灯会——天下第一灯

自贡灯会融传统的彩灯工艺与现代科技为一体，集文化娱乐、旅游观光、商贸洽谈于一体，以文化品位高、艺术特色鲜明、场面宏阔而载誉神州内外，赢得了“天下第一灯”和“南国灯城”的美誉。自贡市政府每年春节都在自贡彩灯公园主办为期 40 天的盛大灯会。

自贡大学园区

规划占地面积 1000 亩的自贡大学园区，位于自贡汇东新区，第一期工程已于 2002 年 3 月开工奠基，全部工程将于 2005 年完成。

恐龙之乡——恐龙王国公园

自贡恐龙博物馆修建在举世闻名的大山铺“恐龙公墓”埋藏现场，她以收藏、研究、展示中侏罗世恐龙动物群和拥有亚洲唯一的恐龙化石群遗址而蜚声中外，是世界三大恐龙遗址博物馆之一。利用现有恐龙化石资源规划修建占地面积 8.98 平方公里的恐龙王国公园，将成为自贡发展大旅游的精品。

自贡不夜城——东方广场

东方广场是自贡市招商引资的成功典范，由浙江东方集团投资建成，占地面积 80 亩，建筑面积 9 万平方米，是集购物、休闲、餐饮、娱乐、文化、观光、旅游于一体，极具川南民居风格特色的大型商业文化广场。

▼ 国家地质公园——自贡恐龙博物馆

▼ 东方广场夜景

▲ 汇东新区夜景

▲ 环境优美的居民小区

城区风貌

闻名遐迩的“千年盐都”自贡，以“山、水、城”相融，城市基础设施、园林绿化建设、经济建设与自然环境协调发展，使得“半城青山半城楼、一湾清水映碧州”的历史文化名城更加美丽。

蓬勃发展的高新技术开发区

自贡高新技术开发区规划面积为16平方公里，区内规划有大化工基地、大学城和高科技工业园区以及金融、商贸等配套服务设施。高新区是自贡市调整产业结构、发展高新技术的基地，也是自贡市为向大城市迈进而进行重点建设的城市新区。

住宅小区建设

自贡市政府在实施新区建设、旧城改造中加快小区住宅建设，极大地改善了城市居民的居住条件，先后建成环境优美的钟云山小区、丹桂小区、方冲小区、梨宛小区、园丁宛小区、银华小区、盐都花园等小区。

▼“千年盐都千般秀，半城青山半城楼”的城区风貌

▼ 蓬勃发展的高新技术开发区

四川省自贡市

环境优美的长土水厂

“西电东送”工程——500KV 洪沟变电站

西部开发进程中的
国债项目建设成就

四川省自贡市

1998年以来，国家先后对自贡市投放国债资金4亿元，地方配套资金5亿元，建成了一批城市基础设施项目、高技术产业化项目、环保项目、农业生态项目、社会公益事业项目等，有力地推动了地方经济的发展。

长土水厂扩建项目

由国债补助2000万元，地方配套自筹4042万元的长土水厂3万吨/日处理能力扩建到10万吨/日处理能力项目，实现了城市双水源供水，多次受到国家部委的表扬，成为一个质量好、投资省、速度快的样板工程。

农网改造项目

自贡市第一期农网建设与改造工程总投资2.9366亿元，其中国债5800万元，完成新建扩建变电站8座，新建改造线路2276公里等系列工程，取得了良好的社会效益和经济效益，使供电区域内乡、村通电率达到100%，户通电率达到99.92%，农村发展环境得到了较大改善。

环保产业化项目——CNG复合材料气瓶

四川格瑞复合材料制品有限公司利用国债资金800万元，自筹3160万元，建成年产5万只第四代CNG气瓶的高新技术产业化项目。

格瑞公司引进的气瓶缠绕机

城市交通枢纽——解放路立交桥

解放路立交桥项目

解放路立交桥是国债补助3200万元，地方配套3472万元支持建设的基础设施项目，是自贡市新老城区和城市东西方向与南北方向交通主干道在釜溪河边的一个交通枢纽，起到了在城市道路区段顺东西、畅南北的最佳效果。

焕然一新的厂前区——德胜广场

“长城牌”硬质合金产品系列

自贡硬质合金有限责任公司

自贡硬质合金有限责任公司于1970年建成投产，是世界级的大型硬质合金和钨钼制品生产企业，也是中国西部地区唯一的大型钨品生产企业。

公司执着追求科技领先，形成了自主核心技术体系，生产的“长城牌”产品在国际、国内硬质合金和钨钼制品贸易市场中具有举足轻重的地位，年出口量占总销售量的60％以上，年出口创汇居国内同行之首。

面向21世纪，公司将以“推进两大创新，加快结构调整，实施精细管理，培育核心优势”为企业中长期的战略方针，将公司建成产权多样化、经营国际化、管理信息化的大型企业集团。

具有世界先进水平的低压烧结装置

全套引进日本的“钼拉丝”生产线

四川省自贡市

① 镇沅退耕还林项目实施的生态茶园

——云南八大名茶马邓茶基地

② 思茅松人工造林育苗基地（图为思茅松树苗）

③ 建设中的靛坑河水库

④ 镇沅县千家寨 2700 年的野生古茶王树

⑤ 镇沅县退耕还林人工造纸林基地（思茅松）

荒山绿化（日本落叶松）

退耕还林（柏树）

两年生柏树育苗基地

重庆市开县林业绿化工作

重庆市开县林业局从2000年开展退耕还林试点工作以来，坚持把好退耕还林“六关”，即“规划关、种苗关、栽植关、管护关、政策兑现关、资金管理关”。到2001年为止已完成退耕还林还草38万亩，粮食资金兑现率达100%，苗木成活率高达98%。两年的退耕还林还草工程改善了三峡库区生态环境，调整了农村产业结构，增加了退耕农户收入，深受广大人民群众的欢迎。

基地绿化（柏树）

基地绿化（柏树）

哈　尔　滨

① 马年吉祥、万马奔腾。一年一度的哈尔滨冰雪节冰雕，预示了哈尔滨将象骏马一样腾飞

② 百年历史的圣·索菲亚教堂，目前已辟建为建筑艺术博物馆，其周围广场成为市民休闲的好去处

③ 美丽的松花江水量居全国第三，其干流从哈尔滨市行政区中心穿过，行程466公里

④ 哈尔滨市在十五期间，将建设成为“三个基地、一个中心、一座名城”，实现跨越式发展的奋斗目标

⑤ 哈尔滨市正在实施建设生态市发展战略，全面营造森林城、市区生态廊道和环城生态林带工程，全市森林覆盖率达到41.57%

⑥ 哈尔滨市是一座音乐城，美丽的太阳岛上新建的斜拉桥夜景，仿佛就是一把正在演奏欢乐乐章的竖琴

哈尔滨市是东北亚经济区重要的铁路、公路和航空运输枢纽。面积53067.95平方公里，总人口941.33万。辖7区12县(市)。

哈尔滨市自然资源丰富，其中土地、森林、水、草场及矿产资源在黑龙江省占有主要地位，全市森林覆盖率41.57%，林业经营面积2611677公顷。已发现的矿种有63个，其中硫铁矿、熔炼水晶、砷等占全省第一。此外尚有铜、钨、铅、锌、钼、镉、硒等矿种均在黑龙江省占有重要地位。

哈尔滨市的旅游资源以冰雪文化为依托，以森林、山川、江河湖泊等自然景观为基础，现有旅游景区32个，其中有闻名中外的太阳岛、尚志亚布力滑雪旅游度假村、二龙山风景名胜区、一面坡森林公园等。在人文资源上有中央大街步行街、索菲亚教堂、金上京会宁府、侵华日军第731部队罪证陈列馆等。

⑦ 海外的华侨、朋友都十分关心哈尔滨市的发展，经常给市委、市政府提出发展的良策

⑧ “南联北开”的开放战略推进了经济贸易的快速发展，第十二届中国哈尔滨经济贸易洽谈会取得了丰硕成果，签订经济协作项目770项，引进国内资金23.2亿元

⑨ 哈尔滨市的青山秀水适宜发展生态旅游业

⑩ 冰雪运动是北方的群众性体育运动项目，哈尔滨市正在积极申请2010年冬季奥运会的举办权

⑪ 充分发挥农业资源的环境优势，大力发展精准农业、生态农业、旅游观光农业，加快全市绿色食品基地的建设步伐

⑫ 百年历史的中央大街，是全国第一条具有异国建筑风格的步行街。在20世纪初叶，哈尔滨是东北亚重要的国际经贸城市。当时，已有16个国家设有领事机构

黑龙江佳木斯市第一中学

佳木斯一中是中国共产党于1946年5月4日在佳木斯创办的第一所中学，原名合江省立佳木斯联合中学，是黑龙江省首批重点中学。学校占地14万平方米，学校教育教学设施先进齐备，千兆校园网可直接接入国际互联网。校园环境幽雅，有花园学校之称。学校现有教职工200余人，其中特级教师6人，高级教师78人，教学班46个，学生3000余人。

学校办学传统优良，管理严格，成绩突出。先后于1949年和1999年得到两代国家主要领导人毛泽东主席和朱镕基总理的复信鼓励。建校55年来，几代一中人团结奋进，拼搏争先，为解放战争和社会主义建设培养了以铁道部部长傅志寰、革命烈士邵云环等为代表的三万余名优秀人才。学校在增强德育工作实效性方面做出了贡献，中央电视台"焦点访谈"、《人民日报》等新闻媒体曾广泛予以宣传报道。20世纪80年代获"全国教育系统先进集体"、"全国德育先进校"等六项国家级奖励。近年来，又荣获"全国精神文明建设先进单位"等五项国家级奖牌，以及"省'双全'先进学校"、"省五一劳动奖状"等二十余项省级荣誉。学校现为省级教育科研重点实验基地，省级培养田径、足球、艺术基点校，省首批师范性高中，省课程改革样本学校，省高中"宏志班"承办学校，全国现代教育技术实验学校，全国青少年教育基地。

2000年4月29日，校长、党委书记徐秀珍（右）在北京出席全国劳动模范和先进工作者表彰大会期间，受到教育部部长陈至立（左）的亲切接见

设计新颖、设备先进、可容纳四十个教学班、建筑面积达1.2万平方米的新教学楼于1999年9月1日正式启用

佳木斯一中与美国西雅图华盛顿中学结为姊妹校

内容丰富的千兆校园网吸引了学生的目光

赫哲族民族文化村

佳木斯市同江赫哲族民族文化村坐落于黑龙江和松花江汇合处下游南畔、街津山国家级森林公园内，是国内唯一全方位再现赫哲族历史原貌的旅游景点，集中展示了赫哲族的民族风情和文化特色，是街津口赫哲族旅游度假村的核心景区，面积16.7 万平方米。

桦南白瓜籽集团

佳木斯桦南白瓜籽集团是桦南县白瓜产业的龙头企业，总资产1.5 亿元，年经营量1.5 万吨以上，是集生产、科研、繁育、加工、开发、经营于一体的全国最大的专业企业集团，产品销售46个国家和地区。2001 年通过ISO9002 国际质量体系认证。总经理刘同君。

水产品批发交易市场

市场占地1.7 万平方米，总资产3200 万元。有6千吨冷藏库、5千平方米批发交易大厅、300米铁路专用线、3千平方米货物站台及一座综合服务大楼，4千吨保鲜库和1300 平方米生产车间正在建设中，辐射人口1千万，为集批发贸易、冷藏、保鲜、地方名优产品加工、综合服务于一体的黑龙江省东北部最大的专业市场，市场主营"两鱼两籽"，"三花五罗"等地方和国内外名特优水产品。

总经理 崔福恩

总经理 车千里

黑龙江省千里集团

集团是集绿色食品生产、经营、科研、教育和综合服务于一体的大型民营企业集团，总资产8千万元，注册资金6千万元，为省内百强私营企业、省级光彩企业、银行AAA级信用企业。图为在建的黑龙江千里(绿色)农副产品交易中心，占地12 万平方米，总投资1.14 亿元。

勃利县县长 赵恒太

勃利县位于黑龙江省东部，完达山西麓。全县总面积4455平方公里，人口36万。

勃利县自然资源丰富。是全国重点商品粮基地县；全国百个重点产煤县；森林资源总蓄积量420万立方米；旅游资源丰富，自然景观怡人。

勃利县投资环境优越。交通四通八达，邮电通讯快速迅捷，经济和社会事业蓬勃发展。亿达选煤、勃农机械、金元辣业、北旺化肥和蓝宝酒业是勃利县龙头企业。

勃利县以“人齐、气顺、劲足、志高”的精神风貌，诚招天下有识之士，共创灿烂辉煌的明天。

北旺化工厂

蓝宝酒业产品

林场

同江市市长 王毓华

同江市位于黑龙江省东北部松花江与黑龙江交汇处南岸，北与俄罗斯隔江相对，是贯穿我国南北大动脉“同江至三亚公路”的起止点；是黑龙江省江海联运的始发港。

同江市是国际口岸城市，对俄贸易发展势头强劲，现已拥有三个客货运输码头，口岸年货物吞吐能力达 100 万吨。

同江旅游资源丰富。已初步形成了界江风光游、民族风情游、跨国观光游、重湿地保护游和生态农业观光游发展新格局。

同江是全国 63 个重点粮棉和畜牧基地之一，现已建成对俄蔬菜、粮食、肉牛、名优特鱼四大出口生产基地。

同江生态系统完整、自然、典型。有街津口国家级森林公园、洪河国家级重湿地自然保护区、八岔岛生态自然保护区，是一个集生态农业、生态林业、生态旅游、生态环境、生态城镇和水利基础设施建设为一体的综合型国家级生态示范区。

赫哲族渔民在加工鳇鱼籽

黑龙江省同江市

市区街景

松嫩平原上的一颗璀璨明珠——

黑龙江省肇东市

财政小区

中国建设银行肇东市支行

丰收的玉米

黑龙江稀土氧化物燃烧催化剂有限责任公司

肇东市——松嫩平原上的璀璨明珠，是哈尔滨、大庆、齐齐哈尔黄金经济带上的一个重要城市。

肇东市是全国十大产粮县之一，畜牧业生产跨入全省畜、牧强县行列，奶牛、肉牛、生猪、家禽饲养总量分别达12万头、43万头、120万头、2800万只，宋站镇奶牛饲养量居全国乡镇之首；工业经济从小到大，由弱到强，形成了化工、医药、机械电子、纺织、食品、服装、建材、粮油等十大行业；市场体系成龙配套，商贸流通繁荣活跃；基础设施日益完善，社会事业全面进步。

为了给投资者创造良好的投资环境，肇东市出台了一系列吸引外商投资的优惠政策，对外商投资企业实行挂牌保护，切实保护投资者的合法权益，视投资者为“上帝”。

肇东以其丰富的资源、优越的区位、宽松的投资环境、良好的服务和纯朴的乡俗民风，竭诚欢迎国内外客商来肇东投资合作，共同发展。

肇东是您播种希望、收获幸福的投资热土。

丰富的畜牧资源

江西省南丰县

① 南丰县重点民营企业——飞环酒业股份有限公司
② 南丰县桔都大市场内蜜桔交易的繁荣景象及精品蜜桔选样
③ 南丰傩舞在乡村演出的场景
④ 曾巩刻苦攻读的著名场所——读书岩
⑤ 有“江南第一漂”美誉的南丰紫霄溪漂流景区
⑥ 潭湖森林公园
⑦ 盱水共长天一色
⑧ 金潭石佛
⑨ 车么岭水库休闲

县委书记刘荣武（右）县长刘永杰（左）

安福县建县历史达2220多年，是江西省18个文明古县之一，有“赣中福地”和“文章理学忠节之邦”之称。矿产、水能、地热、林业、旅游等资源丰富，基础设施完善，靠近京九铁路和105国道，全县所有乡镇全部开通了程控电话和移动通信，是投资兴业的理想之地。

基础设施完备的安福县工业园

历史悠久的安福火腿

翠绿的竹海

美好的长宁

“蜀南竹海”的景点——翡翠长廊

城北 35KV 输变电站

宽敞的公路干线

湖北省咸丰县

① 鄂、湘、渝、川、黔少数民族地区最典型、保存最完整的土司皇城遗址——唐崖寺土司皇城

② 湖北省“八五”重点建设工程——朝阳寺水电站

③ 武陵山区魔芋生产加工基地——咸丰县魔芋基地

④ 咸丰县新城区楚蜀大道

⑤ 咸丰县农网改造工程

⑥ 全国首批“明明白白看病百姓放心医院”——咸丰县人民医院

黎平天生桥跨度 119 米，宽度 138 米，距水面高度 36.4 米，2002 年列入“大世界基尼斯之最”

全长 84 公里的黎平至榕江公路

黎平县地处黔湘桂交界处，面积 4439 平方公里，辖 25 个乡（镇）403 个村 48 万人口，其中侗族人口占 65%。2001 年完成国内生产总值 6.0471 亿元。黎平侗乡风景名胜区资源丰富而独特，侗乡风光幽、秀，侗族民俗奇、绝。328 座鼓楼与风雨桥、戏台等侗族建筑独具匠心，73 个三级以上旅游景点让游人流连忘返。拥有金、铜、硅等矿藏 32 种，中草药材千余种，森林覆盖率 52%。公路四通八达，通讯连接海内外，电网延伸到村寨。在建的黎平飞机场 2004 年通航。各项基础设施日趋完善，经济发展迅猛，人民安居乐业。县委、县政府出台了一系列招商引资优惠政策，筑巢引凤。

黎平旅游景区观光步道

退耕还林工程

重庆市万州区

生态环境工程

生态环境工程建设

标准人行石梯通达山顶，耕作方便

甘宁水库工程

万州区甘宁水库工程，总库容3360万立方米、最大坝高53米、灌溉面积11.43万亩，干渠总长50.8公里，坝型为钢筋面板碾压堆石坝

万州区江北水厂，占地76亩，日供水20万立方米（一期10万立方米），可解决万州城区50～70万人饮用水，是一座设施、设备、工艺流程先进的现代化水厂

重庆万州五桥民用机场工程

万州区龙宝河堤工程

龙宝河堤防工程

重庆市巫山县

全国旅游胜地四十佳——巫山县大宁河小三峡

辛勤筑就绿色屏障

建设中的巫山新县城

幽静秀丽的马渡河小小三峡

移民新地

还我巫山一片绿

重庆市渝北区

重庆科技产业园区招商楼

重庆科技产业园区重庆山峰齿轮有限公司

渝北区政治经济文化中心——两路镇

渝北区龙湖花园住宅区

重庆市兴安实业有限公司在现代农业园内建成的全自动控温室

在重庆市现代农业园区内建成的西南最大的鳄鱼养殖中心

董事长　胡经国

江西省修水县赣宁钨丝有限公司

修水县赣宁钨丝有限公司依托修水县大型香炉山白钨矿的丰富资源，采用专利工艺和先进检测手段，生产偏钨酸铵(石油精炼催化剂)、仲钨酸铵、精制钨酸等产品，年产钨品能力达2000吨以上。公司技术力量雄厚、管理规范，通过了ISO9002质量认证。

公司资产2008万元，年产值2580万元，年创税324万元，劳动生产率26.1 万元/人.年。

精制生产车间

质量体系认证证书

粗制生产车间

主要产品

陕西省杨凌农业示范区

努力研究和应用科技成果为我国农业现代化作贡献

江泽民

一九九七年七月廿六日

① 2002年3月31日，江泽民总书记在陕西省委书记李建国，省长程安东，副省长、杨凌示范区管委会主任陈宗兴、常务副主任张光强陪同下视察杨凌示范区

② 1999年8月7日，中共中央政治局常委、国务院总理朱镕基在杨凌示范区视察

③ 中共中央政治局常委、国务院副总理李岚清曾先后五次赴杨凌示范区视察。图为1999年9月12日西北农林科技大学成立时，李岚清副总理在杨凌

④ 2001年1月7日，中共中央政治局委员、书记处书记、国务院副总理温家宝在杨凌示范区视察

杨凌农村新貌

杨凌职业技术学院南校区

“安居工程”住宅小区

西北农林科技大学校园

杨凌高新技术产业园区

杨凌水上运动中心

杨凌示范区概貌

陕西省杨凌农业示范区

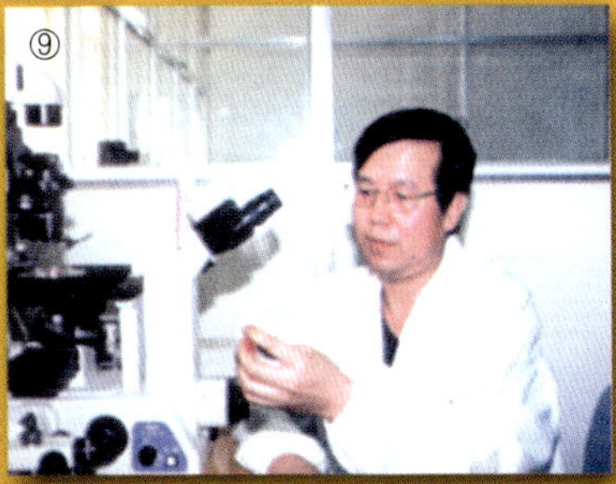

① 第八届中国杨凌农业高新科技成果博览会开幕式

② 第八届农高会盛况

③ 水土保持专家、中国科学院院士朱显谟研究员

④ 抗旱生理学专家、中国工程院院士山仑研究员

⑤ 植物病理学专家、中国工程院院士李振岐教授

⑥ 著名昆虫专家周尧教授

⑦ 旱作农业专家李立科研究员

⑧ 小麦育种专家宁锟研究员

⑨ 年轻的发育生物工程专家张涌教授

⑩ 年轻的葡萄与葡萄酒专家李华教授

⑪ 年轻的土壤水分专家康绍忠教授

⑫ 世界首批体细胞克隆山羊“阳阳”

谷城县中等职业教育中心占地近100亩，拥有专任教师91人，在校各类学历教育在籍生2024人。图为学校教学楼

谷城县中等职业教育中心微机室

位于国家级森林公园——中国南避暑山庄薤山景区的西洋别墅

湖北省谷城县

湖北省谷城县地处武当山脉和江汉平原的过渡地带，是中原地区入川进陕的交通要塞，建城已有2000多年历史，全县自然概貌为“八山半水分半田”，总面积2553平方公里，辖9镇1乡，耕地面积43.5万亩，人口55.07万，是湖北省山区十强县(市)之一。

谷城自然资源丰富，特别是农业、水能和旅游开发潜力巨大。谷城经济特色鲜明，汽车配件、纺织服装、水力发电是三大主要工业支柱，茶叶、食用菌、蔬菜、黄姜、花椒是五大重要农业支柱。谷城投资环境优良，许多境外企业都在这里落户发展。县内拥有国家级星火技术密集区——石花镇，国家级森林公园——“中国南避暑山庄”——薤山，国家星火技术区域性支柱产业承担单位——谷城车桥公司，国家级重点职业高中(中专)——谷城中等职业教育中心等。

县城街景

被誉为鄂西北花椒第一镇的谷城县冷集镇，目前已建成花椒基地4万亩，年产花椒60万公斤，年产值1800余万元

座落于谷城县石花国家级星火技术密集区的“湖北石花纺织股份有限公司”，年产值1.2亿元，产品远销美国、东南亚等地区

四川省南江县

① 南江是全国金银花生产基地县和金银花标准化示范区、四川省第一批优质金银花基地。其金银花有8大类32个品种

② 南江县9年间累计完成工程建设投入6亿元，建设二级水泥砼路面167公里，三、四级油路面387公里。通车里程2336公里。初步形成了以县城为中心，以沙南路、二南路、双江路为主骨架，干环线全面铺装，乡村路联网的四通八达的交通网络。图为二南路魏家坝盘山道

③ 光雾山风景名胜区位于川陕交界的大巴山西段南坡，景区面积250平方公里。主景区内有雄浑壮丽的焦家河、清幽甘洌的韩溪河、石林成阵的燕子岩，秀美古朴的普陀村、洪荒神奇的万字格、地下神宫莲花洞；有高山平原风光的大坝，诸葛孔明厉兵秣马的牟羊城，冰川时期的活化石一大、小兰沟5万亩巴山水青杠；有“不是九寨胜似九寨”的十八月潭，露水垭的神奇云海

④ 南江黄羊是采取人工方法培育成的我国第一个肉用山羊新品种，具有体积大、繁殖率高、生长快、产肉性能好、板皮品质优、适应性强等特点。其肉蛋白质含量高、胆固醇低、肌纤维细，被人们誉为“保健食品”

县委书记杨忠武(右)与县长王海中在一起研究工作

陕西省宜君县

中国避暑城

宜君城

福地湖

太安森林公园

陕西省

子洲县

子洲县，位于陕西省北部，黄土高原丘陵沟壑区腹地，榆林地区南缘。以著名革命烈士李子洲的名字命名。全县总面积2042平方公里，耕地面积68万亩，人口28.95万。

子洲县历史上是一个典型的山区农业县。近几年来，在大力调整农业产业结构的同时，加强了国有企业改制、技术改造和产品更新换代，使全县经济有了长足的发展。1998年全县国内生产总值达2.13亿元；农业总产值达1.12亿元；工业总产值0.52亿元；本级财政收入1048万元；农民人均纯收860.44元。

1999年全县大力发展了林果业，畜牧业、农副产品加工业。羊存栏量达到15万只；生猪存栏达6万头；大牲畜存栏达1.4万头；养鸡20万只；养兔3.5万只。苹果面积8万亩；红枣3万亩。创办了子洲县金谷酒业有限公司、子洲县永乐淀粉有限责任公司、子洲县地毯厂、苗家坪油脂厂、正大饲料厂等一批乡镇企业和民营骨干企业，极大地促进了全县经济的健康发展。

县长　任怀业

子洲人民经过几十年艰苦不懈的努力，在植树造林、治理水土流失、改善生态环境方面取得了令人瞩目的成就。图为该县造林示范村整地造林一角

子洲县制定了远抓林果、近抓畜牧的战略决策。引进优良品种，推广成功经验，狠抓人工种草，使畜牧业的生产走上了良性发展的道路。图为子洲县畜牧局局长陈继政与有关同志在查看紫花苜蓿生长情况

子洲县大兴修路热潮，使全县农村公路里程大幅度增加，交通状况明显改善。图为子洲县第二大动脉、国债项目子一南路在建工程

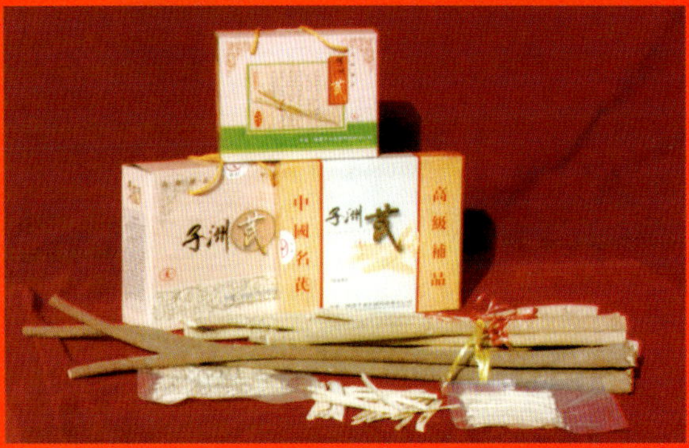

子洲县天赐有限公司是子洲县中药材种植加工上的龙头企业，现具有年加工600吨的能力，产品主要是系列成品芪条和芪片。图为“子洲芪”原品和成品

陕西省千阳县

千阳县位于陕西省关中八百里秦川西部，距省会西安200公里。总面积996.46平方公里，人口12.6万。全县有耕地36.6万亩，草地42万亩，林地49万亩，气候、土壤等条件非常适宜种养业，初步形成了奶畜、蚕桑、果蔬、烤烟四大主导产业，发展的优势和潜力很大。

千阳矿产资源丰富，尤以石灰石储量大、品位高，南山石灰石储量达40亿立方米以上，仅探明的雪山矿一处，储量达1.87亿吨，可供70万吨规模的水泥厂生产150年以上。水能资源潜力较大，县境内水域面积4.5万亩。

以建材、食品、蚕丝、林纸一体化为主导的支柱工业逐步发展壮大。全县年产水泥15万吨，奶粉2000吨，冰箱配件140万件，许多产品荣获国际及国内大奖。

千阳基础设施完善。宝（鸡）中（卫）铁路穿境而过，宝（鸡）平（凉）、千（阳）凤（翔）、千（阳）灵（台）三条干线公路在此交汇，与县乡公路纵横成网，四通八达；11万伏变电线路及变电站配备完善，全县已实现村村通电；程控电话、移动通讯和有线电视已覆盖全县所有川塬乡镇。

县委书记孟军（左）、县长刘升周研究发展规划

奶畜生产已成为农民增收的骨干产业

新兴的设施农业生产技术受到了广大群众的欢迎

西北地区最大的蚕桑基地已初具规模

封育造林成果喜人

粮库主任　韩振玺

河南濮阳
皇甫国家粮食储备库

河南濮阳皇甫国家粮食储备库是由中央财政投资建设的豫北地区规模最大的国家粮食储备库，粮库位于濮阳市开发区西部，占地207亩，现有高大平房仓18栋，总仓容量2.67亿斤，建筑面积38377平方米，固定资产7000余万元，铁路专用线1100多米，高货位站台1万平方米，国家一级公路直达库区，是我国现代化的大型粮库之一。该库以粮食储备为主，同时开发粮油购销、中转业务，下属的“濮阳中原优质小麦基地开发有限公司”与周边省市多家科研单位组成优质小麦科研、引进、开发、推广联合体，以市场需求为导向，实行农业订单，独具发展规模，成为豫北地区粮食行业一颗璀璨的明珠。

攀枝花红坭矿务局

攀枝花红坭矿务局办公楼

平硐机车运输

攀枝花红坭矿务局位于著名的二滩水电站湖畔，探明的煤炭地质储量达三亿吨，煤质属低硫、低磷、中低灰分的优质烟煤和无烟煤。

该局现有职工1655人，固定资产4300万元，设计生产能力45万吨。下设赵家湾煤矿、滑石板煤矿、卷子坪煤矿，产品主要销往成都、攀西地区。2001年，实际生产原煤36万吨，销售原煤40万吨，销售收入3245万元，工业产值1824万元，上缴国家各种税费383万元。该局距成昆铁路线桐子林火车站30公里，公路和铁路运输十分便捷。

四川省盐边县

盐边县电力公司

盐边县电力公司是以电力为龙头的集团化企业。下有附属企业2个：电力开发实业公司从事水电设备安装、发电、物资供应等多种经营；天生桥冶炼厂1800千伏安冶炼炉1座，年生产电石5000吨。利用社会力量，建立股份合作企业攀枝花永兴电业股份有限责任公司，建设上河坝电站，意见书投资1.7亿元，装机2 × 12000千瓦。公司固定资产达3.1亿元，年发电能力2.5亿千瓦小时，拥有110千伏变电站2座，容量4100千伏安，35千伏变电站2座，容量7500千伏安，全部采用先进的微机控制无人值班系统，电站也将逐步实现微机控制。公司现有职工460人，其中，具有初中级以上技术职称人员78人。

盐边县电力公司桑园变电站中控室

盐边县电力公司新县城变电站

上河坝电站

四川省甘孜藏族自治州

甘孜州拥有丰富的自然、人文旅游资源，开发生态旅游产业极具潜力。图为格萨尔王诞生地——德格阿须大草原

依托丰富的野生、半野生动植物资源，甘孜州积极发展特色生物资源人工种植基地。图为野生大黄人工培育基地

2001年甘孜州全面实施了生态建设工程。图为退耕还林还草工程示范区

甘孜州水能资源丰富，蕴藏量达3731.39万千瓦。2001年全州通过水能开发和农网建设使广大农牧区用电难的状况得到较大改善。图为电网到户情况

内蒙古霍林河煤业集团有限责任公司

董事长　王利民

霍林河煤业集团地处内蒙古科尔沁草原腹地霍林郭勒市内，是全国94家重点煤炭生产企业之一。是以煤炭的生产、加工和销售为主业，集电解铝生产、设备制造、计算机软件开发、建筑安装、煤化工、农林牧业为一体的大型国有独资企业，现已形成年产煤炭1200万吨、电解铝3万吨的生产能力。集团公司现有子公司、分公司和成员单位37家，员工8040人，资产总额21亿元，资产结构合理，在银行中的信用等级为“AAA”级。

“十五”时期，集团公司以建成跨地区、跨行业、可持续发展的大型企业集团为总体战略目标，遵循“做强主业，多元发展”的方针，确定了走煤炭产业结构调整，产品就地转化的路子。用煤发电，发电炼铝，以铝带电，以电带煤，由销售煤炭产品转化为销售电解铝产品，实现煤炭产品的就地转化增值，逐步构建“煤、电、铝”联营的企业发展框架。集团公司的煤电铝项目已在自治区立项，被自治区政府列为重点工业建设项目，成为西部大开发内蒙古东部地区的首选项目。项目总投资26.14亿元，财务内部收益率13.1 %，投资利润率13.8%，投资回收期9.2 年。

霍林河煤业集团公司竭诚欢迎国内外各界朋友来煤城洽谈业务、观光旅游和投资兴业，共建煤、电、铝项目，共同分享高额的收益。

灯火辉煌的矿区夜景

现代化的露天作业现场

霍林河大型褐煤坑口电厂鸟瞰图

霍林河电解铝厂鸟瞰图

全国五一劳动奖状

曲靖发电有限责任公司

曲靖发电有限责任公司成立于1994年，负责曲靖电厂的建设及生产经营管理。曲靖电厂位于云南省曲靖市以东42公里处，规划容量4×300MW燃煤发电机组，分两期建设，并留有再扩建的余地。1988年，一期工程2×300MW机组作为最早的“西电东送”水火配套项目开始筹建。1995年批准开工建设，1997年列为国家重点工程。1998年2月，作为云南省首台300MW机组的曲靖电厂一号机投产，同年12月，二号机组投产。

二期工程建设2×300MW机组，经批准于2001年12月25日开工建设，按国家计划要求将于2003年投产发电。建成后，将成为云南省首座百万千瓦级火力发电厂，为西部大开发和云南、华南地区的建设贡献力量。

曲靖电厂一期工程单元集控室

曲靖电厂二期工程开工典礼

曲靖电厂二期工程施工现场

云南省南涧县烟草公司

公司经理李开茂(左二)副经理杨祥(右一)陪同省州领导到田间检查烤烟漂浮育苗

公司经理陪同县领导到田间检查烤烟生产

国家青州烟科所专家到烟农家中指导烤烟烘烤

到2001年，南涧县烟草公司共种植烤烟42万亩，收购烟叶123万担，销售卷烟3.8万标箱，企业实现税利26384万元，资产总值达6379万元，固定资产原值达3455万元，流动资产达3829万元。公司先后被命名为县级文明单位、州级文明单位、省级文明单位。10个烟站被命名为县级文明单位。公司被州烟草企业工会评为“模范职工之家”，大理州先进职工之家、省级烟草系统“模范职工小家”；南涧县被评为大理州烤烟生产先进县、卷烟销售先进县；云南省烤烟生产先进县、卷烟销售先进县；被国家局评为1999-2001年烟叶生产先进县。

南涧县全面推广烤烟漂浮育苗

云南独有的清香型红花大金元烤烟

成都市自来水公司

水厂自动化控制室

送水车

成都市自来水总公司成立于1946年，是国有大型二类企业，现日供水能力为98万立方米，供水面积130余平方公里，75毫米以上输配水管网总长度1364公里。实现了水厂生产自动控制系统化、计算机管理网络化。各项水质指标均优于国标，大部分水质指标已达欧共体标准。2000年8月通过了ISO9002质量体系认证，并先后获得了建设部精神文明建设先进单位、省最佳文明单位、省优秀企业、省职业道德建设十佳标兵、省优秀基层党组织、全国模范职工之家等称号。

水六厂全貌

延安炼油厂

退耕还林工程

洛川苹果

YUTONG
210 国道

陕西省延安市

内蒙古正镶白旗

正镶白旗位于内蒙古自治区南部。全旗总面积6229平方公里，人口7.3万，是以蒙古族为主体民族的少数民族地区。

多年来，正镶白旗始终把生态环境的建设和保护作为一件大事来抓，在国家很少投入和地方经济落后、财力极度紧张的情况下，动员广大群众开展了大规模的生态治理和保护。特别是近年来，旗委、政府紧紧抓住国家实施西部大开发的历史机遇，以生态环境的保护和建设为核心，努力改善农牧业生产条件，加快农牧业结构调整，强化基础设施建设，加速工业经济和城镇化发展水平，区域经济得到较快发展。

① 正镶白旗旗委书记　张猛
② 正镶白旗人民政府旗长　齐白乙拉
③ 浑善达克沙源综合治理区一瞥
④ 全民动员大搞生态治理
⑤ 退耕后的大白柠条基地，生态效益和经济效益“双赢”
⑥ 退耕还林工程保护生态、福泽百姓
⑦ 生机盎然的小流域综合治理区

托克托县隶属内蒙古自治区呼和浩特市。全县总面积1416.8 平方公里，居住着蒙、汉、回、满等19个民族，总人口19.1 万。

近年来，托县各族儿女，全力推进农业产业化、农村城镇化、科教兴县和开放带动四大战略，逐步构筑起以高效农业、电力工业、生物技术产业和发酵工业、建筑建材业和房地产开发业、新型服务业为主的五大支柱产业，使全县经济建设和社会各项事业取得了令人瞩目的成绩。目前有正在建设的亚洲最大火电厂——托克托电厂；有当今世界生产饲用金霉素规模最大的企业——华蒙金河集团；还有极富县域特色的“三红两绿一紫色”(红萝卜、枸杞子、辣椒、小茴香、绿豆、葡萄)农副产品，畅销区内外，有的已走出国门。

国家实施西部大开发战略，千年古郡正以全新的面貌展现在世人面前。

托克托街景

内蒙古托克托县

金河高科技园区

托克托电厂施工现场

当今世界生产饲用金霉素规模最大的企业——华蒙金河集团

内蒙古太仆寺旗

描绘太旗锦绣大地
保卫首都生态安全

2000 年 5 月 13 日国务院总理朱镕基在太旗视察防沙、治沙工作

旗委书记　任誉宁

旗长　吉呼兰图

2002 年 6 月 13 日自治区党委书记储波一行在太旗视察生态建设情况

草原旅游

改良畜群

万亩草库伦生态示范基地

萤石

黑钨矿石

铜矿石

黑耀石

金矿石

石英石

太旗街景

宝龙小区乌瞰图

丰收在望的西芹

繁忙的蔬菜交易市场

特色蔬菜

处长　陈明芳

改造后的渠道

鱼场

河南中原气化股份有限公司

办公室

超市一角

中原气化股份有限公司是1999年6月设立的股份制企业。主发起人中原化工煤气集团公司总资产7.18亿元，净资产2.48亿元。主营业务为管道煤气、化肥、甲醇的生产与销售、成品油销售、超级市场、宾馆饭店等。

公司是全国唯一成功实现化肥生产与城市煤气联产、嫁接的集节能、环保、支农、城市公用事业等为一体的综合性大型企业。拥有“西气东输”豫南支线天然气工程项目的开发建设经营权；国家级重点工程30万吨甲醇项目可行性报告已获国家计委批复。

公司先后多次荣获省“五一劳动奖状”，省“安全生产先进单位”，省、市金融部门“AAA”级信用企业。1999年，公司被国家环保总局评为“环保先进企业”荣誉称号。2000年，公司综合回收利用驰放气新技术被国家环保总局评为“国内环保先进新技术”，并向全国推广应用。

集团公司董事长李万枝1996年被河南省委授予“优秀共产党员”称号；1999年荣获“全国五一劳动奖章”。

家属区一角

大厦全景

河南省鹤壁市电业局

经过10多年的发展，鹤壁市电业局的资产已由原来的3000万元增长到目前的约6亿元，变电容量达到56千伏安。2000年底新一届领导班子上任以来，先后顺利实现了达部标、农网改造一期工程通过验收等重点工作。到2001年底，全市的“两改一同价”工作走在了全省的前列。电业局全部完成了对城网改造工程的投资，有效地改善了电网结构。同时，完成了MIS系统，调度自动化系统、负荷管理系统和用电营业自动化系统的建设，提高了办公效率；完成“一户一表”改造1.5万户，为全面实现供电“四到户”奠定了良好的基础。

220千伏灵山变电站值班人员正在巡视主变压器

积极开展多种形式的优质服务活动

国家计委副主任刘江(中)听取中西部地区开发年鉴工作汇报